HEYNE BÜCHER SACHBUCH

Janusz Piekalkiewicz

Stalingrad

Anatomie einer Schlacht

WILHELM HEYNE VERLAG
MÜNCHEN

HEYNE SACHBUCH
Nr. 19/245

4. Auflage
1. Auflage dieser Ausgabe
Früher als Heyne-Taschenbuch unter der Nr. 01/5905 erschienen.

Überarbeitete Taschenbuchausgabe
im Wilhelm Heyne Verlag GmbH & Co. KG, München
Printed in Germany 1992
Innenfotos: Ullstein Bilderdienst, Berlin; Süddeutscher Verlag, Bilderdienst, München
Kartographie: Hannes Limmer, München; Seite 26, 97, 264, 330: Richard Natkiel
Umschlaggestaltung: Atelier Adolf Bachmann, Reischach
Buchgestaltung: H + G Lidl, München
Gesamtherstellung: Presse-Druck Augsburg

ISBN 3-453-06012-1

Inhalt

Vorwort

»Wenn ich das Öl von Maikop und Grosny nicht bekomme, dann muß ich diesen Krieg liquidieren« — erklärte Adolf Hitler den Befehlshabern der Heeresgruppe Süd im Juni 1942 kurz vor Beginn der Sommeroffensive. Aber als kein deutscher Soldat auch nur annähernd das Zentrum des Ölgebietes im Kaukasus erreichte, hat Hitler keineswegs die Konsequenz gezogen und den Krieg beendet. Die etwa neun Millionen Tonnen Öl, die — nach seinen Worten — jährlich auf der Wolga in die nördlichen Industriezentren verschifft wurden, faszinierten ihn so, daß ihm jedes Mittel recht erschien, wenigstens seinen Gegner von diesem wichtigen Rohstoff abzuschneiden. Noch vor dem Stoß in den Kaukasus — sozusagen als linker Eckpfeiler der ganzen Operation — befahl Hitler die Abriegelung der Wolga, den Hauptverkehrsweg für das Öl, um damit — wie er zumindest erhoffte — die Sowjetunion in eine Energiekrise zu stürzen. Diese Aufgabe, verbunden mit der Ausschaltung Stalingrads als Verkehrs- und Industriezentrum, fiel der 6. Armee zu, einem Eliteverband, den Hitler schon früher für die Realisierung von mehr oder weniger utopischen Plänen — wie Landung in England oder Eroberung von Gibraltar — vorgesehen hatte.
Um 650000 deutsche Soldaten mußten Hitlers Griff nach der Wolga und den Ölquellen des Kaukasus mit dem Leben bezahlen. Man kann annehmen, daß ebenso viele Bürger der Sowjetunion, Soldaten und Zivilisten, dabei mit in den Tod gerissen wurden.
Beide Gegner haben in der Schlacht an der Wolga einen unsagbar hohen Einsatz erbracht; beide kämpften wagemutig, opferbereit und tapfer. Es erscheint wie ein Symbol, daß die 62. Armee des Generals Tschuikow, die Stalingrad so entschlossen verteidigte — in 8. Gardearmee umbenannt —, schließlich Berlin eroberte.
Die ideologische, schrankenlos feindliche Konfrontation auf dem Schlachtfeld kann nichts besser verdeutlichen als die damaligen, unter dem Eindruck der täglich wechselnden Lage verfaßten Presse- und Rundfunkmeldungen, Berichte oder Kommentare beider Seiten.
Die *Berichte des Oberkommandos der Wehrmacht* (OKW), die wichtigste deutsche Informationsquelle über das Kriegsgeschehen, wurden täglich vom Wehrmachtführungsstab entworfen, von Hitler gelegentlich redigiert und dann freigegeben.

Sie stützten sich unter anderem auf die *Lageberichte des Oberkommandos des Heeres* (OKH), die wiederum die Meldungen der Heeresgruppe B enthielten, die ab Ende November 1942 in Heeresgruppe Don umbenannt wurde und in deren Bereich die 6. Armee kämpfte. Jeden Abend funkte das Armeeoberkommando der 6. Armee (AOK 6) an die Heeresgruppe B — bzw. Heeresgruppe Don — die taktische Situation der letzten 12 Stunden, die diese sofort an das OKH durchgab. Von dort aus wurden die Lageberichte an das OKW und Hitler weitergeleitet. Diese Lageberichte galten als Verschlußsache und waren von jeder Veröffentlichung ausgeschlossen. Die *Sprachregelung* der propagandistischen Parolen legte Goebbels täglich auf der geheimen »Ministerkonferenz« vor ausgewählten Vertretern der Massenmedien und vor den Verbindungsoffizieren zum OKW fest. Diese Sprachregelung bestimmte, welche Ereignisse mit welchen Tendenzen von Presse und Rundfunk zu kommentieren, welche Kommentare zu unterlassen seien.
Nach der Ministerkonferenz erfolgte regelmäßig eine halbe Stunde später die *Tagesparolen-Konferenz des Reichspressechefs* Otto Dietrich. Dort wurden außer der Festlegung der Tagesparole auch oft die Weisungen der vorangegangenen Ministerkonferenzen revidiert.
Bei der Lektüre der *Kriegsberichte* der NS-Presse fallen vor allem der pseudomonumentale Stil und der vulgäre Charakter auf: eine Zusammenballung von Schlagworten, auf Gefühl abgestellte Phrasen und Aggressivitäten. Diese Berichte sollten nicht nur informieren, sondern die Kriegsbegeisterung im Volk heben und die Siegeszuversicht stärken. Man merkt, wie dabei die Perioden der Verschleierung mit denen der betonten Offenheit abwechselten, was ganz den Absichten Goebbels' entsprach, das Volk zu immer neuen Anstrengungen aufzuputschen.
Als die Schlacht an der Wolga sich dem Ende näherte, versuchte die NS-Propaganda, die Tragödie der 6. Armee für ihre Zwecke auszunutzen und in das heuchlerische Programm für den »Endsieg« einzubeziehen: »Jetzt sehe ich meine Aufgabe. Morgen noch werden wir Maßnahmen zur Führung eines totalen Krieges bekanntgeben«, rief Goebbels aus, als er am 22. Januar 1943 durch Major i. G. von Zitzewitz, den man kurz zuvor aus dem Kessel ausgeflogen hatte, erfuhr, daß die Tage der 6. Armee gezählt seien. »Wir haben nun die einmalige Gelegenheit, eine schlagkräftige Propagandaparole herauszugeben«, notierte er zugleich in seinem Tagebuch.

Dagegen waren die streng geheimen *Lageberichte des Sicherheitsdienstes der SS* (SD) eine Art Infratest. Sie sind der Extrakt dessen, was Vertrauensleute aus allen Bevölkerungsschichten den spinnwebartig verteilten Dienststellen des berüchtigen SD rund um die Uhr meldeten. Übrigens waren nach Beendigung der Kämpfe um Stalingrad die Verfasser dieser geheimen Lageberichte überzeugt, die wahre Meinung des Volkes ergründet zu haben: »... Während die kämpferischen Naturen Stalingrad als Verpflichtung zum letzten Einsatz aller Kräfte an der Front und in der Heimat empfinden, von diesem Einsatz aber auch den Sieg erhoffen, sind die labileren Volksgenossen geneigt, im Fall von Stalingrad den Anfang vom Ende zu sehen.«

Die *Tagesberichte des Hauptquartiers des sowjetischen Oberkommandos* (STAWKA), das dem obersten Befehlshaber und Verteidigungskommissar J. W. Stalin unterstellt war, zeichneten sich durch betonte Zurückhaltung aus, während in dem mehrmals täglich erscheinenden Bulletin der damaligen regierungseigenen Nachrichtenagentur *Sowinformbüro* im In- und Auslandsteil mit erstaunlicher Offenheit über das Kriegsgeschehen berichtet wurde, sogar genauer und umfassender als in der heutigen offiziellen sowjetischen Geschichtsschreibung. Man darf dabei nicht vergessen, daß es Stalin gerade zu jener Zeit, als die Rote Armee der ganzen Wucht der deutschen Kriegsmaschinerie ausgesetzt war, von eminenter Bedeutung erschien, die kritische Lage nicht zu verharmlosen, um die zögernden Westalliierten möglichst schnell zur Errichtung einer zweiten Front zu bewegen.

Die Tagesparolen der sowjetischen Zeitungen — auf der ersten Seite oben — beinhalteten wiederum in Kurzform die wichtigsten Probleme, mit denen die Partei an dem jeweiligen Tag ihre Leser konfrontieren wollte. Die sich im Herbst 1942 in den Tagesparolen wiederholenden Aufrufe an die Rotarmisten, ihr bedrohtes Vaterland zu verteidigen, erwiesen sich letzten Endes als wirksamste Schlagworte der sowjetischen Parteiführung.

Im Gegensatz zu all diesen Berichten zeigten die Kommentare des neutralen Schweizer *Senders Beromünster,* wie anders die Erläuterungen zur Lage ohne Propaganda und Pathos klingen. »Keine Ironie und kein Sarkasmus, nur klare, nüchterne Sachlichkeit... nie vergessend, daß es nicht um interessante Ziffern, sondern um Menschenleben ging, um eine Unsumme menschlicher Tragik auf allen Seiten«, schrieb der ehemalige österreichische Bundeskanzler Schuschnigg, der diese Radiokommentare als Gefangener in einem NS-Konzentrationslager abhören konnte. Und gerade »diese Unsumme menschlicher Tragik auf allen Seiten« sollte niemals vergessen werden.

Janusz Piekalkiewicz

Schauplatz

Nachdem man den Beginn der deutschen Sommeroffensive des Jahres 1942 wegen schlechten Wetters mehrmals verschoben hat, ist es Ende Juni endlich soweit. Die Regenfälle haben aufgehört, die warme Sommersonne der Ukraine hat die schwarze Erde getrocknet, und Staub tritt nun an die Stelle von Schlamm. Das Wetter ist hochsommerlich warm, und die Sonne brennt erbarmungslos vom wolkenlosen blauen Himmel. Die Wege sind in riesenhafte, dunkelbraune Staubwolken gehüllt.
Das Gebiet, in dem sich von Juli bis Anfang September 1942 die ersten Etappen der Schlacht um Stalingrad abspielen, gehört mit seinem westlichen Teil noch zur Ukraine; östlich davon breitet sich die Don- und Kalmückensteppe aus.
Fast tausend Kilometer weit erstreckt sich hier im Süden der Sowjetunion diese unfruchtbare Steppe, die im Westen kurz hinter Woroschilowgrad (Lugansk) beginnt und sich im Osten bis Kasachstan ausdehnt. Der Boden der Steppe besteht aus einer salzhaltigen Lehmschicht, ab und zu von Wermutstauden bedeckt. Die Einöde zieht sich endlos bis zur grauen Ferne, in der Himmel und Erde ohne Übergang verschmelzen.
In der Steppe liegen vereinzelt Kolchosen und weit auseinandergezogene Dörfer mit niedrigen Lehmhütten. Die Haupterwerbsquelle der Bewohner ist die Viehzucht. Das Gelände fällt von Westen nach Osten leicht ab. Nur selten wird das Ödland durch Wasserläufe unterbrochen, und die größeren Flüsse bilden freundliche Landschaftsstreifen durch die Einöde. So hat der Don ein bis zu 10 Kilometer breites Tal, in dem ausgedehnte Auwälder weite Strecken des niedrigen linken Ufers begleiten; es ist übrigens der einzige Holzbestand des ganzen Gebiets. Auch hier, typisch wie bei allen Flüssen Südrußlands, ist das Westufer des Don 150 Meter höher als die östliche Uferseite. Am Westufer liegen streckenweise auch hübsche Berglandschaften, an deren Hänge sich Dörfer mit Weinbergen schmiegen. Der Strom hat neben dem etwa 200 bis 300 Meter breiten Hauptarm an vielen Stellen Nebenarme, Altwasser und Inseln.
Außer den Wasserläufen tragen sogenannte Balkas — Erosionsspalten und -rinnen, die sich in feiner Verästelung von den größeren Flüssen bis dicht an die höchsten Erhebungen des Geländes hinaufziehen — zur Abwechslung in der Einöde bei. Auch in diesen grünen Balkas liegen reizvolle Ortschaften mit üppigen Gärten, eine Landschaft für sich,

Oben: Stadt an der Wolga, Frühjahr 1942: Man ahnt noch nicht, daß die stille Landschaft bereits einige Monate später zum Schauplatz der erbittertsten Kämpfe des Zweiten Weltkrieges werden wird

Unten: Ein Foto, das von der Côte d'Azur stammen könnte

geborgen vor der Steppe und geschützt gegen die mörderischen Burani, die Winterstürme. Man entdeckt diese verträumten Dörfer erst, wenn man direkt am Rande der Schluchten steht, sonst wandert das Auge über die unendliche Weite. Übrigens sind diese Balkas mit ihren steilen Wänden unüberwindliche Hindernisse für jede motorisierte Truppe mit all ihren Fahrzeugen und Panzern.

In der tristen Ebene erheben sich unzählige »Kurgan«, einige Meter hohe Hügelgräber aus grauer Vorzeit, wie sie über ganz Südrußland verstreut sind.

In jedem Frühjahr verwandelt sich die Steppe in ein duftendes Blumenmeer von seltener Schönheit; sobald jedoch im Sommer das Steppengras unter der sengenden Sonne verdorrt, nimmt die Landschaft eine bräunliche Färbung an, und die hellen Wurzeln des Steppenkrautes stechen hervor und kräuseln sich unter der dünnen Oberfläche des zerrissenen, erstarrten Grundes, der nie eine Pflugschar gesehen hat.

Diese baum- und schattenlose Ebene, tiefe Staubwege, heiße Sandstürme, Hitze von über 50 Grad, dazu trügerische Lustpiegelungen, Steppenbrände, und vor allem der Wassermangel wirken auf einen

Der Rote Platz, das Zentrum des modernen Stadtviertels von Stalingrad

Eine der Montagehallen des Traktorenwerkes Dscherschinski

Mitteleuropäer recht deprimierend. Es gibt hier fast keine Abenddämmerung mehr; im Sommer, etwa gegen 20 Uhr, hört der Tag ganz plötzlich auf, und eine stille, warme, sternklare Nacht folgt.
Die im Sommer unvermittelt einsetzenden wolkenbruchartigen Gewitterregen verwandeln in kurzer Zeit Bäche in Flüsse, Schluchten in rauschende Wasserläufe, und Wege in zähen Schlamm.
Die Verkehrsverbindungen in diesem Gebiet sind recht dürftig. Von Stalingrad nach Astrachan führen längs der Wolga eine Bahn und eine Straße, eine andere Autostraße, die in Diwnoje beginnt, geht von Krestny ostwärts über Elista und Utta nach Astrachan. Der übrige Verkehr bleibt bei Regen schnell im Schlamm stecken.
Die Winde, die im Herbst tagaus, tagein wehen, reißen die kugelförmig wachsenden Steppensträucher aus dem Boden und jagen sie über die endlose Öde. Diese stacheligen Kümmelblumen nennt man nach alter Überlieferung Hexen. In wildem Wirbel jagt der Wind die Steppenhexen, in gespenstischem Spiele sich vereinend und wieder trennend, über das karge Land.
Brennholz ist hier, wo es keine Gehölze gibt, kaum zu beschaffen; als Ersatz dient getrockneter Mist der Weidetiere. Von August an, wenn die Vegetation zu verdorren beginnt, wird auch die Versorgung der Pferde schwierig, da die Kalmücken keine Heuvorräte anlegen.
Der Winter in dieser trostlosen weißen Öde — das Fehlen von Brennholz

bei Kälte von minus 40 Grad und Temperaturstürze von über 20 Grad innerhalb weniger Stunden — ist selbst für die abgehärteten Einheimischen schwer zu ertragen. Die oft viele Tage anhaltenden Nordoststürme setzen besonders im Raum zwischen Don und Wolga so plötzlich und mit solcher Stärke ein, daß auf Flugplätzen sogar Maschinen fortgerissen werden. Zwischen den Dörfern besteht ein Warndienst, damit Menschen und Vieh sich auf den Burani einstellen können.
Die Verlorenheit der östlichen Weite hat gerade im Herbst und Winter etwas Erdrückendes. Und dieses unheimliche Gefühl wird noch vertieft durch die früh hereinbrechende Dunkelheit: Da die deutsche Wehrmacht die heimatliche Uhrzeit beibehält, geht für die Landser die Sonne bald nach Mittag unter, und zwischen 14 und 15 Uhr ist es bereits Nacht.
Das Gebiet wird in etwa nordsüdlicher Richtung von zwei mächtigen Strömen durchflossen, dem Don, dessen Bett sich in Mäandern bis nach Rostow am Asowschen Meer windet, und weiter östlich von der Wolga. Nur ein kurzes Stück fließen die beiden Ströme in einem Abstand von etwa 45 Kilometer parallel, um sich dann wieder zu trennen, bis sie ihre weit voneinander entfernten Mündungsgebiete erreichen.
Das Wolgatal liegt schon ab Kasan unter dem Einfluß des trockenen, kalten Steppenwindes aus Asien, der aber durch warme Südwinde bedeutend gemildert wird. Bereits Zar Peter der Große hat sich mit dem Plan getragen, quer durch die Landenge zwischen Wolga und Don einen Kanal zu treiben. Die Arbeit wird zwar angefangen, bald jedoch wieder aufgegeben. Erst nach dem Zweiten Weltkrieg verwirklicht man die Idee Peters des Großen. In nordsüdlicher Richtung zieht sich zwischen den beiden Flüssen eine 1000 Kilometer lange und 150 Meter hohe Geländestufe entlang, das westliche, sogenannte Bergufer der Wolga.
Auf dem Breitengrad von Paris, umgeben von Steppe, liegt auf diesem Bergufer der Wolga Stalingrad, ehemals Zarizyn genannt. Kilometerlang ziehen sich Gärten voller Pflaumen- und Mandelbäume, die im Herbst häufig zum zweitenmal blühen, wie ein grüner Gürtel um die Stadt. Auf den Feldern der Kolchosen glänzen Abertausende von Arbusen — rundliche, dunkelgrüne Wassermelonen.
Als Iwan der Schreckliche das Land um die Mitte des 16. Jahrhunderts eroberte, entstand hier Zarizyn, die »Stadt der Zarin«. Stenka Rasin, der berühmte Rebell und Kosakenataman, bemächtigte sich ihrer im Jahre 1670, und später, während des Aufstandes unter Jemeljan Pugatschew gegen Katharina die Große, fanden hier blutige Kämpfe statt.
Über drei Jahrhunderte lang bleibt Zarizyn ein unbedeutender Ort an der Grenze eines weiten Steppengebietes. Erst Ende vorigen Jahrhunderts,

als sich der Bergbau im Donezbecken und die Ölförderung im östlichen Kaukasus zu entwickeln beginnen, gewinnt die Stadt an Bedeutung: Nur 45 Kilometer westlich von Zarizyn nämlich befindet sich der östlichste Punkt des Donbogens, und die beiden Flußhäfen Zarizyn an der Wolga und Kalatsch am Don werden nun durch einen Schienenstrang miteinander verbunden. Auf diese Weise befördert man das von der oberen Wolga und der Kama geflößte Holz zum Donezbecken, wo es hauptsächlich als Grubenholz Verwendung findet. Den umgekehrten Weg nimmt die von den Wolgaschiffen transportierte Kohle für Moskau sowie für die Schwerindustrie am Ural. Bald sind die Öltransporte aus Baku und Grosny die wichtigsten Güter, die über die Wolga nach Norden oder über den Don in westlicher Richtung verschifft werden.
Als im Jahre 1875 eine französische Firma das erste Stahlwerk in dieser Region erstellt, ist die Stadt noch ein chaotisches Gewirr primitiver Holzhäuser.
Im Bürgerkrieg der bolschewistischen Revolution wird Zarizyn mit einem Male zu einer strategischen Schlüsselstellung, da das Land an der Wolga einen Keil zwischen den beiden in Südrußland und von Sibirien aus operierenden antibolschewistischen Armeen bildet. Etwa anderthalb Jahre hindurch stürmen zunächst die Donkosaken des Generals Krasnow, dann die Reiter des Generals Wrangel gegen Zarizyn. Der Oberbefehlshaber der roten Truppen in der Wolgastadt ist Kliment J. Woroschilow, sein Armeekommisar J. W. Stalin. Das Hauptverdienst daran, daß die Stadt 1918 gehalten und den Kosaken das Vordringen über die Wolga zum Ural verwehrt wurde, schreibt man später dem in Zarizyn tätigen Stalin zu. Nach ihm erhält die Stadt 1925 den Namen Stalingrad. Ende 1939 ist Stalingrad mit seinen 446000 Einwohnern eine der größten Städte der Sowjetunion. Das Ansteigen der Bevölkerungszahl Stalingrads, in deren Umgebung es überhaupt keine nutzbaren Rohstoffe gibt, ist ihrer günstigen Verkehrslage zuzuschreiben, die das Entstehen einer Schwer- und Maschinenindustrie während der Fünfjahrespläne begünstigt. In Stalingrad entsteht unter anderem das drittgrößte Traktorenwerk, Dscherschinski, das etwa 25 Prozent aller in der Sowjetunion hergestellten Zugmaschinen liefert. Noch größer wird das Stahlwerk »Krasny Oktjabr«. Außerdem besitzt Stalingrad eine der bedeutendsten Ölraffinerien des Landes.
Bereits vor Ausbruch des Zweiten Weltkrieges stellt man die Stalingrader Schwerindustrie auf Rüstungsproduktion um. So werden z. B. in dem Traktorenwerk Dscherschinski Anfang 1942 monatlich etwa 250 Panzer T 34 gebaut. Die Stadt wird nun ein riesiges Umschlagzentrum, über das

Transporte von beinahe 30 Millionen t Güter laufen, davon fast 9 Millionen t Mineralöl. Hierüber geht auch vom Kuban und aus der Ukraine der Weizen zum Weitertransport nach Norden, genauso wie das Manganerz.
Die Stadt Stalingrad zieht sich wie ein Band von 500 bis 4000 Meter Breite und fast 60 Kilometer Länge auf dem steilen Westufer der Wolga entlang von dem Fluß Mokraja Metschetka im Norden bis zum Städtchen Krasnoarmeisk im Süden. Im Stadtkern, von breiten Grünanlagen umrahmt, liegt der imposante Rote Platz; hier an der Ecke, im Warenhaus Univermag, wird die letzte Zuflucht des Feldmarschalls Paulus und seines Stabes sein. Daneben, an der Südseite, steht das im klassischen Stil erbaute Gorki-Theater. Die Breite der Wolga schwankt innerhalb der Stadt zwischen 1000 und 2000 Metern, ihre Tiefe zwischen 5 und 24 Metern. Brücken gibt es 1942 noch nicht. Der Verkehr über den Strom geht mit Fähren, Dampfern und Motorbooten vor sich. Jenseits des von kleineren und größeren Inseln unterbrochenen Flusses dehnt sich die Weite Asiens.
Die Häuser in den Vororten Stalingrads sind überwiegend aus Holz, und als die Deutschen die Stadt bombardieren, brennen sie zum größten Teil nieder. Steinbauten findet man in erster Linie in den Arbeitersiedlungen, in den Industriebezirken und im Zentrum der Stadt. Auch sie werden zu Beginn der Kämpfe durch Bombenangriffe zerstört, und in ihren Trümmern spielen sich später die erbittertsten Kämpfe des Zweiten Weltkriegs ab.
Typisch für das Stadtbild sind die schmalen rechteckigen Häuserviertel, die langen, geraden Hauptstraßen und kurze Querstraßen. Diese Straßenanordnung begünstigt die Errichtung von Barrikaden und die Wirksamkeit des Abwehrfeuers, gestattet aber auch dem Angreifer, sobald er die beherrschenden Anhöhen besetzt hat, ganze Straßenzüge zu bestreichen und dadurch die Bewegung des Gegners in der Stadt zu erschweren. Das offene Steppengelände westlich von Stalingrad ist von Balkas durchschnitten, im Norden dagegen mit Buschwerk bedeckt. Wald gibt es auch hier so gut wie keinen, nur ausgedehnte Obstgärten im Weichbild der Stadt. Westlich von Stalingrad verläuft ein langer, nach Osten abfallender Höhenrücken. Er bietet günstige Beobachtungsmöglichkeit und ist für die Errichtung von Artilleriestellungen besonders gut geeignet. Außerdem kann der Angreifer im Schutz dieser Höhen unbemerkt Umgruppierungen vornehmen, und die von Westen her fächerförmig in das Stadtgebiet führenden zahlreichen Balkas geben ihm Gelegenheit, sich in deren Deckung der Stadt zu nähern.

Das abschüssige Wolgaufer erschwert den Verkehr zwischen Stadt und Fluß, und es vergeht kaum ein Tag, ohne daß auf der Zufahrtstraße Pferdefuhrwerke oder Autos Unfälle verursachen. Diese gut 150 Meter hohe Steilwand trägt auch entscheidend dazu bei, daß die Sowjets sich des deutschen Ansturms erwehren können. Das Steilufer schafft nämlich einen ausgedehnten toten Winkel gegen feindlichen Direktbeschuß, der es dem auf einige hundert Meter zusammengedrängten Verteidiger ermöglicht, hier seine Stäbe und die notwendigsten Versorgungsdienste unterzubringen. Allerdings vermag diese fast senkrechte Anhöhe nicht die nötige Deckung gegen steilfeuernde Artillerie, Granatwerfer und vor allem gegen Luftangriffe zu bieten.
Im Norden des Stadtzentrums erhebt sich der vor einigen Jahrhunderten zu Ehren des Tatarenfürsten Mamai aufgeschüttete Hügel Kurgan, ein beliebtes Ausflugsziel der Stalingrader. Hier hören sie die Platzkonzerte der Militärkapellen, hier toben tagsüber die Kinder, und abends treffen sich Verliebte, die dem Gesang der Nachtigallen lauschen. Von dem Gipfel des Kurgan aus hat man das schönste Panorama der Stadt vor Augen, die Landenge und hinter der Wolga die in Dunst gehüllten Ausläufer Asiens.
Bald wird der romantische Mamai-Hügel, bei Freund und Feind in den Generalstabskarten schlicht als Höhe 102 bezeichnet, zum wichtigsten strategischen Punkt der »Festung Stalingrad«. Um seinen Besitz wird beinahe bis Ende Januar 1943 verbissen gekämpft, und für Tausende ist diese sanfte Erhebung das letzte, was sie zu sehen bekommen.
Von diesem höchsten Punkt der Stadt aus kann man nämlich den Fluß innerhalb Stalingrads unter Kontrolle halten, und der Kurgan bietet einen unbegrenzten Einblick in das Land am linken Wolgaufer, das sich flach wie ein Brett bis zum Horizont hin ausdehnt. Stalingrad verfügt über zwei große Bahnhöfe für Personen- und Güterverkehr, der Hauptbahnhof, Nr. 1 genannt, liegt direkt im Zentrum, Nr. 2 im südlichen Stadtteil. Auch um diese beiden Bahnhöfe wird eines Tages verbissen gekämpft werden.
In der Nähe von Stalingrad befinden sich zwei Flugplätze, der kleine, dicht am Stadtrand liegende Stalingradski und der etwa 8 Kilometer entfernte Gumrak. In einem Erdbunker am Rande des Flugplatzes von Gumrak wird Ende November 1942 der Befehlsstand der eingekreisten 6. Armee untergebracht. Der weiter westlich liegende Flugplatz Pitomnik wiederum wird Zeuge des verzweifelten Versuchs, die todgeweihte Armee aus der Luft zu versorgen.
Zu Füßen der Jergeni-Hügel, südlich von Stalingrad, die sich als eine

gerade Kette von Norden nach Süden, quer durch die Kalmückensteppe erstrecken, liegen breit hingelagert mit schilfigen Ufern die Salzseen Zaza und Barmanzak. Vom Kamm dieser Hügel erblickt man die ebene Salzwüste bis zum fernen Unterlauf der Wolga. Die wichtige Bahnlinie Rostow – Kotelnikowo – Tinguta nach Stalingrad führt an ihnen vorbei. Bereits im Herbst 1941 beginnt man vorsorglich, westlich von Stalingrad improvisierte Stellungen auszubauen, deren südlicher Teil an der oberen Myschkowa liegt und sich an die weithin beherrschenden Erhebungen der Jergeni-Hügel nördlich des Bahnhofs Abganerowo anschließt. Nahe Stalingrad werden die Feldstellungen im Verlauf des projektierten Don-Wolga-Kanals gebaut, deren Rückgrat die Hügel südwestlich von Krasnoarmeisk und Beketowka bilden. Die NS-Propaganda macht ein Jahr später aus diesen Feldstellungen »innere und äußere Festungsgürtel«, um den Eindruck zu erwecken, Stalingrad sei eine Festung.
Für den Einsatz der Fliegerkräfte im Herbst und Winter 1942 ist von entscheidender Bedeutung, daß der Don mit seinen etwa 10 Kilometer breiten waldreichen Niederungen und die Wolga eine Wetterscheide bilden: oft können die Flugzeuge wegen dichten Nebels westlich des Don nicht starten, während über Stalingrad die Sonne scheint — oder umgekehrt. Die Landenge zwischen den beiden Strömen ist die Schleifzone, wo der kalte kontinentale Ostwind und der maritime Westwind aufeinanderstoßen. So trägt die Unkenntnis dieser Naturerscheinung mit bei zum Scheitern der Luftversorgung der 6. Armee im Kessel von Stalingrad.
Von jeher war diese Landenge ein Einfallstor nach Süden. Noch jetzt besteht hier der gegen solche Überfälle im 13. Jahrhundert angelegte Tatarenwall, eine nach Norden gerichtete Verteidigungsanlage. Er zieht sich von der Zariza-Mündung bei Stalingrad-Mitte bis an den Don bei Schischikin. Hinter einem tiefen Graben erhebt sich ein Wall, der sich selbst jetzt nach mehreren Jahrhunderten sogar für Panzer noch als fast unüberwindliches Hindernis erweist.
Die baumlose kahle Landenge ist als Kampfgebiet äußerst ungeeignet: das offene Gelände erschwert sowohl für Angreifer als auch für Verteidiger die Tarnung von Truppen und Versorgungswegen. Diese Bodengestaltung ermöglicht allerdings wiederum schnelle Bewegungen aller Waffengattungen. Im Stadtgebiet selbst münden die beiden Flüsse Mokraja Metschetka und die Zariza in die Wolga. Im Sommer sind es zwar nur schmale Bäche, sie fließen jedoch in tiefen Balkas mit steilen Ufern, die zu natürlichen Panzerhindernissen werden. Die Unterkunftsmöglichkeiten für größere Verbände befinden sich in Stalingrad selbst oder im Marinowokatal, etwa 30 Kilometer westlich.

Personen

Die Deutschen

Friedrich Wilhelm Ernst Paulus

Der jüngste unter den deutschen Heerführern, 52 Jahre alt, übernimmt während der schweren Winterkämpfe an der Ostfront im Januar 1942 die 6. Armee. Der hochgewachsene, brillante Generalstabsoffizier alter Schule, mit vorzüglichen Manieren und von gepflegter Erscheinung, politisch eher neutral, wird als bedächtiger und sorgfältiger Schreibtischarbeiter geschätzt.
Paulus ist am 23. September 1890 in Breitenau, Hessen, geboren. Sein Vater, ein Wachtmeister, der es bis zum Verwaltungsinspektor gebracht hat, entstammt einer hessischen Bauernfamilie. Seine Mutter ist eine schöne und duldsame Frau, die »viele Mühen und Beschwerden ohne Klagen zu tragen verstand«.
Nach dem Gymnasium in Kassel studiert der junge Paulus ein Semester Jura in Marburg und tritt 1909 als Fahnenjunker in das 3. badische Infanterieregiment 111 in Rastatt ein. Hier macht er zwar keine militärische Karriere, aber um so mehr eine gesellschaftliche: Zwei seiner Regimentskameraden, Söhne einer der vornehmsten rumänischen Familien, stellen Paulus ihrer bildhübschen 21jährigen Schwester, Elena Constance Rosetti-Solescu, vor. Der Fähnrich bittet bald um ihre Hand, und am 4. Juli 1912 findet die Hochzeit statt.
So erhält Paulus Zugang zu den höchsten und feudalsten Kreisen Rumäniens, zumal die Familie Rosetti-Solescu außer ihren immensen Latifundien sich auch der Abstammung von dem byzantinischen Kaiser Justinian rühmt. Seine Frau schenkt ihm drei Kinder, eine Tochter Olga und die Zwillinge Friedrich und Ernst, die später Offiziere werden.
Im Ersten Weltkrieg erwirbt sich Paulus seine Meriten zunächst als Bataillonsadjutant, dann im 2. preußischen Jägerregiment (Deutsches Alpenkorps). Nach dem Krieg, aus dem er als Hauptmann zurückkehrt, nimmt er im Jahre 1922 in Konstanz an einer getarnten Generalstabs-Ausbildung teil und wird anschließend in verschiedenen Stäben und Truppenkommandos eingesetzt, bis er die Kraftfahrabteilung 3 (Berlin-Lankwitz) übernimmt, in Wirklichkeit eine Lehr- und Versuchseinheit der damals für die Deutschen verbotenen Panzerwaffe.
Im Februar 1938 wird Paulus, jetzt Oberst, Chef des Generalstabes des

XVI. Armeekorps (GenLt. H. Guderian) und ist am Aufbau der deutschen Panzertruppe wesentlich beteiligt. Er avanciert am 1. Januar 1939 zum Generalmajor, und am 28. August 1939, vier Tage vor dem Überfall auf Polen, wird Paulus Chef des Stabes der 10. Armee in Leipzig (GenOberst W. v. Reichenau) und nimmt am Polenfeldzug teil.

Als die 10. Armee am 26. Oktober 1939 in 6. Armee (GenOberst W. v. Reichenau) umbenannt wird, bleibt Paulus Chef des Generalstabs der 6. Armee und wirkt maßgeblich an den Vorbereitungen und der Durchführung der Angriffe auf Holland, Belgien und Frankreich im Rahmen der Heeresgruppe B (GenOberst F. v. Bock) mit. Er ist bei der Entgegennahme der Kapitulation der belgischen Armee am 28. Mai 1940 auf Schloß Anvaing anwesend, und nach dem Frankreichfeldzug nimmt Paulus an der Planung des Unternehmens »Seelöwe«, der Invasion Englands, teil. Am 3. September 1940 ersteigt Paulus eine wichtige Sprosse seiner militärischen Laufbahn: Er wird, inzwischen zum Generalleutnant befördert, Oberquartiermeister I des Generalstabes des Heeres (OKH) und damit dritter Mann gleich nach Generalfeldmarschall v. Brauchitsch und Generaloberst Halder. Seine wichtigste Aufgabe: Bearbeitung des Aufmarschplans »Barbarossa« gegen die Sowjetunion. Und bereits am 29. November 1940 leitet Paulus das erste Planspiel des OKH für den Ostfeldzug. Ende April 1941 entsendet das OKH Paulus – mit Rommel persönlich bekannt – nach Nordafrika, wie der Chef des Generalstabs Halder notiert: »... vielleicht noch als einziger die Möglichkeit hat, diesen verrückt gewordenen Soldaten durch seinen persönlichen Einspruch abzufangen«. Paulus bleibt zweieinhalb Wochen beim Afrikakorps. Sein Urteil über den einstigen Kameraden: »Rommel ist der Sache nicht gewachsen.«

Paulus ist am 5. 1. 1942 zum OB der 6. Armee ernannt worden. Der junge General der Panzertruppe ist ein Mann, der nie zuvor ein Korps, eine Division oder selbst ein Regiment im Felde befehligt hat — sein letztes Truppenkommando war 1934 die Führung einer Kraftfahrabteilung — er kommandiert jetzt eine Armee, die noch dazu als ein Elite-Großverband des Dritten Reiches gilt. Feldmarschall von Bock setzt daher Anfang Mai den Oberst i. G. Arthur Schmidt als Chef des Stabes der 6. Armee ein, »der er Straffheit beibringen soll«. Der neue Chef, am 25. Oktober 1895 in Hamburg geboren, hat im Ersten Weltkrieg zuletzt als Leutnant des Infanterieregiments 26 gedient und ist am 12. Oktober 1937 in die Reichswehr eingetreten, bei Ausbruch des Zweiten Weltkrieges Oberstleutnant und Ia der an der Westfront stehenden 5. Armee (Gen. d. Inf. Liebmann).

Links: Generalleutnant Friedrich W. E. Paulus, Oberbefehlshaber der 6. Armee
Rechts: Generaloberst Hermann Hoth, Oberbefehlshaber der 4. Panzerarmee

Der Junggeselle Schmidt, Schöngeist, energisch und hart bis zur Sturheit, dominiert mit seiner starken Persönlichkeit im Gegensatz zu dem sensiblen und abwägenden Paulus. Zwischen den beiden besteht zwar ein fast überkorrektes Verhältnis, jedoch ohne jegliche menschliche Wärme. Was sie verbindet, ist der Glaube an Hitlers guten Stern und ihr Vertrauen auf seine moralischen Qualitäten.

Hermann Hoth

Der schmächtige Generaloberst mit silbrigem Haar, von seinen Soldaten »Papa Hoth« genannt, ursprünglich Infanterist, mittlerweile ein glänzender Panzerführer, jetzt Oberbefehlshaber der 4. Panzerarmee, spielt eine wichtige Rolle im Kampf um Stalingrad.
Am 12. April 1885 in Neuruppin in der Mark Brandenburg als Sohn eines Sanitätsoffiziers geboren, tritt er nach dem Gymnasium in das Preußische

Kadettenkorps ein. Nach dem Abitur und der Kriegsschule dient Hoth im Infanterieregiment 72 (Torgau) und kommt bei Ausbruch des Ersten Weltkrieges zuerst als Hauptmann in den Großen Generalstab, wird Kompaniechef, Bataillonskommandeur und Chef einer Fliegerabteilung. Ende des Krieges ist er Generalstabsoffizier einer Infanteriedivision, danach, von der Reichswehr übernommen, in verschiedenen Kommandeur- und Stabsstellungen. Von 1935 bis 1938 führt Hoth die 18. Division (Liegnitz) und später als Generalleutnant das XV. Armeekorps (Jena), einen — par excellence — schnellen Truppenverband.
Im Polenfeldzug befehligt General der Infanterie Hoth das der 10. Armee (v. Reichenau) unterstellte XV. Panzerkoprs, das, an strategisch entscheidenden Punkten eingesetzt, wesentlich zum Gelingen der Operation beiträgt. Auch im Frankreichfeldzug kann Hoth manchen Erfolg verbuchen. Am 13. Mai 1940 überschreitet sein XV. Panzerkorps als erster deutscher Verband bei Dinant die Maas, und einen Monat danach, am 16. Juni, erreichen die Panzerspitzen seines Korps Brest.
Beim Angriff auf die Sowjetunion befehligt Hoth die 3. Panzergruppe, mit der er, in Zusammenwirken mit den Panzergruppen Guderian und Hoepner, die Erfolge der großen Kesselschlachten des Sommers und Herbstes 1941 anbahnt. Bereits am 9. Juli 1941 erobert Generaloberst Hoth, der unerschrocken öfters vorn als bei seinem Stab zu finden ist, Witebsk, und am 27. Oktober, als Oberbefehlshaber der 17. Armee, Krematorsk. Im Winter 1941/42 führt er mit seiner 17. Armee schwere Abwehrkämpfe in der Südukraine.
In den frühen Morgenstunden des 17. Mai 1942 startet das Unternehmen »Friedericus«: Die 17. Armee des Generaloberst Hoth und die 1. Panzerarmee (GenOberst Kleist) greifen von Süden her, die 6. Armee (Gen.d.Pz.Truppe Paulus) von Norden her die Armeen des Marschalls der Sowjetunion Timoschenko an, um am Donez und im Raum Charkow die entscheidenden Ausgangspositionen für die Sommeroffensive zu erkämpfen, die den Weg nach Stalingrad öffnen soll. Und am 1. Juni 1942 wird Generaloberst Hoth Oberbefehlshaber der 4. Panzerarmee.

Walther Kurt von Seydlitz-Kurzbach

genießt den Ruf eines Truppenführers mit Zivilcourage und dem Mut, ungewöhnliche Entscheidungen zu treffen. Diese Eigenschaften sind ihm immerhin in die Wiege gelegt worden: Sein Vorfahr Freiherr Friedrich Wilhelm v. Seydlitz-Kurzbach war es, der als der Reitergeneral Friedrichs des Großen in der Schlacht bei Zorndorf in der Mark (1758) seinem

General der Artillerie Walther K. von Seydlitz-Kurzbach, Kdr. General des LI. Armeekorps

König die befohlene Attacke auf die noch unerschütterten russischen Positionen verweigerte, da ihm der richtige Augenblick noch nicht gekommen schien. Als bereits der vierte Ordonnanzoffizier des Königs ihm meldete: »Seine Majestät befehlen: Der Generalleutnant haftet mit seinem Kopf für den Angriff« — antwortete Seydlitz gelassen: »Sagen Sie dem König, nach der Bataille gehört ihm mein Kopf. In der Bataille brauche ich ihn noch zu seinen Diensten.« Er ritt erst, als er es für richtig hielt — und entschied die Schlacht.

v. Seydlitz-Kurzbach, am 22. August 1888 in Hamburg geboren, trat als 20jähriger Fahnenjunker in das Feldartillerieregiment 36 (Danzig) ein. Nach dem Ersten Weltkrieg, in dem er viermal verwundet worden ist, wird v. Seydlitz Regimentsadjutant, dann Batteriechef im Artillerieregiment 2 (Schwerin). Ab April 1930 im Heereswaffenamt, wird er später Kommandeur des Artillerieregiments 22.

Nach Ausbruch des Zweiten Weltkrieges Generalmajor und Kommandeur der 12. Infanteriedivision geworden, kämpfte er mit ihr im Frankreichfeldzug.

Später, für seinen Vorstoß von Ostpreußen bis auf die Waldaihöhen, erhält von Seydlitz Ende 1941 als 54. Soldat der Wehrmacht das Eichenlaub zum Ritterkreuz des EK. Ihm gelingt es, an der Spitze der »Gruppe Seydlitz« (5. und 8. Jg.Div., 122. u. 329. Inf.Div.) die im Kessel von Demjansk von der Roten Armee über zwei Monate lang eingekreisten 100000 Soldaten des II. Armeekorps am 28. April 1942 zu befreien. Einige Wochen später nimmt der zum General der Artillerie beförderte v. Seydlitz als Kommandierender General des LI. Armeekorps unter dem Oberbefehl von Paulus an den Kämpfen bei Rostow und mit dem Südflügel der 6. Armee am Vorstoß auf Stalingrad teil.

Hyazinth Graf Strachwitz von Großzauche und Camminetz

ist der erste Deutsche, der an der Wolga steht. Mit seiner Panzerabteilung I des Panzerregiments 2 (16. Pz.Div.) befindet sich der Oberstleutnant der Reserve nach stürmischer Fahrt aus dem Donbogen über die Landenge am späten Sonntagnachmittag des 23. August 1942 »bevor die Sonne untergeht« am Steilufer der Wolga bei Rynok im Norden von Stalingrad und blickt über den breiten Fluß.

Am 30. Juli 1893 in einer schlesischen Adelsfamilie auf Schloß Groß-Stein geboren, im Kadettenkorps erzogen, tritt Strachwitz in das exklusive Regiment der Garde du Corps (Potsdam) ein und zieht als Leutnant in den Ersten Weltkrieg. Der junge Graf erweist sich gleich zu Beginn des Krieges, nach den Worten seines Vorgesetzten, des Generals v. Marchwitz, als ein »blödsinnig schneidiger Hund«.

Mit dem Gardekorps ist er in einem »frisch-fröhlichen« Streifzug bis weit nach Frankreich hineingekommen Und als Leutnant Graf Strachwitz wieder einmal auf Patrouille geschickt wird, galoppiert er mit seinen Reitern so weit, bis er Paris sehen kann. Es ist dies die berühmte deutsche »Fernpatrouille«, die im Ersten Weltkrieg am weitesten bis in die Umgebung der Seinemetropole vorgeprescht ist. Allerdings lassen sich die Franzosen nicht so einfach beeindrucken und nehmen die mutigen Reiter gefangen.

Als der Krieg vorbei ist, findet der Oberleutnant Graf Strachwitz eine neue Aufgabe als Freikorpsführer in Schlesien, wo er mit den Polen scharmützelt und wo er später den ererbten Großgrundbesitz bewirtschaftet. Mit Beginn des Zweiten Weltkrieges sattelt der Reserveoffizier, ein Typ des Stummfilm-Liebhabers mit Menjou-Bärtchen, vom Pferd auf den Panzer um, nimmt an den Feldzügen in Polen, Frankreich und der Sowjetunion teil und wird mittlerweile als verwegener »Panzer-Kavallerist« bekannt.

Links: Generalfeldmarschall Erich von Manstein, ab 26.11.42 OB der Heeresgruppe Don
Rechts: Oberstleutnant d. R. Hyazinth Graf Strachwitz, 2. Panzerregiment (16. Pz.Div.)

Erich von Lewinski, genannt von Manstein

»Der gefährlichste militärische Gegner der Alliierten« — so der englische Theoretiker von Weltruf B. H. Liddell Hart — und wohl der fähigste deutsche General soll, nachdem Hitlers Offensive in Stalingrad steckenbleibt, die Wende an der Wolga bringen.

E. v. Lewinski entstammt einem alten westpreußischen Adelsgeschlecht, wird am 24. November 1887 geboren und einige Zeit später von Generalleutnant G. v. Manstein adoptiert. Die letzten sechs Jahre seiner Schulzeit verlebt er auf den Kadettenanstalten in Plön und Lichterfelde. Im Frühjahr 1906 tritt v. Manstein als Fähnrich in das 3. Garderegiment zu Fuß ein. Ab Herbst 1913 besucht er die Kriegsakademie, die er bereits

im Sommer 1914 mit Beginn des Ersten Weltkrieges unterbrechen muß. Abgesehen von kurzen Kommandierungen zum Frontdienst, verbringt v. Manstein nach schwerer Verwundung den Krieg in hohen Stäben.
Anfang des Jahres 1919 ist v. Manstein beim Oberkommando Grenzschutz Süd (Breslau) als Generalstabsoffizier.
Nach Übernahme in die Reichswehr, abwechselnd beim Generalstab und bei der Truppe, kommt er im Herbst 1929 in das Truppenamt des Reichswehrministeriums. Die Zusammenarbeit zwischen der Reichswehr und der Roten Armee ermöglicht v. Manstein in den Jahren 1931 und 1932 die mehrere Wochen dauernden Studienreisen in die Sowjetunion, was ihn später davon abhält — im Gegensatz zu anderen deutschen Befehlshabern —, die Rote Armee zu unterschätzen.
Im Februar 1934 wird Oberst v. Manstein Chef des Stabes des Berliner Wehrkreises III unter General v. Witzleben, dann am 1. Juli 1935 Chef der Operationsabteilung im Generalstab, und ein Jahr später, zum Generalmajor befördert, stellvertretender Chef des Generalstabes. Anfang 1938, jetzt Generalleutnant, wird er Kommandeur der 18. Division (Liegnitzt). Kurz vor Ausbruch des Zweiten Weltkrieges ernennt man ihn zum Chef des Stabes der Heeresgruppe Süd (v. Rundstedt), die im Feldzug gegen Polen die entscheidende Rolle spielt, und ab Oktober 1939 zum Chef des Generalstabes der Heeresgruppe A (Generaloberst v. Rundstedt) an der Westfront. Hier erweist er sich als Schöpfer des glänzenden Operationsplans, der Frankreich die Niederlage bringt: die Idee des Panzerstoßes durch die Ardennen.
Nach der Kapitulation Frankreichs nimmt v. Manstein an den Vorbereitungen zur Invasion Englands teil.
Beim Angriff auf die Sowjetunion übernimmt v. Manstein das neugebildete LVI. Panzerkorps als Kommandierender General. Er rollt so schnell vorwärts, daß er innerhalb von vier Tagen die fast 300 Kilometer entfernt liegenden wichtigen Brücken der Düna besetzt und wenig später den Ilmensee erreicht.
Am 14. Juli 1941 wird v. Manstein General der Infanterie. Ende September 1941 erobert seine auf der Krim kämpfende 11. Armee den Tataren-Graben auf der Perekop-Landenge.
Vor dem Abschluß der Operation »Trappenjagd« (8.–18. Mai 1942), in der die Halbinsel Kertsch genommen wird, erhält v. Manstein seine Ernennung zum Generaloberst. Einen Monat später beginnt der Sturm auf Sewastopol, einer der größten und stärksten Festungen der Welt. am 1. Juli 1942 fällt diese Schwarzmeerbastion, und v. Manstein wird am gleichen Tag zum Generalfeldmarschall befördert.

Nachdem der vornehme v. Manstein — mit Leib und Seele Stratege, der die moderne Auffassung der Beweglichkeit mit einem klassischen Verständnis für die Kunst des Manövrierens vereint — Sewastopol erobert, wird er von Hitler zur Durchführung des Angriffs auf Leningrad beordert.

Und als sich bei Stalingrad das Unheil abzeichnet, holt der Führer v. Manstein: Er soll nun hier die völlig verfahrene Situation retten.

Die Sowjets

Semjon K. Timoschenko

Der stockgerade und kahlgeschorene Marschall der Sowjetunion entstammt wie die meisten höheren sowjetischen Heerführer einer Bauernfamilie.

Im Februar 1895 in dem bessarabischen Dorf Furmanowka geboren, schlägt sich Timoschenko zuerst als Gelegenheitsarbeiter durch, wird im Herbst 1914 MG-Schütze in der zaristischen Armee und tritt Ende 1917 im Rang eines Feldwebels mit seinem MG-Zug in die Rote Armee über. Im April 1918 wird er Kommandeur der ersten Partisanengruppe auf der Krim, und vier Monate später, im Juli 1918, führt er das erste Reiterregiment auf der Halbinsel, dann eines der Regimenter der 10. Armee (K. J. Woroschilow), dessen Politkommissar J. W. Stalin ist. Ab 1919 wird er Kommandeur der 2. Kavalleriedivision in der 1. Reiterarmee (S. M. Budjonny), mit der er gegen Polen und den weißrussischen General Wrangel kämpft. Fünfmal verwundet, absolviert Timoschenko nach der Beendigung des Krieges die Frunse-Akademie und dann die Militärpolitische Akademie »W. I. Lenin«.

Noch während seines Studiums wird er Kommandierender und Kommissar des 3. Kavalleriekorps, dann von 1933 bis 1935 Befehlshaber des Militärbezirks Weißrußland, von 1935 bis 1937 Befehlshaber des Sondermilitärbezirks Kiew, später des Militärbezirks Charkow, und ab 1938 bis 1940 wieder Befehlshaber des Sondermilitärbezirks Kiew.

Am 17. September 1939 marschiert die Armee General Timoschenkos mit der Ukrainischen Front (5., 6. und 12. Armee) in Polen ein. Während des finnischen Winterkrieges leitet er als Armeeoberbefehlshaber I. Ranges im Februar 1940 die Offensive der sowjetischen Nordwestfront, die auf der Karelischen Landenge von den Finnen blutig zurückgeschlagen wird.

Der humorlose Timoschenko mit seinem grimmigen Gesichtsausdruck wird ab 8. Mai 1940 Nachfolger von K. J. Woroschilow, Volkskommissar für die Verteidigung, zum Marschall befördert und tritt in den Obersten Kriegsrat ein. Bei Hitlers Überfall auf die Sowjetunion ist Timoschenko Oberbefehlshaber des Heeres und zugleich verantwortlich für die »Westfront«. Die ersten schweren Niederlagen der Roten Armee werden ihm angelastet, und am 19. Juli 1941 übenimmt J. W. Stalin selbst die Stellung als Verteidigungskommissar und ernennt Timoschenko zu seinem Stellvertreter.
Nachdem die sowjetischen Streitkräfte während der deutschen Sommer- und Herbstoffensive riesige Verluste erlitten haben, wird Timoschenko vorübergehend mit der Aufstellung der Ersatzarmee beauftragt.
In den Wintermonaten 1941/42 durchbricht seine Heeresgruppe »Südwestfront« bei Liwny die Stellungen der 2. Armee unter General der Panzertruppe Schmidt. Seine großangelegte Offensive am 9. Mai 1942 vom Donez-Brückenkopf bei Isjum mit dem Ziel, Charkow zurückzuerobern, scheitert an dem deutschen Gegenangriff, der am 17. Mai beginnt. Danach wendet der 47jährige Marschall der Sowjetunion Timoschenko seine elastische Kampftaktik des organisierten Rückzugs an, die die Deutschen in der trügerischen Hoffnung, die Rote Armee eines Tages endgültig zur entscheidenden Schlacht stellen zu können, bis auf das Steilufer der Wolga bei Stalingrad führt.

Georgi K. Schukow

Der stämmige, bäuerisch wirkende Mann mit dem runden sonnengebräunten Gesicht ist ein glänzender Stratege und ein Meister der Improvisation, gut vertraut mit den Problemen der Führung großer motorisierter Verbände. Wie J. W. Stalin Sohn eines armen Schuhmachers, am 2. Dezember 1896 im Dorf Strelkowo bei Kaluga in Mittelrußland geboren, muß er bereits im Alter von elf Jahren bei einem Kürschner arbeiten.
Er nimmt am Ersten Weltkrieg als einfacher Kavallerist, dann als Unteroffizier bei den 10. Nowgoroder Dragonern teil und wird mit hohen Tapferkeitsauszeichnungen geehrt: zwei St.-Georg-Kreuze und zwei St.-Georg-Medaillen. 1918 wechselt er zur Roten Armee und kämpft in der 1. Moskauer Kavalleriedivision (M. W. Frunse).
Im Jahre 1923 wird Schukow Kommandeur des 39. Busulukower Kavallerieregiments. Danach nimmt er an dem Führungskurs der Reichswehr in Deutschland teil. Im Jahre 1931 absolviert er die Frunse-Kriegsakade-

Links: Marschall der Sowjetunion Semjon K. Timoschenko, bis 23. 7. 42 OB der Stalingrader Front. Rechts: Armeegeneral Georgi K. Schukow, Vertreter des sowjetischen Oberkommandos

mie. Während der Säuberungswelle Stalins, bei der beinahe die Hälfte der höheren Sowjetoffiziere umkommt, avanciert Schukow unaufhaltsam. Eine Woche vor dem Überfall Hitlers auf Polen sichert Schukow die sowjetischen Fernostgrenzen durch einen glänzenden Sieg über Japan am mongolischen Fluß Calchingol. Hier setzen die Sowjets auch — erstmalig in ihrer Geschichte — massierte Panzertruppen ein. Dies bringt Schukow den begehrten Titel eines »Helden der Sowjetunion« ein und den ersten seiner insgesamt sechs Lenin-Orden.

Ein Jahr später, am 28. Juni 1940, befehligt Schukow die Verbände, die das rumänische Bessarabien besetzt halten.

Nachdem der Kavallerist und Panzerfachmann Ende Dezember 1940 in einem Sandkasten-Manöver in Moskau seine Gegner nach allen Regeln der Kunst schlägt, befördert ihn der beeindruckte Stalin drei Tage danach

zum Chef des Generalstabes. Als fünf Wochen nach dem deutschen Angriff Schukow zu J. W. Stalin sagt: »Kiew wird man aufgeben müssen«, ist der Diktator empört: »Was ist das für ein Blödsinn!« Schukow unbeeindruckt: »Wenn Sie meinen, daß der Generalstabschef nur Blödsinn verzapfen kann, dann hat er hier nichts zu suchen. Ich bitte, mich von den Pflichten des Generalstabschefs zu befreien und an die Front zu schicken. Dort werde ich der Heimat wohl mehr nützen.« Und Schukow fährt. Zwar geht Kiew verloren; aber Schukow stabilisiert die Westfront, sichert Leningrad und rettet Moskau. Seitdem gilt der bullige Stratege als Retter in der Not.
J. W. Stalin, jetzt selbst Oberbefehlshaber, macht den inzwischen längst zurückgeholten Schukow zu seinem Vize und ernennt ihn 1943 zum Marschall. Und er, der selbst dem Diktator zu widersprechen wagt, wie »niemand sonst«, wird nach Stalingrad beordert, um dort die verzweifelte Lage zu meistern.

Wassili I. Tschuikow

Dieser Mann, der ab September 1942 die 62. Armee befehligt, die verbissen das letzte Zehntel der Ruinen von Stalingrad verteidigt, gehört zu »jenem robusten Offizierstyp mit Sinn für Humor«, der jeglichen Schnickschnack vermeidet und häufig für einen einfachen Soldaten gehalten wird. Tschuikow, untersetzt und breitschultrig, lacht gern und laut und läßt dabei eine Reihe Goldzähne blitzen.
Der von seinen Soldaten ebenso geliebte wie gefürchtete 43jährige Kommandeur ist am 12. Februar 1900 in Serebrajanyje Prudy als Sohn eines Bauern aus der Umgebung der bekannten Samowar-Stadt Tula unweit Moskau geboren. Er muß sich als Laufbursche in einem Hotel und als Kaufmannslehrling durchschlagen, bevor er im April 1918 freiwillig in die Rote Armee eintritt. Schon nach viermonatiger Ausbildungszeit wird er Kompaniechef und zeichnet sich gleich in seinem ersten Gefecht aus. Bereits ein Jahr später wird er Regimentskommandeur und kämpft mutig gegen General Koltschak, was ihm das ZK der Partei mit zwei Rotbanner-Orden, einem Goldenen Säbel und einer goldenen Uhr honoriert, eine durchaus seltene Auszeichnung für einen so jungen Regimentschef. Während des polnisch-sowjetischen Krieges im Jahre 1920/21 ist Tschuikow mit seinem Regiment dabei. Vier Jahre später, 1925, absolviert er die Militärakademie M. W. Frunse und Anfang der dreißiger Jahre die Akademie für Mechanisierung und Motorisierung, die Ausbildungsstätte für die höheren Offiziere der Panzertruppe. Anfang 1939 befehligt

General Wassili I. Tschuikow, ab 12. 9. 42 Kdr. General der 62. Armee

Tschuikow ein Schützenkorps, am 17. September 1939 marschiert er mit der Armeegruppe im Rahmen der Weißrussischen Front (Armeegeneral M. P. Kowalew) in Polen ein und nimmt Ende des Jahres an den Kämpfen in Finnland teil. Während Hitler die Sowjetunion überfällt, hält sich Tschuikow als Militärattaché und Berater Tschiang Kai-Scheks in China auf.

Erst im März 1942 kehrt Tschuikow nach Moskau zurück, und zwei Monate später, Anfang Mai, wird er zum stellvertretenden Oberbefehlshaber der Reservearmee ernannt, die nahe seinem Gebursort in Tula liegt. Anfang Juli wird der Stab der Armee nach Stalinogorsk verlegt. Hier hat Tschuikow einen Autounfall, der ihn beinahe das Leben kostet und an dessen Folgen er seither leidet. Er mußte an diesem Abend fast bis Mitternacht arbeiten, in der Zeit guckte sein Fahrer wohl zu tief in die Flasche, und auf dem Weg zum Quartier passierte es dann: »Grinjow,

nicht so schnell! warnte ich ihn, doch er hörte mich nicht, gab noch einmal Gas, und in einer Kurve überschlug sich der Wagen.«
Anfang Juli wird seine Reservearmee in 64. Armee umbenannt und nach Stalingrad verlegt.
Am Morgen des 17. Juli 1942 geht bei seinem Stab ein Befehl aus Moskau ein: »Die 64. Armee erreicht in der Nacht zum 19. Juli die Frontlinie Surowikino-Kurmojarskaja. Sie setzt sich dort fest und verhindert durch hartnäckige Verteidigung einen Durchbruch des Gegners nach Stalingrad...«
Die 6. Armee — General Paulus — ist im Anmarsch.

Andrej I. Jeremenko

Der draufgängerische und strategisch begabte Oberbefehlshaber der »Südost- bzw. Stalingrader Front« wird am 14. Oktober 1892 im Dorf Markowka, unweit Charkow, geboren. Sein Vater ist ein armer ukrainischer Bauer.
Im Jahre 1913 zum Militärdienst eingezogen, kommt er bei Ausbruch des Ersten Weltkriegs an die Front und wird bereits in seinem ersten Einsatz verwundet, ein Schicksal, das Jeremenko in seiner militärischen Laufbahn nur allzu oft begegnet. Kaum genesen, steht der junge Soldat wieder in der ersten Linie und wird wegen Tapferkeit vor dem Feind zum Unteroffizier befördert. Nach der Februar-Revolution 1917 beteiligt er sich aktiv an den Arbeiten des Regimentskomitees. Und nachdem seine Einheit von der rumänischen Front nach Rußland zurückverlegt worden ist, fährt Jeremenko kurz entschlossen in sein Heimatdorf Markowka. In jenen Tagen stehen die deutschen Truppen noch tief in der Ukraine, und die ersten Weißgardisten tauchen auf. Jeremenko führt eine Partisanenabteilung, die Ende 1918 der Roten Armee unterstellt wird, und im Januar 1919 ist er schon Kriegskommissar und stellvertretender erster Vorsitzender des Revolutionskomitees in Markowka.
Einige Monate später kämpft er im ersten sowjetischen Reiterverband gegen Weißgardisten, zuerst als Chef der Aufklärung einer Brigade, dann als Stabschef eines Regiments und später als stellvertretender Regimentskommandeur in der 1. Reiterarmee (M. S. Budjonny).
Jeremenko nimmt an der Zerschlagung Denikins, am Krieg gegen Polen und am Kampf gegen Wrangel teil. Für seine Leistungen bekommt er den Lenin- und den Rotbanner-Orden. Ein Jahr danach, 1923, absolviert Jeremenko die Höhere Kavallerieschule und wird Kommandeur des 55. Kavallerieregiments.

Generaloberst
Andrej I. Jeremenko,
ab 13. 8. 42 OB der
Stalingrader Front

Jeremenko gibt sich damit nicht zufrieden und studiert fleißig weiter: zuerst an der Militärpolitischen Akademie »W. I. Lenin«, dann an der Hohen Schule der roten Feldherren, der Frunse-Akademie. Danach wird er Kommandeur der 14. Kavalleriedivision und ab 1938 des 6. Kosakenkorps, an deren Spitze Jeremenko am 17. September 1939 mit der Heeresgruppe der weißrussischen Front (Armeegeneral M. P. Kowalew) im nordöstlichen Polen einmarschiert.
Von Dezember 1940 an übernimmt Jeremenko das Kommando über die 1. Selbständige Fernostarmee (Chabarowsk), wo er bald für den hohen Ausbildungsstand den Orden des Roten Arbeiterbanners bekommt. Eine Woche nach Hitlers Überfall auf die Sowjetunion, mit einer Sondermaschine von Stalin aus dem Fernen Osten geholt, befiehlt Jeremenko ab 28. Juni 1941 die Westfront und führt ab August die Brjansker Front. Jeremenko ist auch derjenige Befehlshaber der Roten Armee, dem es unter besonders schwierigen Bedingungen gelingt, im Herbst 1941 bei Smolensk den Angreifer einen Monat lang in einer zähen Verteidigungsschlacht zu stoppen und so den Zeitplan der Deutschen durcheinanderzu-

bringen. Danach steht er in harten Kämpfen gegen Guderians Panzergruppe und schirmt Moskau gegen Südwesten ab.
Mitte Oktober 1941, während der Kesselschlacht von Brjansk bei einem Angriff deutscher Schlachtflieger auf seinem Befehlsstand schwer verwundet, wird er herausgeflogen und verbringt zwei Monate im Lazarett. Nach seiner Genesung zum Generaloberst befördert, wird er Oberbefehlshaber der 4. Stoßarmee und geht am 9. Januar 1942 zur Offensive aus dem Raum Ostaschkow über das Seengebiet der Waldaihöhen. Nochmals schwer verwundet, bleibt der zähe, untersetzte Jeremenko diesmal noch über drei Wochen bis zum Abschluß der Offensive bei seiner Truppe und wird dann im letzten Augenblick in ein Lazarett gebracht.
Am 1. August 1942, kurz nach Mitternacht, schrillt an seinem Krankenbett das Telefon. Am Apparat J. W. Stalin: Jeremenko soll in den Kreml kommen. »Den ganzen Tag lang übte ich, ohne Stock zu gehen, wenn ich mich langsam und vorsichtig bewegte, war das Hinken kaum zu bemerken.« Vierundzwanzig Stunden später, nach der Abschlußbesprechung im Staatlichen Verteidigungskomitee am 2. August, erklärte ihm J. W. Stalin: »Fliegen Sie morgen nach Stalingrad und stellen Sie die Südostfront auf!«

Konstantin K. Rokossowski

Der Zufall will es, daß der sowjetische Oberbefehlshaber, der Gegenspieler von Generaloberst Paulus in der letzten Kampfphase, ein gebürtiger Pole ist.
Rokossowski, am 21. Dezember 1896 als Sohn eines Eisenbahners in Warschau geboren, muß schon als 15jähriger Geld verdienen und arbeitet als Steinmetzgehilfe beim Bau der Warschauer Poniatowski-Brücke. Im Jahre 1912 macht er erstmals Bekanntschaft mit der russischen Polizei: Sie arretiert ihn bei einer Streikdemonstration.
Nach Ausbruch des Ersten Weltkrieges kämpft Rokossowski im russischen 5. Kargopoler Dragonerregiment bei Lodz und Warschau gegen die Deutschen. Vom Gefreiten zum Unteroffizier avanciert, verläßt er mit der zurückweichenden Zaren-Armee seine Heimat. Seit der Oktoberrevolution kämpft er im Rahmen der Roten Armee in seinem alten 5. Dragonerregiment, jetzt als stellvertretender Kommandeur. Bald wird er selbst der Kommandeur des 30. Kavallerieregiments und schlägt sich mit der Weißen Garde im Ural und kämpft in der Mongolei gegen den legendären kurländischen Baron Ungern.

Generalleutnant
K. K. Rokossowski

Der hünenhafte Reiteroffizier bleibt nach dem Bürgerkrieg in der Armee. Im Jahre 1924 wird er zusammen mit Schukow und Jeremenko zu einem Sonderkurs nach Leningrad geschickt, absolviert dann 1926 die Höhere Kavallerieschule und geht im November 1926 als Instrukteur der 1. Kavalleriedivision in die Mongolei. 1928 übernimmt Rokossowski die 5. Kavalleriebrigade und kämpft gegen die Chinesen. Nach Absolvierung der Frunse-Akademie befehligt er eine Brigade und dann die 7. Kavalleriedivision (Samara); Kommandeur eines seiner vier Regimenter ist G. K. Schukow. Im September 1937, einige Tage nach Übernahme des 5. Kavalleriekorps (Pleskau) wird Rokossowski verhaftet — als »Agent des japanischen und polnischen Geheimdienstes«. Rokossowski hat es nur seinem Glück und womöglich seiner Kondition zu verdanken, daß er im Gegensatz zu Tausenden anderer Offiziere, wenn auch mit ausgeschlagenen Zähnen, die Säuberungswelle Stalins überlebt.
Nach drei Jahren NKWD-Kerker wird er von einem Tag auf den anderen im März 1940 freigelassen: »Als ich im Frühjahr 1940 aus dem Urlaub zurückgekehrt war, den ich mit meiner Familie in Sotschi verlebt hatte, rief mich der Volkskommissar für Verteidigung zu sich.«

Timoschenko bietet ihm, als wäre nichts gewesen, das Kommando über sein altes 5. Kavalleriekorps an.

Ende 1940 wird er mit der Aufstellung des 9. motorisierten Korps beauftragt, eine nicht ganz einfache Sache für einen alten Kavalleristen. »Ich befürchtete, den Aufgaben eines Korpskommandeurs bei den motorisierten Truppen nicht gewachsen zu sein.« Rokossowski geht an die ihm anvertraute Aufgabe — wie er sagt — nach dem Sprichwort »Frisch gewagt ist halb gewonnen« heran, und drei Tage nach dem Ausbruch des Krieges mit den Deutschen, am 26. 6. 1941, greift Generalmajor Rokossowski aus den Wäldern von Klewanj mit seinem neu aufgestellten 9. Mechanischen Korps das Panzerkorps des Generals Kempf an: »Der Versuch, den befohlenen Gegenstoß zu führen, kam uns teuer zu stehen.«

Später zum Generalleutnant befördert, führt er die 16. Armee, beteiligt sich mit ihr an der Schlacht um Moskau und nimmt am 6. Dezember 1941 im Rahmen der »Westfront« (Armeegeneral Schukow) an der Gegenoffensive teil, die die sowjetische Hauptstadt rettet. Am 10. Januar 1942 führt er die Angriffe gegen die 3. Panzerarmee (GenOberst Reinhardt) bei Wolokolamsk.

Im September 1942 wird er von der Brjansker Front nach Moskau gerufen. Im Kreml erfährt Rokossowski, daß er den Oberbefehl der von Jeremenko geführten Stalingrader Front übernehmen soll. »Weitere Anweisungen erhalten Sie an Ort und Stelle von meinem Vertreter Schukow, der auch nach Stalingrad fliegt«, beendet Stalin seine Unterredung.

Prolog

Am Sonnabendnachmittag, dem 28. März 1942, trifft sich am Rande des Rastenburger Forstes, Hauptquartier »Wolfsschanze« die Führungsspitze der Wehrmacht zu einer Besprechung. Das Hauptthema: Die deutsche Sommeroffensive. Ihr Deckname sollte ursprünglich »Fall Siegfried« sein, doch Hitler entscheidet, daß die Operation »Blau« heißen wird.

Einige Tage danach, am 5. April 1942, erscheint Hitlers Führerweisung Nr. 41, in der die Richtlinien für die deutsche Sommeroffensive festgelegt sind: vier Operationsphasen mit dem Endziel, zum Kaukasus vorzustoßen, das Erdölgebiet von Baku zu gewinnen und die iranische Grenze zu erreichen.

Hitler bestimmt auch, daß an der geplanten Verteidigungsfront am Don nach Abschluß des Vormarsches während des Sommerfeldzuges im Norden die Ungarn, anschließend die Italiener und am weitesten nach Süden die Rumänen eingesetzt werden sollen.

Von einer Eroberung Stalingrads ist noch nicht die Rede, der Name der Stadt taucht lediglich als Zielraum der beiderseitigen Umfassung des Feindes zwischen Donez und Don von Süden und Norden auf.

Auffallend unbedacht in der Führerweisung Nr. 41 ist die Absicht, den Schutz der langen Nordflanke am Don allein den schwachen verbündeten Armeen zu übertragen. Trügerisch ist auch die Anweisung zur Vernichtung des Feindes in kleinen engen Kesseln, die vergeblich sein muß, falls der Feind entgegen seinem Verhalten im Vorjahr planmäßig ausweichen wird.

Anfang Mai beginnt Generaloberst v. Manstein, der beim bevorstehenden Feldzug um Stalingrad eine bedeutende Rolle spielen soll, die Krim zu säubern.

Um günstige Ausgangspositionen für das Unternehmen »Blau« zu sichern, sollen die vorbereitenden Operationen im Bereich der Heeresgruppe Süd, der die 6. Armee des Generals Paulus unterstellt ist, am 18. Mai gegen den feindlichen Einbruchsraum südlich Charkow beginnen. Nun kommt Marschall Timoschenko den deutschen Absichten zuvor und tritt am 12. Mai mit drei Armeen und starken Panzerverbänden in Richtung Charkow an. Die deutschen und verbündeten Divisionen, die sich gerade in der Umgruppierung befinden, werden stellenweise überrannt. Da greift Generaloberst Halder, Chef des Generalstabes des Heeres, in das Geschehen ein und faßt den Entschluß, ohne Rücksicht auf den feindlichen Durchbruch die vorbereitete Zangenoperation von Süden her schon am 17. Mai zu beginnen.

Der Angriff am 17. Mai ist erfolgreich, und zwei Tage später stehen die Deutschen am Rand von Isjum. Südlich Charkow entbrennt nun erneut die Schlacht: Die Sowjets setzen hier ihre zahlreichen Panzer erstmalig geschlossen zum Durchbruch an. Das III. Panzerkorps (Gen. v. Makkensen) stößt von Barwenkowo nach Norden bis Balakleja durch. Die 6. Armee des Generals Paulus tritt nach Süden und Südosten an. Am 22. Mai treffen die Angriffsspitzen von Süden und Norden südlich von Balakleja zusammen und kesseln starke sowjetische Kräfte ein. Die Befehlshaber der sowjetischen 6. und 57. Armee sind dabei gefallen. Der Donez ist als Ausgangsstellung für die Sommeroffensive wieder in deutscher Hand.

Trotz der Bedenken des Generalstabes des Heeres, der eine übermäßige Ausdehnung der Front und damit entscheidende Schwächung der deutschen Verbände befürchtet, hält Hitler an seiner Idee der zügigen Vorstöße zur Wolga und zum Kaukasus, um die sowjetischen Ölfelder in deutsche Hand zu bringen und den sowjetischen Nachschub empfindlich zu treffen, hartnäckig fest.

Die Grundlage der ersten Phase der deutschen Sommeroffensive 1942, die den sowjetischen Armeen am Don gilt, ist die Eroberung von Woronesch als Drehscheibe für die Bewegung nach Süden und Rückhalt für die Flankensicherung.

Im Juni 1942 liegen fünf deutsche Armeen und eine verbündete zwischen dem Asowschen Meer und Kursk zum Angriff bereit. Die 1. und 4. Panzerarmee sollen mit Stoßkeilen aus den Räumen Isjum, Tschugujew und Kursk heraus die Front der Sowjets durchstoßen, während die 2. und 6. Armee, später auch die südostwärts am Mius und Donez vorgestaffelte 17. Armee in breiter Front folgen sollen. Die hinter der deutschen Front aufmarschierende rumänische 3. und italienische 8. Armee werden nach der ungarischen 2. Armee in die bei dem weiteren Vordringen nach Osten zu erwartenden Lücken zwischen den deutschen Verbänden einrücken und in erster Linie erreichte Räume halten.

Am 15. Juni 1942 melden alle Truppenteile der Armeen die Herstellung der Einsatzbereitschaft. Im Raume ostwärts Woltschansk werden Anmarschwege, Bereitstellungsräume und Feuerstellungen erkundet.

Neun Tage vor dem beabsichtigten Angriffstermin ist der Aufmarsch sowohl taktisch als auch versorgungsmäßig fast abgeschlossen, und die

Deutsche Frühjahrs- und Sommeroffensive 1942

deutschen Truppen sind dabei, auf dem soeben blutig erkämpften Brückenkopf über den Donez ihre Ausgangsstellungen für die Sommeroffensive zu beziehen. Da spielt eine Laune des Schicksals den Sowjets die deutschen Pläne in die Hände. Am 19. Juni 1942 muß der 34jährige 1. Generalstabsoffizier, Major i. G. Reichel von der 23. Panzerdivision des Panzerkorps General Stumme, hinter den feindlichen Linien notlanden. Er hat die Befehle und Karten für die erste und wohl wichtigste Operationsphase der Sommeroffensive Hitlers bei sich: Und so kennt das sowjetische Oberkommando spätestens am 21. Juni die deutschen Absichten. Das XXXX. Panzerkorps und auch die 336. Infanteriedivision drängen vergebens auf Abänderung des Angriffsbefehls: Hitler befiehlt, in dem vorgesehenen Angriffsstreifen anzutreten.

Die Sommeroperation des Jahres 1942 wird am 28. Juni um 2.15 Uhr mit einem Großangriff der 2. Armee (GenOberst v. Weichs), der 4. Panzerarmee (GenOberst Hoth) und der ungarischen 2. Armee (GenOberst Jány), also der »Armeegruppe v. Weichs«, aus dem Raum ostwärts Kursk auf Woronesch begonnen. Dieser Vorstoß des linken Flügels der Heeresgruppe Süd (GFM v. Bock) soll die Nordflanke der gesamten deutschen Angriffsgruppierung sichern und die Voraussetzungen für eine Vernichtung der Kräfte westlich des Dons schaffen.

Am 30. Juni beginnt der Vormarsch der 6. Armee unter General Paulus. Die Operationen entwickeln sich überraschend schnell, und der Gegner weicht zurück.

Den Hauptstoß führt die 4. Panzerarmee (GenOberst Hoth) mit dem Auftrag, Woronesch einzunehmen und den Don zu erreichen. Der hartnäckige Widerstand der sowjetischen Truppen in Woronesch hindert Hoth aber, diese Aufgabe bis zum 6. Juli, dem geplanten Termin, zu erfüllen. Das Universitätsviertel bleibt in sowjetischer Hand, der Fluß Woronesch wird nirgendwo überschritten und die Eisenbahnlinie Moskau–Rostow nicht erreicht.

Das Ergebnis: Durch den sich plötzlich versteifenden Widerstand werden wichtige Teile der 4. Panzerarmee bis zu ihrer Ablösung durch aufschließende Infanteriedivisionen in Woronesch gebunden.

Am 6. Juli, während Einheiten der deutschen 4. Panzerarmee in das heißumkämpfte Woronesch nur Schritt für Schritt eindringen, beschließt Hitler plötzlich die Teilung der Heeresgruppe Süd (GFM v. Bock) in die Heeresgruppe A (GFM List), künftig Oberkommando des Heeres »Kaukasusfront« genannt, mit der 1. Panzerarmee (GenOberst v. Kleist), der rumänischen 3. Armee (GenOberst Dumitrescu), dazu die 17. Armee (GenOberst Ruoff) und in die Heeresgruppe B (GFM v. Bock) mit der 6. Armee des Generals der Panzertruppe Paulus, der 2. Armee (GenOberst v. Weichs), der ungarischen 2. Armee (GenOberst Jány) und der 4. Panzerarmee (GenOberst Hoth). Die Heeresgruppe B erhält weiterhin ihren Auftrag: Vorstoß in Richtung Stalingrad.

Am 8. Juli 1942 endet die erste Angriffsphase der deutschen Sommeroffensive. Die sowjetische Front zwischen Donez und Don ist zwar ins Wanken geraten, jedoch hat sich die Rote Armee — anders als früher — jedem Einkesselungsversuch der Angreifer entzogen.

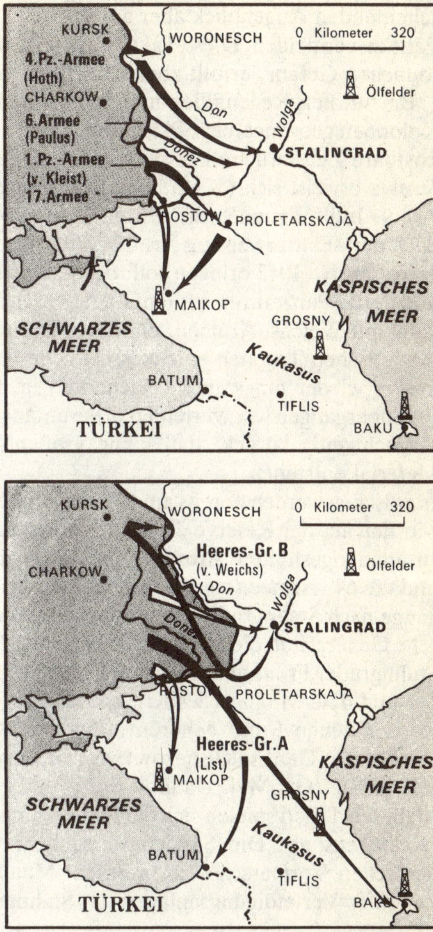

Operation Blau: Der Plan von Generaloberst Halder (oben) und die Version Hitlers (rechts)

Anschließend an die Operation gegen Woronesch beginnt am 9. Juli der zweite Teil des Unternehmens »Blau«, das nun »Braunschweig« heißt: der Versuch, die Rote Armee im Raum westlich des Don zu vernichten. Auch dieses Ziel wird nicht erreicht. Die sowjetischen Truppen ziehen sich organisiert hinter den Fluß zurück. Dies ist die neue Taktik von Marschall Timoschenko: das Vorgehen des Feindes verzögern, im entscheidenden Augenblick aber ausweichen, um Einschließungen auf alle Fälle zu vermeiden. Diese Taktik bringt zwar das Land an den Rand einer tödlichen Gefahr, erfüllt aber schließlich ihren Zweck.

Bei starken Regenfällen und Schlamm marschieren die sowjetischen Kolonnen geordnet nach Osten und Süden zurück und gewinnen dadurch kostbare Zeit. Auch die zweite deutsche Angriffsphase der Sommeroffensive erweist sich als ein Schlag ins Leere.

Am 9. Juli fängt auch die dritte Phase der Operation Blau an, die nun nach der »Führerweisung Nr. 41« die Entscheidung der deutschen Sommeroffensive 1942 bringen soll: der Angriff der 17. Armee (Gen.Ruoff) und der 1. Panzerarmee (GenOberst v. Kleist) mit dem Ziel der Vereinigung mit Weichs' Armeen, um die zwischen Donez und Don stehenden sowjetischen Truppen einzukesseln. Die Rote Armee setzt sich jedoch immer wieder mit starken Nachhuten in den Ortschaften und an den Flußübergängen fest, verteidigt diese anfänglich verbissen, zieht sich aber so rechtzeitig zurück, daß keine großen Verluste an Menschen und Material entstehen.

Inzwischen werden bereits am 10. Juli auf Befehl des Oberkommandos in Moskau aus der Reserve die beiden aus verschiedenen Waffengattungen zusammengestellten Armeen, die 62. Armee (GenMaj. Kolpaktschi) und die 64. Armee (vorübergehend GenLt. Tschuikow), an die Fernzugänge nach Stalingrad vorgeschoben, und am 12. Juli bildet der sowjetische Generalstab die etwa einer deutschen Heeresgruppe entsprechende Stalingrader Front mit Marschall S. K. Timoschenko als Oberbefehlshaber und dem Mitglied des Kriegsrates der Front, N. S. Chruschtschow. Zu der neuen Front gehören außer der 62. und 64. Armee auch die 63. Armee (GenLt. Kusnezow) sowie die bisher der Südfront unterstellte 21. Armee (GenMaj. Danilow).

In diesen Tagen spielen sich die Hauptkämpfe immer noch innerhalb des Donbogens ab. Die Sowjets versuchen, wenigstens das Tempo des deutschen Vormarsches zu bremsen: Man will damit Zeit zur Verstärkung der Verteidigungsanlagen um Stalingrad gewinnen.

Erste Phase

13. Juli bis 18. August 1942

Im Donbogen: Stalins Kampf um die Zeit

1. Woche: 13. — 19. Juli 1942

Die Deutschen berichten

Lagebericht, *Oberkommando des Heeres.*
19. Juli 1942
Heeresgruppe B: Am Südflügel östlich Korotojak starker feindlicher Eisenbahnverkehr in Westrichtung. Bekämpfung durch Artillerie. Bei Jaryw wiesen ungarische Kräfte einen Feindangriff ab und erreichten den Don. 21 Panzer vernichtet, 4 unversehrt erbeutet. Vor Woronesch starke Marschbewegungen und Ansammlungen festgestellt, so daß unveränder-tes Bild feindlicher Angriffsabsichten als Ergebnis festzustellen ist. Angriffe auf den Brückenkopf Woronesch nördlich wurden abgewiesen.

Und so war es

Am 13. Juli 1942 betont Hitler in seiner neuen Weisung, es sei dringend notwendig, »mit schnellen Verbänden . . . von Norden her bis zur Donezmündung durchzustoßen und die Donübergänge bei Konstantinowskaja und Zimljansk« zu nehmen, da durch den schnellen Rückzug der Sowjets und die eigene bei Woronesch erlittene Verzögerung eine Kesseloperation am mittleren Don nicht mehr möglich sei. Hitler will aber die am unteren Don vermuteten Feindkräfte vernichten.
Er befiehlt dazu den Angriff der 1. Panzerarmee (GenOberst v. Kleist)

und der 4. Panzerarmee (GenOberst Hoth) sowie der 17. Armee (GenOberst Ruoff) auf Rostow, wo sie mit einer improvisierten Operation die sowjetischen Truppen schlagen sollen. Dafür gibt Hitler seine bisherige Absicht preis, die im Operationsplan (dritte Phase der »Operation Blau«) festgelegten Ziele zu verfolgen.

Die nun eingeleitete Schlacht von Rostow, von der NS-Propaganda bereits als die größte Kesselschlacht aller Zeiten gefeiert, wird ein Schlag ins Wasser: Die drei Armeen müssen auf Hitlers Geheiß einen Kessel bilden, in dem nur noch geringe Feindkräfte vorhanden sind, deren Rückzugsweg über den Don dazu noch offen ist.

Feldmarschall F. v. Bock, der seine Heeresgruppe B schwerpunktmäßig zusammenhalten will und an Hitlers dilettantischer Führung unmißverständlich Kritik übt, wird am 14. Juli als Oberbefehlshaber der Heeresgruppe B abgelöst und durch Generaloberst Freiherr v. Weichs ersetzt. Dessen 2. Armee übernimmt nun General v. Salmuth.

Während das Gros der deutschen Truppen im Südabschnitt der Ostfront in Richtung Kaukasus dirigiert wird, zieht indessen die 6. Armee Stalingrad entgegen, ohne ihre wertvollste Unterstützung, die schnellen Truppen der 4. Panzerarmee, die jetzt im Raum ostwärts und südostwärts Rostow kämpfen müssen.

Das Ergebnis der Richtungsänderung: Während die Heeresgruppe A (GFM List) rasch über den Don hinweg auf die Ölfelder im Kaukasus vorstößt, verlangsamt sich der Vormarsch der 6. Armee nach Stalingrad. Am gleichen Tag, dem 13. Juli, an dem Hitler den Vorstoß der Heeresgruppe A nach Süden befiehlt und die Kräfte dadurch zersplittert, soll der Kriegsrat in Moskau unter dem Vorsitz von J. W. Stalin beschlossen haben, »an die Wolga zurückzugehen, den Raum Stalingrad und den Kaukasus zu halten und so die Deutschen zu zwingen, ihre Truppen auf der schmalen Landenge zwischen Don und Wolga aufmarschieren zu lassen«.

Zwar legt bereits am 17. Juli, also vier Tage nach dieser Sitzung im Kreml, Oberst i. G. Gehlen (Abt. Fremde Heere Ost) dem deutschen Generalstab einen Agentenbericht darüber vor, doch hält Hitler diese Meldung für nicht richtig.

In der Tat läßt der Widerstand der Roten Armee ab Mitte Juli spürbar nach; die schnell folgenden Truppen können kaum die Verbindung mit den nach Süden zurückgehenden Sowjets halten: ihre Rückzugsstraßen sind leer und zeigen keinerlei Anzeichen einer Flucht, wie in den Kriegstagebüchern vermerkt ist: »... keine Waffen, Fahrzeuge oder Material sind liegengeblieben.« Der Gegner weicht planmäßig aus. Zwar

zeigen sich mancherorts Panikerscheinungen, die aber vielmehr an der Unfähigkeit der unteren Kommandostellen liegen, operativ hat jedoch das Hauptquartier des Sowjetischen Oberkommandos (STAWKA) den Rückzug fest im Griff. Von der deutschen Führung wird er allerdings als totale Auflösung gedeutet, was sich bald als verhängnisvoller Irrtum erweisen soll.
Die bedrohliche Lage im Süden des Landes und der zwar langsame, aber beständige Vormarsch der 6. Armee in Richtung Wolga führt zur Mobilisierung der Bevölkerung Stalingrads.
Der Bau von Verteidigungslinien an den Zugängen zu Stalingrad fängt schon im Herbst 1941 an, als die deutschen Truppen in das Donezbecken eindringen. In der zweiten Oktoberhälfte 1941 werden die Arbeiten an zwei Verteidigungslinien von der Sowjetarmee und der Bevölkerung aufgenommen.
Im Januar 1942 hat man zum Aufbau der Befestigungen um 195000 Menschen eingesetzt, größtenteils Bewohner der Stadt und aus der Umgebung, dazu über 1000 Traktoren, Lkw und fast 5000 Pferdewagen. Die Parteiorganisation von Stalingrad beordert hierher über 12000 politische Leiter und Agitatoren: je einen auf 100 Schanzarbeiter. Im Februar 1942 ist der Ausbau des Außenringes der Verteidigung von insgesamt 487 Kilometer Länge beendet. Er erstreckt sich von der Ilowlja im Norden von Stalingrad, am linken Donufer und dem Fluß Myschkowa entlang bis zur Wolga bei Raigorod südlich Stalingrad. Zwischen diesem Ring und der Stadt selbst entstehen noch zwei Befestigungslinien, die bis zum Sommer 1942 nur zur Hälfte fertig werden.
Mitte Juli beschließt das Gebietskomitee der Partei im Einvernehmen mit der Heeresverwaltung, eiligst eine vierte Verteidigungslinie unmittelbar am Stadtrand zu errichten. Für diese Arbeit werden sämtliche zur Verfügung stehenden Kräfte mobilisiert: Arbeiter aus Stalingrader Betrieben, Angestellte und alle arbeitsfähigen Einwohner stehen der 5. Pionierarmee zur Seite, um den Deutschen das Eindringen in die Stadt zu verwehren. An einzelnen Tagen werden dabei bis zu 50000 Menschen eingesetzt.
Die Gesamtstrecke dieser vier Befestigungsringe und Panzergräben beträgt 2700 Kilometer. Dafür wurden etwa 20 Millionen Kubikmeter Erde ausgehoben. Diese Verteidigungslinien sind nur als Feldstellungen ausgeführt und können Stalingrad nicht in eine klassische Festung verwandeln.
Während an der Wolga rings um Stalingrad die Einwohner Panzergräben und Stellungen schaufeln, beschließt Hitler, sein Hauptquartier von

Die deutsche Sommeroffensive von 1942 läuft an: ein Stoßtrupp westlich von Rostow

Ostpreußen in die Ukraine nach Winniza zu verlegen. Er will in der Nähe sein, falls am Südabschnitt der Ostfront etwas Entscheidendes passieren sollte. Die Organisation Todt hat hier in einem Blitzeinsatz inmitten eines hohen Kiefernwaldes, etwa 15 Kilometer von der Stadt entfernt, vorzüglich getarnte Bunker, Blockhäuser und Baracken gebaut. Das neue Führerhauptquartier erhält den Namen »Werwolf«.
Die Arbeitsstäbe des Oberkommandos des Heeres haben am Rande von Winniza bereits die Unterkünfte bezogen, als Hitler am 16. Juli in das

Quartier »Werwolf« umsiedelt. Das schwüle drückende Klima der Ukraine verträgt der Führer jedoch nicht, es macht ihn noch aggressiver und schlechter gelaunt als zuvor.
Am 18. Juli fällt zum erstenmal der Name Stalingrad im OKW-Bericht: »Die Eisenbahnlinie vom Donezgebiet nach Stalingrad ist überschritten.« So rückt an diesem Tag der Name dieser Stadt ins Bewußtsein der deutschen Bevölkerung.
Inzwischen wird die Lage im großen Donbogen westlich Ilowinskaja endlich bereinigt, und damit sind die Ausgangspositionen zum Angriff über den Don geschaffen. Am 19. Juli erreicht die 6. Armee in Nikolkoje der Angriffsbefehl auf Stalingrad.

2. Woche: 20. — 26. Juli 1942

Die Deutschen berichten

Lagebericht, *Oberkommando des Heeres,*
22. Juli 1942
Heeresgruppe B: Die Divisionen schließen nach vorn auf, weiteres Vorgehen erst nach Zuführung von Betriebsstoff möglich. Gegen den Brückenkopf von Woronesch setzte der Russe seine Panzerangriffe von Norden her fort. Wetter: sonnig, klar, heiß.

Lagebericht, *Oberkommando des Heeres,*
23. Juli 1942
Heeresgruppe B: Nach Feindmeldungen und Fliegerbeobachtung hat der Gegner bei Kalatsch 75 Kilometer westlich Stalingrad eine Division mit etwa 200 Panzern ausgeladen, die den Befehl hat, an der Liska die von Westen her vordringenden deutschen Kräfte aufzuhalten, um Zeit zu gewinnen, zwischen Don und Wolga eine Abwehrfront aufzubauen. Wetter: im Süden sehr heiß und trocken, plus 18 Grad, Straßen stark aufgeweicht.

Die Weisung Nr. 45

Der Führer F. H. Qu., den 23. 7. 1942
OKW/WFSt/Op. Nr. 551288/42 g. K. Chefs
Weisung Nr. 45
für die Fortsetzung der Operation »Braunschweig«.
1. In einem Feldzug von wenig mehr als drei Wochen sind die von mir dem Südflügel der Ostfront gesteckten weiten Ziele im wesentlichen erreicht worden. Nur schwächeren feindlichen Kräften der Armeen Timoschenkos ist es gelungen, sich der Umfassung zu entziehen und das südliche Don-Ufer zu erreichen. Mit ihrer Verstärkung aus dem Kaukasus-Gebiet ist zu rechnen.
Die Versammlung einer weiteren feindlichen Kräftegruppe im Raum um Stalingrad, das der Gegner voraussichtlich zäh verteidigen wird, ist im Gange...
II. A. 4.) Der Heeresgruppe B fällt — wie befohlen — die Aufgabe zu, neben dem Aufbau der Donverteidigung im Vorstoß gegen Stalingrad die dort im Aufbau befindliche feindliche Kräftegruppe zu zerschlagen, die

Stadt selbst zu besetzen und die Landbrücke zwischen Don und Wolga zu sperren.
Im Anschluß hieran sind schnelle Verbände entlang der Wolga anzusetzen mit dem Auftrag, bis nach Astrachan vorzustoßen und dort gleichfalls den Hauptarm der Wolga zu sperren.
Diese Operationen der H. Gr. B erhalten den Decknamen »Fischreiher«. Geheimschutz: Geheime Kommandosache. B. Luftwaffe: Aufgabe der Luftwaffe ist es, zunächst mit starken Teilen den Übergang des Heeres über den Don, anschließend das Vorgehen der ostwärtigen Schwerpunktgruppe entlang der Bahn nach Tichorezk zu unterstützen und die Masse der Kräfte zur Vernichtung der Heeresgruppe Timoschenko zusammenzufassen.
Daneben sind die Operationen der H. Gr. B gegen Stalingrad und den Westteil von Astrachan zu unterstützen. Besondere Bedeutung kommt hierbei der frühzeitigen Zerstörung der Stadt Stalingrad zu. Außerdem sind gelegentliche Luftangriffe gegen Astrachan zu führen; der Schiffsverkehr auf dem Unterlauf der Wolga ist durch Verminung zu stören.
Bei der weiteren Fortsetzung der Operationen ist das Schwergewicht der Kampfführung zur Luft auf das Zusammenwirken mit den gegen die Schwarzmeerhäfen vorgehenden Kräften zu legen, wobei neben der unmittelbaren Unterstützung des Heeres eine Einwirkung feindlicher

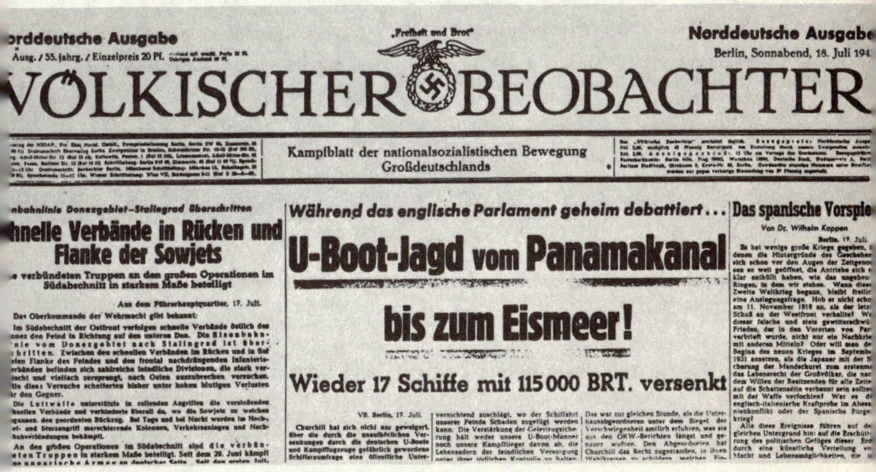
...orddeutsche Ausgabe
...Ausg. / 55. Jahrg. / Einzelpreis 20 Pf.
„Freiheit und Brot"
Norddeutsche Ausgabe
Berlin, Sonnabend, 18. Juli 194...
VÖLKISCHER BEOBACHTER
Kampfblatt der nationalsozialistischen Bewegung Großdeutschlands

...nbahnlinie Donezgebiet–Stalingrad überschritten
...hnelle Verbände in Rücken und Flanke der Sowjets
...e verbündeten Truppen an den großen Operationen im Südabschnitt in starkem Maße beteiligt

Aus dem Führerhauptquartier, 17. Juli.
Das Oberkommando der Wehrmacht gibt bekannt:
Im Südabschnitt der Ostfront verfolgen schnelle Verbände östlich des ...onez den Feind in Richtung auf den unteren Don. Die Eisenbahn...nie vom Donezgebiet nach Stalingrad ist über...chritten. Zwischen den schnellen Verbänden im Rücken und in tie...ten Flanke des Feindes und den frontal nachdrängenden Infanterie...erbänden befinden sich zahlreiche feindliche Divisionen, die stark ver...ascht und vielfach zersprengt, nach Osten auszubrechen versuchen. ...ie diese Versuche scheiterten bisher unter hohen blutigen Verlusten ...r den Gegner.
Die Luftwaffe unterstützte in rollenden Angriffen die vorstoßenden ...hnellen Verbände und verhinderte überall da, wo die Sowjets zu weichen ...egannen, den geordneten Rückzug. Bei Tage und bei Nacht wurden im Hoch-...el- und Sturzangriff marschierende Kolonnen, Verkehrsanlagen und Nach...hubverbindungen bekämpft.
An den großen Operationen im Südabschnitt sind die verbün...eten Truppen in starkem Maße beteiligt. Seit dem 29. Juni kämpft ...

Während das englische Parlament geheim debattiert...
U-Boot-Jagd vom Panamakanal bis zum Eismeer!
Wieder 17 Schiffe mit 115000 BRT. versenkt

VB. Berlin, 17. Juli.
Churchill hat sich nicht nur geweigert, über die durch die unaufhörlichen Versenkungen durch die deutschen U-Boote und Kampfflugzeuge gefährlich gewordene Schiffsraumfrage eine öffentliche Unter- ... vernichtend zuschlägt, wo der Schiffahrt unserer Feinde Schaden zugefügt werden kann. Die Verstärkung der Geleitzugsicherung hält weder unsere U-Boot-Männer noch unsere Kampfflieger davon ab, die Lebensadern der feindlichen Versorgung unter ihrer tödlichen Kontrolle zu halten. ... Das war zur gleichen Stunde, als die Unterhausabgeordneten unter dem Siegel der Verschwiegenheit amtlich erfuhren, was sie aus den OKW.-Berichten längst und genauer wußten. Den Abgeordneten hat Churchill das Recht zugestanden, in ihren Wahlkreisen zu schildern, welchen Ein...

Das spanische Vorspie...
Von Dr. Wilhelm Koppen
Berlin, 17. Juli.
Es hat wenige große Kriege gegeben, ... denen die Hintergründe des Geschehen... sich schon vor den Augen der Zeitgeno...sen so weit geöffnet, die Antriebe sich ... klar enthüllt haben, wie das ungeheu... Ringen, in dem wir stehen. Wann diese... Zweite Weltkrieg begann, bleibt freilic... eine Auslegungsfrage. Hob er nicht scho... am 11. November 1918 an, als der letz... Schuß an der Westfront verhallte? W... dieser falsche und stets gewitterschwü... Frieden, der in den Vororten von Par... verbrieft wurde, nicht nur ein Nachkrie... mit anderen Mitteln? Oder will man de... Beginn des neuen Krieges im Septemb... 1931 ansetzen, als die Japaner mit der S...cherung der Mandschurei zum erstenm... das Lebensrecht der Großvölker, die nac... dem Willen der Besitzenden für alle Zeit... auf die Schattenseite verbannt sein sollte... mit der Waffe verfochten? War es d... englisch-italienische Kraftprobe im Abess...nienkonflikt oder der Spanische Bürge...krieg?
Alle diese Ereignisse führen auf de... gleichen Untergrund hin: auf die Erschütt...rung des politischen Gefüges dieser Erd... durch eine künstliche Verteilung vo... Macht und Lebensmöglichkeiten, die i...

18. 7. 1942: Erstmalig fällt der Name Stalingrad im OKW-Bericht

Kaum von den zurückweichenden Sowjets behindert: deutsche mittlere Panzerkampfwagen III auf dem Vormarsch

Seestreitkräfte im Zusammenwirken mit der Kriegsmarine zu verhindern ist.
In zweiter Linie sind ausreichende Kräfte für die Mitwirkung bei dem Vorstoß über Grosny auf Baku vorzusehen.
Wegen der entscheidenden Wichtigkeit der Erdölproduktion des Kauka-

sus für die weitere Kriegführung sind Luftangriffe gegen die dortigen Erzeugungsstätten und Großtankanlagen sowie gegen die Umschlaghäfen am Schwarzen Meer nur durchzuführen, wenn es die Operationen des Heeres unbedingt erforderlich machen. Um aber dem Gegner die Ölzufuhr aus dem Kaukasus baldigst zu sperren, ist die frühzeitige Unterbrechung der hierfür noch benutzbaren Bahnstrecken und Ölleitungen sowie die Störung der Seeverbindungen auf dem Kaspischen Meer von besonderer Bedeutung...

★ Die Sowjets berichten

Am Freitag, dem 24. Juli 1942,
meldet das *Sowinformbüro*
über die Ereignisse am Vortage:
Die Schlacht um Rostow hat eine ernste Wendung genommen. Aus nördlicher und östlicher Richtung sind zwei deutsch-faschistische Panzerabteilungen durch den Verteidigungsring von Rostow durchgestoßen. Sie haben nach schweren Kämpfen, in denen Eindringlinge und Verteidiger hohe Verluste erlitten, vier Vororte von Rostow besetzt.
Gegen Mittag treffen weitere Meldungen ein, nach denen in Rostow bereits die ersten Straßenkämpfe ausgetragen werden. Die Verbindung mit Rostow ist unterbrochen, und die Berichterstattung ist deshalb nur auf kurze und unvollständige Militärfunkberichte angewiesen. So ist es nicht klar, ob Marschall Semjon K. Timoschenko seine Hauptstreitkräfte aus dem Gebiet von Rostow nach Osten zurückverlegen konnte oder ob es den Hitlertruppen gelang, unsere Armee bei Rostow zu umfassen. Auf jeden Fall muß die Gesamtlage am Unterlauf des Don als sehr ernst bezeichnet werden, da die Verluste der Armee Marschall Timoschenkos in den Kämpfen dieser Woche bedeutend gewesen sind. 200 Kilometer nordöstlich von Rostow geht eine zweite Panzerschlacht von entscheidender Bedeutung vor sich. Im Raum von Zimljansk stehen mindestens vier feindliche Panzerdivisionen, die mit etwa 1400 Panzern und 800 motorisierten Geschützen nach Stalingrad vorzustoßen versuchen.

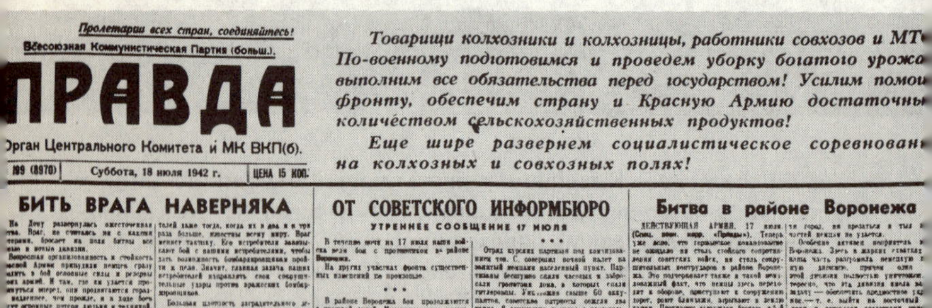
Пролетарии всех стран, соединяйтесь!
Всесоюзная Коммунистическая Партия (больш.).
ПРАВДА
Орган Центрального Комитета и МК ВКП(б).
№199 (8970) Суббота, 18 июля 1942 г. ЦЕНА 15 КОП.

Товарищи колхозники и колхозницы, работники совхозов и МТС! По-военному подготовимся и проведем уборку богатого урожая, выполним все обязательства перед государством! Усилим помощь фронту, обеспечим страну и Красную Армию достаточным количеством сельскохозяйственных продуктов!
Еще шире развернем социалистическое соревнование на колхозных и совхозных полях!

БИТЬ ВРАГА НАВЕРНЯКА

ОТ СОВЕТСКОГО ИНФОРМБЮРО
УТРЕННЕЕ СООБЩЕНИЕ 17 ИЮЛЯ

Битва в районе Воронежа

Prawda, Moskau 18. 7. 1942, Tagesparole: »An die Kolchosbauern und -bäuerinnen, an die Arbeiter der Sovchosen und der Traktorenstationen! Geht kämpferisch an die Arbeit, um die reiche Ernte einzufahren …

Juli 1942; die 6. Armee zwischen Donez und Don: 230 Kilometer bis Stalingrad. Ein Infanteriezug marschiert in glühender Sonne; die jungen Soldaten ahnen noch nicht, was ihnen bevorsteht

Gegen Mittag wird von Woronesch gemeldet, daß Hitlers frische Reserven am Westufer des Don frontal gegenüber der Stadt eingetroffen sind und mit Unterstützung von Stukas eine Offensive gegen die am Westufer von uns errichteten Brückenköpfe begonnen haben.

Die Stadt an der Wolga

... Stalingrad begrüßt uns mit einer hinter den Dächern hervorstrahlenden Sonne und langen kühlen Schatten. Der Wagen klappert fröhlich auf

dem Kopfsteinpflaster, zerschrammte Straßenbahnwagen rasseln. Schlangen plattnasiger »Studebaker«, mit überaus langen Kästen beladen — Granaten für die »Katjuschas« (Raketen-Salvengeschütz, von den Deutschen »Stalinorgel« genannt).
In kahlen, durch Luftschutzgräben verunstalteten Anlagen Flak mit nach oben gerichteten Rohren. Auf dem Markt Berge von Tomaten und Gurken, riesige Flaschen mit goldgelber gekochter Milch. Es wimmelt von Zivilanzügen, Mützen, sogar Schlipsen. Ich habe das alles schon lange nicht mehr gesehen. Die Frauen malen sich wie früher die Lippen an. Durch ein staubiges Schaufenster sieht man, wie ein Friseur im weißen Mantel irgend jemandem das Kinn einseift. Im Kino läuft »Anton Iwanowitsch ärgert sich«. Die Vorstellungen sind um 12, um 2, um 4 und um 6 Uhr. Aus dem schwarzen Rachen des auf einem Straßenbahnmast angebrachten Lautsprechers erzählt irgend jemand sehr ergreifend von Wanjka Schukow, einem neunjährige Knaben, der in der Weihnachtsnacht an seinen Großvater ins Dorf einen Brief schreibt.
Und über all dem ein blauer Himmel. Und Staub, Staub... Und Akazien und Holzhäuschen mit geschnitzten Wetterfähnchen und: »Achtung, bissige Hunde!« Daneben große Steinhäuser mit vollbrüstigen Frauengestalten als Karyatiden an den Fassaden. »Büro der Konsumgenossenschaften – Vertriebsorganisation«, »Gummischuhreparaturwerkstatt«, »Reparatur von Spirituskochern«, »Staatsanwalt des Molotow-Bezirks«... Die Straße biegt nach rechts ab, hinunter zur Brücke. Die Brücke ist breit, mit Laternen flankiert. Unter der Brücke ein nicht existierendes Flüßchen, das den großartigen Namen »Zariza« trägt. Man sieht ein Stückchen der Wolga-Anlegestellen, Schleppkähne, endlose Flöße...
Über dem Horizont Wolken, ähnlich einem dichten schwarzen Rauch. Die Wolga kräuselt sich vom Wind und ist ohne jeden Glanz. Und Flöße, Flöße ohne Ende. Schleppdampfer mit Grün getarnt, als ob es Pfingsten wäre. Am anderen Ufer Häuschen, eine kleine Kirche, in jedem Hof die Schwingbäume der Ziehbrunnen...
Die große, weit ausgedehnte Stadt hat sich eng an den Fluß geschmiegt. Eine Ansammlung von neuen Steinhäusern, die von weitem sehr schön wirken. Wie eine kleine weiße Insel zeichnen sie sich im Meer der sie rings umgebenden hölzernen Bauten, die, schief, halbblind, längs der Schluchten kleben, zum Fluß hinunter- und wieder hinaufkriechen, sich zwischen die Eisenbetonbauten der Fabriken schieben. Die Fabriken sind groß, verqualmt; Kräne poltern und Lokomotivsirenen heulen. »Roter Oktober«, »Barrikade« und weit, schon ganz am Horizont, das Traktoren-

Generalmajor Arthur Schmidt, Chef des Stabes der 6. Armee

werk... Dort sind eigene Siedlungen, weiße symmetrische Gebäude, kleine Cottages mit blitzenden Eternitdächern.
Und hinter alledem die Wolga, die ruhige, glatte, breite und friedliche Wolga. Am andern Ufer krauses Grün, aus dem Häuschen ragen, und eine weite Ferne, schon beinahe violettfarben; eine Rakete, von irgendeinem Dummkopf in die Höhe geworfen, die als schöner grünroter Regen niedergeht... *Viktor Nekrassow, Sowj. Schriftsteller*

Über Rostow an den Kuban

Die Sowjets haben ihre Stellung verlassen! Im Rücken durch den deutschen Vormarsch aus dem Raum Slawjanska-Stalino über Woroschilowgrad hinaus bedroht, haben sie ihre vorgeschobenen Stellungen westlich Rostow geräumt und sich ins Halbrund des um die wichtige Rüstungsstadt am unteren Don angelegten Festungsgeländes zurückgezogen. Hier wollen sie den zu erwartenden Vorstoß auf Rostow aufhalten. Aus dem Nordwesten tritt der Infanterist zum Angriff an. Er hat das schnelle Fertigmachen nicht verlernt — weiß Gott, wie hat er mit allen Fasern seines Soldatenherzens diesen Augenblick herbeigesehnt. Endlich wieder Bewegungskrieg, endlich dieses elende Schützenloch verlassen, das über Wochen und Monate die Körperwärme abzuziehen schien. Die ersten Kilometer gehen glatt, der Körper federt wieder, die Waffen scheinen auch leichter geworden zu sein als damals im Würgen durch das Schlackenwetter, durch Morast und kniehohen Schlamm. Die Sonne scheint wieder, sie brennt sogar vom ungetrübt blauen Himmel tief in die freien Arme, aber sie strafft auch wieder das fahle Gesicht und gibt ihm in nur wenigen Stunden eine gesunde Farbe.

Der Befehl lautet: Durchstoßen durch die Stadt bis an den Don, und Brückenkopf jenseits des Flusses bilden. Dazu Säuberung der Hauptstraße und Straßenzüge links und rechts. Am Gefechtsstand des Regiments sind schon Panzerkampfwagen über das holprige Kopfsteinpflaster vorübergerattert, haben einen freien Platz überquert und eine erste Straßenbarrikade durchstoßen. Dann hört man sie langsam über die Straßenbahnschienen die Hauptstraße abwärts kriechen. Lautlose Stille schwebt in den großen, fünf Etagen hohen Wohnblocks zu beiden Seiten. Auch die große, ganz amerikanisch gebaute und eingerichtete Schule rechts des freien Platzes scheint ausgestorben zu sein. Da die erste Straßensperre und auch die erste Barrikade vom Feind nicht mehr besetzt sind, wird der Gegner sich wohl auf eine zweite Linie zurückgezogen haben. In diesem Augenblick fliegt einem noch in der Bereitstellung stehenden Panzer von irgendeinem Balkon irgendeiner Etage eine geballte Ladung vor die Ketten. Mit letzten Sprüngen holpert der Panzer auf den freien Platz, öffnet die Luke... Und da rattert von irgendeinem Balkon irgendeiner Etage irgendeines Wohnhauses eine MG-Garbe. Das ist für den versteckten Bolschewisten das Signal. Er schießt aus allen Kellerfenstern, Kugeln pfeifen aus Schießscharten, die nicht zu sehen sind, sowjetische Einzel- und Scharfschützen knallen aus kleinen Bunkern, die in die Fenster der Wohnblocks eingebaut sind. Kaum hat ein GPU- oder NKWD-Mann aus einem Fenster oder hinter der Brüstung eines Balkons eine MG-Trommel oder das Magazin eines automatischen Gewehrs leergeschossen und ist von einem deutschen Gewehr- oder MG-Schützen erkannt und unter Feuer genommen worden, so hat er schon wieder Stellungswechsel gemacht und einen neuen Fensterbunker oder einen anderen Balkon bezogen.

Die Wehrmacht, 1942

Rostow, Juli 1942: Bunker riegeln die einzelnen Viertel ab; ein Unteroffizier der Infanterie im Straßenkampf. Links ein tschechisches leichtes MG 26 (t), Kal. 7,92 mm

Am 21. Juli überschreitet die 4. Panzerarmee (GenOberst Hoth) den Don östlich von Rostow.
Die 6. Armee des Generals Paulus, die sich bis dahin in ständigem Vormarsch gegen die schwach hinhaltend kämpfenden sowjetischen Truppen befindet, stößt am 22. Juli im großen Donbogen unerwartet auf hartnäckigsten Widerstand. »Dadurch gewannen wir Zeit, die Verteidigung der 62. Armee zu verstärken und die 64. Armee auf das Westufer des Don zu führen« — berichtet Generalleutnant Tschuikow.
Am gleichen Tage übernimmt Generalleutnant W. N. Gordow von Marschall Timoschenko, der nach Moskau abberufen wird, den Oberbefehl der Stalingrader Front. Durch die 57. Armee (GenMaj. F. I. Tolbuchin) und die 8. Luftarmee (GenMaj. T. T. Chrjukin) verstärkt, umfaßte sie damit bereits fünf starke Heeresverbände und selbständige Fliegerkräfte zur Sperrung des großen Donbogens.
Generalleutnant Gordow scheint aber kein gleichwertiger Ersatz für Marschall Timoschenko zu sein; er verfügt nicht über die Erfahrungen eines großen Heerführers. Gerade in dieser außerordentlich gespannten Situation zeigt sich, daß das Oberkommando der Front zu schwach ist, und das wirkt sich sofort auf die Führung der Kampfhandlungen negativ aus. »Uns waren die Gründe für die Abberufung Marschall Timoschenkos nicht bekannt. Wir kannten ihn gut und verehrten ihn sehr... Wir glaubten an die Fähigkeit Marschall Timoschenkos, die Front erfolgreich führen zu können«, notiert Moskalenko, der neue Oberbefehlshaber der 1. Panzerarmee.
Bemerkenswerterweise nimmt die offizielle sowjetische Berichterstattung keine Notiz von der Absetzung Timoschenkos, und in den Nachrichten des Sowinformbüros fungiert der populäre Marschall weiterhin als Oberbefehlshaber der Truppen an Don und Wolga.
Auch Feldmarschall v. Bock, dem bereits am 14. Juli das Oberkommando über die Heeresgruppe B von Hitler entzogen worden ist, führt — so die Berichte des Sowinformbüros — ebenfalls seine Heeresgruppe weiter, als wäre nichts geschehen.
Am 22. Juli greifen die SS-Panzergrenadiere der Division »Wiking«, die 13. Panzerdivision und die 125. Infanteriedivision von Westen und Nordwesten her Rostow an. Tags darauf stößt die 22. Panzerdivision bis an den nördlichen Stadtrand vor.

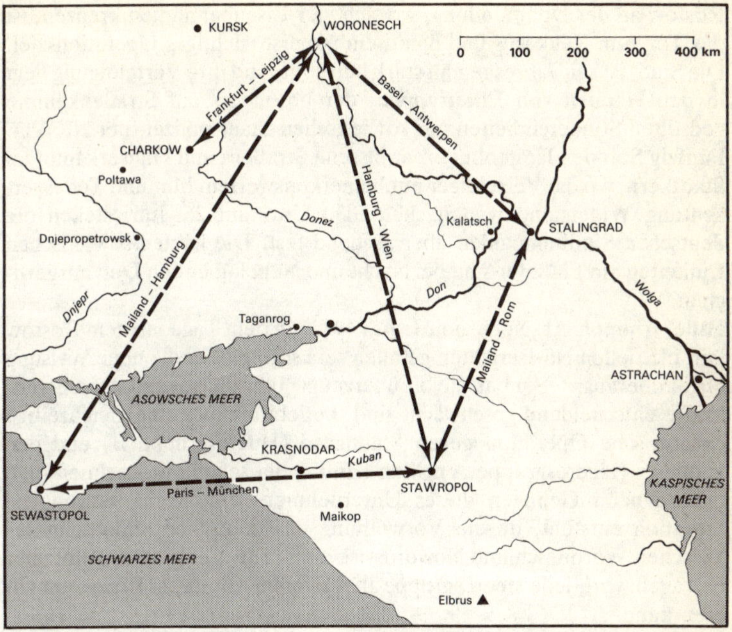

Ostfront, Südabschnitt: kaum vorstellbare Entfernungen

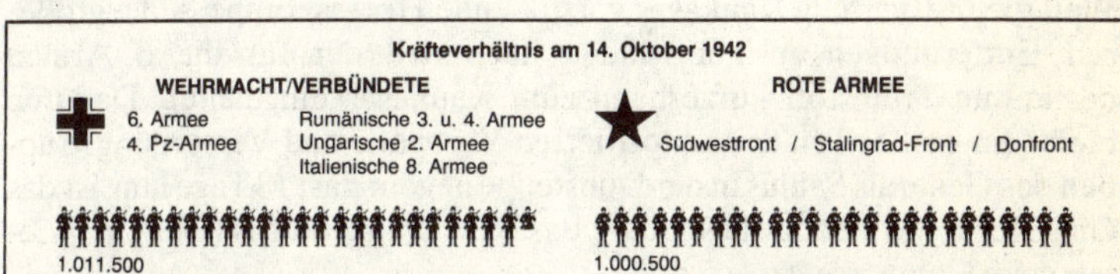

Das Kräfteverhältnis am 14. Oktober 1942 (nach sowjetischen Angaben)

Rostow an der Donmündung, wo sich vier Eisenbahnlinien kreuzen, ist das Tor zum Kaukasus und damit ein äußerst wichtiges Operationsziel. Die Stadt ist seit Jahresbeginn stark befestigt, und ihre Verteidigung liegt in den Händen von Elitetruppen, der besonders auf Straßenkämpfe gedrillten Sondereinheiten der sowjetischen Staatspolizei, der NKWD. Fünfzig Stunden lang tobt der verbissene Straßen- und Häuserkampf im Stadtkern, wo die Verteidiger mit bemerkenswertem Mut und Todesverachtung Widerstand leisten. Um 5.30 Uhr, am 25. Juli, stellen die deutschen Stoßkompanien überraschend fest: Die letzten sowjetischen Einheiten am Flußufer sind bei Nacht und Nebel über den Don ausgewichen.

Hitler triumphiert. Noch am 23. Juli 1942, an dem Tage, an dem Rostow laut offiziellen NS-Berichten gefallen sein soll, gibt er die neue Weisung Nr. 45 heraus. Offenbar davon überzeugt, daß die sowjetischen Streitkräfte entscheidend geschwächt sind, befiehlt er nun eine gleichzeitige exzentrische Operation gegen Stalingrad (Heeresgruppe B) und den Kaukaus (Heeresgruppe A). Man kann dabei schon vorausahnen, daß gerade beim Gelingen dieses Unternehmens eine recht bedrohliche Situation entsteht, da die Vorwölbung des deutschen Südabschnittes zwischen Woronesch und Noworossisk eines Tages etwa 2000 Kilometer betragen wird, jede Heeresgruppe aber nur 600 Kilometer Breite einnehmen kann.

Währenddessen erreicht am 25. Juli das XIV. Panzerkorps (Gen. v. Wietersheim) der 6. Armee den Don nordwestlich Kalatsch.

Weil die in Richtung Kaukasus vorstoßende Heeresgruppe A die größeren Entfernungen zu überwinden hat, wird der für die 6. Armee bestimmte Treibstoff kurzerhand zum Kaukasus umgeleitet. Dadurch bleibt ein großer Teil der motorisierten Verbände und Versorgungstruppen des Generals Paulus in der Donsteppe liegen: Fast 18 Tage lang ist das Gros der 6. Armee, insbesondere das XIV. Panzerkorps (Gen. v. Wietersheim) lahmgelegt.

Die Sowjets nutzen natürlich sofort diesen Zeitgewinn. Generalmajor Kolpaktschi sammelt blitzschnell die Masse seiner 62. Armee im großen Donbogen, bildet um Kalatsch einen Brückenkopf und versperrt damit der 6. Armee den wichtigsten Donübergang, 70 Kilometer westlich von Stalingrad. So scheitert der erste Versuch, Stalingrad aus der Bewegung zu nehmen. Die Hauptkräfte der 6. Armee werden in wechselhafte Kämpfe mit der 62. Armee (Kolpaktschi) und der 64. Armee (Schumilow) verwickelt und müssen sogar an einigen Stellen bis zum Heranführen weiterer Verbände zur Verteidigung übergehen. Die Lage der sowjetischen Truppen im Donbogen bleibt trotzdem schwierig. Beide Flügel der 62. Armee sind tief umfaßt, und das Zurückweichen von Teilen der 64. Armee hinter den Don im Raum Nischne-Tschirskaja führt zu einer Bedrohung Stalingrads von Südwesten her. Am 26. Juli tritt die Heeresgruppe A (GFM List) über den unteren Don zur Verfolgung der in Richtung Kaukasus zurückweichenden sowjetischen Truppen an. Die Infanterieregimenter legen trotz glühender Hitze täglich bis zu 50 Kilometer zurück. Die motorisierten Verbände dagegen leiden unter Treibstoffmangel, und nur dank der Versorgung durch Ju-52-Transportmaschinen können die Kampfspitzen vorwärtsstoßen.

3. Woche: 27. Juli — 2. August 1942

Die Deutschen berichten

Lagebericht, *Oberkommando des Heeres,*
27. Juli 1942
Heeresgruppe B stieß mit Teilkräften nach Osten vor, bildete einen Brückenkopf über den Tschir nördlich Tschirskaja und steht dort im Kampf mit Feind, der das Westufer des Don hält. Nördlich des Tschir stehen Spitzen der vorgehenden Panzer- und Infanteriedivisionen im Gefecht mit starken feindlichen Panzerkräften nordostwärts Kalatsch und südlich Manoilin. Nördlich Kalatsch stehen eigene mot. Kräfte im Kampf mit Feind, der das Nordufer des Don zäh verteidigt. Das Wetter ist sonnig, klar, warm, Temperatur bis 28 Grad ansteigend, Wege überall befahrbar.

Lagebericht, *Oberkommando des Heeres,*
29. Juli 1942
Heeresgruppe B: Westlich und nordwestlich von Kalatsch führte der Feind mit Unterstützung von 30—40 Panzern gegenüber dem Vortag schwächere Angriffe und wurde zurückgeschlagen. Ein weiteres Vorgehen hier ist vom Nachführen von Betriebsstoff und Munition abhängig. Voraussichtlich 29. 7. Fortsetzung.

Lagebericht, *Oberkommando des Heeres,*
30. Juli 1942
Heeresgruppe B: Westlich Kalatsch stehen mot. und Panzer-Kräfte im

Kampf gegen etwa 100 feindliche Panzer. Nördlich davon im rückwärtigen Gelände brachen, vom Westen her kommend, etwa 40 russische Panzer durch und überrannten den Gefechtsstand des XIV. Panzerkorps. Zur Vernichtung des Feindes sind Gegenmaßnahmen eingeleitet.

Lagebericht, *Oberkommando des Heeres,*
1. August 1942
Heeresgruppe B: Im Raum nördlich und westlich Kalatsch führte der Russe weitere Verstärkung heran. Angriffe auf die Spitzen der Panzerdivisionen wurden abgeschlagen, eine Panzerdivision meldet: 24 Panzer erledigt. Die weiter nördlich eingeschlossenen Feindteile versuchten, nach Osten durchzubrechen. Konzentrischer Angriff von eigenen Infanterie- und Panzerkräften brachte den Durchbruch zum Stehen. In dem Donbogen nordostwärts Kletskaja konnten bei einem vergeblichen feindlichen Angriff 18 Panzer erledigt werden. Italienische Division »Celere« griff den Feind im Brückenkopf bei Serafimowitsch an und erledigte 6 Panzer.

Sender Beromünster (Schweiz)

31. Juli 1942. Seit der Erreichung des Don durch die Truppen v. Bocks wird bereits an verschiedenen Stellen auf dem linken, das heißt südlichen Ufer dieses Stromes gekämpft.
Die vierte Woche der deutschen Offensive wird in der Tat durch die Errichtung von Brückenköpfen am gegenüberliegenden Flußufer durch die deutschen Truppen charakterisiert. Es zeichnen sich dabei mehrere Stoßrichtungen über den Fluß ab, einmal bei Rostow südlich gegen die Stadt Bataisk, wo erbitterte Kämpfe wüten; dann bei Zimljansk, wo es den Deutschen gelang, ihre Stellungen auf dem südlichen Don-Ufer zu verbreitern und starke Formationen überzusetzen, zu deren Bekämpfung Timoschenko bereits Reserven in den Kampf werfen mußte; im Don-Knie selbst, das nur 70 Kilometer von der wichtigen Industriestadt Stalingrad an der Wolga entfernt ist, hat sich ebenfalls eine für die russische Verteidigung bedenkliche Lage entwickelt, so daß das Schicksal der Stadt Stalingrad selbst noch als durchaus ungewiß bezeichnet werden muß. Gleichzeitig hat der nördliche Eckpfeiler der deutschen Offensivfront, nämlich Woronesch, nie aufgehört, Brennpunkt schwerer Kämpfe zu sein.

Einheiten der Roten Armee auf dem Rückzug: »Der Feind setzt sich planmäßig ab«

★ Die Sowjets berichten

Am Montag, dem 27. Juli 1942,
meldet das *Sowinformbüro*
über die Ereignisse am Vortage:
Feldmarschall der Hitlerwehrmacht v. Bock scheint gegenwärtig vor allem zwei Hauptziele zu erreichen zu suchen: die Durchschneidung der Eisenbahnlinie von Stalingrad nach Rostow nördlich des Don und der Eisenbahnlinie Stalingrad-Salsk-Krasnodar südöstlich des Don. Der Schwerpunkt der Kämpfe am unteren Don liegt jetzt bei Zimljansk. Von hier aus gehen drei feindliche Armeegruppen vor; eine in nordöstlicher Richtung nach Stalingrad, die beiden anderen nach Überquerung des

Anfang August 1942, die 6. Armee auf dem Vormarsch im Donbogen: 150 Kilometer bis Stalingrad. Ein Halbketten-Zugkraftwagen mit der schweren Feldhaubitze M 18, Kal. 14,9 cm, rollt über den Knüppeldamm

Don in südlicher Richtung direkt zur Eisenbahnlinie Stalingrad-Krasnodar.
Unsere Truppen leisten erbitterten Widerstand, und wie bei Rostow

entwickeln sich die Kämpfe unter ungeheuerlichen Verlusten für beide Seiten. Deutsche Gefangene machen einen völlig apathischen Eindruck und zeigen alle Anzeichen körperlicher und seelischer Überanstrengung. Gegen Mittag teilt das *Sowinformbüro* ergänzend mit: Bei Zimljansk haben massierte deutsch-faschistische Panzer- und Infanterie-Streitkräfte zwei Brückenköpfe am Südufer des Don errichtet. Erbitterte Gegenan-

griffe unserer Truppen haben bisher die Wucht der deutschen Offensive nicht brechen können.
Die Schlacht um Stalingrad hat eine neue, bedrohliche Wendung für unsere Truppen genommen. Eine feindliche Panzerarmee von etwa 600 bis 700 Kampfwagen und vier motorisierte Infanteriedivisionen haben Nischne-Tschirskaja erreicht und kämpfen im Gebiet des Zusammenflusses von Tschir und Don. Damit sind die faschistischen Eindringlinge bis auf 120 Kilometer an Stalingrad herangerückt.
Vom Abschnitt Woronesch wird gemeldet: Unsere Gegenangriffe, die unter beträchtlichen Verlusten für Angreifer und Verteidiger erfolgen, halten an. Trotz frischer Truppen, die die faschistische Führung herangeschafft hat, ist die Initiative nach wie vor beim rechten Flügel Marschall Timoschenkos. Man weist darauf hin, daß damit wertvolle Zeit gewonnen werde.

Und so war es

Die zur Wolga marschierenden deutschen Truppen sind innerhalb eines Monats nur 60 bis 80 Kilometer über die Donsteppe vorgedrungen. »Über die schier unendliche Einöde spannte sich ein ausgeblichen blauer Himmel; im Licht der grellen Sonne zitterte die heiße Luft wie vor dem Feuerloch eines Backofens.«
Die Divisionen der 6. Armee des Generals Paulus ziehen über die Steppe, Hunderte von Kilometern auseinandergezogen, notdürftig versorgt, bewegungsunfähig und mangels Munition beinahe zwei Wochen lang ohne Schlagkraft. Sie können dadurch die Massierung der sowjetischen Truppen, die versuchen, ihnen den Weg zu verlegen, nicht rechtzeitig verhindern. Und so zwingt die STAWKA den General Paulus im großen Donbogen zur Schlacht bei Kalatsch.
Auf beiden Seiten der Front stehen sich die Panzerkräfte gegenüber. »Wie die Kreuzerverbände auf See kämpften die Panzerpulks auf dem Sandmeer der Steppe, rangen um günstige Schußpositionen, trieben den Gegner in die Enge, klammerten sich für einige Stunden oder Tage an Ortschaften fest, brachen aus, machten kehrt und jagten wieder dem Feind nach« — vermerkt das Kriegstagebuch der deutschen 16. Panzerdivision.
Inzwischen löst die Nachricht vom Fall Rostows, die am 28. Juli bekannt-

Golubinskaja, 29. 7. 1942, Gefechtsstand der 6. Armee: v. links General Heitz (VII. AK), General Schmundt (Hitlers Adjutant), General Paulus

gegeben wird, einen tiefen Schock in der ganzen Sowjetunion aus. Man ist empört, daß »gewisse Einheiten der Roten Armee in Panik geraten und geflohen seien« — gemeint sind die NKWD-Sondertruppen. Radio und Presse betonen immer wieder, daß kein Befehl zur Räumung der Stadt gegeben worden sei und deshalb ein klarer Fall von Ungehorsam »feiger und von Panik erfaßter Kreaturen« vorliege. Nach einer sofort eingeleiteten Untersuchung werden mehrere höhere Offiziere und Soldaten erschossen oder abgesetzt.

Auf den Massenkundgebungen verlangt man nun nach Einführung »eiserner Disziplin« in der Armee, und die Politkommissare bekommen interne Anweisungen, Briefe von den Familien der Soldaten zu veröffentlichen, in denen man die miserable Haltung der Armee beklagt. Der Fall

»Jeder weitere Schritt zurück bedeutet das Ende Rußlands ...«: Rotarmisten setzen sich ab

Rostow wird als eine sich geradezu anbietende günstige Gelegenheit für umfassende psychologische und organisatorische Maßnahmen der STAWKA innerhalb der Roten Armee genutzt.
Zu den Reformen nach dem Fall Rostows gehören neben der bemerkenswerten Verschärfung der Disziplin auch eine Reihe von Auszeichnungen, mit denen ausschließlich Offiziere bedacht werden sollen: Schon am 29. Juli gibt Moskau die Stiftung der Suworow-, Kutusow- und Alexander-Newski-Orden bekannt.
Gerade der Kutusow-Orden, benannt nach dem Marschall, der im Feldzug 1812 Napoleon schlug, ist eine ungewöhnliche Auszeichnung. Sie wird hohen Kommandeuren für vorzügliche Leistungen bei einem geplanten und geordneten Rückzug verliehen.
Am 29. Juli erklärt General Paulus dem auf seinem Gefechtsstand anwesenden Adjutanten Hitlers, Generalmajor Schmundt: »Die Armee ist für den Angriff auf Stalingrad zu schwach.« Und am Tag darauf betont

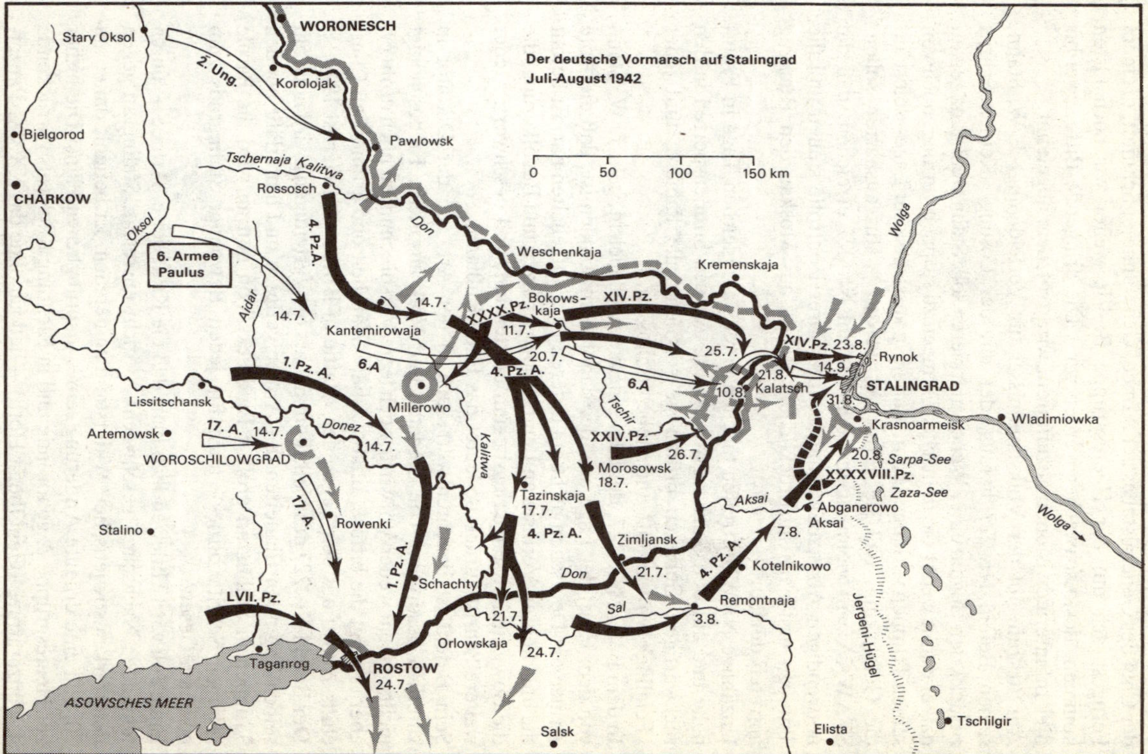

Der deutsche Vormarsch auf Stalingrad
Juli-August 1942
0
50
100
150 km
WORONESCH
Stary Oksol
2. Ung.
Korolojak
Bjelgorod
Pawlowsk
CHARKOW
Tschernaja Kalitwa
Rossosch
Oksol
Don
4. Pz.A.
6. Armee
Paulus
Weschenkaja
Kremenskaja
Aidar
14.7.
14.7.
Kantemirowaja
XXXX.Pz.
Bokows-
kaja
11.7.
XIV.Pz.
20.7.
25.7.
XIV.Pz.
23.8.
Rynok
6.A
4. Pz. A.
1. Pz. A.
Millerowo
6.A
21.8.
14.9.
10.8.
Kalatsch
STALINGRAD
Lissitschansk
Tschir
31.8.
Wolga
Artemowsk
17. A.
14.7.
Donez
14.7.
WOROSCHILOWGRAD
XXIV.Pz.
26.7.
Krasnoarmeisk
Wladimiowka
20.8.
Sarpa-See
Kalitwa
Morosowsk
18.7.
XXXXVIII.Pz.
Zaza-See
Tazinskaja
17.7.
Aksai
Abganerowo
Aksai
Wolga
17. A.
Rowenki
Stalino
4. Pz. A.
Zimljansk
7.8.
1. Pz. A.
4. Pz. A.
Kotelnikowo
Don
21.7.
Schachty
Remontnaja
Sal
LVII. Pz.
21.7.
3.8.
Jergeni-Hügel
Orlowskaja
24.7.
Taganrog
ROSTOW
24.7.
ASOWSCHES MEER
Salsk
Elista
Tschilgir

der Chef des Generalstabes der Armee, Generalmajor Schmidt, in einem Ferngespräch mit der Heeresgruppe B: »Je weiter wir nach Osten kommen, desto schwächer werden wir.« Die dringende Bitte, zwei bis drei Infanteriedivisionen zuzuführen, wird trotzdem abgelehnt.
Am 30. Juli gibt der Volkskommissar für Verteidigung, J. W. Stalin, seinen Befehl Nr. 227 heraus, der mit der Losung »Keinen Schritt zurück« den Beginn einer Wende markieren soll. Stalin weiß ganz genau, daß er damit weder die deutschen Armeen zu stoppen vermag, noch von seinen Truppen verlangen kann, daß sie in aussichtsloser Lage – selbst auf die Gefahr hin, daß sie vernichtet werden – stur ausharren sollen. STAWKA will vielmehr mit dem Befehl Nr. 227 erreichen, daß die notwendigen Absetzbewegungen unter ihrer Kontrolle stehen und die Truppen erst nach ausdrücklichem Befehl aus Moskau den Rückzug antreten dürfen.
Unzählige NKWD-Streifen tauchen bereits am gleichen Tage in Frontnähe und auf den Rückzugswegen auf. An den Straßensperren in den rückwärtigen Gebieten prüfen sie sorgfältig alle Papiere, und jeder »Feigling« wird an Ort und Stelle erschossen.
In dem Befehl Nr. 227, der eher einem Appell gleicht, geht J. W. Stalin von dem Ernst der Lage aus, der dadurch entstanden ist, daß die Rote Armee die Deutschen nicht am unteren Don aufgehalten hat. Er betont die ungeheuren Verluste an Land, Bodenschätzen und Bevölkerung, die die Sowjetunion seit Kriegsbeginn erlitten hat, und beschwört: »Jeder weitere Schritt zurück bedeutet das Ende Rußlands...«
Sein Befehl ist beachtenswert auch in der Art, wie der Diktator in väterlich besorgtem Ton Soldaten und Volk anspricht. Er beschönigt nichts, macht weder Vorwürfe noch leere Versprechungen noch droht er, aber er zeigt die bittere, unabweisbare Wahrheit und erinnert an Churchills Aufruf aus den Tagen der »Battle of Britain« im Herbst 1940.
Der Befehl Nr. 227 des Volkskommissars für Verteidigung wird noch am selben Tag allen Einheiten der Armee verlesen und hinterläßt bei den Truppen in Stalingrad großen Eindruck. Von nun an wird die Parole »Keinen Schritt zurück« auch für jeden Bewohner Stalingrads zum eisernen Gesetz.
Ende Juli wird Hitler endlich klar, daß die Kraft der 6. Armee — durch fehlenden Nachschub geschwächt — nicht ausreicht, Stalingrad gegen den starken sowjetischen Widerstand zu nehmen. Er befiehlt daher am 30. Juli eine erneute Änderung seines ursprünglichen Plans: Die bisher zur Heeresgruppe A gehörende und in Richtung Kaukasus vorrückende 4. Panzerarmee (GenOberst Hoth) — jedoch ohne das XXXX. Panzer-

Am Rande der großen Schlacht: eine Zigarette für den Gegner

korps — ist der Heeresgruppe B zu unterstellen. Hoths neuer Auftrag heißt jetzt, schnellstens südlich des Don durch die Kalmückensteppe in Richtung auf Stalingrad und die Wolga vorzugehen, um die sowjetische Kalatschfront von der Flanke her einzudrücken.

Hitler mißt nun der Eroberung dieser Stadt besondere Bedeutung bei; er glaubt nämlich – wie schon Generaloberst Jodl in einem Lagevortrag sagte —, »das Schicksal des Kaukasus werde bei Stalingrad entschieden«. Sein Plan sieht auf den ersten Blick erfolgversprechend aus: Die 4. Panzerarmee und die 6. Armee stoßen südlich und westlich von Stalingrad vor, schwenken auf die Stadt ein und nehmen den ganzen Raum Stalingrad samt den dort eingesetzten Truppen in die Zange. Doch der Einsatz der 4. Panzerarmee kann nicht mehr viel ändern. Was Hitler jetzt der Heeresgruppe A nimmt, schwächt ihre Offensivkraft gegen den

Kaukasus, und was er der Heeresgruppe B zuweist, ist wiederum zuwenig und kommt zu spät, um Stalingrad aus der Bewegung heraus zu nehmen. Gegen die Truppen des Generaloberst Hoth wird unter Generalleutnant Tschuikow eiligst eine operative Gruppe aus drei Schützendivisionen und der 154. Marineinfanteriebrigade gebildet. Tschuikows Gruppe hat jedoch schon zu Beginn keine leichte Aufgabe. Die deutschen Kräfte sind seinen weit überlegen, und sie beherrschen den Luftraum. Die Bewegungen der Sowjets sind deshalb nur nachts möglich und ihre Gegenangriffe nur abends oder am frühen Morgen durchführbar, wenn die Luftwaffe noch nicht wirksam eingesetzt werden kann. Am 31. Juli tritt die 4. Panzerarmee aus dem Brückenkopf Zimljansk zum Angriff an, durchbricht die schwache sowjetische Front und erreicht noch am selben Tag den Raum Nischne-Schirow-Gaschun. Die 51. Armee (GenMaj. T. K. Kolomijez), die Stalingrad in Richtung Südwesten gegen die 4. Panzerarmee (GenOberst Hoth) deckt, verfügt nur über fünf geschwächte Divisionen. Sie sind an der 200 Kilometer breiten Front von Werchne-Kurmojaskaja bis südlich Orlowskaja auseinandergezogen. Die 51. Armee kann den durch Stukas unterstützten Panzern Generaloberst Hoth nicht standhalten und zieht sich auf die Eisenbahnlinie Tichorezk-Krasnoarmeisk zurück.
Am 2. August stehen die Verbände der deutschen 4. Panzerarmee bereits im Raum Kotelnikowo.

4. Woche: 3. — 9. August 1942

Die Deutschen berichten

Lagebericht, *Oberkommando des Heeres,*
4. August 1942
Heeresgruppe B: Nordostwärts Kotelnikowo konnte eigener Angriff bis zum Bahnhof Pimon-Tscherny vorgetragen werden. Feind weicht nach Osten aus. Nordwestlich Kalatsch griff der Feind die Südfront des XIV. Panzerkorps mit stärkeren Kräften — Panzern und Schlachtfliegern — an. Kämpfe sind noch im Gange.
Wetter: im Süden heiter, klar, Straßen befahrbar, im Norden teilweise bedeckt, etwas kühler.

Lagebericht, *Oberkommando des Heeres,*
7. August 1942
Heeresgruppe B: Starke feindliche Angriffe nördlich Bahnhof Abganerowo wurden abgewiesen. Nordwestlich Kalatsch wurde ein Angriff abgewehrt. Südostwärts Kletskaja wurden Angriffe teils abgewiesen, teils sind noch Kämpfe dort in Gange. Die am 6. 8. gemeldeten Feindgruppen, denen ein Übersetzen über den Don gelungen war, wurden vernichtet.

Lagebericht, *Oberkommando des Heeres,*
8. August 1942
Heeresgruppe B: Nördlich Abganerowo und westlich Bahnhof Tinguta starke mit Panzern unterstützte Feindangriffe, die jedoch abgewehrt wurden. Dabei 23 Panzer vernichtet. Die westlich Kalatsch befindlichen Feindstreitkräfte sind durch Schließen des Ringes von Süden am Don entlang nunmehr eingekesselt. Starke Feindangriffe wurden abgewehrt. Der Kessel wird verengt.

Vor dem Kampf um Stalingrad

Die Wolga, die die bolschewistische Führung als für die deutschen Truppen unerreichbar hielt, liegt schon in greifbarer Nähe. Die am weitesten ostwärts stehenden Truppen des deutschen Heeres, Soldaten einer Panzerdivision, haben in kühnem Vorstoß vorauseilend die äußeren Verteidigungsstellungen im Süden von Stalingrad erreicht und sind teilweise in sie eingedrungen. Als am Morgen des 31. Juli die deutschen und rumänischen Verbände zum Angriff antraten, wurde der erbitterte Widerstand der Bolschewisten gebrochen, der Ring um den Brückenkopf gesprengt und unverzüglich dem weichenden Feind auf den Fersen geblieben. Für die Bolschewisten völlig überraschend, wurde dieser Stoß, der sich anfangs nach Südosten richtete, zunächst nach Osten und schließlich nach Nordosten abgedreht. Während rumänische Verbände mit der linken Schulter am Don vordrangen, nahm eine deutsche motorisierte Infanteriedivision Remontnaja und in erbitterten Straßenkämpfen Kotelnikowo. Verbände einer Panzerdivision aber stießen wie eine gewappnete Faust nach Osten ausholend bis an die äußere Verteidigungslinie von Süden her vor. Aus dieser Richtung und in diesem Tempo hatte die bolschewistische Führung einen Angriff auf Stalingrad nicht erwartet. Mit der ersten Feindberührung an der südlichen Peripherie des Befestigungsraumes von Stalingrad am Abend des 5. August hat der

Kampf um Stalingrad seinen Anfang genommen. Kein Offizier und kein Soldat in Führung und Truppe gibt sich darin einer Täuschung hin, daß dieser Kampf schwer und äußerst hart wird. Die ersten Tage haben es schon gezeigt. Hier geht es auf Biegen oder Brechen. Es ist eine Kraftprobe größten Stils. Stalingrad ist für die Bolschewisten zu einer Prestigefrage geworden. Wenn man den Aussagen von Gefangenen — sogar höheren Offizieren und Kommissaren — Glauben schenken darf, leitet Stalin selbst die Verteidigung der Stadt, die seinen Namen trägt. Zumindest aber ist er selbst in Stalingrad gewesen, um sich von der äußersten Verteidigungsbereitschaft der Stadt zu überzeugen und die bolschewistische Führung und die Mannschaften zu erbittertstem Widerstand aufzuputschen. Er hat dort persönlich seinem kürzlich von ihm ergangenen Befehl, von nun an unter keinen Umständen mehr einen Meter sowjetischen Bodens preiszugeben, Nachdruck zu verleihen versucht. Um Stalingrad entspinnt sich ein Kampf, der, das läßt sein Beginn schon erkennen, zu einem der entscheidenden Kämpfe des Ostfeldzuges werden wird. Einmal mehr wird die persönliche Tapferkeit der einzelnen deutschen Soldaten und die Güte der Waffen über eine zahlenmäßige Überlegenheit an Menschen und Material zu siegen haben

Völkischer Beobachter, August 1942

Und so war es

Am 4. August greift die deutsche 4. Panzerarmee (GenOberst Hoth) gegen heftigen Widerstand der sowjetischen 64. Armee (GenLt. M. S. Schumilow) und der 57. Armee (GenMaj. F. I. Tolbuchin) über den Aksai von Süden her in Richtung Nordosten an, um den Durchbruch auf Stalingrad einzuleiten.

Nachdem die Stalingrader Front durch Eingliederung neuer Verbände in den ersten Augusttagen eine Ausdehnung von über 700 Kilometern erreicht und der Mangel an Nachrichtenmitteln die Truppenführung immer wieder erschwert, trennt das sowjetische Oberkommando die Stalingrader Front am 5. August in zwei Teile: in die Stalingrader Front unter Generalleutnant W. N. Gordow und in die Südostfront unter Generaloberst A. I. Jeremenko. Beide Oberkommandierende erhalten den Befehl, einen Durchbruch der deutschen Truppen zur Wolga zu verhindern.

In der Hauptkampflinie: rumänischer Posten

Bald stellt sich jedoch heraus, daß die Teilung der Front die Lage noch mehr kompliziert: es erschwert die Koordinierung ihrer Operationen und den zentralisierten Einsatz der immerhin beschränkten Reserven. Daraufhin sieht sich STAWKA gezwungen, die Truppenführung der gebildeten Fronten schon nach fünf Tagen wieder in einer Hand (GenOberst Jeremenko) zu konzentrieren.
Am 5. August umgehen die Hauptkräfte der 4. Panzerarmee (GenOberst Hoth) die operative Gruppe Generalleutnant Tschuikows von Osten her und erreichen im Raum Abganerowo-Plodowitoje den Südabschnitt des äußeren Verteidigungsgürtels Stalingrads. Und schon am

Abend beginnen die erbitterten Kämpfe um diesen Verteidigungsgürtel. Der Angriff richtet sich gegen eine 8 Kilometer breite Front. Die deutsche Infanterie überschreitet den Aksai, und Tschuikows operative Gruppe muß über den Fluß zurückweichen, bezieht hier Verteidigungsstellungen und wird der 64. Armee (GenLt. M. S. Schumilow) eingegliedert. Die deutschen Panzertruppen bleiben noch am Südufer des Aksai und bereiten das Übersetzen der motorisierten Einheiten vor. Danach versuchen die Verbände der 4. Panzerarmee (GenOberst Hoth) den äußeren Verteidigungsgürtel aus der Bewegung heraus zu überrollen. Sie führen am Morgen des 6. August den Angriff gegen den linken Flügel der sowjetischen 64. Armee, um von Südwesten her zur Wolga durchzubrechen.

Es gelingt jedoch der 64. Armee im Zusammenwirken mit Verbänden der 57. Armee (GenMaj. F. I. Tolbuchin), den deutschen Vorstoß aufzuhalten, und erst am Abend des 6. August kann die motorisierte deutsche Infanterie mit 70 Panzern die Bahnstation Tinguta besetzen: Jetzt stehen die Spitzen der 4. Panzerarmee (GenOberst Hoth) nur 35 Kilometer vor Stalingrad.

Vor der im großen Donbogen langsam nach Osten marschierenden deutschen 6. Armee haben die Sowjets währenddessen südlich Kremenskaja und nördlich Tschirskaja brückenkopfartig zwei Kräftegruppen (1. Panzerarmee und 62. Armee) versammelt. Sie sind durch Abtrennung des linken Flügels der Stalingrader Front (GenLt. Gordow) entstanden. Nun ist die 6. Armee des Generals Paulus endlich wieder angriffsbereit: Am 8. August treffen sich im großen Donbogen westlich Kalatsch die Vorhuten der von Norden vorstoßenden 16. Panzerdivision und der von Süden angreifenden 24. Panzerdivision und schließen die auf dem westlichen Donufer stehenden neun Schützendivisionen, zwei motorisierte und sieben Panzerbrigaden der sowjetischen 1. Panzerarmee (GenMaj. K. S. Moskalenko) und der 62. Armee (jetzt unter GenLt. A. I. Lopatin) ein. Die erste Phase der Schlacht um Stalingrad beginnt.

Inzwischen dringt die 4. Panzerarmee (GenOberst Hoth) weiterhin von Südwesten auf Stalingrad vor, die die Sowjets um jeden Preis aufzuhalten versuchen. Generaloberst Jeremenko sammelt dafür alle ihm unterstellten Reserven zusammen, sogar einzelne in der Aufstellung begriffene Panzer- und Artillerieeinheiten werden mitten aus ihrer Formierung herausgezogen, um mit ihnen den linken Flügel der 64. Armee (GenLt. Schumilow) aufzufüllen.

Der sowjetische Gegenstoß fängt am frühen Morgen des 9. August an. Die 204. Schützendivision mit der 254. Panzerbrigade, unterstützt von der Artilleriegruppe der 64. Armee, greift in Richtung Sety-Haltepunkt Kilometer 74 an. Das 13. Panzerkorps geht nach Südwesten entlang der Eisenbahnlinie Stalingrad-Kotelnikowo und die 38. Schützendivision nach Westen vor. Sie zerschlagen nach eigenen Angaben etwa drei deutsche Infanterieregimenter und vernichten über 100 deutsche Panzer. Stalins Befehl: »Keinen Schritt zurück!«, der den Truppen ein energisches Halt zurief, hat seine Wirkung nicht verfehlt: Etwa ab 9. August ist an allen Stellen der Front eine Verschärfung des sowjetischen Widerstandes zu spüren.

5. Woche: 10. — 16. August 1942

★ Die Sowjets berichten

Am Dienstag, dem 11. August 1942,
gibt das *Oberkommando der Roten Armee*
zu den Ereignissen des Vortages bekannt:
In der Nacht zum Dienstag bekämpften unsere Truppen den Feind im Gebiet von Kletskaja, nordöstlich von Kotelnikowo und im Gebiet von Armawir, Krasnodar und Maikop. In den anderen Frontabschnitten keine Änderung.
Am 11. August teilt das *Sowinformbüro* ergänzend mit: An der Front von Stalingrad ist es den Hitlerfaschisten in der nun über drei Wochen dauernden Schlacht gelungen, im Nordsektor — im Kampfgebiet von Kletskaja — einige örtliche Fortschritte zu erzielen.
Zwei Panzerkeile wurden in die vorderen Linien unserer Truppen vorgetrieben; doch ist es bisher der deutschen motorisierten Infanterie nicht gelungen, den Anschluß an diese Vorhuten zu finden. Entschlossene Gegenangriffe unserer Armee führten zu hohen Verlusten der feindlichen Panzereinheiten, die sich jetzt in »Igel«-Stellungen verschanzt haben und unter schwerem Artilleriefeuer sowjetischer Truppen liegen. Südlich von Kletskaja, im Abschnitt von Kalatsch, scheiterten deutsche Panzerangriffe noch vor unseren Linien.
Im südlichen Abschnitt der Zangenoperation gegen Stalingrad, im Sektor von Kotelnikowo, gelang es der Roten Armee am Montag und in der Nacht zum Dienstag, durch wuchtige Gegenangriffe beträchtliche

Пролетарии всех стран, соединяйтесь!

Всесоюзная Коммунистическая Партия (большевиков).

ПРАВДА

Орган Центрального Комитета и МК ВКП(б).

№ 28 (8982) Четверг, 30 июля 1942 г. ЦЕНА 15 КОП.

Советская Родина переживает тяжелые дни. Враг продолжа... рваться вперед.

Воины Красной Армии! Ваш священный долг перед Родино... отразить вражеский натиск, остановить, а затем отброси... и разгромить врага. Противопоставим гитлеровским захватчик... железную дисциплину и непоколебимую стойкость.

Ни шагу назад!

ЖЕЛЕЗНАЯ ДИСЦИПЛИНА, ВЫДЕРЖКА, СТОЙКОСТЬ— ЗАЛОГ НАШЕЙ ПОБЕДЫ

УКАЗ ПРЕЗИДИУМА ВЕРХОВНОГО СОВЕТА СССР

Об учреждении военных орденов: ОРДЕНА СУВОРОВА первой, второй и третьей степе... ОРДЕНА КУТУЗОВА первой и второй степени и ОРДЕНА АЛЕКСАНДРА НЕВСКО...

Орден Суворова первой, второй и третьей степени;
Орден Кутузова первой и второй степени;
Орден Александра Невского.

СТАТУТ ОРДЕНА СУВОРОВА

Описание Ордена СУВОРОВА

Oben: Prawda, Moskau 30. 7. 1942, Tagesparole: »Unser sowjetisches Vaterland erlebt schwere Tage! Der Feind setzt seinen Vormarsch fort! Soldaten der Roten Armee! Eure heilige Pflicht vor dem Vaterlande ist es, den Vormarsch der feindlichen Truppen mit allen Mitteln zu stoppen. Keinen Schritt zurück!«
Rechts: Sowjetische leichte 5,7-cm-Pak bei der Abwehr eines deutschen Panzerangriffs: »… die Lage ist ernst«

Erfolge zu erzielen. Die deutsche Panzerspitze, die vor mehreren Tagen von Kotelnikowo aus vorgetrieben worden war, konnte nun beseitigt und die Lücke in unserem Verteidigungsnetz wieder ausgefüllt werden. Die Schlacht um Stalingrad ist zu der größten Kampfhandlung geworden, die bisher in diesem Krieg ausgetragen wurde. Zehntausende von Soldaten sind auf beiden Seiten gefallen, und nach den Feststellungen des Oberkommandos in Moskau überschreiten jetzt schon die Gesamtverluste an Material den Umfang derjenigen der Materialschlacht von Verdun im Ersten Weltkrieg.

Am Freitag, dem 14. August 1942,
meldet das *Sowinformbüro*
über die Ereignisse der Vortage:

Die Schlacht um Stalingrad nimmt immer größere Ausmaße an. Die bei der deutsch-faschistischen Heeresgruppe v. Bock eingetroffenen Reserven — wahrscheinlich drei Panzerdivisionen und sechs Infanteriedivisionen — sind im Raum zwischen Kletskaja und Kalatsch eingesetzt worden und stehen in einem Angriff, der den gesamten inneren Donbogen umfaßt. Das westliche Donufer wurde im Gebiet von Kletskaja von deutschen Panzereinheiten erreicht, und während der Nacht kam es zu blutigen Kämpfen in einigen Ortschaften, die mehrfach den Besitzer wechselten.

Am Freitagmorgen gingen unsere Truppen südlich von Kletskaja zum Gegenangriff über, und an einigen Stellen gelang es ihnen, verlorene Stellungen wiederzugewinnen. Im Raum von Kalatsch stehen deutsch-rumänische Verbände im Angriff. Schwere Kämpfe werden um eine Bahnstation an der Strecke nach Stalingrad ausgetragen, die in der Vorwoche bereits in deutscher Hand war und dann von unseren Truppen zurückerobert wurde. Wesentlich günstiger gestaltete sich die Situation im Abschnitt Kotelnikowo.

Unsere Truppen, die am Mittwoch einen bedeutenden Erfolg über deutsche und rumänische Verbände davontrugen, haben jetzt Offensivoperationen auf verbreiterter Front eingeleitet. Sie wenden die deutsche Taktik von Angriffsvierecken (»Mot-Pulks«) an, die alle Waffengattungen umfassen und in denen Batterien aller Art mitgeführt werden. Die Feuerkraft dieser Vierecke ist beträchtlich. Der größere Teil von zwei deutschen Panzerbrigaden, die am Dienstag zum Sturmangriff auf unsere Hauptstellung bei Kotelnikowo eingesetzt wurden, wurde vernichtet.
Die Truppen unserer Armee versuchen jetzt, aus diesem Gebiet nach Norden vorzudringen, um den bei Kalatsch kämpfenden Verbänden Unterstützung zu bringen.

Am Sonntag, dem 16. August 1942,
meldet das *Sowinformbüro*
über die Ereignisse am Vortage:
Die Schlacht um Stalingrad ist in ihre entscheidende Phase getreten. Auf der Gesamtfront zwischen Kletskaja und Kalatsch — im inneren Donbogen — stehen deutsche Panzer- und motorisierte Infanterieverbände im Angriff. In den letzten 24 Stunden hat die Hitlerwehrmacht bedeutende Verstärkungen an schwerer Artillerie erhalten, und auch die Zahl der Sturzkampfflugzeuge ist bedeutend vermehrt worden. Die nördlich von Kalatsch stehende deutsche Armee ist in Richtung Katschalinskaja vorgestoßen und hat den Don südwestlich davon erreicht. Auch der von Kletskaja aus operierenden deutschen Armee gelang es Fortschritte zu erzielen. Einige ihrer Panzerverbände sind in die Stadt selbst eingedrungen, wo sie zur Zeit in Straßenkämpfen stehen. Andere Verbände versuchen, Brückenköpfe am Don zu errichten. Ein mit starken Kräften unternommener Versuch, eine Pontonbrücke über den Don zu legen, konnte verhindert werden. Am frühen Sonntag morgen liegt schweres Artilleriefeuer auf den Linien unserer Truppen am Ostufer des Don.
Die Gesamtlage im inneren Donbogen ist für uns ernst, da nun drei deutsche Panzerspitzen zwischen Kletskaja und Kalatsch den Don erreicht haben. In einem Frontabschnitt dieses Gebiets haben sich die Deutschen Stalingrad bis auf 65 Kilometer genähert. Außerhalb des Donbogens ist ebenfalls eine Entwicklung zu verzeichnen, die Stalingrad vom Südwesten her bedroht.
Die deutsch-faschistischen Armeen, die zunächst nach Elista vorgestoßen waren, sind neu gruppiert worden, erhielten Verstärkungen von etwa vier motorisierten Divisionen und gehen jetzt in schnellem Vormarsch nordöstlich dem Eisenbahndamm entlang nach Stalingrad vor. Damit gerät

Sowjetische Infanterie mit der bewährten 7,62-mm-Maschinenpistole PPSh (1942), einer robusten und einfachen Konstruktion, deren Läufe aus Restbeständen von veralteten Moisin-Nagant-Gewehren stammen

unsere Auffangstellung bei Kotelnikowo in Gefahr, vom Rücken her umfaßt zu werden. Marschall Timoschenko mußte direkt südlich von Kotelnikowo seine Truppen auf eine rückwärtige Verteidigungslinie zurücknehmen. Im Oberkommando wird bestätigt, daß diese neue Entwicklung als sehr ernst angesehen werden muß und daß die Entscheidung der jetzt schon vier Wochen dauernden Schlacht herannaht.

НИ ШАГУ НАЗАД!

Вот уже месяц идут ожесточённейшие бои за город Сталинград, который является перекрестком жизненных путей страны, важнейшими воротами встречных потоков угля и нефти, хлеба и стали. Немецкие стервятники потеряли сотни танков и самолётов. Не считаясь с громадными потерями, устилая свой путь тысячами солдат и офицеров, гитлеровские банды рвутся к Сталинграду, к Волге. Они знают, как дорог нам Сталинград, как важна для нас Волга, прославленная своим величием, богатством, народно-хозяйственным значением.

СТАЛИНГРАДА МЫ НЕ МОЖЕМ ОТДАТЬ И НЕ ДОЛЖНЫ. СТАЛИНГРАД ИМЕЕТ РЕШАЮЩЕЕ ЗНАЧЕНИЕ ДЛЯ ОБОРОНЫ СТРАНЫ И РАЗГРОМА ВРАГА. Через Сталинград лежит путь на широкий Дон, на хлебную Кубань, на весь богатый Кавказ. Озверелый враг хорошо это знает и потому стремится прорваться к городу. Озлоблённый стойкостью нашей обороны, ошалелый от собственной крови враг хочет отбить у нас наш Сталинград и тем самым серьёзно ухудшить стратегическое положение всего советского фронта. Сталинград есть и должен быть навсегда нашим, советским. Здесь враг должен получить сокрушительный удар. Каждый должен помнить, что захват немцами Сталинграда и выход на Волгу усилит врага и ослабит наши силы.

НИ ШАГУ НАЗАД!

Таков приказ Родины, нашего народа. Не жалея сил, презирая смерть, защищай, боец, командир и политработник, исторический Сталинград. Бейте немцев до их последнего собачьего вздоха.

Родина требует от всех защитников Сталинграда беззаветной храбрости, железной стойкости, всеобщего геройства.

Враг должен быть разбит на подступах к Сталинграду и, как падаль, отброшен от него. Сталинград, как и 24 года тому назад, снова прославит себя боевым мужеством в деле защиты чести и независимости любимой Родины, великого отечества.

НИ ШАГУ НАЗАД!
ВПЕРЕД НА ВРАГА!

Сталинградский Обком ВКП(б).

Links: Weisung des Oberkommandos der Stalingrader Front: »Keinen Schritt zurück!«

Unten: Iswestija, Moskau 31. 7. 1942, Tagesparole: »Der Heimat droht ernste Gefahr. Ungeachtet der großen Verluste setzen die Truppen der Hitlerarmee ihren Marsch in das Landesinnere fort ... kämpft bis zum letzten Blutstropfen für jeden Meter sowjetischen Bodens!«

ИЗВЕСТИЯ СОВЕТОВ ДЕПУТАТОВ ТРУДЯЩИХСЯ СССР

Год издания 26-й
№ 178 (7864) ПЯТНИЦА 31 июля 1942 г.
Цена 15 коп.

Серьезная опасность нависла над Родиной. Не сч
с потерями, гитлеровские войска рвутся в глубь страны
Воин Красной Армии! Ни шагу назад! Стойко де
под натиском немецко-фашистских полчищ. Дерись до п
ней капли крови за каждый клочок советской земли. О
нашу Родину, опрокинем и уничтожим врага!

Железная дисциплина, несгибаемая стойкость — закон нашего воина

От Советского Информбюро

УТРЕННЕЕ СООБЩЕНИЕ 30 ИЮЛЯ

Награждение орденами и медалями СССР раб Южно-Уральской, Рязано-Уральской, Ташкентской, При имени Ф. Э. Дзержинского, Ярославской железных дорог

Die Deutschen berichten

Lagebericht, *Oberkommando des Heeres,*
10. August 1942
Heeresgruppe B: Südlich Stalingrad hat der Feind weitere Kräfte herbeigeführt und steht in starker Abwehr gegen hier von Süden vorgehende deutsche und rumänische Kräfte. Der Kessel westlich Kalatsch wird weiter durch konzentrischen Vorstoß der eigenen Divisionen verengt. Verzweifelte Ausbruchsversuche des Feindes wurden abgewehrt. Südlich und nördlich Kalatsch wird das Westufer des Don von Feindresten gesäubert. Beim Vorstoß am Donknie ostwärts Swoboda gelang es dem Russen, das Westufer des Don zu erreichen und die hier stehenden ungarischen Kräfte zurückzudrängen.

LKISCHER BEOBACHTER

Der Geheimbefehl Stalins erbeutet

„Weiterer Rückzug ist gleichbedeutend mit Untergang"

Berlin, 9. August.

Ein deutsches Panzerkorps hat an der Kaukasusfront den Geheimbefehl Stalins für die Verteidigung der UdSSR. Nr. 227 vom 28. Juli 1942 erbeutet. Dieser Befehl enthüllt mit einem Schlage die tatsächliche Lage der Sowjetunion. Wenn vor kurzem noch Moskau verkünden ließ, daß die Sowjets es sich leisten könnten, Schlachten zu verlieren und zurückzuweichen, da sie immer noch die Kraft zu einer großangelegten Gegenoffensive hätten, so kommen jetzt in diesem Befehl äußerst schwere militärische und wirtschaftliche Besorgnisse der Sowjetgewaltigen ans Tageslicht.

Bericht über den am 31. 7. 1942 im Bereich des LIII. Armeekorps gefundenen Geheimbefehl

Lagebericht, *Oberkommando des Heeres,*
15. August 1942
Heeresgruppe B: 4. Pz. Armee: Mehrere Angriffe aus der Richtung Zaza-See auf rechtem Flügel der Armee wurden abgewehrt. Ebenso Angriff von Norden auf deutsche und rumänische Stellungen. Das XXIV. Pz. Korps wird vom Westufer des Don auf den rechten Flügel der 4. Pz. Armee vorgezogen. 6. Armee Umgruppierung. Wetter: drükkende Hitze, Sandsturm.

Im Raum von Kalatsch, Anfang August 1942; die Panzerspitzen der 24. Panzerdivision im Vormarsch: durch zwei Panzer III geschützte MG-Infanteriezüge

Lagebericht, *Oberkommando des Heeres,*
16. August 1942

Heeresgruppe B: Durch Luftaufklärung Heranführen von stärkeren Feindkräften aus Stalingrad gegen rechten Abschnitt der Nordfront der

4. Panzerarmee erkannt. Angriffe auf die Nordostflanke der 14. Panzerdivision wurden abgeschlagen. Die Divisionen des VIII. und XI. A. K. sind zum Angriff auf den Nordostbogen des Don nordwestlich Stalingrad angetreten und haben z. T. in überholender Verfolgung das Westufer des Don erreicht, mit der Absicht, die in diesem Flußbogen befindlichen Feindkräfte einzuschließen und zu vernichten.

Und so war es

Um das Zusammenwirken zwischen den Fronten zu verbessern, wird die Stalingrader Front (GenLt. Gordow) vom 10. August an dem Oberbefehlshaber, Generaloberst Jeremenko, erneut der Südostfront unterstellt. Am Abend des 10. August haben die Sowjets die 4. Panzerarmee (GenOberst Hoth) zurückgedrängt und die Stellungen des äußeren Verteidigungsgürtels wieder besetzt. Dies ist der erste erfolgreiche sowjetische Gegenangriff im Raum Stalingrad. Die deutsche 4. Panzerarmee muß mit hohen Verlusten zeitweise zur Verteidigung übergehen. Um sie zu verstärken, verlegt die Heeresgruppe B eilig eine Panzer- und Infanteriedivision der 6. Armee des Generals Paulus in diesen Raum.
Der deutsche Vormarsch in Richtung Stalingrad verlangsamt sich: Je näher er an die Stadt heranrückt, um so geringer sind die Möglichkeiten, Ausweichmanöver durchzuführen.
Die deutsche 4. Panzerarmee wird zwar im Süden gestoppt und hinter den äußeren Gürtel zurückgedrängt. Doch die Stadt bleibt weiterhin ernst bedroht. Auf dem linken Flügel der Stalingrader Front vor Kalatsch verschlechtert sich die Lage der sowjetischen Truppen. Am 10. August stoßen nämlich auf Befehl General Paulus' alle verfügbaren Panzereinheiten auf die in dem Brückenkopf nordostwärts Surowikino auf engstem Raum eingeschlossenen Reste der 62. sowjetischen Armee vor. Die Rote Luftflotte wird in diesen Tagen immer aktiver: Im Morgengrauen des 12. August starten 62 Schlachtflugzeuge der 8. sowjetischen Luftarmee (GenMaj. T. T. Chrjukin) einen Überraschungsangriff auf die auf den Flugplätzen Obliwskaja, Olchowski und Surowikino stationierten deutschen Bomber und Jäger: »... die deutschen Piloten und Mechaniker saßen gerade beim Frühstück. Unsere Schlachtflieger und Jäger flogen mehrmals im Tiefflug an und vernichteten Dutzende von Flugzeugen.«
Zur Koordinierung der Kampfhandlungen bei Stalingrad beordert das Staatliche Verteidigungskomitee am 12. August den Chef des Generalstabes, Generaloberst Alexander M. Wassilewski, in die Wolgastadt.
Am 13. August übernimmt die italienische 8. Armee (GenOberst Gariboldi) mit ihren drei Korps einen Verteidigungsabschnitt am mittleren Don zwischen der ungarischen 2. (GenOberst Jány) und der deutschen 6. Armee. Am späten Abend des 13. August erhält Generaloberst Jeremenko die Weisung der STAWKA, als Oberbefehlshaber der Südostfront gleichzeitig die Stalingrader Front zu übernehmen. Seine Stell-

Der Vormarsch der 24. Panzerdivision nähert sich der Wolga: vorn ein schweres Krad mit Seitenwagen, Typ BMW R 75, Bj. 1940/44, 26 PS, 750 ccm; im Hintergrund ein mittlerer Zugkraftwagen 5 t mit einer Zwillingsflak

vertreter: für die Stalingrader Front Generalleutnant W. N. Gordow und für die Südostfront Generalleutnant F. I. Golikow. Nikita S. Chruschtschow wird Mitglied des Kriegsrates beider Fronten, und zum Standortkommandanten von Stalingrad ernennt man den Kommandeur der 10. Schützendivision, Oberst A. A. Sarajew, der unmittelbar dem Oberkommando der Südostfront untersteht.

Bis zum 14. August liegt der Frontgefechtsstand des Generaloberststs Jeremenko im Stadtzentrum von Stalingrad, zwei Kilometer südlich des

Kaukasus-Bahn
6.8.42

Flüßchens Zariza. Die Südostfront hat noch keinen Chef des Stabes, keinen Chef der Fliegerkräfte und keinen stellvertretenden Oberbefehlshaber. »Führungsmäßig war das die schwerste Zeit«, sagt Jeremenko später. Erst am 14. August flauen die Kämpfe an dem linken Flügel der Stalingrader Front im Kessel von Kalatsch ab, die eine Woche zuvor, am Morgen des 7. August, mit dem Angriff der deutschen 6. Armee gegen die 1. Panzerarmee (GenMaj. Moskalenko) und die 62. Armee (GenLt. Lopatin) begonnen haben. Die Deutschen nehmen 57000 Gefangene und haben 1000 Panzer und 750 Geschütze zerstört oder erbeutet.
Seit der Schlacht um Charkow im Mai dieses Jahres ist dies die erste wirklich erfolgreiche Kesselschlacht und zugleich die letzte dieses Ausmaßes im deutschen Ostfeldzug. Teile der vier sowjetischen Divisionen westlich von Kalatsch leisten bis zu diesem Tag Widerstand. Es gelingt dann nur noch wenigen Einheiten, aus dem Kessel über den Don zu entkommen. Jedoch die Säuberungskämpfe im Raum Kalatsch und die Eroberung von Brücken und Bildung von Brückenköpfen über den Don zum Vorstoß auf Stalingrad dauert durch den entschlossenen sowjetischen Widerstand noch eine Woche.
Am Abend des 15. August erreicht die deutsche 6. Armee den Don südlich Sirotinskaja, zerschlägt hier Teile der sowjetischen 21. Armee und der 4. Panzerarmee und bezieht die Ausgangsstellungen für die Überquerung des Flusses und für die Vorbereitung eines neuen Vorstoßes auf Stalingrad.
24 Stunden später unternimmt Oberstleutnant Hyazinth Graf Strachwitz, Kommandeur der 1. Abteilung des 2. Panzerregiments (16. Pz.-Div.) einen Handstreich: »In zwei Kampfstaffeln griff seine Abteilung Trechostrowskaja von der Donhöhenstraße her an und erreichte nach hartem Gefecht auch hier das Donufer. Im letzten Augenblick gelang es einigen Sowjets, die Brücke in der Mitte in Brand zu setzen.« Die nachfolgenden Pioniere schafften es, die brennenden Teile wegzureißen und damit den Westteil des Übergangs zu retten.
Zur gleichen Stunde äußert Hitler in seinem Hauptquartier erstmals die Befürchtung, daß Stalin womöglich den Angriff der Roten Armee des Jahres 1918 wiederholen und aus dem Raum von Serafimowitsch über den Don in Richtung Rostow vorstoßen könnte.

Vorhergehende Doppelseite: Hunderte von Kilometern auseinandergezogen und nur notdürftig versorgt: deutsche bespannte Artillerie mit ihren Standard-Geschützen für leichte Batterien, den 10,5 cm leichten Feldhaubitzen 18 (FH 18/40), auf dem Vormarsch

Kleines Bild: Bei guter Stimmung: Soldaten der 94. Infanteriedivision auf der Fahrt in Richtung Stalingrad

6. Woche 17.—23. August 1942

Die Deutschen berichten

Lagebericht, *Oberkommando des Heeres,*
17. August 1942
Heeresgruppe B: Angriffe auf den rechten Flügel der 4. Pz.-Armee wurden abgeschlagen. 6. Armee: ging mit VIII. Korps und XIV. Pz.-Korps weiter in den Donbogen vor und säuberte das West- bzw. Nordufer vom Feinde. Nordwestlich Stalingrad gelang es einem Infanterieregiment, einen Brückenkopf über den Don zu bilden und zu erweitern. Bei Serafimowitsch gelang es weiteren Feindteilen, über den Don zu setzen.

Und so war es

Am 17. August ist der mehr oder weniger planmäßige Rückzug der sowjetischen Truppen der Stalingrader Front aus dem Brückenkopf Kalatsch über den Don beinahe abgeschlossen. Die deutsche 6. Armee kann jedoch den Don wegen Mangel an Pioniergerät nicht im Nachstoß überschreiten.

Der Kampf im Donbogen ist nun beendet. Die Sowjets schaffen es trotzdem, das Gebiet nördlich des großen Donbogens und mehrere Brückenköpfe südlich davon, vor allem bei Serafimowitsch, zu halten. Durch die Schlacht im Donbogen gewinnen sie kostbare 14 Tage, die für die Vorbereitungen zur Verteidigung von Stalingrad von entscheidender Bedeutung sind.

Nach Abschluß der Kämpfe im großen Donbogen beziehen ab 17. August die Verbände der 6. Armee für einige Tage Ruhestellungen, um sich für den weiteren Einsatz vorzubereiten. Die vor Tinguta liegende deutsche 4. Panzerarmee gruppiert indessen ihre Truppen um und geht zum Angriff auf Krasnoarmeisk über. Aber die offenen Flanken vereiteln den Erfolg.

Das Oberkommando des Heeres entschließt sich nun, mit den Kräften der 6. Armee des Generals Paulus und der 4. Panzerarmee Generaloberst Hoth gleichzeitig einen konzentrischen Angriff in Richtung Stalingrad zu führen: mit der 6. Armee nach Osten und mit der 4. Panzer-

armee nach Norden. Die 6. Armee übergibt den Verteidigungsabschnitt zwischen Pawlowsk und der Chopjormündung der italienischen 8. Armee (GenOberst Gariboldi).
Ab 17. August stehen die sowjetische 4. Panzerarmee und die 62. Armee (GenLt. Lopatin) in hartnäckig hinhaltenden Gefechten mit der 6. Armee des Generals Paulus, die den Brückenkopf am Ostufer des Don, im Raum Wertjatschi, zu erweitern versucht.
Währenddessen werden die sowjetischen Truppen, die die Zugänge zur Wolga decken sollen, weiter verstärkt, die 4. Panzerarmee und die 62. Armee bedeutend aufgefrischt. Die Einheiten der 33. und 35. Gardedivision sowie die 87. und die 196. Schützendivision beziehen den mittleren Verteidigungsgürtel.
Es ist die Stille vor dem Sturm: Die deutschen Verbände stehen jetzt im Nordwesten, Westen und Süden zum Angriff auf Stalingrad bereit.

Zweite Phase

19. August bis 2. September 1942

Nördlich von Stalingrad: Das XIV. Panzerkorps stößt zur Wolga vor

Geheime Kommandosache

Armee-Oberkommando 6
Ia AZ 1 Nr. 3044-42 g.K
A. H. Qu., den 19. August 1942 18.45 Uhr

Armeebefehl für den Angriff auf Stalingrad

1. Der Russe wird den Raum um Stalingrad hartnäckig verteidigen. Er hat die Höhen auf dem Ostufer des Don westlich Stalingrads in großer Tiefe zur Verteidigung ausgebaut und besetzt.
Es ist damit zu rechnen, daß er Kräfte, dabei auch Panzerbrigaden, um Stalingrad und nördlich der Landbrücke zwischen Don und Wolga für Gegenangriffe bereitgestellt hat.
Bei einem Vorgehen über den Don auf Stalingrad rechnet die Armee daher mit Widerstand in der Front und mit Gegenangriffen größeren Ausmaßes gegen die Nordflanke des eigenen Stoßes.
Es ist möglich, daß durch die Vernichtungsschläge der letzten Wochen dem Russen die Kräfte für einen entscheidenden Widerstand fehlen.
2. 6. Armee setzt sich in den Besitz der Landbrücke zwischen Don und Wolga nördlich der Eisenbahn Kalatsch-Stalingrad und sichert sich nach Osten und Norden.
Die Armee überwindet hierzu den Don zwischen Pesowatka und Ostrowskij. Schwerpunkt beiderseits Wertjatschi. Unter ständiger Abdeckung nach Norden stößt sie alsdann mit ihren schweren Verbänden über den Höhenzug zwischen der Rossoschka und dem Quellgebiet der B. Karennaja in den Raum hart nördlich Stalingrad bis an die Wolga durch,

Die Spitzen der 4. Panzerarmee bei Abganerowo, 19. 8. 1942: Vor dem äußeren Verteidigungsgürtel von Stalingrad eröffnet überraschend sowjetische Artillerie das Feuer. Vorn eine 2-cm-Flak mit Selbsfahrlafette auf einer 1-t-Zugmaschine

während gleichzeitig Teilkräfte von Nordwesten in die Stadt eindringen und sie nehmen.
Dieser Stoß wird in der Südflanke durch Vorgehen von Teilkräften über den Mittellauf der Rossoschka begleitet, die südwestlich Stalingrad die Verbindung mit den von Süden vorstoßenden schnellen Verbänden der Nachbararmee herstellen.

Gegen den Raum zwischen den Unterläufen der Rossoschka und der Karpowka und dem Don aufwärts Kalatsch wird von Nordosten her zunächst nur mit schwachen Kräften gesichert. Dieser Raum soll von Nordosten her aufgerollt werden, sobald die von Süden gegen die Karpowka vorgehenden Kräfte der Nachbararmee heran sind.
Mit fortschreitendem Angriff auf dem Ostufer des Don sollen am Westufer des Flusses abwärts Malyj nur schwache Kräfte zur Sicherung stehen bleiben, die sich später durch einen Vorstoß über den Fluß beiderseits Kalatsch an der Vernichtung der dort stehenden Kräfte beteiligen.

3. Aufträge: XXIV. Pz.K. sichert den Don von der rechten Armeegrenze bis Lutschenskij (ausschl.) und bereitet mit 71. I.D. unter Belassung schwächster Sicherungen am Don Bildung eines Brückenkopfes beiderseits Kalatsch mit anschließendem Vorstoß dieser Division nach Osten vor. Herauslösen des Gen.Kdos. zu anderweitiger Verwendung ist vorzubereiten. LI. A.K. gewinnt einen weiteren Brückenkopf über den Don beiderseits Wertjatschi. Hierfür werden ihm artilleristische, Pionier- und Verkehrsregelungskräfte, Panzerjäger und erforderliche Nachrichtenmittel des XIV. Pz.K. vorübergehend unterstellt.
Sobald das XIV. Pz.K. durch den Brückenkopf nach Osten vorgeht, ist es Aufgabe des LI. A.K., dessen Südflanke zu decken.
Hierzu stößt es zwischen Nischne-Alexejewskij und Bol. Rossoschka über den Rossoschka-Bach vor, nimmt das Höhengelände westlich Stalingrad in Besitz und stellt nach Südosten vorgehend die Verbindung mit den von Süden vorstoßenden schnellen Verbänden der rechten Nachbararmee her.
Das Korps nimmt und besetzt alsdann Mitte und Südteil von Stalingrad. Schwache Kräfte sichern währenddessen zwischen Peskowatka und Nischne-Alexejewskij. Für die Vernichtung der südlich dieser Linie nördlich der Karpowka stehenden russischen Kräfte ergeht rechtzeitig besonderer Befehl der Armee.
XIV. Pz.K. stößt nach Gewinnung des Brückenkopfes durch LI. A.K. aus diesem über den Höhenzug nördlich Malo Rossoschka und Hp. Konaja nach Osten bis zur Wolga nördlich Stalingrad durch, sperrt die Wolga und unterbindet den Eisenbahnfährbetrieb hart nördlich Stalingrad. Mit Teilen dringt das Korps von Nordwesten in den Nordteil von Stalingrad ein und nimmt ihn in Besitz. Panzer sind hierzu nicht einzusetzen.
Nach Norden ist auf dem Höhenrücken südwestlich Jersowka und südlich des B. Gratschewaja-Abschnittes abzudecken. Dabei ist engste Verbindung mit dem von Westen herankommenden VIII. A.K. zu halten.
VIII. A.K. deckt Nordflanke XIV. Pz.Korps. Hierzu stößt es auf den zwischen Nischnij-Gerassimov und Ostrowskij gewonnenen Brückenköpfen scharf nach Südosten vor und gewinnt, ständig nach Norden einschwenkend, eine möglichst panzersichere Linie zwischen Kusmitschi und Katschalinskaja. Enge Verbindung mit dem XIV. Pz.Korps ist zu halten.
XI. und XVII. A.K. sichern die Nordflanke der Armee.
XI. A.K. im Don-Abschnitt: Melow-Kletskaja (ausschl.) bis zur linken Armeegrenze.

Der Kampf um jeden Zoll Boden – ein verwundeter Rotarmist ergibt sich

XI. A.K. stellt baldmöglichst die 22. Panzerdivision zur Verfügung der Armee im Raum um Dalij-Perekowskoj-Orechowskij-Sseliwanow bereit.

4. Angriffstag und Zeit sind durch Sonderbefehl geregelt.
5. Trennungslinien siehe besonders ausgegebene Karte.
6. VIII. Fliegerkorps wird den Angriff der Armee zunächst mit Schwerpunkt bei LI. A.K., dann bei XIV. Pz.Korps unterstützen.
7. Armeegefechtsstand ab 21. 8. früh Ossinowskij.
8. Weitergabe dieses Befehls nur in Auszug an die unterstellten Dienststellen und nur das, was diese wissen müssen.

Beförderung nicht mit Flugzeug. Die Geheimhaltungsbestimmungen sind nach Inhalt und Verteiler beachtet.

Der Oberbefehlshaber
gez. Paulus

Geheimer Bericht des *Sicherheitsdienstes der SS*
zur innenpolitischen Lage:
Nr. 309 vom 17. August 1942 (Auszug)
1. Allgemeines
Die siegreiche Beendigung der großen Vernichtungsschlacht westlich Kalatsch hat große Freude ausgelöst, um so mehr, als dadurch bereits vereinzelt geäußerte Bedenken über den Ausgang dieser Kämpfe entkräftet wurden und der Weg nach Stalingrad, dem vermutlich nächsten Ziel der deutschen Operationen an diesem Teil der Front, freigeworden sei. Die Zahl der eingebrachten Gefangenen wird im Verhältnis zu dem erbeuteten Material als nicht sehr hoch angesehen und gab vereinzelt zu der Vermutung Anlaß, daß sich stärkere sowjetische Kräfte durch rechtzeitigen Rückzug der Umklammerung und somit der Gefangennahme entziehen konnten.

★ Die Sowjets berichten

Am Freitag, dem 21. August 1942,
meldet das *Sowinformbüro*
über die Ereignisse der Vortage:
Die Schlacht um Stalingrad nimmt immer größeres Ausmaß an. Der Schwerpunkt der Kämpfe liegt im Gebiet südlich von Kletskaja, von wo aus mindestens fünf Divisionen Hitlerfaschisten nach Stalingrad durchzubrechen suchen. Unsere heldenhaften Truppen kämpfen um Zeitgewinn, denn jeder Tag bringt die Regenperiode näher.
Ein deutscher Brückenkopf, der am Tag zuvor am Ostufer des Don errichtet wurde, ist in der Nacht zum Freitag wieder beseitigt worden. Dabei verloren die Faschisten fünfhundert Pioniere und 18 Panzer. Kritischer ist die Lage nördlich dieser deutschen Übergangsstelle, da zwei Brückenköpfe am Ostufer des Don von den Faschisten gehalten und ausgebaut werden konnten. Im übrigen ist es völlig unrichtig, daß der Donbogen auf der westlichen Seite völlig in der Hand deutsch-faschistischer Truppen ist oder daß sich die Angreifer im Besitz des Westufers befinden. Nur an einigen Stellen dieser hundert Kilometer langen Donbiegung bestehen deutsche Stützpunkte, und hinter ihnen hält der Kampf zwischen der Infanterie beider Seiten an. Fallschirmtruppen

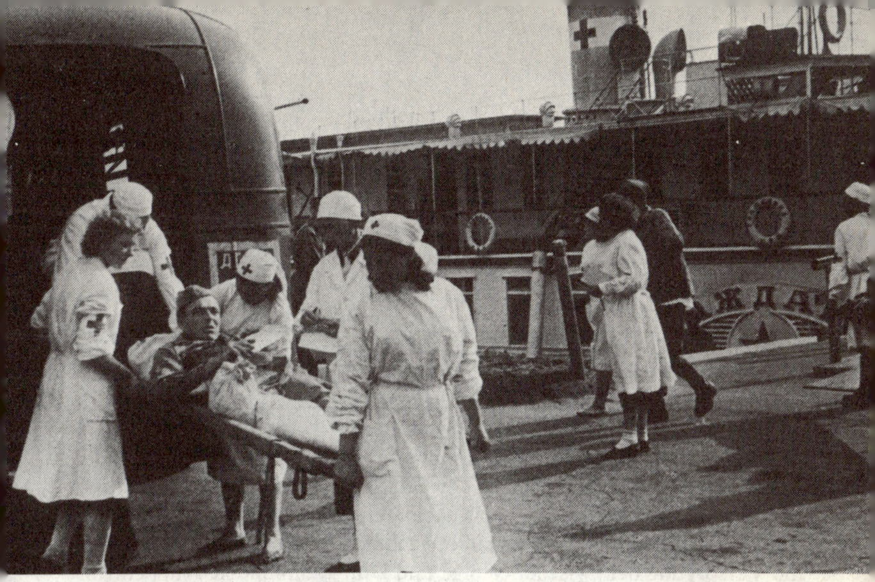

Stalingrad, August 1942: Passagierschiff »Graschdanka«: Verwundetentransport über die Wolga

wurden zur Verstärkung unserer meist isoliert kämpfenden Truppen abgesetzt.

Nordöstlich von Kotelnikowo wechselt Angriff mit Gegenangriff. Bisher vermochten die Faschisten nicht, die Offensive gegen Stalingrad auf breiterer Front wiederaufzunehmen. An der nach Stalingrad führenden Eisenbahn verloren unsere Truppen eine Bahnstation, die sie am Donnerstag erobert hatten. Am Freitagmittag ist auch diese Einbruchstelle wieder beseitigt worden, wobei zwanzig Panzer, neun Geschütze, fünf Kommandowagen erbeutet oder niedergekämpft wurden und 350 deutsche Offiziere und Mannschaften in Gefangenschaft gerieten.

Die Deutschen berichten

Lagebericht, *Oberkommando des Heeres,*
21. August 1942

Heeresgruppe B: 24. Panzerdivision im Vorgehen nach Osten hat den Südrand des Zaza-Sees erreicht und geht nach Norden auf Zaza vor. Dort stärkerer Feind. 14. Panzerdivision kämpft auf den Höhen nordwestlich

Zaza und bei Bahnhof Tinguta. Anschließend nach links sind eigene und rumänische Truppen weiter nach Norden vorangekommen und haben Angriffe des Feindes zurückgewiesen. Stärkeres feindliches Artilleriefeuer auf der Westflanke. 6. Armee: wurden gestern 10 Angriffe auf den Brückenkopf nordwestlich Stalingrad abgewehrt. Am 19. und 20. 8. wurden hier 47 Panzer zusammengeschossen. Wetter: Bewölkt, windig.

Und so war es

Am Mittwoch, dem 19. August, kommt der stellvertretende Vorsitzende des Rates der Volkskommissare der UdSSR und für die Panzerproduktion zuständige W. A. Malyschew nach Stalingrad, um eine reibungslose Arbeit der Rüstungsbetriebe zu überwachen. Die Werke der Stadt sollen die Versorgung der zwischen Wolga und Don kämpfenden Truppen vor allem mit Kampfwagen, Geschützen und Munition, direkt übernehmen.
An diesem Tag erteilt Hitler den Befehl zum Angriff auf Stalingrad und gibt der 6. Armee eine Woche Zeit für die Eroberung. »Die Stadt soll bis zum 25. August genommen werden.«
Zu gleicher Stunde, in der General Paulus seiner Armee den Befehl zum Angriff auf Stalingrad gibt, landen bei Dieppe an der französischen Kanalküste zwei kanadische Brigaden mit Panzern und Kommandotruppen.
Die von Hitler seit Monaten befürchtete alliierte Landung wird zwar bereits am Nachmittag blutig zurückgeschlagen, jedoch hat diese »Invasionsprobe« ihr Nachspiel an der deutschen Ostfront: Der Führer, aus Furcht vor einer »zweiten Front«, verlegt einige seiner besten Verbände nach Frankreich.
Im Morgengrauen des 20. August greift die seit einer Woche der 4. Panzerarmee unterstellte 24. Panzerdivision die südlichen Verteidigungslinien vor Stalingrad an. Der Weg führt an dem Salzsee Zaza vorbei. Die Division hat den Auftrag, entlang der Jergeni-Hügel bis nach Krasnoarmeisk am Wolgaknie vorzustoßen.
Nachdem die 6. Armee die Auswirkungen der schweren Kämpfe bei Kalatsch überwunden hat und die Versorgungsschwierigkeiten und der Betriebsstoffmangel nun endlich behoben sind, kann General Paulus am Freitag, dem 21. August, mit drei Wochen Verspätung zum Angriff über den Don antreten.

Am Abend sind die letzten Vorbereitungen abgeschlossen. »Die Nacht vor dem Angriff war sternenklar. Der Mond spiegelte sich im blinkenden Wellenspiel des Stromes. Der Wind kam von Südosten, stand also günstig. Auf dem Don lag ein leichter Schleier von Nebel«, berichtet Oberst Selle, Pionierführer im Stab der 6. Armee. Seine Männer haben innerhalb von 28 Stunden zuerst die stürmende Infanterie über den Don gesetzt und dann vier Brücken über den Strom gebaut: zwei für 20 Tonnen, eine für 40 Tonnen und eine für vier Tonnen, darunter drei von mindestens 350 Meter Länge, die den pausenlosen Ablauf der Operation erst ermöglichen.

Währenddessen erobern die in Richtung Kaukasus vorstoßenden deutschen Truppen der Heeresgruppe A die Badeorte Pjatigorsk, Essentuki

Im Vorfeld von Stalingrad: Generaloberst Hoth (links) in einem vorgeschobenen Beobachtungsposten

Der sowjetische Widerstand am Don zerbröckelt. Ein Stuka-Geschwader greift an: Die Junkers Ju 87 ist das erste vollwertige Sturzkampf- und Schlachtflugzeug der Welt.

Der Einbau des »Jericho-Gerätes«, der beim Sturz infernalisch heulenden Sirene, ist Hitlers eigene Idee und Kislowodsk, und gegen Mittag flattert die Hakenkreuzfahne auf dem Elbrus, dem höchsten Berg im Kaukasus, von den Soldaten des Gebirgsjägerregiments 39 gehißt. Weiter südöstlich nähern sich deutsche Panzerspitzen den lebenswichtigen Ölgebieten von Grosny und Baku.

In der Nacht zum 22. August wird der Übergang über den Don erzwungen, und die Verbände des LI. Armeekorps (Gen. v. Seydlitz) setzen den ganzen Tag hindurch unter ständigem Artilleriefeuer und schweren Luftangriffen auf die beiden Brückenköpfe nordostwärts von Kalatsch bei Wertjatschi und Lutschinskoi über.

In der darauffolgenden Nacht zum Sonntag, dem 23. August, rollen die Panzer des XIV. Panzerkorps (Gen. d. Inf. v. Wietersheim) über die neuen Kriegsbrücken und formieren sich am Ostufer zum Angriff.

Um 3.05 Uhr, mit dem ersten Sonnenstrahl, brechen von Peskowatka aus die Panzer der 16. Panzerdivision (GenLt. Hube), unterstützt durch die Schlachtflieger und Stukas des VIII. Fliegerkorps (GenLt. Fiebig) »die die Erdtruppen in ihrem Kampfgeist wesentlich stärken«. Die neue Etappe in der Schlacht um Stalingrad, die Kämpfe am äußeren und mittleren Befestigungsgürtel der Stadt, sind ausgebrochen.

Vor den Panzerspitzen liegt die 45 Kilometer breite Landenge zwischen Don und Wolga. Der Befehl lautet: »Kein bestimmtes Tagesziel — vorstoßen so weit wie möglich!«

Die 1. Abteilung des 2. Panzerregiments (16. Pz.Div.) geführt von Oberstleutnant Graf Strachwitz, überrollt zügig die tiefgestaffelten sowjetischen Stellungen. Bereits am Mittag überqueren die ersten Panzer — in Staubwolken gehüllt — den Tatarengraben und durchschneiden südlich von Kotluban die Bahnlinie Frolow-Stalingrad. Gegen Mittag erobert die 3. Infanteriedivision (mot.) des Generalmajors Schlömer, die im Raum Kusmitschi die Sicherungsstellen am Tatarenwall einnehmen soll, einen langen Güterzug nahe dem Haltepunkt 564. Die Waggons sind vollgestopft mit Kriegsgerät »made in USA«. Ganze Kolonnen werkneuer Ford-LKW und Willys-Jeeps wechseln den Besitzer.

In der Nähe von Gumrak verteidigen die Sowjets in sengender Hitze verzweifelt den wichtigen Flugplatz, bis die von Strachwitz über Funk angeforderten Stukas kommen.

Am späten Nachmittag steigen die Konturen der Wolgastadt aus den kakaofarbenen Staubwolken vor den Panzermännern auf.

Gegen 15 Uhr haben die Abteilung Strachwitz und die unterstellten Teile der 3. Infanteriedivision (mot.) die 60 Kilometer zwischen Don und Wolga in einem Zug bewältigt und rollen nördlich Stalingrad in die Siedlungen Winnowka und Petschetka.

Sowjetische Infanterie im Gegenangriff

Am Rand der Vorstädte empfängt die Panzer heftiges Feuer der sowjetischen Flak. Die Abteilung Strachwitz muß jede der sich hart wehrenden 37 Stellungen bekämpfen, und erst als die letzte Flak schweigt, ist der Weg frei. Ihre Bedienungen, die die Verteidigung der Stadt eröffnen und bis zum letzten Schuß kämpfen, sind Arbeiterinnen der Geschützfabrik »Krasnaya Barrikady«.
Am Nachmittag klingelt im Gefechtsstand von Jeremenko das Telefon,

am Apparat der aufgeregte Kommissar für Panzerindustrie W. A. Malyschew. Er ist gerade im Traktorenwerk. »Wir beobachten vom Werk aus einen Feuerwechsel nördlich der Stadt... einige Granaten sind schon auf dem Werkgelände eingeschlagen. Die deutschen Panzer fahren in Richtung Rynok... wir bereiten die Sprengung der wichtigsten Objekte vor.« Es gelingt jedoch Jeremenko, den Kommissar von der Sprengung eines der wichtigsten Panzerwerke der Sowjetunion abzuhalten. Zwölf Stunden nach Angriffsbeginn, genau an jenem Tag, an dem vor 24 Jahren die von Stalin geführte Offensive gegen die Denikin-Armee von hier aus anlief, wälzen sich die deutschen Panzer durch den Stalingrader Vorort Rynok.

Der erste deutsche Soldat, der das Wolgaufer erreicht hat: Oberstleutnant Hyazinth Graf Strachwitz, derselbe Mann, der Anfang September 1914 mit seiner Reiterpatrouille des Garde-Kavallerieregiments Paris am nächsten kam.

Bevor die Sonne untergeht, fahren die deutschen Panzer bei Rynok auf das Bergufer. »18.00 Uhr, Wolga erreicht. Übersetzmöglichkeiten zur Bildung eines Brückenkopfes am Ostufer vorhanden!« funkt Strachwitz dem Armeekorps, General von Wietersheim, und eröffnet das Feuer auf die graugrüngestrichenen, mit welkem Laub notdürftig getarnten Schiffe. Drüben auf dem gut sichtbaren Flugplatz am Ostufer starten und landen sowjetische Flieger und nehmen kaum Notiz von dem Artilleriefeuer.

Die Sowjets reagieren mit energischen Gegenaktionen auf den deutschen Durchbruch zur Wolga, der die sowjetischen Truppen, die das westliche Ufer verteidigen, in zwei Teile spaltet.

STAWKA befiehlt »die durchgebrochenen Kräfte sofort zu vernichten«. Das Stadtverteidigungskomitee setzt alle erreichbaren Truppen und die Volkswehr des Traktorenwerkes in Marsch. Alle Panzer, die die Montagehallen verlassen, werden unverzüglich einsatzbereit gemacht und direkt ins Gefecht geschickt. Ihnen kommen einige mit Panzerbüchsen bewaffnete Panzerjägerbataillone zu Hilfe, die einen Kilometer nördlich des Traktorenwerkes entlang der Mokraja Metschetka Stellung beziehen.

Die deutsche 6. Armee hat zwar den Durchbruch zur Wolga vollzogen, aber es ist in Wirklichkeit nur ein höchstens drei Kilometer breiter Korridor. Strachwitz steht praktisch mit seiner Abteilung allein auf dem Bergufer, denn die Angriffe seines linken Nachbarn, Teile der 3. Infanteriedivision, und der rechts von ihm stehenden 60. Infanteriedivision (mot.) bleiben im sowjetischen Feuer liegen. Spät in der Nacht funkt das Führerhauptquartier: »16. Panzer-Division hält Stellung unter allen

General der Panzertruppe Kempf, Kommandierender General des XXXXVIII. Panzerkorps

Umständen. Adolf Hitler.« Die Männer der Vorausabteilung Strachwitz graben sich in den in Weinbergen versteckten Vororten Datschi und Lataschinka ein. Nach den wochenlangen Kämpfen in baumloser Steppe »hoffen sie nun auf Ruhetage in diesem ... Wundergarten«. Während die Panzer der Vorausabteilung des Grafen Strachwitz über das Bergufer der Wolga rollen, fliegen gegen 18 Uhr deutsche Kampfflugzeuge — nach sowjetischen Angaben etwa 600 Bomber — einen geballten Großangriff gegen die Stadt.

Tausende flüchten über die Wolga; doch sowohl die Armee als auch die Zivilbehörden sind entschlossen, Stalingrad um jeden Preis zu halten. Am Abend ist die Stadt ein einziges Flammenmeer. Die von der monatelangen Hitze ausgedörrten Holzhäuser der Vorstädte brennen wie Stroh, selbst auf der Wolga treibt brennendes Öl. Auch das kleine Haus in der Nähe der Zariza, das Chruschtschow und Generalleutnant Gordow als Quartier dient, wird ein Raub der Flammen. Abertausende von Familien verlieren innerhalb weniger Stunden ihr Hab und Gut. Unzählige Tote — nach sowjetischen Berichten 40000 — liegen auf den Straßen. Das gesamte Telefon- und Telegrafennetz fällt aus, und mit Moskau besteht in dieser Nacht nur noch Funkverbindung.

Bei Generaloberst A. I. Jeremenko melden sich die Leiter der großen Rüstungsbetriebe und bitten um die Genehmigung zur Verlagerung. Gegen Mitternacht funkt Jeremenko nach Moskau, die Lage sei ernst, die Stadtbehörde schlage die Evakuierung der Stadt vor. Stalin: »Darüber wollen wir gar nicht reden. Man muß verstehen, daß, wenn wir mit der Evakuierung beginnen und alles zur Sprengung der Objekte vorbereiten, werden alle denken, wir wollten Stalingrad aufgeben. Das Oberkommando verbietet daher die Evakuierung und Sprengung der Anlagen.« Südlich der Stadt stellt sich die sowjetische 64. Armee immer noch dem Vorstoß der 4. Panzerarmee des Generalobersts Hoth zur Wolga entgegen.

7. Woche: 24. — 30. August 1942

★ Die Sowjets berichten

Am Montag, dem 24. August 1942,
meldet das *Sowinformbüro*
über die Ereignisse am Vortage:
3000 deutsch-faschistische Flugzeuge im Kampf. Nahezu eine Million Hitlerdeutscher und mit ihnen verbündeter Truppen sind an der Schlacht um Stalingrad beteiligt. Unter dem Kommando der Generäle Löhr und v. Richthofen werden diese Eindringlinge von etwa 3000 Flugzeugen begleitet.
Unsere Truppen haben mit dem Abtransport von Maschinen aus Stalingrad begonnen und alle verfügbaren Arbeitskräfte für den Ausbau der Verteidigungsanlagen zwischen Don und Stalingrad eingesetzt. Wie seinerzeit bei Moskau, wird Tag und Nacht an den Befestigungen gearbeitet. Die Schlacht um Stalingrad steht vor ihrer Entscheidung. Die deutsche Heeresleitung scheint entschlossen, die nun fünf Wochen anhaltende Schlacht zum Abschluß zu bringen. Sie wirft unaufhörlich Reserven in den Kampf. Die Verluste, die ihr in den letzten 24 Stunden entstanden sind, gehen über alles hinaus, was bisher an dieser Front feststellbar war.
Im Abschnitt von Kotelnikowo entwickeln sich die Kämpfe unter den grauenhaftesten Umständen, und es ist dem Berichterstatter nur schwer möglich, das entsetzliche Bild zu schildern, das diese Front bietet. Die Deutschen haben den Westwind benutzt, um die Steppe in Brand zu

schießen. Schreckliche Hitze, Funkenregen und dicke Rauchschwaden dringen auf unsere Stellungen ein. Die Rauch- und Feuerwand, die immer mehr in östlicher Richtung durch den Wind getrieben wird, ist sehr dicht geworden. Auf beiden Seiten kämpfen die Truppen halb nackt, unsere Soldaten in Kniehosen und aufgekrempelten Hemdsärmeln.
Die Steppe ist bedeckt mit Leichen deutscher, rumänischer und sowjeti-

Der Einsatzführer einer Kradschützen-Vorausabteilung der 24. Panzerdivision beobachtet das Feindziel; dahinter schwere BMW-Kräder R 75

scher Soldaten, und schon seit einer Woche ist es nicht mehr möglich, die Gefallenen zu bestatten. Die sommerliche Hitze hat alle Bäche und kleineren Flüsse ausgetrocknet, und Trinkwasser ist zu einer unschätzbaren Kostbarkeit geworden. Es ist zur Zeit völlig unmöglich, die eigentlichen Frontverschiebungen im Gebiet von Kotelnikowo zu beobachten. Unsere Truppen müssen langsam vor der Feuersglut zurückweichen und schießen unaufhörlich durch die Rauchwand auf die mitunter auftauchenden deutschen Panzer. Niemand kann hier mehr beurteilen, ob es noch möglich sein kann, Stalingrad vor dieser Bedrohung zu retten.
Von den Frontabschnitten Kletskaja bis Kalatsch wird gemeldet: Mit beispiellosem Mut greifen die Rotarmisten bei Kletskaja den zahlenmäßig überlegenen Feind an und haben in den letzten 24 Stunden eine bedrohliche Entwicklung abgewendet. Die Deutschen stehen in der Defensive und haben ernste Verluste erlitten. Weniger günstig ist das Bild weiter südöstlich, wo es den faschistischen Truppen nach stundenlangem Bombardieren gelang, Panzer und Geschütze auf das Ostufer zu bringen. Im Donbogen kämpfen jetzt neben ungarischen Truppen auch italienische Verbände. Die Deutschen sind vom Ostufer des Don drei bis vier Kilometer weit nach Osten vorgedrungen. Im inneren Donbogen hat General Paulus das Westufer des Flusses auf breiter Front besetzt.

Die Deutschen berichten

Lagebericht, *Oberkommando des Heeres,*
24. August 1942
Heeresgruppe B: Die von Süden auf Stalingrad vorstoßende 4. Panzerarmee wehrte auf rechtem Flügel feindliche Angriffe ab und erreichte mit nach Nordwesten vorstoßenden Teilen die Bahnlinie beiderseits Bahnhof Tinguta. 6. Armee: stieß mit 16. Panzerdivision über die Bahn Stalingrad—Prolowo nach Südosten vor, überschritt die Straße Stalingrad-Dubowka und erreichte am 23. 8. 17 Uhr die Wolga. Die Infanteriedivisionen gehen aus den Brückenköpfen des Don nach Südosten vor. Stärkere Feindteile an der Bahn südlich der Vormarschstraße der 16. Panzerdivision. Im Norden wurden mehrere Angriffe abgewehrt. Bei Woronesch und im Raum südlich Jelez keine besonderen Kampfhandlungen.

★ Die Sowjets berichten

Am Mittwoch, dem 26. August 1942,
meldet das *Sowinformbüro*
über die Ereignisse am Vortage:

Nordwestlich von Stalingrad zeigt sich eine neue ernste Bedrohung für die Verteidiger der Wolga-Stadt. Während des Dienstags und in der Nacht zum Mittwoch warfen 150 bis 200 Stukas nahezu ununterbrochen schwere Bomben auf unsere Stellungen, die zwischen Katschalinskaja und Ilowlja gelegen sind, und das Kommando Stalingrad sah sich gezwungen, seine Truppen zurückzunehmen, um sie nicht aufzuopfern. In diesem

Sie soll die deutschen Panzerspitzen stoppen: eine improvisierte Barrikade in der Steppe westlich von Stalingrad

Abschnitt ist es jetzt zu äußerst schweren Kämpfen mit deutschen Fallschirmtruppen gekommen, die vermutlich in Stärke eines Regiments hinter unseren Linien landeten. Über 300 Fallschirmspringer wurden in den frühen Morgenstunden niedergekämpft.
Aus Stalingrad gingen während der Nacht Arbeiterbataillone an den nordwestlichen Frontsektor ab. Von den Fabriken Stalingrads arbeiten noch die Kampfwagen- und Munitionswerke. Alle anderen Betriebe Stalingrads wurden geschlossen, und damit steht praktisch die gesamte Bevölkerung Stalingrads im Kriegsdienst. Das Aufgebot erfolgte, da es trotz entschlossener heldenhafter Gegenangriffe nicht gelungen ist, den deutschen Panzereinbruch in unsere Linien gänzlich zu beseitigen, und die Verbindung zwischen den nördlich und südlich Stalingrads stehenden Truppen von uns noch immer unterbrochen ist. Zwischen Stalingrad und dem Angreifer liegen im engsten Raum noch 60 Kilometer. Dieses Gelände ist von vielen Panzerfallen und Minensperren durchzogen.
Die westlichen Vororte Stalingrads sind jetzt gleichfalls als Verteidigungszone erklärt worden und von der Zivilbevölkerung geräumt. Durch sie hindurch werden nun Minensperren und ein Netz von Panzerfallen gelegt. Das Oberkommando von Stalingrad hat nunmehr seine Panzertruppen in die Schlacht geworfen. Damit sind beträchtliche Reserven von unserer Seite aufgeboten worden, die im Gebiet von Kurnakowo — etwa 90 Kilometer südwestlich von Stalingrad — auf deutsche Panzerverbände stießen. Zwei weitere Panzerbrigaden, die nordwestlich von Stalingrad in Bereitschaft waren, sind ebefalls eingesetzt worden und stehen bei Traklirskoj und Ilowlja in schweren Kämpfen gegen die deutschen Eindringlinge. Diese beiden Dörfer liegen an der Bahnstrecke Moskau-Stalingrad.
Das Oberkommando in Moskau hat gleichfalls Hilfe gesandt. Die Eisenbahnlinie Moskau-Kamyschin (Kamyschin liegt etwa 150 Kilometer nordöstlich von Stalingrad) ist in den letzten Monaten gut ausgebaut worden und hat jetzt außerordentliche Bedeutung erlangt. Von Kamyschin aus erfolgte der Transport bis Stalingrad auf der Wolga. Unsere Rote Luftflotte hat einen »Transport-Eskortendienst« eingerichtet, der sich vorzüglich bewährt hat und viele Versuche der Deutschen, zum Bombenangriff auf die Bahnstrecke zu kommen, vereitelte. Am Mittwoch früh eröffneten zum erstenmal schwere Geschütze der Deutschen, die bereits bei Sewastopol in Aktion gewesen waren, das Feuer auf die Befestigungsanlagen von Stalingrad.
Ein besonderes Charakteristikum der jetzigen Kämpfe um die Stadt bildet die Verwendung von Fallschirmtruppen auf beiden Seiten. Die

Deutschen wenden die Taktik an, Gruppen von 15 bis 25 Mann abzusetzen, denen aus Transportflugzeugen leichte Minenwerfer, an Fallschirmen befestigt, zugeführt werden. Diese Truppen haben bisher wenig Glück gehabt, denn die meisten von ihnen landeten inmitten der dichtbesetzten sowjetischen Zone und konnten daher jedesmal schnell niedergekämpft werden.
Gestern wurde auf Befehl des Kriegsrates der Stalingrader Front über die Stadt der Belagerungszustand verhängt. An diesem Tage erließ auch das Verteidigungskomitee der Stadt an die Bevölkerung folgenden Aufruf: Genossen von Stalingrad! Wir werden den Deutschen unsere Vaterstadt nicht zum Spott preisgeben. Wir alle werden uns gemeinsam erheben und unsere liebe Stadt, unser Vaterhaus und unsere Familien verteidigen. Wir werden die Straßen der Stadt mit unüberwindlichen Barrikaden versperren.
Jedes Haus, jedes Stadtviertel, jede Straße machen wir zu einer uneinnehmbaren Festung. Alle zum Aufbau der Barrikaden! Jeder, der fähig ist, Waffen zu tragen, auf die Barrikaden zur Verteidigung der Vaterstadt, des väterlichen Hauses!
Nach diesem Aufruf begann der Barrikadenbau in den Straßen und Vororten der Stadt.

Die Deutschen berichten

Lagebericht, *Oberkommando des Heeres,*
26. August 1942
Heeresgruppe B: Nach Durchbrechen starker feindlich verminter Stellungen stießen Teile der 24. Panzerdivision auf starken Feind südlich des Wolga-Don-Kanals. Konzentrisches feindliches Artilleriefeuer auf die eigene vorgehende Infanterie. Nördlich Kalatsch ging die 71. Division über den Don, nahm eine Ortschaft 5 km nördlich Kalatsch und stieß nach Brechen geringen Feindwiderstandes in ostwärtiger Richtung vor. Angriffe des Gegners von Süden auf die Nachschubstraßen der bis zur Wolga vorgedrungenen Panzerdivisionen in Gegend südlich Bahnhof Kotluban. Auf die Einbruchstelle südostwärts Woronesch starkes feindliches Artilleriefeuer.

★ Die Sowjets berichten

Am Sonntag, dem 30. August 1942,
meldet das *Sowinformbüro*
über die Ereignisse am Vortage:

In den äußerst harten Kämpfen dieser Woche, während Hitlers Heeresleitung die Entscheidung um Stalingrad herbeizuführen versuchte, ist überraschend eine Wendung zugunsten unserer Truppen eingetreten. Zwei Gründe werden dafür angeführt: Die Rote Armee übernahm die deutsche Taktik, die Steppe in Brand zu setzen; sie schoß Brandgranaten hinter die deutschen Linien. Damit wurden zum Teil deutsche Verbände,

»Kein bestimmtes Tagesziel – vorstoßen so weit wie möglich«: die Abteilung Graf Strachwitz zwischen Don und Wolga

die bereits bis 35 Kilometer vor Stalingrad vorgedrungen waren, durch eine Feuerwand vom Rücken her bedroht; sie mußten sich daher unter Zurücklassung vielen Kriegsmaterials zurückziehen. Außerdem hat das Oberkommando in Stalingrad unsere Gardetruppen unter General Kowalenko eingesetzt, die nördlich von Stalingrad zum Gegenangriff übergingen. Des beizendes Rauches wegen, der von der brennenden Steppe herübergeweht wurde, mußten unsere Truppen mit Gasmasken kämpfen. Die deutschen Faschisten wurden vollständig überrascht und verloren die gesamte Panzervorhut in Stärke von 160 Panzerwagen.

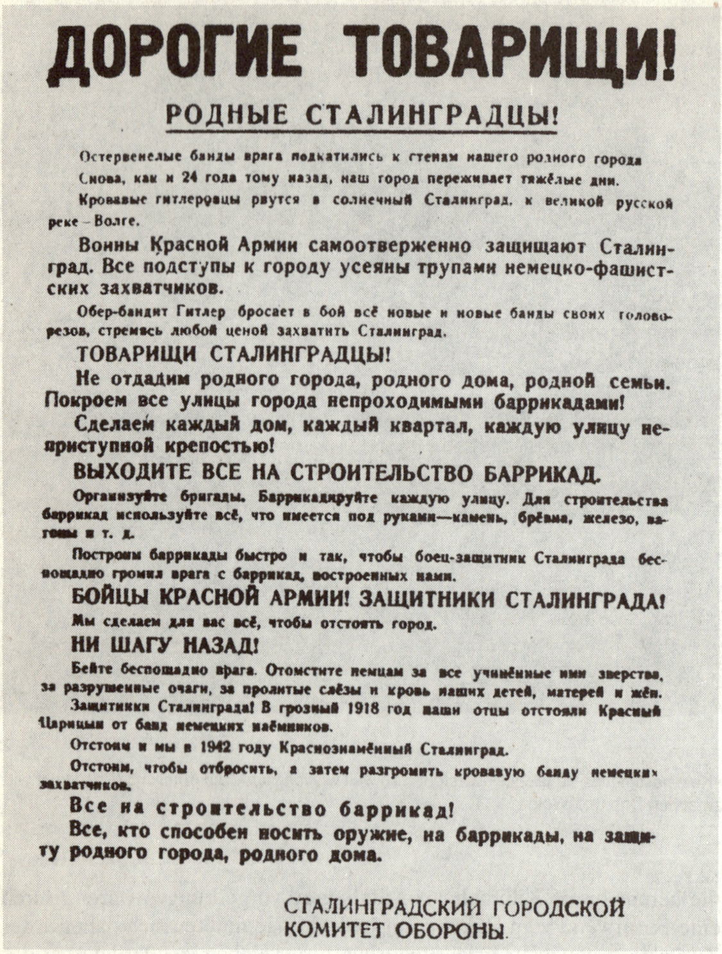

ДОРОГИЕ ТОВАРИЩИ!

РОДНЫЕ СТАЛИНГРАДЦЫ!

Остервенелые банды врага подкатились к стенам нашего родного города. Снова, как и 24 года тому назад, наш город переживает тяжёлые дни. Кровавые гитлеровцы рвутся в солнечный Сталинград, к великой русской реке – Волге.

Воины Красной Армии самоотверженно защищают Сталинград. Все подступы к городу усеяны трупами немецко-фашистских захватчиков.

Обер-бандит Гитлер бросает в бой всё новые и новые банды своих головорезов, стремясь любой ценой захватить Сталинград.

ТОВАРИЩИ СТАЛИНГРАДЦЫ!

Не отдадим родного города, родного дома, родной семьи. Покроем все улицы города непроходимыми баррикадами!

Сделаем каждый дом, каждый квартал, каждую улицу неприступной крепостью!

ВЫХОДИТЕ ВСЕ НА СТРОИТЕЛЬСТВО БАРРИКАД.

Организуйте бригады. Баррикадируйте каждую улицу. Для строительства баррикад используйте всё, что имеется под руками—камень, брёвна, железо, вагоны и т. д.

Построим баррикады быстро и так, чтобы боец-защитник Сталинграда беспощадно громил врага с баррикад, построенных нами.

БОЙЦЫ КРАСНОЙ АРМИИ! ЗАЩИТНИКИ СТАЛИНГРАДА!

Мы сделаем для вас всё, чтобы отстоять город.

НИ ШАГУ НАЗАД!

Бейте беспощадно врага. Отомстите немцам за все учинённые ими зверства, за разрушенные очаги, за пролитые слёзы и кровь наших детей, матерей и жён.

Защитники Сталинграда! В грозный 1918 год наши отцы отстояли Красный Царицын от банд немецких наёмников.

Отстоим и мы в 1942 году Краснознамённый Сталинград.

Отстоим, чтобы отбросить, а затем разгромить кровавую банду немецких захватчиков.

Все на строительство баррикад!

Все, кто способен носить оружие, на баррикады, на защиту родного города, родного дома.

СТАЛИНГРАДСКИЙ ГОРОДСКОЙ
КОМИТЕТ ОБОРОНЫ.

»Der Feind muß zerschmettert werden!« Befehl von Jeremenko und Chruschtschow an die Verteidiger von Stalingrad

Zur gleichen Zeit gingen südlich von Stalingrad Arbeitermilizen zum Angriff über und warfen die deutschen Truppen aus den von ihnen in der Nähe von Karpowka angelegten Stellungen. Die tapferen Arbeitermilizen, die von kampferfahrenen Offizieren geführt werden, kämpfen mit unvergleichlichem Mut und tiefer Erbitterung wegen der vernichtenden Luftangriffe, die von den deutschen Bombern auf die am wenigsten geschützten Wohnviertel von Stalingrad durchgeführt wurden. Die Deutschen stehen in diesem Abschnitt einem Gegner gegenüber, der nicht gewillt ist, Pardon zu geben.

Im inneren Donbogen (zwischen Kletskaja und Kalatsch) haben die Angriffe unserer Truppen an Wucht gewonnen, nachdem es Marschall Timoschenko gelungen ist, Reserven vom Ost- auf das Westufer des Don zu bringen.

Vor Stalingrad sind weitere deutsche Verstärkungen eingetroffen. Unter ihnen befinden sich eine Panzerdivision und zwei motorisierte Infanteriedivisionen. Die Gesamtlage ergibt folgendes Bild: Es ist den Deutschen trotz verzweifelter Anstrengungen in den letzten 24 Stunden nicht gelungen, vor Stalingrad irgendwelche wichtigen Fortschritte zu erzielen. Vor unseren Linien türmen sich die Leichen der Gefallenen, und eine Kampfpause wird für beide Seiten immer dringender notwendig, da die verwesenden Leichen eine ernste Gefahr bilden. Die faschistische Heeresleitung setzt jetzt hauptsächlich SS-Truppen ein, die als Nahkampf-Einheiten mit Maschinenpistolen und leichten Mörsern ausgerüstet sind. Das Oberkommando in Stalingrad weist darauf hin, daß bei deutschen Gefangenen ein Tagesbefehl aufgefunden wurde, der denjenigen Verbänden, die bis zum Freitag der vergangenen Woche als erste in Stalingrad eindringen würden, einen sechswöchigen Heimaturlaub zusichert.

Die Deutschen berichten

Lagebericht, *Oberkommando des Heeres*,
30. August 1942

Heeresgruppe B: Vorausabteilung von Teilen der 371. Division und 16. mot. Division stehen vor Utta, dort und bei Chalkuta Feind. Weitere Teile der 16. mot. Division sperren die See-Engen südlich Malyje Derbety. Im überraschenden Angriff konnten die Divisionen der 4. Panzerarmee im Angriff nach Norden mit Teilen den südwestlichen Bogen des Wolga-Don-Kanals erreichen, Höhe 150 südlich davon nehmen und sind mit den Divisionen des rumänischen VI. A.K. im Angriff nach Norden und Südwesten zur Sicherung der Westflanke. Feinddruck nördlich

Abendausgabe
Preis 10 Pfennig

Berliner
Lokal-Anzeiger

Mittwoch, 26. August 19-

Nummer 203A
Organ für die Reichshauptstadt
60. Jahrga

Schriftleitung und Verlag Berlin SW 68 – Fernsprecher Sammel-Nummer 17 45 71, Ferndienst 17 52 61 Drahtanschrift Scherlverlag Berlin – Postscheck 3111 – Für unverlangte Beiträge keine Verantwort

Rollende Luftangriffe auf Stalingrad

In 24 Tagen verlor die sowjetische Luftwaffe 2505 Flugzeuge

Weitere Kaukasuspässe erobert

26. August 1942

Aus dem Führerhauptquartier

Das Oberkommando der Wehrmacht gibt bekannt:

den vernichtet. Die Luftwaffe fügte dem Feind, vor allem bei Rschew, hohe blutige Verluste zu. Vor Leningrad wurden mehrere Angriffe des Feindes zum Teil in harten Nahkämpfen ab-

Schlüsselstellung an der Wüst-

Die Bedeutung der Oasen Giarabub und Siwa

Von unserem Sonderberichterstatter Dr. Walter Pabst

Stalingrad hält an. Am linken Flügel der 6. Armee südlich der Chopjor-Mündung in den Don wurden von italienischer Kavallerie stärkere Feindkräfte in Gegend Kotoski gemeldet. Im übrigen keine wesentlichen Kampfhandlungen in der italienischen Einbruchstelle. Wetter: im Süden wechselnd bewölkt, plus 25 Grad, Wege überall befahrbar.

Und so war es

Am Montag, dem 24. August, entbrennen in Rynok und in der nördlichsten Industriesiedlung Stalingrads, Spartakowka, heftige Kämpfe. Von Norden her drohen starke sowjetische Panzerkräfte. In aller Eile baut man einen Sperriegel. Da kommt die Meldung, daß der Gegner die schmale Vormarschstraße abgeschnitten hat. General von Wietersheim (XIV. Panzerkorps) will schon den am Vortage eroberten Abschnitt wieder aufgeben, doch General Paulus verbietet kategorisch den Rückzug. Eingekesselt bleibt die 16. Panzerdivision eine ganze Woche lang bis zum 1. September im Vorort Rynok, nur aus der Luft und durch kleine Nachschubgruppen, die sich nachts unter dem Schutz einiger Panzer durchschlagen, notdürftig versorgt, in kritischer Lage stehen.

An diesem Tage wirft Generaloberst Jeremenko Teile zweier Schützendivisionen der 22. Armee aus dem Raum Serafimowitsch-Kletskaja gegen die bei Rynok liegenden deutschen Truppen. Und im Laufe des Tages greifen auch die Einheiten der 1. Gardearmee (Gen. Moskalenko) von Nowo-Grigorjewskaja aus an. Sie erweitern zwar dadurch den Brückenkopf auf dem rechten Donufer, schaffen es jedoch nicht, die Verbindungen der deutschen Truppen an der Wolga von dem am westlichen Donufer liegenden Gros der 6. Armee restlos zu durchschneiden.
Es gelingt nun den Deutschen, im Norden der Stadt die Anlegestelle der großen Eisenbahnfähre im Handstreich zu nehmen und damit die Verbindung von Astrachan über die Wolga nach Stalingrad und Moskau zu unterbrechen. Das Durchschneiden der von Norden und Nordwesten nach Stalingrad führenden Eisenbahnlinien kann die 6. Armee als großen taktischen Erfolg verbuchen: er bedeutet eine empfindliche Störung für die Sowjets. Auch der Fluß, auf dem die Treibstoffversorgung für die Rote Armee sowie für Moskau verschifft wird, fällt aus.
Der deutsche Vorstoß zur Wolga zielt auf die Naht zwischen beiden sowjetischen Fronten, die Stalingrader und die Südostfront. Von nun an liegt die Hauptlast der Verteidigung auf der Südostfront. Gegen Mittag des 24. August meldet die 24. Panzerdivision (GenMaj. Ritter v. Hauenschild) 8 Kilometer südlich von Krasnoarmeisk zu Füßen der Jergeni-Hügel, daß sich ihr Angriff durch die Versteifung des Widerstandes festgefahren habe. Starke sowjetische Kräfte und ein etwa 3 Kilometer tiefer Minengürtel bringen die Panzerwalze zum Stehen: Der erste Anlauf von Generaloberst Hoth, mit seiner 4. Panzerarmee von Süden her bis Stalingrad vorzustoßen, ist nun gescheitert.
Während im Norden von Stalingrad das eingekreiste XIV. Panzerkorps (Gen. v. Wietersheim) nur mit Not und Mühe die sowjetischen Angriffe abwehren kann und Generaloberst Hoth mit seiner 4. Panzerarmee südlich von Krasnoarmeisk steckenbleibt, rüsten sich westlich des Donufers bei Kalatsch Spitzen des LI. Armeekorps (Gen. v. Seydlitz) der 6. Armee zum Sprung über den Fluß. Die Stadt Kalatsch, in der sich die Sowjets verschanzt haben, läßt man zur Stunde noch unangefochten.
Heute am Dienstag, dem 25. August, wird in Stalingrad der Belagerungszustand verkündet. Alle verfügbaren Reserveeinheiten im Raum Stalingrad werden in die Stadt beordert. In jedem Bezirk mobilisiert die Partei aus Mitgliedern des Komsomol Trupps zum Bau von Barrikaden und zur Betreuung der Verwundeten und Kinder. Inzwischen sind zwar über 100000 Einwohner evakuiert, aber in der Stadt bleiben immer noch mehr als 400000 Menschen. Um unnötige Opfer zu vermeiden, beschließt das

Stadtverteidungskomitee eine harte Maßnahme: die gesamte Zivilbevölkerung soll evakuiert werden. Dies ist jedoch nicht so einfach, da es keine Brücken gibt. Es fehlt an Fähren, und die deutsche Luftwaffe greift ununterbrochen an. Es gelingt trotzdem, unter Einsatz aller möglichen Flußschiffe und Kanonenboote über 300000 Menschen in ein paar Tagen aus der brennenden Stadt an das Ostufer der Wolga zu bringen: immerhin eine erstaunliche Leistung.

Die rücksichtslosen Luftangriffe legen ganze Teile der Großbetriebe lahm, erschweren die Arbeit der Stäbe, Staats- und Parteiorgane. Trotz allem steigt die Munitionsherstellung in Stalingrad beinahe um das

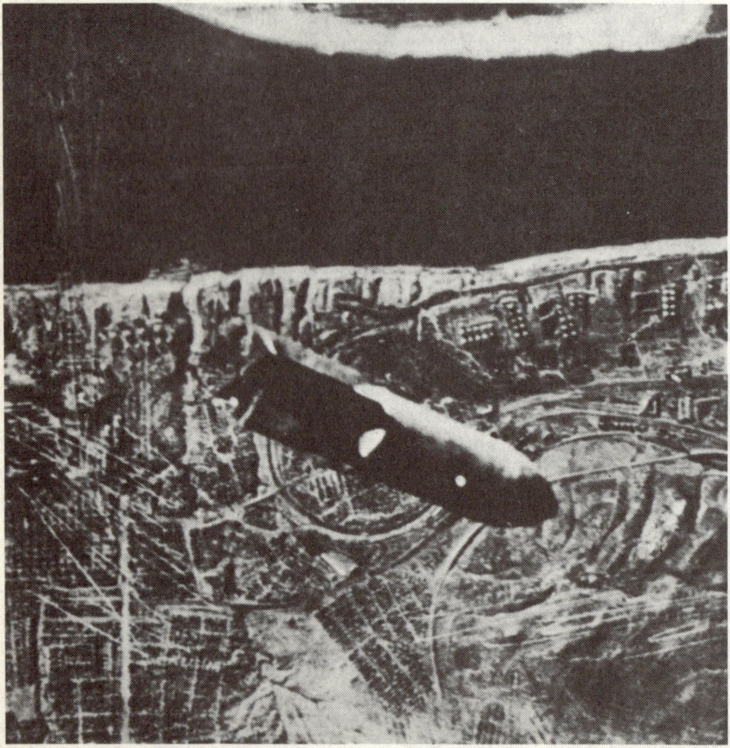

Der Tod über der Wolgastadt: schwere deutsche Fliegerbombe direkt über der Eisenbahnschleife beim chemischen Werk Lazur.

Am Abend des 23. 8. 1942, ein einziges Flammenmeer. Die Zivilbevölkerung verläßt die Stadt.

Doppelte. Die noch verbliebenen Einwohner arbeiten unermüdlich an den Befestigungen in den Vororten, jedes Haus wird verbarrikadiert. Im Morgengrauen des 25. August setzen Teile des LI. Armeekorps über den Don. Im Schutze der Artillerie, unterstützt von schweren Infanteriewaffen, gehen die ersten Sturmtrupps über den Fluß. Zwei Infanteriedivisionen formieren sich auf dem erzwungenen Brückenkopf und stoßen entlang der Eisenbahnlinie Kalatsch-Stalingrad vor.

General v. Seydlitz soll die Landenge zwischen Don und Wolga von Norden her besetzen und vor allem das bei Rynok liegende XIV. Panzerkorps (Gen. v. Wietersheim) aus der Notlage retten.

Sein nächstes Ziel: der Flugplatz Gumrak, 8 Kilometer westlich von Stalingrad. Damit wird die Nordflanke der 4. Panzerarmee (GenOberst Hoth) vor sowjetischen Angriffen abgesichert. Erst dann sind die Voraussetzungen für einen Frontalangriff auf die Stadt erfüllt. Doch die Zeit arbeitet gegen die Deutschen: es stehen höchstens noch fünf Wochen zur Verfügung, da Anfang Oktober die Schlammperiode beginnt. Und die Schwierigkeiten in der Treibstoffversorgung haben die bisherigen Operationen bereits im Sommer bei gutem Wetter entscheidend beeinflußt.

Am Mittwoch, dem 26. August, bereitet Generaloberst Hoth eine Umgruppierung seiner Panzerarmee vor.

Seine Absicht: die befestigten Jergeni-Höhen bei Krasnoarmeisk und Beketowka rechts liegen zu lassen und erst dann hart von Südwesten her Stalingrad anzugreifen. Zwei Nächte lang formiert Hoth in aller Heimlichkeit seine Verbände im Raum Abganerowo, etwa 50 Kilometer hinter der Frontlinie. Zwar bekommen die Sowjets »durch die Unachtsamkeit eines Funkers« — wie das Tagebuch der 24. Panzerdivision (4. Pz.Armee) vermerkt — Wind davon, es geschieht jedoch nichts.

Am 27. August hat diese Division einen Tag Ruhe. »Wir machten Unsinn mit Kamelen, sammelten Melonen und säuberten die Fahrzeuge.« In der Nacht des 28. August erreichen dann die schnellen Verbände der 4. Panzerarmee nach einem langen zügigen Marsch den Raum nördlich Aksai. »Die Nacht war herrlich ruhig. Nur Millionen von Zikaden zirpten im hohen Wermutkraut... Im Morgengrauen fuhren wir weiter nach Marschkompaß tief in die Steppe...«

Der Bericht des Sowinformbüros erwähnt an diesem Tag, daß deutsche Fallschirmtruppen in Regimentsstärke bei Katschalinskaja und Ilowlja im Norden von Stalingrad gelandet sein sollen. Es handelt sich dabei sicher um die Abwürfe von Versorungsbehältern, mit denen die Luftwaffe Teile des XIV. Panzerkorps (Gen. v. Wietersheim), die sich bei Rynok verteidigen, mit Nachschub versorgt.

In den frühen Morgenstunden des 28. August attackieren die Sowjets aus Kalatsch heraus die deutsche 71. Infanteriedivision. Jetzt ist der Sturm unumgänglich. Tags darauf, am Sonnabend, dem 29. August, nimmt die 71. Infanteriedivision Kalatsch bei »ganz geringen Verlusten« ein. Um

Nur noch 13 Kilometer trennen die 4. Panzerarmee (GenOberst Hoth) von Stalingrad

6.30 Uhr des gleichen Tages greift die 4. Panzerarmee (GenOberst Hoth) mit der 14. Panzerdivision, der 29. Infanteriedivision (mot.) und der 24. Panzerdivision die Stellungen der sowjetischen 64. Armee (GenLt. Schumilow) nordwestlich von Abganerowo an und bedroht zugleich die 62. Armee (GenLt. Lopatin).
»Die Truppen der 64. Armee fingen in blutigen Kämpfen den ersten Stoß auf und ermöglichten uns ein Manöver, das die Lage rettete«, notiert Generaloberst Jeremenko.
Die Sowjets verteidigen sich zäh in dem Gelände voll Schluchten, und immer wieder kommt es zu Nahkämpfen Mann gegen Mann. Erst um 14.30 Uhr durchbrechen die deutschen Panzer mit Unterstützung von

Traktorenwerk Dscherschinski, September 1942: Panzer T-34 direkt aus der Montagehalle in den Kampf

Stukas die tiefgestaffelten sowjetischen Linien und stoßen nach Norden vor. Und am Abend stehen die schnellen Verbände vor Gawrilowka im Rücken der 62. und 64. Armee.
An diesem Tag, dem 29. August, wird auf Beschluß der STAWKA die 62. Armee in die Südostfront eingegliedert. Und am Abend landet auf einem Feldflugplatz bei Kamnischin nördlich von Stalingrad der aus Moskau kommende General der Armee Schukow, den Stalin als Vertreter des Oberkommandos im Stab der Stalingrader Front geschickt hat.
Am Sonntag, dem 30. August, bildet die deutsche 24. Panzerdivision einen kleinen Brückenkopf über die Karpowka, überrollt die rückwärtigen sowjetischen Artilleriestellungen und bricht als erste deutsche Einheit in den inneren Befestigungsgürtel im Süden von Stalingrad bei Gawrilowka ein.
Die Hoffnung, mit der Wolga die Endstation dieses Krieges zu erreichen, wie man immer wieder bestätigt, spornt jeden deutschen Soldaten zu größten Kraftanstrengungen an.

Die heutige Nachricht des Sowinformbüros über den Einsatz von SS-Truppen vor Stalingrad stimmt nicht, es gibt im Bereich der 6. Armee bis zuletzt keine SS-Einheiten.
An diesem Tag, während die beiden Armeen Jeremenkos vor der deutschen 4. Panzerarmee zurückweichen müssen, begrüßt J. W. Stalin im Kreml eine recht unalltägliche Abordnung: die Kommandeure der größten Partisanenverbände, die auf verschiedenen abenteuerlichen Wegen durch die deutsche Front gelangten, um sich in Moskau zu treffen und nun von STAWKA persönlich die Direktiven für den kommenden Herbst und Winter in Empfang nehmen. Auf dem Programm der beiden stärksten Verbände der Generale Kowpak und Saburow, die im Rücken der Heeresgruppe B in der Westukraine operieren, stehen Aktionen, die mit Anbruch des Winters die Versorgung der kämpfenden deutschen Truppen empfindlich treffen sollen.

8. Woche: 31. August — 6. September 1942

★ Die Sowjets berichten

Am Montag, dem 31. August 1942,
meldet das *Sowinformbüro*
über die Ereignisse am Vortage:
An der Front von Stalingrad zeigt es sich, daß der Zeitgewinn unseren Truppen zugute gekommen ist. Während es zunächst schien, als ob es den Hitlerfaschisten gelingen könnte, in einem gewaltigen Panzeransturm bis Stalingrad durchzubrechen oder die Stadt vom Süden her zu umgehen, muß die feindliche Heeresleitung jetzt zur Belagerung übergehen. Die vor Stalingrad errichteten Verteidigungsanlagen haben sich als sehr stark erwiesen. Dieser Zeitgewinn wird vom Oberkommando in Moskau nicht überbewertet, und man verschweigt keineswegs, daß die schwersten Tage erst bevorstehen.
Die deutsche Führung schafft gegenwärtig offenbar die schweren Geschütze heran, die Sewastopol sturmreif geschossen haben. Die letzten Frontmeldungen lassen erkennen, daß ein neuer gewaltiger Panzerangriff der Deutschen gegen Stalingrad begonnen hat. In der Nacht zum Montag gelang es unseren Truppen, nordwestlich von Stalingrad eine stark

Der Kommandant in der offenen Turmluke seines Panzers III

Anfang September 1942; die 24. Panzerdivision im Vormarsch: noch 8 Kilometer bis Stalingrad

befestigte Ortschaft und den hinter ihr gelegenen Höhenzug zu stürmen. Südwestlich von Stalingrad stehen zwei deutsche Panzerdivisionen auf sechs Kilometer breiter Front, in deren Mitte die Bahn nach Stalingrad verläuft, im Angriff. Bis gegen Mittag haben sich unsere Truppen halten können, und nach den vorläufigen Meldungen sind 86 schwere deutsche Panzer vernichtet worden.
Ein Berichterstatter der Agentur *Reuter,* der soeben von der Front bei Rschew zurückgekehrt ist, meldet am 31. August:
Von Moskau aus fuhren wir 200 Kilometer westlich. Auf der ganzen Reise fanden wir ein mit Kriegstrümmern übersätes Gelände vor, das noch alle Spuren des Winterfeldzuges zeigte. Hier und da passierten wir die traurigen Überreste ehemaliger Dörfer oder auch künstliche Trümmerhaufen, die in Wirklichkeit Hangars sowjetischer Jagdflugzeuge waren.
Je mehr wir uns der Front näherten, desto stärker begann es zu regnen, und bald konnten wir an unserem eigenen Wagen feststellen, daß »General Schlamm« bereits wieder das Kommando ergriffen hat. Wir waren überrascht, im Kampfgebiet von Rschew eine neue Waffe vorzufinden, die bisher völlig geheimgehalten worden ist. Es ist ein schweres Salvengeschütz, das von den Russen den Beinamen »Katjuscha« erhalten hat.
In diesem Sektor sieht man besonders viel Kriegsmaterial der Alliierten. Die amerikanische Flugzeugproduktion ist vor allem mit Kittyhawk und Tomahawk, die britische mit Hurricane vertreten; aber auch englische und amerikanische Panzer sind in bedeutenden Mengen eingesetzt worden.

Bombenhagel auf Wolgastadt

Neben dem unaufhaltsamen Vordringen der deutschen und verbündeten Truppen im Kaukasus steht der Kampf um die wichtige Wolgafestung Stalingrad im Mittelpunkt des Weltinteresses. Von dem dramatischen Ringen und besonders dem gewaltigen Einsatz der Luftwaffe und der Flak berichten die nachstehenden Kampfschilderungen. Der vom Wehrmachtbericht gemeldete Durchbruch deutscher Truppen im Raum von Stalingrad war der Auftakt zu neuen Operationen. Diese unerhörten Fortschritte der Erdtruppen wurden zum guten Teil mit ermöglicht durch einen rollenden Einsatz der deutschen Luftwaffe, wie ihn die Sowjets vielleicht überhaupt noch nicht erlebt haben und auf den im Wehrmachtbericht ebenfalls hingewiesen wurde. Stalingrad, das jetzt an der Reihe ist

und vom gegnerischen Reklamegeschrei als »unüberwindlich« bezeichnet wurde, liegt gleichfalls seit nahezu zweimal 24 Stunden unter einem ununterbrochenen Bombenregen, durch den militärische Objekte in Trümmer gelegt werden.
Auf einem Feldflugplatz im weiten Raum des großen Donbogens herrscht heute ein Betrieb, der selbst von unseren Kampffliegern als ungewohnt bezeichnet werden muß. Kaum eine Stunde des Tages vergeht, wo nicht das riesige Steppenplateau vom Gedröhn der Motoren erfüllt ist. Hier laden die He 111 der verschiedenen Verbände ihre Spreng- und Brandbomben aller Kaliber, von hier starten sie im ununterbrochenen Einsatz

Stukas Ju 87 und Kampfflugzeuge He 111 bomben den Weg: Treibstoffvorräte der Roten Armee gehen in Flammen auf

nach Osten, um nach erfülltem Auftrag wieder einzufallen und in einer kurzen Frist zu neuem Feindflug anzurollen. Am sommerlich hellen Himmel, unter der strahlenden sinkenden Sonne wimmelt es von Flugzeugen. So weit der Blick reicht, ziehen die gestarteten Flugzeuge ihre Platzrunden, und zur Landung setzt ein Flugzeug nach dem anderen an. Das Bodenpersonal, von einer vorsorglichen Planung rechtzeitig bereitgestellt, wartet nur darauf, die Flugzeuge wieder startklar zu machen. Keine Zeit darf verlorengehen — dem Gegner darf keine Ruhe gelassen werden, denn Stalingrad soll wie nie zuvor die Schlagkraft der deutschen Luftwaffe zu spüren bekommen. Aus einer He 111, die eben zu ihrem Liegeplatz rollt, springt der Flugzeugführer, ein Ritterkreuzträger, und gibt den wartenden Kameraden eine kurze plastische Schilderung vom Geschehen des eben beendeten Fluges. Er ist noch ganz erfüllt von dem Erlebnis und spricht in kurzen, fast etwas atemlosen Sätzen, aus denen die nicht zu schildernde Sicherheit zu erkennen ist, mit der er schon an allen Fronten dieses Krieges sein Kampfflugzeug zum Erfolg geführt hat.
Über Stalingrad ist die Hölle hereingebrochen. Die Stadt brennt an allen Ecken und Enden. Dicke Rauchwolken quellen zum Himmel empor, und die Hitze, die diesen riesenhaften Flammen entströmt, hat ganz eigenartige atmosphärische Erscheinungen zur Folge. Obwohl klares Wetter herrschte, türmte sich über der Stadt ein Wolkenfeld auf, das fast wie das Aufkommen eines Gewitters anmutete. Diese Wolke zog, vom schwachen Winde getrieben, langsam entlang der Wolga südwärts, und mitten hinein in diese weißen Berge stieg der 2000 Meter hohe Rauchpilz der Brände. Wir sahen überall deutsche Flugzeuge aller Typen, die im Anflug ihre Bomben abluden und dann eiligst nach Westen wendeten, um neue Last herbeizuholen. Die gegnerische Flak schoß übrigens gut, wenn sie auch schon nach dem anhaltenden Trommelfeuer, das seit gestern über sie niedergegangen ist, etwas zu erlahmen schien. Wir selbst haben auch einen Splitter abbekommen, das ist aber nicht der Rede wert. Unsere He 111 blieb dabei flugklar.
Über die Angriffsziele befragt, gab der Flugzeugführer mit einer umfassenden Handbewegung zur Antwort: »Alles brennt, nur die eigentlichen Wohnviertel nicht, aber die scheinen offenbar längst evakuiert. Sogar eine Reihe von Schiffen auf der Wolga habe man in Flammen gesehen. Auch die Kaianlagen müssen schwer mitgenommen sein. An dieser Stadt bleibt nichts heil, was den Bolschewisten zum weiteren Widerstand von Nutzen sein kann.«
Stalingrad soll unüberwindlich sein! Wie oft vorher haben wir es schon gelesen, wie oft hat es der feindliche Nachrichtendienst von anderen

Städten des Ostens verkündet. Denken wir nur an die Namen, die in der Offensive dieses Sommers augelöscht wurden: Kertsch, Sewastopol. Woroschilowgrad, Rostow, Maikop und viele andere. Auch die »Seifenblase« Stalingrad, die den ratlosen Völkern unserer Feindmächte schimmernd bunten Hoffnungszauber vorgaukeln sollte, wird einmal zerplatzen.

Berliner Lokal-Anzeiger, 1. 9. 1942

★ Die Sowjets berichten

Befehl Nr. 4 an die Truppen der Stalingrad- und Süd-Front
1. September 1942 — Die operierende Armee

Genossen Kämpfer, Kommandeure und Politarbeiter, heldenmütige Verteidiger von Stalingrad!
Seit einem Monat tobt der erbitterte Kampf um die Stadt Stalingrad. Die Deutschen haben Hunderte von Panzern und Flugzeugen verloren. Über Berge von Leichen ihrer Soldaten und Offiziere stoßen die vertierten hitlerischen Banden nach Stalingrad, zur Wolga vor. Unsere bolschewistische Partei, unser Volk, unsere große Heimat haben uns den Auftrag erteilt, den Feind nicht zur Wolga zu lassen, die Stadt Stalingrad zu verteidigen. Die Verteidigung Stalingrads hat entscheidende Bedeutung für die gesamte sowjetische Front. Ohne Schonung unserer Kräfte und mit Todesverachtung verwehren wir den Deutschen den Zugang zur Wolga und geben wir Stalingrad nicht auf. Jeder von uns muß daran denken, daß die Wegnahme Stalingrads durch die Deutschen und ihr Vorstoß zur Wolga unsere Feinde stärken und unsere Kräfte schwächen wird.

Keinen Schritt zurück!

Der Kriegsrat verlangt von allen Kämpfern, Kommandeuren und Politarbeitern, von allen Verteidigern Stalingrads grenzenlose Tapferkeit, Standhaftigkeit und Heldentum im Kampf mit dem einbrechenden Feinde.
Der Feind muß und wird auf den Zugängen nach Stalingrad zerschmettert werden.

Vorwärts gegen den Feind! Auf in den schonungslosen Kampf, Genossen, für Stalingrad, für unsere Große Heimat!
Tod den deutschen Okkupanten!
Der Oberbefehlshaber
Generaloberst *A. Jeremenko*
Das Mitglied des Kriegsrates
Generalleutnant *N. Chruschtschow*

In Stalingrad

... Die Stadt brennt. Nicht bloß die Stadt, sondern das ganze Ufer in seiner ganzen Länge, soweit das Auge reicht. Das kann man keine Feuersbrunst nennen, das ist schon mehr. Wahrscheinlich brennt die Taiga so: wochenlang, monatelang, in einer Ausdehnung von Dutzenden, von Hunderten von Kilometern. Ein purpurroter, von geballten Rauchschwaden bezogener Himmel. Die dunkle Silhouette der brennenden Stadt ist wie mit einer Laubsäge ausgesägt. Schwarz und rot. Andere Farben gibt's hier nicht. Schwarze Stadt und roter Himmel...«

Viktor Nekrassow

Am Mittwoch, dem 2. September 1942,
gibt das *Oberkommando der Roten Armee*
zu den Ereignissen des Vortages bekannt:
Eine Ergänzung zum Mittagsbericht meldet, daß unsere Truppen nordwestlich von Stalingrad feindliche Angriffe zurückgeworfen haben. In einem Sektor gelang faschistischen Truppen ein tiefer Einbruch in unsere Stellungen; sie wurden aber gezwungen, kämpfend den Rückzug anzutreten, und sie wurden auf ihre Ausgangsstellungen zurückgeworfen.
Im Gebiet von Kletskaja vernichteten unsere Patrouillen eine italienische Infanteriekompanie. Heftige Kämpfe werden aus dem Gebiet südlich von Stalingrad gemeldet, wo deutsche Panzer durchgebrochen sind. Unsere Truppen konsolidieren ihre neuen Stellungen und schlagen die feindlichen Angriffe zurück.

Am Nachmittag des 2. September
meldet das *Sowinformbüro* anschließend:
Südwestlich von Stalingrad stehen unsere Truppen in schweren Abwehrkämpfen gegen zwei deutsche Panzerdivisionen, die in den Operationen der vergangenen Nacht den Einbruch in unsere Linien vertiefen und verbreitern konnten. In diesem Gefechtsabschnitt hat sich die Lage für die Verteidiger in kritischer Weise zugespitzt, zumal unser Grabensystem

Im Vorfeld von Stalingrad: Rotarmisten beim Stellungswechsel

infolge der unaufhörlichen Bombardierung durch Stukas und schwere Artillerie zu einem Trichterfeld geworden ist.
Trotz der sehr erheblichen Verluste an Panzern und motorisierten Geschützen, die die Hitlertruppen erlitten haben, haben sie nach wie vor eine beträchtliche Überlegenheit an Kriegsmaterial. Es ist v. Bock gelungen, weitere Reserven heranzuziehen, und die Wucht des deutschen Angriffs auf Stalingrad hat eher zu- als abgenommen.
Nordwestlich von Stalingrad ist es den Verteidigern gelungen, die sehr bedrohliche Entwicklung durch einen Flankenangriff zumindest vorerst aufzuhalten. v. Bock versucht in diesem Abschnitt, einen »Panzerkorridor« zur Wolga vorzutreiben, und Befehle, die bei gefallenen deutschen

Offizieren aufgefunden wurden, bestätigen, daß es die Absicht der deutsch-faschistischen Führung ist, zunächst Dubowka (nördlich von Stalingrad an der Wolga) zu nehmen. Die deutsche Offensive soll dann möglichst auf beiden Seiten der Wolga in südlicher Richtung gegen die Industriestadt fortentwickelt werden. Es gelang den Deutschen zunächst, den »Panzerkorridor« um 5 Kilometer vorzutreiben. An beiden Seiten der schmalen, aber langen Einbruchstelle massierten die Deutschen zahlreiche Flak, die auch zur Panzerabwehr verwendbar sind. Motorradfahrer mit Maschinenpistolen sicherten die Verbindung zwischen den einzelnen Batterien.

Der Gegenangriff unserer Truppen wurde mit Sturmovik-Staffeln (II-2. Schlachtflugzeug) eingeleitet, die aus geringer Höhe Maschinengewehrfeuer auf die deutschen Kolonnen richteten und dann Tausende von kleinen Splitterbomben in der Größe von Handgranaten abwarfen. Die gesamte Einbruchstelle ist jetzt ein unübersehbares Trümmerfeld, und die Verbindung der Deutschen zwischen Don und Wolga ist derart unterbrochen, daß bereits die Versorgung der vorgeschobenen Verbände mittels Flugzeugen vorgenommen werden muß.

Die Deutschen berichten

Lagevortrag, *Oberkommando der Wehrmacht,*
2. September 1942
... Der Führer befiehlt, daß beim Eindringen in die Stadt die gesamte männliche Bevölkerung beseitigt werden soll, da Stalingrad mit seiner eine Million zählenden, durchweg kommunistischen Einwohnerschaft besonders gefährlich sei...

Lagebericht, *Oberkommando des Heeres,*
2. September 1942
Heeresgruppe B: An der Seenkette nördlich Malyje Derbety verstärkt sich der Gegner vor rumänischen Divisionen. Die über den Wolga-Don-Kanal in Richtung auf Stalingrad vorgehenden eigenen Divisionen stehen in hartem Kampf mit russischen Panzerkräften...

Und so war es

Am Montag, dem 31. August, erzielt die deutsche 24. Panzerdivision einen tiefen Durchbruch westlich von Woroponowo und bereitet sich darauf vor, mit der am rechten Flügel der 6. Armee vorstoßenden 71. Infanteriedivision Fühlung zu nehmen. Um der Gefahr einer Einkesselung zu entgehen, reagiert Generaloberst Jeremenko blitzschnell: Er befiehlt der arg bedrängten 62. und 64. Armee, noch am gleichen Tag auf den mittleren Befestigungsgürtel zurückzugehen. Sie lösen sich zwar rechtzeitig vom Gegner, können aber die Verteidigung an der neuen Linie nicht mehr organisieren.

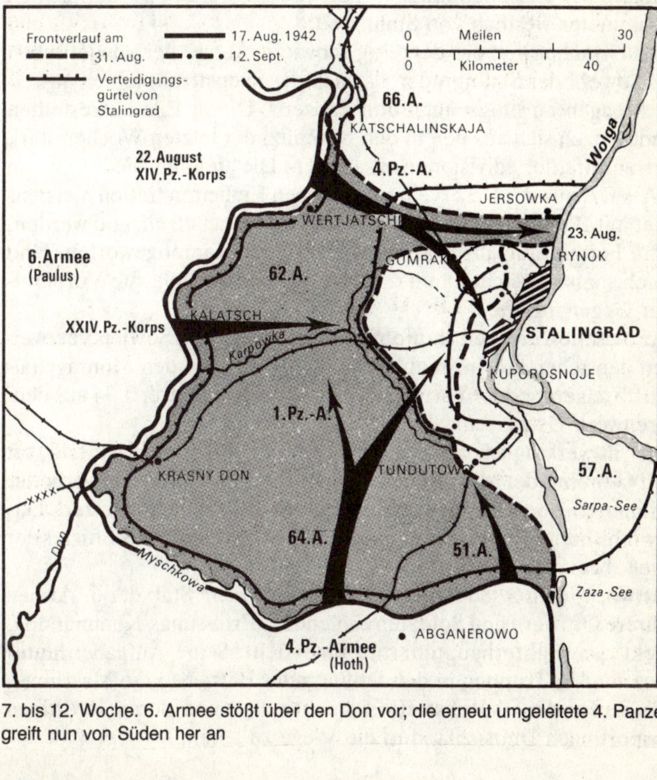

7. bis 12. Woche. 6. Armee stößt über den Don vor; die erneut umgeleitete 4. Panzerarmee greift nun von Süden her an

Am 1. September beziehen die Deutschen die Ausgangsstellungen für einen neuen Angriff. »Die Lage war tatsächlich sehr gefährlich«, verzeichnet an diesem Tag Generaloberst Jeremenko.
Mittags nehmen die schnellen Verbände der 4. Panzerarmee Bassargino ein, die an der Eisenbahn liegende Nahtstelle der 62. und 64. Armee. Jeremenko erwägt nun ihren Rückzug aus der mittleren Verteidigungslinie auf den inneren, sich dicht am Stadtrand entlangziehenden Befestigungsgürtel.
In einer kurzen Pause verfaßt Jeremenko zusammen mit Chruschtschow im Namen des Kriegsrates der beiden Fronten einen Sonderbefehl an die Truppen. Er beschwört darin die Verteidiger der Stadt, ihren Kampfwillen zu stärken.
Am späten Nachmittag erreichen die deutschen Truppen von Bassargino aus, entlang der Eisenbahnlinie vorstoßend, Woroponowo und stehen nun 8 Kilometer westlich von Stalingrad.
Eine der Ursachen für die derzeitig schwierige Lage der sowjetischen Armee: Sowohl der Stalingrader als auch der Südostfront fehlen ausreichende Mengen an Flugzeugen und Panzern. Die in Eile aufgestellten Verbände setzen sich aus den in den Kämpfen der letzten Wochen stark reduzierten Infanteriedivisionen zusammen. Die anderen wiederum von der STAWKA aus der Reserve freigegebenen Einheiten treffen meistens verspätet mit Bahntransporten oder in Gewaltmärschen ein und werden, ohne ihre Formierung abzuwarten, sofort in den Kampf geworfen. Und den Befehlshabern reicht kaum die Zeit für eine durchdachte Vorbereitung der Gegenangriffe.
Mit Improvisation und Selbstaufopferung versuchen die Sowjets verzweifelt, den deutschen Ansturm abzuwehren. Direkt aus den Montagehallen, ohne Zielgeräte oder Tarnbemalung, rollen die Panzer T 34 aus dem Traktorenwerk Dscherschinski.
»Arbeiter in werktäglicher Kleidung lagen tot auf dem Schlachtfeld, oft noch mit Gewehr oder Maschinenpistole in der erstarrten Hand. Arbeiter umklammerten noch im Tod das Steuer abgeschossener Panzer. Das hatten wir bisher noch nie erlebt«, notiert Oberst Adam, Stabsoffizier der 6. Armee, beeindruckt.
Am Mittwoch, dem 2. September, meldet sich beim Stab der 6. Armee ein mehrere Offiziere und Soldaten zählendes »Erfassungs-Kommando«, das direkt dem Führerhauptquartier untersteht. Seine Aufgabe: hinter den kämpfenden Truppen in den Stalingrader Betrieben die Maschinen und alle vorhandenen Rohstoffe sicherzustellen und deren sofortigen Abtransport nach Deutschland in die Wege zu leiten.

Inzwischen führt die deutsche Luftwaffe den ganzen Tag hindurch massierte Bombenangriffe gegen die Stadt. Besonders stark leiden darunter die Wolgaübergänge, was die Truppenversorgung empfindlich stört, da alle anderen Wege abgeschnitten sind.
Die Anlegestellen, Fähren und Schiffe sind auch das Ziel der deutschen Artillerie. Das Übersetzen bei Tage wird dadurch zeitweise verhindert, und man beschließt ab sofort, den Fluß nur noch bei Dunkelheit zu überqueren. Nördlich der Bahnlinie Bassargino-Woroponowo gelingt es der 24. Panzerdivision, die Verbindung mit der 71. Infanteriedivision herzustellen. Die Zange um die Stadt ist geschlossen. Am Abend des 2. September beziehen die Truppen der sowjetischen Südostfront Verteidigungsstellungen am inneren Befestigungsgürtel: die 62. Armee im Abschnitt Rynok-Orlowka-Gumrak-Pestschanya, etwa zwei Kilometer südlich des Bahnhofs Woroponowo; die 64. Armee wiederum im Abschnitt Pestschanya-Iwanowka. Die 57. Armee (GenMaj. Tolbuchin) liegt in ihren Stellungen südlich von Stalingrad. Es entbrennt nun eine neue Etappe der Schlacht an der Wolga: der Kampf am inneren Befestigungsgürtel. So beginnt die grausamste und härteste Schlacht des Zweiten Weltkrieges, die über fünf Monate lang dauern wird.

★ Die Sowjets berichten

Am Donnerstag, dem 3. September 1942,
meldet das *Sowinformbüro*
über die Ereignisse der Vortage:
Die Entscheidungsschlacht um Stalingrad geht unter immer größerem Einsatz auf beiden Seiten weiter, und die Verluste an Mannschaften und Kriegsmaterial, die Angreifer und Verteidiger erlitten haben, übersteigen zweifellos alles, was in den Kämpfen seit dem Überfall der Hitlerfaschisten auf die Sowjetunion zu verzeichnen war.
Nach den Ermittlungen des Oberkommandos Moskau stehen jetzt mehr als eine Million deutscher und ihnen verbündeter Truppen in der Schlacht um Stalingrad. Die Ereignisse an der Front überstürzen sich. Am vergangenen Sonntag war es unseren Truppen gelungen, die 14. deutsche Panzerdivision vernichtend zu schlagen, aber die Erwartung, daß damit die Wucht des deutschen Angriffs nachlassen würde, hat sich nicht erfüllt. Am Montag abend setzte ein neuer starker Panzerangriff, der von einer

Reservedivision und zwei motorisierten Infanteriedivisionen geführt wurde, südwestlich von Stalingrad ein. v. Bocks Streitkräfte wurden von mehr als 200 Stukas unterstützt, und nachdem es unseren Truppen gelungen war, sich bis zum Dienstag mittag zu behaupten, mußte Marschall Timoschenko seine Truppen in das Gebiet um Krasnoarmeisk zurücknehmen, einem Ort am westlichen Ufer der Wolga. Aus diesem Gebiet feuern jetzt zum erstenmal schwere deutsche Geschütze in den Verteidigungsgürtel unserer Truppen, der die Vorstädte Stalingrads durchzieht. Zur gleichen Zeit verstärkte v. Bock auch den Druck auf die Verteidigung von Stalingrad vom Nordwesten her, und nach dreitägigen, für beide Seiten sehr verlustreichen Kämpfen vermochten deutsche Panzereinheiten in der Nacht zum Donnerstag bis in das Gebiet von Katschalinskaja vorzudringen und an zwei Stellen den Fluß Ilowlja zu überschreiten. In den vorangehenden Kämpfen wurde eine deutsche Panzerbrigade völlig niedergekämpft und zwei deutsche Infanteriedivisionen mit Verlusten bis zu 75 Prozent ihres Gesamtbestandes aufgerieben. Immerhin ist auch in diesem Abschnitt der deutsche Druck nicht vermindert worden, und am Donnerstag früh mußten sich unsere Truppen auf Verteidigungslinien zwischen Ilowlja und Wolga zurückziehen. Es ist möglich, daß ein deutscher Panzerverband bei Dubowka das Westufer der Wolga erreicht hat. Zwischen diesen Panzerkeilen des Gegners stehen beträchtliche Streitkräfte der Roten Armee.

Dritte Phase

3. September bis 12. September 1942

Südlich von Stalingrad: Die Wolga ist erreicht — Der Kampf im Vorfeld der Stadt

Die Deutschen berichten

Lagebericht, *Oberkommando des Heeres*
5. September 1942
Heeresgruppe B: Starker Zugverkehr von Süden nach Astrachan. Eine Fernpatrouille beschoß einen Eisenbahnzug bei Jandyk südwestlich Astrachan und steckte ihn in Brand. Starker Feind in gut ausgebauten Stellungen westlich des Wolgaknies südlich Stalingrad. Panzer- und Infanteriedivisionen stehen im Angriff, von Westen kommend, am Stadtkern Stalingrad, etwa 4 Kilometer von der Wolga, in schwerem Kampf. Die Infanteriedivisionen des LI. A. K. haben sich dem Angriff auf Stalingrad angeschlossen und schlugen mehrere Panzerangriffe der Russen ab. Hierbei wurden von 15 angreifenden Panzern 9 vernichtet. Die nördlich von Stalingrad stehenden Panzer- und mot. Verbände gingen zum Angriff vor und erreichten trotz starker Gegenangriffe das Höhengelände nördlich Stalingrad.
Tagesparole des Reichspressechefs,
Donnerstag, 3. September 1942:
Angesichts des günstigen Verlaufs der Operationen auf Stalingrad wird den Blättern empfohlen, Material über die enorme wirtschaftliche und militärische Bedeutung dieses Bollwerks des Kommunismus und Zentrums der Sowjetindustrie bereitzuhalten.

Geheimer Bericht des *Sicherheitsdienstes der SS*
zur innenpolitischen Lage:
Nr. 314 vom 3. September 1942 (Auszug)

1. Allgemeines. Auf Grund der Heftigkeit der Kämpfe um Stalingrad beginnt man bereits Vergleiche mit dem harten Ringen um Sewastopol zu ziehen und gedenkt in banger Sorge der hohen Blutopfer, die die Eroberung dieser militärisch und wirtschaftlich wichtigen Stadt noch kosten werde.

★ Die Sowjets berichten

Am Sonntag, dem 6. September 1942,
meldet das *Sowinformbüro*
über die Ereignisse der Vortage:
Die letzten Frontberichte bestätigen, daß in allen Sektoren um Stalingrad die deutsch-faschistischen Panzerangriffe aufgehalten werden konnten. Nordwestlich der Stadt erfolgten am Samstag drei Panzerangriffe, an denen jedesmal rund 100 schwere und mittlere Panzer beteiligt waren, doch erwies sich unsere Artilleriesperre als unüberwindlich. Ein Gegenangriff unserer Truppen, der aus gut getarnten Stellungen überraschend am späten Abend gegen die deutsche Flanke durchgeführt wurde, führte zu einem Durchbruch zwischen der deutschen Panzerspitze und der nachfolgenden Infanterie, die so schwere Verluste erlitt, daß der feindliche Angriff in diesem Sektor abgebrochen wurde.
Südwestlich Stalingrad halten schwere Kämpfe um eine Bahnstation vor der Stadt an, die von deutschen Panzerverbänden am Samstag früh erobert worden war. Obwohl in diesem Abschnitt die Lage für unsere Truppen besonders gefährlich ist und die deutsche Luftwaffe stundenlang die Stellungen der sowjetischen Truppen bombardierte, gelang es den Faschisten auch in diesem Frontabschnitt nicht, die Verteidigung zu lähmen.
Am Sonntag morgen sprengten Pioniere unserer Truppen, die mit Panzerwagen voll Dynamit bis zur Bahnstation vorgedrungen waren, die Hauptgebäude, wobei sie und die deutschen Truppen, die sich in der Station verschanzt hatten, den Tod fanden.
United Press meldet am 6. September aus Moskau:
Reisende, die aus Stalingrad hier eintreffen, berichten, die Stadt sei gänzlich in Trümmer geschossen. Von den riesigen Traktoren- und Panzerfabriken stünden nur noch die Mauern. Auf der Wolga kann der Verkehr nach wie vor abgewickelt werden...

Ich verbinde mit dem Führer

... Ich sitze vor meinem Klappenschrank. Einer nur bin ich von vielen, die hier Tag und Nacht vor den Klappenschränken sitzen. Schwer und aufreibend ist dieser Dienst. Hier, in der Vermittlung einer Heeresgruppe, bündeln sich die vielen Leitungen von der Front zu einem einzigen dicken Strang, und hier verästeln sie sich wieder zum weitgespannten Netz in die ferne Heimat. Wir aber sind die Mittler. Wir rufen... wir trennen... Stimme geben wir zu Stimme. Der Betrieb ist an diesem Tag so wie an allen anderen. Und doch habe ich heute an meinem Schrank eine Leitung, die ich vor allen anderen mit einer besonderen Aufmerksamkeit betreue. Es ist die Verbindung zu jener Armee, die — wie ich weiß — in blutigem Abwehrkampf steht.

Timoschenko greift an... Immer wieder peitscht er seine Divisionen in das Feuer unserer Geschütze und Maschinengewehre. Ihr aber, Kameraden da vorne, steht vor ihm und seinen Divisionen. Wir wissen um euren Kampf, Kameraden. Und weil wir davon wissen, dünkt es uns härter als sonst, am Klappenschrank und Fernschreiber sitzen zu müssen. Dort längs der Wand stehen unsere Gewehre. Sie gehörten doch in unsere Fäuste, so wie wir jetzt zu euch da vorne gehörten, Kamerad zu Kamerad!

Die Leitung zu jener Armee liegt auf meinem Schrank. Sie ist manchmal gestört. Dann bleibt nur ein umständlicher Funkverkehr. Heute indes — eine glückliche Fügung — erweist sie sich völlig störungsfrei. Ein Ausnahmegespräch jagt das andere. Meldung folgt auf Meldung.

Ein Führungsblitzgespräch wird angemeldet und in kürzester Frist hergestellt. Die Verbindung wird überwacht, auf daß sie niemand stört. Der Chef des Stabes jener Armee spricht mit dem Oberbefehlshaber der Heeresgruppe. Eine taktische Bewegung von entscheidender Tragweite wird erwogen. Aber der Befehl dazu muß binnen einer Stunde ergehen.

Eine Klappe fällt. Der Schaft meines Abfragestöpsels stößt in die Klinke. Ich melde mich. Mit einfachen und doch so gewichtigen Worten erhalte ich den Auftrag: »Stellen Sie sofort eine Verbindung her mit dem Führer im Führerhauptquartier!«

Trost und Stolz erfüllen mich. Wohl kann ich euch nicht helfen mit der Waffe in der Faust. Euch Kameraden, die ihr gegen Timoschenko kämpft. Aber dennoch kann ich euch helfen und beistehen — hier an meinem Klappenschrank. Und ich weiß, daß viel für euch davon abhängt.

Ich rufe. Mein Ruf geht über eine Entfernung, die größer ist als die zwischen Wien und Köln.

»Hier A... A...! Das OKH meldet sich.

»Für ein Führergespräch bitte W...!« Dann warte ich wieder. Das Warten in der Leitung ist die schlimmste Nervenpein eines Nachrichtenmannes. Ein kurzes Brabbeln in der Leitung schreckt mich. Nur jetzt keinen Dauerruf, dieses von allen Fernsprechern gefürchtete Übel. »Hier W...!« Das Führerhauptquartier ist da. Es ist noch gut zu verstehen. Die Vermittlung dort verbindet weiter. Ein Major meldet sich. Der Adjutant des Führers.

Fester noch presse ich den Hörer an mein Ohr. Unser Generaloberst meldet sich. Das ruhige Gleichmaß seiner Stimme läßt nichts erahnen von den Entscheidungen, die in den nächsten Augenblicken fallen.

»Ich übergebe dem Führer!« Klar und deutlich ist es zu hören.

Aus dem leisen Raunen, diesem heimlichen Odem einer Leitung, ertönt plötzlich eine volle tiefe Stimme. Jeder Deutsche kennt ihren Klang. Es spricht der Führer... Weiter geht der Betrieb an meinem Schrank. Ich rufe... ich trenne... Stimme gebe ich zu Stimme. Wieder folgt Meldung auf Meldung, ein Ausnahmegespräch nach dem anderen.

Mir aber ist nicht mehr bang um euch, Kameraden da vorne. Hilfe und Entsatz eilen von dieser Stunde ab zu euch. Regimenter, Geschütze, Panzer, Bomber, Jäger. Der Führer hat's befohlen! Timoschenkos Übermacht wird an euch zuschanden werden, wird vor euch verbluten...

Luftnachrichtentruppe, 1942

Ein Herbstmorgen

... Der September ist gekommen — ein klarer, blauer mit Maiwärme, mit bezaubernden Morgenstimmungen und nachdenklichen violetten Sonnenuntergängen. Am Morgen plätschern die Fische in der Wolga, und große Kreise breiten sich aus auf der spiegelnden Oberfläche des Flusses. Hoch am Himmel fliegen klappernd verspätete Kraniche. Das linke Ufer verwandelt sich von Grün in Gelb und dann in Rotgold. Im Morgengrauen, vor den ersten Salven unserer Artillerie, ist es verhangen von durchsichtigem Frühnebel, ist es sorglos, ruhig und weit, mit kaum sich abzeichnenden Streifchen von Wäldern in weiter Ferne, ist es zart und duftig wie ein Aquarell.

Langsam und unwillig zerteilt sich der Nebel. Einige Zeit hält er sich noch, gleich einem erstarrten, milchfarbigen Schleier, über dem Fluß, dann verschwindet er, löst sich auf in der durchsichtigen Morgenluft.

Lange vor den ersten Sonnenstrahlen schießt das erste Ferngeschütz. Schallend rollt das Echo über der noch nicht erwachten Wolga. Dann schießt das zweite Geschütz, das dritte, das vierte, und endlich fließt alles zusammen in ein ununterbrochenes feierliches Dröhnen der Morgenkanonade.

So fängt der Tag an.

Und mit ihm...

Punkt sieben Uhr erscheint unendlich hoch, mit dem bloßen Auge nicht leicht zu erkennen, der »Rahmen« (FW 189), und in den schrägen Morgenstrahlen blinken die Fensterscheiben seiner Kabine. Lange und sorgfältig kreist er über uns, aufdringlich brummend — sein ganz eigentümliches, immer aussetzendes Motorengeräusch ist uns allen gut bekannt —, und fliegt langsam westwärts ab, wie ein phantastischer doppelschwänziger Fisch. Das ist die Einleitung. Hinter ihm kommen die Stukas — bei uns »Sänger« oder »Musikanten« genannt —, rotnasig, krummbeinig gleichen sie Raubvögeln, die sich anschicken, etwas zu greifen. Irgendwie seitwärts in einem schrägen Kettchen fliegen sie am goldenen Herbsthimmel zwischen den Wattewölkchen der explodierenden Flakgeschosse. Kaum haben wir uns die Augen gerieben, kriechen wir, hustend noch von der ersten Morgenzigarette, aus unseren Unterständen hervor und verfolgen mit zusammengekniffenen Augen die ersten zehn. Sie bestimmen den ganzen Tag. Durch sie erfahren wir, welches das Quadrat ist, wo nach dem Stundenplan der Deutschen die Erde heute beben wird wie Sülze, wo die Sonne nicht zu sehen sein wird durch Rauch und Staub, in welchem Abschnitt man die ganze Nacht Tote begraben, beschädigte Maschinengewehre und Kanonen reparieren, neue Gräben und Unterstände graben wird. Wenn die Kette über uns hinwegfliegt, atmen wir erleichtert auf, werfen die Hemden ab und gießen uns aus dem Eßgeschirr einander Wasser auf die Hände. Wenn jedoch der erste, ohne uns erreicht zu haben, anfängt, sich auf den rechten Flügel zu neigen, verstecken wir uns in unseren Gräben, schimpfen und blicken auf die Uhr: Herrgott im Himmel, bis zum Abend sind es noch gute vierzehn Stunden! — und aus den Augenwinkeln schielend, zählen wir die über unseren Köpfen pfeifenden Bomben. Wir wissen schon, daß jeder der »Sänger« unter dem Rumpf elf bis achtzehn Bomben trägt, sie aber nicht mit einem Male abwerfen, sondern noch zwei bis drei Kurven machen wird, die Dosen psychologisch verteilend, daß bei der letzten Kurve die Sirenen aller besonders schreckeinjagend heulen werden, die Bomben aber nur einer abwerfen wird, vielleicht wird er sie auch nicht mal abwerfen, sondern nur mit der Faust drohen. Und so wird es den ganzen Tag dauern, bis die Sonne hinter dem Mamai-Hügel untergeht...

Viktor Nekrassow

Steppengelände um Stalingrad mit Feindstellungen dicht übersät

Zu den Kämpfen um die Festung Stalingrad am Dienstag teilt das *Oberkommando der Wehrmacht* folgende Ergänzungen mit:
Während die nördlich Stalingrad bis an die Wolga vorgedrungene deutsche Angriffsgruppe in harten Kämpfen ihre Stellungen verbreiterte und feindliche Gegenstöße abwehrte, zerschlugen südwestlich der Stadt die deutschen Truppen zahlreiche Gegenangriffsversuche der Bolschewisten. Immer wieder, jedoch völlig erfolglos, griff der Feind unter Einsatz seiner Reserven ein von deutschen Infanterie- und Panzerverbänden

Auf dem Hang des Wolgaufers: ein MG 34, Kal. 7,92 mm, mit MG-34-Dreibein, in Feuerstellung

gewonnenes beherrschendes Höhengelände an. Alle feindlichen Vorstöße brachen zusammen. Es kam hierbei zu schweren Artilleriekämpfen zwischen deutschen und bolschewistischen Panzern, bis es in den Abendstunden des Dienstags den deutschen Truppen gelang, eine weitere befestigte Höhe zu nehmen.
Bei den Einbruchskämpfen der letzten Tage in die stark ausgebauten Befestigungsanlagen im Raum von Stalingrad führte der deutsche Angriff

Berliner

Lokal-Anzeiger

Organ für die Reichshauptstadt

Freitag, 11. September

Volga auch südlich Stalingrad erreic…

34 britische Flugzeuge bei nächtlichen Einflügen abgeschossen

Befestigungen durchstoßen

Weiterer Raumgewinn bei Noworossijsk und am Terek

11. September 1942

Aus dem Führerhauptquartier … Oberkommando der Wehrmacht gibt be-…

Noworossijsk und am Terek-Ab-… gewinnt der Angriff deutscher und verbün-… Truppen in schweren Kämpfen weiter …

…Festungskampffeld von Stalingrad … die Schlacht ihren Fortgang. In harten … wurden Befestigungsanlagen südlich der …

Fackeln auf der Wolga

Nächtlicher Bombenangriff – Schiffe mit Baku-Oel in Brand ge…

Von Kriegsberichter Justus Wilhelm Krug

In knappen Worten berichtet das OKW von Tag- und Nachtangriffen gegen die … schiffahrt, die den Sowjets unersetzliche Verluste zufügen. Einen dieser Einsätze, bei d… ein einziges Flugzeug 9000 BRT Baku-Oel in Brand warf, schildert der folgende Berich…

PK Bei der Luftwaffe

Es ist 17 Uhr. Die letzten Besatzungen sind von den Einsätzen gegen Stalingrad und die Bahnhöfe dieses Rüstungszentrums zurückgekehrt. Die Besprechung der Staffelkapitäne …

… Beobachter hat ihn erkannt; aber kein … Flugzeug folgt uns.

„Vor uns die Wolga!" Schnarr… men die Worte durch das Bordmikroph… sind in das Jagdgebiet eingeflogen. …

durch ein von zahlreichen Schluchten durchzogenes Steppengelände, das mit feindlichen Kampfstellungen geradezu übersät war.

Um jede einzelne Talsenke, die von den Bolschewisten festungsartig ausgebaut war, mußte zäh gekämpft werden. Fast bei jeder Mulde entwickelte sich das gleiche Kampfbild. Zuerst belegten Sturzkampfflugzeuge die feindlichen Stellungen nachhaltig mit Bomben, deren Wirkung durch gut liegendes Artilleriefeuer ergänzt wurde. Dann stießen Panzer vor, vernichteten die schweren und mechanischen Waffen des Feindes und zerschossen mit ihren Kanonen die Widerstandsnester der Bolschewisten. Die Entscheidung brachten die Infanteristen und Panzergrenadiere, welche die Schützenlöcher im Nahkampf säuberten und den feindlichen Widerstand zerbrachen.

Diesem gut eingespielten Zusammenwirken aller Waffengattungen ist es zu verdanken, daß der tiefe Einbruch in das feindliche Stellungssystem bei geringen eigenen Ausfällen, aber unter sehr schweren Verlusten des Feindes an Menschen und Waffen gelang. Die Heftigkeit der Kämpfe

zeigt, daß im Bereich einer motorisierten Infanteriedivision in wenigen Stunden an einer dieser Schluchten 1400 Gefangene gemacht wurden, aber auf dem gleichen Kampffeld die doppelte Anzahl gefallener Bolschewisten liegenblieb.
An dem engen Zusammenwirken von Heer und Luftwaffe scheiterten vor allem nordwestlich von Stalingrad die Gegenangriffe des Feindes. Nach heftigen Bombenangriffen gelang es den deutschen Truppen, auch westlich Stalingrad in Höhenstellungen, die durch Minenfelder und Bunker gesichert waren, einzudringen. In Luftkämpfen schossen deutsche Jäger 18 bolschewistische Flugzeuge ab. Fünf weitere feindliche Flugzeuge wurden durch Flakvolltreffer zum Absturz gebracht.

Völkischer Beobachter, 3. 9. 1942

Oberkommando der Wehrmacht Berlin, den 5. 9. 1942
Wehrwirtschaftsamt
Wi Ausl (Ia H)
Nr. 4720/42 g

Geheim!
Nachrichtenblätter über die Bedeutung und den Zustand der neubesetzten Gebiete im Osten.

Die wehrwirtschaftliche Bedeutung Stalingrads

Stalingrad zählt zu denjenigen Großstädten der Sowjetunion, die in den letzten 25 Jahren aus mittleren Provinzstädten zu gewaltigen Industriezentren angewachsen sind und sich zu Schwerpunkten der Wehrwirtschaft entwickelt haben. Während es 1926 erst 150000 Einwohner zählte, hatte es 1939 die Halbmillionengrenze fast erreicht und nach der Evakuierung des Donezgebietes Ende 1941 überschritten. Die Stadt erstreckt sich in einer Länge von fast 20 Kilometern ausschließlich am Westufer der Wolga hin und setzt sich dann nach Süden in einer 30 Kilometer langen Kette von Industrievororten fort.
Diese Entwicklung verdankt Stalingrad in erster Linie seiner außerordentlich günstigen Lage am Wolgaknie sowohl wie am Ausgangspunkt der von dort abzweigenden Eisenbahnlinien nach dem Moskauer Raum, dem Donezgebiet und dem Kaukasus. Aus dieser Lage heraus wurde es zu einem der bedeutendsten Umschlagplätze für Massengüter. Große Teile der Kohlenförderung des östlichen Donezgebietes, des dort anfallenden Kokses und sonstiger Erzeugnisse der Schwerindustrie zwischen

Flugplatz Gumrak: eingegrabene Sicherungen, daneben ein Rumpf des gefürchteten Schlachtflugzeuges »Sturmovik«

Donez und Dnjepr wurden in Stalingrad auf Binnenschiffe umgeschlagen, um die Wolga aufwärts in das Industriegebiet an der oberen Wolga oder auf der Kame weiter in das Industriegebiet des Ural zu gelangen. Die Getreideüberschüsse aus dem nordkaukasischen Raum und den Gebieten am unteren Don gingen zum großen Teil ebenfalls nach Stalingrad und von dort die Wolga aufwärts, in den Moskauer Raum sowie in die großen Getreideläger an der Kama zur Versorgung des Uralgebietes. Stalingrad selbst wurde dadurch der bedeutendste Getreidespeicherplatz der UdSSR.
Hand in Hand ging damit das Entstehen von Getreide- und Ölmühlen und zahlreicher Betriebe der Lebensmittelindustrie. Die Lage an der Wolga, der wichtigsten Öltransportstraße der Sowjetunion, auf der jährlich 6—8 Mio t Rohöl aus dem Kaukasusgebiet nach dem zentralrussischen Raum umgeschlagen wurden, hatte auch das Entstehen großer Raffinerieanlagen in Stalingrad mit einer Durchlaßfähigkeit von 700000 t pro Jahr zur Folge. Das aus den holzreichen Gegenden Nordrußlands wolgaabwärts geflößte Holz für die Versorgung des Bergbaus in der holzarmen Ukraine sowie für den Bedarf des ebenfalls holzarmen kaukasischen Raumes wurde in Stalingrad auf die Eisenbahn überführt. Da es zu diesem Zwecke geschnitten und bearbeitet werden mußte, wurde Stalingrad auch der Mittelpunkt einer leistungsfähigen Holzindustrie.
Die gute Verkehrslage sowie die Nähe der Donezkohle und der ukrainischen Schwerindustrie begünstigten das Entstehen der mächtigen stahlerzeugenden und -verarbeitenden Werke, die in erster Linie die heutige Bedeutung Stalingrads als eines der größten und wichtigsten Rüstungszentren der Sowjetunion ausmachen. In Stalingrad entstand 1930/31 das große Traktorenwerk »Dscherschinski«, das mit den Traktorenwerken in Charkow und Tscheljabinsk zu den drei größten der Sowjetunion gehörte. Die Arbeiterzahl betrug etwa 20000, die Ausbringung soll 1940 monatlich 3200 Traktoren des Typs »International« betragen haben. Das Werk wurde schon vor dem Ausbruch des Krieges teilweise auf den Bau von Panzerkampfwagen umgestellt. Es war zuletzt neben Tscheljabinsk (Ural) das leistungsfähigste Panzerkampfwagenwerk der Sowjetunion. Die monatliche Fertigung dürfte etwa 250 Stück T 34 (30 t) betragen haben, also fast die Hälfte der gesamten Ausbringung dieses Typs. Die Leistung des Werkes hatte sich seit dem Frühjahr durch evakuierte Maschinen erheblich erhöht. Außerdem war der Stalingrader Vorort Krasnoarmeisk (etwa 30 Kilometer südlich an der Wolga gelegen) dadurch in den Produktionsprozeß mit eingeschaltet worden, daß auf der dortigen Werft Nr. 264 die in Stalingrad gefertigten Panzerplatten zu

Panzergehäusen zusammengeschweißt und dann zur weiteren Montage in das Stalingrader Traktorenwerk zurückgeschickt wurden.
Bereits Mitte Juli wurde jedoch mit der Evakuierung der Einrichtungen des Stalingrader Traktorenwerkes begonnen. Sein Ausfall reißt eine große Lücke in die sowjetische Panzerfertigung, die in absehbarer Zeit nicht wieder geschlossen werden kann, zumal das Elektrostahlwerk »Krasny Oktjabr«, das den Stahl für die Stalingrader Panzerfertigung lieferte, wegen der Größe seiner Anlagen nicht mitevakuiert werden kann. Dieses Werk »Krasny Oktjabr« war eines der größten und modernsten der Sowjetunion. Es besaß über 12000 Arbeiter. Neben Panzerstahl wurden vor allem Artilleriegeschosse gefertigt. Die Ausbringung soll monatlich 50—60000 Stück der Kaliber von 7,62 cm an aufwärts betragen haben. Die Sprengstoffe dazu lieferte das Stalingrader Sprengstoffwerk Nr. 91, das eine Belegschaft von etwa 8000 Arbeitern aufwies.
Als drittes großes Rüstungswerk Stalingrads ist das Geschützwerk »Barrikady« zu nennen, das über ein eigenes Stahlwerk mit mehreren Martinöfen verfügte. Seine Ausbringung erreichte monatlich etwa 100 Geschütze mittleren wie schweren Kalibers und damit einen hohen Prozentsatz der sowjetischen Gesamtausbringung. Während die reine Kriegsgerätefertigung der Stalingrader Rüstungswerke durch Evakuierung und Einbau in andere gleichartige Rüstungswerke im Ural in absehbarer Zeit zu einem Teil wieder zur Wirkung gebracht werden kann, bedeutet der Ausfall der nicht evakuierbaren Stahlerzeugungsanlagen, die an der gegenwärtigen gesamten sowjetischen Stahlproduktion in Höhe von 8—9 Millionen t pro Jahr mit 1 Million t pro Jahr beteiligt waren, einen schweren, nicht so bald wieder ausgleichbaren Verlust.
Von besonderer Bedeutung war die frontnahe Lage Stalingrads, das rüstungsmäßig den Rückhalt der Südfront bedeutete. Ihr Bedarf an Panzerwagen, Geschützen und bis zu einem gewissen Grade auch Handfeuerwaffen und Munition konnte zu wesentlichen Teilen von der Stalingrader Rüstungsindustrie gedeckt werden. Der Verlust dieser Stadt verweist daher die Südfront in ihrer Versorgung mit Kriegsgerät auf die 1000 und mehr Kilometer entfernten Rüstungszentren des südlichen und mittleren Ural sowie der oberen Wolga. *gez. Thomas*

Immer am Feind

Jenseits des Stromes ist die ganze Steppe wieder dunkelbraun von hartem vertrocknetem, dicht in Samen stehendem Unkraut. Das sparrige Gras ist gemäht, das spärliche Korn eingebracht. Hin und wieder nicken noch auf

kurzen Stielen die schweren Dolden der Hirse. Schwaden von Kamillendüften und Thymiangerüchen treiben uns zu. So eben und weit ist das ganze Gelände, daß man noch bis in eine Entfernung von 10 Kilometer die Staubwolken erkennen kann, die jedes einzelne Fahrzeug aufwirbelt. Unsere Truppen hausen nachts zum Teil in Balkas, zum Teil in den zahllosen sowjetischen Unterständen. Oft erkennt man die Löcher erst, wenn man bis auf 50 Meter an sie herangekommen ist, sie sind dann aber kaum als Löcher anzusprechen, sondern eher als unterirdische Kasernen, die bis fünf Meter tief in den steinharten Ton hineinführen und die einen Zug, oft auch eine ganze Kompanie aufnehmen können. Große Herde aus Backsteinen stehen dort. In die Wände sind Fächer und Schränke

Im Vorfeld der Stadt: ein Rudel mittelschwerer Panzer III und mittlerer Schützenpanzer des XXXXVIII. Panzerkorps unter Generalleutnant Heim

ausgeschaufelt. In dem Loch eines höheren Offiziers oder Kommissars, das nun von einem deutschen General bewohnt wird, ist der Fußboden mit geglättetem Holz belegt.
Von halb fünf Uhr früh bis nachmittags um fünf glutet die Sonne von fast immer unbedecktem Himmel, glutet es schon seit vielen Wochen, will auch jetzt im September noch nichts an Kraft verlieren. Eine braune Öde gewährt nirgendwo Trost, ein ruheloser Wind treibt durch sie und wirft uns die Krone in die immer spähenden Augen. Überall blitzen die

Mündungsfeuer auf, manchmal verwechselt man sie mit dem in weiter Ferne aufzuckenden Blinken der Windschutzscheiben zahlloser Fahrzeuge.

Aus den sowjetischen Stellungen kurz vor Stalingrad quellen schwarze Flakwölkchen unseren Flugzeuggeschwadern entgegen, die sich hoch oben zum Angriff sammeln und dann heulend auf ihre Ziele hinabstoßen.

An diesem Abend schoben wir nach Überqueren eines Eisenbahndammes unsern Riegel so dicht an Stalingrad heran, daß wir durch das Glas die beiden hohen Funktürme und oben auf der Höhe der Stadt den großen Glockenturm einer ehemaligen Kapelle erkennen konnten.

Am frühen Morgen gelang es einer Infanteriedivision, eine große Anzahl von Unterständen auszuheben, die sich auf einer schmalen Anhöhe vier Kilometer vor Stalingrads Stadtkern befinden. Diese Anhöhe wurde sofort von unseren vorgeschobenen Beobachtern besetzt. Von hier aus bietet sich eine volle Sicht auf den mittleren und den südlichen Teil der sich in einer Länge von 30 Kilometern an der Wolga hinziehenden Stadt.

Es hat in diesem Feldzug kaum einen gewaltigeren Anblick gegeben als von diesem Punkt aus. Zur Rechten schob sich mit ihren Hunderten von Fahrzeugen eine Panzerdivision vor in einem etwas tieferliegenden, wiederum durch einen anderen Hügel vor Einsicht geschützten Gelände. Sie entfalteten ihre Batterien und Werfer, während die Panzer sich unter schwerem feindlichen Beschuß bereits der Senkung näherten, die durch Obstbaumkulturen und Tomatenfelder zu den ersten dichter besiedelten Vorstädten hinabführt. Zur Linken arbeitete sich ein Grenadierregiment vor, von Sturmgeschützen unterstützt, und versuchte die Vorortbahnstation Gumrak einzunehmen und mehrere stark verteidigte Kasernen. Bei jedem Versuch, sich aus ihren Deckungen zu erheben, schlug unseren Männern aus den kaum erkennbaren Erdlöchern wildes Feuer entgegen. Die Sturmgeschütze mußten den Weg bahnen, auch Stukas und Heeresartillerie zu Hilfe kommen. Es bedurfte künstlichen Nebels nicht, denn die Staubwolken, die aus den rasenden Explosionen entstanden, hielten sich minutenlang in der unbewegten Luft. In ihrem Schutz kamen unsere Männer langsam vorwärts.

Unsere Grenadiere haben die Bahnstation Gumrak und die dort in der Nähe liegenden Kasernen endgültig genommen, in Nahkämpfen, die mit Handgranate, Pistole und Spaten geführt wurden. Dabei dienten Ladungen zum Sprengen von Minen unseren Pionieren als Wurfgeschosse; Minensucheisen wurden als Stichwaffen verwandt. Die Kameraden in der Luft leisten unermüdliche und großartige Hilfe. Jeder dieser zahllosen Sturzkampf- und Schlachtflieger startet täglich zu fünf bis sechs Kampfeinsätzen. Unsere Luftüberlegenheit am Tage ist vollkommen. Hin und wieder nur durchbrechen einige feindliche Bombenflugzeuge unsere Jägersperre und versuchen den Verkehr auf unseren Rollbahnen zu stören; bald sind sie unter schweren Verlusten verscheucht. Nachts allerdings treiben feindliche Flugzeuge unter einem sternüberschütteten Himmel bei gespenstigem Magnesiumlicht ihr Unwesen.

Die Gefangenen kommen oft erst aus den Balkas und Erdlöchern hervorgekrochen, wenn unsere Grenadiere, weit ausgeschwärmt, schon längere Zeit an ihnen vorübergezogen sind; halb betäubt wanken sie dann der zweiten Welle unseres Angriffes entgegen. Es sind viele junge Weiber unter ihnen. Die sowjetische Flak wird in letzter Zeit fast ausschließlich von Studentinnen bedient. Mit trotziger Miene reihen sie sich in die erdbraune Kolonne ein, die nun nach Westen zieht.

Die Nähe eines Flußlaufes, jetzt der Zariza, die vom Westen her nach Stalingrad hineinfließt und dann in die Wolga mündet, kündet sich auch hier an. Bei unserem heutigen mit furchtbarer Wucht von den Sturzkampffliegern und der Artillerie vorbereiteten und dann nahe an die Ränder des Südteiles der Stadt vorgetragenen Angriff sind wir in ein verändertes Gelände gekommen. Es ist von tiefen Schluchten nicht mehr vereinzelt, sondern überall zerrissen. Die Hügelkuppen sind mit niedrigem Gesträuch bewachsen, zwischen dem großblättrige Melonen- und Kürbispflanzen wachsen; in seiner Unübersichtlichkeit Verteidigungsgelände ersten Ranges. Aber auch am mittleren Teil der Stadt mehren sich die Hindernisse. *Junges Europa, 1942*

Und so war es

Die Lage des bei Rynok und in anderen nördlichen Vororten von Stalingrad kämpfenden XIV. Panzerkorps ist weiterhin schwer. In den ersten Septembertagen kommen selbst Geleitzüge unter Panzerschutz wegen der sowjetischen Sperren nicht durch den Korridor. Und Hube, der neue Kommandierende General, befiehlt noch einmal, »die Stellungen auch bei schwersten Feindangriffen bis zum letzten Mann zu halten«. In der Nacht zum Donnerstag, dem 3. September, trifft die Nachricht ein, daß sich Teile der Panzerarmee Hoth südwestlich der 16. Panzerdivision von Süden auf 10 Kilometer an den Korridor herangekämpft haben.

An diesem Tag wird auch die Verbindung zwischen der 71. Infanteriedivision der 6. Armee und den Spitzen der 24. Panzerdivision der 4. Panzerarmee Generaloberst Hoth weiterhin vervollständigt, und sie setzen gemeinsam den Marsch in Richtung Stalingrad fort. Nach Hitlers Anordnung »soll Stalingrad aus der Bewegung heraus durch Zangenangriff genommen werden«. Jetzt geht es allerdings nicht mehr umfassend, sondern frontal:
Die Truppen des Generals d. Art. v. Seydlitz brechen in die letzten Stellungen vor Stalingrad ein und stoßen östlich Gumrak bis auf 8 Kilometer an die Stadt heran. Die 24. Panzerdivision wiederum, unterstützt durch rumänische Truppen, überrollt die letzten Verteidigungslinien, nimmt das ausgedehnte Kasernengelände ostwärts des Bahnhofs Woroponowo ein und steht am Abend auch am Stadtrand von Stalingrad. Währenddessen hat die STAWKA die nördlich der Stadt stehenden Truppen durch frische Reserven erheblich verstärkt. Die Stalingrader Front erhält vom Oberkommando die soeben aufgestellte 24. Armee (GenMaj. D. T. Koslow) und die 66. Armee (GenLt. R. J. Malinowski). Sie sind jedoch mangelhaft ausgebildet und vorwiegend mit älteren Jahrgängen aufgefüllt. Am 3. September, um 7.30 Uhr, greift die 1. Gardearmee (GenMaj. K. S. Moskalenko) mit diesen neuen Verbänden den Korridor von Norden her an, um sich mit der auf der südlichen Seite stehenden abgeschnittenen 62. Armee (GenLt. Lopatin) zusammenzuschließen. Bis zum Abend hoffen die Sowjets, am Ziel zu sein. »Dem Angriff ging eine halbstündige Artillerievorbereitung voraus. Sie hatte allerdings nicht die notwendige Wirkung... Die 1. Gardearmee war langsam nach Süden vorgedrungen... Es schien, als würden wir uns bald mit der 62. Armee vereinigen und die gegnerische Gruppierung abriegeln können, die nördlich Stalingrad bis zur Wolga durchgebrochen war. Aber leider trat das nicht ein«, konstatiert Generalmajor K. S. Moskalenko. Seiner Meinung nach trägt nicht minder der Stab der Stalingrader Front daran Schuld: »Die nicht genügend ausgereiften Entschlüsse und Überschätzung der eigenen Möglichkeiten charakterisierten gerade in diesen Tagen den Arbeitsstil des Stabes der Stalingrader Front«, beklagt sich Moskalenko. »Der Stab leitete die Operationen, ohne die augenblickliche, rasch wechselnde Lage zu berücksichtigen. Die Ausarbeitung der Befehle wurde nicht mit den Armeekommandeuren abgestimmt und hatte dadurch oft keine solide Grundlage. Der Stab der Stalingrader Front war nicht beweglich genug, besaß wenig Autorität und war nicht imstande, die Truppen straff zu führen.«
Und dies alles hat J. W. Stalin wohl vor einer Woche veranlaßt, einen

seiner besten Männer, General Schukow, schnellstens nach Stalingrad zu beordern.
Auch am darauffolgenden Tag, dem 4. September, werden, laut Befehl der Stalingrader Front, die gleichen Verbände noch einmal den Durchbruch versuchen. Der Angriff soll nach einer halbstündigen Artillerievorbereitung um 6.30 Uhr beginnen. Aber überraschend »genau um 6.00 Uhr, also gleichzeitig mit unserer Artillerievorbereitung, begann die Artillerie des Gegners zu feuern, und zwar bis 7.30 Uhr...« notiert Generalmajor Moskalenko.
Es gelingen zwar den Sowjets mehrere vorübergehende Einbrüche in deutsche Stellungen. Am Nachmittag jedoch, nachdem General Hube alle seine Reserven einsetzt, werden die sowjetischen Truppen wieder nach Norden zurückgeworfen. Und die erbitterten Kämpfe in diesem Abschnitt ziehen sich den ganzen Tag über hin. Weiter südlich dringen Teile der 24. Panzerdivision entlang der Eisenbahnlinie und der Zariza bis auf 3 Kilometer an das Ufer der Wolga vor. »Dort unten, nur wenige hundert Meter entfernt, liegt die Stadt und hinter ihr, zum Greifen nahe, das breite hellblaue Band der Wolga, unser Ziel seit Wochen« — vermerkt das Kriegstagebuch der 24. Panzerdivision. Am 5. September um 6.30 Uhr greift erneut die 1. Gardearmee des Generalmajors Moskalenko an. Auch diese Angriffe werden durch das deutsche XIV. Panzerkorps zurückgeschlagen.
Am Sonntag, dem 6. September, tritt das XIV. Panzerkorps früh zum Gegenstoß an. Die Sowjets wehren nicht nur diese Vorstöße ab, sie brechen auch laufend in die deutschen Stellungen ein. Nur unter Einsatz aller Reserven gelingt es Generalleutnant Hube, sie wieder zurückzuwerfen und die Hauptkampflinie einigermaßen wieder in Ordnung zu bringen. Die übrigen auf Stalingrad angesetzten motorisierten Verbände sind mit mehreren Umgruppierungen für einen am nächsten Tag geplanten Angriff beschäftigt.

9. Woche: 7. — 13. September 1942

★ Die Sowjets berichten

Am Dienstag, dem 8. September 1942,
meldet das *Sowinformbüro*
über die Ereignisse der Vortage:

Trotz der erdrückenden Überzahl der Deutschen an Panzern, motorisierten Geschützen und vor allem an Flugzeugen hat der deutsche Panzersturm gegen Stalingrad in den letzten 24 Stunden keine Erfolge von entscheidender Bedeutung gebracht.
Neben unseren heldenhaften, zum Teil schwer mitgenommenen Verbänden kämpfen jetzt die Arbeiter der großen Industriewerke von Stalingrad, junge Komsomolzen und viele im Waffengebrauch ausgebildete Frauen gegen die deutschen Panzerwellen, bis die Reserven Marschall Timoschenkos die Front erreichen. Es gilt hier unter den Sowjetmenschen nur ein Wille: Durchhalten und lieber den Tod finden, als die Waffen strecken. Von den Fabriken in Stalingrad, einschließlich der Traktorenwerke, die sich über viele Kilometer erstrecken, stehen nur noch die Mauern, und die Bevölkerung hat durch die furchtbaren Luftangriffe buchstäblich alles verloren. Die gefährlichen Einbruchstellen im Nordwesten und Südwesten der Stadt sind abgeriegelt worden, und die Hauptkämpfe spielen sich jetzt frontal vor Stalingrad ab.
Die Kämpfe haben ihren Höhepunkt halbwegs zwischen Kalatsch und dem Stadtrand erreicht. Im Nordsektor von Stalingrad hat Marschall Timoschenkos entschlossene Gegenoffensive, die von Kletskaja ausgeht, die Wendung herbeigeführt. Zwei Schlachten werden zur Zeit in diesem Gebiet geschlagen. Eine Panzerdivision unserer Truppen und Scharfschützenregimenter stehen im Angriff etwa 15 Kilometer nördlich von Kletskaja gegen eine deutsche Panzerformation, die umfaßt wurde und nun Igelstellungen bildet. Die zweite große Kampfhandlung wird 50 Kilometer weiter nördlich ausgetragen, wo unsere Truppen den Don überschritten und in die Flanke der Heeresgruppe v. Bock eingedrungen sind. Obgleich entscheidende Erfolge noch nicht erzielt wurden und keine wesentlichen Frontverschiebungen erfolgt sind, hat diese Gegenoffensive Marschall Timoschenkos bereits genügend Zeitgewinn gebracht, um von Saratow Reserven heranschaffen zu können.
An der Südwestfront Stalingrads liegen die deutschen Panzereinheiten, die bis Krasnoarmeisk vorgestoßen sind, im Sperrfeuer der Artillerie unserer Truppen, und viele deutsche Panzer, die Beschädigungen an den Ketten erlitten haben, sind mehr oder weniger gefechtsunfähig geworden. In der Nacht zum Dienstag gingen Panzer unserer Truppen von beiden Flanken aus zu einem Gegenangriff über und brachten eine größere Anzahl dieser stählernen Festungen zum Schweigen. Ein Gegenangriff einer deutschen Panzereinheit endete mit dem Verlust von 18 Panzern, die in Brand geschossen wurden, und weitere 50 Panzer wurden von den deutschen Mannschaften aufgegeben und gesprengt.

Die Regenfälle, die am Montag einsetzten, können von entscheidender Bedeutung werden. Sie sind jedoch noch nicht stark genug, um von unmittelbarer Wirkung zu sein. Beim Kommando Stalingrad glaubt man jedoch, daß angesichts dieses Wetterumschwunges die deutsche Heeresleitung in den nächsten Tagen die Anstrengungen zur Niederzwingung von Stalingrad noch mehr intensivieren wird.

Die Deutschen berichten

Tagesparole des Reichspressechefs,
Montag, 7. September 1942
Die Botschaft des Moskauer Rundfunks an die Rote Armee in der Nacht zum Montag, in der es heißt: »Der Feind kriecht auf den alten russischen Wolgafluß zu, auf den Reichtum des Kaukasus; Leben und Tod hängen für uns vom Ausgang der jetzt tobenden Schlachten ab. Geht keinen Schritt zurück. Das ist der Appell unserer Nation« ist als bezeichnend für die schwierige Lage der Sowjets, aber auch für die schweren Kämpfe und die Härte des Widerstandes mit zu verwerten.

Lagebericht, *Oberkommando des Heeres,*
8. September 1942
Heeresgruppe B: Vorstöße der Russen aus Stalingrad heraus wurden unter hohen Verlusten des Gegners zum Stehen gebracht und zurückgewiesen. Auch beim Vorgehen der eigenen Infanterie über die Bahn westlich Stalingrad wurden mehrere Gräben überrannt und feindliche Gegenangriffe zurückgeschlagen. Auf die Nordfront des XIV. Panzerkorps gestern nur schwächere feindliche Vorstöße. Westlich davon gelang dem Gegner ein kleiner Einbruch am Ostufer des Don, der abgeriegelt werden konnte. Wetter: bewölkt, teilweise Gewitterregen.

Der deutsche Angriff gewinnt ständig Boden

Mit der verzweifelten Verbissenheit dessen, der weiß, was der Verlust gerade Stalingrads für die sowjetische Kriegführung bedeutet, verteidigen es die Bolschewisten. Mögen aber ihre Anstrengungen im Einsatz von Menschen und Material noch so groß sein, so werden sie doch das von unseren Waffen und Soldaten bestimmte Schicksal dieser Stadt, die Stalin besonders am Herzen liegt, nicht abwenden.

Der deutsche Angriff, den die Bolschewisten mit ihrem vergeblichen blutigen Masseneinsatz in den mittleren Frontabschnitten einflußlos zu stören versuchen, wird in erbitterten Kämpfen stetig vorgetragen. Der Wegbereiter unserer Panzerwaffe, unserer Infanteristen und Pioniere, die in Einzelkämpfen Bunker auf Bunker und Hindernis auf Hindernis dieser mit allen Mitteln ausgebauten weitläufigen Festung zu brechen haben, ist dabei wie immer die Luftwaffe.

Auch der OKW-Bericht vom Sonntag spricht deshalb wieder davon, daß neben den Zielen im eigentlichen Kampffeld und der Stadt selbst die Flugplätze ostwärts der Wolga und ebenso die sowjetischen Nachschubverbindungen Tag und Nacht bombardiert wurden.

Die Überlegenheit gegenüber der sowjetischen Luftwaffe, die für die letzten zehn Tage wieder in einem Abschußverhältnis von 22:1 ihren klarsten Ausdruck im gleichen OKW-Bericht findet, wird den Bolschewisten beim Eingreifen der deutschen Bombenflugzeuge in den Erdkampf auf besonders nachdrückliche und verheerende Weise vor Augen geführt. Ungeheure Bombenlasten hageln ununterbrochen auf die bolschewistischen Stellungen hernieder und mischen in riesigen Sprengwolken die Einschläge in den Steppenstellungen mit den Bränden und Explosionen zu einem unbeschreibbaren Inferno von Tod und Vernichtung.

Wie sich dieser Angriff der Kameraden der Luft, deren Erscheinen von den Männern in den vordersten Linien stets mit dankbarer Freude begrüßt wird, vollzieht, wie das Bodenpersonal diesen rollenden Einsatz sichert und wie der Kampfauftrag erfüllt wird, zeigt im folgenden ein PK-Bericht, der einen lebendigen Eindruck von den laufenden Angriffen unserer Luftwaffe gegen Stalingrad vermittelt:

»Wir haben sie schon oft erlebt, diese zitternde, erwartungsvolle Erregung eines großen Unternehmens — vor Sewastopol, vor Kertsch, vor Rostow. Und doch packt sie uns auch jetzt wieder, wo es um Stalingrad geht, die große Industrie-, Handels- und Hafenstadt an der Wolga, die von den Bolschewisten zu einem festen Bollwerk, zu einem Eckpfeiler im Süden der Ostfront ausgebaut wurde. Stalingrad ist zu einem Begriff geworden. Der Name klingt in allen Gesprächen wieder auf. So nahe fühlen wir uns unseren Kameraden in der vordersten Linie, wir helfen ihnen mit unseren Bomben, wo wir können, wir bereiten ihnen den Weg und sichern ihnen die Flanke. Wenn die Karten mit der neuen Lage herauskommen, und wir sehen daraus, daß es ein Stück vorwärts ging, freuen wir uns mit ihnen, und die Kameraden vom Bodenpersonal bestürmen die Männer von den fliegenden Besatzungen jedesmal mit zahllosen Fragen, wenn die Flugzeuge vom Feindflug zurückkehren.

Das stürmische Vorwärtsdrängen vor Stalingrad, die Rastlosigkeit des Angriffes bestimmt auch das Arbeitstempo auf den Feldflugplätzen und Absprunghäfen. Es ist ein anderer Betrieb als auf einem gut eingerichteten Friedenshorst. Vieles ist improvisiert, manchmal fehlen die Hilfskräfte und -mittel, aber die rollenden Einsätze funktionieren wie ein gut geöltes Uhrwerk. Mag der Teufel wissen wie. Wenn mal kein Bombenhebewagen zur Stelle ist, packen alle zusammen zu, um die ›dicken Brocken‹ in die Schächte zu stemmen. Mit vereinten Kräften schafft man's immer. Genug Bomben jeder Art und jeden Kalibers sind ja da. An allen Ecken und Kanten des Absprunghafens liegen sie in hohen Stapeln. Transportkolonnen mit Lkw und Treckern sorgen immer wieder für Nachschub. Man kann auch nicht annähernd ermessen, wieviel Sprengstoff in den letzten Tagen auf die Hafenanlagen, die Industriewerke und Rüstungsfabriken Stalingrads, auf den Verteidigungsgürtel der Stadt und ihre Zufahrtswege herniedergeregnet ist. Viele, viele Millionen Kilogramm müssen es gewesen sein.
Denn Tag und Nacht ist die Luft erfüllt vom Donnern der Motoren. Alles, was nur Flügel hat, hängt in der Luft: He 111, Ju 88 und 87, Me 109 und 110. Wenn eine Staffel zurückkehrt, ist die andere schon wieder im Anflug. Ganze Gruppen sieht man in der Luft, dann wieder Staffeln, Ketten oder auch einzelne Flugzeuge. Der weitreichende Arm unserer Wehrmacht zeigt ehern seine ganze Kraft, und wo er hinschlägt, da zerschmettert er jeden feindlichen Widerstand.
Es ist ein Orkan von Feuer und Eisen, der wie eine Naturkatastrophe über die Stadt am westlichen Knie der Wolga hereingebrochen ist. In allen Industrievierteln der Stadt, an den Hafenkais und in den Werkanlagen wüten große Brände von gigantischem Ausmaß. Ihr blakiger, blutigroter Schein leuchtet zu uns herauf, wenn wir nachts die Stadt überfliegen, um aufs neue unsere Bomben niederhageln zu lassen, aufs neue Zerstörung und Vernichtung anzurichten. Am Tage aber weist die dunkle Rauchfahne, die der Ostwind Hunderte von Kilometer weit über das Land treibt, den Fliegern ihren Weg.«

Völkischer Beobachter, 7. 9. 1942

★ Die Sowjets berichten

Am Mittwoch, dem 9. September 1942,
meldet das *Sowinformbüro*
über die Ereignisse am Vortage:

Das Regenwetter hat nachgelassen, und trockener Boden macht es den deutschen Faschisten weiter möglich, die Angriffe gegen Stalingrad mit höchster Intensität fortzusetzen. Weitere Panzerdivisionen sind an der Front eingetroffen und wenige Stunden — dies geht aus Gefangenenaussagen hervor – danach bereits in die Schlacht geworfen worden.
Im Nordwestsektor und im frontalen Abschnitt wechseln Angriff und Gegenangriff seit Tagen ab. Einbruchstellen werden erzielt und wieder ausgeglichen. Frontverschiebungen haben meist nur wenige Stunden Geltung, und in dem entsetzlichen Gemetzel läßt sich nicht mehr abschätzen, welchen Ausgang die Schlacht haben muß. Jedenfalls hat Marschall Timoschenko es verstanden, durch unglaubliche Zähigkeit den Zeitgewinn zu erreichen, den er benötigte, um weitere Reserven heranzuschaffen. Wäre es den Deutschen gelungen, in der Vorwoche am Südsektor durchzubrechen, dann sähe es heute für die Verteidiger viel schwieriger aus. Andererseits übersieht man hier nicht, daß auch v. Bock genügend Zeit hatte, um über seine besseren Verbindungswege Ersatz heranzuholen, und eine Umgruppierung der deutschen Panzerstreitkräfte, die in den letzten 24 Stunden erfolgte, kündigt neue Angriffe an.
In dem Gebiet vor Stalingrad bestehen keine natürlichen Verteidigungsmöglichkeiten, da das Land völlig flach ist. Es gibt weder Wälder noch Unterholz, keine Hügel oder Senken, und die Verteidiger müssen sich völlig auf ihre Grabenstellungen verlassen.
Ein Frontberichterstatter der *Iswestjia* schildert die Kämpfe: »In der fürchterlichen Schlacht, die im Südsektor Stalingrads tobt, werfen die Deutschen eine Panzer- und Infanteriewelle nach der anderen auf schmalem Sektor gegen unsere arg zerschossenen Linien. Schaposchnikows Taktik der ›Artillerie-Feuerwand‹ bewährt sich, und eine dichte Granatensperre muß von den Deutschen überwunden werden. Bisher hat die Mehrzahl aller Wellen die ›Feuerwand‹ nicht durchbrechen können, und die wenigen Spitzen, die schließlich in unsere Linien gelangten, gerieten dann in die Sperrzone der leichten Panzerabwehrgeschütze, der Zweimann-Panzerbüchsen oder in den Bereich der Arbeiterbataillone, die den chemischen Brandkrieg führen. Weiß man wirklich noch, wie viele Verluste der Angreifer erlitten hat?
Es schien uns unmöglich, die gewaltigen Trümmerhaufen an Kriegsmaterial zu identifizieren, die vor unseren Linien liegen, geschweige denn, Ermittlungen darüber anzustellen, wie viele Tausende deutscher Soldaten ihren Tod auf den Schlachtfeldern um Stalingrad gefunden haben.«

✠ Die Deutschen berichten

Am Mittwoch, dem 9. September 1942,
gibt das *Oberkommando der Wehrmacht*
zu den Ereignissen des Vortages bekannt:
Im Festungsgebiet von Stalingrad durchbrachen Panzertruppen zäh verteidigte Stellungen des Feindes und nahmen in erbitterten Kämpfen unmittelbar westlich Stalingrad gelegene beherrschende Höhen. Bei Nacht wurden das Stadtgebiet sowie sowjetische Flugplätze ostwärts der Wolga bombardiert.

Fackeln auf der Wolga

In knappen Worten berichtet das OKW von Tag- und Nachtangriffen gegen die Wolga-Schiffahrt, die den Sowjets unersetzliche Verluste zufügen. Einen dieser Einsätze, bei denen ein einziges Flugzeug 9000 BRT Baku-Öl in Brand warf, schildert der folgende Bericht. Es ist 17 Uhr. Die letzten Besatzungen sind von den Einsätzen gegen Stalingrad und die Bahnhöfe dieses Rüstungszentrums zurückgekehrt. Die Besprechung der Staffelkapitäne auf dem Gefechtsstand unserer Gruppe ist zu Ende. Da ruft der Kommandeur den Ritterkreuzträger Oberleutnant Lukesch zu sich heran, einen Spezialisten für Nachtangriffe, und tritt mit ihm an die Karte. Als der Oberleutnant den Gefechtsstand verläßt, weiß er, daß er heute nacht einen Angriff gegen Wolgaschiffe fliegen wird. Heftige Böen jagen über den Platz und peitschen den Regen prasselnd gegen die Bretterwand des Gefechtsstandes. Rötlicher, flackernder Schein einer Öllampe erhellt den Raum. Wir sind um den Oberleutnant versammelt und haben die letzten Anweisungen entgegengenommen. Dann eilen wir durch den Regen hinüber zu unserer »Berta-Toni«, die bombenbeladen und voll mit Sprit gefüllt auf uns wartet. Es ist stockfinster. Von der Maschine löst sich ein Schatten. Der Erste Wart tritt zeltbahnbehangen auf den Oberleutnant zu, meldet: »Berta-Toni startklar!« Die Taschenlampe des Beobachters wirft einen schmalen Lichtkegel in die Dunkelheit. Der Verschluß der Bola klappt hinter uns ins Schloß. Wir sind nun in unserer eigenen Welt, der Welt der Motoren und Bomben. »Ein!« befiehlt der Oberleutnant. Das rote Signallicht blitzt auf. Die Motoren heulen, als die Maschine zur Startbahn rollt. Wenige Minuten später fliegen wir durch die Regennacht nach Osten.

Der innere Verteidigungsgürtel um Stalingrad ist genommen: Blick auf eine der brennenden Vorstädte

Als wir den Don überfliegen, steigen weiße und grüne Leuchtkugeln in die Nacht. Dort also stehen die Kameraden des Heeres, die den Gegner immer mehr zerschlagen und auf Stalingrad zurückdrängen. Achtung! Unter uns der Leuchtpfad eines sowjetischen Nachtflughafens. Der

Beobachter hat ihn erkannt; aber kein feindliches Flugzeug folgt uns. »Vor uns die Wolga!« Schnarrend kommen die Worte durch das Bordmikrofon. Wir sind in das Jagdgebiet eingeflogen. Daß wir hier richtig sind, verdeutlicht uns der einsetzende Flakzauber der Sowjets. Zehn, zwölf, einige zwanzig Scheinwerfer blitzen auf. Die riesigen Leuchtarme tasten den Himmel ab, versuchen, uns zu fangen. Batterien aller Kaliber feuern herauf. Rings um uns her hängen die grellen gelbroten Feuerbälle. Die

Feuerfäden der leichten Batterien pendeln von Westen nach Osten. Noch haben sie uns nicht. In rasender Geschwindigkeit stürzen wir auf die Wolga. Wenige 30 Meter über dem Strom fängt Oberleutnant Lukesch ab. Im Schutz des Steilufers jagen wir nordwärts. Die Sowjets haben die Ufer, die Sandbänke und Untiefen durch Leuchtbojen festlich illuminiert. Im Vorbeischleichen haben wir zwei 3000-Tonner ausgemacht, die in etwa 1000 Meter Abstand voneinander langsam stromauf fahren.
»Bombenklappen auf!« schnarrt es im Kopfhörer. Die Klappen senken sich langsam nach unten. Wir steuern den ersten Dampfer an. Zwei Bomben lösen sich vom Rumpf und hauen in den Leib des alten Raddampfers. Eine gewaltige Detonation reißt den morschen Kahn auseinander. Das brennende Öl fließt auf der Wolga. Eine riesige Fackel steht für Minuten über dem sinkenden Schiff. Dem zweiten Pott geht es nicht besser. Detonation! Stichflamme! Die Besatzung springt in das brennende Öl. In weit ausholender Kurve fliegen wir zurück über den Zielraum. Das war Maßarbeit!
Da, vor uns an der Windung, das muß doch ein Tanker sein! Im letzten Moment erkennen wir, daß wir um ein Haar eine Sandbank bombardiert hätten. Eben, als wir es aufgeben wollen, entdecken wir einen großen Lastkahn, der gut getarnt am Ufer vertäut ist. Der Rest unserer Bomben genügt, um auch dieses Schiff in eine weithin leuchtende Fackel zu verwandeln.
Im Osten kündet fahler, heller Schein den kommenden Tag. Es ist Zeit daß wir nach Hause fliegen. Im Süden sehen wir ein Fanal der Vernichtung, die Flammen von Stalingrad. Unbehelligt von sowjetischen Jägern erreichen wir unseren Einsatzhafen. 9000 BRT Baku-Öl haben wir in dieser Nacht in Brand geworfen.

Berliner Lokal-Anzeiger, 11. 9. 1942

★ Die Sowjets berichten

Am Donnerstag, dem 10. September 1942,
meldet das *Sowinformbüro*
über die Ereignisse am Vortage:
Die Schlacht um Stalingrad fordert von beiden Seiten immer mehr Opfer. Bereits zu Beginn dieser Woche hatte die deutsche Heeresleitung mehr Menschen und Material in der Schlacht um Stalingrad geopfert als in der

Schlacht vor Moskau im Vorjahr, und seitdem sind die Verluste noch beträchtlich gestiegen.
An der Westfront hat sich die Kampfzone ineinander verschoben. Während unsere Truppen nordwestlich von Kalatsch zurückgehen mußten, gelang es ihnen durch scharfe Gegenangriffe südlich der Bahn in die deutschen Ausgangsstellungen einzudringen und einer norddeutschen Infanteriedivision schwere Verluste zuzufügen. Der faschistische Feldmarschall v. Bock versucht jetzt, unseren Truppen von Norden her in den Rücken zu fallen und damit eine Minensperre zu überwinden, die bereits zu beträchtlichen Einbußen an Panzern geführt hat. Diese neue Angriffsrichtung der Deutschen ist bedrohlich und hat Marschall Timoschenko veranlaßt, weitere Sturmovik-Staffeln anzufordern.
Direkt vor Stalingrad liegt das Schußfeld auf viele Kilometer frei, und die Deutschen, die über eine beträchtliche Überlegenheit an schweren Geschützen verfügen, können nur durch Luftbombardements bekämpft werden. Die eigentliche Panzerschlacht wird jetzt überlagert durch Kämpfe zwischen deutschen Jägern und denen unserer Truppen, und der Ausgang der »Luftschlacht um Stalingrad« wird von entscheidender Bedeutung für den Angriff der deutschen Armeen werden. Die Arbeiterbataillone, die in der kritischsten Periode der Schlacht eingesetzt wurden, sind zurückgezogen worden und haben frischen Divisionen Platz gemacht. Die Arbeiter finden jetzt hauptsächlich Verwendung für den Bau weiterer Verteidigungslinien, die jedoch ebenfalls im Bereich der deutschen Artillerie liegen.

Die Deutschen berichten

Lagebericht, *Oberkommando des Heeres,*
10. September 1942
Heeresgruppe B: Im Raum Stalingrad konnten einige Infanterie- und Panzerverbände sich trotz stärkster feindlicher Gegenwehr an die Stadt heranarbeiten. Die von Nordwesten her vorstoßenden Infanteriedivisionen nahmen nach hartem Kampf eine beherrschende Höhe nördlich der Stadt südlich des Eisenbahnbogens und nahmen Verbindung mit den von Norden vorstoßenden motorisierten Kräften auf. Wetter: heiter, trocken plus 20 Grad.

Überwindung zähen Widerstandes vor der Wolga-Festung

In unverminderter, ja in gesteigerter Heftigkeit tobt die Schlacht um Stalingrad, dem Schlüsselpunkt der bolschewistischen Verteidigung. Die Schlacht tritt nicht auf der Stelle, wie das die Gegner behaupten möchten. Es hat überhaupt noch keinen Stillstand gegeben, seit der deutsche Großangriff am 24. August mit der Überwindung der Don-Übergänge einsetzte. Im Schrittmaß des hier Möglichen sind unsere Soldaten an den beiden Flügeln und dem Zentrum in einem weit ausgreifenden Unternehmen und auf einem ausgedehnten schweren Kampfplatz vorwärtsgedrungen.
Sie mußten täglich neue Stellungen des Feindes durchbrechen. Es geschah dies in unausgesetzten Nahkämpfen, da diese Stellungen durch Bunker, eingegrabene Panzer und massierte Artillerie abgestützt waren. So war es notwendig, zunächst kleine Breschen herauszuschlagen, im Bunkerkampf in eine solche Stellung einzudringen, um diese dann, oft genug im Kampf Mann gegen Mann, aufzurollen. Und immer neue Hindernisse werfen die mit letzter Harnäckigkeit kämpfenden Bolschewisten unserem Vorgehen entgegen.
Nachdem im Verlauf der deutschen Operationen der Panzerdurchbruch zur Wolga erreicht und in schweren Kämpfen gesichert und ausgebaut worden war, wobei ja gegen Norden und Süden Front gemacht werden mußte, gelang das Vordringen längs der Bahn Kalatsch-Stalingrad im Zentrum und ist nunmehr auch auf dem Südflügel bis an die Wolga gelungen. Es hat sich somit ein Halbkreis gebildet, aber Moskau wirft immer weitere Reserven in diesen eingeengten Raum, so daß die Kämpfe eher noch wilder und schwieriger werden.
Bei der Neigung der gegnerischen Kampfesweise, die sich gern an Häuser, Ortschaften, Straßenübergänge usw. anklammert, ist auch der ganze 40 Kilometer ausgedehnte Stadtkomplex von Stalingrad mit seinen westlichen Vorstädten auf dem Höhengelände des rechten Wolgaufers zu einer zusammenhängenden Kette von Befestigungen geworden. Die Tatsache aber, daß die deutschen Sturmtruppen trotz der Verbissenheit des feindlichen Widerstandes sich Zug um Zug trotz aller Schwierigkeiten und Hindernisse vorwärtsarbeiten konnten, steigert ihre Kräfte ebenso wie das Bewußtsein, daß kein Entlastungsangriff der Sowjets eine Zurückdämmung des deutschen Druckes herbeiführen konnte.
Allerdings steht diese Festungsschlacht, die heute schon das Geschehen von Sewastopol in den Schatten stellt, geradezu einzigartig da. Denn hier werden unseren Sturmsoldaten die ganze Macht und die Mittel des

Bolschewismus in einer rücksichtslosen Zusammenfassung entgegengeschleudert. In der Schlacht von Stalingrad kulminiert nicht nur der Sommerfeldzug 1942, sondern auch weitgehend der ganze Kampf Deutschlands und seiner Verbündeten gegen das Sowjetsystem.
Im Kaukasus trifft der deutsche Angriff ebenfalls auf sehr starken Widerstand des Feindes. Aber auch entlang der einzigen Küstenstraße, an der die Sowjets sich besonders erbittert wehren, hält der tägliche Raumgewinn an. Der deutsche Angriff rollt täglich vorwärts. Im Terek-Abschnitt erobern unsere vorstoßenden Truppen gleichfalls jeden Tag neuen Boden. *Berliner Lokal-Anzeiger, 12. 9. 1942*

Bericht eines Unteroffiziers

10. September. Vom Btl.Kdr., Major Stürber, erhalten wir den Einsatzbefehl: Stalingrad-Süd nehmen und zugleich das Wolgaufer erreichen. Für uns paar Infanteristen von der 10. Kompanie ein großer Auftrag, wohl der schwerste. In dieser Nacht hat von uns kaum einer die Augen zugemacht. Ich war Zugführer. Die Kompanie bestand noch aus zwei Gruppen. Im Morgengrauen beziehen wir lautlos unsere Ausgangsstellung am Bahndamm zwischen Beketowka-Stalingrad.
Um 9.00 Uhr ist Angriffsbeginn. Noch ist für eine Zigarette Zeit. Die Aufregung unter uns ist groß...
Punkt 9 Uhr ein Dröhnen in der Luft. Stukas kreisen über uns, und dann ist es soweit. Mit Sirenengeheul werfen unsere Stukas ganz dicht vor uns Bombe auf Bombe in den Feind. Wir selbst stecken dabei unsere Köpfe in den Dreck. Damit ebnen sie uns den Weg bis zur Wolga. Vor uns nun Rauch und Pulverdampf. Jetzt ist für uns die Zeit da. Im Sturmangriff geht es den ersten Häusern zu. Starkes Abwehrfeuer aus den Befestigungen hält in unsere beiden Gruppen.
Nur mit ganz wenigen von meinen Leuten erreichen wir die ersten Häuser. Nun, ganz auf uns allein angewiesen, brechen wir im Nahkampf im Umkreis von etwa 500 Metern den Feindwiderstand, machen Gefangene und stoßen nach schwersten Nahkämpfen bis zur Wolga durch! Endlich sehen wir, als die ersten deutschen Soldaten, südlich Stalingrad, vom Steilufer aus den gewaltigen Strom, der hier wohl über 1000 Meter breit ist. Um 10 Uhr können wir unserem Btl.Kdr., Major Stürber, melden: Auftrag ausgeführt, befohlene Ziele erreicht.
Mit nur ganz wenigen Leuten halten wir trotz starker Feindangriffe bis zum Einbruch der Dämmerung unsere gewonnene Stellung. Dann endlich kommen zwei Kompanien Pioniere als Verstärkung.

Tagesparole des Reichspressechefs,
Freitag, 11. September 1942
Der Minister erklärt, daß die deutsche Presse in den letzten Tagen die Lage bei Stalingrad in viel zu rosigen Farben geschildert habe. Die Darstellung über die Kämpfe bei Stalingrad soll nunmehr vornehmlich die Härte und Schwere hervorheben und nicht dauernd von Einbrüchen, Erweiterungen und dergl. sprechen. Die Gründe, warum Stalingrad von den Russen so verteidigt wird, seien ein einleuchtendes Argument für die Hartnäckigkeit dieses Ringens.

...enausgabe — Berliner Lokal-Anzeiger — Sonnabend, 12. September 194...

Organ für die Reichshauptstadt — 60. Jahrga...

...arter Bunker-Kampf vor Stalingrad

...ihne Jagdflieger
...ter für Hptm. Müncheberg
...m Führerhauptquartier, 11. Sept.
...ührer verlieh das Eichenlaub mit
... zum Ritterkreuz des Eisernen Kreu-

Heldentum der Sturmsoldaten
Ueberwindung zähen Widerstandes vor der Wolga-Festung
In unverminderter, ja in gesteigerter Heftigkeit | pen trotz der Verbissenheit des feindlichen Wider-

Im Spiegel unserer Meinun...
Hyänen auf Madagaska...
Die Erweiterung des britischen Ueberfalles ...
Madagaskar geschieht mit ausdrücklic...

Sender Beromünster (Schweiz)

---

11. September 1942. Heute morgen berichtete Moskau, daß westlich von Stalingrad die Russen drei Ortschaften räumen mußten und die Deutschen einen Höhenzug genommen haben. Die deutsche Luftwaffe spielt bei diesen Belagerungskämpfen, wo sie konzentriert eingesetzt wird, eine hervorragende Rolle. Der Ausgang dieser schweren Luftkämpfe dürfte weitgehend auch den Ausgang der Erdkämpfe bestimmen. Die Russen nennen Stalingrad das »Rote Verdun«.
Die Schlacht um Stalingrad steht nun in der siebenten Woche — sie dauert also bereits länger als der ganze deutsche Feldzug in Holland,

Belgien und Frankreich vor zwei Jahren. Das zeigt auch, daß der Krieg wiederum die Formen der großen Materialschlachten und der Zermürbungsstrategie angenommen hat — was ja auch bei Verdun der Fall war.

Und so war es

Am Montag, dem 7. September verlegte Generaloberst Jeremenko mit Erlaubnis der STAWKA seinen Gefechtsstand nach Jamy, in ein Dorf am linken Ufer der Wolga, 8 Kilometer Luftlinie vom Südteil Stalingrads entfernt. In dem vorgeschobenen Gefechtsstand auf dem westlichen Ufer bleibt nur eine kleine operative Gruppe. Zwar wird an diesem Tag von den Deutschen der Flugplatz Gumrak endgültig besetzt und durch den Vorort Rasgulajewska bis zu den ersten Ausfallstraßen von Stalingrad vorgestoßen, doch langsam erschöpfen sich ihre Kräfte. Und am 8. September schickt die 6. Armee einen bemerkenswerten Funkspruch an das Oberkommando des Heeres: »Endgültige Besitznahme der Stadt mit vorhandenen Kräften infolge starker Ausfälle nicht möglich. Armee bittet um Stoßtrupps und Straßenkampfspezialisten.«
Jedoch beabsichtigt Hitler, anstatt die 6. Armee zu verstärken, ihre spärlichen Reserven anderswo einzusetzen: Am Mittwoch, den 9. September, bestimmt er, die Donfront müsse »so stark wie möglich« ausgebaut und vermint werden. Aus dem Raum von Stalingrad sollen die Reserven hinter die Donfront gezogen und dort zusätzlich mit Heeresartillerie eingesetzt werden, »da der Führer im kommenden Winter mit starken feindlichen Angriffen gegen die Front der italienischen 8. Armee und einem Durchbruch in Richtung Rostow rechne.«
Am 10. September gewinnt die 29. Infanteriedivision (mot.) Kuporosnoje im Süden Stalingrads, stößt in hartem Häuserkampf bis zur Wolga durch und trennt damit die 62. Armee (GenLt. Lopatin) von der 64. Armee (GenLt. Schumilow). Die 62. Armee ist nun in einem Halbkreis abgeschnitten, der im Norden von der Wolga bei Rynok bis zum Süden nach Kuporosnoje, ungefähr 35 Kilometer stromabwärts, reicht.
An diesem Tag hat die Moral der sowjetischen 62. Armee ihren Tiefpunkt erlangt. Viele Soldaten haben nur noch einen Wunsch: sich so schnell wie möglich hinter die Wolga zurückzuziehen, um der Hölle von Stalingrad zu entkommen.
Die Lage ist dermaßen aussichtslos, daß selbst Generalleutnant Lopatin,

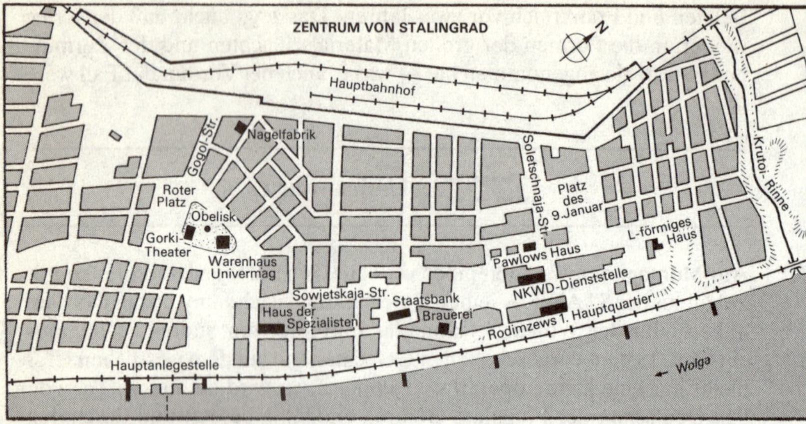
ZENTRUM VON STALINGRAD
N
Hauptbahnhof
Nagelfabrik
Gogol-Str.
Soletschnaja-Str.
Krutoi-Rinne
Roter Platz
Obelisk
Gorki-Theater
Warenhaus Univermag
Platz des 9. Januar
L-förmiges Haus
Pawlows Haus
NKWD-Dienststelle
Sowjetskaja-Str.
Staatsbank
Haus der Spezialisten
Brauerei
Rodimzews 1. Hauptquartier
Hauptanlegestelle
Wolga

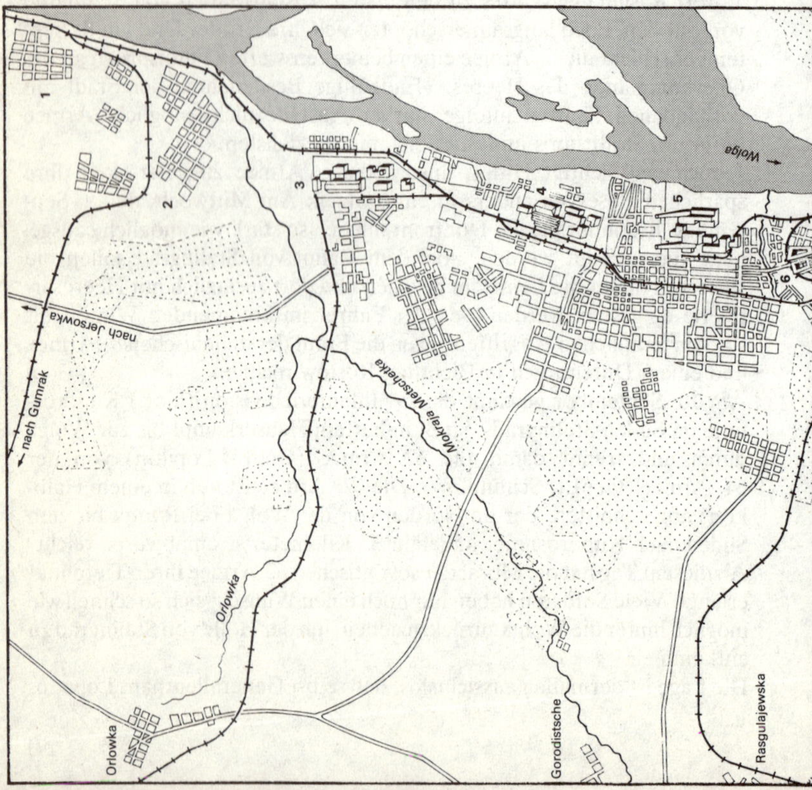
1
2
3
4
5
6
Wolga
nach Jersowka
nach Gumrak
Mokraja Metschetka
Orlowka
Orlowka
Gorodistsche
Rasgulajewska

der die 62. Armee anderthalb Monate lang in den schwersten Kämpfen geführt hat, »ein energischer, tapferer und gut ausgebildeter Kommandant« — wie Jeremenko bezeugt —, die Nerven verloren hat und bereit ist, die Stadt aufzugeben. Er befiehlt den totalen Rückzug seiner Truppen, »anstatt bis zum Letzten zu kämpfen«, wie N. S. Chruschtschow empört vermerkt. Generalleutnant Lopatin wird, noch ehe er seine Absicht in die Tat umsetzen kann, seines Postens enthoben, und der Chef seines Stabes, General Krylow, führt nun die 62. Armee.

Am Sonnabend morgen, dem 12. September, meldet sich — wie befohlen — bei dem Kriegsrat der Fronten in Jamy Generalleutnant W. I. Tschuikow. Anwesend sind die Oberfehlshaber der beiden Fronten, Generaloberst Jeremenko und N. S. Chruschtschow. »Die Unterredung war kurz« — notiert Tschuikow. Es wird ihm erklärt, daß man ihn zum

Das Zentrum: Ausschnitt aus dem großen Stadtplan

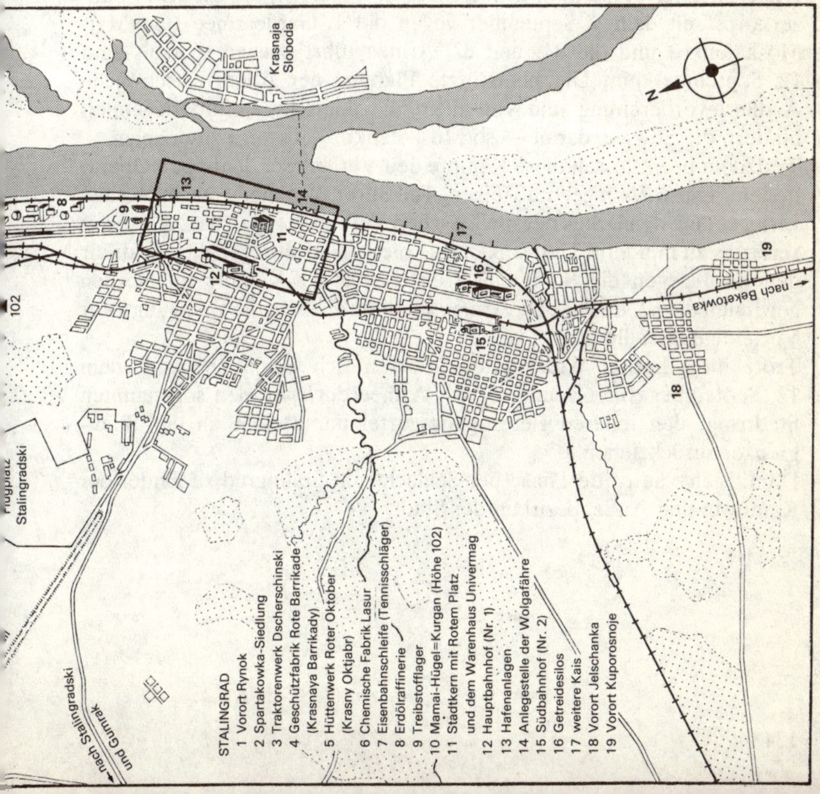

Oberbefehlshaber der 62. Armee, als Nachfolger von Lopatin, ernannt habe.
»Wie fassen Sie, Genosse Tschuikow, Ihre Aufgabe auf?« will Chruschtschow wissen. »Ich schwöre, die Stadt nicht zu verlassen. Wir werden Stalingrad halten oder dort sterben«, antwortet Generalleutnant Tschuikow.
An diesem Sonntag fliegt Armeegeneral Schukow mit dem Chef des Generalstabes, Generaloberst A. M. Wassilewski, der die Fronten bei Stalingrad inspizierte, nach Moskau. Sie sind von J. W. Stalin zu einem Gespräch über die Probleme weiterer Operationen beordert. Der Zufall will es, daß zur gleichen Stunde ihre Widersacher General Paulus und Generaloberst v. Weichs, Oberbefehlshaber der Heeresgruppe B, ebenfalls zu einer Unterredung mit ihrem Führer unterwegs sind. Sie versuchen vergeblich, ihn von der Notwendigkeit zu überzeugen, die 6. Armee aus ihren weit nach Osten vorspringenden Stellungen zurückzunehmen.
Die erbitterten Kämpfe in den nördlichen Vororten, die das XIV. Panzerkorps seit dem 4. September gegen die 1. Gardearmee (GenMaj. Moskalenko) und die 24. und 62. Armee führt, ziehen sich bis zum 12. September hin. Die überstürzte Planung der Angriffe, schwache Artillerievorbereitung und vor allem die deutsche Luftüberlegenheit hindern die Sowjets daran — so Moskalenko — Erfolge zu erzielen.
Trotzdem beeinflussen diese Kämpfe den Verlauf der deutschen Operationen: Die 6. Armee muß einen Teil ihrer Verbände nach Norden verlegen, um den Druck der sowjetischen Verbände gegen das XIV. Panzerkorps zu mindern. Und so kann sie nicht mehr ihre geballte Kraft für den Stoß gegen die Stadt einsetzen. Dank der Kämpfe im Norden gewinnen die 62. und die 64. Armee kostbare Zeit für die Festigung ihrer Verteidigungsstellungen.
Trotz ihres harten Widerstandes müssen sich am Sonnabend, dem 12. September, die 62. und die 64. Armee doch auf den sogenannten Stadtring, den inneren Befestigungsgürtel unmittelbar an der Stadtgrenze, zurückziehen.
Damit geht die dritte Phase der Schlacht um Stalingrad zu Ende: der Kampf in den Außenbezirken der Stadt.

Vierte Phase

13. September bis 18. November 1942

Hitler: Wir haben es bereits
Die Schlacht um Stalingrad

★ Die Sowjets berichten

Am Sonntag, dem 13. September 1942,
meldet das *Sowinformbüro*
über die Ereignisse der Vortage:
Die Schlacht um Stalingrad geht mit unverminderter Wucht fort, ohne daß sich die schweren Verluste, die Angreifer und Verteidiger in der jetzt abgelaufenen Woche erlitten, bereits an der Front fühlbar machten. Sowohl Hitlers Feldmarschall v. Bock als auch Marschall Timoschenko bringen unaufhörlich Reserven heran.
Seit dem Freitag abend wiederholten die Deutschen mit großangelegten Panzer- und Infanterieangriffen die Versuche, sowohl frontal wie auch vom Südwesten her nach der Stadt durchzubrechen. Zum erstenmal verwendete der Angreifer zahlreiche motorisierte Scheinwerferbatterien, die auf Panzerwagen montiert sind, um durch Nachtangriffe über ein hell erleuchtetes Kampffeld den Verteidiger pausenlos unter Druck zu setzen...In der zweiten Verteidigungslinie, einige Kilometer vor dem Stadtrand in diesem Frontabschnitt, haben unsere heldenhaften Truppen seit Samstag abend sechs Panzerangriffen standgehalten, und drei erst kürzlich eingesetzte deutsche Infanteriedivisionen und eine Panzerdivision haben Gesamtverluste von 5000 bis 6000 Mann erlitten. Die Ortschaft ging erst im vierten Angriff verloren, nachdem etwa 100 Stukas — davon wurden 23 abgeschossen — das schmale Kampfgebiet in ein einziges Trümmerfeld verwandelt hatten. Stalingrad selbst liegt Tag und Nacht unter dem Bombenhagel der deutschen Luftwaffe, und es gibt keine einzige Straße mehr, die nicht schwer gelitten hätte.

Im südwestlichen Abschnitt, von dem aus drei deutsche Panzerdivisionen und fünf deutsche und rumänische Infanteriedivisionen den Angriff gegen die Stadt führen, liegt der Gegner vor den Minenfeldern unserer Truppen in schwerem Kreuzfeuer der Artillerie und Mörser, und seine Verluste haben zweifellos in diesem Abschnitt das Tempo der Operationen wesentlich herabgesetzt. Vom Sanitätsdienst der Roten Armee wird berichtet, daß auf einem wenige Kilometer breiten Streifen fast 6000 tote deutsche Offiziere und Mannschaften aufgefunden und beigesetzt wurden.
Das Oberkommando in Stalingrad erklärt unter Hinweis auf einen Bericht des deutsch-faschistischen Oberkommandos, der Stalingrad als eine »Panzer- und Betonfestung ersten Ranges« bezeichnet, daß »diese Schilderung den Tatbeständen keineswegs entspricht. Es gibt im Gesamtbezirk um Stalingrad weder Betonbunker noch Panzerforts wie bei Sewastopol, sondern unsere Truppen stützen sich auf Feldstellungen und Grabensysteme und führen die Verteidigung durch Artilleriesperren und fortgesetzte Gegenangriffe. 22 Reservedivisionen wurden von der deutsch-faschistischen Heeresleitung allein in den letzten drei Tagen an der Front von Stalingrad eingesetzt, und nicht der Kampf gegen Panzerfestungen, sondern die Höhe der deutschen Verluste hat im Verlauf der vergangenen Woche die Kampfentwicklung bestimmt.«

Die Deutschen berichten

Lagebericht, *Oberkommando des Heeres,*
13. September 1942
Heeresgruppe B: Der Angriff gegen Stalingrad schreitet gegen die zäh verteidigte Befestigungsanlage am Rande der südlichen Vororte langsam vorwärts. Teile der südlich der Bahnlinie Kalatsch-Stalingrad angreifenden Panzer- und mot. Divisionen erreichten das Fabrikgelände eines südlichen Vorortes. Hier noch harter Kampf. Auch die auf die Mitte und den Nordteil der Stadt vorgehenden eigenen Infanterie- und Panzerverbände sind im weiteren Vordringen nach Osten und Süden...

Bericht des Reichspressechefs,
Sonntag, 13. September 1942:
In der heutigen Konferenz wurde überaus scharf eine Berliner Zeitung

kritisiert, »die über den heroischen Kampf der Russen bei Stalingrad« spricht und die nationalen Parolen der bolschewistischen Führung wörtlich zitiert. Der Minister sieht darin eine klare Sabotage dieser Zeitung. Dieser Artikel könne nur Sympathien für die Bolschewisten erwecken.

10. Woche: 14. — 20. September 1942

★ Die Sowjets berichten

Am Montag, dem 14. September 1942,
gibt das *Oberkommando der Roten Armee*
zu den Ereignissen des Vortages bekannt:
Im Lauf der Nacht auf den 14. September führten unsere Truppen Kämpfe mit dem Feind westlich und südwestlich von Stalingrad, in der Gegend von Mosdok sowie am Frontabschnitt der Wolchow in der Gegend von Sinjawino. An den anderen Frontabschnitten sind keine wesentlichen Änderungen zu verzeichnen. An der Front von Leningrad wurden in Luftkämpfen 38 deutsche Flugzeuge abgeschossen.

Am Nachmittag des 14. September,
meldet das *Sowinformbüro* anschließend:
Das Schwergewicht der Schlacht um Stalingrad hat sich in den südwestlichen Sektor verlegt, wo ein für die Verteidiger kritischer Einbruch deutscher Panzertruppen erfolgte. Der Beginn dieser Woche zeigte eine sehr ernste Situation, zumal es den faschistischen Truppen jetzt gelungen ist, eine große Anzahl schwerster Geschütze im Südwestsektor und frontal vor Stalingrad in Stellung zu bringen. Die Dimensionen des Ringens werden immer gewaltiger. Als Ergebnis dieses Kampfes fiel den Deutschen eine Höhenstellung westlich von Stalingrad zu, drei Ortschaften gingen unseren Truppen im südwestlichen Sektor verloren, nordwestlich der Stadt konnten jedoch die Verteidiger um drei Kilometer vorrükken. Jeder Meter Boden wird umkämpft, und die Erde ist buchstäblich mit dem Blut der Angreifer und Verteidiger getränkt.
Die Rote Luftflotte hat aus allen Jägerstaffeln — von Murmansk bis nach Baku — ihre besten Piloten herangezogen und im Kampf eingesetzt. Diese erfahrenen Männer bilden jetzt Sonderstaffeln, die neben den Flugverbänden, die taktisch mit der Truppe zusammenarbeiten, die

Stalingrad: »Ein Orkan aus Feuer und Eisen«

Aufgabe haben, sich ohne besonderen Einsatzbefehl den Stukas zu widmen. Die Luftkämpfe um den Raum von Stalingrad haben sich damit wesentlich verschärft. Bei ihrem ersten Einsatz am Samstag schossen diese Elitestaffeln unserer Flieger ohne Eigenverlust 52 deutsche Flugzeuge ab.
Im Südwesten der Stadt sind nun alle Wohnhäuser von Scharfschützen besetzt worden, und der Stadtrand gleicht einer einzigen Barrikadenstel-

lung. Die meisten dieser Wohnhäuser sind übrigens nur noch Steinhaufen, da Artillerie und Luftbombardements längst alles zum Einsturz brachten.

In der Nacht zum Montag konnten über die beiden großen Pontonbrükken, die über die Wolga geschlagen wurden, weitere Verstärkungen — darunter Panzereinheiten — nach Stalingrad gebracht werden. Ein ständiger Strom von Reserven geht zu den Truppen ab, die am meisten unter deutschem Druck stehen.

Nordwestlich der Stadt gewinnt der Angriff unserer Truppen weiter Raum. Es ist sehr wahrscheinlich, daß diese Erfolge auf die frontale

Angriffszone Einwirkung hatten. Die Wucht der deutschen Offensive hat in diesem Sektor erheblich nachgelassen, und vereinzelt führten Gegenangriffe zu Einbrüchen in die deutschen Stellungen.

Die Deutschen berichten

Lagebericht, *Oberkommando des Heeres,*
14. September 1942
Heeresgruppe B: Südlich der Bahnlinie bei Stalingrad drangen eigene Kräfte nach Durchbrechen der feindlichen Stellungen weiter in die Vororte ein. Nördlich Stalingrad gelang es Infanterie- und Panzerverbänden, den Tatarengraben zu stürmen und eine westliche Häusergruppe von Stalingrad mit einer Kaserne zu nehmen. Von Norden her auf die Landbrücke zwischen Wolga und Bahnlinie nur einzelne schwächere feindliche Angriffe.

Tagesparole des Reichspressechefs,
Dienstag, 15. September 1942:
Das Ringen um Stalingrad nähert sich seinem erfolgreichen Ende. Wichtige OKW-Meldungen sind im Laufe des heutigen oder morgigen Tages zu erwarten. Die deutsche Presse hat sich vorzubereiten, den Sieg in wirkungsvollster Form, gegebenenfalls durch die Ausgabe von Extrablättern, zu würdigen. Das den Schriftleitungen bereits vorliegende Material über die Bedeutung des Falles von Stalingrad ist druckbereit zu halten...

Mit Flammenwerfern und geballten Ladungen im Häuserkampf

Im Festungskampf von Stalingrad arbeiteten sich die deutschen Truppen nach Niederkämpfung zahlreicher Bunker und in schweren Häuserkämpfen schrittweise weiter gegen den Stadtrand vor. Betonbunker und eingegrabene schwere Panzer mußten mit Flammenwerfern und geballten Ladungen im Nahkampf vernichtet werden. Heftige Kämpfe entwikkelten sich in einem Fabrikgelände, wo jedes Haus, durch Ausbrechen von Scharten und Anlage von Sperren und Hindernissen zu einem Stützpunkt ausgebaut, im harten Einzelkampf mit der blanken Waffe genommen werden mußte.

Stoßtrupp an der Vorortstraße: Ein Lächeln für die Presse

Kampf- und Sturzkampffliegerverbände unterstützten wirksam den Angriff des Heeres gegen die Schwerpunkte des feindlichen Widerstandes und die tiefgestaffelten bolschewistischen Stellungssysteme. Flakartillerieverbände waren im Vorgehen mit den eigenen Angriffspitzen an der Zermürbung des feindlichen Widerstandes hervorragend beteiligt und setzten vier bolschewistische Batterien außer Gefecht, die von beherrschenden Stellungen aus die deutschen Stoßkeile aufzuhalten versuchten.

Im Südwesten von Stalingrad nahmen Verbände eines Panzerkorps in schneidigem Einsatz einige beherrschende Höhen, die sich fast bis unmittelbar in die Stadt und an die Wolga erstrecken. Die außerordentlich stark befestigten Stellungen, deren Bunker mit dicken Stahlplatten versehen waren, wurden nach eingehender Vorbereitung durch Angriffe der Luftwaffe von den vorstoßenden Panzerverbänden vernichtet und dabei 15 schwere Feindpanzer, 22 Geschütze und Pak zerstört. Vom Wolgaufer aus wurde der Verkehr über die Kriegsbrücke, die die Bolschewisten aus Pontons gebaut hatten, durch Artillerie und schwere Infanteriewaffen unterbunden.

Besonders starke von Artillerie und Luftwaffenverbänden unterstützte Entlastungsangriffe unternahmen die Bolschewisten gegen unseren nördlich der Stadt zur Wolga vorgeschobenen Angriffsflügel. Auch hier wurden im Zusammenwirken mit Flakartillerie und fliegenden Verbänden der Luftwaffe alle Angriffe unter hohen blutigen Opfern für die Bolschewisten und empfindlichen Ausfällen an schweren Waffen abgewiesen, zum Teil sogar schon vor dem Heraustreten aus dem Bereitstellungsraum durch Artillerie und Flieger zerschlagen. Starke Schläge führte die deutsche Luftwaffe bei Tag und Nacht gegen rückwärtige Teile der Festung Stalingrad. In mehreren Wellen warfen Kampfflieger Bomben schweren und schwersten Kalibers auf Flugstützpunkte, Lagerhallen und Industrieanlagen. Volltreffer riefen starke Explosionen und umfangreiche Flächenbrände hervor. Daneben wurde der sowjetische Nachschubverkehr auf Straßen und Bahnen empfindlich getroffen und mit Truppen und Kriegsgerät vollbeladene Transportzüge der Bolschewisten zerstört.

Deutsche, italienische und rumänische Jäger, die zum Begleitschutz der Kampfverbände und zu freier Jagd gegen starke bolschewistische Luftwaffenverbände eingesetzt waren, schossen gestern in diesem Kampfabschnitt 28 Sowjetflugzeuge ab.

Zwei weitere feindliche Flugzeuge wurden durch Flakartillerie zum Absturz gebracht. *Völkischer Beobachter, 14. 9. 1942*

Stuttgarter

NS-Kurier

Gauorgan der NSDAP mit Regierungs-Anzeiger

Tageszeitung für Politik, Wirtschaft, Kultur — Amtsblatt für den Stadtkreis Stuttgart

Fernruf: 297 51—55, 213 46—49, 261 50 Fernschreiber: 069 19

Der „Stuttgarter NS-Kurier" erscheint wöchentlich siebenmal

Verkaufspreis 15 Pfennig — Stadt der Auslandsdeutschen — Mittwoch, 16. September 1942 — Nummer 254 — 12. Jahrgang

Bittere Erkenntnis unserer Gegner: Stalingrad nicht mehr zu retten

Die letzten harten Schläge gegen Stalingrad

Höchste Anforderungen an die Einsatzfreudigkeit der Truppen — Bedeutende Geländegewinne im Kampfraum

★ Die Sowjets berichten

Am Donnerstag, dem 17. September 1942,
meldet das *Sowinformbüro*
über die Ereignisse am Vortage:
Seit Mittwoch mittag haben Regenfälle eingesetzt, die den Boden langsam in Schlamm verwandeln. Hitlers Feldmarschall v. Bock hat praktisch alles in die Schlacht geworfen, um den Entscheidungsschlag zu führen, bevor die Bodenverhältnisse den Großeinsatz der deutschen Panzer- und Luftwaffe in Frage stellen.
Während in den nordwestlichen Vororten Stalingrads Straßenkämpfe von einer unbeschreiblichen Zähigkeit vor sich gehen, stehen mehrere deutsche und rumänische Panzer- und Infanteriedivisionen in einem gewaltigen Massenangriff vom Westen und Süden her gegen die Stadt. Man muß berücksichtigen, daß sich Stalingrad in einer Länge von 40 Kilometern erstreckt. Es kann daher zur Überwindung der Verteidiger nicht genügen, daß der Nordwestrand Stalingrads in deutsche Hand gerät, es muß auch von Westen oder vom Südsektor her ein tiefer Einbruch erfolgen.
Der Durchbruch durch die Abwehrstellung unserer Truppen am Nordwestrand erfolgte nach einem Luftbombardement, das alles übertraf, was unsere Armee bisher hinzunehmen hatte. Tausende von Sprengbomben, die meisten schweren Kalibers, fielen auf die Feldstellungen und begru-

ben alles unter sich. In knapp 40 Minuten einer Angriffswelle wurden Hunderte Tonnen Sprengstoff auf einen drei bis vier Kilometer breiten Frontabschnitt abgeworfen, während die deutsche Artillerie ein Sperrfeuer schoß, das den Abschnitt nach beiden Seiten abriegelte.
Eine deutsche Panzerdivision stürmte dann über das Trümmerfeld und konnte, ohne noch starken Widerstand zu finden, die nordwestlichen Stadtgebiete erreichen. Die faschistischen Panzer waren zum überwiegenden Teil mit Flammenwerfern statt mit Geschützen ausgerüstet. Sie setzten die befestigten Häuser mit brennenden Ölstrahlen in Flammen. Unsere heldenhaften Truppen, die einsehen mußten, daß in diesem furchtbaren Ansturm keine Aussicht mehr für einen erfolgreichen Gegenangriff bestehen konnte, zogen sich zurück, während die aus Spezialverbänden der Armee und der Arbeiterbataillone bestehende Nachhut mit den Sprengungen ganzer Straßenzüge begann. Die meisten dieser tapferen Kämpfer haben ihr Leben geopfert, um den deutschfaschistischen Panzern ein weiteres Vordringen unmöglich zu machen. Mit ihnen sind auch Hunderte deutscher Panzerbesatzungen in ihren Kampfwagen durch die zusammenstürzenden Mauern begraben worden.
Seit den frühen Morgenstunden hält die Schlacht vor den westlichen und südlichen Zugängen zu Stalingrad an. Insgesamt dürften 350000 Mann deutscher und mit ihnen verbündeter Truppen an der vordersten Front stehen. Im Augenblick ist es unmöglich geworden, sich ein zuverlässiges Bild über die Entwicklungen zu machen. Ein dichter Rauch, der von den brennenden Vororten aus dem Nordwestteil der Stadt herübergetrieben wird, erschwert die Beobachtung. Die Ereignisse überstürzen sich so schnell, daß niemand genau weiß, wo Freund und wo Feind steht.
Bis gegen Mittag hat der deutsche Ansturm im Nordwesten nur wenig bedeutende Fortschritte machen können. Über der Stadt selbst sind in den letzten 12 Stunden 38 deutsche Bomber abgeschossen worden.

Die Deutschen berichten

Lagebericht, *Oberkommando des Heeres,*
17. September 1942
Heeresgruppe B: Im Kampf um Stalingrad wurden in dem Industriegelände im südlichen Vorort Panzervorstöße des Feindes von rumänischen und deutschen Truppen abgewehrt. Der Feind widersetzt sich zäh der

Morgenausgabe

Donnerstag, 17. September 1942

Berliner

Lokal-Anzeiger

Nummer 222

Organ für die Reichshauptstadt

60. Jahrgang

Harte Straßenkämpfe in Stalingrad

Jedes Haus eine Festung

Zäh dringen Infanterie und Pioniere weiter in die Stadt vor

Zehn Jahre Mandschukuo

Zum Jahrestag der Gründung des Kaiserreiches

Verbindung unserer Truppen, die von Süden und Norden auf das Zentrum der Stadt vorgehen. Von Süden her gelang es den am Südbahnhof stehenden Infanterieverbänden, beiderseits der Bahn vorzustoßen und die Zariza zu erreichen. Hier starker Feind vom Norden und von der Wolga her. Auch in dem schluchtenreichen Gelände nördlich der Zariza wechselvolle Kämpfe. Im nördlichen Teil der Stadt wurden Angriffe nördlich des Hauptbahnhofs abgewehrt.

Das Privattelegramm Heimat — Front

In der Atempause zwischen zwei Abwehrkämpfen wird die Feldpost verteilt. Das ist der erhebendste Augenblick hier in den vordersten Gräben der Kampffront vor Stalingrad. Im gegnerischen Artilleriebeschuß hat sich der Postholer heil bis zur Kompanie durchgeschlagen. Die am Koppel befestigten Packtaschen sind mit Feldpostbriefen und -karten prall gefüllt — kostbare Sendung heimatlicher Grüße und Wünsche, Zeugnisse starker Herzen, tapferer fraulicher Liebe und mütterlicher Besorgtheit. Unter dem Einsatz eines Menschenlebens haben sie über diese Etappe des Feldpostweges hinweg bis in die vorderste Grabenstellung gefunden. Nun geht der Postholer an die Verteilung. Er weiß genau, wer in dieser, wer in jener Stellung liegt. So bequem wie der Briefträger in seinem Heimatort hat er es nicht. Geduckt springt er von Stellung zu Stellung und reicht den Kameraden den verknitterten Brief,

die aufgerauhte Karte. Ein freudiges Leuchten tritt in die Augen derer, die von ihm bedacht werden.
Der Obergefreite mit dem EK I auf der lehmverkrusteten Feldbluse nimmt ein Telegramm entgegen. Seine Hände, die das MG im Abwehrkampf mit hartem Griff zu handhaben gewohnt sind, zittern ein wenig. Welche Nachricht wird dieses Telegramm enthalten? — Wird es Freude oder Sorge bringen? Dann hat er den Umschlag aufgebrochen und überliest das Blatt: »Zwillingspärchen angekommen, alle wohlauf. *Deine Gerdi«.*

Soldatenzeitung 1942

★ Die Sowjets berichten

Am Freitag, dem 18. September 1942,
gibt das *sowjetische Oberkommando*
zu den Ereignissen des Vortages bekannt:
Im Laufe der Nacht auf den 18. September führten unsere Truppen Kämpfe am nordwestlichen Stadtrand von Stalingrad sowie in der Gegend von Mosdok...

Am Nachmittag des 18. September
meldet das *Sowinformbüro* anschließend:
Sämtliche Stalingrad verteidigenden Einheiten haben den Befehl von J. W. Stalin erhalten, Offensivaktionen gegen die Streitkräfte v. Bocks zu unternehmen. Der Befehl führt aus: »Die kleinste dem Feind wieder entrissene Hügelstellung bedeutet Zeitgewinn, und jeder gewonnene Tag kann vielleicht den Ausgang der Schlacht um Stalingrad bestimmen.«
Der Militärkorrespondent der Armeezeitung *Krasnaja Swiesda,* der soeben aus dem nordwestlichen Kampfgebiet von Stalingrad zurückkehrte, berichtet am 18. September: In den Ruinen undurchdringlicher Straßenzüge und selbst im Chaos der Flammen geht der Kampf um die Verteidigung dessen weiter, was einst Stalingrads nordwestliche Vorstadt war. Unsere Truppen zeigen, daß selbst eine völlig zerstörte Stadt weiter verteidigt werden kann. Die heldenhaften sowjetischen Garden, die den Nordwesten verteidigen, schlagen sich mit derartiger Tapferkeit, daß jedes Lob banal wäre. In einem Befehlspanzer, der uns in die Frontzone brachte, näherten wir uns den Barrikaden, hinter denen die Männer der Armee und der Fabriken im Kampf stehen.

Geschütz A (Anton), 10,5 cm leichte Feldhaubitze 18 (FH 18/40), in Feuerstellung: im Hintergrund die Getreidesilos

Wir beobachteten, wie jedes Haus, das die Deutschen besetzen konnten, von leichter Artillerie aus kürzester Entfernung unter Feuer genommen wurde. Die Kämpfe wechseln von einer Straßenseite zur anderen, und oft ist es schwer festzustellen, wo sich der Gegner einnisten konnte. An einigen Stellen gelang es den deutschen Maschinenpistolenverbänden, einen Durchgang zu erkämpfen. Die Befehlsführung unserer Truppen, die plötzlich von irgendwo auftaucht, hat eine neuartige Taktik angewandt. Sofort hinter diesen deutsch-faschistischen Verbänden werden neue Barrikaden errichtet, und auf diese Weise werden die Spitzen des Angreifers »eingemauert« und niedergekämpft. Diese Taktik erfordert naturgemäß Selbstaufgabe und äußerste Kaltblütigkeit, aber der Erfolg ist nicht ausgeblieben.
Als wir am späten Donnerstag abend diesen grauenhaften Schlachtplatz verließen, hatten unsere Truppen die nordwestliche Vorstadt fast vollständig vom Gegner gesäubert.

Verstärkung aus Sibirien eingetroffen: sowjetisches MG Maxim, Kal. 7,62 mm PM, in Feuerstellung

Ein anderer Korrespondent meldet: Die deutschen Kriegsgefangenen tragen die Zeichen der furchtbaren Kämpfe. Ihre Uniformen sind zerrissen, und die meisten von ihnen sind verwundet oder haben Brandverletzungen. Sie sind völlig erschöpft und todmüde. Übereinstimmend bezeugen sie die schweren Verluste, die ihre Divisionen erlitten haben. Eine Bestätigung dafür bildet übrigens auch der Umstand, daß die Gefangenen den verschiedensten Divisionen angehören. Einige von ihnen gehören zu Einheiten, die mit Transportflugzeugen herangeschafft worden waren.

Im Zentrum von Stalingrad bauen die Arbeiter neue Barrikaden. Jedes zusammengeschossene Haus wird unverzüglich zu einer neuen Befestigung ausgebaut. In den Fabriken, die bisher nicht oder nur weniger schwer gelitten haben, wird die Arbeit fortgesetzt. Am Ostrand der Stadt verkehrt noch immer die Vorortbahn, und auch in den letzten 24 Stunden sind beträchtliche Mengen an Munition mit ihr hier eingetroffen. Im übrigen verhehlt das Oberkommando in Stalingrad keineswegs, daß es die Schlacht um die Stadt in einer äußerst kritischen Lage fortführt.

Radio Moskau meldet am 18. September:
In Stalingrad sind neue Verstärkungen aus Sibirien eingetroffen. Die Verstärkungen umfassen zum großen Teil Arbeiter aus dem Ural, die sich durch ihren Kampfgeist auf Kriegsposten ausgezeichnet haben und vor allem für den Krieg im Winter geschult sind. Weitere Verstärkungen aus Sibirien sind nach den Fronten im Kaukasus, bei Leningrad und Rschew sowie nach Moskau unterwegs.

Der Feind wird weiter erfolgreich zurückgedrängt

Die zähen Häuserkämpfe im Innern der Stadt nahmen auch im Laufe des Mittwoch ihren Fortgang. Vergeblich versuchten die Bolschewisten, die würgende Schlinge des deutschen Angriffs zu zerreißen und verzweifelt die drohende Vernichtung aufzuhalten. An keiner Stelle gelang es dem sich verbissen wehrenden Feind, die jeden Widerstand brechenden deutschen Infanteristen, Panzergrenadiere und Pioniere aufzuhalten.
Alle feindlichen Gegenstöße wurden abgewiesen. Vielfach hatte sich der Feind in den Häusern der Stadt verschanzt, die größtenteils bereits von den Granaten der Artillerie und den Bomben der deutschen Luftwaffe bis auf die Grundmauern niedergelegt wurden. Um jeden Straßenzug, um jedes Haus und um jeden Schutthaufen wird von den Bolschewisten mit einem an Selbstvernichtung grenzenden Widerstand gekämpft. Schritt für Schritt des heißumkämpften Bodens wurde dem Feind entrissen.
Alle feindlichen Versuche, die Vernichtung aufzuhalten, scheiterten an der entschlossenen deutschen Angriffskraft. Die Säuberung der dem Feind entrissenen Stadtteile von Versprengten wurde erfolgreich fortgesetzt.
Einige Zahlen geben ein Bild von der Schwere dieser Kämpfe und dem Ausmaß der Vernichtung. Eine vor Stalingrad kämpfende motorisierte Infanteriedivision hat seit Juni 21000 Gefangene eingebracht und 160 Panzerkampfwagen, 281 Geschütze, 36 Salvengeschütze, 42 Panzerabwehrgeschütze, 609 Panzerbüchsen, 71 Flammenwerfer und 85 Flugzeuge vernichtet.

Die bunkerartig ausgebauten Häuserblocks im Stadtgebiet und die zahlreichen Versorgungslager und Arsenale lagen auch gestern wieder im Bombenhagel der deutschen Kampf- und Sturzkampfflugzeuge. Gegenangriffe des Feindes scheiterten an der unerschütterlichen Schlagkraft der Verbände des deutschen Heeres, die vor allem im Nordteil von Stalingrad durch Tag- und Nachtangriffe deutscher Zerstörer- und Schlachtflugzeuge wirkungsvoll unterstützt wurden.
Ostwärts der Wolga bombardierten Kampfflugzeuge die Bahnhöfe Baskuntschak und Lipki. In Luftkämpfen schossen deutsche Jäger bei einem eigenen Verlust im Raum von Stalingrad 33 bolschewistische Flugzeuge ab, 6 weitere feindliche Flugzeuge wurden durch Flakartillerie zum Absturz gebracht. *Berliner Lokal-Anzeiger, 18. 9. 1942*

Und so war es

Am Sonntag, dem 13. September 1942, beginnt die historische Schlacht innerhalb der Stadt. Hauptziel der deutschen Offensive: der Mamai-Hügel im Zentrum Stalingrads und das Ufer der Wolga.
In nördlichen Stadtteilen setzen die Sowjets in dieser Woche vorwiegend Milizbataillone von Arbeitern, Abteilungen der Volkswehr und rasch zusammengeholten Reserven ein. In den übrigen Vorstädten kämpfen 75000 bewaffnete Einwohner, unter ihnen 7000 Jugendliche. Das Rückgrat der Verteidigung: die 62. Armee (Gen. Tschuikow) und Teile der 64. Armee (GenLt. Schumilow) sowie eine neugeschaffene 16. Luftarmee (GenMaj. Rudenko). Zusammen mit weiter südlich stehenden Verbänden bilden sie die Südostfront des Generals Jeremenko. Der deutsche Angriff wird zuerst mit 7 Divisionen geführt, die durch die wochenlangen Schlachten zwischen Don und Wolga geschwächt sind. Im übrigen werden nie mehr als 10 deutsche Divisionen im Kampf um die Stadt gleichzeitig eingesetzt.
Die Deutschen haben immer noch eine spürbare Luftüberlegenheit; das VIII. Fliegerkorps (GenLt. Fiebig) fliegt täglich durchschnittlich 1000 Einsätze. Immerhin unterstützt die Hälfte aller Maschinen, die die deutsche Luftwaffe an der Ostfront im Einsatz hat, die 6. Armee. Die Sowjets verfügen wiederum über ein beinahe unerschöpfliches Menschenreservoir sowie eine Vielfalt von panzerbrechenden Waffen, haben keine Nachschubprobleme und, was von großer Bedeutung ist, ihre am

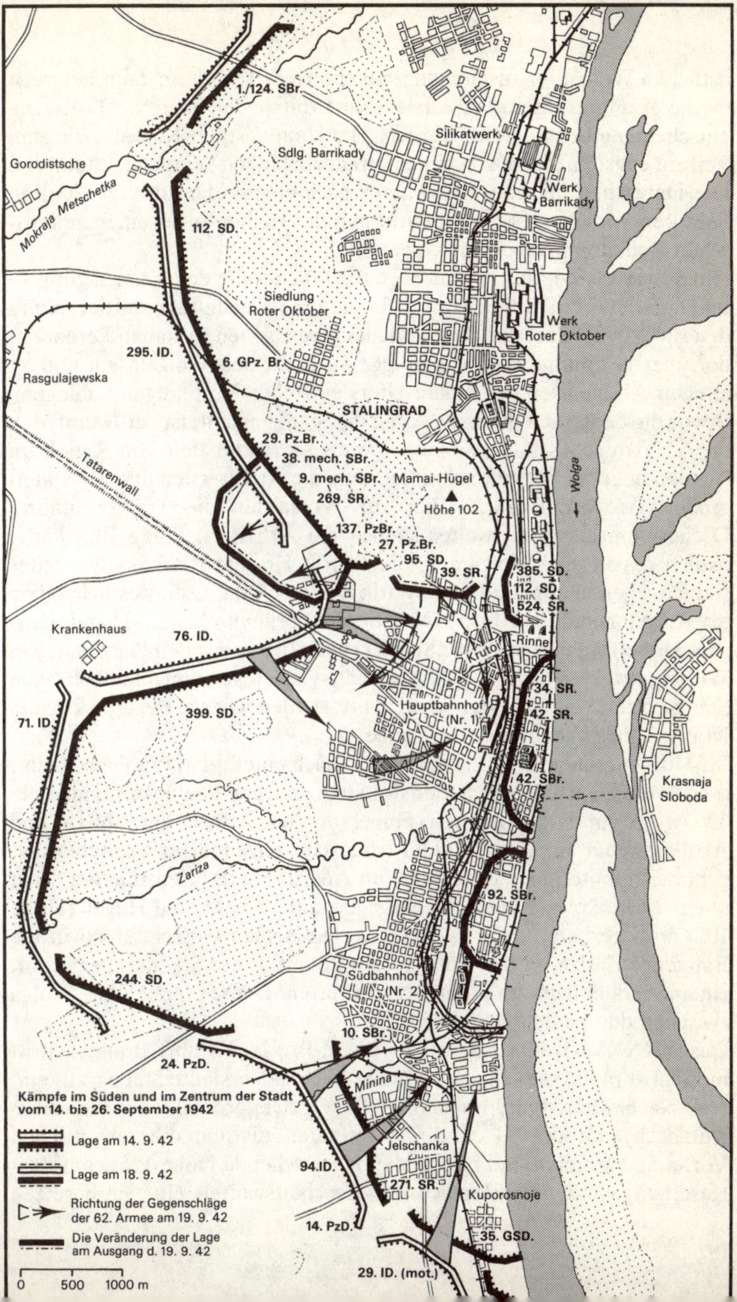
1./124. SBr.
Silikatwerk
Sdlg. Barrikady
Gorodistsche
Werk Barrikady
Mokraja Metschetka
112. SD.
Siedlung Roter Oktober
Werk Roter Oktober
295. ID.
6. GPz. Br.
Rasgulajewska
STALINGRAD
29. Pz.Br.
38. mech. SBr.
Tatarenwall
9. mech. SBr.
Mamai-Hügel
269. SR.
Höhe 102
Wolga
137. PzBr.
27. Pz.Br.
95. SD.
39. SR.
385. SD.
112. SD.
524. SR.
Krankenhaus
76. ID.
Krutoi
Rinne
34. SR.
399. SD.
Hauptbahnhof (Nr. 1)
42. SR.
71. ID.
42. SBr.
Krasnaja Sloboda
Zariza
92. SBr.
244. SD.
Südbahnhof (Nr. 2)
10. SBr.
24. PzD.
Minina
Jelschanka
94.ID.
271. SR.
Kuporosnoje
14. PzD.
35. GSD.
29. ID. (mot.)
Kämpfe im Süden und im Zentrum der Stadt vom 14. bis 26. September 1942
Lage am 14. 9. 42
Lage am 18. 9. 42
Richtung der Gegenschläge der 62. Armee am 19. 9. 42
Die Veränderung der Lage am Ausgang d. 19. 9. 42
0
500
1000 m

östlichen Wolgaufer zusammengezogene Heeresartillerie kann jederzeit in die Kämpfe eingreifen, ohne selbst durch die deutsche Luftwaffe entscheidend behindert zu werden. Die Hauptlast der Kämpfe, die zum Teil auf engstem Raum stattfinden, trägt auf beiden Seiten die Infanterie. Die Deutschen führen ihren Angriff nach einem Plan, der die Stadt in Sektoren einteilt, dessen Numerierung die Reihenfolge seiner militärischen Bedeutung bezeichnet.
Die Sowjets wiederum — zur besseren Gliederung der Verteidigung — teilen die Stadt in drei Sektoren ein: den nördlichen, den mittleren und den südlichen. Jeder von ihnen erhält einen eigenen Kommandierenden, der über bestimmte Kräfte verfügt. Auch auf den Wolgainseln und an einigen Abschnitten des linken Ufers entstehen Verteidigungsanlagen.
Bevor die deutsche Offensive gegen die Stadt beginnt, ist der Raum, den die 62. Armee Tschuikows hält, etwa 8 Kilometer tief: von Rynok im Norden über die Spartakowka-Siedlung, die Arbeitersiedlung der Stalingrader Traktorenfabrik, näher zur Wolga hin die Traktorenfabrik Dscherschinski selbst, weiter südlich die Arbeitersiedlung Barrikady, östlich davon, am Wolgaufer, die Fabrik Krasnaya Barrikady, weiter südlich, ebenfalls am Fluß, die Fabrik Krasny Oktjabr, südwestlich davon die Arbeitersiedlung Krasny Oktjabr, der berühmte Mamai-Hügel (Kurgan, Höhe 102) und der neue Stadtkern mit dem zentralen Platz und dem Warenhaus Univermag, das Geschäftsviertel genannt. Südlich vom Stadtzentrum entlang der Wolga bis zu den Orten Beketowka und Krasnoarmeisk steht die 64. Armee.
Im Morgengrauen des 13. September, nach einer relativ ruhigen Nacht, greifen die Deutschen im Süden des Stadtzentrums den linken Flügel der 62. Armee und den rechten Flügel der 64. Armee mit Stukas und Artilleriefeuer an. Um 8.00 Uhr früh, nach einstündiger Vorbereitung, geht die Infanterie konzentrisch zum Angriff auf das Zentrum der Stadt über. Tschuikows Armeegefechtsstand auf dem Mamai-Hügel (Höhe 102) wird zerbombt; der General verlegt seinen Gefechtsstand in die Balka der Zariza, in das frühere Hauptquartier der Stalingrader Front, einem geräumigen und gut abgesicherten Bunker nahe der Wolga zwischen den beiden Bahnhöfen.
Das XXXXVIII. Panzerkorps (Gen. d. Pz. Tr. Kempf) dringt Schritt für Schritt in die südlichen und südwestlichen Vorstädte Stalingrads ein. Am Nachmittag durchbricht das LI. Armeekorps (Gen. v. Seydlitz-Kurzbach) mit der 71. und 295. Infanteriedivision die sowjetischen Verteidigungslinien und nimmt die beherrschende Höhe 126.3 mit dem Kasernengelände nordwestlich des Geschäftsviertels ein. Sie besetzen

auch eine Maschinen- und Traktorenstation samt der dazugehörigen Siedlung einen Kilometer nordostwärts des Haltepunktes Rasgulajewska.
Durch das konzentrische Vorgehen auf die Stadt werden die Angriffsstreifen immer schmaler, und jetzt schlägt die Stunde der sowjetischen Scharfschützen. Sie kämpfen paarweise, sich gegenseitig abdeckend. »Sie waren gefährlicher als ein Panzer T 34, den man wenigstens erkennen konnte.«
Während die deutschen Truppen am 13. September, dem ersten Tag ihrer Offensive, mühsam durch das Straßengewirr in die Stadt vorstoßen, legen die Generäle Wassilewski und Schukow in Moskau zur gleichen Stunde J. W. Stalin das Ergebnis ihrer beinahe eine ganze Nacht hindurch dauernden Arbeit vor: »Das ist der vorläufige Entwurf eines Plans für die Gegenoffensive im Raum Stalingrad«, sagt Wassilewski.
Diese Offensive unter dem Tarnnamen »Operation Uran« soll die Belagerer zu Belagerten machen und die 6. Armee, die jetzt Schritt für Schritt Stalingrad erobert, einkreisen und vernichten. Es werden noch über zwei Monate vergehen, bis der Plan verwirklicht ist. »Während dieser Zeit mußte die Eroberung Stalingrads verhindert werden. Es galt, den Gegner in aktiver Verteidigung aufzureiben.«
Im Morgengrauen des 14. September führt der kommissarische Oberbefehlshaber der 62. Armee, General Krylow, einen Angriff, der im Feuer der 295. und der 71. Infanteriedivision zusammenbricht. Die 71. Infanteriedivision schlägt sich in einem überraschenden Stoß über die Stadtmitte bis zum Wolga-Ufer durch. Gleichzeitig erreicht das XXXXVIII. Panzerkorps (Gen. Kempf) nach härtestem Häuserkampf in Stalingrad-Süd ebenfalls das Wolga-Ufer.
Montag, der 14. September, ist einer der kritischsten Tage für die Sowjets. Die Deutschen werfen 7 Divisionen, einige hundert Panzer und Flugzeuge in den Kampf, dazu um 1000 Geschütze. Am erbittertsten sind die Kämpfe an diesem Tag im Raum des Mamai-Hügels, am Ufer der Zariza, beim Getreidesilo und am Westrand der Vorstadt Minina. Der Hauptbahnhof wechselt allein an diesem Tag fünfmal den Besitzer.

Hier der *Gefechtsbericht* vom 14. September 1942 des Stabes der 62. Armee (Gen. W. J. Tschuikow) über die Kämpfe am Hauptbahnhof:
07.30 Uhr: Der Gegner hat die Akademitscheskajastraße erreicht.
07.40 Uhr: Das 1. Bataillon der 38. mech. Brigade ist von den Hauptkräften abgeschnitten.

07.50 Uhr: Um Raum des Mamai-Kurgans und an den Zugängen des Bahnhofes ist der Kampf entbrannt.
08.00 Uhr: Der Bahnhof ist in der Hand des Gegners.
08.40 Uhr: Der Bahnhof ist in unserer Hand.
09.40 Uhr: Der Gegner hat den Bahnhof wieder genommen.
10.40 Uhr: Der Gegner hat die Puschkinstraße, 600 Meter vom Gefechtsstand der Armee entfernt, erreicht.
11.00 Uhr: Ungefähr 2 Regimenter Infanterie, von 30 Panzern unterstützt, rücken gegen die Technikersiedlung vor.
13.20 Uhr: Der Bahnhof ist unser.

Am 14. September erobert die 6. Armee nach schweren Verlusten den beherrschenden Punkt des Stadtkerns, den Mamai-Hügel (Höhe 102) und sperrt damit den Schiffsverkehr auf der Wolga.
Die beiden angreifenden Armeen, vom Süden die 4. Panzerarmee und vom Nordwesten die 6. Armee, stellen an der Zarizarinne, die das alte Stadt- vom neuen Geschäftsviertel trennt, die Verbindung her.
Während der Kriegsrat der Stalingrader Front seinen berühmten Befehl »Der Feind muß bei Stalingrad geschlagen werden« herausgibt, sickern einzelne Infanteriegruppen durch die Balkas weiter in das Stadtzentrum ein und dringen gegen 17.00 Uhr wiederholt in den Hauptbahnhof Stalingrad I ein. Und kurz danach, mit Eintritt der Dunkelheit, liegt die zentrale Anlegestelle der Wolgafähre im Feuer der deutschen MG.
Eines der heiß umkämpftesten Objekte ist der mächtige Getreidesilo in der Nähe der Zariza, unweit des Südbahnhofes. Diesen Bau aus Beton und Eisen, der wie eine Festung über der Vorstadt thront, versuchen die Deutschen an diesem Tag zu stürmen. Die sowjetischen Verteidiger, nicht ganz 50 Soldaten, geben trotz aller deutschen Angriffe nicht auf. Weder Artilleriefeuer noch Bomben können sie zwingen, sich zu ergeben. Die Silos, brechend voll Getreide, nun von den Deutschen in Brand gesteckt, qualmen aus allen Ecken, jedoch schlagen die Sowjets jeden Versuch der Angreifer, sich des Gebäudes zu bemächtigen, selbst mit dem Messer in der Hand, nieder.
Die noch verbliebenen Einwohner der eroberten Stadtviertel müssen ihre Wohnungen räumen und werden von den deutschen Truppen sofort mit nur kleinem Handgepäck aus der Stadt nach Westen evakuiert; manche teilt man den rückwärtigen Diensten zu, andere werden zu Zwangsarbeiten nach Deutschland gebracht.
In der Nacht vom 14. und 15. September setzt die berühmte 10000 Mann starke 13. Gardedivision (Gen. A. I. Rodimzew) auf Stalins persönliche

Eine der gefährlichsten Feinde der deutschen Panzer: Sowjetische Pak 7,62 cm in Feuerstellung auf offener Straße

Order hin über die Wolga. Sie soll einen Umschwung in diese hoffnungslose Situation bringen. Sie geht sofort zum Gegenangriff über, erobert die Mamai-Höhe und wirft die Deutschen vom Steilufer zurück. Die Division Rodimzew rettet zwar Stalingrad — wie Tschuikow selbst zugibt —, sie erleidet dabei aber so verheerende Verluste, daß sie nach Erfüllung des Auftrages zurückgenommen werden muß. Die über den ganzen Dienstag, den 15. September, andauernden Kämpfe sind äußerst hart: Der Hauptbahnhof wechselt wiederholt den Besitzer, und als die Nacht kommt, ist es schwer zu sagen, in wessen Händen sich der Mamai-Hügel augenblicklich befindet. Die Kämpfe um die Höhe 102 gehen fast ununterbrochen bis Ende Januar weiter.

Die Stadt ist nun zum größten Teil, bis auf die im Norden liegenden, sich fast bis Rynok ausdehnenden Industrieanlagen, genommen, die Wolga als Schiffahrtsstraße durchschnitten und Stalingrad als Verkehrszentrum ausgeschaltet. Übrigens hätte Hitler dieses Ziel sowohl nördlich als auch südlich der Stadt erreichen können. Auch die Industriezentren sind entweder geräumt oder liegen unter deutschem Beschuß, so daß sie ihre Produktion einstellen müssen. Damit ist das in der Führerweisung Nr. 41 vom 5. 4. 42 gesetzte Ziel dieses Operationsabschnittes eigentlich

erreicht. Hitler will aber jetzt »die Kämpfe um Stalingrad durch Säuberung der noch vom Feind besetzten Restgebiete zum Abschluß bringen«.
Am Dienstag nachmittag des 15. September gehen die Panzergrenadiere der 24. Panzerdivision südlich der Zarizaschlucht in zügigem Vorstoß durch die Altstadt und besetzen den Südbahnhof.
Jetzt wird überall gekämpft: in Gärten, Höfen und Häusern, selbst in einzelnen Stockwerken und in halbzerstörten Räumen.
Am Mittwoch erreichen nach verlustreichem Straßenkampf die Spitzen der 24. Panzerdivision das Ufer der Wolga.
Am Donnerstag, dem 17. September, überträgt die Heeresgruppe B der 6. Armee die Führung über alle im Raum Stalingrad stehenden deutschen Verbände. Auch das südlich der Zariza kämpfende XXXXVIII. Panzerkorps (künftig GenLt. Heim) der 4. Panzerarmee (GenOberst Hoth) fällt unter den Befehl von General Paulus.
An diesem Tag toben besonders erbitterte Kämpfe um den Hauptbahnhof. Die Deutschen greifen das Bahnhofsgelände mit einer starken Gruppe an, unterstützt von etwa zwanzig Panzern. Der Bahnhof wechselt am Donnerstag viermal den Besitzer.
In Berlin drucken einige deutsche Zeitungen bereits Extrablätter mit der Überschrift »Stalingrad gefallen!«, doch als sie schon gebündelt sind, wird der Versand im letzten Augenblick gestoppt: Das Propagandaministerium will erst eine Bestätigung von General Paulus, die er aber nicht geben kann.
In der darauffolgenden Nacht muß General Tschuikow seinen bombensicheren Unterstand in der Balka an der Zariza räumen. Und bei Tagesanbruch, am Freitag, dem 18. September, verschlechtert sich die Lage der Verteidiger weiter: Die Deutschen setzen ihre Versuche, das Stadtzentrum zu nehmen, hartnäckig fort.
Währenddessen greifen die Sowjets immer wieder an, um die Nordfront der 6. Armee zwischen Wolga und Don zu durchbrechen. Zu ihrer Unterstützung erhalten die im Raum des Mamai-Hügels liegenden sowjetischen Truppen den Befehl, nach Nordwesten vorzugehen, um zu verhindern, daß die Deutschen aus der Stadt ihre Truppen nach Norden werfen. An diesem Tag ist kaum ein deutsches Flugzeug über Stalingrad. Die Luftwaffe versucht jetzt im Norden einen Durchbruch zu vereiteln. Und in der Tat, die von Jeremenko und seinem Stellvertreter Gordow geführte Offensive scheitert, doch durch sie werden die deutschen Einheiten in einem kritischen Augenblick des Kampfes um das Stadtzentrum von neuem abgelenkt.
Am Freitag konzentrieren sich die Kämpfe um den Hauptbahnhof und

Im Vorfeld der Getreidesilos: ein Gefechtsstand mit Funkstelle, durch einen mittelschweren Panzer III zur Feindseite hin gesichert den Mamai-Hügel. Der Gipfel des Hügels wird von den Sowjets, die um etwa 500 Meter vorrücken können, zurückerobert. Dagegen bleibt der Hauptbahnhof nach fünftägigen blutigen Kämpfen, oft mit der blanken Waffe, in deutscher Hand.

11. Woche: 21. — 27. September 1942

★ Die Sowjets berichten

Am Montag, dem 21. September 1942,
meldet das *Sowinformbüro*
über die Ereignisse am Vortage:
Obwohl die Verteidiger Stalingrads dem faschistischen Panzeransturm bisher nicht nur hervorragend standhielten, sondern auch in scharfen Gegenangriffen einige Straßenzüge wieder vom Eindringling säubern konnten, weist das Oberkommando in Stalingrad darauf hin, daß die schwersten Kämpfe erst bevorstehen und daß eine entscheidende Wendung bisher nicht erreicht wurde. Deutsche Gefangenenaussagen und Armeetagesbefehle zeigen, daß v. Bock entschlossen ist, trotz der unvorstellbar hohen Verluste, die unvermeidlich im Kampf in den Ruinen entstehen, Stalingrad zu nehmen. Ein solcher Tagesbefehl fordert die deutsche Infanterie auf, ihr Äußerstes zu geben, »damit nicht die heroischen Leistungen der Panzerwaffe und Luftwaffe umsonst erfolgt sind«. Unaufhörlich treffen weitere Verstärkungen auf deutscher Seite ein, und Sturmoviks, die jetzt in den Straßenkampf ebensowenig eingreifen können wie die Sturzkampfbomber, bombardieren unaufhörlich die deutschen Nachschubwege.
Während im Nordwestsektor die Infanterie die Hauptlast des Kampfes zu tragen hat — das Bajonett, die Handgranate und der kleine Flammenwerfer haben die schweren Kampfmittel verdrängt —, geht im nördlichen Abschnitt der Kampf der Panzer um einen Höhenzug fort, den man das »Douaumont« Stalingrads nennt. Von hier aus könnte deutsche Feldartillerie in die Straßen der Stadt feuern, und v. Bock würde einen äußerst wertvollen Beobachtungsstand gewinnen. Der Bedeutung dieser Position entspricht der Menschen- und Materialeinsatz auf beiden Seiten: Wahrscheinlich sind im Kampf um diese Stellung die schwersten Verluste entstanden. Die Stellung zieht sich mitten durch eine kleine Gartenvorstadt, die verhältnismäßig steil ansteigt.

Als am Sonntag abend einige wenige Quadratmeter dieses Vorstadtviertels von unseren Truppen zurückerobert waren, wurden nicht weniger als 485 tote deutsche Offiziere und Mannschaften aufgefunden. Die heldenhaften Verteidiger wenden alle nur erdenklichen Mittel an, um Stalingrad zu halten. So wurde z. B. auf der Vorortbahn im nördlichen Sektor gegen eine befestigte deutsche Stellung eine Lokomotive mit zwei Wagen voll Dynamit in Bewegung gesetzt. Die Wirkung der Explosion war fürchterlich, und zwei schwere deutsche Batterien wurden buchstäblich in die Luft gejagt.
Im Südsektor hat Marschall Timoschenko jetzt in nächtlichen Operationen Sonderverbände — Kosakenkavallerie und Panzerabteilungen — gegen deutsch-rumänische Truppen eingesetzt, die erfolgreich hinter den Linien des Gegners operieren.

Bolschewisten kämpfen bis zur Selbstvernichtung

Die Infanteristen, die an diesem frühen Morgen zum Sturm auf Stalingrad antreten, haben ihren Befehl, sie haben ihren Abschnitt, sie haben ihr Tagesziel. Den Befehl führen sie aus, durch ihren Abschnitt kämpfen sie sich durch, und das Ziel werden sie erreichen. Stalingrad muß fallen, das ist eine persönliche Angelegenheit jedes einzelnen Soldaten.
Das Gewitter der Artillerie bricht los. Auf engstem Raum stehen die schweren Waffen in den Feuerstellungen und schießen ihre vernichtenden Feuerschläge in das Festungskampffeld vor der Stadt. Die Sturmgeschütze haben in den Kampf eingegriffen, und mehrere Batterien der leichten und schweren Flak sind in der vordersten Linie in Stellung gegangen. Denn vor den deutschen Schützenlöchern sind wieder sowjetische Panzer aufgefahren, durchweg 26-Tonner des Musters T 34, die erst ausgeschaltet werden müssen. Sie stehen in Löchern, in gut gedeckten und getarnten Rampenstellungen, und bepflastern die Hochebene, über die wir hinweg müssen, mit ihren Granaten.
Es dauert Stunden, ehe auf engem Raum an die zwei Dutzend schwerer Sowjetpanzer niedergekämpft sind. Dazwischen hämmern die leichten und schweren Batterien unserer Artillerie, bellen die harten Abschüsse der Flak und der Pak, zieht sich das vernichtende Gewitter der Kampf- und Schlachtflieger zusammen, die in rollenden Einsätzen — ungeachtet der starken sowjetischen Flakabwehr und der ständigen Bedrohung durch feindliche Jagdverbände — ein Ziel nach dem anderen angreifen.
Vor uns liegt, auf einer Hochfläche, der Stalingrader Flughafen. Seine Rollbahn ist längst von der deutschen Luftwaffe umgepflügt worden. Nun

fällt der Bombenhagel in die Gebäudemassen der Kasernen und der Fliegerschule, die noch immer besetzt sind und aus denen die Bolschewisten herüberschießen.
Schwere schwarze Rauchfahnen stehen kilometerhoch über der Stadt. Die Flammen großer Brände lodern auf, nicht ein einziges der Gebäude bleibt ganz, der Flughafen und seine Baulichkeiten verwandeln sich in ein einziges schwelendes und brennendes Trümmerfeld. Es ist alles zum Greifen nahe, und doch sind wir noch lange nicht da. Denn nun hat sich die sowjetische Artillerie eingeschaltet, mitten aus der Stadt schießen die Batterien, jenseits der Wolga sehen wir im dichten Ufergebüsch ihre Abschüsse, Pak belfert von den gegenüberliegenden Höhen herüber, Panzer schießen aus der Flanke, Fliegerverbände überschütten uns mit Bomben und drehen vor den deutschen Jägern schnell wieder ab, Salvengeschütze schicken ihren Granathagel herüber, und dazwischen knallen die harten Einschläge der Granatwerfer.
Es ist eine Hölle: dieser Lärm und das Krachen, das andauernde Detonieren der Granaten aller Kaliber, das heulende Pfeifen der Geschosse in der Luft, der Regen der herumfliegenden Splitter, der Staub aufspritzender Erdfontänen, die ständig bebende Erde, der beißende und stinkende Pulverdampf und dazwischen der harte, fast pausenlose Mündungsknall der Abschüsse der deutschen Batterien.
Durch dieses Inferno müssen die stürmenden Infanteristen hindurch. Sie müssen immer wieder ihr Herz vorwerfen, sie müssen tapfer und hart bleiben, zäh und kaltblütig, und sie dürfen in keiner Minute daran denken, daß sie in der nächsten Minute vielleicht nicht mehr leben oder verwundet liegenbleiben.
Der Lärm des Infanteriekampfes: das Tacken der Maschinengewehre und Maschinenpistolen, die Abschüsse der Karabiner, der trockene Knall der leichten Infanteriegeschütze — dies alles klingt in diesem dröhnenden Kriegskonzert nur wie das tändelnde Gezwitscher leichter Pikkoloflöten. Und doch entscheiden diese leichten Infanteriewaffen und die Männer, die mit den Waffen in der Hand kämpfen, die Schlacht.
Die Sowjets sind fertig, am Ende ihrer Kraft. Gefangene taumeln und torkeln uns mit entsetzten Gesichtern entgegen. Über einen Hang führt ein Gefreiter 20 Sowjetarmisten herauf, die aus ihren Löchern herausgeholt wurden. Da knallte ein sowjetischer Panzer mit genau gezieltem Schuß mitten in die Gruppe hinein, acht Mann bleiben mit schweren Verwundungen liegen, ihre Körper sind zerfetzt und aufgerissen. Dem Gefreiten, der in einigen Metern Abstand hinter den Gefangenen ging, ist nichts passiert.

Diese eine Szene ist wie ein Symbol der Schlacht um Stalingrad, die von den Bolschewisten bis zur Selbstvernichtung geführt wird. Die Stadt ist ihnen auch den Preis der Selbstzerstörung wert. Sie wird zum Gleichnis eines infernalischen Unterganges, der weder die kämpfenden Soldaten schont noch den geringsten Funken des Erbarmens gegen die wehrlose Zivilbevölkerung kennt.
Wie es in der Stadt selbst aussehen muß, das können wir in dieser Stunde vorerst nur ahnen. Vor uns brennen die Gebäude am Südrande des Flugplatzes, die Kasernen und die Fliegerschule. Auf dem südlich liegenden Hang, auf dem sich die Bolschewisten eingenistet haben, geht ein Haus nach dem anderen in Flammen auf. Gegen Mittag haben wir die vor uns liegende Hochfläche bewältigt und einen kleinen, in einer Mulde liegenden Vorort genommen. Kaum eins der Holzhäuser ist ganz geblieben, die Dächer sind zerfetzt, die Balken stehen sparrig aus den Bauten, alle Fensterscheiben sind zertrümmert, und die wenigen Bewohner, die noch geblieben sind, hausen in Erd- und Kellerlöchern.
Das ist das erste Angriffsziel des Regiments. Der Kommandeur befiehlt sofort Gefechtsstandwechsel. Es ist gar nicht daran zu denken, daß wir die zwei Kilometer bis zur Mulde fahren können. Unser Wagen hat schon zwölf Einschüsse, aber der Motor läuft noch tadellos; das Fahrzeug muß geschont werden. Sprungweise kommen wir über die Hochfläche und den Hang, auf dem schweres sowjetisches Artilleriefeuer liegt. Das Gewitter der Salvenschüsse braust über uns hinweg, wir können uns gerade noch hinwerfen, mitten in eine Gruppe gefallener Sowjetarmisten. In das pfeifende Surren der Granatsplitter und in den Gestank der abziehenden Pulverschwaden mischt sich das leise Summen Tausender glitzernder Schmeißfliegen und der widerlich süßliche Geruch verwesender Kadaver. Wir sind im Vorteil, und dieser Vorteil muß ausgenutzt werden. Das Feuer der feindlichen Artillerie läßt nach, die Panzer sind ausgeschaltet, die Feldstellungen auf den gegenüberliegenden Hängen werden von der eigenen Artillerie niedergehalten. Aber die Kämpfer brauchen auch eine kurze Pause, sie müssen wenigstens Atem holen, ein Stück trockenes Kommißbrot kauen, einen Schluck Wasser trinken oder aus den zerstampften Gärten eine Tomate beißen können. Es ist gar nicht daran zu denken, daß die Essenholer vor Abend durchkommen. Der Regimentskommandeur diktiert in seinem Erdbunker dem Schreiber den neuen Regimentsbefehl. 12.30 Uhr tritt das verstärkte Infanterieregiment zum Angriff auf das zweite Tagesziel an. Auf dem jenseitigen Hang stehen die Trockenhäuser einer Ziegelei, die noch genommen werden müssen, dann hat das Regiment die letzte Höhe vor der Stadt erreicht. Der Regiments-

befehl schließt mit den Worten: »Das tapfere Vorgehen des Regiments und aller unterstellten Teile hat bisher alle Erwartungen anerkennenswert erfüllt.« Wie sparsam ist das Lob des Soldaten, das für kleine Dinge des Lebens oft großzügig verschwendet wird. Mitten im Gefecht findet der Kommandeur Zeit, zwei Obergefreite »wegen unerschrockener Kaltblütigkeit und Pflichterfüllung auf dem Gefechtsfeld« zu Unteroffizieren zu befördern. Zwei Unteroffiziere werden für die Verleihung des Eisernen Kreuzes I. Klasse eingereicht — »Es ist höchste Zeit, daß sie es kriegen...« Für jeden Melder, der knapp und soldatisch in den schmalen Schlitz des Erdbunkers tritt, hat der Kommandeur ein Wort der Anerkennung.
Ein junger Leutnant wird zum Kommandeur befohlen. Der Offizier trägt das EK I und das Infanteriesturmabzeichen. Der Kommandeur befiehlt dem Leutnant: »Sie setzen sich an die Spitze des Bataillons, führen den Angriff und reißen durch Ihr Beispiel der Tapferkeit das ganze Bataillon mit. Die Häuser auf der Höhe müssen genommen werden, sonst war der ganze Angriff umsonst.« Der Offizier meldet sich ab, keiner spricht ein Wort. Aber er muß spüren, daß ihn unsere guten Soldatenwünsche wie ein schützender Mantel umhüllen.
Um 15.15 Uhr hat nicht nur dieses Bataillon, sondern das ganze Regiment sein zweites Tagesziel erreicht: Die letzte Höhe vor Stalingrad! Gleichzeitig ist das Nachbarregiment herangekommen und damit der Anschluß nach rechts hergestellt. Gleichzeitig hat die linke Nachbardivision den Süd- und Südostrand des Flugplatzes erreicht. 500 Meter weiter beginnt das Häusermeer der Stadt. *Völkischer Beobachter, 18. 9. 1942*

★ Die Sowjets berichten

Am Dienstag, dem 22. September 1942
gibt das *sowjetische Oberkommando*
zu den Ereignissen der Vortage bekannt:
Im Gebiet von Stalingrad wurden die wiederholten deutschen Angriffe zurückgeschlagen, und unsere Truppen rückten an einigen Punkten vor. Von einer einzigen Großeinheit unserer Truppen wurden mehr als 400 Deutsche getötet.
Am 22. September teilt das *Sowinformbüro*
ergänzend mit:

Immer neue Angriffsmethoden werden von der Armee des Hitler-Feldmarschalls v. Bock angewandt, um die Schlacht um Stalingrad zum Abschluß zu bringen. Zur Zeit versuchen die Angreifer, an acht verschiedenen Stellungen Panzerkeile in die Stadt vorzutreiben, und diese haben sich, wie man im Oberkommando Stalingrad sagt, »wie eine Totenhand mit ausgespreizten Fingern« vorgefühlt.
In den letzten beiden Tagen hat jedoch eine Panzerkolonne, die am erfolgreichsten gegen die Verteidiger kämpfte, im Stadtgebiet am Tag lediglich 40 bis 50 Meter vorstoßen können. Daß diese Art des Kampfes nicht auf unübersehbare Zeit fortgeführt werden kann, ist zweifellos dem Angreifer genauso bekannt wie dem Verteidiger, denn er erfordert nicht nur fast unvorstellbare Menschenverluste, sondern auch einen Materialverbrauch, der immer größer wird.
Die deutsch-faschistische Luftwaffe versucht jetzt, durch unaufhörliche Bombardierungen des östlichen Stadtteils den Verteidigern die Möglichkeit zu nehmen, am westlichen und nordwestlichen Stadtrand auszuharren. Die Zerstörungen in Stalingrad haben Marschall Timoschenko veranlaßt, die gesamte Zivilbevölkerung zu evakuieren, soweit sie nicht bereits vor einiger Zeit nach dem Osten abtransportiert wurde. Am entsetzlichsten ist, daß in der wieder eingetretenen sommerlichen Hitze die Verwesungsprozesse schnell vor sich gehen und daß beide Seiten keine Kampfpause haben, in der sie die Gefallenen beisetzen können. Man versucht zwar, durch Streuen von Chlor etwas Abhilfe zu schaffen, aber dieses Mittel genügt nicht, um die Seuchengefahr einzudämmen. Für die Verwundeten ist schon längst kein ausreichender Sanitätsdienst mehr vorhanden, und immer wieder werden deutsche Gefangene eingebracht, die trotz schwerer Verwundungen zwei bis drei Tage unversorgt geblieben waren. In diesem Zusammenhang sei erwähnt, daß das Rote Kreuz der Verteidiger und die Sanitätsverbände sich der deutschen Verwundeten genauso annehmen wie der eigenen Mannschaften.

Am Nachmittag des 22. September
meldet das *Sowinformbüro* anschließend:
Am späten Montag nachmittag schlug die Rote Armee mehrere Angriffe gegen Verteidigungsstellungen in Stalingrad zurück, wobei die angreifenden Truppen schwere Verluste erlitten. Darauf setzten starke Gegenangriffe unserer Truppen ein, die die Deutschen zum Rückzug aus verschiedenen Distrikten zwangen.
Der Korrespondent der *Prawda* schildert diese Kämpfe: »Straße um Straße wurde der Feind zurückgedrängt. Die Sowjetsoldaten nahmen ein

Haus nach dem anderen, indem sie Handgranaten in die deutschen Verschanzungen schleuderten und die feindlichen Stellungen systematisch niederkämpften. In den wiederbesetzten Häusern bot sich ein furchtbarer Anblick. Zimmer, Gänge, Treppenhäuser und Höfe lagen voller Leichen. Viele Gebäude wurden erst nach entsetzlichen Nahkämpfen zurückerobert, in denen die Soldaten mit Bajonett und Gewehrkolben gegeneinander vorgingen. Solche Kämpfe setzten sich oft längere Zeit über Straßen und Plätze der Stadt fort. Von den Hügeln, die Stalingrad überragen, sieht man, daß größere Teile der Stadt in Rauch gehüllt sind: die Brände in den umkämpften Straßenzügen können nicht gelöscht werden.«

Die Deutschen berichten

Lagebericht, *Oberkommando des Heeres,*
22. September 1942
Heeresgruppe B: Im Raum um Stalingrad wies die 14. Panzerdivision einen Feindangriff gegen den rechten Flügel ab. Der Stadtteil südostwärts des Südbahnhofes ist bis zur Wolga gesäubert. Im Getreidesilo hält sich der Feind noch zäh. Nördlich der Zariza nahm die 71. Infanteriedivision Häuserteile ostwärts der Parteigebäude bis zur Wolga in Besitz. An der Nordfront zwischen Wolga und Don schwächere Angriffe als am Vortage. Wetter: morgens bedeckt, mittags aufklarend, Temperatur um 10 Grad.

Richtigstellung des *Oberkommandos der Wehrmacht,*
Dienstag, 22. September 1942:
Bei der Darstellung des Kampfes um Stalingrad ist entgegen den Wünschen des OKW der Eindruck erweckt worden, als ob der Fall unmittelbar bevorstehe. Man darf nicht so tun, als ob jeden Augenblick eine Sondermeldung kommen müßte. Das OKW legt Wert darauf, festzustellen, daß die Kämpfe infolge der örtlichen Verhältnisse sehr schwierig sind...

Harter Häuserkampf dauert an — hinterhältige Dachschützen

Von der Schlacht um Stalingrad meldet das Oberkommando der Wehrmacht, daß die harten Häuserkämpfe andauern. Über Schutt und Trüm-

merhaufen, über zusammengeschossene feindliche Panzerkampfwagen und zerstörte Artilleriestellungen oder Feldbefestigungen stößt der deutsche Angriff weiter in das Stadtinnere vor. Nach allen Seiten müssen die deutschen Infanteristen und Pioniere wachsam sein und sichern, denn auf den Dächern und in den Ruinen der Häuser lauert hinterhältig der Feind. Dazu erschwert ein dicker Rauch, der von den brennenden Häusern über das Schlachtfeld zieht, die genaue Beobachtung.
Seit zwei Tagen hat auch der Regen eingesetzt, der langsam den Boden, vor allem die Nachschubwege, in Dreck und Schlamm verwandelt. Infanteristen, Pioniere, Panzergrenadiere und Panzerjäger kämpfen sich trotz allem gegen den verzweifelt Widerstand leistenden Feind weiter vor. Bei diesen Kämpfen muß man die Größe Stalingrads, dessen Stadtbild sich in rund 35 Kilometer Länge erstreckt, berücksichtigen.
In rücksichtslosem Einsatz brachten Verbände der Flakartillerie der Luftwaffe den deutschen Truppen durch die Vernichtung von zwei Eisenbahngeschützen, die die deutschen Angriffsspitzen von der Flanke her bedrohten, wesentliche Entlastung. Deutsche Nahkampffliegerverbände führten wuchtige Schläge gegen die bolschewistischen Widerstandszentren im inneren Stadtgebiet. Zahlreiche zu Bunkern ausgebaute Häuser wurden durch Bombenvolltreffer zerstört. Mehrere Ölbehälter und ein aus 100 Wagen bestehender Betriebsstoffzug gingen in Flammen auf.
Bei der Abwehr massierter Angriffe bolschewistischer Panzerkampfwagen erzielte eine brandenburgische motorisierte Infanteriedivision seit Beginn des diesjährigen Sommerfeldzuges ihren 750. Panzerkampfwagen-Abschuß. *Berliner Lokal-Anzeiger, 19. 9. 1942*

★ Die Sowjets berichten

Am Mittwoch, dem 23. September 1942,
meldet das *Sowinformbüro*
über die Ereignisse am Vortage:
Die Schlacht um Stalingrad hat auch am Dienstag den Deutschen nichts eingebracht. Lediglich im südlichen Sektor konnten die faschistischen Angreifer über eine Verteidigungszone vordringen, die vor dem Stadtrand liegt und die von unseren Truppen aufgegeben werden mußte, nachdem nahezu 200 Stukas und zahllose Geschütze aller Kaliber die

Feldstellungen unserer Truppen in ein Kraterfeld verwandelt hatten, das nicht mehr zu halten war.
Zwei deutsche Infanterieregimenter, die dann versuchten, in den Stadtrand einzubrechen, wurden im Sperrfeuer leichter Geschütze, die aus den Straßen und von Dächern feuerten, nahezu völlig aufgerieben. Ein wenig weiter nördlich dieser Kampfzone gelang es einer deutschen Pionierformation, in zwei Straßen einzudringen, in denen sie mehrere Häusergruppen besetzen konnten. Die Mehrzahl dieser Häuser wurde kurz vor Mitternacht von unseren Truppen in die Luft gesprengt.
Im nordwestlichen Sektor, wo noch am Wochenende für Stalingrad die Bedrohung am schwersten war, führten Gegenangriffe der Rotarmisten, die mit unerhörter Wucht durchgeführt wurden, zur Rücknahme einiger weiterer Straßen. Damit hat sich am Dienstag die Gesamtlage der Verteidiger von Stalingrad eher gebessert als verschlechtert.

Am Nachmittag des 23. September
teilt das *Sowinformbüro* ergänzend mit:
In schweren Kämpfen, die die ganze Nacht anhielten und nach kurzer Unterbrechung am Mittwoch vormittag wieder aufgenommen wurden, ist es den faschistischen Angreifern zwar gelungen, vom Südsektor näher an Stalingrad heranzurücken und den um die Stadt gelegten Halbkreis damit etwas enger zu schließen, doch ist es in den gegenwärtig wichtigsten Sektoren — frontal und vom Nordwesten — den Deutschen unmöglich, irgendwelche weiteren Erfolge zu erzwingen, die als unmittelbare Gefahr für die Verteidiger zu betrachten wären.
Das Wetter hat sich in den letzten beiden Tagen wesentlich verschlechtert. Eisige Winde sind aufgekommen, die von Regenfällen begleitet sind. Nachts ist es so kühl geworden, daß die Ausgabe von Winterkleidung an die Truppen erwogen wird.
In den Straßenkämpfen, die in zwei Vorstadtgebieten im Norden, im Nordwesten und jetzt auch in einem Straßenzug im Süden anhalten, sind örtlich kaum irgendwelche Veränderungen eingetreten. Noch immer haben unsere Truppen genügend Kraft, um Angriffe mit Gegenangriffen zu erwidern, und die geringen Fortschritte, die von den Faschisten erzielt werden konnten, sind oft schon nach wenigen Stunden wieder ausgeglichen worden.
Im Nordwesten sind die Angreifer an den meisten Stellen aus der Stadt verdrängt worden, und auch das unüberbaute Vorgelände befindet sich größtenteils bis auf eine Tiefe von fünf Kilometern wieder in der Hand der Roten Armee. Unsere vorrückenden Truppen finden auf Schritt und

Tritt Leichen deutscher Soldaten. Besonderen Anteil an diesen Erfolgen haben unsere Gardeverbände, die im Laufe der letzten Nächte die Wolga überquert haben.
Ein Sonderberichterstatter meldet am 23. September aus Stalingrad: »Die Umsicht, mit der das Oberkommando in Stalingrad die Abwehr organisiert, ist außerordentlich. Es gibt von jedem Häuserblock genaue Pläne, in denen die einzelnen Räume eingezeichnet sind. Die Arbeiterbataillone haben besondere ›Bautrupps‹ gebildet, die eingreifen, wenn ein Teil eines Häuserblocks von deutschen Truppen besetzt wurde. In diesen Fällen werden Wände durchbrochen und Stockwerke miteinander verbunden, um aus anliegenden Häusern wieder eindringen zu können. Für jeden größeren Häuserblock gibt es außerdem die Versorgungskolonnen, die den Truppen Wasser, Lebensmittel, Munition, Verbandstoffe usw. zu bringen haben.
Es ist vorgekommen, daß bereits völlig eingeschlossene Abteilungen unserer Truppen durch vier oder fünf Häuser hindurch versorgt wurden, oder daß Decken durchbrochen wurden, um deutsche Maschinenpistolenschützen, die in die unteren Stockwerke eingedrungen waren, aus dem Inneren der Häuser bekämpfen zu können.
Ein Betongebäude, das Hunderte von Kleinwohnungen enthielt, wurde vier Tage lang umkämpft, und jetzt — nachdem der Nordweststadtteil wieder gesäubert wurde — kann man die furchtbaren Spuren des Nahkampfes in den Treppenhäusern, auf den Korridoren, in Zimmern und Kellern erkennen. Die Fassade des riesigen Gebäudes zeigt, daß leichte Geschütze aus nächster Nähe gefeuert haben müssen.
Mit welcher Voraussicht die Verteidigung Stalingrads geplant worden ist, geht auch aus einer anderen Tatsache hervor: Aus den großen Traktorenwerken, die schon vor einigen Wochen die Arbeit einstellen mußten, hat man alle Hebewerkzeuge entnommen, und zahlreiche ›motorisierte technische Gruppen‹ gebildet, deren Aufgabe es ist, Geschütze auf zusammengebrochene Mauerreste zu setzen, Kampfwagen, die nicht mehr bewegungsfähig sind, in eine Position zu bringen, von der aus sie als Sperrforts wirken können. Wir sahen Kranwagen, die Feldgeschütze auf die Häuser hoben...«

Mit dem Gedanken an Stalingrad...

... Im tiefen Hinterland wurden neue Regimenter, Divisionen und Brigaden aufgestellt mit dem Ziel, die Gegenoffensive bei Stalingrad durchzuführen. Das Oberkommando sammelte Reserven und beharrte

mit großer Zähigkeit auf seinem Plan, diese zum vernichtenden Schlag gegen den Feind vorzubereiten.
Alle Gedanken der Schaffenden im Hinterlande konzentrierten sich auf Stalingrad. Stalingrad verteidigt die Front. Auch das Hinterland verteidigt diese. Mit dem Gedanken an Stalingrad stellen sich die Stahlschmelzer an ihre Martinöfen. Mit dem Gedanken an Stalingrad steigt der Kumpel in seinen tiefen Schacht. Mit dem Gedanken an Stalingrad werden die Geschosse gedreht, die Flugzeuge montiert, bauen die Arbeiter und Arbeiterinnen in den Kriegsfabriken Panzer... Im Kampf um Stalingrad arbeitet unser Volk und wird arbeiten mit steigender Energie, um den ruhmreichen Verteidigern von Stalingrad zu helfen.

Prawda, 20. 9. 1942

Zweistöckige Bunker 15 Meter tief in der Erde

In diesen Stunden geht in der unendlich weiten Steppenlandschaft um Stalingrad und im zähen Häuserkampf im Innern der Stadt die gewaltige Schlacht um Stalingrad ihrem siegreichen Ende zu.
Was unsere Truppen hierbei zu leisten hatten, ist überhaupt nicht zu ermessen. Keine Armee außer der Deutschen wäre jemals imstande gewesen, diese Festung zu nehmen, die in ihren Ausmaßen Sewastopol ebenbürtig ist, und eine Schlacht zu gewinnen, die in ihrem Einsatz von Menschen und Material einmalig in der bisherigen Kriegsgeschichte war. Die nachstehenden Auszüge aus deutschen Kriegsberichten geben eine kleine Vorstellung davon.
»Das Schlachtfeld von Stalingrad«, so schreibt Kriegsberichter Dr. Friedrich Wagner, »hat sein einmaliges Gesicht, es ist ein Schlachtfeld der Maßlosigkeit in einer weiträumigen Landschaft ohne Strauch und Baum und fast ohne Haus und Dorf. Es ist ein Schlachtfeld der Eintönigkeit und der geballten Spannungen, auf dem der deutsche Soldat alle Höhen und Abstürze des Krieges und der soldatischen Erlebniswelt durchmaß und auf dessen Dürftigkeit die kriegerischen Tugenden in allem Glanz erblühten. Zwei Dinge wurden für den deutschen Soldaten Mittelpunkt des Kampfes und des Lebens: der Nachschub an Munition und das Erdloch. Denn die Sowjets versuchten, das der Stadt drohende Unheil abzuwenden, sie berannten den vorgeschobenen Keil des deutschen Panzerkorps von Norden her. Abwehr, Widerstand, zähes Aushalten gegen verzweifelte Vorstöße, das war jetzt die Aufgabe, die bittere und unerwartete, für lange Tage. Und das Schlachtfeld vor Stalingrad erhielt jetzt sein eigentliches Gesicht aufgeprägt.

ERIKA

Auf der Steppe gibt es keine Blümelein,
Siehste was? — Steppengras!
Und du selber hast die kleinen Bienelein,
Kratzt dich das? — Das macht Spaß!
Auf der Heide, da gibt's weiches Moos . . .
Doch auf Steppendisteln? – Mensch, geh los!
Auf der Steppe gibt es keine Blümelein,
Siehste was? — Steppengras!

Aus:
Unser Heer, 1942

Über dem weiten Horizont der Steppe stiegen die Feuer und Rauchsäulen der brennenden Stadt und die grauschwarzen Fontänen der Einschläge auf. An der Nordfront schien jetzt zu den Stunden der sowjetischen Gegenangriffe die Erde im weiten Halbkreis aufzubersten. Denn die Steppenerde fliegt steilauf, wenn sie eine Granate trifft. Die Vormarschstraße der Panzer an der Wolga lag immer wieder unter feindlichem

Beschuß, zeitweilig wurde sie von den Bolschewisten erreicht, und zu Hunderten lagen dort ihre Toten.
Die Sowjets gaben den Kampf nicht verloren. Täglich stürzten sich die deutschen Stukas und Bomber auf ihre Stellungen, zerschlugen Panzeransammlungen und Angriffsvorbereitungen, aber immer wieder schickten sie ihre Schützen und Panzer in den Kampf. Die deutsche Infanterie und Artillerie verschwanden jetzt gleichsam in der Erde, und das Schützenloch und der Erdbunker, die Falten einer Schlucht, einer ›Balka‹, wie die Männer sagen, wurden Unterkunft, Bett und Befehlsstelle selbst höchster Stäbe. Denn es gibt nur wenig Ansiedlungen auf dem riesigen Schlachtfeld vor Stalingrad, mit ein paar Holz- und Lehmbuden, die hin und wieder buntbemalte Fensterläden und holzgeschnitzte Umrandungen zeigen. Auf der Steppe vor Stalingrad gibt es keine Tarnung für Fahrzeuge. Sie werden in lichten Abständen aufgestellt, dann graben die Männer schräge Löcher in die Erde und lassen die Wagen mit den Kühlern nach vorn hineinrollen. Die Steppe hat die ganze gewaltige Kriegsmaschine gleichsam in sich aufgesogen.«
»Wie die Maulwürfe haben sich die Bolschewiken in die Steppe geschaufelt«, so schreibt Kriegsberichter Dr. Rudolf Semler. »Wenn man genau hinsieht, entdeckt man Bunker neben Bunker. Aber man muß höllisch aufpassen, um diese raffiniert getarnten Stellungen aufs Korn nehmen zu können. Die Weite der Steppe bietet keine Anhaltspunkte, um diese Ziele auszumachen. Überall nur niedriges, graubraunes Steppengras, in dem die schmutzige Lehmfarbe der Sowjetuniformen beste Tarnung ist. Die endlos scheinende Weite wird durchzogen von tückischen Senken und plötzlichen Erdeinbrüchen. In diesen Balkas, die erobert werden müssen, haben sich die Bolschewiken verschanzt. Mit Holzbalken und Faschinen trieben sie die Schächte in die zähe dürre Erde um Stalingrad. Der Krieg in der Steppe ist mühsam und gefährlich, und er verlangt viel Nervenkraft. Man darf nicht glauben, daß der Raum um Stalingrad aufgrund seiner Weite und Ausdehnung ein ideales Gelände für Operationen von Panzerverbänden darstellt. In den zahlreichen Erdlöchern, mit der natürlichen Geschicklichkeit des Primitiven ausgebaut und raffiniert auf Abhänge und Schluchten verteilt, liegt fast bei jedem sowjetischen Schützen neben dem Gewehr die Panzerbüchse. Ganze Säcke voll Munition gehören dazu...
In einer Balka haben wir mit Pak, MG, Handgranaten und geballten Ladungen zwei Stunden lang einen unsichtbaren Gegner bekämpft. Er saß in Bunkern, die 15 Meter tief in die Erde gebohrt waren und die ausgedehnten Vorbereitungen der Sowjets auf die Verteidigung Stalin-

grads erkennen ließen. Mit Balken und Brettern waren die guten Stellungen verschalt und abgestützt. Sie wiesen alle mehrere gut getarnte Schießscharten auf und hatten verborgene, im Zickzack verlaufende Ausgänge. Drei Bunker waren sogar zweistöckig in die Erde gegraben; aus ihnen kam der härteste Widerstand. Ein ganzer sowjetischer Divisionsstab, dem unser plötzlicher Vorstoß an dieser Stelle völlig überraschend gekommen war, hatte sich hier eingenistet. Der Kommandeur war in letzter Minute entkommen, aber sein Generalstabschef, ein Oberst, fiel als Gefangener in unsere Hand, mit ihm eine Reihe von Offizieren des Stabes. Panzer und Pak waren bis unmittelbar vor die Bunker gefahren und feuerten aus 10 Meter Entfernung in die Schießscharten und Eingänge hinein. Nichts rührte sich. Panzergrenadiere sprangen von ihren Schützenpanzern und warfen acht, zehn, zwanzig Handgranaten in die Eingänge hinein. Erfolg: drei Handgranaten flogen aus dem Bunker wieder heraus, ehe sie im Innern krepierten. Blitzschnell preßten sich die Unseren auf die Erde. Jetzt streckte einer von drinnen zaghaft eine Hand heraus. Will der sich ergeben?
Während ein Landser den Bolschewiken aus dem engen Loch hochziehen will, schiebt sich eine andere Hand vor und feuert wild mit einer Maschinenpistole. Unser Kamerad ist verwundet. Voller Wut gegen diese gemeine Hinterlist geht es nun mit einer geballten Ladung gegen den Bunker. Wieder ohne Erfolg. Nun schicken wir einen Überläufer hin. Er soll die Besatzung auffordern, den sinnlosen Widerstand aufzugeben. Ein Schuß von drinnen streckt ihn nieder.
Eine geballte Ladung nach der anderen fliegt in die Gänge. Dunkler Qualm zeigt an, daß es innen brennt. Eine Erdwand bricht ein. Ein sowjetischer Stahlhelm fliegt durch den Druck der Explosion über unsere Köpfe hinweg. Letztes wildes Feuern von beiden Seiten. Dann kommen fünf Gestalten heraus, in zerfetzten Uniformen, mit verbundenem Kopf der eine, mit blutigem Arm ein zweiter. Als letzter wankt der Oberst mit erhobenen Händen aus dem Loch, blaß, mit stechenden Augen. Drinnen aber lagen tote und verwundete Sowjets in großer Zahl.
Der wichtigste Bunker war geknackt, die zwei anderen folgten in mühsamer einstündiger Arbeit, die den Unseren Blut und Schweiß gekostet hat. War dieser Gegner tapfer? Keiner, der diesen schweren Kampf zu bestehen hatte, konnte — spät am Abend in der Ruhestellung — diese Frage, die wir uns stellten, bejahen. Dieser an Verrücktheit grenzende Starrsinn ist keine Tapferkeit. Diese sowjetische Sturheit macht auch unbarmherzig. Und das Ringen um Stalingrad ist ein Beispiel dafür...

Blick in die Welt, 16. 9. 1942

★ Die Sowjets berichten

Am Donnerstag, dem 24. September 1942,
meldet das *Sowinformbüro*
über die Ereignisse am Vortage:
Nördlich von Stalingrad hat der Gegenangriff unserer Truppen, der immer mehr an Umfang zunimmt, sich jetzt zu einer gefährlichen Bedrohung der deutschen Faschisten entwickelt, die im Nord- und Nordwestsektor um den Stadtrand von Stalingrad kämpfen.
Zahlreiche Kanonenboote der Wolgaflottille sind — eine neue Überraschung für die Angreifer — eingesetzt worden, und mehrere deutsche Stellungen, die nördlich von Stalingrad am Westufer der Wolga errichtet worden waren, sind zusammengeschossen worden. Es gelang Marschall Timoschenko dann, Verstärkungen über die Wolga zu bringen und in erbittertem Ringen zum Teil in beträchtlicher Tiefe in die deutschen Stellungen einzudringen.
In Stalingrad selbst halten die Straßenschlachten an, doch hat jetzt die deutsche Heeresleitung die Angriffstaktik geändert. Die Stadtgebiete, die von deutscher Infanterie nicht erreicht werden konnten, werden jetzt von der deutschen Lufwaffe unaufhörlich bombardiert, und schwere Artillerie feuert in das Stadtzentrum.

Am Nachmittag des 24. September
teilt das *Sowinformbüro* ergänzend mit:
Die Schwere der deutschen Verluste an der Front von Stalingrad findet eine weitere Bestätigung darin, daß in den letzten 48 Stunden auf dem Luftweg beträchtliche Reserven herangeschafft worden sind. Marschall Timoschenko hat jetzt einige Jagdverbände zum Kampf gegen die Junkers 52 und ihre Begleitflugzeuge eingesetzt.
In der Stadt ist es in der Nacht einigen deutschen Verbänden gelungen, bis ins Innere vorzudringen, und die Straßenschlacht hat sich damit auf ein weit größeres Gebiet als zu Beginn der Woche ausgedehnt. Nirgends aber hat der faschistische Angreifer bisher in Stalingrad eine zusammenhängende oder beherrschende Position erreichen können. Unsere Truppen führen viele Einzelkämpfe, deren Ausgang sich zur Zeit nicht beurteilen läßt. Im ganzen glaubt man feststellen zu können, daß sich die Verteidiger in den letzten 24 Stunden erfolgreicher geschlagen haben als die Angreifer. Die Verluste der Deutschen steigen von Stunde zu Stunde.

Südlich der Stadt verloren die rumänischen Truppen mehrere Häuserblocks, die sie am Dienstag erobert hatten. Nordwestlich von Stalingrad hat der Angriff Marschall Timoschenkos gegen die linke deutsche Flanke weiteren Boden gewonnen. Eine Ortschaft unmittelbar vor der Stadt ist zurückgenommen worden, und eine Einheit von 200 deutschen Panzerwagen, die in drei Wellen angriff, wurde mit schweren Verlusten zurückgeworfen. Den Angriffen unserer heldenhaften Truppen gehen jetzt nach deutschem Vorbild schwere Sturzkampfbomber-Angriffe durch Sturmoviks voraus, deren Wirkung unverkennbar ist.
Am 24. September meldet ein Sonderkorrespondent der Agentur *Reuter* aus Moskau:
Die Schlacht um Stalingrad hat ihren kritischen Punkt erreicht und

Mit dem Rest der Habe auf der Flucht – eine von Tausenden der betroffenen Stalingrader Familien nach dem deutschen Räumungsbefehl

möglicherweise bereits überschritten. Die Kämpfe im Inneren und am Rande der Stadt haben seit gestern, nach einem Monat heldenhaften Widerstandes, die größte Intensität erreicht...
Die deutschen Truppen und ihre Verbündeten büßten bei Stalingrad eine Division pro Tag ein. Neue Verstärkungen der sowjetischen Truppen sowie Munitionstransporte und Sanitätsmannschaften überqueren nachts die Wolga, um den Verteidigern zu Hilfe zu kommen, während alle Verwundeten aus der Stadt evakuiert werden.
Die Arbeiter der Panzerwagenfabriken von Stalingrad haben in den Kämpfen eine besonders heldenhafte Rolle gespielt und die deutschen Durchbruchsversuche zum Scheitern gebracht. Deutsche Panzerwagen hatten versucht, in eine große Fabrik einzudringen; ein Teil der Arbeiterwohnungen war abgeschnitten. Die Fabrikarbeiter bestiegen auf den Appell hin unverzüglich die noch im Fabrikareal befindlichen Kampfwagen und führten diese direkt zum Kampfplatz, wo sie die deutschen Panzerwagen bis zum Eintreffen von Verstärkungen durch sowjetische Truppen in Schach hielten. Die Fabrikarbeiterinnen unterstützten ihre Kollegen durch Laden der Gewehre, während sich andere der Verwundeten annahmen.
Überall im Inneren und am Rande der Stadt, auch in der Hauptstraße, der Lenin-Straße, befinden sich Barrikaden, die aus allen möglichen Dingen hergestellt sind: Wagentrümmer, Betten, Sandsäcke, Holzbalken und Stacheldraht. Im Stadtinneren sind zahlreiche Straßen nur noch rauchende Trümmerhaufen. Immer wieder brechen neue Brände aus. Überall liegen Trümmer von Flugzeugen und Kampfwagen. Keine Stunde vergeht ohne Luftangriffe und Artilleriebombardements. Nachts ist der Himmel von dichten Rauchwolken bedeckt. Über den fernen Höhenzügen bemerkt man den Schein von Leuchtraketen, welche die sowjetischen Flieger über den deutschen Stellungen abwerfen. An den Ufern der Wolga häufen sich die verkohlten Leichen von Frauen und Kindern, die in ihren Flußkähnen Opfer feindlicher Bomben wurden.

Sturm über die Ringbahn von Stalingrad

So verzweifelt der Feind sich auch wehrt, so verbissen er sich an jeder Mulde, an jede Höhe, an die Steppendörfer anklammert, der deutsche Einbruch ist nicht mehr aufzuhalten. Auch schweres Artilleriefeuer und die Sowjetluftwaffe können dem Vorstoß kein Halt mehr gebieten. Vorwärts nach Stalingrad! Das ist Befehl, Wille und Entschluß.

An diesem Morgen sind die Panzergrenadiere auf der letzten Höhe vor der Ringbahn um Stalingrad angetreten. In weitem Bogen zieht sich der Schienenstrang hinaus in die Steppe und verbindet die Bahnstrecken nach Norden und Süden miteinander.
Die weite, kahle Fläche vor dem Bahndamm ist übersät mit Schützenlöchern. Besonders Findige haben sie für die Nacht mit einem Armvoll wärmenden Strohs ausgepolstert, denn unter dem hohen Sternenhimmel der Nacht ist es hier in der Steppe schon sehr kühl. Wie an den Tagen vorher gibt auch heute der Feuerschlag der Artillerie den Auftakt für den Angriff.
Wo am Abend vorher noch die Mündungsfeuer der bolschewistischen Kanonen aufgeblitzt waren, dort stehen innerhalb weniger Minuten dunkle Rauchpilze, zwischen denen immer neue Feuerblitze der Einschläge irrlichtern. Stukas kreisen hoch am stahlblauen Himmel zwischen den schwarzen Sprengwolken der Sowjetflak, stoßen hinunter zur Erde, verschwinden hinter der Wand aus Qualm und Staub und tauchen wieder empor in ihr lichtes Element.
Schwach nur antwortet die feindliche Artillerie. Von weither schon müssen die vereinzelten schweren Geschosse kommen, die nach den flachen Mulden tasten, in denen die Flak und Schützenpanzer den Aufbruch mit den Grenadieren abwarten. Es gibt kaum Ausfälle, ein gutes Vorzeichen für diesen Angriffstag.
Und dann ist es soweit. Wieder hebt in den Schluchten, wo die flankierend angelegten Bunker lauern, das blutige Tagewerk an. Aber wo die Schützen zu Boden müssen, helfen die schweren Begleitwaffen wieder voran. Der breite Stoßkeil dringt schneller vorwärts als in den vergangenen Tagen. Die Schützen hasten vorwärts. Die ersten Gefangenentrupps werden zurückgeschickt.
An der Rollbahn auf einem kleinen Hügel sitzt hinter dem Erdwall eines Schützenlochs der Divisionskommandeur und sein 1. Generalstabsoffizier am Scherenfernrohr. Bei einem Feuerüberfall schlägt dem General ein vorbeisurrender Splitter eine Kopfwunde. Kaum hat ihn der nächste Sanitäter verbunden, hält er schon wieder den Hörer des Feldfernsprechers in der Hand und lenkt den Angriff weiter.
Nur Stunden sind vergangen, da brandet die Angriffswelle an den Waldgürtel, der sich vor Stalingrad hinzieht. Das erste Waldstück und die Kasernen davor werden noch am Abend genommen. Panzer sind unterdes nachgestoßen und reißen den Angriff die Bahnstrecke entlang weiter vorwärts. Ein Rudel Sowjetpanzer versucht einen verzweifelten Gegenstoß. Vergeblich, vier von ihnen bleiben als lodernde Fackeln liegen.

Das erste gewonnene Waldstück ist vollgestopft mit liegengebliebenen Waffen, Geschützen und Troßfahrzeugen. Die Bomben der Luftwaffe haben sie stellenweise chaotisch durcheinandergewürfelt.
Auf dem Schlachtfeld haben sich die von Süden und Nordwesten her angreifenden deutschen Stoßkeile die Hand gereicht. Die eiserne Klammer ist nun dicht vor der Stadt geschlossen.
Über die Wolga versuchen die Sowjets nun zu retten, was unter dem Bombenhagel der Luftwaffe noch zu retten ist. Sie verlassen sich auf die Nacht, ihre Flak und die langen Lichtfinger der Scheinwerfer. Doch die weithin leuchtenden Brände am Wolgaufer zeugen von dem Vernichtungshagel der Bomber.
Zwischen Fabrikanlagen, Gleisen und den zerfallenen Hütten der Proleten tragen die Panzergrenadiere am nächsten Morgen den Angriff weiter voran. Häuser-Kämpfe flackern auf. Mittags schon stehen die Stoßtruppen in der Vorstadt Minina. Brand und Vernichtung ringsum.

Völkischer Beobachter, 22. 9. 1942

★ Die Sowjets berichten

Am Freitag, dem 25. September 1942,
meldet das *Sowinformbüro*
über die Ereignisse am Vortage:
Die Kämpfe um Stalingrad und in der Stadt selbst haben an Wucht nicht nachgelassen. Nach Feststellungen, die heute früh gemacht wurden, hat v. Bock weitere Reserven erhalten, die unverzüglich an die Front von Stalingrad transportiert wurden. Nach wie vor werden durch Junkers 52 (Transportflugzeuge) deutsche Spezialtruppen herangeschafft, die vor allem für den Straßenkampf ausgebildet und ausgerüstet sind.
Jedes Gebäude, ja jeder Straßenzug, der keine Aussicht mehr für eine erfolgreiche Verteidigung bietet, wird auf Befehl des Stalingrader Oberkommandos rücksichtslos gesprengt. Die Sprengkommandos — meist Stoßtrupps in Stärke von fünf Mann, von denen jeder 25 Kilo Dynamit mit sich schleppt — werden regelmäßig von Schützenabteilungen und unter Deckung von leichter Artillerie zu dem Häuserblock geleitet, dessen Zerstörung befohlen wurde.
Über das Leben in Stalingrad berichtet der Schriftsteller Konstantin Simonow in der Zeitung *Krasnaya Swiesda:* »Zahlreiche tiefe Bachläufe

laufen in Stalingrad in einem rechten Winkel zur Wolga. In diesen Aushöhlungen leben die Bürger Stalingrads, die nicht an der aktiven Verteidigung teilnehmen können, aber für Versorgungsdienste der Truppe eingesetzt sind. Einige Decken und Matratzen sind ihre ganze Habe und bilden den Schutz gegen die bereits empfindliche Nachtkälte. Wie durch einen Zufall sind noch einige Betriebe in der Stadt intakt geblieben. So arbeiten zum Beispiel eine Großbäckerei, eine Wäscherei und mehrere Reparaturwerkstätten.«

Die Deutschen berichten

Lagebericht, *Oberkommando des Heeres,*
25. September 1942
Heeresgruppe B: Im Stadtgebiet von Stalingrad wurde die Hälfte des bisher von den Russen besetzten Nordstadtteils genommen. Mehrere feindliche Angriffe scheiterten.

Pioniere vor Stalingrad

Wißt ihr in der Heimat, was Schlaf ist? Kennt ihr jenen Schlaf, der nach Minuten zählt? Könnt ihr euch vorstellen, daß wir seit Wochen, seit Monaten mit offenen Augen schlafen, weil wir keine Zeit haben, die Augen zu schließen? Daß die Stadt und der Kampf noch allgegenwärtig sind, wenn die Lider längst über brennende Blicke gesunken, und daß die Hand sich weiter um den Lauf der Waffe krampft, wenn auch das Spannen kampfgewohnter Nerven sich gelockert hat!
Seit Wochen haben wir das Schlafen verlernt, jenen Schlaf, wie er uns früher zu eigen war, vergessen. An seine Stelle trat ein neuer Begriff des Ruhens, den uns die Nächte in Stalingrad lehrten. Zählt die Stunden des zusammenhängenden Schlafes getrost an den Fingern einer einzigen Hand ab! In den meisten dieser Stalingrader Nächte werdet ihr beim Daumen anfangen und den Zeigefinger schon nicht mehr zu zählen brauchen...
Im Brennpunkt des Angriffs als Kern der deutschen Durchbruchskeile standen neben den Panzergrenadieren die Pioniere. »Stalingrad! Stalingrad!« sangen die Motoren der Bomber und Zerstörer im Septemberhimmel, wenn sie im Anflug auf die Stadt stürzten und wir sie mit brennenden

Stalingrad, September 1942: Ausfallstraße mit zerschossenen, mittelschweren Panzern T34/76B aus der Produktion des Dscherschinski-Werkes; in der Mitte leichter Panzer T-60A.

Augen verfolgten. »Stalingrad!« tackerten unsere Maschinenwaffen... Tag für Tag und Nacht für Nacht erlebten wir ein gleiches Geschehen. Immer neue Sperren, neue Hindernisse, neue Minen. Dahinter neue Bunker, neue Panzergräben, neue Feldstellungen. Jedes Dorf ein Igel in Wehr und Waffen. Die schlechten Staubstraßen aufgewühlt, zerfahren

und von Gräben durchfurcht. Jede Kate, jeder Kartoffelkeller durch Baumstämme und Sandwälle verstärkt, in Türen und Fenstern Schießscharten, an den Hängen Erdbunker, Laufgrabensysteme, und die Wohnhäuser untergraben, daß sie am Boden die feuernden Maschinenwaffen bergen konnten.

Unsere Minensuchtrupps stocherten sich an den Feind heran, tasteten wie die Wünschelrutengänger die Erde mit elektrischen Geräten ab, warfen den lauernden Tod aus dem Boden, schufen die Gassen, die irgendwo auf einen Drahtverhau oder einen Panzergraben stießen.

Stoßtrupps jagten die Hindernisse in die Luft, räucherten die Feldstellungen und Kampfstände aus mit der gefürchtetsten Pionierwaffe, dem Flammenwerfer. So kämpften wir uns Tag für Tag weiter zum Stadtrand vor. An einem Sonntag um die Mittagszeit lagen wir in der Bereitstellung zum weiteren Angriff vor einer beherrschenden Höhe. Wir aalten uns gerade am Saum eines kleinen Hanges, als unser Chef, lang und verstaubt, die Feldmütze durchs Koppel gezogen und den Stahlhelm über die Patronentasche gehängt, über die dürre Wiese gestakt kam. Er trug wie jeder unserer Offiziere in diesen Tagen einen Karabiner auf der Schulter.

»Auf Jungs! Zur gewaltsamen Pioniererkundung!« rief er schon von weitem. — Was half da alles Fluchen. Die Kameraden schrien nach dem Pionier.

Wir packten uns in der drückenden Mittagshitze die geballten Ladungen in die Tragesäcke auf die Brust. Die andern ließen sich die Flammenwerfer überschnallen, und die MG-Schützen warfen die langen, in der grellen Mittagssonne blitzenden Munitionsgurte über die Nacken.

Herrgott, war dieser Mittag heiß! Die Sturmwaffen waren nicht von Pappe, und der Weg durch die Schlucht zur Höhe zog in den Knien. Unvermutet standen wir vor einem breiten Brandhindernis, einer hochgetürmten Barrikade aus trockenen Urwaldstämmen, von Benzinfässern gekrönt.

Einer sah das getarnte Strahlrohr eines Flammenwerfers harmlos und wie unabsichtlich hingeworfen vor der Barrikade liegen. »Eingebaut! Fernzündung!« zuckte es ihm durch den Kopf. Dann riß er in Sekundenschnelle ein ganzes Bündel von Zündleitungen aus der Erde, die zu Fässern und Flammenwerfern in allen Teilen der Sperre führten.

Beim Beseitigen der Spritbehälter wurden wir von den Verteidigern erkannt. Das Abwehrfeuer prasselte von allen Seiten auf uns ein. Ein Leuchtspurgeschoß zischte in eines der Fässer. Augenblicke später stand die Sperre auf ihrer ganzen rechten Hälfte in Brand. Kurz entschlossen packten wir einige geballte Ladungen in ihre linke Seite, und im Qualm der Detonation noch sprangen wir durch das aufgerissene Hindernis an die Feindnester. Ein Flandernzaun bog sich unter der Wucht einer gestreckten Ladung nach der Seite, daß der Stacheldraht sich zu unentwirrbaren Knäueln verstrickte. In kühnem Vorstoß sprangen die Flammenwerferschützen durch die so geschaffene Gasse.

Und jetzt war kein Kraut mehr gegen uns gewachsen. Über der Erde woben sich die würzigen Schwaden intensiven Pulvergeruchs, in den sich schnell das stickige Beißen verbrannten Öls mengte. Breitbeinig standen die Flammenwerfer vor den Stellungen. Die Flammenbahnen fraßen sich breit und behäbig, alles versengend, in die Erde, brachen Tod und Verderben bringend in Bunker und Schießscharten ein. In der Luft zitterten tierische Aufschreie in der fremden Sprache, gellendes Angstgeheul, in dem das Stöhnen beginnenden Wahnsinns schwang, ehe die Stimmen abbrachen, um für Sekunden, Minuten noch, zusammenhanglos im Brodem des Kampfes zu schweben. Das Bersten und Krängen geballter Ladungen erst vermochte dieses Aufbäumen einer Todesnot, die mit schreckgeweiteten Augen das Ende sieht, ohne ihm entgehen zu können, aus den Ohren zu bannen. Zwischen gefallene und verwundete Bolschewisten sprangen wir in die Erdlöcher und Stellungsgräben. Die überlebenden Verteidiger fanden nicht mehr die Kraft, die Hände zu heben. Erschöpft und vor Angst gekrümmt lagen sie zwischen jenen Unglücklichen, denen das Blut aus dem Körper sickerte, die an Stelle des Gesichts eine verbrannte Fleischmasse unter dem flachen Stahlhelm trugen. Und was sich tatsächlich noch wehrte, wurde mit Handgranaten vollends niedergekämpft. In manchem Bunker brauchte der Pionier das Maschinengewehr der Roten nur zu wenden, um es schußfertig zur Verfolgung des weichenden Feindes einsetzen zu können.

Durch den unerwartet schnellen Erfolg dieser »Pioniererkundung« mitgerissen, brachen andere Truppen zum Sturm vor und begannen das von der Pionierspitze bereits durchschrittene Gelände von Feindresten zu säubern. Sturmgeschütze und schwere Panzer zerrten an langen Ketten und Stahltauen das Brandhindernis vollends zur Seite.

Als die Stukas zur Unterstützung des für den Abend erst vorgesehenen Angriffs anflogen und gerade über uns zum Sturzflug ansetzten, rissen wir die Fliegertücher und Sichtzeichen heraus, schossen aus allen verfügbaren Leuchtpistolen Signale. Um diese Zeit nämlich lagen wir bereits in jenen Stellungen, deren Wegnahme erst für den Abend befohlen war. In den Stellungen auf der Höhe! Drüben, kilometerweit noch, lag im Abendschatten diesig und verschwommen auf weite, weite Breite die Silhouette der Großstadt, über der die schwarze ballige Decke eines Meeres von Rauchwolken und Schwaden den beginnenden Untergang ankündigte: Stalingrad!

Ja, das war der Kampf um Stalingrad: Mit gewaltigem Stoß brachen wir, alles überrennend, in die Vorstädte ein. Mit machtvollem Griff faßten wir nach der Wolga, die von der Spitze des mitten in den Festungsring gestoßenen Keiles bald erreicht wurde. Doch dann begann dieser Kampf um die Stadt erst richtig. Der überholte, umgangene, eingeschlossene Feind war überall. Vor uns, in unserem Rücken, in den Flanken. Über

uns in den Giebeln der Häuser und unter uns in den Gängen und Stollen. Wie sah doch diese Stadt aus! Ein Meer von Trümmern. Ein befestigtes Chaos. Jedes Haus ein Stützpunkt, jede Schutthalde ein erbittert verteidigtes Maschinengewehrnest. Als die Machthaber vor Tagen oder Wochen eingesehen hatten, daß kein fertiger Panzerwagen mehr Dscherschinski, das riesige Traktorenwerk, würde verlassen können, ließen sie die Panzerkuppeln und Türme verladen. Die Zivilbevölkerung wurde zu Ausschachtungs- und Befestigungsarbeiten in den Straßen der Stadt gezwungen. Stellungssysteme entstanden, die Turmaufbauten der halbfertigen Panzerwagen wurden als behelfsmäßige Kuppeln in Erdlöchern eingelassen und sollten uns als Vorwerke der schnell zur Verteidigung eingerichteten Fabrik- und Wohnviertel den Weg verwehren. Frauen und halbwüchsige Burschen zogen Drahtverhaue und warfen Panzergräben aus, die Arbeiter wurden von den Werkhallen weg kurzfristig an den Waffen ausgebildet und zogen, meist noch im Arbeitsanzug, in die Verteidigungsstellungen.
Jetzt war das alles vom Trommelfeuer unserer Geschütze aufgewühlt, von den Bombenlasten unserer Luftwaffe gepflügt. Das unterste zuoberst. Und mitten im Chaos lagen die Sowjets an den Kolben ihrer Waffen. Schulter an Schulter mit den Kameraden der Infanterie kämpften wir Pioniere uns Schritt für Schritt vorwärts. Vor unseren Augen stürzten die Stukas sich auf die Widerstandsnester. So nahe vor uns wirbelten die Steinbaukästen wie Spielzeug durch die Luft, daß der Luftdruck der schweren Bomben an unseren Trommelfellen rüttelte, daß wir vor Splittern und Steinen in Deckung gingen. Und wo kein Flugzeug mehr eingreifen, keine Artillerie mehr trommeln konnte, weil die Stellungen bereits wie die Zähne eines Getriebes ineinandergriffen, da ersetzten Pioniere mit ihren Sprengladungen die schweren Waffen. Die Augen schmerzten vom ewigen Beißen des Pulverdampfes, die Ohren waren taub, weil Tag und Nacht keine Sekunde mehr ohne Bersten und Stürzen war.
Am Tage stürmten wir, und wenn der Abend kam, dann sicherten wir die erreichte Linie gegen die Gegenstöße der immer wieder zum Widerstand aufgeputschten, dabei aber längst lebensmüden Sowjets. An einem dieser Abende lagen wir vor einem riesigen Häuserblock, aus dessen langer Fensterfassade Gewehre und Maschinenwaffen unaufhörlich auf unsere Schlupfwinkel einhackten. Der unförmige schmucklose Steinkasten war am einen Ende bereits von einer Fliegerbombe abgesägt und eingestürzt. In den Fensteröffnungen, zwischen denen etagenweise wie Käfige die Gitterstäbe grober Balkone hingen, war natürlich keine Scheibe mehr.

Im Aufflackern der Brände gähnte aus den Schatten der Kellerlöcher grauenhaftes Dunkel.
Wir hätten Unmengen unserer kostbaren Sprengmunition gebraucht, den ganzen Block in die Luft zu jagen. Panzerkanonen und Maschinengewehre beharkten deshalb die verbarrikadierten Fensterhöhlen, aus denen der Widerstand immer wieder aufsickerte. Dann schwieg das Feuer der Bolschewiken jedesmal für Minuten, um schließlich um so heftiger aus den Fenstern eines anderen Stockwerks wieder loszubrechen.
Ein einziger Flammenwerfer brachte den Gebäudekomplex zu Fall. Der Flammenwerferschütze unseres dritten Zuges und vier, fünf Mann zu seiner Deckung. Wir anderen knieten hinter Schornsteinen, die wie warnend gehobene Zeigefinger in das blutgetauchte Brandrot ragten, hinter Mauerresten und rasch aufgeworfenen Erdlöchern, und hielten die Fensterfassade unter Beschuß, daß die Kameraden ungestört die Straße gewinnen konnten.
Für Sekunden wurden die feindlichen Fensterschützen niedergehalten. Dem Flammenwerfertrupp genügte diese Feuerpause, den Haupteingang des Blockes zu erreichen. Doch der war verbarrikadiert, von innen verrammelt.
Der Trupp blieb im toten Schußwinkel des Hauses liegen. Einer der Pioniere aber sprang zurück, zwei geballte Ladungen zu holen. Die Sowjets zeigten sich nicht mehr in den Fenstern. Aber Handgranaten flogen aus sicherer Deckung auf die Straße, kullerten zwischen die Scherben der herabgestürzten Fensterscheiben. Im Lichtschein der Detonationen sahen wir, wie die vom Stoßtrupp in die Deckung einer Kellerluke kletterten. — Ewigkeiten schienen zu vergehen, bis der Kamerad mit seinen Ladungen wieder über die Straße sprang. Unbekümmert um den Tanz der krepierenden Eier packte er die Sprengmunition an das Tor. Die vom Stoßtrupp waren schnell verständigt. »Brennt! Deckung!« rief jemand exerziermäßig wie in Friedenszeiten auf dem Landübungsplatz. Und im Bersten der Ladungen, die mit der Tür zusammen ganze Mauerbrocken aus dem Erdgeschoß rissen, flog die Bresche auf. Eine Maschinenpistolengarbe zischte in den Flur, der Stoßtrupp sprang auf und stürmte in das Innere des Häuserblocks.
Für uns draußen folgten bange Minuten untätigen Wartens. Im Haus fiel kein Schuß mehr. Die Sowjets schwiegen. Von den deutschen Waffen war ebenfalls nichts zu hören. — Da sprang plötzlich im obersten, fünften oder sechsten Stockwerk ein Lichtschein hinter den Fensterlöchern auf. Schwarzer Qualm schlug in balligen Schwaden ins Freie. Der Flammenwerfer!

Minuten später das gleiche Schauspiel eine Etage tiefer. Ehe der flammende Tod hinter den Fensterhöhlen des dritten Stockwerks irrlichterte, hallte ein kurzer Kugelwechsel aus dem Treppenhaus. Die letzten Schüsse kamen aus einer deutschen Maschinenpistole. Hurra!
In der vierten Etage krochen ein paar Schatten auf einen Balkon. Nicht lange dauerte es, dann faßte der Brand auch dort nach ihnen. Als unser Stoßtrupp so Stockwerk um Stockwerk ausgeräuchert hatte und endlich wieder aus dem Eingang gesprungen kam, stand der Gebäudekomplex bereits lichterloh in Flammen. Die ganze Umgegend flackerte im Schein des Großfeuers. Links und rechts draußen tackerten die Feuerstöße deutscher Maschinengewehre auf. Die Annäherungsversuche der Sowjets waren in den taghell erleuchteten Trümmern der benachbarten Straßen schnell vereitelt.
Auf dem Balkon droben schrien sie vor Angst tierisch auf. Einer schwang sich über das Geländer, um mit zerschmetterten Gliedern auf die Straße zu schlagen. Die anderen fanden nicht mehr die Kraft, ihr Ende zu beschleunigen. Als das Gemäuer einzustürzen begann und die Eisenträger auch in den mittleren Stockwerken bereits aufglühten und sich ächzend bogen, brach die Schar der Verteidiger aus dem Haupteingang und den Fenstern des Erdgeschosses hervor. Eine zermürbte, zerschlagene Schar, die sich mit Mühe noch auf den Beinen hielt. Sie kamen ohne Waffen mit schweißgebadeten, rußgeschwärzten, vom Grauen verzerrten Gesichtern. Sie hoben die Hände, wankten, taumelten, fielen die Treppen herunter ins Freie. Vierzig Überlebende noch von dreihundert Mann. Viertelstundenlang noch klang das Wimmern und irrsinnige Schreien der vom Feuer eingeschlossenen, von stürzenden Mauern Begrabenen, von unseren Schüssen Verwundeten zu uns herüber. Das Feuer verschlang sie, ohne daß jemand ihnen helfen konnte.
Wir legten uns zu kurzem Halbschlaf zwischen die Trümmer, krochen in ein halbverschüttetes Kellerloch, die Minen und Handgranaten und Waffen in ruhloser Ruhe griffbereit. Weit hinter uns rauschten die Bomben des »Iwan« zwischen die Brände. Denn dort, wo wir lagen, glaubten die roten Piloten ja noch ihre Genossen in einer der hundert Verteidigungsstellungen. Und ehe wir einschlafen konnten, graute über der Wolga der neue Tag.
Nie werden wir das Bild dieser Stadt vergessen, die so gar nichts mit einer deutschen Großstadt gemeinsam hatte. Weite Straßenzüge bestanden nur aus einstöckigen Holzhäusern, wie man sie ab und zu auch schon in einem größeren Dorfe hatte antreffen können. Um die Fabriken gruppierten sich die Arbeitersiedlungen, schmutzig und verwahrlost, düster

und trostlos, armselig und freudlos — als ob nie ein Sonnenstrahl sie berührt und kein Kinderlachen in ihren Wänden geklungen hätte.
Die wenigsten der Straßen waren gepflastert oder gar asphaltiert. Ganze Häuserreihen waren abgebrannt. Das Feuer fand in den Holzkaten reiche Nahrung und ließ nur die gemauerten Öfen und Essen übrig. Die Gerippe ausgeglühter Eisenbettstellen zeigten an, wo die »Besitzenden« unter den Genossen gewohnt hatten.
Wo einst Steinhäuser waren, konnte man stellenweise kaum noch den früheren Verlauf der Straßen erkennen. Überall Trümmer, Ruinen, Schutthaufen. Dazwischen in Lumpen gehüllte Gestalten, die das wenige Brauchbare noch aus den Geröllhalden zu retten versuchten, Frauen und Kinder, Hausrat auf den Rücken gepackt, alte Weiber an Kochstellen, um die kein Haus mehr war, beim Zubereiten undefinierbarer Speisen aus Abfällen, die nicht selten aus den Kadavern toter Panjepferde geschnitten waren. Dazu der ewige Orlog! Von allen Seiten schütteten die beiden Artillerien ihre Eisen in die ständig anwachsende Verheerung. Im Oktoberhimmel kurvten Aufklärer und Jäger, fielen die Stukas wie Raubvögel aus den Wolken, um auf eine riesige Fabrikhalle niederzustoßen, von der nach Stunden nichts mehr übrig war als ein Haufen rauchender Trümmer. *Völkischer Beobachter, Herbst 1942*

Sender Beromünster (Schweiz)

25. September 1942. Die ungeheure Abnützungsschlacht um den Besitz der Stadt Stalingrad dauert nun an die 2 Monate. Die Russen haben nie ein Hehl daraus gemacht, wie furchtbar schwer die Last ist, die sie in diesem Feldzug zu tragen haben.
Die russischen Angaben über eigene Mannschafts- und Materialverluste sind immer sehr hoch, und es ist wahrscheinlich, daß auf die Dauer bei den Russen die Materialknappheit sehr ernste Probleme stellen wird. Daraus erklärt sich, warum die beiden kriegführenden Parteien der Frage der Versorgung Rußlands mit amerikanischem und englischem Material eine so große Bedeutung beimessen. Bekanntlich ist aber die Lieferung von Kriegsmaterial nicht die einzige Hilfe, die die Russen von ihren Verbündeten fordern. Zu wiederholten Malen und öffentlich verlangten die Russen die Schaffung einer »zweiten Front« in Westeuropa zur Entlastung der russischen Armee.

★ Die Sowjets berichten

Am Sonnabend, dem 26. September 1942,
meldet das *Sowinformbüro*
über die Ereignisse am Vortage:
Heute ergibt die Schlacht um Stalingrad folgendes Bild: Einer der schwersten von der faschistischen Panzerwaffe in den Straßen Stalingrads durchgeführten Angriffe ist unter schweren Verlusten für den Angreifer zurückgeschlagen worden. Das Ziel dieser Aktion bestand darin, die eine der beiden Hauptstraßen, die quer durch die Stadt zur Wolga führen, in Besitz zu nehmen, während gleichzeitig zwei andere Panzerformationen im Kampf um zwei Straßen eingesetzt wurden, die parallel zur Wolga verlaufen. Damit sollten innerhalb Stalingrads von den deutschen Truppen gewissermaßen »Panzerquadrate« gebildet werden, die sich dann leichter gegen die zum Gegenangriff eingesetzten Truppen unserer Armee verteidigen ließen und durch die gleichzeitig die lokale Verbindung unter den Verteidigern unterbrochen werden könnte.
Innerhalb 48 Stunden versuchten die Deutschen nicht weniger als vierzigmal, die Operationen durchzuführen, aber nur ein einziges dieser Panzerquadrate konnte gebildet werden. In der Nacht zum Samstag setzten unsere Truppen diese Gebäudegruppe, die von vier Straßen umgeben ist, in Brand, und die auf etwa 800 Mann geschätzte deutsche Maschinenpistolenabteilung, die den Häuserblock verteidigte, ist in den Flammen umgekommen. Eine andere Gruppe, die vom Süden her eine Straßenkreuzung in der Nähe der Wolga besetzte, konnte noch nicht vertrieben werden. Diese deutsche Abteilung verfügt über einige flammenwerfende Panzer und mehrere motorisierte Geschütze.
Im nordwestlichen Stadtgebiet ist die Situation nicht klar zu übersehen. Eine Anzahl von Gebäuden wird von den Deutschen gehalten, während unmittelbar daneben unsere Truppen Barrikaden und benachbarte Häuser besetzt halten. Der Kampf von Haus zu Haus und von Mann zu Mann wird mit einer Wildheit geführt, wie ihn die moderne Kriegsgeschichte bisher nicht kannte. Die deutsche Luftwaffe hat jetzt die Aufgabe erhalten, die Wolga am östlichen Stadtrand unaufhörlich zu bombardieren, damit Marschall Timoschenko daran gehindert wird, weitere Reserven über den Fluß zu schaffen.
Aus Stalingrad meldet ein Militärkorrespondent: »Der Generalstab der Garnison, der die Operationen innerhalb des Belagerungsrings führt und

der sein Hauptquartier in einem tief unter der Erde gelegenen Gewölbe aufgeschlagen hat, erhielt aus Moskau die Anweisung, neben den notwendigen Arbeiten an den Verteidigungsstellungen mit äußerster Energie für die Reorganisierung der zivilen Versorgungsdienste in der Stadt zu sorgen. Es ist jetzt von den städtischen Behörden ein Ausschuß eingesetzt worden, dem einige tausend technisch vorgebildete Arbeiter der riesigen Werke ›Krasny Oktjabr‹ zugeteilt wurden.
Zuerst wurden im östlichen Stadtteil die Kanalisation und die Wasserversorgung, so gut es ging, wiederhergestellt, und seit Freitag gibt es bereits wieder Frischwasser. Fünf große Bäckereien haben den Betrieb aufgenommen, und die Verteilung von Brot, Reis, Kartoffeln und einigen anderen Lebensmitteln beginnt wieder zu funktionieren.
Hunderte von Frauen haben sich für den Versorgungsdienst freiwillig gemeldet, der natürlich inmitten des deutschen Artilleriefeuers zu versehen ist. Die innere Verteidigung der Stadt ist neu organisiert worden, und es werden jetzt unterirdische Gänge von Haus zu Haus gebaut, statt die Brandmauern innerhalb der Stockwerke zu durchbrechen. In den Werken ›Krasny Oktjabr‹ selbst wurde ein Teil der Reparaturwerkstätten wiedereröffnet und besonders befähigte Arbeiter aus den Arbeiterbataillonen herausgezogen und für den Reparaturdienst eingesetzt.
Stalingrad darf man sich übrigens nicht als eine geschlossene überbaute Fläche vorstellen. Die Stadt ist in den letzten zehn Jahren so schnell gewachsen, daß Felder und Kolchos-Gemüsefarmen noch innerhalb der über sie hinausgewachsenen Stadt liegen. In diesen landwirtschaftlichen Betrieben und in den Melonenplantagen, die sich längs der Wolga erstrecken, ist bereits wieder die Arbeit aufgenommen worden. Noch phantastischer erscheint es, daß inmitten der rauchgeschwärzten Ruinen Stalingrads auch eine Zeitung gedruckt wird. Es besteht zwar nur noch eine Handdruckerei, aber nichtsdestoweniger kommt zweimal täglich eine Ausgabe heraus, die in der Stadt angeschlagen oder verteilt wird. Die Redaktion befindet sich in den Kellergewölben eines Hauses, von dem sonst nichts mehr übriggeblieben ist.«
Nordwestlich der Stadt verschärft sich der Druck unserer Truppen auf die deutsche Flanke, obgleich v. Bock weitere Reserven herangeholt hat. Mehrere faschistische Panzerangriffe brachen im Artilleriefeuer unserer Truppen zusammen. Marschall Timoschenko hat jetzt auf dem Westufer der Wolga die schwersten Panzer der Roten Armee vom Typ »Woroschilow« zur Verfügung, die erst vor wenigen Tagen über den Fluß geschafft werden konnten.
Als eine besonders wirksame Waffe erweisen sich die Kanonenboote, die

durch Flottillen des Wehrbezirks Saratow verstärkt worden sind. Am Ostufer der Wolga hat Marschall Schaposchnikow, der Oberkommandierende unserer Armee, die weitaus stärkste Konzentration sowjetischer Artillerie zusammengezogen, die jemals an der sowjetisch-deutschen Front gebildet wurde. In einer viele Kilometer langen Artilleriefront sind im Bogen um Stalingrad viele hundert Geschütze bis zum schwersten Kaliber und Steilfeuerbatterien aufgestellt.

Die Deutschen berichten

Lagebericht, *Oberkommando des Heeres,*
26. September 1942
Heeresgruppe B: In Stalingrad wurden im zäh verteidigten Stadtteil nördlich der Zariza mehrere befestigte Häuserblocks, darunter die Parteigebäude im Zentrum der Stadt, sowie mehrere Erdbunker genommen. Wetter: klar und sonnig. Temperatur um 23 Grad.

Die Bewährung der brandenburgischen 76. Infanteriedivision

Im Stadtgebiet von Stalingrad wurden in harten Straßenkämpfen mehrere befestigte Häuserblocks genommen. Bei der erfolgreichen Fortsetzung des Kampfes erreichten die deutschen Truppen an weiteren Stellen die Wolga.
Gegenüber einem Gegner, der eine Stadt zäh verteidigt, wird der Angriff immer nur abschnittsweise langsam vorwärtskommen. In Stalingrad aber sind die Kampfbedingungen besonders schwer. In jeder Hausruine, in jedem Trümmerhaufen hat sich der Gegner festgesetzt und verteidigt seinen Stützpunkt mit letztem Kraftaufwand. Größere Steinhäuser, die Paradebauten eines bolschewistischen Systems, sind zu stärksten Verteidigungsbollwerken ausgebaut. Jeder Granateinschlag schichtet Berge von Schutt auf, geborstene Leitungsmasten und verbogene Eisenträger hemmen den Weg der Stoßtrupps.
Pioniere müssen Tag und Nacht arbeiten, um den Weg von Minen frei zu machen. Der Kampf spielt sich in kleinen Gruppen auf nächste Entfernungen ab. Jeder Trupp, jeder Soldat ist auf sich allein angewiesen. Das erfordert harten Einsatzwillen und schnellste Entschlußkraft von den Unterführern und erschwert im besonderen Maße die Befehlsführung der höheren Truppenstäbe.

Tag für Tag, Nacht für Nacht: der Häuserkampf in Stalingrad

Durch den dichten Rauch brennender und schwelender Häuser dringen die Infanteristen nach vorn. Ihren Standpunkt können sie nur durch Abschießen von Leuchtkugeln angeben, denn eine Fernsprechverbindung ist meist unmöglich. Auch die Ergänzung von Munition und die Nachführung von Verpflegung, der Abtransport der Verwundeten vollzieht sich unter den schwierigsten Verhältnissen und erfordert höchsten kämpferischen Einsatz. Die Erfolge der deutschen Führung, der Infanteristen, Pioniere, Panzerjäger wie überhaupt aller Soldaten, die dort im Kampf stehen, müssen deshalb besonders hoch gewertet werden, selbst wenn diese Erfolge nicht von Tag zu Tag augenfällig in Erscheinung treten.

Gegen die nördliche Riegelstellung griffen die Bolschewisten wiederum mit stärkeren Infanterie- und Panzerkräften an; sämtliche Angriffe wurden in hartnäckigen Kämpfen abgeschlagen und insgesamt 36 feindliche Panzerkampfwagen vernichtet. Hierbei zeichnete sich die brandenburgische 76. Infanteriedivision besonders aus; gerade eine der Divisio-

Warnschild am Rande von Stalingrad

nen, die nach bolschewistischen Meldungen vor einigen Tagen vollkommen aufgerieben worden sein sollte.
Deutsche Kampf- und Sturzkampfflugzeuge zerschlugen in pausenlosen Angriffen bolschewistische Widerstandsnester in den einzelnen Stadtteilen. Drei feindliche Geschütze fielen durch Volltreffer aus, während fünf andere zum Schweigen gebracht wurden.

Schlacht- und Zerstörerflugzeuge griffen bolschewistische Panzerstreitkräfte an, die sich im Vorgelände der deutschen Front festzusetzen versuchten. Dabei wurden 23 feindliche Panzerkampfwagen vernichtet. Auf den Straßen des rückwärtigen feindlichen Gebietes vernichteten Kampfflugzeuggeschwader über 50 Lastkraftwagen, die mit Material beladen auf dem Wege zur Front waren. Auf Bahnstrecken und Verladestationen des feindlichen Nachschubverkehrs entstanden größere Zerstörungen, 14 Güterzüge wurden getroffen. Deutsche Jagdflugzeuge schossen in Luftkämpfen 16 bolschewistische Jäger ab.

Berliner Lokal-Anzeiger, 26. 9. 1942

★ Die Sowjets berichten

Am Sonntag, dem 27. September 1942,
gibt das *sowjetische Oberkommando*
zu den Ereignissen des Vortages bekannt:
Während der Nacht vom 26. zum 27. September führten unsere Truppen Kämpfe im Gebiet von Stalingrad, in der Gegend von Mosdok und im Abschnitt von Sinjawino. Von den anderen Fronten sind keine wesentlichen Änderungen zu melden.

Am Nachmittag des 27. September
meldet das *Sowinformbüro* anschließend:
Im Nordwestsektor von Stalingrad ist es den Deutschen gelungen, einige weitere Fortschritte zu machen; etwa 400 Meter eines Straßenzuges mußten von unseren Truppen nach einem heftigen Stuka-Bombardement geräumt werden, und bisher ist es nicht gelungen, das verlorene Gelände zurückzunehmen. Vor der Stadt im nordwestlichen Sektor hat v. Bock mit einer frischen Panzerdivision und zwei österreichischen Divisionen eine neue Offensive aufgenommen.

Auf einer B-Stelle vor Stalingrad

An der Eisenbahnlinie von Kalatsch nach Stalingrad führt die Straße entlang. Kaum ein Fahrzeug ist auf ihr zu sehen. Seltsam und ungewöhnlich wirkt diese Leblosigkeit nach dem drängenden Strom der Kolonnen; die in nicht abreißender Folge durch die Steppe ziehen und dem Angriff

auf Stalingrad immer neue Nahrung zuführen. Ein paar Pferdekadaver liegen im Straßengraben, ein ausgebrannter Panzer reckt sein Geschütz in leerer Drohung gegen den ewig blauen Himmel, und wirre Knäuel abgerissener Telefondrähte versperren von Zeit zu Zeit die Fahrbahn, die von mehligem, knöcheltiefem Staub bedeckt, gleich einem weichen Teppich zwischen den verdorrten Gräsern ausgerollt ist.
Gelbe, wirbelnde Wolken quellen hinter dem hellgrünen Kübelwagen mit dem Armeestander auf, der die tote Straße entlangfegt. Rechts drüben, jenseits des niedrigen Bahndamms, liegt in einer flachen Senke das Dorf P., in dem sich der Feind trotz der zahlreichen Bombardements durch Stukas und Kampfflugzeuge und trotz der heftigen Beschießung durch unsere Artillerie immer noch mit unverminderter Zähigkeit hält. Seine Beobachter kontrollieren jede Bewegung auf dieser Straße, und es ist nicht ratsam, sich ihren Kanonen allzu lange als Zielscheibe zu präsentieren.
Nichts verrät die Nähe der großen Stadt. Der Bahnhof, dessen Lagerschuppen unter dem Druck der Explosionen wie Kartenhäuser zusammengeknickt sind, könnte ebensogut an irgendeinem beliebigen Punkt des sich in der Unendlichkeit der Steppe verlierenden Schienenstrangs liegen wie hier an der Ringbahn von Stalingrad. Immer deutlicher sind in das unverändert einförmige Antlitz der Landschaft die Züge des Krieges gemeißelt. Trümmer, Granattrichter und Splittergräben mehren sich. Weit auseinandergezogen harren auf der deckungslosen, sanftgewellten Ebene die Fahrzeuge der Gefechtstrosse des Augenblicks, da ein Befehl sie nach vorne reißt. In den scharf eingeschnittenen Schluchten versteckt, stehen die Batterien, deren Feuer schon seit dem Morgengrauen dieses Großkampftages auf die feindlichen Stellungen trommelt.
Die Soldaten hocken wartend in ihren Löchern und werfen einen kurzen Blick zu dem offenen Kübel herüber, der die Flagge des Oberbefehlshabers ihrer Panzerarmee trägt. Am Bahndamm, dort, wo die B-Stellen in die Böschung gegraben sind, hält der Wagen. Generaloberst Hoth nimmt die Meldungen des Kommandierenden Generals und des Divisionskommandeurs entgegen und betrachtet dann durch das Glas das großartige Schlachtengemälde, das mit düsteren Farben in den weiten Raum hineingepinselt ist. Wenn es nicht so diesig wäre, könnte man jetzt die weißen Wohnblocks von Stalingrad erkennen, so aber ist der Horizont verhängt von grauen Dunstschleiern, von riesigen blauschwarzen Rauchwolken, die in Sekundenschnelle über den brennenden Hütten des nahen Dorfes hochschießen und vom Winde über das Schlachtfeld geweht werden.

Den gleich Raubvögeln kreisenden und steil niederstürzenden Stukas steigen wie zu Gruß und Mahnung Dutzende weißer Leuchtkugeln entgegen, welche die vorderste Linie der Panzergrenadiere anzeigen. Drüben auf der Höhe, wo die Gebäude der Funkstation stehen, scheint der feindliche Widerstand am härtesten. Die Werfer legen einige Salven hin, daß ein Feuerwerk von rötlichen Blitzen über den Kamm geistert und eine Wand tintigen Qualms emporwächst. Die kurzen bellenden Abschüsse der eigenen Geschütze, das Zischen der zum Gegner hinüberziehenden Granaten, das Dröhnen der Flugzeugmotoren und das heisere Ratschen der Bordmaschinengewehre vermischen sich zu einem infernalischen Lärm, der Himmel und Erde erfüllt. Ein fremder Ton ist plötzlich in all dem Getöse, ein Ton, der das Gehör schärft und die Sinne hellwach werden läßt: feindliche Artillerie! Schmetternd haut die Lage in die Gegend, daß die müden Splitter auf dem Bahndamm niederklatschen, auf dem noch immer der Generaloberst mit dem Kommandierenden steht und die Fortschritte des Angriffs und die weiteren Maßnahmen bespricht. In regelmäßigen Abständen heulen jetzt die sowjetischen Granaten heran, einmal sind die Staubpilze näher, dann wieder weiter. Es sind ganz anständige Brocken! Wenige Schritte vom OB entfernt, wird sein Ordonnanzoffizier von einem der herumfliegenden Sprengstücke verwundet, die Besatzung eines Panzer-Befehlswagens hat Verluste, und ein Lkw erhält unmittelbar neben dem hellgrünen Kübel einen Volltreffer.
In dem engen Erdloch in der Böschung des Bahndamms ist es gemütlicher. Hier laufen die Fäden des Angriffs zusammen, an jedem der Telefonapparate hängt eine Kampfgruppe, und auf den Karten und Luftbildern, die über den rohgezimmerten Tisch gebreitet sind, läßt sich ihr Weg fast noch genauer verfolgen als durch das Scherenfernrohr.
Das Vorgehen der Verbände scheint sich zu verlangsamen und unter dem starken Flankenfeuer aus P. sogar ins Stocken zu geraten. Auf keinen Fall darf der Angriff jetzt in diesem erfolgverheißenden Stadium liegenbleiben. Der OB sendet einen Funkspruch an die vor dem zäh verteidigten Ort festgerannte rumänische Division und gibt ihr den Auftrag, dieses Widerstandsnest zu nehmen, damit die Flankierung auszuschalten und den entscheidenden Stoß zu ermöglichen. Der Kommandeur eines im Erdkampf eingesetzten Flakregiments zeigt auf dem Luftbild den Standort seiner Batterien, und der Führer eines Panzerregiments erhält die Erlaubnis, seine stählerne Walze loszulassen.
Es ist keinen Augenblick Ruhe in dieser B-Stelle. Der Oberbefehlshaber hält hier selbst die Fäden der Schlacht in der Hand, die zur Abschnürung der noch dicht südlich Stalingrads in erheblicher Massierung haltenden

Feindkräfte führen und die Voraussetzung für den Angriff auf die Stadt selbst schaffen soll. Knapp und klar sind die Anweisungen, die er gibt und die von den Regimentern draußen in wenigen Minuten in die Tat umgesetzt werden. Ein paar Telefonapparate und eine Karte, auf die bei jedem Einschlag die Lehmklumpen herabfallen, genügen ihm, um seine Panzerarmee in den Grenzen des vorbedachten Planes in Fluß zu halten und alle Überraschungen sofort zu parieren. Wenige Kilometer vor dem Stadtrand von Stalingrad und mitten auf dem Gefechtsfeld befindet sich dies unscheinbare Erdloch, in dem das Gehirn der großen Schlacht arbeitet. *Völkischer Beobachter, 26. 9. 1942*

Und so war es

Der nun entbrannte Stellungskrieg in den Straßen und Häusern Stalingrads steht mit seinen Verlusten in keinem Verhältnis zu den Erfolgen. Die deutsche Führung erkennt bald, daß sie wertvolle Zeit verliert, und versucht möglichst schnell, wenigstens Teilerfolge in einzelnen Abschnitten zu erreichen, um damit die Schlacht um Stalingrad doch zu ihren Gunsten zu entscheiden — koste es, was es wolle. Die deutschen Einheiten bluten dabei schnell aus; sie stehen in der Regel nur zwei bis drei Tage im Kampf, dann werden sie durch neue abgelöst.

Am Dienstag, dem 22. September, führen die Deutschen wieder neue Verstärkungen heran und versuchen abermals, den Widerstand im Zentrum und im Raum des Mamai-Hügels zu brechen. Sie besetzen im Stadtkern einen großen Teil des Stalingrader Geschäftsviertels und spalten durch ihren Vorstoß zum Zentralhafen die 62. Armee in zwei Teile. Nun versucht das Oberkommando der 6. Armee, durch systematische Angriffe Teil um Teil der Stadt zu erobern. Viertel um Viertel »herauszubrechen«.

Am Nachmittag stürmen die Stoßtrupps der 29. Infanteriedivision (mot.) und der 94. Infanteriedivision zusammen mit den Grenadieren der 14. Panzerdivision den in Rauch gehüllten Getreidesilo am Südbahnhof. Nach einer achttägigen Belagerung, ohne Verpflegung und Wasser, nachdem die letzte Munition verschossen ist, ergeben sich die Überlebenden. Damit scheint der Kampf auch um den Südteil der Stadt beendet.

Am Donnerstag, dem 24. September, haben die Deutschen das Gros der Stadtmitte inzwischen besetzt und bereiten jetzt ihren Hauptstoß gegen das Industrieviertel vor.

Am gleichen Tage hat der Chef des Generalstabes des Heeres, Generaloberst Halder, einen letzten schweren Konflikt mit Hitler. Halder, der die Meinung äußert, daß mit der Sperrung der Wolga und Ausschaltung der Stadt als Industrie- und Handelszentrum mehr als genug erreicht sei und man nun die Offensive einstellen solle, wird von Hitler kurzerhand entlassen. Sein Nachfolger: der bisherige Chef des Generalstabes des OB West, General der Infanterie Zeitzler.
Um den deutschen Druck auf die Stadt zu mildern, versuchen die Sowjets einen Angriff auf die Flanke des Gegners: Die Teile der 51. Armee (Gen. Trufanow) und der 57. Armee (Gen.Maj. Tolbuchin) sollen das von den Deutschen besetzte Salzseengebiet zu Füßen der Jergeni-Hügel befreien. Im Morgengrauen des 25. September beginnen beide Armeen ihren Überraschungsangriff, und gegen Mittag werfen sie die Deutschen hinter die Salzseen zurück.
Die Schlacht um Stalingrad löst sich oft in Einzelaktionen auf. Aber immer wieder versucht das AOK 6, durch Schwerpunktverlagerung und Zusammenfassen seiner Kräfte die sowjetische Abwehr ins Wanken zu bringen. In harten Straßen- und Häuserkämpfen gewinnen die Deutschen mit Flammenwerfern, Handgranaten und Sprengladungen Schritt für Schritt an Boden, und am 26. September hißt die 71. Infanteriedivision auf dem am Roten Platz gelegenen Parteigebäude die Reichskriegsflagge.
Am Sonntag, dem 27. September, greifen ganze Stukageschwader sowjetische Stellungen im Norden der Stadt an: Die erste Großoffensive gegen die Stalingrader Industrieviertel beginnt. Ungeachtet schwerster Verluste, überqueren deutsche Sturmbataillone im Feuer der sowjetischen Artillerie die Minenfelder, stoßen bis zu 3 Kilometer vor und erobern dabei erneut den Gipfel des Mamai-Hügels.
Die Nahkämpfe im nördlichen Industrieviertel sind die blutigsten in der ganzen Stalingradschlacht. »Noch solch ein Gefecht, dachte ich, und wir sind in der Wolga«, notiert Tschuikow.
An diesem Tag kann man sagen, daß nach menschlichem Ermessen Stalingrad nun den Deutschen gehört. Sie haben beinahe das ganze Wolgaufer im Stadtbereich besetzt. Und die Angriffe gelten jetzt nur noch dem nördlichen Industrieviertel und den dort liegenden Arbeitersiedlungen.

12. Woche: 28. September — 4. Oktober 1942

★ Die Sowjets berichten

Am Dienstag, dem 29. September 1942,
gibt das *sowjetische Oberkommando*
zu den Ereignissen des Vortages bekannt:
In der Gegend von Stalingrad setzen unsere Truppen ihren Abwehrkampf gegen den Gegner mit Zähigkeit fort, wobei sie ihm schwere Verluste zufügen. 200 Panzerkampfwagen wurden zerstört. Nordwestlich von Stalingrad rückten sowjetische Truppen etwas vor und drangen in die feindlichen Linien ein.

Am Nachmittag des 29. September
teilt das *Sowinformbüro* ergänzend mit:
Die Vermutung des Oberkommandos in Stalingrad, die deutsche Verlautbarung, das faschistische Oberkommando messe der Eroberung von Stalingrad keine strategische Bedeutung mehr bei, sei ausgegeben worden, um die Verteidigung in den Glauben zu versetzen, daß die deutsche Offensive nachlassen werde, scheint sich zu bestätigen. Welchen außerordentlichen Wert man auf deutscher Seite der Eroberung der Stadt beimißt, geht daraus hervor, daß weitere 100000 Mann frischer Truppen am Montag in Stalingrad eingetroffen sind. Aber auch auf seiten unserer Truppen ist man entschlossen, den Kampf um Stalingrad mit äußerster Kraftanstrengung fortzuführen.
Nacht für Nacht treffen weitere Verstärkungen östlich der Wolga ein und werden unverzüglich auf das Westufer geschafft. Die Rote Luftflotte ist jetzt ebenfalls mit Transportflugzeugen am Heranführen von Verstärkungen beteiligt.
Im Oberkommando Moskau erklärt man, daß es für die nächsten Wochen von größter Bedeutung bleibe, die deutsche Belagerungsarmee von rund 100 Divisionen an Stalingrad zu binden. Solange diese Truppenmacht festgehalten bleibe, könne allein schon aus Transportgründen weder eine faschistische Großoffensive im Kaukasus noch eine solche gegen Leningrad oder Moskau entwickelt werden.
In vielen Stadtgebieten liegen jetzt die Deutschen und unsere Truppen in benachbarten Häusern oder über die Straße hinweg im Kampf. Ein mit starken Kräften unternommener deutscher Vorstoß, der durch eine der

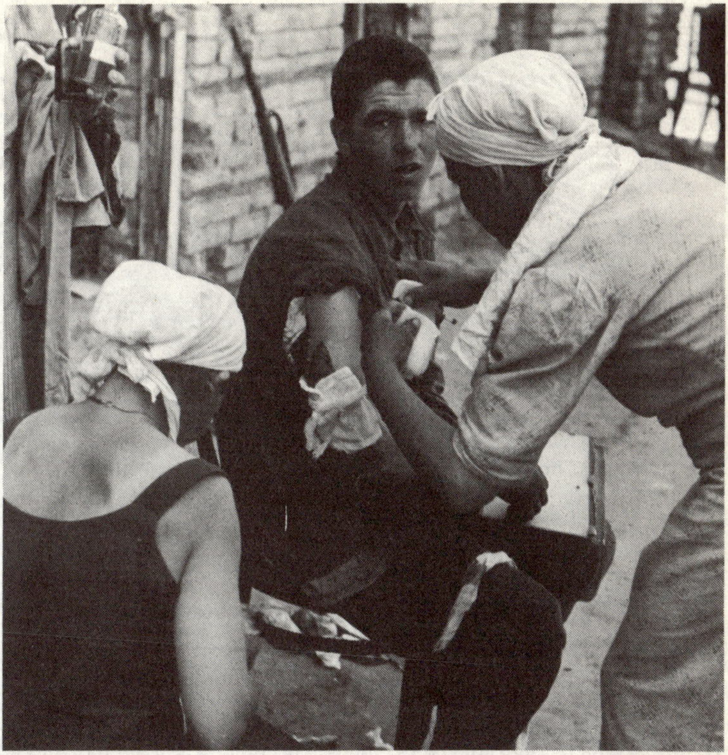

Stellungskrieg zwischen Straßen und Häusern: Frauen versorgen einen verwundeten Verteidiger

Hauptstraßen Stalingrads zur Wolga führen sollte, ist verhindert worden, und eine beträchtliche Anzahl deutscher Panzer wurde durch Straßensprengungen verschüttet. Es ist den Faschisten jedoch gelungen, in Stalingrad einige Fortschritte zu machen. In den Ruinen sind Maschinengewehrnester angelegt worden, und beide Seiten bringen, wo immer möglich, Artillerie in Stellung.

Eine der stärksten Waffen der Verteidiger bildet nach wie vor die Wolgaflotte, die die deutschen Batterien auf den beherrschenden Höhen am Westufer unter Feuer hält. Außerhalb der Stadt hat die Gegenoffen-

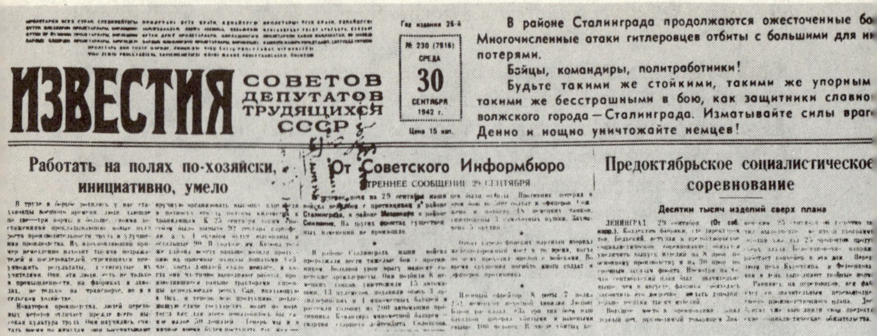

Год издания 26-й

№ 230 (7916)
СРЕДА
30
СЕНТЯБРЯ
1942 г.

Цена 15 коп.

ИЗВЕСТИЯ СОВЕТОВ ДЕПУТАТОВ ТРУДЯЩИХСЯ СССР

В районе Сталинграда продолжаются ожесточенные бо
Многочисленные атаки гитлеровцев отбиты с большими для н
потерями.
Бойцы, командиры, политработники!
Будьте такими же стойкими, такими же упорным
такими же бесстрашными в бою, как защитники славно
волжского города — Сталинграда. Изматывайте силы враг
Денно и нощно уничтожайте немцев!

Работать на полях по-хозяйски, инициативно, умело

От Советского Информбюро

УТРЕННЕЕ СООБЩЕНИЕ 29 СЕНТЯБРЯ

Предоктябрьское социалистическое соревнование

Десятки тысяч изделий сверх плана

Iswestija, Moskau 30. 9. 1942, Tagesparole: »Im Raum Stalingrad gehen die erbittertsten Kämpfe weiter ... Soldaten, Kommandeure, Politarbeiter! Seid auch so standhaft und mutig auf dem Schlachtfeld wie die Verteidiger der ruhmvollen Wolgastadt Stalingrad ...«

sive Marschall Timoschenkos vom Nordwesten her einige weitere Erfolge erzielt. Panzervorhuten unserer Truppen haben das Ostufer des Don erreicht.

Die Deutschen berichten

Lagebericht, *Oberkommando des Heeres,*
29. September 1942
Heeresgruppe B: Im Raum von Stalingrad gruppierte sich die 100. Jg.Division um und griff in nordostwärtiger Richtung an. Die Division nahm zwei Drittel des Fleischkombinats. 24. Panzer-Division säuberte den Westteil des Metallurgischen Werkes »Krasn.Oktjabr« und nahm den Stadtteil südwestlich und westlich der »Roten Barrikade« bis etwa 500 m nordwestlich der Eisenbahn. Der Nordwestteil drang in den Stadtteil Barrikady ein. Die 389. Infanteriedivision gewann mit Ostflügel Gorodischtsche-Bach und nahm eine Gehöftegruppe. Wetter: heiter, sonnig, Straßen trocken.

Die Höllenmaschine

Wir lagen irgendwo in einem modrig und muffig stinkenden Kellerloch und warteten auf den neuen Einsatzbefehl. Den Eingang hatten wir mit

einer Zeltplane verhängt und uns damit von der Welt des Kampfes draußen für Viertelstunden abgeschlossen.
Am Morgen noch hatten wir Minen geräumt und Bombentrichter überbrückt. Jetzt, in den wenigen Herzschlägen der Ruhe, taten wir eigentlich gar nichts. Schlafen? Was hatte der Schlaf im Erleben dieser Tage zu suchen! Wo wäre sein Platz gewesen in den ständigen Erschütterungen des Erdbodens, im Rieseln des Kalkes und im ätzenden Kellergeruch zwischen unseren Schleimhäuten. Wir waren einfach an einem toten Punkt angelangt, in einem Stadium, da man mechanisch ißt und raucht, ohne auf den Geschmack des Brots oder des Tabaks zu kommen — einem Stadium, in dem man mit offenen Augen vor sich hinschläft, in dem man sich nicht einmal mehr wundert, wenn man unvermutet so nahe vor dem Feind steht, daß das Weiß seiner Pupillen zwischen den Lidern blinkt und man sein Atmen zu spüren glaubt.
Gleichgültig hörten wir draußen einen Kameraden mit einem Russen palavern. Der Redestrom plätscherte an unsere Ohren, doch waren wir zu faul und vielleicht zu müde, über den Sinn der gehörten Worte nachzudenken. Dann hob sich aber die Zeltplane. »Kommt mal raus, vier, fünf Mann! Da ist eine Schweinerei im Gange!« Schweinerei? Auf! Da steht man schnell auf den Beinen, denn dann ist es meistens allerhöchste Zeit.
Draußen weinte ein russischer Tattergreis, um dessen Gerüst einige furchtbar verschmutzte und speckige Lumpen schlotterten. Er fuchtelte mit mageren Armen, auf denen dick die Adern standen, vor unseren Gesichtern, deutete auf einen Häuserblock, an dem einige Sturmgeschütze in Deckung gefahren waren, ließ sich auf den Boden sinken und legte das Ohr zwischen Steinen und Asche und Scherben an die Erde. »Panimaisch, Pan — Ruski bumbum ßuda!« lamentierte er dabei. »All kaput!«
Wir kannten solches Gebaren von früheren Anlässen her. Jedes Bild dieses Krieges wiederholt sich ja irgendwo einmal mit neuen Personen in anderer Inszenierung.
Zu fünft gingen wir mit Spitzhacken und Spaten los. Der Alte führte uns zu den Kellern des Blocks. In einer dunklen Ecke deutete er auf den Erdboden und verschwand dann, so schnell sein Gebein ihn zu bewegen vermochte.
»Los, schauen wir, was die Teufel wieder angerichtet haben!« Einer von uns legte sich nieder, horchte in den Boden hinein. Angestrengt lauschten wir alle. In der sekundenlangen Stille zwischen zwei Ari-Einschlägen vernahmen wir sogar stehend das Ticken unter unsern Füßen. Der Tod

klopfte an das Kellergewölbe, unter dem ein Zünder in einer Sprengladung auf die Sekunde X wartete.
Pioniere denken in solchen Augenblicken nicht an das Ende oder an ein »Vielleicht«. Sie setzen Hacken und Spaten an, denn jede Sekunde ist kostbar. Der Wohnblock war noch verhältnismäßig gut erhalten. Wahrscheinlich hatten auch irgendwo in ihm Gefechtsstände Unterschlupf gefunden, sicher aber lagen in »stillen« Winkeln Kameraden zu kurzer Ruhe. Schnell, nur schnell! Ihr Leben lag in unseren Händen.
Gewiß, die Sprengmunition konnte noch unter unseren Hacken krepieren. Doch dieses »Konnte« hätte so oft schon eintreten können, daß man mit ihm einfach nicht mehr rechnete. Man hatte nur ein Leben zu geben. Und war dieses Leben uns nicht Stunde um Stunde schon tausendmal wiedergeschenkt worden? In Lagen, in denen wir auf einen glücklichen Ausgang keine Kopeke mehr gesetzt hätten. Ran, Pioniere! — Bald lag das Uhrwerk unschädlich vor uns, die Zündleitung unterbrochen. Nun konnte es ticken und tacken solange es wollte.
Nach diesem Zwischenspiel krochen wir in unseren Keller zurück. Es ging an diesen Tagen sehr langsam vorwärts. Unsere Luftwaffe hatte ungünstiges Flugwetter und konnte uns nicht wie sonst unterstützen. Der Feind warf zudem laufend Verstärkungen in den Kampf, wehrte sich bei zahlenmäßiger Überlegenheit erbitterter denn je, und wir selbst hätten in diesen ewigen Klein- und Großgefechten von Straße zu Straße tausend Hände haben müssen. Ja, wenn man einen offen kämpfenden Gegner vor sich hätte...
In den ersten Nachtstunden kam wie immer der »Iwan« geflogen, ein primitiver Doppeldecker, der — im Tiefflug über den Stellungen kreisend — von den Sowjets in rauhen Mengen eingesetzt wurde. »Nähmaschine« oder »Kaffeemühle« hieß er bei uns wegen seines ratternden Gestells, »Leisetreter«, weil er vor dem Bombenwurf gewöhnlich den Motor abstellte und dann im Gleitflug ablud. Hier und dort erzählte man sich auch, daß er mangels einer Bombenzielvorrichtung seine Brocken mit der Kohlenschippe über Bord werfe. — Seine leichten und schweren Sachen rumsten in dieser Nacht irgendwo in der Nähe zwischen die Trümmer. Wir ließen uns dadurch kaum stören. Das war man gewöhnt. Und wenn der »Iwan« mal ausblieb, wurde er vermißt, und wir trauten dem Frieden erst recht nicht.
Da trug der Schall im Boden plötzlich von fern her ein Stampfen in unser Erdloch. Panzer! Das konnten nur feindliche sein!
Alarm! Rote Leuchtkugeln standen unweit über den Ruinen, als wir hinausstiegen. »Feind greift an!« schrien sie blutrot in die Nacht. Werden

diese schweren Kasten durchbrechen können, die er immer wieder in die Schlacht wirft, als ob sie nicht mehr seien als eine Handvoll Erde?
Im Rattern der Bomber, im Rauschen ihrer Bomben und im Bersten der Einschläge hatten die Sowjetpanzer sich der Linie genähert und waren auch teilweise eingebrochen. Die feindliche Infanterie jedoch blieb im Abwehrfeuer unserer Posten bereits liegen und konnte ihrem Panzerschutz nicht folgen. Zehn, zwölf, fünfzehn der stählernen Kolosse wälzten sich in unser Hauptkampffeld, in dem sich eine schnelle Abwehr organisierte. Zum Glück war die Nacht nicht zu hell und nicht zu dunkel. Gerade eben recht, selbst noch zu sehen und wenig gesehen zu werden. Überall sprangen die Schatten der Pioniere aus der Erde. Panzervernichtungstrupps gingen ans Werk.
In solchen Augenblicken bewährte sich das Kämpfertum der deutschen Pioniere in schönster Größe. Ohne Unterstützung, nur auf sich selbst angewiesen, nahmen sie den Kampf mit dem hinter Panzerplatten und Sehschlitzen geborgenen, materialmäßig gesehen unendlich überlegenen Gegner auf. Im Feuer seiner Maschinengewehre, im Eisenhagel seiner Bordgeschütze arbeiteten sie sich an die Kampfwagen heran, schoben sie die Minen unter die Raupenketten, hängten sie die Sprengladungen an die Panzertürme. Immer wieder strudelten die furchtbaren Detonationen der Tellerminen in die unheimliche Nacht, sah man ein stählernes Ungetüm sich fußhoch von der Erde heben oder mit zerfetzter Kette im Kreise drehen.
Einer der Stoßtrupps rückte dem »Leithammel« mit den am Vortage erst vom Flugzeug abgeworfenen Spezialladungen zu Leibe. Der Unteroffizier sprang auf den rollenden Schatten, der sich später als amerikanischer Panzerstahl erwies. Um das Kreuzfeuer deutscher und russischer Waffen unbekümmert, stand er am Turm, rüttelte, zerrte, stemmte sich unter die Stahlkante, den Lukenverschluß aufzuzwängen und die Besatzung mit Handgranaten zu erledigen. Von allen Seiten tackerten blind die Maschinengewehre. Erst als er sah, daß es so nicht ging, hing der Gruppenführer die kostbare Ladung an.
Und im Krepieren der Munition, die den Aufbau vom Panzer riß und zur Seite schleuderte, stand er bereits auf dem nächsten 26-Tonner. Diesmal mit einem Benzinkanister in der Hand, den er über dem Panzerturm leerlaufen ließ. Im Abspringen fiel die Handgranate, der Panzer stand in Sekundenschnelle lichterloh in Flammen. Im Schein des Feuers sah man sie jetzt überall am Werk. Sechs der Angreifer wurden allein vom Trupp des Unteroffiziers mit Pionierwaffen aus dem Gefecht geschlagen.
Die Besatzungen wehrten sich verzweifelt, rissen, wenn sie bewegungs-

unfähig gesprengt waren, die Lukendeckel auf und schossen wild nach allen Seiten. Sie verkauften ihr Leben nicht billig. Und trotzdem kehrte keine der fahrenden Festungen, die inzwischen hinter unserer wieder geschlossenen Hauptkampflinie abgeriegelt waren, von diesem Angriffsunternehmen zurück. Sie kämpften bis zum Äußersten, feuerten, bis sie hell in Flammen standen oder eine Sprengung sie zerriß. Man darf Tapferkeit und Opfermut nicht mit Wahnsinn verwechseln. Das Opfer des Lebens ist nur Heldentum, wenn es dem Volke dient...
Das waren die letzten Sowjetpanzer, die in unserem Abschnitt zum Gegenstoß antraten. Mit um so größerem Fanatismus, der schon mehr an Selbstmordwahn grenzte, schanzten die Sowjetschützen sich jedoch weiterhin hinter Mauerresten und Trümmern, auf Dächern und in Kellern fest — ein Schicksal vor Augen, über das sich in diesem Stadium des Kampfes um Stalingrad auch der Dümmste unter ihnen keine Illusionen mehr erlauben konnte. *Völkischer Beobachter, Herbst 1942*

Geheimer Bericht des *Sicherheitsdienstes der SS*
zur innenpolitischen Lage:
Nr. 321 vom 28. September 1942 (Auszug)
Aus den Meldungen ergibt sich übereinstimmend, daß das Hauptinteresse aller Volksgenossen nach wie vor sehr stark (»wie hypnotisiert«) auf die Berichte und Mitteilungen über den Kampf um Stalingrad gerichtet ist. Es wird beachtet, daß sowohl in den Übersichten des OKW wie insbesondere in den PK-Berichten der Presse und des Rundfunks mehr und mehr Einzelheiten über die Schwere dieses Kampfes gebracht werden, und es bilde sich die Auffassung heraus, daß von den Sowjets in Stalingrad ein Widerstand geleistet werde, der von der Führung in diesem Ausmaße nicht erwartet worden sei.
Aufgrund der Tagesparole des Reichspressechefs vom 26. September (Vertrauliche Information Nr. 248/42) hatte die Presse zu berücksichtigen, »daß das strategische Ziel der Sperrung der Wolga und der Ausschaltung Stalingrads als Rüstungs- und Verkehrszentrum praktisch erreicht ist und der endgültige Besitz der Stadt eine Zeitfrage des Ausgangs der in den Straßen und Häuserblocks im Gang befindlichen längeren Vernichtungsschlacht ist«.

Premier Stalin an Premierminister Churchill

Ich muß Ihnen mitteilen, daß sich unsere Lage im Gebiet von Stalingrad seit den ersten Septembertagen verschlechtert hat. Es scheint, daß die

Deutschen über große Reserven an Flugzeugen verfügen, die sie im Gebiet von Stalingrad konzentriert haben. Auf diese Weise besitzen sie eine doppelte Luftüberlegenheit. Wir hatten nicht genügend Jagdflugzeuge, um unsere Bodenstreitkräfte zu decken. Selbst die tapfersten Truppen sind ohne Deckung aus der Luft hilflos. Was wir vor allem brauchen sind »Spitfires« und »Airacobras«. Ich habe Herrn Willkie über diese Fragen ausführliche Informationen gegeben. 3. Oktober 1942

★ Die Sowjets berichten

Am Sonntag, dem 4. Oktober 1942,
gibt das *sowjetische Oberkommando*
zu den Ereignissen des Vortages bekannt:
In der Nacht auf den 4. Oktober führten unsere Truppen Kämpfe im Bereich von Stalingrad und in der Gegend von Mosdok. An allen anderen Frontabschnitten sind keine wesentlichen Veränderungen eingetreten.

Am Nachmittag des 4. Oktober
teilt das *Sowinformbüro* ergänzend mit:
Obwohl die Lage in und um Stalingrad noch immer als äußerst kritisch für unsere Truppen bezeichnet werden muß, mehren sich doch die Anzeichen einer fortschreitenden Besserung. Nachdem der neue faschistische Massenansturm zu Beginn der letzten Woche während 48 Stunden zu einer bedrohlichen Situation führte, ergaben die energischen Gegenangriffe der Verteidiger im zweiten Teil der Woche eine deutliche Entspannung. Das gilt vor allem für den nordwestlichen Stadtbezirk, wo die Deutschen einen Panzerkeil in die Stellungen unserer Truppen in den Arbeitersiedlungen getrieben hatten. Marschall Timoschenko gelang es unter großem Aufwand von Artillerie und Kampfwagen, die Spitze des deutschen Panzerkeils abzubrechen und zu vernichten. Unsere Truppen sind nun wieder im Besitz einer Reihe großer Häuserblocks, die eine beherrschende Stellung in den nordwestlichen Vororten einnehmen. Direkt im Norden der Stadt dagegen konnten deutsche Sturmkolonnen Fortschritte erzielen und in die unmittelbare Nähe der Wolga vorstoßen. Seit Samstag abend sind hier Gegenangriffe unserer Truppen im Gange, die bereits das deutsche Vordringen aufgehalten haben. In einem anderen Abschnitt der Front säuberte General Rodimzew, der »Held von

Stalingrad«, wie ihn die Truppen nennen, eine Anzahl Häuser und Straßenzüge von Angreifern. In einem dritten Abschnitt versucht eine deutsche Infanteriedivision, die sich dort eingenistet hat, durch unaufhörliche Angriffe ins Innere der Stadt vorzudringen.

Die Deutschen berichten

Lagebericht, *Oberkommando des Heeres,*
4. Oktober 1942
Heeresgruppe B: Bei Stalingrad wurden mehrere Feindangriffe südostwärts und ostwärts Barrikady zurückgeschlagen. Eigene Verbände traten beiderseits des Gorodischtsche-Baches gegen sich zäh verteidigenden Feind zum Angriff an.

Die Stadt als Schlachtfeld

... Dem Betrachter bietet sich im Dunst des Horizonts nicht mehr als der vage Umriß eines Turmes und einiger blockartiger Gebäude, die ohne Andeutung einer tieferen Beziehung auf einer Bodenwelle durcheinanderstehen. Zu ihren Füßen ein Schwarm elender Hütten, der sich hangabwärts aus dem Blickfeld verliert und einen größeren Zusammenhang anzudeuten scheint. So abrupt, so ohne jeden Übergang erheben sich diese weißgetünchten Quader aus der Einöde der Steppe, daß sie wirken wie Bauklötze, die man auf ein Brett genagelt hat. Ihre sprunghafte Erscheinung vor der leeren Unregelmäßigkeit der Horizonte grenzt ans Unwahrscheinliche und ruft das Bedürfnis nach irgendeiner Deutung wach. Ein Bedürfnis, das jedoch nicht befriedigt wird. Es gibt keinen Blickwinkel, unter dem sich diese ersten Fronten der Stadt zur gewachsenen oder geformten Gestalt fügten. Sie erscheinen schon aus der Ferne stückhaft, willkürlich, ja gewaltsam, und überlassen den Betrachter einer Ratlosigkeit, die ihn auch nicht verläßt, wenn er die Stadt selbst betritt. Schon die Eigenart des Geländes mußte es verhindern, daß Stalingrad ein geschlossenes Gesicht gewann. Denn die Schluchten der Steppe setzen sich auch im Baubereich der Stadt fort und liegen mitten in den

Der Kampf tobt jetzt im südlichen Industrieviertel: die gefürchtete sowjetische 7,62-cm-Flak, »Ratsch-Bumm« genannt, deren einschlagendes Geräusch beinahe eher als der Abschuß zu hören ist; eine der besten Panzerabwehrkanonen des Zweiten Weltkrieges

Stalingrad, Oktober 1942: nach einem Stuka-Angriff

Straßenzügen wie klaffende Wunden. Zudem wird die Erde vor dem Ufer der Wolga unruhiger und erhebt sich unter den Fundamenten der Häuser zu einem unregelmäßigen Wellengang. So vereint sich das alles zu dem Eindruck, daß nicht einmal der Grund der Stadt habe gebändigt werden können, geschweige denn ihre architektonische Kontur.
Bei den Straßenkämpfen verschwinden die Infanteristen und Pioniere vollständig in den Trümmern, denn wer sich zeigt, ist gefährdet. Jede

Unvorsichtigkeit wird vom Gegner, der in den getarnten Verstecken lauert, mit dem tödlichen Schuß bestraft.
Ein Kriegsberichterstatter vergleicht Stalingrad mit den französischen Schlachtfeldern des Weltkrieges. Er schreibt: »Wie damals rasen die entfesselten Gewalten des Materials über ein verödetes Kampffeld dahin, und wie damals hocken sie wieder zusammen, in Trichter oder Unterstände gekauert. Eine Handvoll Männer im Stahlhelm, Männer in verbeulten und zerschlissenen Uniformen, mit brennenden Augen, die seit Tagen nicht mehr geschlafen haben. Seit Wochen schon liegen sie in

der Stadt im Angriff, in der Abwehr, im Gegenstoß. Sie haben die Überfälle der feindlichen Artillerie und Granatwerfer am Tage, die Unwetter der Bomber zur Nacht, ausgehalten. Sie sind von den Feuern dieser Hölle ausgeglüht, und in den dunklen Gründen ihrer Gesichter dämmern die überzeitlichen Züge des Kämpfers aus dem Weltkriege auf.«

Wie ein Wunder mutet es an, daß die Zivilbevölkerung in diesem Schlachtfeld ausharrt. Ihr Schicksal ist freilich grauenhaft. Der Anblick dieses Lebens im Schatten des Untergangs könne selbst das Grauen übertönen, das aus den Trümmern aufsteige, bemerkt der Kriegsberichterstatter und fährt fort: »Zwar, wenn der Wirbel der Einschläge über die Straßen rast, liegt die Stadt verödet und menschenleer; aber in den Pausen des Feuers kommen sie hervor aus ihren Löchern, die Überlebenden, die zwischen den Gräbern wohnen.«

Noch während sich die Rauchwolken der Detonationen zum Himmel wölben, beginnen die Rinnsale des Lebens wieder durch die Straßen zu rieseln. Halbwüchsige Mädchen huschen mit Eimern zu Wasserstellen, tuchverhüllte Frauen suchen aus dem Schutt der Gärten noch einige Kräuter für den Suppentopf zusammen. Und mitten in den Trümmerfeldern glimmen die Feuer der kleinen Lehmöfen auf. Seit Wochen schon sind diese Menschen in die Erde gebannt. Je stärker die Stadt der Zerstörung verfiel, um so tiefer sind sie in den Boden gekrochen. Wenn ihnen das Haus über dem Kopf weggebrannt war, zogen sie in den Keller. Stürzte der Keller ein, so zogen sie in eine Höhle um.

In die Steilhänge der Schluchten, die sich durch die Stadt ziehen, sind straßenweit Stollen hineingetrieben, die auf den ersten Blick wie antike Grabhöhlen anmuten, aber in Wirklichkeit ganzen Familien Unterschlupf bieten. So ist allmählich eine unterirdische Stadt entstanden, in der das Leben vor der tausendfachen Bedrohung Zuflucht findet. Aber das Leben ist nicht nur geflüchtet, es hat sich auch angepaßt.

Mit dem Talent des östlichen Menschen zur Improvisation begabt, haben sich die Überlebenden geschickt in die ungewöhnlichen Umstände ihrer Existenz hineingefunden und in dem unübersichtlichen Gelände einen erstaunlichen Instinkt für Sicherheit und Gefahr entwickelt. So geschieht es, daß Kinder unter dem Geheul der Stukas auf den Trümmern spielen und daß eine Familie seelenruhig um einen brutzelnden Pfannkuchen sitzt, während zwei Straßenzüge weiter die Erde durch Bomben aufgerissen wird.

In der vielfach durchschnittenen Landschaft der Häuserreihen sind die »Front« und »Hinterland« in groteske Nähe gerückt. Hier an dieser Erde

lauert der Tod, denn sie liegt unter der Einsicht des Feindes; aber schon in der nächsten Straße kann man im Schutze der Ruinen relativ ungestört spazierengehen. Hier treiben noch die Schwaden der Verwesung durch die Gassen, und dort fliegt dem Soldaten schon wieder ein keckes Mädchenlachen zu.
So vereinen sich in dieser Stadt Entsetzen und Übermut, Untergang und Triumph des Lebens zu einem erregenden Zusammenklang, der über der Rätselhaftigkeit des Daseins wie über einem Abgrund schwebt.
Als die Sonne golden wird und sich zum Abend neigt, verlassen wir die Stadt. Hinter uns rollt der Donner der feindlichen Geschütze. Aber im Schutze einer Hauswand halten junge Burschen und Mädchen Feierabendruhe. Ein brauner Spitz liegt ihnen zu Füßen und hebt die Nase blinzelnd ins Licht.
Dieses Bild eines fast dörflichen Idylls unter der Kuppel der Granaten ist der letzte lebende Eindruck aus der Stadt. Denn bald wächst in der einfallenden Dämmerung eine brandrote Rauchwolke auf und hängt über den Trümmern wie ein drohendes Gebirge. Der aufwallende Staub wandelt die Dämmerung in Finsternis, die Sonne steht fahl im Westen. Der Umriß der Stadt aber versinkt so rasch hinter uns, als hätte ihn die Nacht mütterlich umhüllt. *Frankfurter Zeitung, Herbst 1942*

Und so war es

Bereits am Montag, dem 28. September, fliegt General Schukow wieder nach Moskau, um mit Stalin den Plan für die »Operation Uran« zu beraten. Auch der Chef des Generalstabes, Wassilewski, der inzwischen die Bedingungen für die Gegenoffensive bei den Armeen des linken Flügels der Südfront geprüft hat, ist nach Moskau zurückgekehrt. Noch ehe die Vorbereitungen für die Operation Uran anlaufen, wird man sich einig, einen erfahrenen Oberbefehlshaber für die Stalingrader Front — anstelle von Generalleutnant Gordow — auszusuchen, und Schukow schlägt Generalleutnant Rokossowski vor. Zugleich wird beschlossen, die nördlich der Stadt liegende bisherige Armeegruppe Stalingrader Front in Donfront umzubenennen und die von Generaloberst Jeremenko geführte Südostfront nun Stalingrader Front zu bezeichnen. »Fliegen Sie zur Front zurück«, verabschiedet Stalin General Schukow, »... schauen Sie sich noch einmal die in dem Plan vorgesehenen Konzentrierungsräume... besonders die im Raum Serafimowitsch-Kletskaja an...« Aus

Serafimowitsch am oberen Donbogen haben nämlich vor 24 Jahren Stalin und Woroschilow ihre berühmte Offensive zur Einkreisung und Zerschlagung der Zarizyn stürmenden Weißgardisten begonnen.
Am 28. September greift die deutsche Luftwaffe den ganzen Tag hindurch die Schiffe der Wolgaflottille an. Von sechs Frachtschiffen werden fünf schwer beschädigt. In der Stadt selbst, in der Nähe von Tschuikows Befehlsstand, werden die Öltanks in Brand gesetzt, und das Öl fließt in die sowjetischen Stellungen. Die Deutschen lassen gegen die Siedlung Krasny Oktjabr eine Anzahl Bataillone antreten, die man aus benachbarten Abschnitten herausgezogen hat. Den Sowjets gelingt es jedoch, diese Vorstöße mit massiertem Artillerie- und Granatwerferfeuer abzuschlagen; sie gehen selbst zum Angriff über. Ganze Häuserviertel und einzelne Wohnblocks wechseln an diesem Tag mehrmals den Besitzer. Die Arbeitersiedlung Krasny Oktjabr steht in Flammen. Diese erbitterten Nahkämpfe dauern sechs Tage und sechs Nächte. Sie bringen den Deutschen jedoch nur einen bescheidenen Gewinn: Sie sind kaum 400 Meter vorangekommen und haben schwerste Verluste erlitten. Ihre Kräfte sind hier so angeschlagen, daß sie in dieser Arbeitersiedlung bis zum 5. Oktober auf jeden weiteren Angriff verzichten. Die deutschen Kampfgruppen gehen zu dieser Zeit immer öfter dazu über, in schmalen Streifen vorzustoßen; so greift z. B. eine Division in einer Breite von 500 bis 800 Metern und ein Infanterieregiment sogar nur in einer Breite von 200 bis 300 Metern an. Jedem Angriff geht eine sorgfältige Feuervorbereitung der Artillerie voran. Die Einsätze der Luftwaffe erfolgen überwiegend in Wellen. Am lebhaftesten operiert sie gewöhnlich im Morgengrauen und in der zweiten Tageshälfte, drei bis vier Stunden vor Einbruch der Dunkelheit. Industrieanlagen und andere flache Ziele werden von den Kampfflugzeugen meistens aus einer Höhe bis zu 5000 Meter angegriffen, Truppen, Flugplätze, Fährstellen und Artilleriestellungen durch gezielte Angriffe der Stukas vernichtet.
Ab Ende September ändert die Luftwaffe ihre Angriffsmethoden: Die Stukas starten in kleinen Verbänden alle zwei bis fünf Minuten, und die Heinkel-He-111-Bomber fliegen in dichten Ketten mit ein bis zwei Minuten Abstand ihre Ziele an. So gestaffelte Luftangriffe sollen das sowjetische Luftabwehrsystem zermürben. Die nahen Feldflugplätze ermöglichen den Maschinen mehrere Starts am Tag.
Die deutschen Stoßtrupps führen ihre wiederholten Angriffe zu den verschiedensten Zeiten: meistens morgens oder am Tage, ganz selten abends. Bei den Angriffen am Abend wird das letzte Tageslicht für den Einsatz ihrer Artillerie und Luftwaffe ausgenutzt.

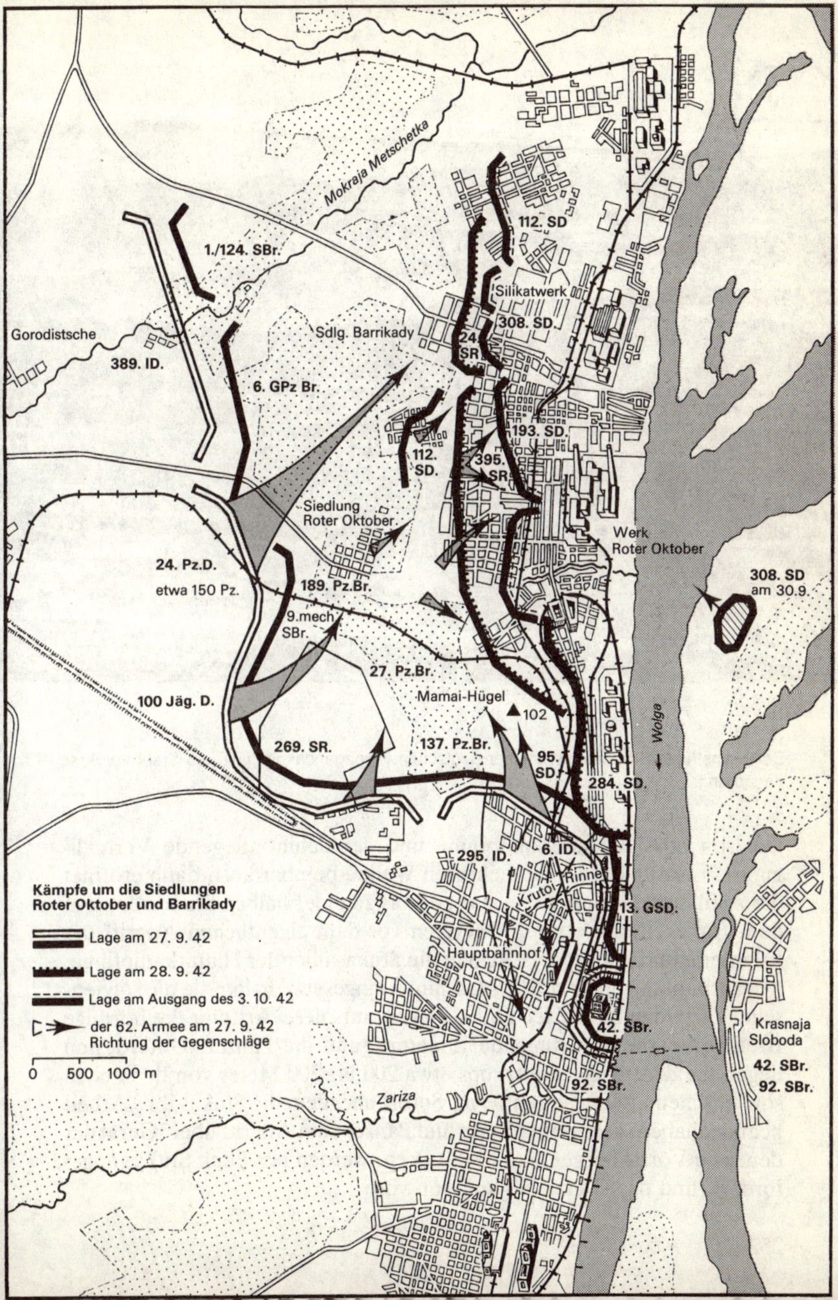
Mokraja Metschetka
112. SD
1./124. SBr.
Silikatwerk
308. SD.
Gorodistsche
Sdlg. Barrikady
24 SR
389. ID.
6. GPz Br.
193. SD.
112. SD.
395. SR
Siedlung Roter Oktober
Werk Roter Oktober
24. Pz.D.
etwa 150 Pz.
189. Pz.Br.
308. SD am 30.9.
9.mech SBr.
27. Pz.Br.
100 Jäg. D.
Mamai-Hügel
102
269. SR.
137. Pz.Br.
95. SD.
284. SD.
Wolga
295. ID.
6. ID.
Krutoi Rinne
13. GSD.
Kämpfe um die Siedlungen Roter Oktober und Barrikady
Lage am 27. 9. 42
Lage am 28. 9. 42
Lage am Ausgang des 3. 10. 42
der 62. Armee am 27. 9. 42 Richtung der Gegenschläge
0 500 1000 m
Hauptbahnhof
42. SBr.
Krasnaja Sloboda
42. SBr.
92. SBr.
92. SBr.
Zariza

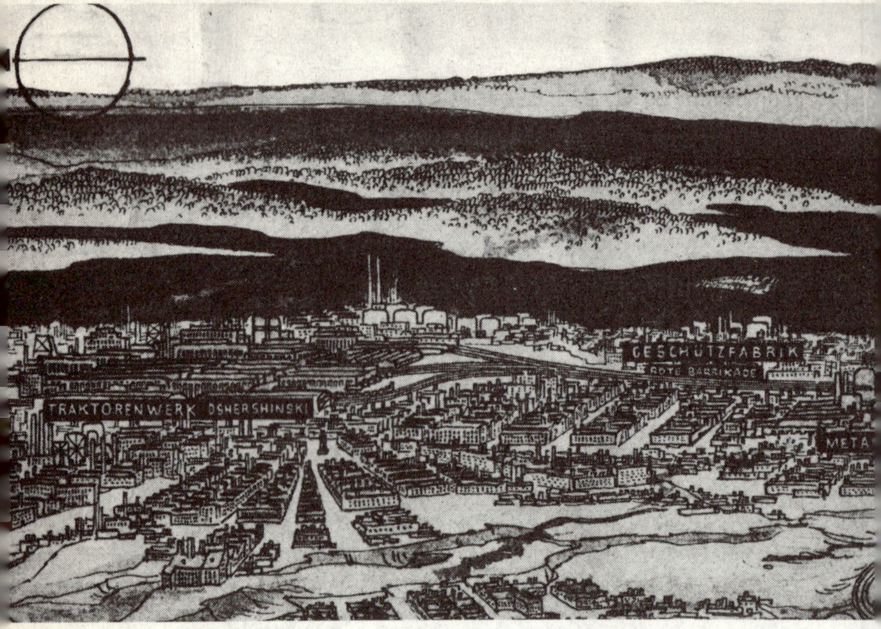

So rekonstruierte der Zeichner einer deutschen Propagandakompanie die Stadt vor ihrer Zerstörung

Die sowjetische Hauptkampflinie und der dahinterliegende Verteidigungsabschnitt werden in mehreren Wellen bombardiert, dann eröffnet die Artillerie das Feuer. Nach dieser bis zu einer halben Stunde dauernden Vorbereitung, etwa 20 Minuten vor dem eigentlichen Angriff der Infanterie und Panzer, erscheinen die Stukas über der Hauptkampflinie. Schwerpunktartig bis zu 100 Maschinen eingesetzt, halten sie die sowjetische Verteidigung nieder und schlagen auf diese Art eine keilförmige Bresche für die vordringende Infanterie und die Panzer. Unterdessen liegen die deutschen Stoßtrupps etwa 200 bis 300 Meter von den ersten sowjetischen Stellungen entfernt. Sofort nachdem die Stukas ihre Arbeit beendet haben, gehen Infanterie und Panzer zum Angriff über. Gerät der deutsche Vorstoß irgendwo ins Stocken, werden per Funk Stukas angefordert, und das Ganze beginnt von vorn.

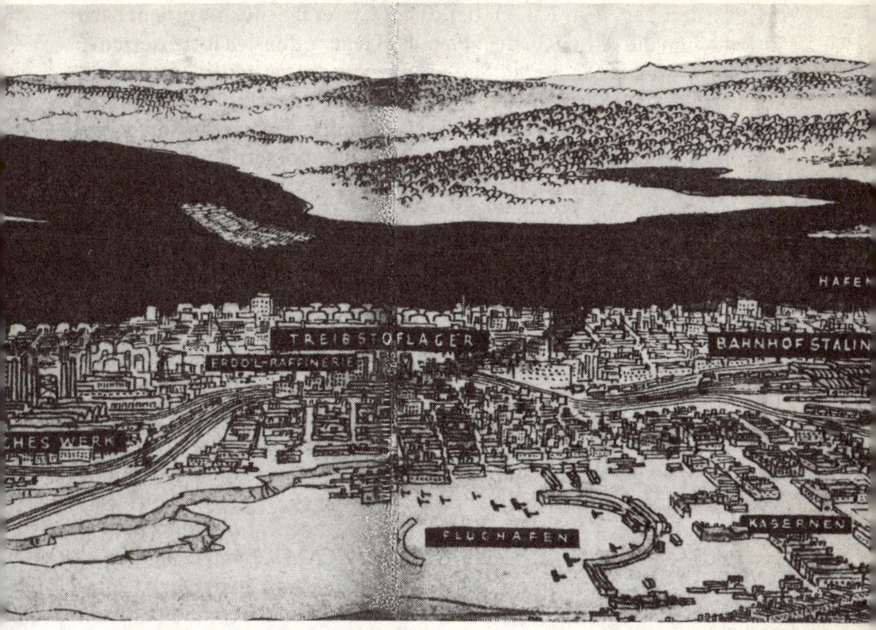

Übrigens, die Verteidiger von Stalingrad können von Glück reden, daß die Meldung des Sowinformbüros vom 29. September »vom Eintreffen weiterer 100000 Mann« eine Ente ist. Hätte die Meldung der Wahrheit entsprochen, so wäre die Stadt nicht mehr zu retten.
Am Mittwoch, dem 30. September, hält Hitler eine Rede auf einer »Großkundgebung« im Berliner Sportpalast zur Eröffnung des Winterhilfswerks.
Er ergeht sich wiederum in Prophezeiungen und sagt unter anderem: »Wenn wir Stalingrad berennen und es auch nehmen werden — worauf Sie sich verlassen können... Und Sie können der Überzeugung sein, daß uns kein Mensch von dieser Stelle mehr wegbringen wird...« Der Optimismus Hitlers ist nicht von ungefähr, er bekam vor kurzem eine Meldung des Generalstabes des Heeres, aus der hervorgeht, daß nach einer Anaylse der Generalstabsabteilung »Fremde Heere Ost« vom 9. September 1942 die Sowjets an der Ostfront nur noch unbedeutende operative Reserven besäßen.

Am nächsten Tag, dem 1. Oktober, fliegt General Schukow erneut nach Moskau, »um die Arbeit an dem Plan der Gegenoffensive fortzusetzen«. Inzwischen wird in Stalingrad-Süd ein sowjetischer Angriff abgewiesen. Die deutsche 100. Jägerdivision und Teile der 24. Panzerdivision dringen in die Arbeitersiedlungen Krasny Oktjabr und Krasnaya Barrikady ein. Mehrere Stoßkeile sind bis zur Eisenbahnlinie vorgetrieben. Nordostwärts der Siedlung Barrikady wird ein sowjetischer Angriff in Bataillonsstärke vereitelt. Am Nachmittag werden in der Vorstadt Orlowka der Bahnhof und die Höhe 104,6 genommen.

An diesem Donnerstag trifft die 39. Gardedivision (GenMaj. Gurjew) in Stalingrad ein und wird für die Verteidigung des Werkes Krasny Oktjabr bestimmt. Am Abend setzt die sibirische 308. Division des Obersten L. N. Gurtjew über die Wolga. Beide Divisionen werden den ganzen Oktober über den Kern der Verteidigung im Nordteil Stalingrads bilden.

In der Zeit vom 15. September bis zum 3. Oktober bekommt General Tschuikow insgesamt 6 frische Infanteriedivisionen, darunter 2 Gardedivisionen. Sie werden in Stalingrad-Mitte und in den Fabrikanlagen und Siedlungen von Stalingrad-Nord eingesetzt.

Am Sonntag, dem 4. Oktober, besprechen Armeegeneral Schukow und Generaloberst Wassilewski als Vertreter der STAWKA mit den Oberbefehlshabern der drei Fronten, der Stalingrader Front (GenOberst Jeremenko), der Donfront (GenLt. Rokossowski) und der Südwestfront (Gen. Watutin) die Vorbereitungen für die »Operation Uran«. Die Formierung dieser neuen Armeegruppe Südwestfront wird aus Gründen der Geheimhaltung erst am 25. Oktober bekanntgegeben.

An diesem Tage beenden die 51. und 57. Armee ein für die zukünftige Operation Uran äußerst wichtiges Unternehmen: die Zurückeroberung des von deutschen und rumänischen Truppen besetzten Gebietes um die Sapraza- und Barmanzak-Salzseen, das nun den Aufmarschraum für die geplante Gegenoffensive bildet.

Dabei stellt sich auch die große Empfindlichkeit der Rumänen gegen sowjetische Angriffe deutlich heraus. Dieser Beweis ihrer geringeren Standfestigkeit wird eine große Rolle in der ersten Phase von »Uran« spielen.

Die sowjetischen Truppen machen sich sofort an die Befestigung des gewonnenen Abschnitts, und die Pioniere verlegen Minen und errichten Panzersperren. Die Befestigung des Seengebietes ist zugleich ein Täuschungsmanöver: Die deutsche Führung ahnt nicht, daß hinter diesen starken Verteidigungsanlagen irgendwelche offensiven Absichten stekken können.

13. Woche: 5. — 11. Oktober 1942

✠ Die Deutschen berichten

Tagesparole des Reichspressechefs

Dienstag 6. Oktober 1942:
Herr Minister ordnet an, besonders hervorzuheben, daß die Generäle »Winter, Kälte, Zeit, Hunger usw.« Deutschland nicht mehr schaden, vielmehr für Deutschland arbeiten.

★ Die Sowjets berichten

Am Mittwoch, dem 7. Oktober 1942,
meldet das *Sowinformbüro*
über die Ereignisse am Vortage:
In schweren Kämpfen, die den ganzen Tag über in den Außenbezirken Stalingrads anhielten, versuchten faschistische Panzertruppen von zwei Seiten her in eine Arbeitersiedlung einzudringen, die von Milizen und einem Sturmverband der Garde unserer Truppen gehalten wird.
Die Kämpfe kamen erst kurz vor Anbruch der Dunkelheit zum Stillstand und endeten damit, daß von einem Verband von insgesamt 30 deutschen schweren Panzern insgesamt 29 niedergekämpft wurden. Nur einer der deutschen Kampfwagen konnte wieder zu seinem Stützpunkt zurückkehren. Ein deutscher Scharfschützenverband in der Stärke eines Bataillons, der die Panzer begleitete, wurde völlig aufgerieben. Im Norden der Stadt vermochten sich die Deutschen in zwei Häuserblocks einzunisten.
Am Abend forderten unsere Truppen mit Lautsprechern die eingeschlossenen deutschen Scharfschützen auf, sich zu ergeben, anderenfalls um Mitternacht alle Gebäude in die Luft gesprengt werden würden.

Am Nachmittag des 7. Oktober
teilt das *Sowinformbüro* ergänzend mit:
Die deutsche Armee vor Stalingrad hat Angriffe eingeleitet, die schwerer sind als alle vorausgegangenen Kampfhandlungen. Es ist offensichtlich, daß der immer mehr herannahende Winter die faschistische Heeresleitung zwingt, die Entscheidung um Stalingrad so schnell wie möglich

herbeizuführen, zumal bereits in spätestens zwei bis drei Wochen empfindliche Kälteeinbrüche zu erwarten sind.
Gegen Mittwoch mittag unternahmen die Deutschen einen neuen Panzerangriff, der von Norden und Nordwesten her das Stadtinnere zu erreichen suchte. Alles deutet darauf hin, daß die faschistische Führung entschlossen ist, die Verteidiger durch ununterbrochenen Einsatz von Angriffswellen zu ermüden.
Auch in der Nacht versuchen die Deutschen, im Schein von Fallschirmraketen die Kampfhandlungen fortzusetzen.
Um zwölf Uhr mittags meldet General Rodimzew, daß alle Stellungen innerhalb der Stadt gehalten sind und daß ein Verband unserer Gardetruppen im Nordwesten der Stadt zwei Straßen zurückerobert habe. Die deutschen Panzerverluste allein in den Kämpfen von Mittwoch vormittag werden auf 40 Panzer, die Mannschaftsverluste auf 2000 Mann geschätzt. Marschall Timoschenko hat die Offensive der Roten Armee, die außerhalb des Belagerungsringes nordwestlich und südlich von Stalingrad im Gange ist, verstärkt. Unsere Truppen greifen jetzt auf breiter Front an. Das Verteidigungssystem der Deutschen im Nordwestabschnitt ist außerordentlich stark und weit verzweigt. Marschall Timoschenko muß mit äußerster Umsicht operieren, um seinen Truppen unnötige Verluste zu ersparen. Durchschnittlich wurde in den letzten Tagen nur ein Geländegewinn von 200 bis 300 Metern auf einer 6 Kilometer breiten Front erzielt. Technische Truppen müssen breite Minenfelder räumen, hinter denen die Faschisten schwere Maschinengewehre und leichte Mörser in Stellung gebracht haben. Man glaubt, daß mindestens 300 Panzer auf diesem engen Abschnitt als Geschütztürme eingegraben wurden. Sie sind durch Tarnnetze abgedeckt, so daß sie aus der Luft nicht erkennbar sind. Der Verkehr auf der Wolga wird nach wie vor in bedeutendem Umfang aufrechterhalten. Unsere Rote Luftflotte hat viele Staffeln lediglich zum Schutz des Stromverkehrs eingesetzt, und ununterbrochen wird Kriegsmaterial und Munition nach Stalingrad übergeführt.
Mit welcher Zuversicht man in Moskau der weiteren Kampfentwicklung entgegensieht, ist daraus zu erkennen, daß zur Feier des 7. November, des Jahrestages der sowjetischen Revolution, in Moskau eine Sammlung von Geschenken für die Verteidiger von Stalingrad eingeleitet wurde, die am 7. November in Stalingrad übergeben werden sollen.
Eine wahre Flut von Paketen ist bereits eingetroffen, und 115 Waggonladungen mit Gaben, darunter Musikinstrumente, Radioapparate, Wintersachen, Tabak und Nahrungsmittel sind bereits auf dem Wege nach Stalingrad.

Die Deutschen berichten

Lagebericht, *Oberkommando des Heeres,*
7. Oktober 1942
Heeresgruppe B: In Stalingrad wurde südwestlich der großen Eisenbahnschleife ein feindlicher Vorstoß zurückgewiesen. Wetter: heiter, warm, Straßen gut.

Geheimer Bericht des *Sicherheitsdienstes der SS*
zur innenpolitischen Lage:
Nr. 323 vom 5. Oktober 1942 (Auszug)
1. Allgemeines. Wenn auch der Führer keinerlei konkrete Angaben über die weitere Entwicklung des Kriegsgeschehens machte, sind doch die in letzter Zeit vermehrt geäußerten Besorgnisse nahezu zum Schweigen

MG-Schützen mit ihrem Maschinengewehr MG 42, Kal. 7,92 mm, in einem soeben eroberten Graben gebracht worden und haben einer ruhigeren und zuversichtlicheren Betrachtung der allgemeinen Lage Platz gemacht. Als treffendes Beispiel kann die Beurteilung des Kampfgeschehens um Stalingrad durch die Volksgenossen angesehen werden. Das vor der Führerrede festgestellte tägliche und stündliche Rätselraten über den endgültigen Zeitpunkt der Einnahme dieser Stadt hat nach der Führerrede plötzlich ein Ende gefunden und ist bisher nicht wieder neu aufgelebt.

★ Die Sowjets berichten

Am Nachmittag des 10. Oktober 1942
gibt das *Sowinformbüro* bekannt:
Durch ein Dekret hat J. W. Stalin ein einheitliches Militärkommando geschaffen und das System der Kriegskommissare aufgehoben. In der Verordnung heißt es: »Das in den Jahren des Bürgerkrieges in der Roten Armee eingeführte System der Kriegskommissare wurde geschaffen in Anbetracht des Mißtrauens gegenüber den Kommandostellen, die von früheren Kriegsspezialisten besetzt waren, welche nicht an die Dauerhaftigkeit der Sowjetmacht glaubten und ihr nicht einmal günstig gesinnt waren. In den Jahren des Bürgerkrieges spielten die Kriegskommissare eine entscheidende Rolle im Sinne einer Stärkung der Armee, bei der Auslese der Armeeführer, der politischen Erziehung und der Schaffung der militärischen Disziplin.«

Am 10. Oktober meldet *United Press* aus Moskau:
Das Dekret Stalins ist heute auf der ersten Seite aller Blätter in großer Aufmachung veröffentlicht worden. In den Kommentaren heißt es unter anderem, daß das Weiterbestehen des Kommissarsystems die Truppenführung hemmen könnte.

Alle Befehlsgewalt bei den Kommandeuren der Roten Armee!

Erlaß des Präsidiums des Obersten Sowjets der UdSSR über die Herstellung der einheitlichen Befehlsgewalt und die Aufhebung der Einrichtung der Kriegskommissare in der Roten Armee:
Das System der Kriegskommissare, das in der Roten Armee während des Bürgerkrieges eingeführt wurde, war auf dem Mißtrauen begründet, das

In den Trümmern des Traktorenwerkes: die Verteidiger

dem Offiziersstand gegenüber bestand, in dessen Reihen alte Militärspezialisten standen, die damals noch gegen die Sowjetmacht eingestellt waren.
In den Jahren des Bürgerkrieges spielten die Kriegskommissare eine entscheidende Rolle im Aufbau und in der Stärkung der Roten Armee sowie bei der Auslese des Kommandeursbestandes. Sie hatten ferner die Aufgabe der politischen Unterweisung der Roten Armee und der Schaffung einer strengen Disziplin.
In den Jahren nach dem Bürgerkrieg vollzog sich der Prozeß der Heranbildung und Ausbildung des Kommandeursbestandes. Als Ergebnis dieser Ausbildung und durch die Erfolge auf allen Gebieten des

sowjetischen Lebens hat sich die Lage in den Kommandostellen der Roten Armee von Grund auf geändert.
Der gegenwärtige vaterländische Krieg gegen die faschistischen Eindringlinge hat unsere Kommandostellen zusammengeschweißt und eine große Schicht neuer talentvoller Kommandeure herangebildet, die in den Kämpfen Erfahrung gesammelt haben und ihren Pflichten und ihrer Offiziersehre bis zum Tode treu bleiben werden.
In den schweren Kämpfen mit dem Feind haben die Offiziere der Roten Armee ihre Ergebenheit gegenüber unserer Heimat bewiesen; durch die Sammlung beträchtlicher Erfahrungen auf dem Gebiete des modernen Krieges sind sie in politischer und militärischer Beziehung stark geworden. Andererseits haben die Kriegskommissare und Politruks ihre Kriegserfahrungen verbessern können, indem sie sich die großen Erfahrungen dieses Krieges aneignen konnten. Ein Teil von ihnen befindet sich bereits in Kommandostellen und führt erfolgreich die Truppen. Aber noch viele andere können in Kommandostellen eingesetzt werden, und zwar entweder sofort oder nach einer militärischen Ausbildung.
Alle diese neuen Umstände, die mit dem Anwachsen unserer Kommando- und politischen Stellen zusammenhängen, zeugen davon, daß der Boden für das System der militärischen Kommissare vollständig illusorisch geworden ist.
Somit hat sich die Notwendigkeit ergeben, die Einrichtung der Kriegskommissare in der Roten Armee abzuschaffen, die völlige Einheitlichkeit in der Kommandogewalt einzuführen und die gesamte Arbeit in der Armee den Kommandeuren anzuvertrauen. Ausgehend von diesem Standpunkt, bestimmt das Präsidium des Obersten Sowjets der UdSSR:
1. Herstellung der vollen Einheitlichkeit der Kommandogewalt in der Roten Arme und Übertragung der vollen Verantwortlichkeit an die Kommandeure und Chefs auf dem Gebiet des militärischen und politischen Lebens in den Einheiten und Einrichtungen der Roten Armee.
2. Beseitigung der Einrichtung der Kriegskommissare in den Einheiten, Truppenteilen, Stäben, Kriegsschulen, in der Zentral- und Hauptleitung des Volkskommissariats für die Landesverteidigung und Einrichtungen der Roten Armee sowie die Beseitigung der Einrichtung der Politruks in den Unterabteilungen.
3. Einführung der Einrichtung der Vertreter der Kommandeure für politische Angelegenheiten in den Einheiten, Truppenteilen, Stäben, Unterabteilungen, Kriegsschulen, in der Zentral- und Hauptleitung des Volkskommissariats für die Landesverteidigung und in den Einrichtungen der Roten Armee.

4. Verstärkter Einsatz der in militärischer Hinsicht ausgebildeten und in der Führung des modernen Krieges erfahrenen Kriegskommissare und Politarbeiter in Kommandostellen.
5. Einführung von Rangbezeichnungen und Auszeichnungen für die Vertreter der Kommandeure in politischen Angelegenheiten und für alle übrigen Politarbeiter.

Moskau, den 9. Oktober 1942
Vorsitzender des Präsidiums des Obersten Sowjets, gez.: *Kalinin*
Der Sekretär des Präsidiums des Obersten Sowjets, gez.: *Gerkin*

Die Deutschen berichten

Lagebericht, *Oberkommando des Heeres,*
10. Oktober 1942
Heeresgruppe B: In Stalingrad beiderseitiges Artillerie-Feuer. Wetter: bedeckt, windig.

Panzer öffnen Sturmgassen für die Infanterie

In Stalingrad rollen deutsche Panzer über Trümmerfelder, bekämpfen die in Kellern verborgenen Bunker und zermahlen im Vordringen gegen festungsartig ausgebaute Fabriken die Barrikaden aus Schutt und zusammengebrochenen Eisenträgern.
Wo die Truppe bei Tage ihre Kämpfe nicht mehr abschließen kann, setzt sie ihre Vorstöße im Laufe der Nacht beim gespenstigen Licht zahlreicher Leuchtkugeln gegen die in den tiefen Schatten verborgenen Bolschewisten fort. Verzweifelt wehrt sich der Feind. Unsere Panzer und mit ihnen die Bomben der Kampfflugzeuge aber öffnen immer wieder die Sturmgassen für die Infanterie, die nach den beim OKW vorliegenden Meldungen am 7. Oktober weitere Häuserblocks gestürmt hat.
Ein Sturmgeschütz rollte gegen einen Kellerbunker vor, aus dessen Scharten ihm mörderisches Feuer entgegenschlug. Wie Hagelschlag prasselten die feindlichen Geschosse auf seine Panzerung. Die Trümmer des eingestürzten Hauses lagen als schwere Deckung über dem Widerstandsnest. Von den zerschossenen Eisengerüsten einer benachbarten Fabrik warfen die Bolschewisten Brandflaschen herunter.
Rings um das Sturmgeschütz, das die Kellerluke unentwegt unter wohlge-

Bei der Abwehr feindlicher Angriffe bieten die sowjetischen Stahlkolosse vorzüglichen Schutz

zieltes Feuer nahm, loderten die hellen Flammen des brennenden Öls, und dichte Qualmwolken legten sich über den Schauplatz des erbitterten Kampfes. Langsam schob sich das Sturmgeschütz vorwärts. Dann stand es unmittelbar vor dem Bunker. Mit aufheulendem Motor zogen die Raupen das Sturmgeschütz die Schutthalde empor, wo es auf der Deckung hin- und herfahrend durch sein Gewicht die Schießscharten eindrückte. Die sich im Schutze des Sturmgeschützes vorarbeitenden Pioniere erledigten dann mit Handgranaten und Flammenwerfern die feindliche Bunkerbesatzung.
Auch in dem Steppengelände am Nordriegel, wo ununterbrochen krepierende Granaten den gesamten Kampfabschnitt in eine tiefe Wand von Rauch und Staub hüllten, waren die Sturmgeschütze bei der im Wehrmachtsbericht vom 8. Oktober gemeldeten Vernichtung feindlicher Kräfte maßgeblich beteiligt. Da auch auf feindlicher Seite zahlreiche Panzerkampfwagen die erbitterten Gegenstöße unterstützten, kam es fast ununterbrochen zu schweren Kämpfen...
Als sich bei einem Ausbruchsversuch aus dem Kessel bei Orlowka mehrere hintereinander fahrende Panzer der deutschen Riegelstellung näherten, nahm der mit seiner Maschinengewehrgruppe dieses Grabenstück verteidigende Unteroffizier den Kampf mit dem Führungspanzer auf. Unter dem Schutz von Maschinengewehren, die mit ihrem Feuer die aufgesessenen feindlichen Schützen von den Panzern vertrieben, sprang der Unteroffizier allein und ohne schwere Waffen gegen den Stahlkoloß vor, zog seine geballte Ladung ab und traf. Die Explosion riß ein breites Loch in die Stahlwände des Panzers, dessen Deckel aufflog. Die aus drei Mann bestehende Besatzung versuchte sich mit Maschinenpistolen zur Wehr zu setzen. Durch eine weitere Handgranate wurde auch sie erledigt. Das Schicksal des führenden Panzerkampfwagens hielt die übrigen in ihrer weiteren Entwicklung zum Angriff so lange auf, bis der kurz darauf einsetzende deutsche Gegenstoß die Bolschewisten wieder in den Kessel zurückwarf. *Berliner Lokal-Anzeiger, 9. 10. 1942*

Und so war es

Anfang der Woche schickt das Führerhauptquartier der 6. Armee einen bekannten Leipziger Schlachtenmaler. Der Armeestab leitet ihn zu General v. Seydlitz weiter: Der Künstler soll sich hier Anregungen für ein

»Mit zäher Ausdauer und entschlossener Tatkraft« – ein MG-Schütze

Kolossalgemälde der Schlacht um Stalingrad verschaffen, das er im Auftrag Hitlers malt.
Am Dienstag, dem 6. Oktober, muß die 6. Armee wegen zu geringer Kampfstärken ihrer Infanterie den Angriff auf Stalingrad einstellen.
Unterdessen sind die Vorbereitungen für die Operation Uran in vollem Gange. Am 6. Oktober im Morgengrauen treffen sich die Generale Wassilewski, Woronow, Iwanow in dem Gefechtsstand der 51. Armee mit dessen Oberbefehlshaber, General Trufanow. Ziel des Besuches: Besprechung mit den Oberbefehlshabern und dem Mitglied des Kriegsrats über den vom Hauptquartier vorgeschlagenen Plan der Gegenoffen-

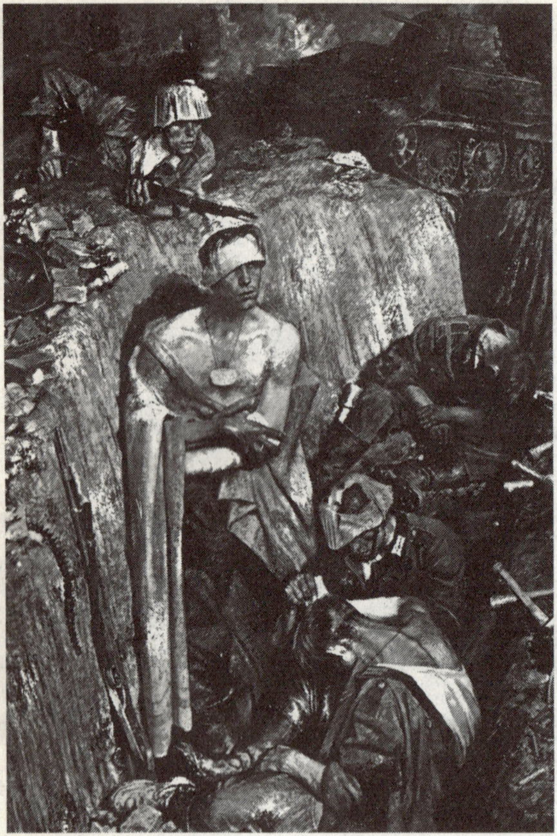

»Erinnerungen an Stalingrad« – Gemälde von Professor Franz Eichhorst, 1943

sive. Tags darauf, am 7. Oktober, reist General Wassilewski zum Oberbefehlshaber der Donfront, General Rokossowski, um mit ihm über das gleiche Thema zu beraten.

Nachdem der Angriff steckenbleibt, ändert Hitler seine Taktik: Stalingrad soll nun, bevor die deutschen Truppen weiter vorgehen, sturmreif geschossen werden. Man übersieht dabei, daß die Häusertrümmer den Verteidigern noch bessere Chancen bieten als heile Gebäude. »Alles war hier gefährlich, hinter jeder Ruine hockten Scharfschützen.« Eine beson-

dere Gefahr bilden die Kanalisationsanlagen der Stadt. Sie münden an dem von den Sowjets besetzten Wolgaufer, und durch diese Kanäle gelangen sowjetische Soldaten immer wieder hinter die vordersten deutschen Linien.
Am 8. Oktober beginnen die Deutschen ihre Vorbereitungen zu dem entscheidenden Sturm auf die Stadt. Deutsche Flugzeuge werfen unzählige Flugblätter ab mit Lageplänen der von Panzern und Artillerie in Stalingrad eingekreisten 62. Armee General Tschuikows.
Allmählich kommen jetzt die beiden Gegner zu der Erkenntnis, daß die Kämpfe in Stalingrad wohl nicht vor dem Winter beendet sein werden, und bereiten sich langsam auf die unfreundliche Jahreszeit vor. Einer der ersten, der sich darüber Gedanken macht und sich der Sache sehr energisch annimmt, ist der Chef des medizinischen Dienstes der 62. Armee des Generals Tschuikow, Oberst M. P. Boiko. Er hat bereits

Verstärkte Artillerievorbereitung – deutsche schwere Feldhaubitzen M 18, Kal. 14,9 cm. Während der Stalingrad-Schlacht gingen im Durchschnitt auf einen Frontquadratkilometer 8000 Tonnen Stahl nieder

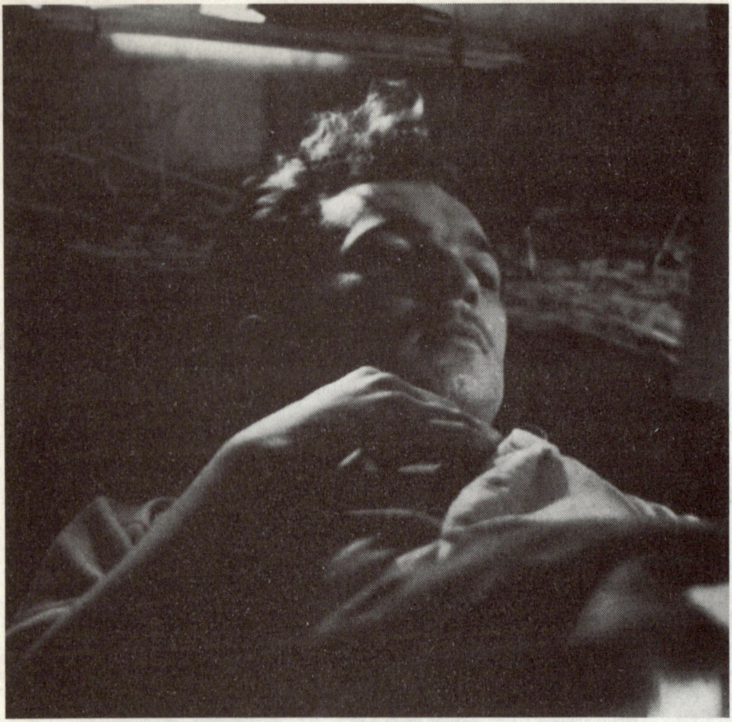

Die lang erwartete Feldpost ist da

im September, in der schönsten Jahreszeit, als noch niemand an den Winter dachte, die Divisionskommandeure bewogen, mit dem Bau von geschützten, heizbaren Unterständen für Verbandsplätze zu beginnen, die jetzt, als noch die heftigen Kämpfe im Industrieviertel toben, fertig sind. Am Steilufer der Wolga richten die Sowjets in diesen Unterständen Operations- und Verbandstellen sowie Stationen für Schwerverwundete ein. In den unterirdischen Kanalisationsstollen wiederum befindet sich das Feldlazarett der Division Rodimzew.
Das größte Problem bereitet jedoch der Abtransport von Verwundeten zum östlichen Wolgaufer. Es gibt für sie keine anderen Übersetzmittel als die Schiffe der Wolgaflottille, die Truppen und Nachschub nach Stalin-

grad schaffen. Transportfähige Kranke und Verwundete, die einer längeren Behandlung bedürfen, werden nach Astrachan und Saratow gebracht. Genesende erhalten hier Gefechtsausbildung und Anschauungsunterricht.

Sie bilden dann auch die ständige Ersatzreserve der Divisionen.

Für den Abtransport Schwerverwundeter arbeiten Tag und Nacht die Rot-Kreuz-Anlegestellen. Die Verwundeten werden bei Nacht hier gesammelt, wo sie unter Beschuß auf den Abtransport zum Ostufer warten müssen. In der zweiten Oktoberwoche werden die beiden 270 Meter langen Truppenbehelfsbrücken gegenüber Barrikady und Traktorenwerk fertig. Sie verbinden das Stalingrader Wolgaufer mit der Saizewski-Insel. Es sind eigentlich provisorische Stege aus mehreren Balkenflößen und Tonnen mit einem Bretterbelag, und sie werden bald das Ziel deutscher Stukas und ständigen Artilleriefeuers. Die nördlich gebaute Fußgängerbrücke, schon nach drei Tagen von Bombensplittern getroffen, trägt die Strömung fort. Eine dritte, kleinere Brücke, die in Höhe des Traktorenwerks steht, hat als Schwimmer am Flußgrund verankerte Eisenfässer.

Anfang Oktober ist sich auch Hitler darüber klar, daß die 6. Armee mit ihren stark angeschlagenen Divisionen Stalingrad vor Eintritt des Winters nicht mehr einnehmen kann. Und am Abend des 8. Oktober meldet sich beim Stab der 6. Armee der General der Pioniere Richter, mit ihm ein Festungsoberbaustab, zwei Regimenter und sechs Bataillonsstäbe, dazu eine Baukompanie, geschickt vom Oberkommando des Heeres. Ihr Auftrag: Der Bau betonierter Befestigungen in Stalingrad. »Eine geradezu verbrecherische Unkenntnis der örtlichen Lage« — so Pionierführer Oberst Selle. »Da sich die nächste Kiesgrube am Asowschen Meer befand, der Zement in Deutschland lag und das zur Verschalung notwendige Holz Mangelware war, das Hunderte von Kilometern transportiert werden mußte und von dem man kaum genug hatte, um den nötigen Eisschutz für die Donbrücken anzufertigen.« Selbst die für den Bau erforderlichen Arbeitskräfte fehlen, und die Pionierbataillone mit den Fachkräften sind in den Straßenkämpfen bereits stark gelichtet. Außerdem würden die Sowjets beim Bau der Unterstände nicht untätig zusehen. Nach der Rückfrage in Hitlers Hauptquartier kommt zwei Tage später der Führerbefehl: »Es sind sofort frostsichere, heizbare Bunker für Panzer zu bauen. Die Bunker sollen eine wegsichere Anfahrt von 30 Metern haben...«

Eine der Vorbereitungen des Generals Paulus zur Überwinterung bei Stalingrad ist die geplante Verlegung des Armeegefechtsstandes von

Год издания 26-й

ИЗВЕСТИЯ СОВЕТОВ ДЕПУТАТОВ ТРУДЯЩИХСЯ СССР

№ 239 (7925) СУББОТА 10 ОКТЯБРЯ 1942 г.

Цена 15 коп.

Внимание всего народа приковано к битвам за Сталингра
С невиданным упорством дерутся наши воины прот
гитлеровских полчищ. Каждый день боев стоит врагу жиз
тысяч солдат и офицеров.
Воины Красной Армии! Враг хочет любой ценой захвати
Сталинград! Сорвем планы немцев! Отбросим врага от наше
славного города!

Строго беречь топливо — закон военного времени

Проблема топлива в условиях войны приобрела исключительное значение. Отечественная война предъявляет к нашей промышленности, ко всему народному хозяйству все более серьезные требования. Военная индустрия, все отрасли народного хозяйства, так или иначе работающие на войну, обязаны усиливать помощь фронту, неустанно повышать выпуск продукции для Красной Армии.

Топливные ресурсы являются одним из серьезнейших условий достижения дальнейшего роста производства. В осенние и зимние месяцы советская индустрия будет работать еще более интенсивно, на еще более высоком уровне, чем летом. На ряду с повышением добычи угля в Кузнецком, Карагандинском, Подмосковном, Кизеловском, Челябинском, Черемховском, Сучан-

Указ Президиума Верховного Совета СССР
Об установлении полного единоначалия и упразднении института военных комиссаров в Красной Армии

Система военных комиссаров, установленная в Красной Армии в годы гражданской войны, возникла на почве некоторого недоверия к командным кадрам, в состав которых были привлечены старые военные специалисты, не верившие тогда в прочность Советской власти и даже чуждые ей. В годы гражданской войны военные комиссары сыграли решающую роль в деле укрепления Красной Армии и отбора командного состава, в деле ее политического просвещения и

того, дальнейшее существование института военных комиссаров может явиться тормозом в улучшении управления войсками, а для самих комиссаров создает ложное положение.

Таким образом, назрела необходимость упразднить в Красной Армии институт военных комиссаров, установить полное единоначалие и целиком возложить на командиров ответственность за все стороны

Еще одна гитлеровска фальшивка

Stalin: Alle Macht den Politruks

Politische Kommissare übernehmen die Führung der Sowjetarmee
Offiziere werden als unfähig erklärt

Berlin, 10. Oktober.

Das Präsidium des Obersten Sowjets t, wie amtlich aus Moskau gemeldet rd, eine einschneidende Änderung in der hrung der bolschewistischen Wehrmacht rordnet: Die bisherige Trennung zwi-sen militärischer und politischer Kom-ndogewalt, die durch das System der itischen Kommissare bedingt war, wird geschafft. Von jetzt an wird die Verant-rtung für alle Seiten des militärischen d politischen Lebens der Truppe in der rson des Befehlshabers vereinigt. Die herigen politischen Kommissare wer-n entweder sofort oder nach kurzer litärischer Ausbildung auf Führungs-sten versetzt und erhalten die gleichen nge und Rangabzeichen wie bisher die eigentlichen Offiziere. Der Erlaß ist vom Präsidenten der Sowjetunion, Kalinin, unterzeichnet.

•

Diese Verfügung Stalins — Kalinin ist bekanntlich nur seine Strohpuppe — ist außerordentlich interessant: Auf den ersten Blick sieht sie so aus, als ob die Tätigkeit der Politkommissare damit zum Stillstand komme, wie das nach außen hin schon einmal vor ein paar Jahren von Stalin vorgetäuscht worden war. Die Tatsache aber, daß die Politkommissare nun selbst zu militärischen Befehlshabern befördert werden, gibt der Sache ein völlig anderes Gesicht. Augenscheinlich hat Stalin unter dem Druck der schweren Niederlagen und unersetzlichen Gebietsverluste dieses Sommers jedes Vertrauen in die Fähigkeit und Zuverlässigkeit seines militärischen Führerkorps v das sich tatsächlich auch gänzlich gezeigt hat, der deutschen Weh Widerpart zu leisten. Der Wahns „entlastenden" Massenangriffe an möglichen Frontstellen, der den Hekatomben von Opfern an Me und Material gekostet hat, kor schließlich auch kaum übertroffen Der Diktator im Kreml hofft nun scheinlich, daß seine ihm treuerg Politkommissare mehr leisten. eine so einschneidende Maßnahme im Kampf vornimmt, daß er das Befehlssystem der roten Wehrma einer durch seinen öffentlichen an England und Nordamerika sel gegebenen schweren Notlage umkr zeugt dafür, wie hoch ihm das Wa Halse steht.

Iswestija, Moskau 10. 10. 1942, Tagesparole – »Die Aufmerksamkeit des ganzen Volkes ist den Kämpfen bei Stalingrad gewidmet ... Jeder Gefechtstag kostet den Feind Tausende von Offizieren und Soldaten. Rotarmisten! Der Feind will um jeden Preis Stalingrad einnehmen! Laßt uns die Pläne der Deutschen durchkreuzen ...«

Golubinskaja am westlichen Donufer zwischen den Brücken von Kalatsch und Peskowatka, der eine recht ungünstige Verkehrslage hat. Es fehlen hier sowohl Bahnanschluß als auch ein Straßennetz. Nach langem Suchen entschließt man sich endlich für den Ort Nischne-

Tschirskaja als Hauptquartier, in dessen Nähe die von Westen kommende Bahn endet und sich, einige Kilometer davon entfernt, eine Kolonnenbrücke über den Don befindet.
Am Freitag, dem 9. Oktober, wird urplötzlich durch den Erlaß des Präsidiums des Obersten Sowjets die Institution der politischen Kommissare in der Roten Armee abgeschafft und die »alleinige Befehlsgewalt« der Offiziere wiederhergestellt.
Die Ausschaltung der Kommissare wirkt sich auf die Truppen günstig aus: Von jetzt ab haben die politischen Kommissare auf die Befehle des Offiziers, vor allem auf dessen operative Entscheidungen, keinen Einfluß mehr. Mit dem heutigen Tage, dem 10. Oktober, übernimmt die rumänische 3. Armee (GenOberst Dumitrescu), die aus dem Westkaukasus abgezogen wurde, zwischen der italienischen 8. Armee (GenOberst Gariboldi) und der 6. Armee unter General Paulus, einen Verteidigungsabschnitt am Don.

Von den Arbeitern des Dscherschinski-Werkes gebaut: improvisiertes Kanonenboot mit der Kuppel eines T-34

Die Deutschen berichten

Lagebericht, *Oberkommando des Heeres,*
13. Oktober 1942
Heeresgruppe B: Südlich Stalingrad lebhafter Übersetzverkehr. Ein von 2 Bataillonen geführter Angriff konnte bei Jalchi zurückgeschlagen werden. In Stalingrad wurden im Bereich der 100. Jägerdivision und 389. Infanteriedivision feindliche Aufklärungsvorstöße abgewiesen. An der Nordfront konnte der Gegner in geringer Tiefe in die eigenen Stellungen einsickern. Bereinigung ist vorgesehen. Wetter: Bedeckt, im Süden heiter, im Nordteil regnerisch.

Die Ruhe vor dem Sturm: ein bißchen Zeit für sich selbst

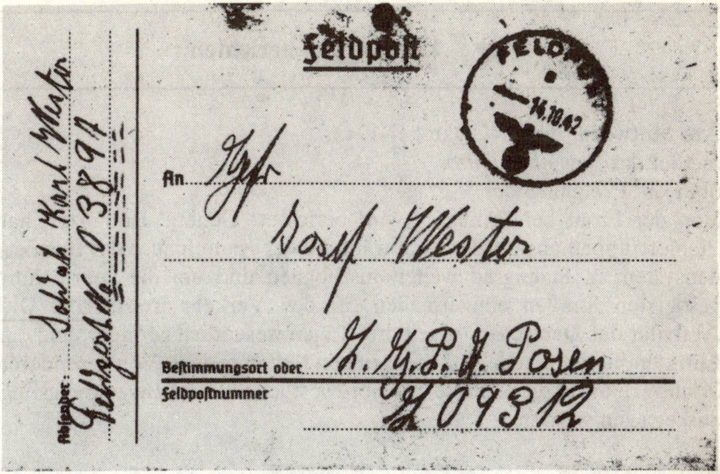

Ausschnitt aus dem Feldpostbrief von Karl Wester an seinen Bruder, abgeschickt am 14. 10. 1942:

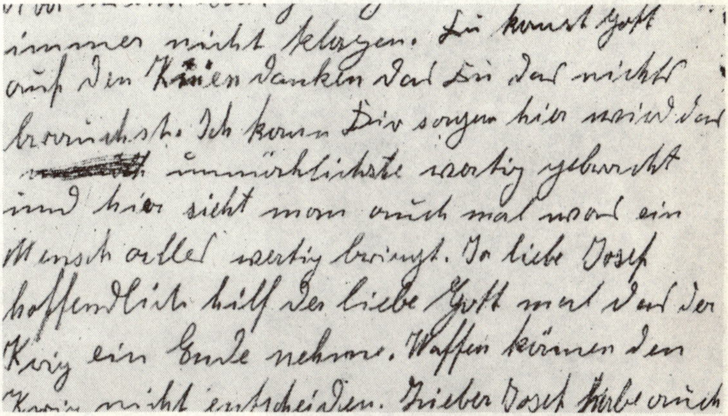

»... Du kannst Gott auf den Knien danken, daß Du das nicht brauchst ...
... Ich kann Dir sagen, hier wird das Unmöglichste fertiggebracht und hier sieht man auch mal, was ein Mensch alles fertigbringt. Ja, lieber Josef, hoffentlich hilft der liebe Gott mal, daß der Krieg ein Ende nehme. Waffen können den Krieg nicht entscheiden...«

★ Die Sowjets berichten

Am Mittwoch, dem 14. Oktober 1942,
meldet das *Sowinformbüro*
über die Ereignisse der Vortage:

Von der Front bei Stalingrad wird berichtet: General Rodimzew hat Pioniertruppen angefordert, um während der Kampfpause das Barrikadensystem in Stalingrad weiter auszubauen und um die vom Schutt gesperrten Straßen einigermaßen für den Verkehr freizulegen. Die Aktivität der Deutschen ist seit drei Tagen wesentlich geringer, und die Luftkämpfe sind hinter die gegenseitigen Linien verlegt. Von besonderer Wichtigkeit sind die Kämpfe, die nordwestlich vor dem Belagerungsring ausgetragen werden.

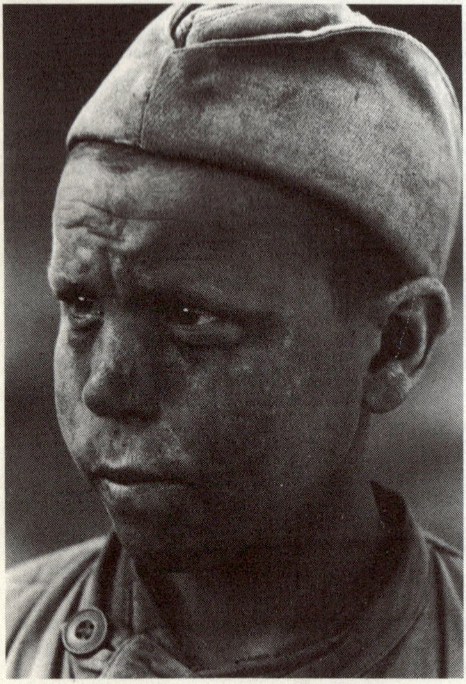

Der Hölle entronnen:
einer der jugendlichen
Verteidiger

Ein Sonderkorrespondent, der sich auf dem Wege nach Stalingrad befindet, berichtet: »Immer wieder begegnet man auf den Straßen, die nach Stalingrad führen, an Bäumen, an Zäunen oder an den Mauern der kleinen Dörfer Aufschriften wie ›Stalingrad wird weiter verteidigt‹, ›Kolonnen, verliert keine Zeit, ihr bringt Munition nach Stalingrad‹, ›In euren Händen liegt das Schicksal Stalingrads‹. Kolonne auf Kolonne wurde von uns passiert, und je näher wir Stalingrad kamen, desto dichter wurde der Verkehr.
Die Rote Luftflotte bildet einen dichten Luftschirm über einem weiten Gebiet, und auf der ganzen langen Fahrt begegneten wir keinem deutschen Flugzeug. Von Stalingrad wird nur als von dem ›Brückenkopf‹ gesprochen. Bereits 50 Kilometer vor der Stadt konnten wir den Rauch der brennenden Ruinen riechen, der vom Wind herübergetrieben wird. Wir treffen die ersten Verwundetenzüge — müde, abgekämpfte Truppen, die alle Zeichen der furchtbaren Kämpfe tragen.
Man berichtet uns, daß die Stadt in Flammen stehe und daß ein furchtbares Gemetzel vor sich gehe, aber trotzdem findet man keine Spur von Entmutigung unter den Truppen. Als wir 20 Kilometer vor Stalingrad waren — die Nacht war bereits hereingebrochen —, zeigte sich uns ein phantastisches Feuerwerk grüner, roter und weißer Raketen. Hunderte von Scheinwerfern leuchten den Himmel ab.«

Die Deutschen berichten

Lagebericht, *Oberkommando des Heeres,*
14. Oktober 1942
Heeresgruppe B: Im Raum um Stalingrad keine größeren Kampfhandlungen. Wetter: Bewölkt, kühl, windig.
Tagesparole des Reichspressechefs,
Mittwoch, 14. Oktober 1942:
Der Minister sperrt das Thema Winterausrüstung der deutschen Wehrmacht für die deutsche Presse und den Rundfunk. Es sollen damit die Pannen vermieden werden, die sich im letzten Jahr ergeben haben, als in Wochenschau und Presse von der guten Winterkleidung der Wehrmacht gesprochen wurde, während tatsächlich fast nichts vorbereitet worden war.

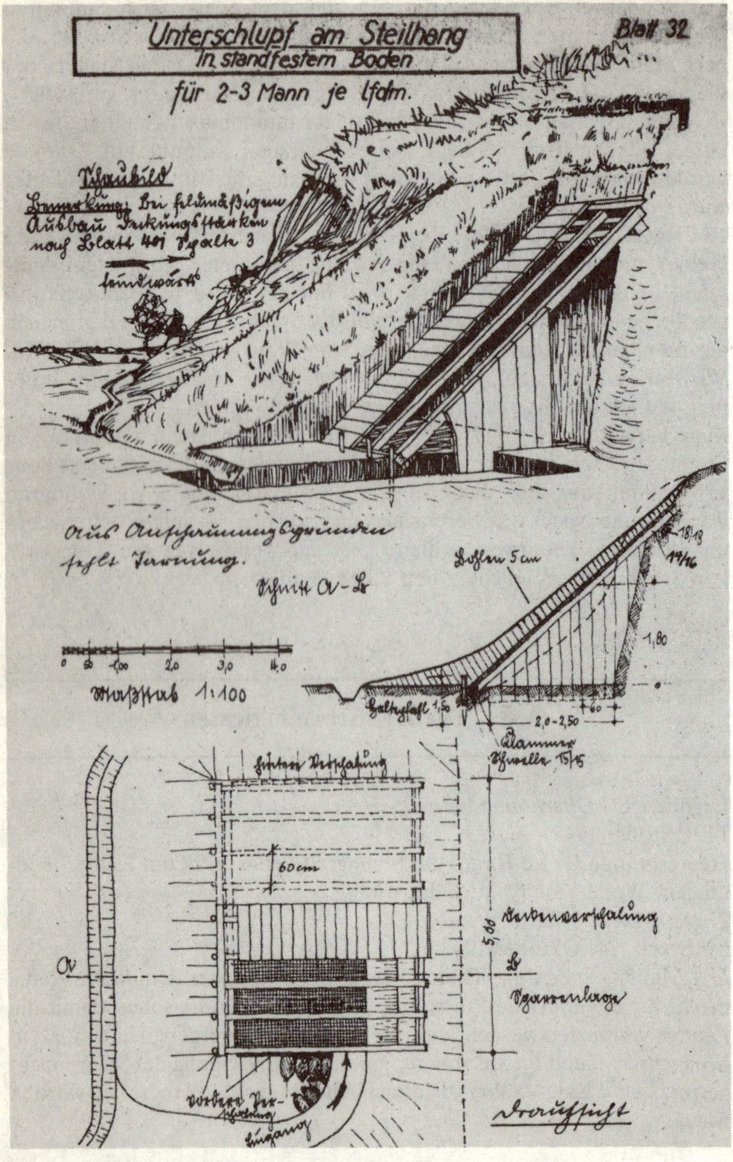
Unterschlupf am Steilhang
in standfestem Boden
Blatt 32
für 2-3 Mann je lfdm.
Schaubild
Bemerkung: bei feldmäßigem Ausbau Deckungsstärken nach Blatt 40, Spalte 3
feindwärts
Aus Aufräumungsgründen fehlt Tarnung.
Schnitt A-B
Bohlen 5 cm
18/18
14/16
1,80
Haltepfahl 1,50
60
2,0-2,50
Klammer
Schwelle 15/15
0 50 1,00 2,0 3,0 4,0
Maßstab 1:100
Hintere Verschalung
60cm
Seitenverschalung
5,00
A
B
Sparrenlage
vordere Verschalung
Eingang
Draufsicht

Oben: Bau von Unterständen am Berghang des Dons – unten die schicksalhafte Behelfsbrücke bei Kalatsch

Links: »... bestmögliche Lebensbedingungen während der Winterzeit.« (Hitler). Bauanleitung aus: Merkblatt 57/5

Rechts: ... in Straßenkämpfen bewährt

Handgranaten

Handgranaten können auf folgende Weise zur Panzernahbekämpfung eingesetzt werden:

13 Handgranaten werden zu einer geballten Ladung zusammengebunden und fest verschnürt.

In die mittlere mit Stiel versehene Handgranate werden Sprengkapsel und Brennzünder eingesetzt.

Diese geballte Ladung wird abgezogen und auf das Heck des Feindpanzers geworfen. Die Sprengwirkung entspricht etwa der Wirkung einer T-Mine.

Stiel- und Eihandgranaten sind außerdem ein gutes Kampfmittel gegen ausbootende Besatzungen.

Sie gehören daher zur ständigen Ausrüstung des Panzernahkämpfers.

Operationsbefehl Nr. 1

Der Führer H.Qu. OKH, 14. Oktober 1942

OKH/Gen.St.d.H./Op.Abt. (1)
Geheime Kommandosache
Chefsache! Nur durch Offizier!

Operationsbefehl Nr. 1

Der diesjährige Sommer- und Herbstfeldzug ist, mit Ausnahme der in Fluß befindlichen Operationen und einzelner noch beabsichtigter örtlicher Angriffshandlungen, zum Abschluß gebracht.
Großes ist erreicht. In einer gewaltigen Offensive wurde der Gegner auf den Kaukasus und Don zurückgeworfen und die Landverbindung Zentralrußlands mit dem für die weitere Kriegführung lebenswichtigen Kaukasusgebiet im wesentlichen abgeschnitten. An der übrigen Front wurden alle russischen Entlastungsoffensiven mit einem Mindestmaß an Kräften unter hohen blutigen Verlusten für den Feind erfolgreich abgewehrt.
Die Leistungen von Führung und Truppe in dem Ringen dieses Sommers und Herbstes reihen sich wiederum würdig an die Kämpfe der vergangenen Zeiten dieses Krieges an. Sie geben die Gewähr, daß sich auch in den kommenden Zeiten dieses Krieges das deutsche Volk in jeder Lage auf sein Heer verlassen kann.
Vor uns steht der Winterfeldzug. In ihm hat die Ostfront die Aufgabe — mit Ausnahme der noch laufenden bzw. beabsichtigten Angriffsoperationen —, die erreichten Linien gegen jeden Durchbruchsversuch des Feindes unbedingt zu halten und dadurch die Fortsetzung unserer Offensive 1943 zur endgültigen Vernichtung unseres gefährlichsten Gegners zu ermöglichen.
Die Vorbereitungen für den Winterfeldzug sind in vollem Gange. Dieser zweite russische Winter wird uns rechtzeitig und besser vorbereitet finden.
Der Russe selbst ist durch die letzten Kämpfe sehr geschwächt und wird im Winter 1942/43 nicht mehr die Kräfte wie im vorhergehenden aufbringen. Strenger und schwerer kann dieser Winter jedenfalls nicht werden.
Allen Kommandostellen und Truppenkommandeuren mache ich es nun zur Pflicht, die Wintervorbereitungen so schnell und so umfassend wie möglich zu Ende zu führen und dadurch der Truppe nicht nur die Grundlage zur Erfüllung ihrer Aufgaben zu geben, sondern ihr auch die

Gruppenführer »Los – folgen ...!«: Ein Stoßtrupp der Grenadiere der 29. Infanteriedivision (mot.) stürmt Stellungen der sowjetischen 64. Armee

bestmöglichen Lebensbedingungen während der Winterzeit zu schaffen. Hierbei ist es wichtig, sich nicht allein darauf zu verlassen, daß die notwendigen Anforderungen bei der vorgesetzten Stelle ja eingereicht sind. Jeder Truppenkommandeur muß bestrebt sein, durch Improvisationen aller Art sich selbst zu helfen und zusätzliche Mittel, Einrichtungen und Erleichterungen für seine Truppe zu schaffen.

In den Trümmern des Industrieviertels in Stalingrad-Nord – ein Feldwebel mit sowjetischer Maschinenpistole, Typ PPSh

Ich werde durch großzügige Erfassungs- und Aufstellungsmaßnahmen dafür sorgen, daß die fechtende Truppe verstärkt wird und die jetzt 1½ Jahre ununterbrochen kämpfenden Frontsoldaten in diesem Winter im Wechsel vorübergehend Ruhe erhalten.
Ich erwarte aber von Führung und Truppe, daß sie im stolzen Bewußtsein der errungenen Siege, im festen Vertrauen auf ihre eigene Kraft mit dem unbeugsamen Willen, den Gegner auch in diesem Winterfeldzug niederzuschlagen, wo er es etwa versuchen sollte, unsere Front anzugreifen, in den Winterfeldzug 1942/43 hineingehen. Als grundsätzliche Forderungen gelten:
1. Die Winterstellung ist auf jeden Fall zu halten.
2. Es wird überall eine aktive Verteidigung geführt, die den Feind nicht zur Ruhe kommen läßt und ihn über unsere eigenen Absichten täuscht.
3. Bei feindlichen Angriffen gibt es kein Ausweichen oder operative Rückwärtsbewegungen.

4. Örtliche Einbrüche sind sofort durch Gegenstoß oder Gegenangriff zu bereinigen.
5. Große Einbrüche sind zu lokalisieren, die stehengebliebenen Teile der eigenen Front aber sind als Eckpfeiler unbedingt zu halten, um die Gegenmaßnahmen zu erleichtern.
6. Abgeschnittene oder eingeschlossene Teile haben sich so lange zu verteidigen, bis sie entsetzt werden.
Für die bedingungslose Durchführung dieser Forderungen haften mir die Kommandeure.

Gez. *Adolf Hitler*
Für die Richtigkeit
gez. Graf Kielmansegg
Maj.i.G.

★ Die Sowjets berichten

Aus dem Kriegstagebuch des Oberbefehlshabers der 62. Armee, *General W. I. Tschuikow,* 15. Oktober 1942:

05.30 Uhr: Der Gegner hat wie am gestrigen Tag an der Front Mokraja Metschetka — Siedlung Krasny Oktjabr eine verstärkte Artillerievorbereitung begonnen.
08.00 Uhr: Der Gegner greift mit Panzern und Infanterie an. Die Schlacht tobt an der ganzen Front.
09.30 Uhr: Der Angriff des Gegners auf das Stalingrader Traktorenwerk ist abgewehrt. Auf dem Werkhof brennen 10 faschistische Panzer.
10.00 Uhr: Panzer und Infanterie haben das 109. Gardeschützenregiment der 37. Division überrollt.
11.30 Uhr: Der linke Flügel des 524. Schützenregiments der 95. Schützendivision ist überrannt. Etwa 50 Panzer überrollen die Gefechtsordnung des Regiments.
11.50 Uhr: Der Gegner hat den Sportplatz des Stalingrader Traktorenwerks genommen. Unsere abgeschnittenen Einheiten kämpfen in der Einkreisung weiter.
12.00 Uhr: Der Kommandeur des 117. Schützenregiments, Gardemajor Andrejew, ist gefallen.
12.20 Uhr: Ein Funkspruch einer Einheit des 416. Regiments aus dem

Sowjetisches Propagandaplakat – »Bis zum letzten Blutstropfen« (N. N. Schukow, 1942)

sechseckigen Häuserblock: »Sind eingekreist, Patronen und Wasser vorhanden, sterben, ehe wir uns ergeben!«
12.30 Uhr: Sturzkampfbomber greifen den Gefechtsstand des Generals Sheludew an. General Sheludew befindet sich ohne Nachrichtenverbin-

dung in einem eingestürzten Unterstand. Übernehmen die Verbindung zu den Truppenteilen dieser Division.
13.10 Uhr: 2 Unterstände im Armeegefechtsstand eingestürzt. Ein Offizier steckt mit den Beinen in den Erdmassen, können ihn nicht ausgraben.
13.20 Uhr: Haben (durch ein Rohr) Luft in den Unterstand von General Sheludew gepumpt...
14.40 Uhr: Die Fernsprechverbindung zu den Truppenteilen ist unterbrochen, sind auf Funk übergegangen und bestätigen gegenseitig durch Verbindungsoffiziere. Die deutsche Luftwaffe blockiert unsere Flugplätze. Unsere Fliegerkräfte können nicht starten.
15.25 Uhr: Die Stabswache des Armeestabs hat den Kampf aufgenommen.

Arbeitersiedlung Spartakowka: eine durchgesickerte sowjetische Sturmgruppe im Häuserkampf

16.00 Uhr: Die Verbindung zum 114. Garderegiment ist unterbrochen, seine Lage unbekannt.
16.20 Uhr: Etwa 100 Panzer sind in das Gelände am Traktorenwerk eingebrochen. Die Luftwaffe des Gegners ist nach wie vor über uns und greift mit Bomben und im Tiefflug an.
16.35 Uhr: Regimentskommandeur Oberstleutnant Ustinow bittet, seinen Gefechtsstand unter Artilleriebeschuß zu nehmen, er ist von MP-Schützen eingekreist.
17.00 Uhr: Die Funker schaffen es kaum, die Funksprüche der Einheiten zu notieren, die eingeschlossen weiterkämpfen...
21.00 Uhr: Ein weiterer Funkspruch der 37. Gardedivision. Sie kämpft immer noch auf dem Gelände des Traktorenwerks und schließt ihre Meldung mit den Worten: »Lieber für die Heimat sterben, als sich ergeben!«

Die Deutschen berichten

Lagebericht, *Oberkommando des Heeres,*
15. Oktober 1942
Heeresgruppe B: Südlich Stalingrad wurde am Zaza-See eine feindliche Kräftegruppe vernichtet. LI. A. K. (Stalingrad) trat 7.30 Uhr am 14. 10. 42 zum Angriff an und erreichte im Vorstoß mit 14. Panzerdivision die Häusergruppe im Südwestteil des Traktorenwerkes, während sie mit 305. mot. Division nördlich davon durchstieß und die Häusergruppe nordostwärts des Traktorenwerkes erstürmte. Auch 389. Division am Nordrand der Stadt konnte im Vorstoßen weiter nach Osten Gelände gewinnen. Wetter: Heiter, kühl.

Stalingrader Nächte

Dreißig Meter lagen wir nächtelang vor dem Feind. Vor einem Gegner, der sich in jedem Handbreit Fabrikstadtboden festgekrallt hatte. Für ihn war Stalingrad die letzte Hoffnung, für uns der Fall der Stadt ein eisernes Muß, eine Verpflichtung der Heimat gegenüber.
Einer von uns stellte von Zeit zu Zeit fest, daß es mal wieder Sonntag sei. Und wir dachten daran, daß die Heimat auf Nachricht von uns wartete, am Lautsprecher saß und die Sondermeldung vom endgültigen Fall der Wolgastadt herbeisehnte.

Hättet ihr in der Heimat in den Wochen des Wartens diese Stadt doch sehen können — und in der Stadt uns, tagelang, wochenlang nicht rasiert, kaum gewaschen, weil wir einfach keine Zeit für uns selbst hatten und weil der Kaffee uns zu kostbar war. Verzeiht auch, daß wir euch nicht schrieben. In diesen Wochen schrieben wir mit den Waffen Kriegsgeschichte!

Der Feind vor uns wurde trotz aller Verluste nicht schwächer. Wohl wußten wir, daß allnächtlich in Kähnen Nachschub über die Wolga kam. Aber die Stellungen vor uns waren doch vom benachbarten Stadtteil bereits abgeriegelt. Hier kam doch keiner mehr durch, ohne durch das Feuer unserer Linie laufen zu müssen. Da munkelte man eines Tages nach Gefangenenvernehmungen und Zivilistenverhören von einem unterirdischen Gang, der aus Friedenszeiten noch von einem Stadtteil zum anderen führte. Daher die Munition, daher der Ersatz für die gefallenen Sowjets!

In der ersten Nacht ging unser Spähtrupp vor, kam, ohne bemerkt zu werden, auf die Rückseite eines vom Feind noch besetzten Gebäudes und fand dort einen Einsteigschacht, der nach den Ermittlungen zu dem Durchgang führen mußte. 24 Stunden später trat der Pionierstoßtrupp an. Im Sturm nahmen wir den freien Platz und brachen in das Gebäude ein, nachdem wir mit einer geballten Ladung vorher höflich »angeklopft« hatten. Die Sowjets waren durch die Detonation bereits gewarnt und mußten im Handgemenge überwältigt werden. Eine Stunde später waren zwei Stollenzugänge gesprengt und verschüttet.

Neben den geballten Ladungen waren im Kampf um die Stadt Flammenwerfer unsere erfolgreichsten Waffen. Immer wieder rollten die Flammenbahnen Grabensysteme auf, rissen die Breschen in die Bunkerketten, brachten sie ganze Gebäudekomplexe zu Fall. An einem Oktobermorgen mußten sich 150 Sowjets, zwei Kommissare und ein Kapitän einem einzigen Flammenwerferschützen ergeben.

In einem ihrer Parteihäuser hatten die Bolschewiken sich besonders stark verschanzt und verteidigt. Tief gegliederte Barrikadensperren machten unsern Panzern das Eingreifen unmöglich. Pionierladungen fraßen sich nach und nach auch durch diese Hindernisse. Noch in den letzten Sprengungen sprangen die Pionierstoßtrupps in die Bresche und brachen den letzten Widerstand in den Stellungen. Panzer und Infanterie folgten. Das verzweifelte Feuer aus dem Parteihaus jedoch zwang sie erneut in Deckung.

Und wieder mußten die Pioniere ran! Mit zwei schwersten Ladungen arbeiteten sie sich im Feuerschutz aller Waffen zur Hochburg des roten

»... von der Stadt selbst ist kaum noch etwas übriggeblieben«: deutsche Panzergrenadiere mit

einem sowjetischen Beutepanzer T-60 A auf dem Roten Platz

Widerstandes vor. Die Pulverschwaden der Sprengungen und die Staubwolken eingestürzten Mauerwerks hüllten das Gebäude in ihren Rauchmantel, und ein Hagel von Steinsplittern prasselte im weiten Umkreis ins Gelände. Die überlebenden Sowjets kamen verwundet aus den Trümmern gekrochen — einige wenige aus dem Steingrab ihrer Genossen...
Auch von uns ist mancher für immer in Stalingrad geblieben. Wo wir siegen wollen, müssen wir opfern! Jedes Opfer sei schwer, meint ihr? Hört, wie einer es aus kämpferischem Herzen darbrachte:
Ein stark verteidigtes MG-Nest machte dem Pionierzug seit den frühen Morgenstunden schwer zu schaffen. In der Abenddämmerung entschloß der Zugführer sich zum Sturm — koste es, was es wolle! Sein Kommando riß die Männer seines Zuges — zwölf an der Zahl gerade noch — zum Angriff aus der Deckung. Das Aufbellen ihrer Handgranaten ging im Abwehrfeuer der Sowjets unter, das aus allen auch weiter entfernt liegenden Widerstandsnestern hervorbrach und die Pioniere in Deckung zwang. Einer aber sprang weiter, von der Größe des Nahkampfes gepackt, unwiderstehlich zum Sturm gegen den Feind vorwärts gerissen, in die Garbe der nahe hämmernden Maschinenwaffe hinein. Im Körper schon eine ganze Trefferfolge, stürzte der Feldwebel in das Erdloch über das Maschinengewehr, dessen ersten Schützen seine letzte Kugel noch traf, ehe die Hand im Tod den heißen Lauf der Waffe umkrampfte. Das Verschwinden ihres Zugführers riß die Pioniere wieder aus der Deckung hoch. Ein Obergefreiter sprang ihm nach, ein Brustschuß jedoch faßte ihn vor Erreichen des Zieles. Die anderen warfen die beiden Maschinengewehre als Feuerschutz rechts und links hinaus und stürmten vor, die Kameraden zu rächen und zu bergen.
Im genommenen MG-Nest lag der Feldwebel über dem toten MG-Schützen. Über ihm wiederum lag ein zweiter schwerverwundeter Bolschewist, der den Weg in die Gefangenschaft nicht mehr überlebte.
Tage vergehen, Wochen vergehen. Stalingrad fällt, Haus um Haus, Straße um Straße. In den Trümmern wird wieder ein Großteil der sowjetischen Wehrkraft begraben liegen. Einer aber steht groß über dem Geschehen dieses Kampfes am Ufer der Wolga: Der deutsche Soldat.
Und wenn einst das Ringen um die Stadt Stalins als größte Schlacht aller Zeiten in die Kriegsgeschichte eingegangen ist und ihr in Jahrzehnten an diese Wochen zurückdenkt, dann vergeßt einen unserer Feldgrauen nicht: den Pionier, der Schulter an Schulter mit den Infanteristen und Panzergrenadieren Stein um Stein aus der Festung brach und den deutschen Divisionen den Weg zur Wolga erkämpfte.

Völkischer Beobachter, Herbst 1942

★ Die Sowjets berichten

Am Freitag, dem 16. Oktober 1942,
meldet das *Sowinformbüro*
über die Ereignisse am Vortage:
Die Schlacht um Stalingrad, die am Donnerstag wieder mit voller Härte auflebte, hat sich vom Nordrand bis zum frontalen Sektor ausgedehnt. Zur Zeit stehen mindestens fünf Divisionen (75000 Mann) im Angriff, denen Panzer in Gruppen von je 100 Kampfwagen beigegeben sind. Man erwartet hier, daß am Wochenende das Ringen um die Stadt in seine entscheidende Phase treten wird.
Die jetzt eingesetzten faschistischen Verbände sind fast ausschließlich Reservedivisionen, die bereits kampferfahren sind, aber bisher an der Front von Stalingrad nicht im Kampf standen. Ihnen beigegeben sind Stoßtruppen einiger Divisionen, die als Führer durch das Straßengeröll — mehr ist von Stalingrad kaum übriggeblieben — dienen und die das Kampfgelände genau kennen. Die deutsche Artillerie ist gleichfalls wesentlich verstärkt worden, und während die Infanterie im Angriff steht, werden von Steilfeuergeschützen schwere Feuersalven in den Ostteil der Stadt geschossen.
Besonders erbittert sind die Kämpfe inmitten der ehemaligen Fabrikanlagen der Traktorenwerke im Nordteil, in denen sowjetische und deutsche Truppen oft nur auf Entfernungen von 4 bis 5 Metern einander gegenüberliegen. In der Nacht ließ General Rodimzew durch Zeitzündung einige Gebäuderuinen sprengen, in denen sich am Donnerstag deutsche Panzerverbände einnisten konnten. Andererseits führen die Deutschen jetzt Pioniertruppen mit, die gleichfalls Sprengungen durchzuführen haben, wenn sich der Widerstand unserer Infanterie als zu heftig erweist.
Gegen Mittag wird aus Stalingrad gemeldet: Die Kämpfe im Nordwest- und Nordstadtteil haben sich jetzt über ein weiteres Gebiet ausgedehnt, nachdem es den Deutschen, die zahlenmäßig überlegen sind, gelungen war, in den frühen Morgenstunden einige Barrikadenstellungen zu überwinden. Mehr als 200 Stukas führten zwischen 6 und 7 Uhr morgens einen außerordentlich schweren Angriff auf die Stellungen unserer Truppen durch.

Am Nachmittag des 16. Oktober
teilt das *Sowinformbüro* ergänzend mit:
Augenzeugen schildern den bisherigen Verlauf der neuen Phase der

Zwei Heerführer auf Beobachtungsposten: General v. Seydlitz (links) und General Paulus (rechts)

Schlacht um Stalingrad, die am Morgen des 14. Oktober mit schweren deutschen Luftangriffen begann: Die Wucht der Luftangriffe war ungeheuer. Etwa 1500 Einsätze wurden gegen einen nur etwa anderthalb Kilometer breiten und mehrere Kilometer langen Sektor geflogen. Dort sollte der Durchbruch unter allen Umständen erzwungen werden, und es war die Aufgabe der Luftwaffe, jedes Lebewesen in diesem Gebietsstreifen zu vernichten, bevor Panzer und Infanterie zum Angriff eingesetzt wurden. Die deutschen Bomber erschienen in Gruppen von 30 bis 40 Flugzeugen, und die Angriffswellen folgten einander in ganz kurzen Abständen. Die heftigen Angriffe der Luftwaffe dauerten vom frühen Morgen bis um fünf Uhr abends. Dann eröffnete die massierte deutsche

Artillerie, unterstützt von Minenwerfern, das Feuer. Zwei deutsche Infanteriedivisionen und 100 Panzer gingen darauf gegen den Sektor zum Angriff vor, wo nach menschlichem Ermessen kein Lebewesen mehr existieren konnte. Die deutsche Vorhut erlebte aber eine gewaltige Überraschung, denn sie wurde mit einem mörderischen Feuer geschickt versteckter Artillerie unserer Truppen empfangen.

Die Deutschen berichten

Lagebericht, *Oberkommando des Heeres,*
16. Oktober 1942
Heeresgruppe B: Der Angriff der 6. Armee führte am 15. 10. zur völligen Inbesitznahme des Nordteils von Stalingrad einschließlich Traktorenwerk und der Ziegelei. Teile der 14. Panzerdivision stießen bis an den Rand von Rynok vor. Wetter: Bewölkt, kühl, regnerisch, nachts Frost (im Raume Stalingrad).

Die deutsche Infanterie steht in Stalingrad!

Nach den letzten Berichten des OKW kämpfen sich die Sturmsoldaten durch das festungsartig ausgebaute Gelände in das Stadtinnere vor. Der Kampf stellt an die Härte, die Tapferkeit und die Einsatzbereitschaft der Infanteristen, Pioniere und Panzerjäger höchste Anforderungen.
Der Feind leistet auch in dieser letzten Phase der großen Schlacht rasenden Widerstand. Trotzdem gewinnt der zähe Angriff Raum. Ja, es wurden »bedeutende Geländegewinne« erzielt. Kein Zweifel, der Kampf hat seinen Höhepunkt erreicht, zeigt aber auch die deutsche Truppe trotz der vorangegangenen schweren Tage und Wochen auf der Höhe ihrer Kraft und Leistungsfähigkeit. Ebenso sind die Flieger unermüdlich tätig, den Erdtruppen in den schwierigen Kämpfen im Festungsgelände und im Stadtgebiet den Weg zu ebnen, gleichzeitig aber auch die rückwärtigen Verbindungen des Feindes zu zerstören.
Über die Kämpfe in und um Stalingrad teilte das OKW gestern abend mit: Im Festungskampffeld von Stalingrad dauern die heftigen Straßenkämpfe an. Alle verzweifelten Versuche der Bolschewisten, die stählernen Fesseln des Einschließungsringes zu lockern oder zu durchbrechen, scheitern unter schwersten blutigen Verlusten.

Jedes Haus ist in ein verbarrikadiertes Widerstandsnest verwandelt worden. Häuserblocks bilden festungsartig ausgebaute Stützpunkte mit Infanteriewaffen, Artillerie und schweren Geschützen. Deutsche Infanteristen und Pioniere brechen mit zäher Ausdauer und entschlossener Tatkraft Stück für Stück dieses Kampffeldes heraus und dringen weiter in die Stadt vor.
Im südlichen Stadtgebiet gelang es den deutschen Truppen, eine weitere starke Feindstellung zu durchbrechen und mit großem Schneid und in heldenmütigem Einsatz in erbittertem Straßenkampf weiter Boden zu gewinnen. Die harten Kämpfe dauern ununterbrochen an.
Unter persönlichem Einsatz ihres Divisionskommandeurs, Generalleutnant Hoffmann, haben sich die Flakartillerie-Abteilungen einer Flakdivision der Luftwaffe bei den schweren Kämpfen der letzten Tage besonders ausgezeichnet. Eine dieser Abteilungen vernichtete allein an zwei Tagen 21 bolschewistische Panzerkampfwagen, 2 schwere und 15 leichte Geschütze, mehrere Bunkerstellungen und Erdbefestigungen und ein Kraftstofflager.
Eine unter dem Befehl von Hauptmann Lutz stehende Sturmgeschützabteilung des Heeres konnte ebenfalls ausgezeichnete Erfolge erringen. Die Sturmgeschütze vernichteten in drei Tagen 37 feindliche Panzerkampfwagen sowie 15 schwere und 15 leichte Geschütze und zwei schwere Flakbatterien. 17 Bunker mit Beton-Panzerkuppeln wurden zerstört, zahlreiche leichte und schwere Infanteriewaffen der Bolschewisten erbeutet.
Deutsche Kampf- und Sturzkampfflugzeuge bombardierten die zu starken Widerstandsnestern ausgebauten Häuser in der Stadtmitte. Schlacht- und Zerstörerflugzeuge bekämpften erkannte Bereitstellungen der Bolschewisten am Ostrande Stalingrads mit guter Wirkung. Auch die Eisenbahnlinie nach Astrachan wurde von deutschen Kampfflugzeugen mehrmals angegriffen. *Berliner Lokal-Anzeiger, Herbst 1942*

London putscht Moskau weiter auf

Die Mitteilungen der Sowjets, die letzthin schon sehr wortkarg waren, während die Aufrufe und Beschwörungen an die Verteidiger um so umfangreicher ausfielen, sind jetzt völlig nichtssagend geworden. Auch die englische Presse sieht ein, daß sie sich keine Hoffnungen mehr

Vorhergehende Doppelseite: Schweres MG 42 in Feuerstellung

machen kann, und beginnt mit jener bekannten Beweisführung, daß die deutschen Truppen zahlenmäßig und mit ihrer Waffenausrüstung »überlegen« wären.

Von den geradezu riesenhaften Anstrengungen der Sowjets, zur Verteidigung von Stalingrad alles heranzuholen, was verfügbar ist — und das ist immer noch sehr viel —, weiß London nichts mehr.

Es muß wie Hohn wirken, wenn die englische Regierung gerade in diesen Tagen durch den Londoner Nachrichtendienst offiziös die Aufforderung an die Sowjets richtete, eine »zweite Front« im Bereich der Ostfront selbst zu errichten, um möglichst viele deutsche Kräfte zu binden. Man erkennt aber daraus, wie England, von Skrupeln unbelastet, keine andere Sorge hat, als die Sowjets zum Weiterkämpfen und zum Weitertragen der Hauptlast des Krieges zu veranlassen. Unter diesem Gesichtswinkel ist die englische Haltung... zu verstehen.

In die pessimistische Auffassung über die Lage auf diesem Schlachtfelde mischt sich ein frecher Unwille darüber, daß das bolschewistische Stehvermögen nicht ausreicht, die deutsche Zielsetzung zu stören!

Berliner Lokal-Anzeiger, Herbst 1942

★ Die Sowjets berichten

Am Sonnabend, dem 17. Oktober 1942,
meldet das *Sowinformbüro*
über die Ereignisse am Vortage:

Angesichts des ungeheuren deutschen Drucks hat sich unsere Armee genötigt gesehen, im nordwestlichen Sektor von Stalingrad eine weitere Rückzugsbewegung durchzuführen – die vierte in 48 Stunden. Immerhin müssen die Faschisten, wie von der Front gemeldet wird, ihre verhältnismäßig geringen Bodengewinne überaus teuer bezahlen.

An zuständiger Stelle wird darauf hingewiesen, daß die Rückzugsbewegungen in vollständiger Ordnung erfolgen und in bezug auf das Terrain nur gering seien. Mit Nachdruck wird weiter erklärt, daß die deutschen Truppen an keinem Punkte ihr Ziel – den Durchbruch zur Wolga – erreichen konnten.

Die Deutschen berichten

Lagebericht, *Oberkommando des Heeres,*
17. Oktober 1942
Heeresgruppe B: Teile der 14. Panzerdivision und 305. Infanteriedivision stießen in südwestlicher Richtung in das Gelände der Geschützfabrik vor; gleichzeitig erfolgte ein Angriff eigener Kräfte von der Ziegelei am Ufer entlang. Kämpfe sind hier noch im Gange. 16. Panzerdivision hat im Angriff von Norden den Orlowka-Bach erreicht und damit die Verbindung zwischen dem XIV. Panzerkorps und dem LI. Korps hergestellt.

Eines der größten Traktorenwerke der Sowjetunion in deutscher Hand

In dem erbitterten Kampf um die weiträumigen Industriewerke Stalingrads, die von den Bolschewiken festungsartig ausgebaut worden sind, haben die deutschen Angreifer einen neuen wichtigen Erfolg errungen: Das Traktorenwerk »Dscherschinski«, das schon im Frieden mit die besten russischen Panzer produzierte und seit Kriegsbeginn vollständig auf den Panzerkampfwagenbau umgestellt wurde, ist in deutscher Hand. Nach bolschewistischen Meldungen hat das Werk noch vor wenigen Tagen gearbeitet! Nicht minder wichtig aber als seine Ausschaltung ist die Entlastung, die durch die Einnahme dieser Bastion im Nordteil der Stadt der deutschen Riegelstellung gebracht wird, die zwischen Don und Wolga seit Wochen den erbitterten Angriffen von Norden her ausgesetzt war. Die Hoffnungen Moskaus, Stalingrad zu entsetzen, sind also mit dem Verlust des Werkes »Dscherschinski« besonders getroffen worden. Das große Traktorenwerk von Stalingrad hat in der Geschichte der Sowjetpropaganda eine größere Rolle gespielt als irgendeine der anderen Schauleistungen der Sowjetindustrie. Es ist kein Zufall, daß diese erste Traktorenfabrik der Sowjetunion überhaupt gerade in der Stadt errichtet wurde, die den Namen des bolschewistischen Diktators trägt.
Das Dscherschinski-Werk — so genannt nach dem berüchtigten Gründer der Tscheka-GPU — war überhaupt die erste Großfabrik, die die Bolschewisten erbaut haben. Um welche Ausmaße es sich hier handelt, kann man daraus ersehen, daß die Anlagen des Werkes eine Länge von sechs und eine Breite von zwei Kilometern haben. Bei Kriegsbeginn hat diese Fabrik nach Moskauer Angaben 27 v. H. der gesamten bolschewi-

stischen Traktorenproduktion und 20 v. H. der Panzerwagenerzeugung gedeckt.
Schon vor 15 Jahren gehörte der Name dieses Werkes, neben den noch aus der Zarenzeit stammenden Putilow-Werken in Leningrad, zu den in der ganzen Welt angepriesenen »Errungenschaften« des Bolschewismus. Auch in der Folgezeit haben höchstens noch das Großkraftwerk Dnjeprostroi und die riesige Auto- und Kampfwagenfabrik in Gorki ähnlichen »Ruhm« erworben.
Das Werk ist von vornherein für den doppelten Zweck bestimmt worden, der Landwirtschaft Traktoren und der roten Wehrmacht Panzer zu liefern. Seine Lage tief im Südosten der Sowjetunion, an der unteren Wolga, schien es auch in Kriegszeiten vor Feindeinwirkungen zu sichern. Seine Produktion wurde besonders wichtig, als im vergangenen Jahr die deutsche Offensive Charkow erreichte, wo sich ein weiteres großes Traktoren-Panzerwerk befand, zumal auch die entsprechenden Anlagen in Leningrad nur noch für den örtlichen Einsatz Bedeutung behielten. Von den vier großen Panzerkampfwagen-Fabriken des europäischen Teils der Sowjetunion steht nur noch das Werk Gorki zur Verfügung. Wenn man einem Bolschewiken vor einem Jahr gesagt hätte, daß das Hakenkreuzbanner über den Ruinen von »Dscherschinski« wehen würde, so hätte er einen solchen Propheten bestimmt für unzurechnungsfähig gehalten.
Wie stark in den letzten Tagen die Furcht vor dem endgültigen Verlust Stalingrads feindlicherseits gewachsen ist, zeigt das Durcheinander der Meldungen aus Moskau, London und New York: Noch gestern nachmittag faselte BBC London, daß »ein Großangriff der Deutschen im Norden Stalingrads blutig abgewiesen« worden sei, während die bolschewistischen Angriffe auf die dortige »linke deutsche Flanke ihren planmäßigen Verlauf nehmen«. Ein anderer englischer Sender verkündete gleichzeitig in spanischer Sprache, daß eine neue rote Division, die sich »Stalin-Garde« nenne, die deutschen Angriffe zurückgeschlagen habe.
Der Schweizer Kurzwellensender Beromünster scheint ähnlich »gut« unterrichtet zu sein, denn er sagte in seiner gestrigen Tagesübersicht, daß »die Deutschen ihre Streitkräfte vor Stalingrad zurückzuhalten scheinen«. Auf der anderen Seite aber warnte, einer englischen Nachrichtenagentur zufolge, gestern das bolschewistische Oberkommando vor verfrühtem Optimismus und setzte — aus durchsichtigen Zwecken — die groteske Mär in die Welt, daß die Deutschen jetzt zur Eroberung Stalingrads »eine Armee von mehr als einer Million Mann und etwa 3000 bis 4000 Flugzeuge zusammengezogen hätten, darunter schätzungsweise

30 Divisionen kampfstarker neuer Truppen!« Mit solchen kindischen Übertreibungen sollen offenbar die Völker der »Vereinigten Nationen« auf den unvermeidlichen Verlust der Stadt vorbereitet werden. Dann ist es allerdings reichlich töricht, wenn die schon erwähnte englische Sendung in spanischer Sprache verrät, daß Moskau selbst jetzt 46 Infanteriedivisionen für die Verteidigung der Stalinstadt eingesetzt habe.

Völkischer Beobachter, 17. 10. 1942

Und so war es

Vier Tage lang, vom 9. bis 13. Oktober, herrscht an der Front bei Stalingrad relative Ruhe.

Am Montag morgen, dem 12. Oktober, inspiziert der neue Kommandeur der 16. Panzerdivision, Generalmajor Angern, die Stellungen und Gefechtsstände seiner Division, die am 23. September als erste das Wolgaufer erreichte, und gibt bekannt: »Spartakowka und Rynok müssen fallen!«

Einer seiner Männer, der in der vordersten Linie — sechs Kilometer vor Stalingrad — hockt, der Gefreite Karl Wester, hat an diesem Tage Geburtstag, er ist gerade 20 Jahre alt geworden. Der junge Bauernsohn aus Schommelsnaaf im Bergischen Land kann in diesen ruhigen Stunden endlich den Brief an seinen in Posen stationierten Bruder Josef zu Ende schreiben. Gefreiter Wester kritzelt mit seinem Bleistiftstummel auf das Feldpostbriefpapier: »... hoffentlich hilft der liebe Gott mal, daß der Krieg ein Ende nehme, Waffen können den Krieg nicht entscheiden ...«

Übrigens, um zu dieser bemerkenswerten Erkenntnis eines 20jährigen Soldaten zu gelangen, wird so mancher Befehlshaber noch volle zwei Jahre brauchen.

Die 6. Armee nutzt diese ruhigen Tage für den Bau von winterfesten Unterständen. Bei dem sonnigen Spätherbstwetter wimmelt es in den Balkas von Bautrupps, und die Lkw-Kolonnen pendeln über die Landenge zwischen Stalingrad und Don hin und her, um die dafür erforderlichen Holzstämme heranzuholen.

Am 14. Oktober beginnt ein sorgfältig vorbereitetes Unternehmen, ein Großangriff mehrerer deutscher Divisionen — darunter die 14. Panzerdivision, die 305. und die 389. Infanteriedivision — auf das Traktorenwerk Dscherschinski, an dessen Ostrand der Gefechtsstand der 62. Armee

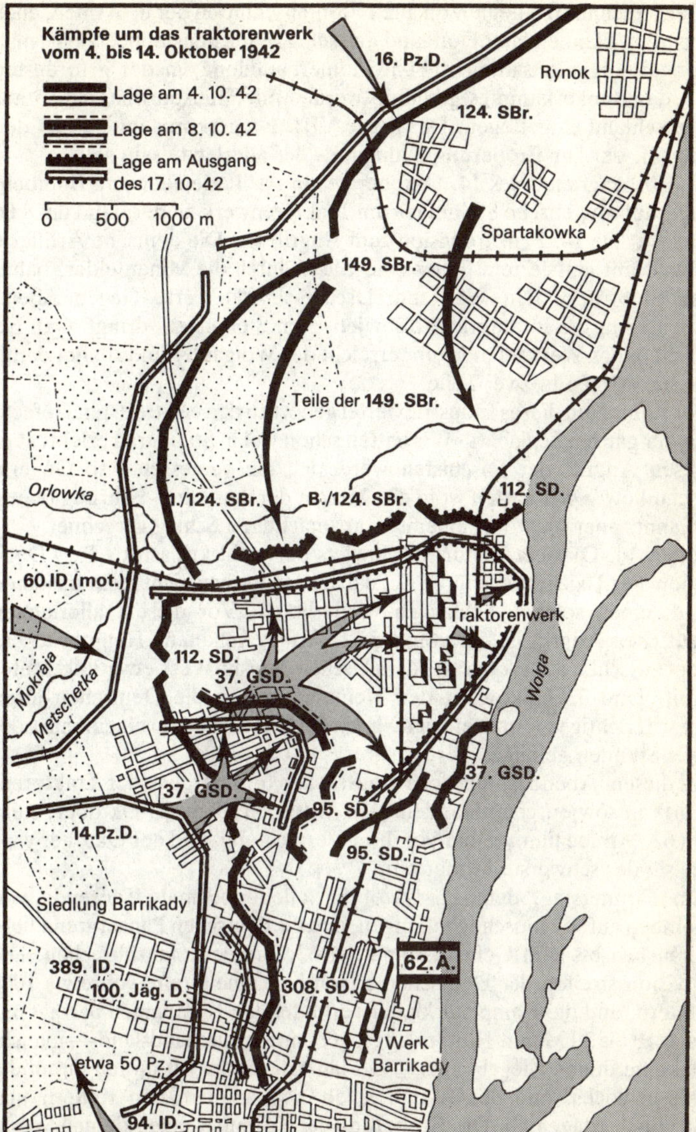
Kämpfe um das Traktorenwerk
vom 4. bis 14. Oktober 1942
Lage am 4. 10. 42
Lage am 8. 10. 42
Lage am Ausgang
des 17. 10. 42
0
500
1000 m
16. Pz.D.
Rynok
124. SBr.
Spartakowka
149. SBr.
Teile der 149. SBr.
Orlowka
1./124. SBr.
B./124. SBr.
112. SD.
60.ID.(mot.)
Traktorenwerk
112. SD.
37. GSD.
Mokraja
Metschetka
Wolga
37. GSD.
37. GSD.
95. SD.
95. SD.
14.Pz.D.
Siedlung Barrikady
62. A.
389. ID.
100. Jäg. D.
308. SD.
Werk
Barrikady
etwa 50 Pz.
94. ID.

(Gen. Tschuikow) liegt. Von allen Frontabschnitten der 6. Armee, auch von den Flanken am Don und in der Kalmückensteppe, zieht man Verstärkungen zusammen. Fünf Pionierbataillone, in der geforderten Art des Bunkerkampfes geschult, werden mit Transportmaschinen aus Deutschland eingeflogen. Das ganze VIII. Fliegerkorps unterstützt den Angriff, der zur Eroberung Stalingrads der allerletzte sein soll.
Im Morgengrauen des 14. Oktober gehen Artilleriefeuer und Bombenhagel auf sowjetische Stellungen am Traktorenwerk nieder. Und um 8.00 Uhr tritt die 14. Panzerdivision zum Angriff an. Die deutsche Artillerie schießt mit massiertem Feuer eine Gasse durch die Minenfelder, bahnt den Stoßtrupps den Weg zum Dscherschinski-Werk. Gegen Abend durchbricht die Infanterie die sowjetischen Stellungen, dringt dann bei Nacht in das Werkgelände ein, erreicht das Wolgaufer und spaltet damit die 62. Armee in zwei Teile.
Der Kampf um dieses Industrieviertel gehört zu den erbittertsten Gefechten der ganzen Schlacht: »Wir hatten schon viel in Stalingrad erlebt, aber diesen Angriff der Faschisten werde ich nie vergessen«, so General Tschuikow. »Wir hatten wohl die Absicht der deutschen Führung richtig erkannt, aber nicht mit einem derart mächtigen Schlag gerechnet.«
Dieser 14. Oktober ist für die Sowjets der wohl kritischste Tag. Doch schon drei Tage später spüren sie, daß die Deutschen nicht mehr imstande sind, einen solchen Schlag zu wiederholen. Vor diesem allerletzten deutschen Angriff ist der von der 62. Armee gehaltene Hauptbrückenkopf zwischen der Wolga und dem Dscherschinski-Werk etwa 3000 Meter breit. Und Tschuikow ist der Meinung, hätten die Deutschen ihren Angriff richtig vorbereitet, wäre ihnen der Durchbruch in eineinhalb oder zwei Stunden gelungen.
An diesem Abend ist nur noch ein Brückenkopf nördlich der Traktorenfabrik in sowjetischen Händen. Am Mittwoch, dem 14. Oktober, steht die 62. Armee unmittelbar vor ihrer Vernichtung, und der Oktober wird für sie der schwerste Monat sein.
Am Donnerstag, dem 15. Oktober, fallen nochmals Tausende von Bomben auf sowjetische Stellungen, und die deutschen Panzergrenadiere versuchen bis zum Gefechtsstand der 62. Armee durchzubrechen. Die Divisionsstreifen der Deutschen haben hier eine Breite von etwa 1000 Metern, und die Kampfstärke der verblutenden Kompanien beträgt nur noch 10 bis 30 Mann. Hinter dem sogenannten Niemandsland — manchmal eine dünne Ziegelmauer — verläuft die Front oft mitten durch die Häuserblocks, und der Kampf spielt sich dann in den Kellern und einzelnen Etagen ab. Die Eroberung der Trümmer einer kleinen Werk-

halle wird zum Tagesziel und gleicht einem gewonnenen Gefecht. Doch die 6. Armee hat an diesem Nachmittag kein frisches Bataillon mehr, um die letzten 300 Meter, die sie noch von Tschuikows Gefechtsstand trennen, zu überwinden.
Der Kommandeur einer der Einheiten der 305. Infanteriedivision, Major Emendörfer, berichtet, daß in den ersten drei Kampftagen im Industrieviertel von den 8 Offizieren seines Bataillons 6 in dem Fabrikgelände ausgefallen seien.
Die sowjetischen Verluste sind ebenfalls entsetzlich. In zweitägigen Kämpfen verloren die Truppen dort 75 Prozent ihrer Stärke.
Zunächst ist der Angriff erfolgreich: Bis zum 15. Oktober wird der größte Teil des Industrieviertels mit dem Traktorenwerk erobert. Und am Sonnabend, dem 17. Oktober, ist beinahe das ganze Werk Krasnaya Barrikady in deutscher Hand. An diesem Tag läuft sich aber der deutsche Angriff in Einzelkämpfen fest. Unterirdische Gänge, die einzelne Teile der großen Werke miteinander verbinden und mit denen die Sowjets gut vertraut sind, ermöglichen es ihnen immer wieder, überraschend im Rücken der deutschen Truppen aufzutauchen und zuzuschlagen.
In diesen Kämpfen schwindet die Kraft der deutschen Divisionen dahin, die seit vier Monaten in ununterbrochenem Einsatz stehen. Etwa ab 17. Oktober verstärken die sowjetischen Luftstreitkräfte ihre Tages- und Nachtangriffe so bedeutend, daß die deutschen Jagdflieger ihre »unangetastete nächtliche Luftherrschaft« zusehends verlieren. Die Verstärkungen sind in den letzten 10 Tagen aus anderen Teilen des Landes hierher verlegt worden und beginnen, den Nachthimmel über der Stadt zu beherrschen. Dabei wird erstmalig der neueste Jäger Jakowlew Jak-9 eingesetzt, ein ideales »Flugzeug für Piloten«, wie die Sowjets ihn bezeichnen: leicht, einfach zu handhaben und vor allem mit einer ausgezeichneten Wendigkeit und Flugleistung bis zu etwa 5000 Metern. Besonders gefährlich ist der archaisch anmutende Doppeldecker Polikarpow Po-2, das richtige »Mädchen für alles«, von den Sowjets Kukurusnik und von den Deutschen wegen des Motorengeräusches Nähmaschine oder Rollbahnkrähe genannt. Dieser Apparat, Baujahr 1928 mit 110-PS-Sternmotor, ist für den deutschen Landser eine wahre Plage, der ihm die nächtliche Ruhe raubt. Er steuert bei Nacht seine Ziele mit ausgeschaltetem Motor an, und erst die Bombenexplosion signalisiert seine Anwesenheit.
Sie hängen Nacht für Nacht über den deutschen Stellungen und dem nahen Hinterland und halten den Gegner in dauernder Unruhe und Anspannung. Da die Po-2 überall landen können, liegen ihre Startplätze

dicht hinter der Front und ermöglichen es ihnen, 3 bis 4 Einsätze in einer Nacht zu fliegen, jedesmal mit zwei 100- oder vier 50-Kilo-Bomben.
Ihre Wirksamkeit wird noch erhöht durch eine gut funktionierende Zielanweisung des Bodensignaldienstes: mit Hilfe von Scheinwerferstrahlen wird das Ziel markiert. Diese kleinen Maschinen werfen bei ihren Einsätzen — nach sowjetischen Angaben — während der Stalingradschlacht über 20000 Tonnen Bomben ab, was den Bombenabwürfen der deutschen Luftwaffe auf England im Jahre 1941 entspricht.
Bei ihren Gegenangriffen während der Straßenkämpfe verzichten die Sowjets auf den Einsatz der Truppen in größeren Einheiten. Bei den Regimentern der 62. und 64. Armee entstehen sogenannte Stalingrader Sturmgruppen: kleine, schlagkräftige Trupps.
Die Kämpfe um den Mamai-Hügel und im Industrieviertel sind die Geburtsstunde einer richtigen »Scharfschützenbewegung«. Ihr Initiator: Unterfeldwebel W. G. Saizew, ein passionierter Jäger aus Sibirien. Seine Idee findet das besondere Interesse der Kriegsräte, der politischen Führung der 62. und 64. Armee, und hat in N. S. Chruschtschow einen energischen Förderer.
Auf seinen Vorschlag werden in jedem Regiment Scharfschützengruppen gebildet: Die Kommandeure teilen die deutschen Verteidigungsabschnitte vor ihren Linien in kleine Sektoren und setzen auf sie je zwei Scharfschützen an. Die Scharfschützen richten sich dort 3 bis 4 Feuerstellungen ein, die sie je nach der Lage wechseln. Die besten von ihnen dürfen sich sogar ihren Beobachtungssektor und das Schußfeld selbst aussuchen.
Bei der Abwehr der deutschen Angriffe spielt die Artillerie eine große Rolle. Mit dem Fortschreiten der Kämpfe wird die Führung der starken Frontartilleriegruppen, die am Ostufer liegen, so perfekt, daß die Sowjets nach höchstens 15 bis 20 Minuten einen massiven Feuerschlag auf jeden x-beliebigen Abschnitt eröffnen können. So ist es ihnen möglich, jede deutsche Konzentration noch vor Erreichen der sowjetischen Stellungen erheblich zu stören.
Die Jagdflieger klären die verdächtigen Abschnitte auf und melden sofort über Funk die deutschen Angriffsvorbereitungen der Frontartillerie, die bedacht ist, das Feuer in dem Augenblick zu eröffnen, in dem der Gegner seine Bereitstellungen gerade beendet hat. Und das dichte Sperrfeuer, etwa 100 bis 200 Meter vor den sowjetischen vorderen Linien und in einer Tiefe von 2 bis 4 Kilometern, soll Verwirrung unter den zum Angriff antretenden Truppen schaffen. Mit der Zeit sind gegen die deutschen Hauptangriffsabschnitte bis zu 100 Geschütze und Granatwerfer auf

einen Kilometer Frontlinie gerichtet. Dank der Lage der Gefechtsstände von Armee und Divisionen am westlichen Wolgaufer, die nur 300 bis 1000 Meter von der vorderen Frontlinie entfernt sind, können die Kommandeure die Entwicklung der Kämpfe mit eigenen Augen verfolgen und, falls nötig, sofort Korrekturen des Artilleriefeuers vornehmen.
Am Sonnabend, dem 17. Oktober, werden vom Oberkommando der Wehrmacht propagandistische Maßnahmen für den »in den nächsten Tagen zu erwartenden Fall Stalingrads« getroffen. Vorgesehen ist, die Zahl der in Stalingrad Gefallenen zu veröffentlichen und unter anderem auf das bedeutende Eingreifen der auf dem Ostufer der Wolga stationierten sowjetischen Artillerie hinzuweisen.
Alle Ritterkreuzträger sollen aus Stalingrad nach Berlin geholt werden, um sie vor Presse, Funk und Film zu interviewen; vorgesehen ist auch ein Artikel vom Hitler-Adjutanten, General Schmundt, über die Schwierigkeiten des Straßenkampfes in Großstädten; schließlich soll in »Schauerartikeln« in der Auslandspresse über in Stalingrad eingesetzte neue deutsche Nahkampfmittel berichtet werden. Einen Tag nach der Einnahme Stalingrads ist eine kurze Meldung vorgesehen, die besagt, daß sich die Deutschen diesmal mit dem Wettergott bestens geeinigt hätten, denn bis zum Fall von Stalingrad »seien Wetter und Temperatur dem Angriff günstig gewesen, jetzt, wo die Stadt in deutschen Händen sei und wo das Wetter auf den Ausgang der Kämpfe keinen Einfluß nehmen könne, ausgerechnet jetzt beginne der Regen, der ein Steigen des Wasserstandes der Wolga zur Folge haben werde, das dem Feind Angriffe so gut wie unmöglich mache. Dies sei gerade das, was die Deutschen gewollt hätten, denn die Überschwemmungsperiode würden sie nun benutzen, um sich auf den Trümmern von Stalingrad einzurichten, damit, wenn die Wolga gefröre, bolschewistische Angriffe sie gerüstet fänden.«
Es wird ferner der Vorschlag gemacht, in einigen deutschen Großstädten Schilder aufzustellen, um die Entfernung zu den markantesten Punkten und Kampfabschnitten der Front anzugeben. »Der Minister begrüßt diesen Vorschlag und glaubt, daß dies psychologisch gut wirken wird und den Kritikern den Wind aus den Segeln nimmt, die von der Langsamkeit unseres Krieges in Rußland gegenüber den übrigen Feldzügen dieses Krieges sprechen.«
Das Oberkommando der Wehrmacht macht dagegen geltend, wenn solche riesigen Entfernungen von mehreren tausend Kilometern den Soldaten und ihren Angehörigen täglich vor Augen geführt werden, könne man sich kaum begeistert zeigen.
In der Zwischenzeit geht der Kampf um das Traktorenwerk ununterbro-

chen bis zum 18. Oktober weiter. Den Deutschen gelingt es jedoch nicht, das Industrieviertel restlos zu erobern und die im Norden der Stadt kämpfenden Teile der 62. Armee zu zerschlagen, von drei Seiten eingekreist, mit dem Rücken zur Wolga, werden sie ihre Stellungen bis zum Schluß halten.

15. Woche: 19. — 25. Oktober 1942

Die Deutschen berichten

Lagebericht, *Oberkommando des Heeres,*
19. Oktober 1942
Heeresgruppe B: Über die Kämpfe bei Stalingrad liegen noch keine Meldungen vor. Nördlich der Landbrücke zwischen Don und Wolga stellte Luftaufklärung Heranführung von Feindkräften fest. Mit einem Angriff hier ist zu rechnen. Wetter um Stalingrad: Anhaltende zum Teil starke Regenfälle, windig. Temperatur bis plus 10 Grad.

Tagesparole des Reichspressechefs,
Montag, 19. Oktober 1942:
Der Minister führt aus, daß der Fall von Stalingrad noch einige Tage dauern kann, so daß auch heute alle Kommentare sich im Rahmen des OKW-Berichtes bewegen.

Die Sowjets berichten

Am Dienstag, dem 20. Oktober 1942,
gibt das *sowjetische Oberkommando*
zu den Ereignissen des Vortages bekannt:
In der Nacht zum 20. Oktober führten unsere Truppen Kämpfe im Gebiet von Stalingrad und Mosdok. An den anderen Fronten sind keine Veränderungen eingetreten. Im Gebiet von Stalingrad wurden die heftigen Kämpfe fortgesetzt. Der Feind griff im nördlichen Industriegebiet unsere Schlüsselstellungen wiederholt an. Alle Angriffe wurden abgewiesen; der Feind erlitt schwere Verluste an Truppen und Kriegsmaterial.

Unsere Streitkräfte hielten ihre Stellungen. In der Gegend von Mosdok wiesen unsere Truppen feindliche Angriffe ab.

Am Nachmittag des 20. Oktober
meldet das *Sowinformbüro* anschließend:
Die teilweise Besetzung des Stalingrader Fabrikviertels durch die Deutschen — es erstreckt sich meilenweit am Wolgaufer hin — hat die Faschisten in die Lage versetzt, nun mit mittlerer Artillerie die Brückenköpfe unserer Truppen am Ostufer unter Feuer nehmen zu können. Einige der Pontonbrücken sowie einige Fähren sind jetzt gefährdet, und das Oberkommando in Stalingrad hat zu ihrer Sicherung ein neues Kampfmittel eingesetzt. Es wurden Kleinflottillen gebildet, die den Kanonenbooten unserer Truppen angegliedert sind; sie bestehen aus flachen, mit Flugzeugmotoren getriebenen Stahlbarken, die je ein oder zwei Schnellfeuergeschütze tragen. Sie werden meist nachts eingesetzt und nehmen — wenn der Überraschungsfaktor gelingt — die deutschen Batterienstellungen unter Feuer.
Die Verluste, die die Deutschen erlitten, seitdem sie einige Punkte am Westufer der Wolga erreichten, sind schwer und erfordern den ständigen Einsatz weiterer Reserven. Auch auf unserer Seite erfordern diese Aktionen beträchtliche Opfer, aber sie werden für notwendig erachtet, da das Schicksal Stalingrads letzten Endes davon abhängt, ob es den Deutschen gelingt, so starke Stellungen aufzubauen, daß der Nachschub über die Wolga vereitelt werden kann. Bisher ist er nicht ernstlich behindert. Auch in der vergangenen Nacht konnten erhebliche Munitionstransporte nach Stalingrad gebracht werden.

Großen Einfluß auf die Hebung des Kampfgeistes der sowjetischen Truppen hatte ein Aufruf des Oberkommandos der Stalingrader Front an alle Kämpfer, den General Jeremenko am 18. Oktober zusammen mit Nikita Sergejewitsch Chruschtschow entwarf. Auf Beschluß des Kriegsrates wurde er von General Jeremenko unterschrieben und in allen Truppenteilen und Verbänden der Front verlesen:
An die Genossen Rotarmisten und Kommandeure der Stalingrader Front!
Kampfgenossen!
Seit mehr als zwei Monaten berennt der Feind Stalingrad. Nachdem der blutbefleckte Hitler den Fall der Stadt schon für Anfang August vorgesehen hatte, treibt er nun seine Truppen und die Truppen seiner Satelliten ohne Rücksicht auf Verluste in den Kampf... Unsere tapferen Truppen, die Verteidiger Stalingrads, haben den faschistischen Schurken den

Hochmut ausgetrieben und ihren Plan, die Stadt zu erobern, zum Scheitern gebracht. In den zweimonatigen Kämpfen hat der Feind furchtbare Verluste erlitten... Wißt Ihr, weshalb der Gegner vom weiträumigen Angriff zum Angriff auf schmaler Front übergegangen ist? Ihm gehen die Kräfte aus, er wirft Nachrichten- und Wachsoldaten und sogar Krüppel in den Kampf, um seine Reihen zu füllen... Seine Schwäche versucht der Gegner hinter Flugblättern zu verstecken, die er täglich in ungeheuren Mengen abwirft, um unsere Truppen durch Lüge und Verleumdung zu verwirren. Die faschistischen Flugblätter sind von vorne bis hinten frech erlogen. Den faschistischen Lügnern wird es nicht gelingen, mit ihrem Geschwätz die Standhaftigkeit unserer Truppen zu erschüttern!

Genossen, denkt daran: Nie in seiner langen Geschichte ist das russische Volk besiegt worden! Und es wird nicht besiegt werden! Unsere Sache ist gerecht, wir werden siegen!

Unser tapferes, standhaftes, zähes Volk wird es niemals dulden, daß die Faschisten unsere Erde zerstampfen und unsere Menschen quälen und verhöhnen.

Genossen Kämpfer und Kommandeure! Der Gegner ist schwer angeschlagen, aber er wird versuchen, den Angriff fortzusetzen und seine Flieger und Panzer immer wieder in den Kampf zu werfen. Wir müssen seine Angriffe mit noch größerer Hartnäckigkeit abwehren, zu Gegenangriffen übergehen und den Feind vernichten. Wir haben alle zusammen die Aufgabe, Stalingrad zu verteidigen. Das ist unsere heilige Pflicht gegenüber der Heimat, und wir werden sie erfüllen, wir werden die ruhmreiche Stadt verteidigen, wir werden den Feind bei Stalingrad vernichten.

Unsere Standhaftigkeit ist nichts wert ohne die Macht der Infanteriewaffen. Jeder Kämpfer muß stolz darauf sein und es sich zur Ehre anrechnen, mit dem Gewehr, dem MG und der MP soviel Faschisten wie möglich zu vernichten. Merkt Euch, Genossen, im Kampf auf nahe Entfernung fügt das Infanteriefeuer dem Gegner die größten Verluste zu.

Deshalb müssen alle Kämpfer im Gefecht, je nach Lage, Schnellfeuer, Einzelfeuer oder Salvenfeuer schießen. Schnellfeuer — beim Angriff des Gegners, bei der Abwehr seiner Sturmangriffe, bei eigenem Angriff. Einzelfeuer — als Störfeuer und auf Einzelziele, zur Überwachung eines Geländeabschnittes, um eine Annäherung des Gegners zu verhindern. Salvenfeuer — auf Ansammlungen von Kavallerie oder Infanterie, auf Kolonnen und Kraftfahrzeuge, auf Flugzeuge usw. Ein mächtiges Infanteriefeuer bringt alle Faschisten ins Grab. Und dort gehören sie auch hin!

Wir wenden uns an alle Kommandeure und Kämpfer mit der Forderung und dem Aufruf: mehr Organisiertheit, mehr Hartnäckigkeit, mehr Initiative im Kampf! Alle Kraft gegen den Feind! Dringt in jede Lücke seiner Front, stoßt in die Tiefe seiner Gefechtsordnung, vernichtet ihn, wo Ihr ihn trefft!
Wir rufen Euch auf, Genossen, alles daranzusetzen, daß wir der Heimat zum 25. Jahrestag der Großen Sozialistischen Oktoberrevolution melden können: Alle vom Feind besetzten Bezirke Stalingrads sind gesäubert. In den Kampf Genossen! Dem Feind keine Schonung!

Oberbefehlshaber der Stalingrader Front
Generaloberst *A. J. Jeremenko*

✠ Die Deutschen berichten

Lagebericht, *Oberkommando des Heeres,*
20. Oktober 1942
Heeresgruppe B: Im Nordteil der Geschützfabrik lebte hinter der Front russischer Widerstand in einzelnen Nestern wieder auf. Teile der 16. Panzerdivision und 94. Infanteriedivision drangen in den Westteil Spartakowka ein und nahmen eine Häusergruppe. Wetter: anhaltender Regen, z. T. Schneeschauer, Wege aufgeweicht.

Tagesparole des Reichspressechefs,
Dienstag, 20. Oktober 1942:
An der Ostfront ist an einigen Stellen bereits der Winter eingebrochen. Zum Thema »Winter« wird vorläufig Stillschweigen bewahrt, solange nicht der OKW-Bericht eine offizielle Verlautbarung herausgibt.

★ Die Sowjets berichten

Am Mittwoch, dem 21. Oktober 1942,
meldet das *Sowinformbüro*
über die Ereignisse am Vortage:
Nach fünf Tagen unerhört schwerer Kämpfe um die Ruinen von Stalingrad ist es dem Kommando der Garnison gelungen, den Kräfteausgleich

mit den in der zweiten Großoffensive eingesetzten deutschen Divisionen zu erreichen.

Ein Sonderberichterstatter meldet aus Stalingrad: »Eine Aufopferungsbereitschaft der Organisationen des Nachschubdienstes unserer Truppen über die Wolga, wie sie bisher kaum an irgendeiner anderen Front zu verzeichnen gewesen ist, hat in sehr kritischer Stunde die Niederlage von den Verteidigern abgewendet. Männer, Frauen und selbst halbwüchsige Kinder haben sich neben den Truppen für den Transport von Kriegsmaterial und Gütern aller Art zur Verfügung gestellt. Jedes vorhandene Fahrzeug und Flußboot ist aufgeboten worden, und viele der Schiffe kreuzen die Wolga mehr als hundertmal täglich. Alles wickelt sich unter dem schweren Artillerie- und Fliegerbombardement der Deutschen ab, das nördlich und südlich von Stalingrad auf die Wolga niedergeht. Gleichzeitig greifen Stukas und leichte Bomber unaufhörlich die Wolgaübergänge im Zentrum des Stadtgebietes an. Ein Blick auf die Wolga zeigt die ganze Schwere der Kämpfe. Trümmer von Dutzenden vernichteter Flußkähne, von Flugzeugen und Pontonbrücken und sehr viele Leichen treiben auf dem Fluß. An einigen Stellen war das Flußbett so sehr mit Trümmern angefüllt, daß Sprengungen durch Pionierabteilungen vorgenommen werden mußten. Zwei der großen Pontonbrücken sind in drei Tagen elfmal beschädigt und ebenso oft wieder repariert worden. In all dem unvorstellbaren Gewirr tauchen plötzlich die Kanonenboote der Wolgaflotte auf, deren Mannschaften bis zu 18 Stunden täglich im Dienst stehen. Von der Stadt selbst ist kaum noch etwas übriggeblieben. Behelfsmäßige Wegweiser sind das einzige, was einem Aufschluß darüber gibt, wo man sich eigentlich befindet. Das Ganze ist so phantastisch, daß man sich immer wieder fragen muß, ob es wirklich so sein kann. Alles lebt unterirdisch. Jeder trägt eine Waffe und ist darauf vorbereitet, jeden Augenblick in Kämpfe verwickelt zu werden. Es gibt hier noch Tausende von Frauen und Kindern, die sich geweigert haben, evakuiert zu werden und die es vorziehen, mit ihren Männern und Vätern an der Kampffront zu fallen.

Am Westufer und am Ostufer der Wolga stehen Hunderte von Flakbatterien, die auch gleichzeitig als Panzerabwehrgeschütze verwendet werden können. Inmitten der Trümmer wird übrigens immer noch Markt abgehalten, nur mit dem Unterschied, daß für die herübergeschafften Lebensmittel keine Zahlung mehr zu entrichten ist. Jeder weiß hier, daß der Ausgang des Kampfes um Stalingrad davon abhängt, ob es gelingt, die Versorgungswege zur Verteidigungsfront offenzuhalten. Niemand verkennt die tödliche Gefahr, und trotzdem ist die seelische Haltung der

Bevölkerung und der Truppen so ungebrochen wie in den ersten Tagen der Belagerung.« Im Fabrikbezirk im Nordteil von Stalingrad setzten am Morgen deutsche Infanterieangriffe ein, die bis gegen Mittag ununterbrochen anhielten. An allen anderen Fronten der Stadt herrscht lebhafteste Artillerietätigkeit. Die Verluste, die sich Tag für Tag auf beiden Seiten ergeben, gehen in die Tausende.
Seit die Deutschen den Don überschritten und den direkten Angriff auf Stalingrad unternommen haben, sind 62 Tage vergangen, in denen mit Bestimmtheit 16 deutsch-rumänische Divisionen so empfindliche Einbußen erlitten haben, daß sie nicht mehr als Kampfverbände bestehen. Die jetzt kämpfenden Einheiten sind nahezu ausschließlich Divisionen, die in den letzten vierzehn Tagen vor Stalingrad eintrafen.

Radio Moskau schildert am 21. Oktober
... Von Woronesch bis nach Leningrad steht die Front im Zeichen der Herbstregen. Wie im Vorjahr haben jetzt die Partisanenverbände, die zum Teil neu ausgerüstet und umorganisiert wurden, die Hauptlast der Kämpfe zu tragen. Ihre Operationen gehen darauf aus, die deutschen Nachschubschwierigkeiten, die durch den aufgeweichten Boden entstehen, noch zu vergrößern und so die zweite Winteroffensive ... vorzubereiten.

Die Deutschen berichten

Hütten- und Stahlwerk »Roter Oktober« im Bombenhagel

Während die Säuberung des Werkgeländes der Geschützfabrik »Rote Barrikade« noch andauert, geht der Hauptkampf um die Zertrümmerung des letzten, von den Bolschewisten noch gehaltenen Bollwerkes in Stalingrad, das Stahl- und Hüttenwerk »Roter Oktober«. Ähnlich der von unseren Truppen bereits erstürmten Traktoren- und Panzerfabrik »Dscherschinski« und der »Roten Barrikade« bedeckt auch der »Rote Oktober« mit seinen Nebenwerken und Arbeitersiedlungen zwischen der Eisenbahnlinie und der Wolga ein Gelände von mehreren Quadratkilometern. Dieses mit zahlreichen stark ausgebauten Stützpunkten versehene Werk, das, wie der heutige OKW-Bericht meldete, von Nahkampffliegern bombardiert worden ist, wird von den Bolschewisten verzweifelt verteidigt.

... mit dem Strom aus dem Tret-Satz. Auf diese primitiv-praktische Weise sorgte man schon im Ersten Weltkrieg für Strom

Rechts: Eine Halle wird zum Tagesziel: im zerstörten E-Werk

Wie schwer die Kämpfe sind, darüber gibt der folgende ergänzende Bericht des OKW ein anschauliches Bild:
Die Säuberung des in den letzten Tagen gewonnenen Stadt- und Indu-

striegeländes führte, wie das OKW mitteilt, am 18. Oktober noch zu vereinzelten Kämpfen mit versprengten Bolschewisten und versteckten Widerstandsnestern. Die Ruinen einiger Betongebäude mußten Stockwerk für Stockwerk gestürmt und ausgeräuchert werden. In einem dieser zerborstenen Blöcke saßen deutsche Soldaten im Erdgeschoß und in den Kellern, während sich Bolschewisten noch in den oberen Geschossen verbarrikadiert hatten.

In mehreren zu großen Bunkern ausgebauten Kellern der Geschützfabrik waren Bolschewisten von den Bomben der Kampfflugzeuge zwar ver-

schüttet, aber noch kampffähig geblieben. Diese Verschütteten versuchten, sich zu befreien und weiterzukämpfen. Panzerjäger, Infanteristen und Pioniere zerschlugen diesen hier und da aufflackernden Widerstand und räumten mit geballten Ladungen und Flammenwerfern die Stützpunkte der Bolschewisten aus.

Beim Durchkämmen der genommenen Bastionen trafen unsere Soldaten häufig auf hervorragend getarnte feindliche Stellungen. Die Bolschewisten hatten in dem Werk bis zum Beginn des entscheidenden Sturmes noch Verteidigungsstellungen ausgebaut. In Montagegruben, Schmelzöfen, Materialstapeln waren in kaum erkennbaren Stellungen Panzer und vorgeschobene Geschütze verborgen, die die Granaten unserer Sturmgeschütze vernichtet hatten. Zwischen Trümmern von Kränen und Traversen, sogar in den Kaminen hockten die gefallenen Scharfschützen, die trotz ihrer Tarnung von unseren Infanteristen entdeckt und erledigt worden waren.

Unter dem Schutt der bis auf die Fundamente zerstörten Werke liegen die gefallenen Bolschewisten in Haufen, wie sie von dem Ungewitter der Bomben zerfetzt wurden. Von Granaten zusammengeschlagene Maschinen sind von ihren Bettungen weggerissen und haben im Sturz noch ihre Verteidiger unter sich begraben.

Der völligen Verwüstung der Werke entspricht das Trümmerfeld der ihnen vorgelagerten Wohnviertel. Nur ein Wald von Kaminen ist stehengeblieben, dessen Boden mit verkohlten Balken und Hausgerät, mit eingestürzten Blechdächern und Unrat bedeckt ist. Die Stellen, an denen während der Schlacht vom Feind Gegenstöße versucht wurden, wie die Ruinengruppe, wo 60 deutsche Infanteristen ein feindliches Gardebataillon restlos zerschlugen, erkennt man genau an den Bergen gefallener Bolschewisten. Die Schlacht ist aber noch nicht zu Ende. Darum gingen die deutschen Verbände daran, das gesäuberte Kampfgelände zu befestigen, Stellungen auszurüsten, Waffen und Munition nachzuführen und die einzelnen Truppenteile zum weiteren Kampf zu ordnen.

Inzwischen hat sich das Wetter sehr verschlechtert, so daß die Luftwaffe am 18. Oktober nur in geringem Umfang zum Niederkämpfen der bolschewistischen Artillerie aus dem Ostufer der Wolga eingreifen konnte. Mit verstärkter Kraft mußte daher unsere Artillerie das Zermürbungsfeuer gegen die feindlichen Stellungen im letzten Bollwerk der Hütte »Roter Oktober« und das Vernichtungsfeuer gegen die bolschewistischen Batterien fortsetzen. Zahlreiche feindliche Geschütze wurden durch Volltreffer zum Schweigen gebracht.

Völkischer Beobachter, 21. 10. 1942

★ Die Sowjets berichten

Am Donnerstag, dem 22. Oktober 1942,
meldet das *Sowinformbüro*
über die Ereignisse am Vortage:
Winter in Rußland. Fast an der gesamten Ostfront hat der Winter seinen Einzug gehalten. Bis südlich von Moskauf fällt jetzt Schnee. Von Orel bis nach Stalingrad werden heftige Regenfälle gemeldet, die als Vorboten des Winters zu betrachten sind und die das ganze Land verschlammen. Die Tätigkeit der deutschen Luftwaffe hat infolgedessen erheblich nachgelassen, da es kaum mehr möglich ist, mit schweren Bombern zu starten. Das Nachlassen der faschistischen Luftangriffe erleichtert den Verteidigern von Stalingrad den Nachschub. Die Reserven, die General Rodimzew zugeleitet wurden, konnten in den letzten 24 Stunden weitere Positionen in den Werken »Krasny Oktjabr« und »Krasnaya Barrikady« zurückerobern. Zehntausende von Soldaten und viele hundert Panzerwagen und Geschütze hat die faschistische Führung verloren, ohne ihrem Ziel irgendwie entscheidend nähergekommen zu sein.
Während die Bodenverhältnisse im Abschnitt Stalingrad und in den weiter nördlich gelegenen Gebieten den Bewegungskrieg immer mehr erschweren, geht südlich und südöstlich von Stalingrad eine wilde Jagd der Kavallerie, motorisierter Infanterie und Artillerie unserer Truppen gegen leichte deutsche Panzerabteilungen und SS-Motorradtruppen vor sich, die in der flachen Steppe den Versuch unternehmen, gegen die untere Wolga und Astrachan vorzustoßen. Über diese Kämpfe durfte bis jetzt wenig berichtet werden, da sie sich in einem Gebiet abspielen, in dem der Gegner kaum über ausgebaute Nachrichtenverbindungen verfügt. Es darf jetzt gemeldet werden, daß diese deutschen Unternehmungen praktisch nirgends Erfolg hatten. Besonders bewährte sich die Kosakenkavallerie. Die Kosaken gehören zu den besten Scharfschützen, die in unserer Armee dienen. Die Dorfbrunnen, die für die Deutschen für den Bezug von Kühlwasser für die Motoren und für Trinkwasser unentbehrlich sind, werden von unseren Truppen unbrauchbar gemacht.

Radio Moskau meldet am 22. Oktober:
Im Nordwesten der Stadt Stalingrad ist Schnee gefallen, und in der Stadt selbst dauern die heftigen, kalten Regenfälle an. Der Schnee, der in der Steppe nordwestlich von Stalingrad, zwischen Don und Wolga, fällt, ist

noch nicht der trockene Winterschnee, der sich fest am Boden ansetzt, er ist vielmehr naß, so daß das Gelände vollständig verschlammt wird. Der Wind, der über die weiten Steppen fegt, setzt den Truppen, besonders denen, die an dieses Klima nicht gewöhnt sind, stark zu.

Die Deutschen berichten

Lagebericht, *Oberkommando des Heeres,*
22. Oktober 1942:
Ein feindlicher Angriff zwischen Wolga und Don-Kanal südlich Stalingrad wurde abgewiesen. Bei Stalingrad stieß der Nordflügel der 79. Infanteriedivision nördlich des Werkes »Roter Oktober« gegen die Eisenbahn vor. 305. Infanteriedivision säuberte weiter den Nordteil der Geschützfabrik. Der Feind wiederholte seine Entlastungsangriffe westlich der Wolga auf die Stellungen der dort stehenden 3. (mot.) Division mit Panzern und Artillerie. Wetter: Im Raum Stalingrad wechselnd bewölkt, windig, trocken. In Senken noch starke Verschlammung, Gelände wieder befahrbar.

Tagesparole des Reichspressechefs,
Donnerstag, 22. Oktober 1942:
Der Minister führt aus, daß eine Verwendung der Bezeichnung »Rote Barrikade« oder »Roter Oktober« für die Fabriken in Stalingrad und ein Hinweis auf die Verteidigung dieser Fabriken durch die Arbeiter in der deutschen Propaganda unerwünscht seien; durch diese Bezeichnungen würden die hier und da immer noch vorhandenen kommunistisch infizierten Kreise angesprochen.

Die Hölle von Stalingrad

Der Moskauer Sonderberichterstatter des *Daily Herald* gibt dem arbeiterparteilichen englischen Blatt eine realistische Darstellung der, wie er schreibt, geradezu höllischen Verhältnisse, unter denen die Bolschewisten ihren aussichtslosen Widerstand in Stalingrad weiterzuführen versuchen. Wenn diese Darstellung die sonst so strenge Sowjetzensur passiert hat, so sicherlich nur aus dem Grunde, weil die Bolschewisten dadurch erneut dem untätigen britischen Bundesgenossen beweisen wollen, in welcher Lage sie sich befinden und wie dringend nötig sie die immer wieder erfolglos, flehentlich erbetene Unterstützung haben.

Der englische Leser, schreibt der Korrespondent, der die amtlichen Berichte über die Kämpfe in Stalingrad studiere, möge einmal versuchen, sich in die Rolle eines der Verteidiger der Nordecke der großen Stadt hineinzudenken und sich vorzustellen, was diese Communiqués in Wirklichkeit bedeuten! In dem Todeskampf Stalingrads gebe es keinen Augenblick der Pause. Man kenne keinen Schlaf mehr, außer dem der äußersten Erschöpfung, denn wenn auch die Bombenangriffe in den Stunden der Dunkelheit abflauten, so höre das Artillerie- und Minenfeuer nicht eine Sekunde auf. Die feuchte Kälte des Herbstes dringe durch die dicksten Mäntel, und gegen sie gebe es in den Trümmerhaufen der Häuserruinen keinen Schutz. Nur einmal, während der Nacht, könnten die sowjetischen Truppen Verpflegung erhalten, denn am Tage sei es unter dem feindlichen Feuersturm ganz unmöglich, solche heranzubringen. Das Morgenrot verblasse gegen die Flammen der brennenden Gebäude, und die Stadt biete ein Bild wie das Inferno Dantes. Sowie das Tageslicht heller werde, höre man schon das erste Donnern der deutschen Bombengeschwader, und überall schössen 50 Meter hohe Flammensäulen empor. Stunden und Stunden lang greife eine Welle von Stukas nach der anderen an. Die schlimmsten Londoner Bombennächte bedeuteten nichts dagegen. Wenn die Luftwaffe ihre Vorbereitungsarbeit erledigt habe, rückten die deutschen Panzer vor, ununterbrochen aus ihren Kanonen oder Maschinengewehren feuernd. Die Straßen von Stalingrad seien dann ein Irrenhaus von Feuer, Flüchen, Jammergeschrei und Detonationen, und die Verteidiger fragten sich verzweifelt, ob das denn niemals enden werde. *Berliner Lokal-Anzeiger, 30. 10. 1942*

Geheimer Bericht des *Sicherheitsdienstes der SS*
zur innenpolitischen Lage:
Nr. 328 vom 22. Oktober 1942 (Auszug)
I. Allgemeines. Die überaus starken und wiederholten Offensiven der Russen im mittleren und nördlichen Abschnitt haben allgemein die Überzeugung gefestigt, daß Rußland immer noch gewaltige Menschenmaterial-Reserven heranzuführen in der Lage sei. Der Kampf an der Ostfront sei zu einem großen Teil im Stellungskrieg erstarrt, und Stalingrad insbesondere habe sich zu einem zweiten Verdun entwickelt.

Lagebericht, *Oberkommando des Heeres,*
23. Oktober 1942:
Die Vorbereitungen für den Angriff am 23. 10. im Raume Stalingrad wurden beendet.

★ Die Sowjets berichten

Am Freitag, dem 23. Oktober 1942,
meldet das *Sowinformbüro*
über die Ereignisse der Vortage:
Nach Tagen erbitterter Stellungskämpfe ist es der Entsatzarmee Marschall Timoschenkos, die nordwestlich vor dem Belagerungsring von Stalingrad steht, nun gelungen, einen Sprung vorwärts zu machen.
Nachdem am Mittwoch eine wichtige Hügelstellung erobert worden war, gelang es am Donnerstag mit Einsatz von vielen Panzern des schweren Typs »Woroschilow« einen Durchbruch durch die zweite faschistische Verteidigungslinie zu erzwingen. Gleichzeitig konnten Artilleristen unserer Truppen auf den eroberten Höhenstellungen eine größere Anzahl mittelschwerer Geschütze in Stellung bringen. Marschall Timoschenkos Armee hat sich damit in einer für die Deutschen bedrohlichen Weise beträchtlich näher an Stalingrad herangeschoben.
Im Kampf um die Fabrikbezirke in Stalingrad wurden in den letzten 48 Stunden insgesamt sechs deutsche Panzerangriffe abgeschlagen, die meist mit etwa je 30 Panzern und 2000 Mann Maschinenpistolenschützen vorgetragen wurden. Jedesmal führte der Angriff nur bis zu den von unseren Truppen gehaltenen Ruinen, die in den letzten Tagen in ein starkes Netz von Barrikaden verwandelt worden sind. General Rodimzew hat nun beträchtliche Verstärkungen an Artillerie erhalten, deren präzises Schnellfeuer zu hohen deutschen Verlusten führte.
Der ständig fallende Regen hat sich nicht nur als eine starke Behinderung für die deutsche Luftwaffe erwiesen, sondern er hat im Gebiet zwischen Don und Wolga zu Überschwemmungen geführt, in denen viele deutsche Munitions- und Verpflegungskolonnen steckengeblieben sind. Am Donnerstag wurde festgestellt, daß am Westufer des Don große Mengen deutschen Kriegsmaterials aufgestapelt sind. Der stark angeschwollene Don hat mehrere der unter großer Mühe von Pionieren der Faschistentruppen errichteten Pontonbrücken weggerissen. Die Luftaufklärungsfotos zeigen, daß Tausende deutscher Pioniere jetzt damit beschäftigt sind, neue Notbrücken über den Don zu schlagen und die alten gegen das Hochwasser zu verstärken.
Eine Kosakenabteilung, die soeben wieder in unseren Linien eingetroffen ist, berichtet, daß sich der deutsche Nachschub in einem katastrophalen Zustand befinde. Hunderte von Wagen aller Art seien bis über die

Das Arbeiterbataillon Opoltschenije kämpft um sein Werksgelände

Achsen in den Schlamm eingesunken, und es seien häufig Marschkolonnen beobachtet worden, die bis zum Knie im Morast wateten. Die Schneestürme der letzten Tage haben die Verbindungswege zwischen den vorgeschobenen deutschen Abteilungen, besonders aber zu den auf einigen Höhen befindlichen deutschen Stellungen, verweht.

»Sa rodinu, sa Stalina! ... Für das Vaterland, für Stalin!« Ostwärts Krasnaya Barrikady: eine sowjetische Sturmgruppe greift an

Zum erstenmal operiert jetzt die rote Armee mit Schlitten und hauptsächlich mit Pferden und zeigt sich in dieser Ausrüstung den deutsch-rumänischen Verbänden weit überlegen. Auch die Bekleidung des Gegners ist dem Wetter nicht entsprechend, obwohl bereits zum größeren Teil Wollsachen an die faschistischen Armeen geliefert worden sind. Am Freitag früh fand eine Patrouille unserer Truppen erfrorene deutsche Soldaten auf.

Krasnaya Swiesda erklärt in einem Resümee über den dritten Monat des Kampfes, daß jetzt immer noch 22 deutsche Divisionen am Angriff gegen Stalingrad teilnehmen, nämlich 15 Infanterie-, 3 motorisierte und 4 Panzerdivisionen, ferner 1200 Geschütze, 100 Grabenmörser und 800

Flugzeuge. Zusammenfassend läßt sich heute mittag über den Stand der Operationen in Stalingrad sagen, daß die Deutschen in zahlreichen Straßen in die Defensive gedrängt sind.

Sender Beromünster (Schweiz)

23. Oktober 1942. Noch einmal zieht der russische Kriegsschauplatz die allgemeine Aufmerksamkeit auf sich. Zwar ist, um ein bekanntes Wort zu gebrauchen, die Zeit bald abgelaufen, in der in Rußland »mit Vernunft Krieg geführt werden kann«. Die bereits anbrechende schlechte Jahreszeit wird größeren strategischen Unternehmungen demnächst ein Ende setzen.

Da die endgültige Besetzung Stalingrads von Hitler in seiner Sportpalastrede bestimmt in Aussicht gestellt wurde, ist es verständlich, daß — gerade vor 8 Tagen — ein erneuter, mit größter Macht unternommener Sturm der Belagerer auf die Trümmer der großen Industriestadt eingesetzt hat.
In Berlin wies man auf die Bedeutung dieser als letzte Phase des Kampfes um Stalingrad gedachten Bestürmung der Industriewerke im Norden der Stadt hin; in Moskau erklärte letzten Montag der Radiosender, im Kampf um Stalingrad habe die entscheidende Phase begonnen; die Lage habe sich verschlimmert, wenn auch der Feind noch keinen ausschlaggebenden Erfolg erzielt habe.

Die Deutschen berichten

Lagebericht, *Oberkommando des Heeres,*
24. Oktober 1942
Heeresgruppe B: Südlich Stalingrad beiderseitiges Artillerie-Störungsfeuer. 79. Infanteriedivision gewann Eisenbahn an Westrand des Metallurgischen Werkes (1. Angriffsziel) und stieß mit Stoßtrupps gegen die Mitte des Werkes vor. Die großen Werkhallen wurden genommen. Kämpfe dauern noch an. 14. Panzerdivision räumte Widerstandsnester in der Brotfabrik aus. Nach unbestätigten Meldungen ist ein Stoßtrupp der 79. Infanteriedivision bis zur Wolga durchgestoßen.
Wetter im Raume Stalingrad: wechselnd bewölkt, kühl, trocken.

Lagebericht, *Oberkommando des Heeres,*
25. Oktober 1942
Heeresgruppe B: Im Kampf um Stalingrad wurde der Südwestteil des Metallurgischen Werkes gesäubert. Kampf um eine Halle ist noch im Gange. Mehrere russische Erkundungsvorstöße im Norden des Werkes wurden abgewiesen. Der Angriff in der Brotfabrik kam nur langsam vorwärts. Die Kämpfe dauern noch an. Teile der 94. Division und Stoßtruppen der 16. Panzerdivision griffen am Vormittag in Spartakowka an und nahmen den Ostteil der Stadt mit Ausnahme einer Häusergruppe, um die noch gekämpft wird.
Wetter im Raum Stalingrad: heiter, Wege wieder befahrbar, Temperatur plus 2 Grad.

Lebenswichtig: das richtige Verstauen der MG-Gurte im Munitionskasten

Nachtgespräch am Don

Auf der Höhe über dem zerschossenen Kosakendorf liegen fünf Soldatengräber. Ihre Holzkreuze schauen weit hinaus ins Dontal. Drei tragen italienische Stahlhelme. Wir haben ihre einstigen Träger gestern begraben; sie waren uns liebe Kameraden. Auf jedem Erdhügel leuchtet nun ein Strauß großsterniger Wegwarten, die einzigen Blumen der Steppe, die wir fanden.

Unten dehnt sich das Dontal, nicht so unendlich wie die grenzenlose Weite der Steppe, daß einem das Herz stillstehen will, nicht nur Himmel und Erde, aber breit und raumtief: in der Niederung das helle Schlangenband des Stromes mit den von Bomben und Artillerie zerfetzten weißen Dörfern; wenige Meter vor uns, am Absturz des Bergufers in das von Schrunden und Regenrillen zerrissene Tal, unsere Gräben und Erdlö-

cher; dann der schmale Gurt des Niemandslandes, in Gebüsch und Sumpf verborgen die Feldstellungen des Feindes, der Fluß und am jenseitigen Grund der pastellfarbige herbstbunte Schleier schütterer Laubwälder.
Jetzt, da die Sonne warm über der Steppe flimmert und im Glanz des Mittags die Rauchfahnen des Krieges der Gruß friedlicher Herdstätten scheinen, ein fast heiteres Bild in diesem schwermütigen Land. Aber nur Sekunden kann man davon träumen. Der Krieg duldet keine Betrachtungen, und vor dem bösen Bellen der Maschinengewehre duckt sich jeder gern in sein Erdloch.
Der Kampf am Don ist wild und verbissen. Wenn er auch nicht mehr die Härte der letzten Augusttage erreicht, als die Sowjets unter rücksichtslosem Einsatz von Infanteriemassen versuchten, die Stellungen des italienischen Korps zu durchbrechen, um eine deutsche Nachschubstraße in den Raum von Stalingrad abzuschneiden. Was ihnen damals nicht gelang, gelingt ihnen nun, da das Schicksal Stalingrads sich unerbittlich erfüllt, erst recht nicht mehr. Allerdings, der Krieg hat hier das Äußerste von unseren italienischen Kameraden gefordert. Der Soldat mußte alle körperliche und seelische Spannkraft hergeben, deren er fähig war. Es waren Tage und Wochen stiller Bewährung und unbescholtener Tapferkeit für die Infanterie-, Bersaglieri-, Alpini- und Schwarzhemdenbataillone der vordersten Linie. Offiziere und Männer haben das in sie gesetzte Vertrauen restlos erfüllt. Viele Holzkreuze bezeugen dies eindringlicher, als Worte es vermöchten. Auf den Hängen am Don und in der weiten Steppe stehen sie als Sinnbilder einer einzigartigen Kameradschaft, als Vermächtnis einer Treue und eines Opfermutes, die stärker sind als der Tod.
Wir saßen am Abend eines heißen Kampftages im Gefechtsstand eines italienischen Infanterieregiments. Unsere italienischen Kameraden hatten aus mehreren verlassenen Gehöften Tische und Stühle zusammengeholt und sie in der primitiven Holzhütte aufgestellt. Auf den Tischen waren einige Kerzen verteilt, das gab einen Hauch von Wärme und Behaglichkeit. In den Trinkbechern der Feldflaschen hatten wir roten Wein und in den Kochgeschirrdeckeln jeder ein Stück kalten Braten. Es war eine heitere Gelöstheit in uns. Und es erhob sich ein Gespräch, das nur dort möglich ist, wo die Grenze zwischen Tod und Leben so nahe liegt, wo der Mensch tief erschüttert nach dem Wesentlichen greift und die kleinen Sorgen des Tages und allen Schein achtlos beiseiteschiebt. Wir sprachen über den Sinn des Krieges. Wir sprachen als Kameraden und Menschen. Die Bilder des Tages erwachten wieder in uns. Der jähe Feuerschlag der feindlichen Artillerie im grauen Schimmer des jungen

Vorgeschobener H.V.Pl.
Feldpost Nr. 15187

Im Osten 30.10.1942

Sehr geehrter Herr Wester!

Ich habe die traurige Pflicht, Ihnen mitzuteilen, dass Ihr Sohn Schütze Karl Wester bei den schweren Kämpfen bei Stalingrad gefallen ist.

Ich spreche Ihnen zu diesem schweren Verlust mein aufrichtiges Beileid aus.

Ihr Sohn wurde am 26.10.42 mit einem Kopfschuss auf unseren vorgeschobenen Hauptverbandsplatz eingeliefert. Trotz der schnellen ärztlichen Hilfe ist er am gleichen Tage um 18^{15} Uhr ohne das Bewusstsein wiedererlangt zu haben gestorben.

Er wurde auf einem grösseren Heldenfriedhof in der Nähe des Hauptverbandsplatzes beigesetzt. Die Feier hielt der Divisionspfarrer. Das Grab wurde schön angelegt und mit einem Kreuz geschmückt. Der Friedhof liegt an der Bahnlinie nördlich von Stalingrad nicht weit von der Wolga, die man von dort aus eben sehen kann.

Ich fühle mit Ihnen die ganze Schwere des Verlustes, der Sie getroffen hat, der Gedanke, dass Ihr Sohn seine Pflicht als Soldat bis zum Letzten erfüllt hat und sein Opfer nicht vergebens sein wird möge Ihnen Trost geben.

Nehmen Sie den Ausdruck meiner aufrichtigen Teilnahme entgegen.

Dr. Weber
Oberarzt.

Rechts: Gefreiter Karl Wester: vor zwei Wochen 20 Jahre alt geworden ...
Oben: Nachricht vom Tod des Gefreiten Karl Wester: »... das Grab wurde schön angelegt und mit einem Kreuz geschmückt. Der Friedhof liegt an der Bahnlinie nördlich von Stalingrad, nicht weit von der Wolga, die man von dort aus eben sehen kann ...«

Morgens, das minutenlange systematische Hämmern, das grausame Fauchen der Wurfgranaten, das Krachen und Bersten. Die Erde bebte. Dann für Sekunden Stille, bis die erdbraune Springflut anbrandete, die nun schon seit Wochen immer wieder vor unseren Stellungen liegenbleibt, die aber immer fatalistisch antritt, um immer wieder zusammengeschossen, ausgeblutet, ermattet zurückzukriechen. Diese unheimliche Wolke der Vernichtung über dem Teppich großsterniger Wegwarten und grüner Wermutstauden. Man wird hart und schweigsam.

Völkischer Beobachter, 21. 10. 1942

Und so war es

Mitte Oktober beginnen die Deutschen intensiv, an den Flanken der 6. Armee Verteidigungsstellungen auszubauen, die sich in manchen Abschnitten an die ehemaligen sowjetischen Befestigungen anlehnen. Jede dieser Anlagen bildet einen 5 bis 8 Kilometer tiefen Streifen; sie bestehen überwiegend aus zwei Stellungen: In jeder von ihnen befinden sich drei bis vier Stützpunkte je Frontkilometer oder ein bis zwei Schützen- und mehrere Laufgräben. Aus einzelnen Ortschaften entstehen befestigte Stützpunkte, durch Minenfelder und Drahtverhaue gesichert. Sie verfügen auch über gut organisierte Feuersysteme, Panzer- und Infanteriehindernisse. Und die 6. Armee richtet sich nun endgültig auf einen winterlichen Stellungskrieg ein. Zu dieser Zeit ist der deutschen Führung allmählich klar, daß die erschöpften Truppen nicht mehr imstande sind, die von den Sowjets zäh verteidigten Reste der Werkanlagen und die am Wolgaufer liegenden Brückenköpfe einzunehmen. Ohne Unterbrechung kämpfen die deutschen Divisionen nun schon seit Juni, und weder Menschenverluste noch Materialeinbußen sind ergänzt worden. Während der blutigen Kämpfe um jeden Zoll zertrümmerter Werkhallen sind die Verlustmeldungen beängstigend und stehen in keinem Verhältnis mehr zu den spärlichen Erfolgen. Die Stärke der Kompanien ist bis auf 30 oder 40 Mann zusammengeschmolzen, und die ehemals schlagkräftigen Panzerdivisionen zählen oft nur noch wenige Panzer. General v. Seydlitz (LI. Armeekorps) bittet nun die Armeeführung, die aussichtslosen Angriffe sofort einzustellen.

Seydlitz will seine abgekämpften Verbände schonen und für den Winter vorbereiten. Sein Vorschlag: die ihm unterstellte 14. und 24. Panzerdivision aus der Front herauszunehmen, als bewegliche Reserve aufzufri-

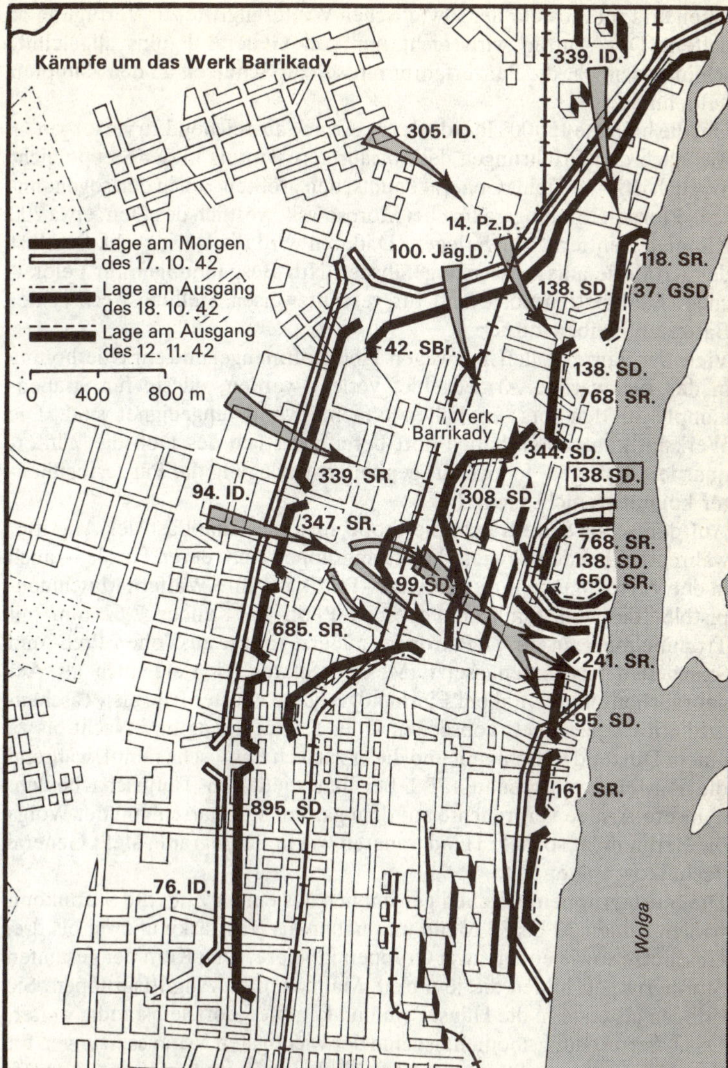

Kämpfe um das Werk Barrikady
Lage am Morgen des 17. 10. 42
Lage am Ausgang des 18. 10. 42
Lage am Ausgang des 12. 11. 42
0 400 800 m
339. ID.
305. ID.
14. Pz.D.
100. Jäg.D.
118. SR.
138. SD.
37. GSD.
42. SBr.
138. SD.
768. SR.
Werk Barrikady
344. SD.
138.SD.
339. SR.
94. ID.
308. SD.
347. SR.
768. SR.
138. SD.
650. SR.
99.SD.
685. SR.
241. SR.
95. SD.
161. SR.
895. SD.
76. ID.
Wolga

schen und zur Abwehr der sowjetischen Winterangriffe zur Verfügung zu halten. Der Antrag wird nicht nur von General Paulus abgelehnt, schlimmer noch, die Panzerfahrer müssen als Schützen an den Kämpfen teilnehmen.
Um die beinahe 150000 Pferde der 6. Armee ausreichend zu versorgen — was nach den Erfahrungen des vorjährigen Winters in der Steppe nicht möglich ist —, befiehlt General Paulus, den größten Teil in den sogenannten »Pferde-Erholungsraum« bei Morosowsk, westlich des Don, etwa 200 Kilometer entfernt, zu verlegen. Dadurch wird die Beweglichkeit selbst der Artillerie aufs schwerste gefährdet: Nur Bespannungen für Feldküchen, Sanitätstransporte und für geschützweisen Stellungswechsel der Batterien bleiben zurück.
Viele der Panzer sollen nun wegen Treibstoffmangel und zur Überholung in das rückwärtige Armeegebiet verlegt werden, da sie für Straßenkämpfe in den meisten Fällen ohnehin völlig ungeeignet sind. Die Werkstattkompanien haben dort bereits westlich des Don die Winterquartiere bezogen, jedoch zur geplanten Verlegung der Panzerregimenter kommt es nicht mehr.
Auf deutscher Seite tragen die Stoßtrupps die Hauptlast der Angriffe, während es bei den Sowjets die Sturmgruppen sind, deren Parole — auch in der Verteidigung — die Vorwärts-Taktik ist. Ihre Waffen: Maschinenpistole, die volkstümliche Pepescha PPSh-41, Kaliber 7,62 mm mit Trommelmagazin für 71 Patronen, äußerst robust aus rohen Preß- und Stanzteilen zusammengesetzt, Messer, Spaten, den sie auch als Axt gebrauchen, und vor allem Eierhandgranaten Muster F 1, als »Taschenartillerie« bezeichnet, von denen jeder Kämpfer Tag und Nacht bis zu einem Dutzend mitschleppt und die er zärtlich Fenjuscha nennt, während die Panzerabwehrgranaten T 1 bei ihm wiederum Tanjuscha heißen. »Unsere Armee verbrauchte auf dem ganzen Vormarsch von der Wolga bis Berlin nicht so viele Handgranaten wie in Stalingrad«, stellt General Tschuikow später fest.
Die Sturmgruppen bestehen gewöhnlich aus einem Zug: die Sturmkompanien zählen 20 bis 30 Mann und haben als Verstärkung zwei bis drei Geschütze sowie ein bis zwei Gruppen Pioniere. Den Kern der gesamten Sturmgruppen bilden die je 6 bis 8 Mann starken Angriffsgruppen. Sie dringen als erste in die Häuser ein und kämpfen dort selbständig weiter. Das Überraschungsmoment ist eine der wichtigsten Voraussetzungen für den Erfolg dieser Sturmgruppen. Und der Zeitpunkt ihres Angriffs richtet sich oft nach dem Verhalten der Deutschen: Sie warten, bis sie sich ausruhen, beim Essen sind oder abgelöst werden.

Während der Gefechte sind die Straßen und Plätze meistens leer: Der Kampf spielt sich zum größten Teil zwischen den Ruinen der Häuser ab. Ab Montag, dem 19. Oktober, erneuern die Deutschen ihre Angriffe in den Gebieten »Barrikady« und »Krasny Oktjabr«. Ihre Stoßkraft allerdings hat merklich nachgelassen. Sie stehen jedoch zwischen den beiden Werken noch knapp 400 Meter von der Wolga entfernt, und der Fluß liegt nun unter ihrem Maschinengewehrfeuer. Die Sowjets errichten in den Balkas, die in die Wolga münden, Steinwälle, um einigermaßen Schutz vor den MG-Garben zu haben.
Auch bei den Verteidigern ist der Mangel an Truppen spürbar, und General Tschuikow trommelt bei den rückwärtigen Diensten der Armee alles zusammen, selbst Troßpersonal, Schuster und Schneider.
Am Sonnabend, dem 24. Oktober, hat endlich die 14. Panzerdivision die Brotfabrik am Südeck der »Roten Barrikade« erreicht. Am Steilufer hält die 39. Gardedivision (Gurjew) jetzt nur noch einen kleinen Streifen von etwa 200 Metern Länge. Weiter südlich, im Hüttenwerk Krasny Oktjabr, sind noch die Trümmer der Sortierabteilung und der Kalibrierstation des Stahlgußwerks in sowjetischer Hand. Alles in allem verteidigt General Tschuikow noch ein Zehntel der Stadt, darunter einige Fabrikruinen und eine Anzahl schmaler Brückenköpfe am Steilufer entlang.

16. Woche: 26. Oktober — 1. November 1942

Die Deutschen berichten

Lagebericht, *Oberkommando des Heeres,*
26. Oktober 1942
Heeresgruppe B: In Stalingrad selbst wurden starke feindliche Gegenangriffe gegen das Metallurgische Werk von Süden und Nordosten abgewehrt. In der Brotfabrik konnten weitere Teile gesäubert werden. Nördlich davon wurden weitere Widerstandsnester im Hintergelände in Kellern und Gängen ausgeräumt.

Lagebericht, *Oberkommando des Heeres,*
27. Oktober 1942
Heeresgruppe B: Auch am gestrigen Tage setzte der Russe seine Angriffe südlich Stalingrad längs der Wolga nach Norden fort. Es gelang ihm, mit

mehreren Panzern die Stellungen zu durchbrechen. Gegenmaßnahmen von der Flanke aus sind im Gange. Es wurden bisher 18 Panzer abgeschossen.
In hartnäckigem Häuserkampf in Stalingrad wurden weitere Hallen im Metallurgischen Werk und der Südteil der Brotfabrik in Besitz genommen und so günstige Ausgangsstellungen für den am 27. 10. vorgesehenen Durchstoß zur Wolga erreicht.

★ Die Sowjets berichten

Am Mittwoch, dem 28. Oktober 1942,
meldet das *Sowinformbüro*
über die Ereignisse am Vortage:
Seit dem frühen Mittwoch morgen sind neue schwere Kämpfe im Nord- und Westteil von Stalingrad entbrannt. Die deutsche Luftwaffe nützt das sommerliche Wetter zu ununterbrochenen Bombenangriffen aus; in den letzten 24 Stunden sind nicht weniger als 1300 Einsätze über der Stadt durchgeführt worden. Wie bereits in der Vorwoche einmal festgestellt wurde, scheint der Nachschub dem enormen Verbrauch an Fliegerbomben nicht zu genügen. Am Dienstag wurde mehrfach ermittelt, daß Eisenschrott wie alte Eisenbahnräder, Schienenteile und Maschinenreste abgeworfen wurden.
General Rodimzew, der in der vergangenen Woche zahlreiche neue Stützpunkte anlegte, unternimmt ununterbrochen Gegenangriffe, um zu verhindern, daß die Deutschen sich irgendwo festsetzen können. Der Kampf in den Trümmern der Stadt ist ein mühsames Vorkriechen inmitten der brennenden Straßen, in denen sich die Leichen von Freund und Feind türmen. In den Kampfpausen versuchen die Verteidiger, durch Schaumlöscher die Umgebung ihrer Stellungen zu sichern. Oft muß die Gasmaske angelegt werden, wenn der beizende Rauch unerträglich geworden ist.
Im südöstlichen Teil der Stadt von Stalingrad arbeiten die unterirdischen Fabriken und Reparaturwerkstätten fieberhaft. Es werden hauptsächlich Brandgranaten hergestellt und Flaschen mit chemischen Kampfmitteln gegen Panzer gefüllt. In zwei großen Drehereien werden Granaten für die Artillerie fertiggestellt. Alles, was irgendwie zugreifen kann, ist herangezogen worden. Eine Werkstätte liefert Handgranaten, eine andere setzt Maschinengewehrgurte zusammen.

Рис. 1. Общий вид и разрез участка «маск-ангара».

»Unsere ganze Sorge galt der Frage der Tarnung« (Jeremenko): zwei Beispiele aus den Dienstvorschriften der Roten Armee. Das untere Bild zeigt als Pferdewagen getarnten Panzer

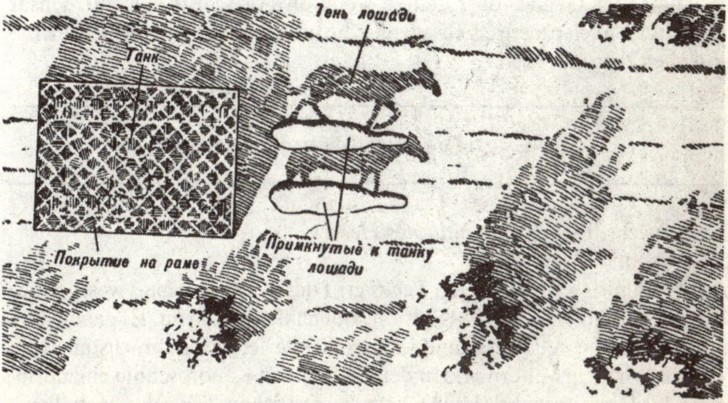

Рис. 36. Маскировка танка под обозную повозку.

Radio Moskau meldet am 28. Oktober:
Das Gros der Entsatzarmee Marschall Timoschenkos nordwestlich von Stalingrad steht jetzt etwa 65 Kilometer vor der Stadt und ist mit der deutschen Armeegruppe, die den Kampf gegen die Garnison von Stalingrad führt, noch nicht in Fühlung gekommen. In die deutsche Sperrzone sind zwei Panzerkeile getrieben worden, die eine Tiefe von 15 Kilometern und eine Breite von 3 Kilometern erreicht haben. Gegen die Keile operiert jetzt ein deutsch-rumänischer Verband, der am Dienstag durch schwere Panzer und viele motorisierte Geschütze verstärkt wurde. Die faschistische Heeresleitung scheint den Versuch aufgegeben zu haben, nicht mehr fahrfähige Panzer in Reparaturdepots zurückzunehmen, und läßt sie jetzt als Stützpunkte im offenen Gelände eingraben. Unsere Truppen haben zur Abwehr gegen dieses Verteidigungsmittel die Sturmoviks gegen den deutschen Nachschub eingesetzt. Das Schwergewicht der Luftkämpfe hat sich damit auch in den Nordwestsektor verlagert.
Heute ist der 90. Tag der Schlacht um die Stadt, und das Oberkommando in Stalingrad hat einen Aufruf an die Truppen erlassen, in dem es heißt: »Eure Tapferkeit hat die ehrgeizigen Pläne des Gegners zum Scheitern gebracht. Immer weitere Reserven werden gegen euch geworfen, und der Feind scheut keine noch so großen Blutopfer, um Lücken in unsere Verteidigung zu reißen und Stützpunkte an der Wolga zu errichten. Kämpft nicht nur mit Heldenmut, sondern vor allem auch mit Umsicht. Wenige hundert Meter liegen zwischen den Faschisten und der Wolga. Ihr wißt, daß das Schicksal der Stadt von der Sicherung des Flußverkehrs abhängt. Der Gegner darf keinen weiteren Fortschritt machen. Unser Volk dankt euch für eure Leistungen, die unvergänglich in die Geschichte eingehen werden.«

Die Deutschen berichten

Lagebericht, *Oberkommando des Heeres,*
28. Oktober 1942:
Am Nachmittag des gestrigen Tages griff der Feind abermals westlich der Wolga Stellungen der 371. Division südlich Stalingrad an. Es gelang ihm unter Einsatz von Panzern und starker Artillerie, die Einbruchstelle vom Tage zuvor zu erweitern und in den Südteil von Kaporoschoje einzudringen. 79. Division nahm im Angriff die restlichen Teile des Metallurgischen Werkes »Roter Oktober«. Nördlich davon griffen Teile der

14. Panzerdivision und 305. Division aus der Brotfabrik und der Fabrik »Rote Barrikade« in Richtung Wolga an und erreichten das Ufer bis einschließlich Treibstofflager. Nördlich davon stehen Teile der 305. Division im harten Kampf zwischen Geschützfabrik und Wolga. Wetter: Klar, sonnig, trocken.

Der unterirdische Kampf

In Stalingrad ging der Kampf Mann gegen Mann weiter. Unsere Stoßgruppen räucherten nach den beim OKW vorliegenden Meldungen wieder einige Kampfstellungen der Bolschewisten aus. Die Wegnahme einer der Schluchten, die sich von der Höhe des Industriegeländes bis zur Wolga ziehen, kostete harte Kämpfe. Der Feind hatte in die Steilhänge tiefe Stollen mit mehreren Ausgängen hineingetrieben, die den Verteidigern schußsichere Unterstände boten. Auf 50 Meter und weniger hatten sich unsere Stoßgruppen bereits an den Rand der Schlucht herangearbeitet, so daß unsere Flieger und Geschütze nicht mehr in den Kampf eingreifen konnten. Die schweren Waffen schirmten nur durch ihr Sperrfeuer den Angriffsraum ab. Der Einbruch gelang unseren überraschend vorbrechenden Pionieren mit ihren Flammenwerfern. Rechts und Links neben den fauchenden Feuerstößen und im Qualm des verbrennenden Öls verborgen, stießen Grenadiere vor. In Sekunden hatten sie die Trümmerzone vor dem feindlichen Graben überwunden. Mit Handgranaten, Bajonett und Spaten hieben sie die Bolschewisten Mann für Mann zusammen.

Jeder fallende Feind verbreiterte die Bresche. Die Feuerfackel des Flammenwerfers schlägt von oben sausend in den Stolleneingang, Sprengladungen fallen dazwischen, dann drei, vier dumpfe Schläge tief drinnen im Bunker. Über den eingestürzten Stollenhals springen die Grenadiere auf die Sohle der Schlucht herab. Andere kommen nach. Wieder fliegen die Sprengladungen, bis die ganze Schlucht erobert ist. Wieder ist eins der Löcher, durch die der Feind des Nachts seine Verstärkungstrupps in die Stadt schickte, geschlossen.

Da das Heranbringen der Unterstützungen über die Wolga für den Feind immer schwieriger wird, versuchten die Bolschewisten am 31. Oktober, den Verteidigern der Stadt durch neue Entlastungsangriffe zu helfen. An der Nordflanke glaubten sie an einem bisher still gebliebenen Uferabschnitt die Landung von zwei bis drei Bataillonen erzwingen zu können. Mit sieben großen Sturmbooten griff der Feind im Schutz der Nacht an. Vier der Boote versanken nach Treffern unserer Artillerie. Die übrigen

drehten im Sperrfeuer ab. Nur etwa 150 bis 200 Versprengte konnten sich am diesseitigen Ufer sammeln und zum Widerstand festsetzen. Sie wurden im sofortigen Gegenstoß vernichtet.
Auch unsere Südflanke wurde nach starken Feuerschlägen der feindlichen Artillerie erneut von Infanterie- und Panzerkräften angegriffen. In erbitterten Kämpfen brach der Ansturm der Bolschewisten zusammen,

Zugführer im Laufgraben, rechts ein gefallener deutscher Soldat

wobei zwei feindliche Panzer vernichtet und drei weitere schwer beschädigt im Gelände liegen blieben. Erneute Bereitstellungen des Feindes zerschlug unsere Luftwaffe. *Völkischer Beobachter, Herbst 1942*

Und so war es

Am Montag, dem 26. Oktober, stürmt die 16. Panzerdivision den seit August heißumkämpften nördlichen Stalingrader Vorort Spartakowka. Am späten Nachmittag fällt bei diesen Kämpfen — durch die Kugeln eines sowjetischen Scharfschützen getroffen — der Gefreite Karl Wester, der gerade vor zwei Wochen Geburtstag hatte. Sein Feldwebel schreibt einen Brief an den Vater im fernen Schommelsnaaf, den der Oberarzt Dr. Weber signiert.

An diesem Montag befiehlt Hitler den Entwurf eines Stalingrad-Ärmelschildes in der Art, wie es zur Erinnerung an besondere Schlachten oder Feldzüge gestiftet und am rechten Oberarm getragen wird. Es soll bis zum 25. November fertig sein. Der Entwurf, den der Kriegszeichner E. Eigner vorlegt, findet jedoch keine Zustimmung im Führerhauptquartier, und der Künstler selbst fällt am 20. November in Stalingrad.

In der Nacht zum 27. Oktober setzen unter starkem Beschuß Teile der frisch aus der Reserve kommenden, von Oberst W. P. Solokow geführten 45. Division nach Stalingrad über. Die Deutschen sind inzwischen bei der Fabrik »Krasny Oktjabr« erneut vorgestoßen und haben den Nordwestteil des Fabrikgeländes genommen. Die sowjetischen Brückenköpfe sind jetzt stellenweise nur einige hundert Meter tief.

In diesen Tagen wird der endgültige Plan der »Operation Uran«, den der Generalstab in der zweiten Oktoberhälfte minutiös ausgearbeitet hat, von der STAWKA akzeptiert. Von Anfang an unterliegt er ungewöhnlich strengen Sicherheitsvorkehrungen: Kein einziges Schriftstück gelangt nach außerhalb der Kremlmauern, und nur eine Handvoll Eingeweihter kennt den Plan.

Für den später unausbleiblichen Nachrichtenverkehr legen sich die obersten Feldherren Decknamen zu: J. W. Stalin, von jetzt an Wassiljew, Generaloberst A. M. Wassilewski, der die Belange der STAWKA bei der Stalingrader Front vertritt, ist nun Michailow, und General G. K. Schukow, Bevollmächtigter der STAWKA bei der Donfront und der Südwestfront, heißt Konstantinow. Die beiden Generäle tragen die Verantwortung für die Vorbereitungen der Operation Uran an den ihnen anvertrauten Fronten und informieren persönlich die jeweiligen Oberbefehlshaber und deren Mitglieder des Kriegsrates. Die ihnen unterstellten Armeekommandeure erfahren zu dem Zeitpunkt noch nichts davon.

Jetzt liegt auch die Verteilung der Aufgaben für die drei Fronten fest: im

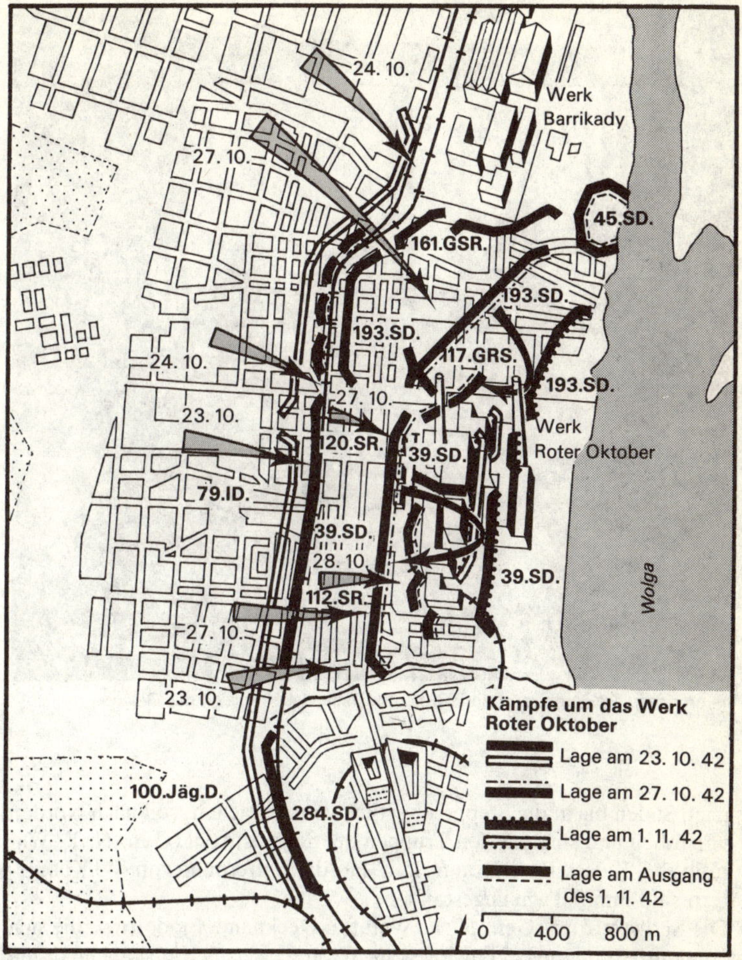

Norden die Donfront (GenLt. K. K. Rokossowski, Deckname Dontsow), die von Kletskaja am Don bis zur Wolga nördlich von Stalingrad reicht, soll mit der 65. Armee (Batow) angreifen. Die Stalingrader Front (GenOberst A. I. Jermenko, Deckname Iwanow) geht von Stalingrad

Im eroberten Traktorenwerk: ein Regimentskommandeur inspiziert das Gelände

nach Süden bis in die Steppen westlich von Astrachan, soll nach Norden vorstoßen und sich mit den Truppen der Südwestfront (Gen. N. F. Watutin) bei Kalatsch am Don treffen. Für die Entfernung von 140 Kilometern sind ihm 3 Tage zugestanden.

Die Südwestfront (Gen. N. F. Watutin, Deckname Fjodorow), die sich vom mittleren Don bei Pawlowsk im Westen bis nach Kletskaja im Osten zieht, soll nach Süden vorgehen und sich mit der Stalingrader Front (GenOberst Jeremenko) bei Kalatsch am Don vereinigen. Für diesen Weg von 100 Kilometern sind 2 Tage vorgesehen: Dieses geplante Zusammentreffen bei Kalatsch würde die 6. Armee des Generals Paulus völlig einkesseln.

Währenddessen soll die um Stalingrad kämpfende 62. Armee (Gen.

Tschuikow) und südlich davon die 64. Armee (Gen. Schumilow) die 6. Armee fesseln.

Der ursprüngliche Angriffstermin der Operation Uran: 9. November 1942. Die Gesamtführung der Operation obliegt dem Armeegeneral G. K. Schukow, dem General A. M. Wassilewski und dem Artilleriegeneral N. N. Woronow.

Die Vorbereitungen der Operation Uran sind nicht nur eine glänzend organisierte Leistung, sie sind zugleich eines der raffiniertesten Täuschungsmanöver des Zweiten Weltkrieges und ein Muster vorzüglicher Tarnung.

»Unsere ganze Sorge galt den Fragen der Tarnung, der abgeschirmten Truppenkonzentrierung und der Irreführung des Gegners«, sagt Generaloberst Jeremenko später.

Und während die Deutschen in den Ruinen des Industrieviertels von Stalingrad stehen, vollzieht sich im Geheimen im Schutz der Wälder nördlich von Kremenskaja und im Süden, auf dem Bergufer der Wolga, der Aufmarsch der sowjetischen Offensivdivisionen in ihre Bereitstellungen.

Schon Wochen zuvor wird vorsorglich jeder Postverkehr zwischen den Soldaten der drei Fronten und ihren Familien unterbrochen. Am Montag, dem 25. Oktober, weist Generaloberst Wassilewski die Oberbefehlshaber der Don- und der Südwestfront an, sämtliche Märsche nachts durchzuführen und die Truppenteile nur in gedecktem Gelände ruhen zu lassen, die Truppenbewegungen durch Fliegerkräfte und Flaktruppenteile zu sichern, und zur Täuschung des Gegners die Divisions-Funkstellen noch einige Zeit am alten Standort zu belassen, um von dort aus weiterzufunken. Alle Anordnungen und Anweisungen dürfen nur mündlich an die Durchführenden weitergegeben werden.

Um den Eindruck zu erwecken, die sowjetische Offensive sei im Mittelabschnitt geplant, werden dort erhebliche Reserven aufgestellt und Entlastungsangriffe im Raum Welikie Luki durchgeführt. Mitte Oktober erhalten alle Fronten Befehle per Funk und im Klartext: »Sie sollen zur Verteidigung übergehen«, was ebenfalls zur Irreführung der Deutschen beiträgt.

Im Gegensatz zum waldreichen Gebiet nördlich des Don schafft eine Tarnung in den offenen Steppen südlich von Stalingrad einige Probleme. Dennoch gelingt es den Sowjets, auch hier die Truppenbewegungen zu tarnen. Beim ersten Morgengrauen halten sie an, verstecken sich in Dörfern oder finden Deckung in Balkas.

An einzelnen Abschnitten werden wiederum zur Täuschung auch Einheiten von den Bereitstellungsräumen in Märschen bei Tag herausgezogen. In diesen Räumen selbst wird nach Sonnenaufgang jede Bewegung streng untersagt. Auf den Durchmarschstraßen und an den Übersetzstellen sorgt die Militärpolizei für strenge Tarnungsdisziplin. Die Bereitstellungen werden inzwischen von Pioniereinheiten gründlich getarnt, dabei besonders sorgfältig die Konzentration der Panzer- und Artillerieverbände. Gleichzeitig täuscht die Rote Armee durch Attrappen das Vorhandensein eines ganzen Panzerkorps und von drei Regimentern schwerer Artillerie an der Donfront vor.

Als äußerst schwierig erweist sich die Tarnung der Feldflugplätze in der kahlen Steppe. Auch dafür findet man Rat: Es werden mehrere Scheinflugplätze angelegt und ebenso wie die echten getarnt. Nach wiederholten Aufklärungsflügen sind die Deutschen der Meinung, es könne sich nur um ein Täuschungsmanöver handeln, und lassen sowohl falsche wie echte Flugplätze in Ruhe.

Über den Don baut man Attrappenbrücken, um die tatsächlichen Angriffsziele zu verschleiern, und die echten Brücken werden dicht unter die Wasseroberfläche gelegt und sind dadurch nur schwer auszumachen.

Nördlich des Don setzen inzwischen die Sowjets ihren Aufmarsch unaufhaltsam fort. Aus Moskau und dem Ural werden über 200000 Soldaten, schwere Artillerie, Hunderte von Panzern und fast 10000 Kavalleriepferde auf der eingleisigen Bahnstrecke zu den Bereitstellungsräumen bei Serafimowitsch und Kletskaja, 160 bis 200 Kilometer nordwestlich von Stalingrad, transportiert.

In der Nähe der Ausladebahnhöfe und in den Bereitstellungsräumen stellt man zur Sicherung gegen Luftangriffe starke Flakverbände auf, die sich aus neuformierten Flakdivisionen zu je 4 Regimentern zusammensetzen.

Wegen der ständigen Luftangriffe müssen die Transportzüge weit von ihrem Bestimmungsort entfernt entladen werden, und die Truppen haben von dort noch bis zu 400 Kilometer zurückzulegen.

Eine große Schwierigkeit bereitet auch die Überquerung der Wolga, da sie ständig von der deutschen Luftwaffe kontrolliert wird und die Übersetzmittel selbst für die nötigste Versorgung der in Stalingrad kämpfenden 62. und der 64. Armee nicht ausreichen. Der im Herbst beinahe um 3 Meter sinkende Wasserspiegel zwingt zum Umbau der Anlegestellen, und der einige Zeit später einsetzende Regen ergibt wiederum neue Hindernisse.

Nördlich des Don wird das sowjetische Eisenbahnnetz erheblich erweitert. Mehrere Gruppen von Arbeiterinnen bauen hier im Eilverfahren

»Die Strippenleger«: Nachrichtentrupp im Einsatz

neue Bahnlinien; die Steppe wird etwas abgekratzt, und auf spärlichem Unterbau verlegt man Schwellen und Gleise. So schafft eine Brigade von achtzig Frauen bis zu 1 Kilometer Bahnlinie pro Tag.
Um die Kapazität der Strecken zu erhöhen, setzen die Sowjets neuerdings »Lebende Lichtsignale« ein: Eisenbahner, die mit Signallampen — gegen Fliegersicht geschützt — den Zugverkehr regeln. So gelingt es, alle 12 bis 15 Minuten einen neuen Transport abzufertigen, und mit der Methode des Einrichtungsverkehrs steigt die Zahl der abgefertigten Militärzüge um das 3fache, bis zu 1300 Waggons täglich. Dazu befördern über 27000 Kraftwagen laufend Truppen und Material.
Zwar bombardiert die Luftwaffe tagtäglich die Eisenbahnlinien, die in den Raum südlich des Don führen, jedoch können sie sich kein genaues Bild davon machen, was an Ausrüstung und Truppen in die Bereitstellungsräume sowie in die beiden sowjetischen Brückenköpfe innerhalb des Donbogens gebracht wird.

Bei der Offensive sollen die Partisanen eine wichtige Rolle spielen: In den letzten Oktobertagen 1942 bildet die Stalingrader Front (GenOberst Jeremenko) einen Sonderstab der Partisanenverbände.
Einer dieser Verbände unter dem Namen »Stab Major Ostrowski« schleust seine Leute als harmlose Zivilisten getarnt in die rückwärtigen Gebiete der 6. Armee mit dem Auftrag, bei Ausbruch der geplanten Offensive großangelegte Sabotageakte durchzuführen.
Die Operation Uran richtet sich in der ersten Phase gegen die schwächsten Frontabschnitte: Über Kletskaja hinaus bis in die Gegend von Woronesch ziehen sich über 400 Kilometer hin die von Verbündeten Deutschlands gehaltenen Abschnitte der Rumänen, Italiener und Ungarn. Da die Rumänen und Ungarn sich nicht vertragen können, hat man zwischen sie die italienische 8. Armee (GenOberst Gariboldi) einschieben müssen.
Vor allem läßt die Ausrüstung der rumänischen Truppen sehr zu wünschen übrig. Die Kanonen sind tschechischen und französischen Ursprungs, und die Infanteriewaffen stammen alle aus dem Ersten Weltkrieg. Ihre panzerbrechenden Waffen, mit denen sie ausgerüstet sind, die 3,7-cm-Pak, gehören eigentlich ins Museum. Die rumänische 3. Armee verfügt z. B. über eine geringe Zahl 5-cm-Pak auf einer Front von 250 Kilometern.
Als den Sowjets alle diese Tatsachen bekannt werden, zweifelt man bei der STAWKA, ob die offenen Flanken der 6. Armee nördlich und südlich von Stalingrad nicht eine Falle seien.
Bereits Anfang Oktober ist der für die Feindaufklärung zuständige Ic-Offizier der Heeresgruppe B, Oberst i. G. v. Freytag-Loringhoven, der Meinung, daß die Sowjets aus den Brückenköpfen am Don heraus die Umfassung der 6. Armee durchführen werden.
Und am 2. Oktober, früher als die sowjetischen Armeekommandeure etwas darüber hätten wissen können, erfährt die Heeresgruppe B aus den Aussagen eines gefangenen Offiziers der Roten Armee von Stalins Plan, mit 3 Armeen, befehligt von General Schukow, die deutsche Front nördlich von Stalingrad zu durchbrechen, um die 6. Armee auf der Landenge zwischen Don und Wolga einzukesseln und sich dann mit den in der Stadt Kämpfenden zu vereinigen. Die Luftaufklärung bestätigt auch den Bau mehrerer Brücken über Don und Chopjor, die auf größere Truppenverschiebungen in diesem Raum deuten. General Paulus sieht darin den einwandfreien Beweis der Angriffsvorbereitungen und bemüht sich im Führerhauptquartier um Unterbrechung der Kampfhandlungen in Stalingrad und die Verlegung der 6. Armee entlang der Donlinie.

Auch die Abteilung Fremde Heere Ost (Oberst Gehlen) rechnet mit einem sowjetischen Großangriff ab Anfang November; sie tippt aber auf den Bereich der Heeresgruppe Mitte. In seiner 1. Ergänzung zum Operationsbefehl Nr. 1 vom 23. Oktober 1942 stellt Hitler fest: »Die augenblicklichen Unterlagen über den Feind und seine Absichten ergeben folgendes Bild: Der Russe ist zur Zeit wohl nicht in der Lage, eine große Offensive mit weiträumigem Ziel zu beginnen«, und meint kurz danach, die sowjetische Propaganda-Aktion über eine bevorstehende Offensive sei eine Finte.

Erst nachdem in der zweiten Oktoberhälfte die Nachricht von neuen Brücken über den Don zur Gewißheit wird, ordnet Hitler den Bau von Riegelstellungen an den nordwestlichen Flanken der 6. Armee an.

Die Nachschubschwierigkeiten, mit denen die 6. Armee zu kämpfen hat, wachsen immer mehr. Die Versorgungslager der Ostfront liegen über 2000 Kilometer westwärts, und die Eisenbahnstrecken werden immer öfter von Partisanen unterbrochen. So entsteht Mitte Oktober auf den Strecken im rückwärtigen Gebiet von der Reichsgrenze bis in die Ukraine ein Rückstau von über 600 Zügen, und ein Überholen oder Vorziehen durch die verstopften Abstellbahnhöfe ist unmöglich.

Gerade an jenem Tag, dem 28. Oktober, an dem der Partisanen-Großverband Kowpak seine Tätigkeit planmäßig aus dem Gebiet von Staraja-Guta in die westliche Ukraine verlegt, findet in Dnjepropetrowsk, dem Sitz der Wehrmachtstransportleitung für die Ukraine, eine Transportkonferenz mit über 50 prominenten Fachleuten statt. Nach Erörterung der verzweifelten Transportlage stellte der Staatssekretär des Reichsverkehrsministeriums, Dr. Ganzenmüller, die Frage: »Ja, meine Herren, wenn Sie heute nur 25 Züge täglich fahren statt der notwendigen 60, wie soll denn dies werden, wenn uns die Temperatur im Dezember ähnlich wie im Vorjahr auf minus 40 Grad absinkt?« — Darauf Oberst Hamberger, Kommandeur der Feldeisenbahnabteilung Rostow: »Herr Staatssekrektär, bei derartiger Kälte, wieviel wir dann noch fahren werden, wie hoch die Regelleistung der Strecke sein wird in Richtung Stalingrad? — Null, Herr Staatssekretär, eine große Null! Nicht einen einzigen Zug werden wir nach Stalingrad fahren können.«

Die 6. Armee ist seit August nicht mehr ausreichend versorgt, und die Transportlage erlaubt nur die Beförderung des Allernotwendigsten: Munition, Betriebsstoff und Verpflegung. Für die Winterbekleidung, Baustoffe für Stellungs- und Unterstandsbau, fehlen die Transportmöglichkeiten. Unterdessen verlegt Hitler am Sonntag, dem 1. November, sein Hauptquartier von Winniza wieder in die »Wolfsschanze«.

17. Woche: 2. — 8. November 1942

Die Deutschen berichten

Lagebericht, *Oberkommando des Heeres,*
3. November 1942
Heeresgruppe B: Fortsetzung der Kämpfe im Industriegelände von Stalingrad. Südlich der Ziegelei nahmen eigene Truppen das Wolgaufer in die Hand. Auch im Nordteil der Stadt sind noch Kämpfe um einzelne Häuserblocks im Gange. Wetter: Sonnig und warm.

Lagebericht, *Oberkommando des Heeres,*
4. November 1942
Heeresgrupe B: Im Südteil Stalingrad aus Richtung Städtisches Kraftwerk und im Metallurgischen Werk wurden mehrere feindliche Aufklärungsvorstöße abgewiesen. Feindliche Restteile im Werk »Roter Oktober« wurden vernichtet. Ebenso wurden restliche Feindnester in der Südspitze der Ziegelei aufgerieben. Wetter: Sonnig und trocken.

Lagebericht, *Oberkommando des Heeres,*
5. November 1942
Heeresgruppe B: Im Kampf um Stalingrad wurde ein Stützpunkt im Norden des Wasserwerkes genommen. Im übrigen Säuberung des Hintergeländes. Auch in Spartakowka konnten einige Häuserblocks, die sich noch immer zäh verteidigten, in eigene Hand gebracht werden.

Lagebericht, *Oberkommando des Heeres,*
6. November 1942
Heeresgruppe B: Bei Stalingrad wurden weitere Bunker im Bereich des Fabrikgeländes genommen. Artillerie bekämpfte Übersetzversuche des Feindes. Wetter: Kühl, trocken.

Die Sowjets berichten

Am Sonnabend, dem 7. November 1942,
meldet das *Sowinformbüro*
über die Ereignisse am Vortage:

Oben: Der Flug ins Ungewisse: Landser auf dem Weg nach Stalingrad

Unten: Blick von der Wolga auf einen der zerstörten Stadtteile

Die Faschisten setzten in Stalingrad etwa 20000 Mann Panzer- und Infanterietruppen ein, um von Norden und Westen her in die Stadt einzudringen. Ihre drei Angriffswellen erlitten sehr empfindliche Verluste. So wurden 31 Panzer und Panzerwagen, mehrere Panzergeschütze und Flakbatterien vernichtet sowie beträchtliche Mengen an Munition in die Luft gesprengt. In den Werken »Krasny Oktjabr« eroberten die Truppen General Rodimzews kurz vor Mitternacht einen wichtigen Stützpunkt der Deutschen.

Der Winter naht...

...Der November beginnt mit verstärkten Morgenfrösten und mit der Winterkleidung, die wir nun endlich bekommen. Wintermützen, warme Jacken, gesteppte Hosen, Tuchfußlappen, Fäustlinge aus Kaninchenfell. Man verspricht, daß in den nächsten Tagen Filzstiefel und Fellwesten eintreffen werden. Wir nähen die Sternchen von den Feldmützen auf die grauen Wintermützen und stellen uns auf die Winterordnung um – gehen nicht mehr an die Wolga zum Waschen und fangen an zu rechnen, wie viele Tage es noch bis zum Frühling sind... *Viktor Nekrassow*

Die Deutschen berichten

Lagevortrag, *Oberkommando der Wehrmacht,*
7. November 1942:
Der Generalstab des Heeres berichtet, daß nach Agentenmeldungen am 4. November in Moskau ein Kriegsrat mit allen Oberbefehlshabern stattgefunden habe, bei dem beschlossen worden sei, noch in diesem Jahr eine große Offensive entweder an der Don-Front oder in der Mitte durchzuführen.

Lagebericht, *Oberkommando des Heeres,*
7. November 1942:
Heeresgruppe B: Südlich Stalingrad wurde ein russischer Angriff auf die 20. rumänische Division am Don-Kanal zurückgewiesen.

Lagebericht, *Oberkommando des Heeres,*
8. November 1942
Heeresgruppe B: Ansammlungen des Feindes südlich Stalingrad wurden durch eigene Artillerie bekämpft. Auf dem rechten Flügel der italienischen 8. Armee starke Panzer-Ansammlungen des Feindes beobachtet.

Deutscher Scharfschütze ... gleich fällt der Schuß

Aus *Adolf Hitlers* Rede vom 8. November 1942
im Löwenbräukeller in München:
Man hat mich immer als Propheten ausgelacht. Von denen, die damals

lachten, lachen heute Unzählige nicht mehr, und die jetzt noch lachen, werden es vielleicht in einiger Zeit auch nicht mehr tun.
Diese Erkenntnis wird sich über Europa hinaus über die ganze Welt verbreiten. Das internationale Judentum wird in seiner ganzen dämonischen Gefahr erkannt werden, dafür werden wir Nationalsozialisten sorgen. In Europa ist diese Gefahr erkannt, und Staat um Staat schließt sich unseren Gesetzgebungen an.
So gibt es in diesem gewaltigen Ringen ohnehin nur eine einzige Möglichkeit: die des restlosen Erfolges. Und es bleibt nun nur die Frage, ob überhaupt Gründe vorhanden sind, an diesem Erfolg zu zweifeln. Wenn man die Propaganda unserer Gegner verfolgt, dann kann man sie nur mit dem Ausdruck »himmelhoch jauchzend und zu Tode betrübt« bezeichnen. Der kleinste Erfolg irgendwo, und sie schießen förmlich Purzelbäume vor Freude. Sie haben uns dann bereits vernichtet. Dann wendet sich das Blatt — und sie sind wieder ganz betrübt und niedergedrückt.
Ich darf nur auf ein Beispiel hinweisen: Wenn Sie den sowjetischen Heeresbericht seit dem 22. Juni 1941 studieren, dann werden Sie jeden Tag folgendes lesen: »Kämpfe unbedeutenden Charakters« oder auch »bedeutenden Charakters«. Sie haben immer das Dreifache an deutschen Flugzeugen abgeschossen. Die Zahl der von ihnen angeblich versenkten Tonnage der Ostsee ist bereits größer als die gesamte Tonnage, die Deutschland überhaupt vor dem Kriege besaß. Sie haben so viel Divisionen von uns vernichtet, wie wir gar nicht aufstellen können. Vor allem aber: sie kämpfen immer am gleichen Platz. Hier und da sagen sie dann bescheiden nach 14 Tagen: »Wir haben eine Stadt evakuiert.« Aber im allgemeinen kämpfen sie seit dem 22. Juni am gleichen Platz immer erfolgreich; immer werden wir zurückgeschlagen und sind bei diesem fortgesetzten Zurückschlagen jetzt langsam bis zum Kaukasus gekommen.
Ich sage »langsam«; ich möchte das für meine Gegner sagen, nicht für unsere Soldaten. Denn was unsere Soldaten an Tempo hier zurückgelegt haben, ist gigantisch. Auch das, was in diesem Jahr wieder zurückgelegt wurde, ist gewaltig und geschichtlich einmalig. Daß ich die Sachen nun nicht immer so mache, wie die anderen es gerade wollen — ja, ich überlege mir eben, was die anderen wahrscheinlich glauben, und mache es dann grundsätzlich anders. Wenn also Herr Stalin erwartet hat, daß wir in der Mitte angreifen — ich wollte gar nicht in der Mitte angreifen. Nicht nur deswegen nicht, weil vielleicht Herr Stalin daran glaubte, sondern weil mir daran gar nicht so viel lag.

Der Kradschütze versorgt eine verletzte Flüchtlingsfrau

Ich wollte zur Wolga kommen, und zwar an einer bestimmten Stelle, an einer bestimmten Stadt. Zufälligerweise trägt sie den Namen von Stalin selber. Also denken Sie nur nicht, daß ich aus diesen Gründen dorthin marschiert bin — sie könnte auch ganz anders heißen —, sondern weil dort ein ganz wichtiger Punkt ist. Dort schneidet man nämlich dreißig Millionen Tonnen Verkehr ab. Darunter fast neun Millionen Tonnen Ölverkehr. Dort floß der ganze Weizen aus diesen gewaltigen Gebieten der Ukraine, des Kubangebietes zusammen, um nach Norden transportiert zu werden. Dort ist das Manganerz gefördert worden; dort war ein gigantischer Umschlagplatz.
Den wollte ich nehmen und — wissen Sie — wir sind bescheiden, wir

Nach schweren Kämpfen in deutscher Hand: ein Teil des Werkes Krasny Oktjabr, aus der Kanzel eines Fi 156-Storch gesehen

haben ihn nämlich. Es sind nur noch ein paar ganz kleine Plätzchen da. Nun sagen die anderen: »Warum kämpfen sie denn nicht schneller?« — Weil ich dort kein zweites Verdun haben will, sondern es lieber mit ganz kleinen Stoßtrupps mache.
Die Zeit spielt dabei gar keine Rolle. Es kommt kein Schiff mehr die Wolga hoch. Und das ist das Entscheidende! Sie haben uns auch den Vorwurf gemacht, warum wir bei Sewastopol so lange warteten. Nun, weil ich dort nicht ein gigantisches Massenmorden ansetzen wollte. Aber Sewastopol ist in unsere Hand gefallen... und wir haben Ziel um Ziel zäh und beharrlich erreicht.
Und wenn nun der Gegner seinerseits Anstalten macht, anzugreifen — glauben Sie nur nicht, daß ich ihm zuvorkommen will. Wir lassen ihn angreifen, wenn er will, denn die Verteidigung ist dann immer noch billiger. Er soll ruhig angreifen, er wird sich dabei schwer verbluten, und wir haben Einbrüche noch immer korrigiert.
Jedenfalls stehen nicht die Russen an den Pyrenäen oder vor Sevilla — das sind nämlich dieselben Entfernungen wie für uns heute bis nach

»Taschenartillerie«: so nennen die Rotarmisten ihre Handgranaten

Einträchtig nebeneinander: ein zerstörter sowjetischer Panzer T 34 und ein abgeschossener Stuka Ju 87

Stalingrad oder sagen wir bis zum Terek. Und wir stehen doch dort, das kann am Ende nicht abgestritten werden, das ist doch eine Tatsache. Wenn es natürlich gar nicht mehr anders geht, dann stellt man sich

plötzlich um und sagt: es sei überhaupt ein Fehler, daß die Deutschen nach Kirkenes gegangen sind oder nach Narvik. Jetzt zum Beispiel nach Stalingrad. Man soll doch abwarten, ob das ein strategischer Fehler war. Wir merken es schon an sehr vielen Anzeichen, ob es ein Fehler war, daß wir die Ukraine besetzten, daß wir das Erzgebiet von Kriwoj Rog besetzten, daß wir die Manganerze in unsere Hand brachten.

Ob es wirklich ein großer Fehler war, daß wir das Kubangebiet, die vielleicht größte Kornkammer der Welt, überhaupt besetzten?
Ob das auch ein Fehler war, daß wir wohl rund vier Fünftel oder fünf Sechstel aller Raffinerien zerstörten oder einnahmen, daß wir allein eine Produktion von neun bis zehn Millionen Tonnen Öl zunächst einmal in unsere Hand brachten beziehungsweise vollständig stillegten, oder daß wir einen weiteren Transport von vielleicht sieben, acht oder neun Millionen Tonnen auf der Wolga verhindert haben.
Ich weiß wirklich nicht, ob das alles nur Fehler waren. Wir merken es ja schon... Das Entscheidende ist in diesem Krieg, wer den endgültigen Haken austeilt. Und daß wir dies sein werden, davon können Sie überzeugt sein!...

Und so war es

In den Tagen, etwa am 2. oder 3. November, stellt die deutsche Funkaufklärung fest, daß die Truppen der Roten Armee zwischen Wolga und Don umorganisiert werden. So sei z. B. die 1. Gardearmee (GenMaj. K. S. Moskalenko) aus der Donfront ausgeschieden; die von einem Tag auf den

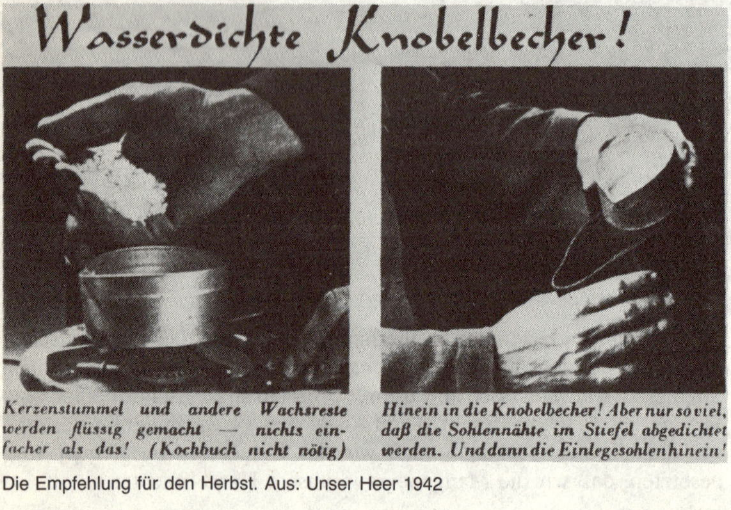

Die Empfehlung für den Herbst. Aus: Unser Heer 1942

anderen sinkende Anzahl an Funksprüchen deute auf eine befohlene Funkbeschränkung. Ebenfalls am 2. November spricht Hitler wiederholt besorgt über eine mögliche Winteroffensive der Sowjets entweder gegen die rumänische und ungarische oder die italienische Frontlinie mit Stoßrichtung auf Rostow, und er gibt an diesem Montag den Befehl zur Durchführung von Luftangriffen auf Truppenkonzentrationen der Roten Armee und die Brücken am Don.
Bereits am Tage darauf, dem 3. November, befiehlt Hitler eine Panzerdivision und zwei Infanteriedivisionen aus Frankreich in den Bereich der Heeresgruppe B als Eingreifreserve hinter die rumänische 3. Armee (GenOberst Dumitrescu) und italienische 8. Armee (GenOberst Gariboldi) zu verlegen.
An diesem Tage beordert Generaloberst Jeremenko (Stalingrader Front) die Oberbefehlshaber der 57. und der 51. Armee, die Generale Tolbuchin und Trufanow, zu seinem Gefechtsstand und gibt ihnen mündliche Anweisungen für die Operation Uran: Bis zum 10. November müssen die Vorbereitungen abgeschlossen und das Zusammenwirken zwischen Artillerie und Fliegerkräften geregelt sein.
Am 4. November überprüft General Schukow persönlich die Einsatzpläne der Südwestfront (Gen. Watutin) und weiht die Oberbefehlshaber der 21. Armee, Generalleutnant P. L. Tschistjakow, und der 5. Panzerarmee, Generalleutnant I. M. Romanenko, in alle Einzelheiten ein.
Noch am gleichen Tag berät Schukow den Stand der Vorbereitungen mit dem Oberkommandierenden der Donfront, Generalleutnant Rokossowski, während sich Generaloberst Wassilewski an der Stalingrader Front über den Verlauf der Vorbereitungen informiert: »Wir untersuchten die Aufklärungsberichte über die Verteidigungsstellungen, die Truppenverteilung, die Vorratslager und die Stärke der deutschen Panzerabwehr.« Zu dieser Zeit vegetieren in Stalingrad zwischen den Vorstädten Rynok und Kuporosnoje — allen Schicksalsschlägen zum Trotz — immer noch etwa 30000 Einwohner. Diese fünf Prozent der ehemaligen Bevölkerung hausen hauptsächlich in den Vororten; es sind überwiegend alte Frauen und greise Männer, darunter aber auch viele Kinder. Ein Teil der Zivilisten findet Beschäftigung bei den deutschen Nachschubeinheiten oder rückwärtigen Diensten. So fristen diese Menschen ihr karges, ungewisses Dasein.
Am 6. November fängt die deutsche Funkaufklärung zum erstenmal Funksprüche des Stabes einer bis dahin unbekannten neuen Südwestfront auf, was die deutsche Führung als weiteres Mosaiksteinchen in dem Bild der sowjetischen Umorganisation der Kräfte betrachtet.

Unterdessen führen die an der Operation Uran beteiligten Truppen auf Übungsplätzen mit nachgebildeten deutschen Verteidigungsstellungen intensive Gefechtsausbildung durch. Dabei wird besonderer Wert auf das Zusammenwirken von Bodentruppen und Fliegerkräften gelegt. Am 6. November, dem Vorabend des 25. Jahrestages der Oktoberrevolution, erneuern die Truppen der Stalingrader Front den Schwur, die Stadt bis zum letzten Blutstropfen zu verteidigen, und jeder neue Soldat erhält im Rahmen einer Feier seine Waffe vor der Fahne seines Regimentes überreicht.
In diesen Tagen zeigen sich deutsche Bomber immer seltener über dem Stadtgebiet. Die großen Verluste in den letzten zwei Monaten und der Verschleiß der Maschinen lassen die Anzahl der Einsätze im Vergleich zur letzten Oktoberwoche um die Hälfte sinken.
Am Sonnabendnachmittag, dem 7. November, verläßt Hitler mit seinem Sonderzug die »Wolfsschanze« in Richtung München, um — in der offiziellen Version — an der bevorstehenden Gedenkfeier für den Putsch von 1923 teilzunehmen. Auch der Chef des Oberkommandos der Wehrmacht, Generalfeldmarschall Keitel, und der Chef des Wehrmachtführungsstabes, Generaloberst Jodl, fahren mit. Zurück bleibt nur der Chef des Generalstabes des Heeres, General d. Inf. Zeitzler.
Ein weiterer Grund seiner Reise: Der Führer will in Rücksicht auf seine angegriffene Gesundheit mit Eva Braun einen zweiwöchigen Urlaub auf dem Berghof in Berchtesgaden verbringen.
Während jeden Augenblick die sowjetische Offensive losschlagen kann, während sich die deutsche Panzerarmee nach der Niederlage bei El-Alamein in vollem Rückzug befindet und die alliierte Invasionsflotte auf Nordafrika zusteuert, verläßt Hitler sein Hauptquartier und nimmt zwei seiner wichtigsten, maßgebenden Leute mit.
Im Morgengrauen des 8. November überschreitet Kowpak mit seinem Partisanen-Großverband unweit Lojew den Dnjepr und stößt vor in Richtung auf Sarny (Westukraine), einen der wichtigsten deutschen Bahnknotenpunkte, über den ein Teil des Nachschubs für die Heeresgruppe B rollt.
An diesem Sonntag, dem 8. November, brüstet sich Hitler in seiner Rede im Münchner Löwenbräukeller vor den »Alten Kämpfern«, Stalingrad sei so gut wie erobert. Nun kann er nicht mehr zurück, ohne sich zu blamieren, selbst als ihm die Katastrophe bewußt wird.
Doch Hitlers Behauptung, Stalingrad sei fast ganz genommen, ist gar nicht so übertrieben: Tschuikow und seine Soldaten halten nur noch schmale Uferstreifen an der Wolga.

»Der Führer spricht!«

18. Woche: 9. — 15. November 1942

Am 9. November funkt die Zentrale (Direktor) des militärischen Nachrichtendienstes in Moskau an den Chef ihres Agentennetzes in der Schweiz, Alexander Rado (Dora), dem man Kontakte zur obersten deutschen Heeresleitung nachsagt. Man erhofft von dieser Seite noch in letzter Minute die Klärung einiger offenstehender Fragen im Zusammenhang mit der Operation Uran.

An Dora: Wo verlaufen südwestlich von Stalingrad und am Don entlang die hinteren Verteidigungsstellungen der Deutschen? Wo sind bereits Verteidigungsstellungen gebaut an der Linie Stalingrad – Kletskaja und Stalingrad – Kalatsch? Was kennzeichnet sie? Welche Art Befestigungen sind an der Linie Budjennowsk – Diwnoje – Werchne — Tschirskaja — Kalatsch — Katschalinskaja — Kletskaja und an der Linie Dnjepr – Beresina gebaut worden? *Direktor*

Am Mittwoch, dem 11. November 1942,
gibt das *Oberkommando der Wehrmacht* zu den Ereignissen des Vortages bekannt:
In Stalingrad lebhafte Stoßtrupptätigkeit.

Vom Leben in den Ruinen

Am Tage beschießen wir uns gegenseitig mit Granatwerfern. Die Schießkurven sind manchmal nur noch theoretisch möglich, vom Hofe des einen Hauses in den Garten des anderen.

Warten auf Befehl »Feuer«: Granatwerfer in Bereitstellung

Ein typisches Propagandafoto für die Heimat: die beiden MP-Schützen (mit Beute-PPSh) wären ohne Deckung längst tot

Fünf Häuser werden genommen, dann gehen wir um zwei wieder zurück und kämpfen uns wieder um fünf Häuser vor. Oft ist die Zahl auch anders, für Abwechslung ist rege gesorgt. Da sind plötzlich zwei ganze Straßenviertel ohne Widerstand, und am Donnerstag lagen zwei Gruppen dreißig Stunden vor einem Haus, ehe es die Sicht zum nächsten freigab. Da pilgert man mit der Feldmütze zwischen den Häusern herum und stochert in ihren Resten nach Gebrauchsgegenständen, und als man sie »heim« bringen will, sagen wir zum eigenen Loch, da stehen plötzlich in zweihundert Meter Breite über der seit Tagen in unserem Besitz befindlichen Straße unsere »Freunde« von der Stalin-Seite. Dann kommt

Infanterie oder ein Flakgeschütz, und einige Stunden später kann man hier wieder spazierengehen.
Es gibt keine Stadt in diesem ganzen Krieg, die solches sah, was die deutschen Soldaten jetzt wochenlang durchzustehen hatten. Von Süden und aus der Mitte her erkämpften sich die Deutschen diese Bastion. Und jeder neue Tag frißt an diesem über und über blutenden Stadtkörper weiter und tödlicher. Die Wolga, an der sich das täglich trostloser verfallende Trümmerfeld entlang dehnt, ist längst schon unter der deutschen Kontrolle. Doch die Sowjets geben sich noch immer nicht geschlagen. *Unser Heer, November 1942*

Lagebericht, *Oberkommando des Heeres,*
14. November 1942
Heeresgruppe B: In Stalingrad nahmen Stoßtrupps ostwärts »Rote Barrikade« 2 Häuserblocks und das Kommissarhaus. Ein Feindangriff von 150 Mann wurde abgewiesen. An der übrigen Front der Heeresgruppe außer einem Feindangriff von 2 Bataillonen südostwärts Serafimowitsch, welcher abgewiesen wurde, keine besonderen Ereignisse.
Befehl für den Angriff der deutschen 305. Infanteriedivision am 11. 11. 1942 und Inbesitznahme der Halle 4 im Werk »Roter Oktober«:
1. Feind hält mit starken Kräften Teile des Werkgeländes »Roter Oktober«. Die Martinofenhalle (Halle 4) ist der Brennpunkt seiner Verteidigung. Mit der Wegnahme dieser Halle fällt Stalingrad.
2. Verst. Pi.Btl. 179 nimmt am 11. 11. Halle 4 und stößt zur Wolga durch. Erstes Angriffsziel: Südostseite Halle 4.
3. Es werden eingesetzt: rechts: Pi.Btl. Sprenger, Mitte: 1. u. 3. Kp., links 2. Kp. Trennungslinie zwischen Pi. Sprenger und 1. Kp.: Südwestliche Hallenwand. Trennungslinie zwischen 3. und 2. Kp.: Nordostwärtige Hallenwand. Gliederung und Ausrüstung gemäß mündlicher Anweisung.
4. Artillerieregiment und IG-Gruppe (8 Geschütze) unterstützen den Angriff durch Vernichtungsfeuer auf Nordwestteil Halle 4 von x-5 bis x Uhr, danach durch Niederkämpfen auftretender Ziele im Zuge des Angriffs. VB gehen mit den Stoßtruppenführern mit, Artillerieregiment mit Pi. Sprenger und 2. Kp., IG-Gruppe mit 1. und 3. Kp.
5. 2-cm-Flakbatterie unterstützt den Angriff durch Niederkämpfen der Scharfschützen im Dachgestänge der Halle aus Stellungen in Gegend Leiterhaus.
6. Kroat. IR 369 besetzt und sichert unmittelbar hinter den Stoßtruppen das gewonnene Gelände.
Eine Kompanie zu meiner Verfügung bei Leiterhaus.

7. Bereitstellung muß bis 3.00 Uhr eingenommen sein. Meldung unter »Martin«.
8. Leuchtenzeichen:
Weiß: Hier sind wir (alle 5 Minuten).
Rot: Gegenangriff
Grün: Verstärkung erbeten.
9. Truppenverbandplatz:
Haus 50 Meter nordwestlich Halle 4.
10. Kampfgruppengefechtsstand:
Zunächst Haus zwischen Halle 2 und Leiterhaus, nach Erreichen des ersten Angriffszieles: Halle 4.
11. Nachrichtenstaffel: legt Draht zu 1. und 3. Kp.
Artillerieregiment und IG-Gruppe sind für Drahtverbindung zu ihren Feuerstellungen selbst verantwortlich.

★ Die Sowjets berichten

Am Sonntag, dem 15. November,
meldet das *Sowinformbüro*
über die Ereignisse am Vortage:
Die schweren Kämpfe um Stalingrad halten an. Die faschistische Belagerungsarmee, die, wie bereits gemeldet, durch 60000 Mann frischer Truppen verstärkt worden ist, macht gewaltige Anstrengungen, die Besatzung der Stadt zu überwinden und die Entscheidung zu erzwingen. Der Hauptschauplatz der Kämpfe auch dieser neuen Phase ist noch immer das Fabrikviertel im nördlichen Teil von Stalingrad, wo die deutschen Sturmtruppen neue Durchbruchsversuche unternommen haben. Sie verlagerten den Schwerpunkt ihrer Angriffe auf einen Sektor von nur 250 bis 300 Metern Breite, wo sie längs eines einzigen Straßenzuges geringe Geländegewinne erzielten, die mit außerordentlich schweren Verlusten erkauft werden mußten. Im Oberkommando in Moskau nimmt man an, daß die jetzige Schlacht um Stalingrad auf deutsch-faschistischer Seite vor allem ausgefochten wird, um durch Stabilisierung der Front in diesem Abschnitt es zu ermöglichen, wieder über die Truppen anderweitig verfügen zu können, die jetzt an der Front von Stalingrad gebunden sind.
Nicht nur die deutschen Truppen im Hinterland müssen die Schläge der Partisanen Beloru߬lands (Weißrußland), der Ukraine und der Brjansker

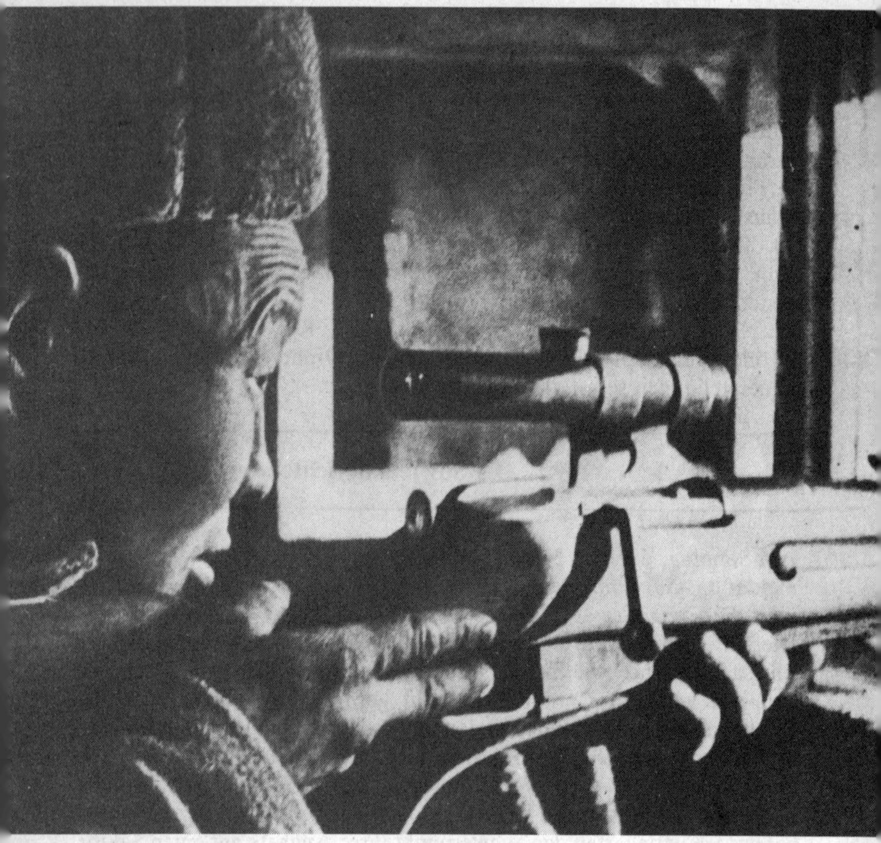

Wälder zu spüren bekommen, sondern auch die Truppen, die bei Woronesch, bei Stalingrad und an der Wolga operieren... Laßt keinen deutschen Eisenbahnzug zur Front durch! Sprengt Militärzüge und Bahnkörper! Zuerst Brücken, Anlagen und Pumpstationen! Vernichtet Verpflegungslager! Unterbrecht die Nachrichtenverbindungen! Schlagt die Faschisten mit allen Mitteln! Stellt den Kampf gegen sie keinen Augenblick ein! Haltet die Faschisten in ständiger Furcht!

Oben: Ein Motorboot der Wolgaflotte mit einem Lastkahn im Schlepp arbeitet sich nur schwer durch das Treibeis

Links: für den Winter gut ausgerüstet: sibirischer Scharfschütze

Rechts: Brückenkopf bei Krasnaya Barrikady: sowjetische Sturmgruppe im Laufgraben

Die Deutschen berichten

Am Sonntag, dem 15. November 1942,
gibt das *Oberkommando der Wehrmacht*
zu den Ereignissen des Vortages bekannt:
Im Stadtgebiet von Stalingrad wurden feindliche Gegenangriffe abgewiesen. Die Luftwaffe unterstützte die Kämpfe wirksam durch Angriffe auf Artilleriefeldstellungen und Flugplätze der Sowjets ostwärts der Wolga.

Und so war es

Den ganzen Oktober hat das warme Wetter noch angehalten, dann wird es über Nacht kalt. Und der Wind, der kurz zuvor noch Regenschauer über die Steppe gepeitscht hat, wird nun eisig. Das Steppengras färbt sich bräunlich und stirbt ab. An der ganzen Ostfront zieht der Winter ein. Auf der Wolga zeigt sich das erste Treibeis. Es legt den Verkehr auf dem Fluß lahm und schneidet Tschuikows Truppen vom Ostufer und dem Nachschub ab.

Dies ist für Hitler der richtige Augenblick, der 6. Armee den Befehl zur endgültigen Einnahme Stalingrads zu geben. Er soll die restlichen sowjetischen Brückenköpfe im Raum »Krasnaya Barrikady« und dann die Eisenbahnschleife, den sogenannten »Tennisschläger«, südlich der »Roten Barrikade« nehmen. Den Angriff wird die 305. Infanteriedivision tragen, und jedem ihrer Infanterieregimenter teilt man ein im Straßenkampf versiertes Pionierbataillon zu. Noch nie im Zweiten Weltkrieg haben so viele Pionierbataillone auf einmal auf so engem Raum gekämpft. Der Angriff wird mit Unterstützung der Luftwaffe am Mittwoch, dem 11. November, beginnen.

Am 9. November trifft General Schukow bei Generaloberst Jeremenko ein, um die Bereitschaft seiner Front für die Gegenoffensive zu überprüfen. Anschließend fährt er mit Generaloberst Wassilewski und in Begleitung anderer Generale in den Abschnitt der 57. Armee (GenMaj. Tolbuchin), um noch einmal das Gelände zu besichtigen, in dem die Offensive der Stalingrader Front beginnen wird.

In der Stadt nimmt währenddessen eines der deutschen Pionierbataillone die Ruinen der Ölraffinerie und stößt bis zur Wolga vor. Der Angriff der

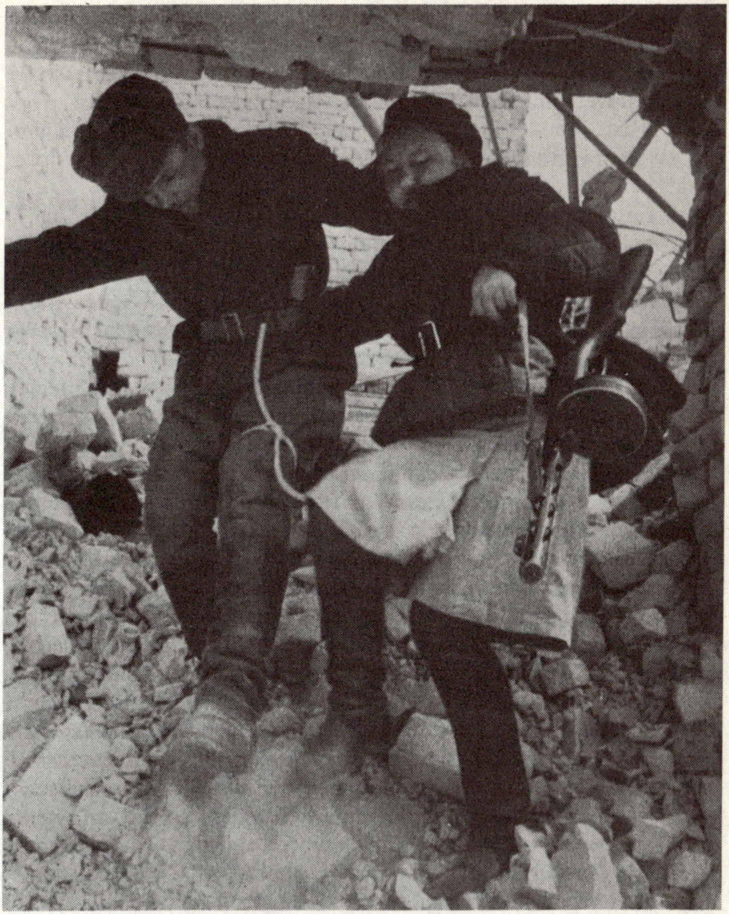
Erste Hilfe: Ein Verwundeter wird nach hinten gebracht

anderen Pionierbataillone bricht nach Einnahme einiger Häuser im sowjetischen Feuer zusammen.
Am Mittwoch, dem 11. November, notiert der für die Feindaufklärung zuständige Offizier der 24. Panzerdivision: »Starke sowjetische Bereit-

stellungen im Donbogen bei Kletskaja, entsprechende Vorbereitungen für ein schnelles Herausziehen der Division getroffen, jedoch muß die Division melden, daß mit vorhandenem Treibstoff nur 10 Kilometer marschiert werden kann.«

Um 6.30 Uhr, am 11. November, geht die 6. Armee nach starker Flieger- und Artillerievorbereitung zum Angriff auf sowjetische Stellungen in der Stadt über. Es wird ihre letzte größere Offensivhandlung sein.

Auf 5 Kilometer breiter Front stürmen 5 deutsche Divisionen, um in einem Anlauf die Wolga zu erreichen. Der Kampf um jeden Meter Boden dauert den ganzen Mittwoch über, aber er bringt keine Entscheidung. Die deutschen Angriffe gehen auch am folgenden Tag ohne große Erfolge weiter, und am Abend des 12. November kommt der Angriff zum Erliegen.

Ebenfalls am 12. November legt Oberst R. Gehlen (Abteilung Fremde Heere Ost) dem Generalstab des Heeres seinen Bericht über die Einschätzung der sowjetischen Operationsmöglichkeiten vor. In der Beurteilung heißt es unter anderem, daß zwar begrenzte sowjetische Angriffsoperationen gegen die Flanken der in Stalingrad kämpfenden Truppen als möglich betrachtet werden: »...Das Gesamtbild des Kräfteaufbaues ist nach Ort, Zeit und Umfang jedoch noch unklar, baldige Angriffsmöglichkeiten zeichnen sich nicht ab... Für weiterreichende Operationen dürften die vorhandenen Kräfte zu schwach sein...«

Am 12. November verlegt der Generaloberst Jeremenko den Gefechtsstand der Front von Krasny Sad nach Raigorod, der zur Täuschung als Hilfsgefechtsstand eingerichtet wird.

Am nächsten Morgen, am Freitag, melden sich die Generale Schukow und Wassilewski bei Stalin. »Er war gut gelaunt und erkundigte sich ausführlich nach dem Stand der Dinge bei Stalingrad und den Vorbereitungen der Gegenoffensive«, erinnert sich Schukow.

Und an diesem Tag steht fest, daß die Operation Uran am Donnerstag, dem 19. November, mit dem Angriff der Südwest- und der Donfront von Norden her begonnen wird und mit der Stalingrader Front von Süden her einen Tag später, am 20. November. Die unterschiedlichen Angriffstermine ergeben sich nicht nur durch die vielfältigen Aufgaben der Südwestfront, sie liegt auch weiter vom Raum Kalatsch-Sowjetski entfernt und muß noch den Don überqueren.

Es tauchen verschiedene Schwierigkeiten auf wie z. B. der Nachschub von Munition, Treibstoff und Winterkleidung; aber man hofft, daß alles Notwendige bis zum Abend des 16. oder spätestens am Morgen des 17. November bei der Truppe eintreffen wird.

Im Werkgelände Krasny Oktjabr – sowjetische Sturmgruppe im Häuserkampf

Südöstlich von Serafimowitsch, eine deutsche Pak-Stellung in offenem Gelände: »Feindliche Angriffe wurden abgewiesen«

»Unsere einzige Sorge war, daß der reichliche Schnee uns nicht behinderte, sondern im Gegenteil half, die Truppen beweglicher zu machen«, notiert General Moskalenko.
Alle Soldaten der Schützenverbände erhalten Schneeschuhe, und für jede Schützendivision werden 400 bis 500 Schlitten beschafft, um auf ihnen möglichst viele Soldaten mit MG und Granatwerfern im Schlepp hinter den vorstoßenden Panzern transportieren zu können. Dazu werden für die Schlitten und Geschützbespannungen eine ausreichende Anzahl Schneeschaufeln verteilt. Alle Wagen rüstet man mit zwei Sätzen Schneeketten aus.
Am Freitag, dem 13. November, ist die 138. Schützendivision (GenLt. I. I. Ljudnikow), die noch immer die Trümmer des Barrikady-Werkes verteidigt, abgeschnitten. Damit sind die Reste der Tschuikow-Truppen wieder geteilt. Und die 138. Schützendivision liegt jetzt — an das Steilufer zurückgedrängt — in einem 350 Meter langen und 200 Meter breiten Brückenkopf.

Am 14. November funkt Tschuikow an das Hauptquartier des Generaloberst Jeremenko: »Den Einheiten fehlen Munition und Verpflegung... Der Eisgang hat die Verbindung zum linken Ufer unterbrochen.« Die Lage der Verteidiger wird immer verzweifelter. An diesem Tag verbreitet sich unter den Truppen am östlichen Wolgaufer das Gerücht, Stalin sei bei ihnen. Einige behaupten, ihn sogar gesehen zu haben, wie er ruhig die Front entlangging und die Linien inspizierte, aber es bleibt beim Gerücht. Am nächsten Tag, dem 15. November, stellt die 6. Armee ihre Angriffe auf dem Gelände der Krasnaya Barrikady wegen hoher Verluste ein. Die Lage der 62. Armee (Gen. Tschuikow) bleibt trotzdem immer noch

Oben: Im Stab der 62. Armee: v. links General N. J. Krylow, Chef des Stabes; General W. I. Tschuikow; General K. A. Gurow, Mitglied des Kriegsrates und General A. I. Rodimzew, Kommandeur der 13. Gardedivision

Oben: Vor dem Kampf: Aufklärung durch einen Politoffizier

Unten: vor der »Operation Uran« – Panzerverbände in den Bereitstellungsräumen

äußerst schwierig; sie ist jetzt in drei Teilen mit dem Rücken zur Wolga umstellt und kann sich nur dank des Steilufers behaupten, das sie vor dem unmittelbaren Beschuß abschirmt.
Im Norden befindet sich nun der kleine, von der 124. Schützenbrigade (Oberst S. F. Gorochow) verteidigte Brückenkopf, den zweiten Brükkenkopf nahe dem Werk »Barrikady« hält die 138. Schützendivision (GenMaj. I. I. Ljudnikow) und den größten — ungefähr 8 Kilometer lang — sichert die 13. Gardedivision (Gen. Rodimzew), dessen Flanke nur aus einem Streifen von ein paar hundert Meter besteht. An seiner breitesten Stelle, von der Wolga bis zum Mamai-Hügel, ist der gesamte Brückenkopf 2 Kilometer breit. Und am Wolgaufer, östlich des Mamai-Hügels, befindet sich General Tschuikows Gefechtsstand.
Alle drei Brückenköpfe liegen dauernd unter Artilleriefeuer und MG-Beschuß von dem von den Deutschen besetzten Teil des Mamai-Hügels. Von hier aus wird auch das Störfeuer auf den Verkehr auf der Wolga geleitet.

Oben: Von den Deutschen unbemerkt – Truppenaufmarsch für die Großoffensive; eine sowjetische Panzerdivision auf dem Weg in die Bereitstellungen

Unten: Über eine Kriegsbrücke rollen sowjetische Flakbatterien

19. Woche: 16. — 22. November 1942

★ Die Sowjets berichten

Am Mittwoch, dem 18. November 1942,
berichtet das *Sowinformbüro*
über die Ereignisse am Vortage:
Die schweren Kämpfe um Stalingrad halten an. Die faschistische Armee

konzentriert ihre Angriffe auf das Gebiet, wo sie vom Fabrikviertel aus der Wolga am nächsten steht. Gleichzeitig sind drei Panzerkolonnen im westlichen Stadtviertel für die Aufgabe eingesetzt worden, die Gardetruppen General Rodimzews zu zersplittern.

Der General mobilisierte am Morgen die Arbeiterbataillone Stalingrads, die bereits die Barrikadenstellungen bezogen haben. Die Steilfeuergeschütze, die unsere Truppen in beträchtlicher Zahl am Ostufer der Wolga in Stellung gebracht haben, feuern ununterbrochen auf den Teil der Werke »Krasny Oktjabr«, in dem die deutsche Belagerungsarmee zur Zeit ihre stärksten Stützpunkte besitzt.

Sie sollen den Ring um die 6. Armee schließen: eine der Kavalleriedivisionen beim Warten auf die Offensive

Oben: Sie haben genauso schwere Verluste erlitten wie die deutschen Einheiten: sowjetische Sturmgruppe

Unten: Gefechtsstand der Stalingrader Front in Raigorod, Mitte November 1942: v. links, N. S. Chruschtschow, Mitglied des Kriegsrates; A. S. Tschujanow, Parteisekretär des Stalingrader Gebietskomitees und Stadtverteidigungs-Kommandant; daneben Generaloberst A. I. Jeremenko, Oberbefehlshaber der Stalingrader Front

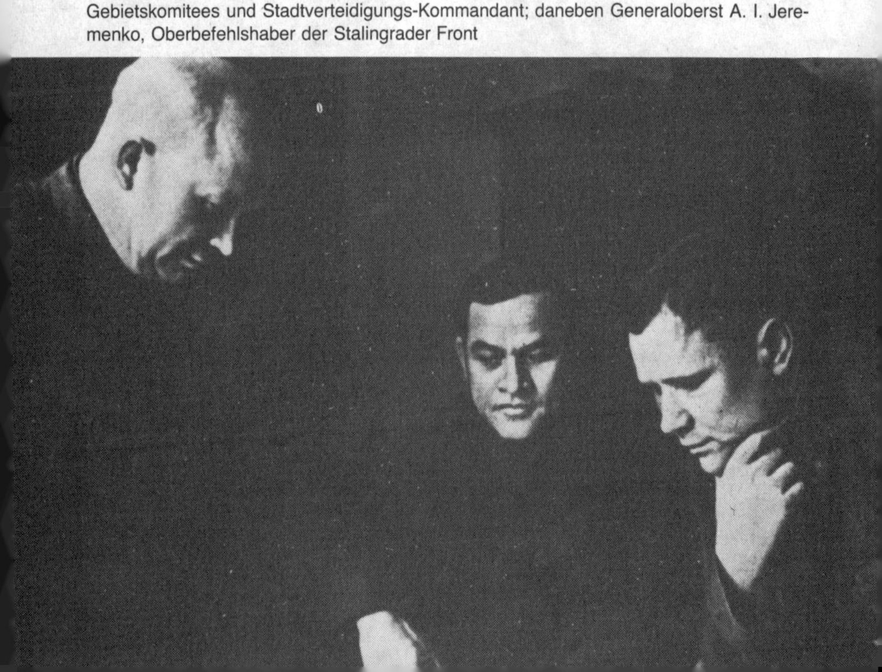

Der Schwur vor dem Kampf: Soldaten der 39. Gardedivision GenMaj. Gurjew

Die Deutschen berichten

Am Mittwoch, dem 18. November 1942, erwähnt das *Oberkommando der Wehrmacht* beim Bericht über die Ereignisse des Vortages die Stalingradfront nicht.

Lagebericht, *Oberkommando des Heeres,*
18. November 1942
Heeresgruppe B: Die bei der Lederfabrik in Stalingrad eingeschlossenen Feindkräfte wurden bis auf 2 Offiziere und einige gefangengenommene Soldaten vernichtet.
An der übrigen Front der Heeresgruppe keine besonderen Kampfhandlungen.

Führerbefehl

17. November 1942 betr. Fortführung der Eroberung Stalingrads durch die 6. Armee
Armee
Armee-Oberkommando 6

A. H. Qu., 17. November 1942
13.15 Uhr
Abt. Ia

[GEHEIM!]
KR-Fernschreiben an Gen. Kdo. LI, A. K.
nachtr.: an Gen. Kdo. VIII. Fl. K.
Folgender Führerbefehl ist allen in Stalingrad eingesetzten Kommandeuren bis zum Rgt. Kdr. einschließlich mündlich bekanntzugeben:
Die Schwierigkeiten des Kampfes um Stalingrad und die gesunkenen Gefechtsstärken sind mir bekannt. Die Schwierigkeiten für den Russen sind jetzt aber bei dem Eisgang auf der Wolga noch größer. Wenn wir diese Zeitspanne ausnützen, sparen wir uns später viel Blut.
Ich erwarte deshalb, daß die Führung nochmals mit aller wiederholt bewiesenen Energie und die Truppe nochmals mit dem oft gezeigten Schneid alles einsetzen, um wenigstens bei der Geschützfabrik und beim Metallurgischen Werk bis zur Wolga durchzustoßen und diese Stadtteile zu nehmen.

Die Ablösung kommt – einer der Stoßtrupps nach Kampf

Luftwaffe und Artillerie müssen alles tun, was in ihren Kräften steht, diesen Angriff vorzubereiten und zu unterstützen.

Der Führer
gez. *Adolf Hitler*

Ich bin überzeugt, daß dieser Befehl unseren braven Truppen neuen Impuls geben wird.

gez. *Paulus*
AOK 6 Ia Nr. 4640/42 g.

Der »Crivetz« kommt

Rumänische Soldaten
bereiten sich auf den Steppenwinter vor.

Während des Vormarsches zum Kaukasus und in Richtung Don-Wolga, d. h. auf Stalingrad zu, während der Dauer von fast vier Monaten hatte es ganz selten einen Regentag gegeben. Tag um Tag spannte sich ein klarblauer Himmel über die Weiten, und die primitiven Erdstraßen blieben in den vielen Wochen der Offensive stets gut passierbar.

Als der September kam, rechnete man schon damit, daß sich bald die Erdstraßen in unpassierbare Morastlöcher umwandeln würden. Doch der September verging, und nach wie vor war durchweg prächtiges Sonnenwetter zu verzeichnen. Und auch der Oktober brachte in seinem größeren Teil eine für diese Gebiete ganz außergewöhnlich gute Witterung. Es wurde zwar in der Nacht schon empfindlich kühl — doch die Tage waren stets noch warm und sonnendurchglüht. Dann kam der November.

Auf einmal steigen am Himmel Wölkchen empor. Der Horizont wird grauer, die ersten Tropfen fallen, der Winter schickt seine Vorboten. Nun wird es langsam Zeit, daß man sich in den kleinen Dörfchen und Flecken in der schier endlosen Steppe um Stalingrad für den Winter einrichtet. Unsere rumänischen Kameraden, die hier ihre Stellungen beziehen, kennen die Tücken und Härten des russischen Steppenwindes, des »Crivetz«, besser als wir deutschen Soldaten, denn diese Schneestürme toben im Winter auch in ihrer Heimat, in der Moldau und teilweise auch in der Walachei, bis sich die Kraft dieser Stürme endlich in den Karpaten bricht.

Und wo man auch zu einer rumänischen Einheit kommt, kann man ein emsiges Schaffen und Werken beobachten. Dort werden die Fenster der kleinen Lehmhäuser, die nach Osten gehen, mit Lehmsteinen zugebaut und gut verschmiert... dort setzt man Doppelfenster ein und verdichtet jeden Spalt und jede Ritze mit Papier oder alten Lumpen. »Wir kennen

Oben: Stalingrad, Roter Platz, Mitte November 1942: Hier, in dem ausgebrannten Kaufhaus Univermag, wird zwei Monate später das Hauptquartier von Generaloberst Paulus sein

Unten: Noch ist alles in Ordnung: Unter den scharfen Blicken der »Kettenhunde« der Feldgendarmerie warten Leichtverwundete auf einen Platz in der Transportmaschine

den Crivetz, den Schneesturm — er dringt durch jede kleinste Öffnung.« Nicht so einfach ist es in dieser weiten Steppe, wo kilometerweit kein Baum und Strauch zu finden ist, wo der Boden nur von einer kargen Pflanzendecke überzogen ist, Brennmaterial zu beschaffen. Aber in bezug auf Findigkeit stehen unsere rumänischen Waffenkameraden den deutschen Landsern nicht nach. Es gibt genügend Häuser, die durch die Einwirkungen des Krieges nicht mehr bewohnbar sind. Umkommen darf nichts — und somit ist die Brennholzfrage einfach und schlicht gelöst... Und dann findet man bei den Häusern die nett aufgebauten Haufen, die so aussehen, als ob Lehmziegelsteine in der Sonne trocknen. In anderen Orten hat man rings um das Haus ähnlich aussehende Brocken in die Sonne gelegt, die die Form eines soliden Bauernbrotes haben. Und das sind die Briketts der Steppe — sie werden nicht vom Kohlenhändler geliefert —, Kohlenlieferant ist die Kuh. Und nun heizt man wie ein Kalmücke den Ofen mit Kuhdung, der einst von den Bewohnern gleich nach dem Verlassen des Produzenten unter Zuhilfenahme von etwas Lehm mit den Händen liebevoll und sorgsam in eine nette kuchenähnliche Form gebracht wurde. Andere Länder, andere Sitten. Hauptsache ist, daß Heizmaterial in ausreichendem Maße zur Verfügung steht. Und in der Steppe ist das Kuhbrikett wohl das gegebene.
Wo die Möglichkeit besteht, sind die elektrischen Leitungen wieder in Ordnung gebracht worden. Wo nicht, muß man sich anders behelfen. Der rumänische Soldat, der zu einem hohen Prozentsatz aus dem Bauernstand stammt, ist es aus seinem Privatleben gewohnt, sich alles, was er zum Leben braucht, selbst zu schaffen. Mit dem nötigen Riecher ist bald das Material zum Kerzengießen gefunden, und die endlos langen Abende, es wird jetzt schon gegen 5 Uhr nachmittags dunkel, können verkürzt werden. Andere Soldaten bauen sich aus Büchsen kleine Öllämpchen, und man muß oft staunen, welche Geschicklichkeit der Rumäne bei diesen Arbeiten an den Tag legt.
In den größeren Ortschaften sind die vorhandenen Kinos wieder in Ordnung gebracht worden. Hier sehen nun die deutschen und rumänischen Soldaten gemeinsam die neuesten Filme, freuen sich schon tagelang auf die Vorstellungen, die eine so erwünschte Abwechslung bringen. Und diese Abwechslung ist so notwendig, denn die weiten Steppen bringen Melancholie und Abstumpfung mit sich, Eigenschaften, die man bei den Sowjets ja zur Genüge kennengelernt hat, die zu ihrem Charakter geworden sind. Und daß solche Stimmungen überwunden werden, dafür sorgen Filmvorführungen, dafür sorgen Varietévorstellungen, die täglich stattfinden. Ukrainische Mädel tanzen, Kräfte von den Theatern in

Rostow oder Stalino treten auf, Zauberkünstler sind da, Wunderhunde finden sich nach vorn. Die Einwohner singen in alten Trachten Lieder und bekommen als Lohn dafür auch eine Vorstellung.

Völkischer Beobachter, November 1942

Vorbereitungen für den Winterkrieg

1. Die Erfahrungen lehren, daß deutsche Soldaten auch die Schwierigkeiten des russischen Winters zu meistern verstehen, dem naturverbundenen, urwüchsigen Russen auch im Winter überlegen sind und ihn nicht nur abwehren, sondern auch im Angriff vernichten können. Voraussetzungen für diese Überlegenheit sind:
innerliche Vorbereitung auf die große Härte des Winterkrieges,
entsprechende Ausbildung und Gewöhnung,
Vertrautheit mit der winterlichen Kampfweise,
entsprechende Ausrüstung bzw. Anwendung von Behelfsmitteln.

2. Im Kampf gegen die Unbilden des russischen Winters entscheidet letzten Endes die innere Haltung. Viele Erfrierungen werden durch Nachlassen der Aufmerksamkeit, durch Gleichgültigkeit und Teilnahmslosigkeit hervorgerufen. Bei Ermattung nach großen Anstrengungen, bei Übermüdung nach langen Wachen ohne Schlaf ist die Gefahr der Erfrierung besonders groß. Dann muß der Soldat alle Willenskraft zusammenreißen, um wach, munter und aufmerksam zu bleiben. Das Gebot der Kameradschaft fordert, sich gegenseitig in diesem Bestreben zu unterstützen und zur Entfaltung des Lebenswillens anzuspornen. Ernste Gefahr besteht erst dann, wenn der Glaube an die eigene Kraft erlischt...
Behelfsmaßnahmen zum Kälteschutz:

13. Stahlhelm im Innern mit Filzeinlage — am besten Oberteil eines alten Filzhutes — versehen, notfalls Taschentuch oder geknülltes Zeitungspapier einlegen. Riemen nur lose herunterlassen, um Blutkreislauf nicht zu stören...

25. Zeitungspapier in mehreren Lagen bietet einen sehr guten Kälteschutz. Daher genügend Vorrat mitführen. Als behelfsmäßiger Kälteschutz werden den Truppenteilen außerdem in genügender Menge:
Papierkopfhauben, Papierwesten, Papierbeinkleider, Papierfußlappen, Papierschlafsäcke (zwischen Unterwäsche und Oberkleidung tragen), Papierunterlagen zur Verfügung gestellt...

Ein sowjetisches Flugblatt verspottet die deutschen »Vorbereitungen für den Winterkrieg«

III. Verpflegung im Winter
Allgemeines:
2. Im Winter muß die Truppe öfter als im Sommer warmes Essen und heiße Getränke erhalten. Häufige Ausgabe von warmen Suppen zum Frühstück und zur Abendkost ist anzustreben. Heißes Wasser zur Ausgabe warmer Getränke muß ständig bereitgehalten werden. Je größer die Kälte, desto fettreichere Nahrung ist notwendig. *(Anhang 2 zur HDv. Ia, Seite 18a, lfd. Nr. 17)*

Verhalten im Winterkrieg

Außer dem Feind wirken im Winter besonders Kälte, Nässe und Wind auf Leben und Kampfkraft ein.
Beispiele für den Kampf gegen Kälte:

1. Wer sich richtig mit 2 Decken zudecken will, lege zwischen sie einige Zweige oder Wäschesachen oder irgend etwas anderes, um zwischen den Decken einen Abstand und damit einen Luftraum zu schaffen. Die Decken halten dadurch viel wärmer. Zweckmäßig ist es auch, die Decken nicht glatt, sondern gewellt hinzulegen. Auch dadurch schafft man Lufträume.

2. Die Körperwärme wird besonders gut ausgenutzt, wenn mehrere Männer dicht nebeneinander liegen und sich gemeinsam zudecken.

3. Zum verstärkten Schutz gegen Kälte können Kopfschützer, Kapuzen und Stahlhelm mit Socken oder Taschentüchern oder Papier ausgepolstert werden. Zum Schutz der Nase und der Backen kann vor das Gesicht eine gepolsterte Tuchbinde gebunden werden, die in der Mitte für die Nase ausgebuchtet ist, ähnlich einer Faschingsnase.

4. Um im Notfall einen frostgeschädigten, bereits gefühllosen Fuß zu retten, auch wenn gar keine Wärmemöglichkeit durch ein Haus oder einen Ofen besteht, gibt es folgende Mittel: Der frostgeschädigte Fuß ist einem gesunden Mann auf den Bauch zu setzen, entweder auf die bloße Haut oder auf das Hemd über der Haut, gut mit Uniformteilen, Decken usw. zuzudecken und dauernd zu reiben. Die Körperwärme des Gesunden dient zum Auftauen des gefühllosen Fußes. Dieses Verfahren ist weit

»Mit oft gezeigtem Schneid«: Stellungswechsel eines Geschützes

erfolgreicher als das früher übliche des Einreibens mit Schnee, das heute von den meisten Sachverständigen abgelehnt wird.

Einfacher ist es noch, wenn in der Nähe ein Tier (Pferd, Kuh) eben getötet worden ist. Der frostgeschädigte Fuß wird dann in das warme Fleisch und Blut des Tieres gesetzt und dadurch aufgetaut. In einem großen Tierkörper ist eine große Wärmemenge aufgespeichert, die es auszunutzen gilt.

5. Als guter Schutz gegen spröde Haut und Sonnenbrand hat sich Ruß bewährt, am besten mit sehr wenig ungesalzenem Fett oder Petroleum gemischt. Wenn es auch nicht gut aussieht, kann es doch im Notfall bei scharfem Gegenwind und klirrender Kälte die Gesichtshaut vor Verletzungen bewahren. *(Aus: Merkblatt 38/3)*

Frühwinter

Langsam werden die Steppen nun blasser,
Und der Reif rinnt in das braune Gefeld.
Gläserner rauschen die südlichen Wasser.
Ist dies das Ende der sichtbaren Welt?

Weit sind wir alle, so weit gegangen.
Ist dies noch Heimat? Verständliches Land?
Ach, daß noch Kinder, die Frau an uns hangen!
Gut ist dies feste unsichtbare Band!

Siehst Du den Schatten dort unten im Grunde?
Ist's nur ein Streif? Ein bewaffneter Feind?
Halte den dampfenden Atem im Munde,
Daß nicht der Hauch, Dich verratend, erscheint!

Noch sind der Nacht Gespenster am Werke,
Noch sind die Trolle in Furche und Feld.
Aber das Rettende wächst und die Stärke
Ist schon am Wege zur helleren Welt.

Siehst Du das brandige Rot dort am Boden?
Das ist nicht Blut, es ist schon Licht!
Dort Kamerad, aus den neblichten Broden,
Steigt unser Tag – und das Gericht!

W. Bade, 1942

Fünfte Phase

19. November bis 11. Dezember 1942

Stalingrad:
Falle an der Wolga — Die Rote Armee schlägt zu

✠ Die Deutschen berichten

Am Donnerstag, dem 19. November 1942,
gibt das *Oberkommando der Wehrmacht*
zu den Ereignissen des Vortages bekannt:
In Stalingrad Stoßtruppkämpfe. Rumänische Truppen wehrten an der Donfront mehrere Angriffe ab, wobei rumänische Luftstreitkräfte dem Feind erhebliche Verluste zufügten. Neue Kämpfe sind hier im Gange.

Lagebericht, *Oberkommando des Heeres,*
19. November 1942
Heeresgruppe B: In Stalingrad erzielten Stoßtrupps ostwärts der Geschützfabrik am Wolgaufer erneuten Geländegewinn von etwa 200 Meter. Feindliche Stoßtrupps wurden an mehreren Stellen abgewiesen. In Rynok (nördlich Stalingrad) konnten weitere Häusergruppen genommen werden. Wetter: Über 0 Grad, bedeckt.

★ Die Sowjets berichten

Am 19. November wandte sich der Kriegsrat Stalingrader Front mit einem Befehl an die Truppen:
Genossen, Rotarmisten,
Kommandeure und Politarbeiter!
Die Stunde der Abrechnung mit dem gemeinen Feind ist gekommen. Die deutsch-faschistischen Eroberer haben unser friedliches Land wortbrü-

chig überfallen, sie verheeren es und beleidigen unser großes Volk ... Dem Feind ist es gelungen, bis nach Stalingrad vorzustoßen. Vor den Toren der Wolgafeste haben wir ihn zum Stehen gebracht. Wir haben dem Gegner in den Kämpfen bei Stalingrad ungeheure Verluste zugefügt. Die Kämpfer und Kommandeure der Stalingrader Front haben viel Mut, grenzenlose Tapferkeit und viele Beispiele des Heldentums gezeigt. Jetzt ist uns die Ehre zuteil geworden, eine große Offensive gegen den Feind zu führen. Für das Blut unserer Frauen und Kinder, die von den faschistischen Kannibalen ermordet wurden, für das Blut unserer Kämpfer und Kommandeure müssen wir Ströme feindlichen Blutes vergießen!
Genossen! Das Schicksal der Heimat, das Schicksal unseres großen Volkes liegt in unseren Händen. Von uns allen, von unserer Hartnäckigkeit und von unserem Können hängt es ab, ob die sowjetischen Menschen in ihrem eigenen freien Lande leben werden oder ob sie sich als Sklaven vor Baronen beugen müssen. Säubern wir das Land von den hitlerschen Sklavenhaltern, nehmen wir Rache für allen Schimpf, den der Feind unserem Land angetan hat und noch immer antut.
Wir haben Stalingrad, die Feste an der Wolga, behauptet; wir werden die feindlichen Horden zerschmettern und sie weit von der Wolga zurückwerfen.
Ich befehle: Die Truppen der Stalingrader Front gehen zum entschlossenen Angriff gegen den verruchten Feind, die deutsch-faschistischen Okkupanten, über, vernichten ihn und erfüllen ehrenvoll ihre Pflicht vor der Heimat. Tod den deutschen Okkupanten!

Persönliche und geheime Botschaft von Premier Stalin an den Premierminister, Herrn Churchill:
Wir haben die Angriffsoperationen im Süd- und Nordwestabschnitt des Raumes von Stalingrad begonnen. Die erste Etappe hat zum Ziel, die Eisenbahnlinie Stalingrad-Lichaja einzunehmen und die Verbindungswege der deutschen Heeresgruppe in Stalingrad zu unterbrechen. Im Nordwestabschnitt ist die Front der deutschen Truppen in einer Länge von 22 Kilometern durchbrochen, im Südabschnitt in einer Länge von 12 Kilometern. Die Operation verläuft zufriedenstellend.
Abgesandt am 20. November 1942

Stalingrad, Anfang November 1942: Der vielleicht Letzte einer Kompanie

Die Deutschen berichten

Lagebericht, *Oberkommando des Heeres,*
21. November 1942
Heeresgruppe B: Umfassend geführte Feindangriffe mit stärkeren Kräften gegen Chalchuta konnten in schweren Kämpfen größtenteils abgewiesen werden, z. T. sind sie noch im Gange. Der Feind griff die ganze Front der 4. Panzerarmee mit starken Kräften und zahlreichen Panzern an.

Während es im Südteil der Armee gelang, mehrere Vorstöße abzuschlagen, konnte der Gegner zwischen Tundutowo und dem Don-Wolga-Kanal an verschiedenen Stellen in die rumänischen Stellungen einbrechen. Lage teilweise noch ungeklärt... Feindliches Angriffsverfahren war in erster Linie, mit Panzern und motorisierten Truppen die Widerstandsnester zu umgehen und in die Tiefe zu stoßen. Wetter: Vormittags Schneefall, nachmittags aufheiternd.

Am Sonntag, dem 22. November 1942,
gibt das *Oberkommando der Wehrmacht*
zu den Ereignissen des Vortages bekannt:
Im Raum südlich Stalingrad und im großen Donbogen halten die erbitterten Abwehrkämpfe an. Deutsche und rumänische Truppen brachten bei einem Gegenangriff 600 Gefangene ein und vernichteten 25 Panzerkampfwagen. Weitere 36 Sowjetpanzer wurden am 20. und 21. von einer Panzerdivision abgeschossen. Deutsche und rumänische Luftstreitkräfte unterstützten die eigenen Truppen und fügten dem Feind in rollenden Angriffen gegen Panzerbereitstellungen, Infanterieverbände, Ausladungen und Fahrzeugkolonnen hohe Verluste zu. In Stalingrad wurden bei Stoßtruppunternehmen weitere stark ausgebaute Stützpunkte genommen und an anderer Stelle Vorstöße der Sowjets abgewiesen.

AOK 6/Ia an HGr B vom 22. 11. 1942, 19.00 Uhr,
betr. *Lage und Absicht der Armee.*
I. Teil. Armee eingeschlossen. Ganzes Zarizatal, Eisenbahn von Sowjetski bis Kalatsch, ebendortige Donbrücke, Höhen auf Westufer Don bis Golubinskaja, Oskinski und Kraini trotz heldenmütigen Widerstandes in Händen der Russen.
Weitere Kräfte vorgehen von Südosten über Businowka nach Norden und besonders stark von Westen Richtung Malyi.
Lage bei Ssurowikino und Tschir unbekannt.
Stalingrad und Nordfront starke Spähtrupptätigkeit, starke Angriffe auf Front IV. A. K., die abgewiesen, und bei 76. I. D., dort kleiner Einbruch.
II. Teil. Armee hofft Westfront westl. Don am Golubaja-Abschnitt aufbauen zu können. Südfront ostw. Don noch offen. Ob hier durch starke Schwächung Nordfront, Aufbau dünner Linie an Karpowka bis Marionowka-Golubinka gelingt, ist fraglich. Don zugefroren und überschreitbar. Betriebsstoff bald aufgebraucht, Panzer und schwere Waffen

dann unbeweglich. Munitionslage gespannt, Verpflegung reicht für 6 Tage.
III. Teil. Armee beabsichtigt, verbliebenen Raum von Stalingrad bis beiderseits Don zu halten, und hat hierzu alle Maßnahmen eingeleitet. Voraussetzung ist, daß Schließung Südfront gelingt und reichliche Versorgung laufend zugeflogen wird.
Erbitte Handlungsfreiheit für den Fall, daß Igelbildung im Süden nicht gelingt. Lage kann dann zwingen, Stalingrad und Nordfront aufzugeben, um mit ganzer Kraft Gegner an Südfront zwischen Don und Wolga zu schlagen und hier Anschluß an 4. rumänische Armee zu gewinnen. Angriff nach Westen Richtung Bokowskaja wegen starkem Feind und Geländeschwierigkeiten nicht erfolgversprechend. gez. *Paulus*

Und so war es

Am 16. November fällt zwischen Don und Wolga der erste Schnee, und die Temperatur sinkt auf zwei Grad minus. Trotz des zu erwartenden Kälteeinbruchs verfügt die 6. Armee noch immer nicht über geeignete Winterbekleidung.
Inzwischen laufen die Vorbereitungen des sowjetischen Oberkommandos für die Gegenoffensive auf Hochtouren. Um die »Operation Uran« so lange wie möglich vor den Deutschen geheimzuhalten, erfolgt das notwenige Einschießen der einzelnen Batterien zu verschiedenen Tageszeiten, und die Panzertruppen dürfen ihre Ausgangsstellungen nicht vor Einbruch der Dunkelheit beziehen.
Erst am 16. November, drei Tage vor Angriffsbeginn, erhält General Jeremenko aus Moskau die Nachricht, daß seine Stalingrader Front einen Tag später als die anderen Fronten anzutreten hätte.
Dagegen verkündet am Abend des 17. November General Paulus allen eingesetzten Kommandeuren der 6. Armee den Befehl Hitlers, Stalingrad nun endgültig zu erobern.
Und am Mittwoch, dem 18. November, als das LI. Armeekorps zum Vorstoß auf die Stadt ansetzen will in der Hoffnung, daß es der letzte sei, wird der Angriff auf den 21. 11. 1942 verschoben.
Die Tage vor der sowjetischen Offensive sind trübe und neblig. Die tiefhängenden Wolken erschweren den deutschen Aufklärungsmaschinen, die Truppenkonzentrationen auszumachen.

Der allerneueste Bericht der Abteilung Fremde Heere Ost (Oberst R. Gehlen), der die Möglichkeit eines gegnerischen Angriffs aus dem Raum südlich Stalingrad gegen das rumänische VI. Armeekorps und gleichzeitig an der Donfront nicht ausschließt, bleibt unbeachtet.
Die oberste Führung geht in eine Falle, die sie eigentlich hätte erkennen müssen: Unter Schukows Kommando stehen jetzt dieselben Generale wie ein Jahr zuvor bei Moskau, die darauf warten, bis sich der deutsche Angriff festgefahren hat, um dann von den Flanken her loszuschlagen.
In der Nacht zum 19. November erhalten die Regimentskommandeure den Angriffstermin; die Truppen empfangen ihre Munition und eiserne Rationen und hören noch einen flammenden Aufruf des Frontkriegsrates. Unterdessen hat die Konzentration der sowjetischen Artillerie eine bis dahin unbekannte Dichte erreicht: 70 Rohre auf einen Kilometer Frontlinie.
Nach späteren deutschen Schätzungen stehen der 6. Armee des General Paulus 3 Panzerkorps, 2 Kavalleriekorps und etwa 40 Schützendivisionen der Sowjets gegenüber.
Bei Kletskaja wartet in der Nacht zum 19. November vor den deutschen Stellungen der Befehlshaber der zur Donfront gehörenden 65. Armee, General Batow: »Die Sicht war schlecht, der ganze Brückenkopf lag wie in einer Waschküche. Der leise rieselnde Schnee, der mit dem Nebel verschmolz, machte ihn noch undurchdringlicher.«
Kurz vor der Stunde X schnarrt das Feldtelefon, am Apparat Rokossowski. »Wie ist bei Ihnen die Sicht«, will er wissen. »Kaum zweihundert Meter«, antwortet Batow in der Hoffnung, der Angriff würde bis zur Wetterbesserung verschoben. Rokossowski: »Wir beginnen zur festgesetzten Zeit. Wünsche viel Erfolg.«
Mit diesem Tag tritt die Schlacht um Stalingrad in eine neue Phase ein: der Kampf der 6. Armee um Tod und Leben.
Um Punkt 6.30 Uhr flammt der noch dunkle Himmel zwischen Serafimowitsch und Kletskaja auf: 3500 sowjetische Geschütze eröffnen die Artillerievorbereitung, und um 8.50 Uhr gibt eine Salve schwerer Granatwerfer das Signal zum Angriff.
Die sowjetische Großoffensive am Don beginnt: Die Südwestfront des Generalleutnant N. F. Watutin mit der 5. Panzerarmee (GenLt. P. L. Romanenko), der 21. Armee (GenLt. I. M. Tschistjakow), der 1. Gardearmee (GenLt. D. D. Leljuschenko) und dem 8. Kavalleriekorps; die Luftsicherung übernehmen die 2. Luftarmee (GenMaj. A. M. Smirnow) und die 17. Luftarmee (GenMaj. Krassowski); und die Donfront des Generalleutnant K. K. Rokossowski mit der 65. Armee (GenLt. P. I.

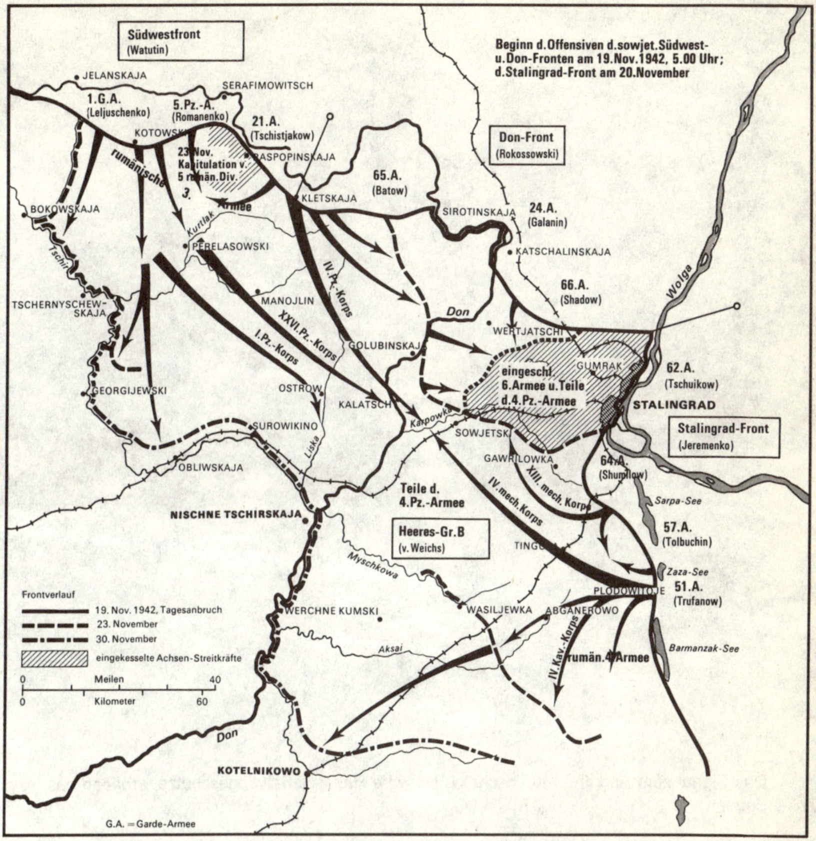

Batow) und der 24. Armee (GenLt. I. W. Galanin). Die Luftsicherung führt hier die 16. Luftarmee (GenMaj. S. I. Rudenko) durch.

Die Panzerspitzen der Roten Armee stoßen zügig gut 30 Kilometer nach Süden vor und brechen bereits am Nachmittag durch die Linien des rumänischen II. Korps.

Zu dieser Zeit befinden sich die Fabriken Dscherschinski und Barrikady völlig in deutscher Hand, und weitere hundert Meter des Uferstreifens sind soeben erobert worden, als am Abend der unerwartete Befehl des Generals Paulus kommt, alle Angriffshandlungen an der Stalingradfront

Das Signal zum Angriff – »Katjuschas«, schwere Raketen-Salvengeschütze, eröffnen das Feuer

seien einzustellen. Aus Teilen der 14., 16. und 24. Panzerdivision werden Kampfgruppen gebildet und schnellstens in Richtung Don in Marsch gesetzt. Nur das LI. Armeekorps verbleibt noch in der Stadt.
Am Abend des 19. November sind die sowjetischen Panzerspitzen bereits 55 Kilometer bis Blinow vorgedrungen. In der Zwischenzeit stößt von Norden her in Richtung Kalatsch das sowjetische 26. Panzerkorps (GenMaj. Rodin) vor. Sein Ziel: die wichtige Brücke von Kalatsch, über die die ganze Versorgung der 6. Armee läuft.
An diesem Tag weilt Hitler noch in Berchtesgaden. Telefonische Vor-

schläge Zeitzlers zur sofortigen Zurücknahme der durch Einkesselung bedrohten 6. Armee werden von ihm abgelehnt.
Freitag, den 20. November, 6.00 Uhr früh. Noch liegt leichter Nebel über dem Boden, als schwere Granatwerfer den Angriff eröffnen.
Der zweite Teil der Operation Uran beginnt mit der Großoffensive südlich von Stalingrad. Es sind Teile der Stalingrader Front unter Generaloberst A. I. Jeremenko mit der 51. Armee (GenMaj. W. F. Trufanow) und der 57. Armee (GenMaj. F. I. Tolbuchin). Die Luftsicherung übernimmt die 8. Luftarmee des 32jährigen Generalmajors T. T. Chrjukin. Sie durchbrechen die Front der rumänischen Truppen und stoßen auf die Eisenbahnlinie westlich von Stalingrad vor.
Kurz vor Sonnenaufgang, am 20. November, überrollt das 26. Panzerkorps (GenMaj. Rodin) bei seinem Vorstoß in Richtung Kalatsch die

Mit deutschem Sprit betankt: Sowjetische Panzer rollen durch die Steppe

Ortschaften Novo-Zarizynski, Perelasowki, etwas später Jefremowski. In einem der Häuser liegen sogar Stabsdokumente, selbst die Mäntel der Offiziere hängen noch an den Kleiderhaken. Die eroberten Treibstofflager in Perelasowki sind unbeschädigt, und die Fahrzeuge können mit deutschem Benzin betankt werden. Die Panzerspitzen bleiben über Nacht in Perelasowki.
In der darauffolgenden Nacht zum 21. November sinkt plötzlich das

Thermometer auf minus 26 Grad. Der Don friert zu, und die Schneestürme begrenzen die Sicht stellenweise bis auf zehn Meter, sie lassen Freund und Feind kaum noch unterscheiden. Die tagsüber getaute Schneedecke erstarrt nachts wieder zu Eis.

An diesem 21. November trifft beim Oberkommando der deutschen 11. Armee überraschend ein Befehl von Hitler ein: »Generalfeldmarschall v. Manstein hat eine beiderseits Stalingrad neu zu schaffende Heeresgruppe Don sofort zu übernehmen.«

Am Abend des 21. November befiehlt Generalmajor Rodin der Vorausabteilung des Kommandeurs der 19. Panzerbrigade, Oberstleutnant G. N. Filippow, direkt nach Kalatsch vorzugehen. Filippow hat 5 Panzer, davon einige deutsche Beutepanzer, und ein paar Spähwagen mit aufgesessener Infanterie.

Am 21. November treffen beim Stab des Generals Paulus alarmierende Nachrichten ein: Bei allen rückwärtigen Teilen der 6. Armee herrschen Unruhe und ein völliges Durcheinander. Überall tauchen plötzlich aus der Steppe sowjetische Truppen auf.

Da in diesem Raum in fast allen Ortschaften die gut ausgebauten neuen und bereits vorhandenen alten sowjetischen Feldstellungen, die sich für

Es geht los: in einem Bereitstellungsraum sowjetischer Panzerverbände

Einer, der die Feuerwalze überlebte

eine stützpunktartige Verteidigung eignen, fast voll belegt sind, teilweise sogar bis zu 1000 Mann mit Infanteriewaffen, wiegt man sich in Sicherheit. Doch zu dieser Stunde weiß die Führung der 6. Armee noch nicht, daß durch die ausgebrochene Verwirrung dem Gegner diese Verteidigungslinien unzerstört in die Hände gefallen sind.

»Der Weg nach Stalingrad« (D. Fitzpatrick, St. Louis Post-Dispatch, 1942)

Die Fahrzeuge der zurückflutenden Truppen müssen oft wegen Spritmangel liegenbleiben, während man andererseits umfangreiche Treibstofflager vernichtet hat. Im Laderaum der Lkw-Kolonnen sind vielfach unwichtige Dinge oder persönliche Sachen verstaut, die meisten fahren Hals über Kopf leer ab. So werden lebenswichtige Verpflegungslager,

Sowjetische Panzer stoßen in Richtung Kalatsch vor

Schwere Abwehrkämpfe zwischen Don und Wolga, Volltreffer in einer deutschen Artilleriestellung

Geräte, Waffen, Fahrzeuge und Munition entweder unnötig zerstört oder dem Gegner überlassen. Und die Sowjets können, ohne auf großen Widerstand zu stoßen, bis an den Don vorrücken.
Glücklicherweise ist die sowjetische Lufttätigkeit während der Offensive verhältnismäßig gering und beeinflußt die Kämpfe kaum. In der völlig deckungslosen Steppe hätten Luftangriffe verheerende Folgen für die zurückdrängenden Truppenmassen gehabt.
Bis zum Sonnabend, dem 21. November, liegt das Hauptquartier der 6. Armee in Golubinskaja, einem Kosakendorf 15 Kilometer nordostwärts von Kalatsch, auf der westlichen Donseite. Um 14.00 Uhr tauchen ganz in der Nähe sowjetische Panzer auf, und General Paulus selbst entgeht nur knapp der Gefangennahme. Er und sein Stabschef, GenMaj. A. Schmidt, fliegen jeder mit einem »Fieseler Storch« zum Winterhauptquartier der Armee in Nischne-Tschirskaja am Zusammenfluß von Don und Tschir. Es ist mit direkten Leitungen zur Heeresgruppe, zum OKH und zum Führerhauptquartier ausgestattet und als Wintergefechtsstand für die 6. Armee nach der Einahme Stalingrads gedacht.
Am Abend dieses 21. November erreicht die Abteilung des Oberstleutnant Filippow das auf dem Weg nach Kalatsch liegende Dorf Ostrow. Die

Aufklärung wird vorausgeschickt, die sich bei den Einwohnern nach den Gepflogenheiten der deutschen Besatzung von Kalatsch erkundigen soll.
Am Sonntag, dem 22. November, startet nun um 3.00 Uhr früh die Vorausabteilung Filippow nach Ostrow aus den geplanten Handstreich auf die Donbrücke bei Kalatsch. Um 5.00 Uhr sind die Fahrzeugkolonnen bereits am Bergufer des Don, und um 6.15 Uhr überqueren noch bei Dunkelheit drei Panzer des Oberstleutnant Filippow unbehelligt die Brücke und versuchen, das am Ostufer liegende Kalatsch zu besetzen. Ein deutscher Flakzug hindert sie zwar an diesem Vorhaben, kann jedoch selbst an die Brücke, die von beiden Seiten von sowjetischen Panzern abgeriegelt ist, nicht mehr heran.
In den Morgenstunden des 22. November trifft in Nischne-Tschirskaja ein Funkspruch von Hitler ein: Der hier anwesende Generaloberst Hoth (4. Pz.-Armee) wird mit seinem Stab zu anderweitiger Verwendung herausgezogen. General Paulus dagegen bekommt den Befehl, mit dem Chef des Stabes der 6. Armee, Generalmajor Schmidt, sofort in den entstehenden Kessel einzufliegen.

An der Einschließung der 6. Armee beteiligt: sowjetische Kavallerie in der verschneiten Kalmückensteppe

Oben: »Lage teilweise noch ungeklärt«, ein in der Steppe verirrter Troß

Unten: Die amtliche Version des Treffens der sowjetischen Offensivzangen bei Kalatsch: Rotarmisten laufen dem von Nordwesten kommenden Verband entgegen ...

Oben: Versprengte deutsche Truppen: der Kälte und dem Feind ausgeliefert

Unten: Umfassung geglückt ... der Bruderkuß beider Panzerkommandeure Oberst Rodionow und Oberst Schidkow

»Die Operation verläuft zufriedenstellend«: rumänische ...

Sein neuer Gefechtsstand befindet sich 2 Kilometer westlich vom Bahnhof Gumrak und etwa 8 Kilometer von Stalingrad. Am Rande von Gumrak liegt ein riesiges Flugfeld, mit Bunkern ehemals sowjetischer Flakstellungen umsäumt. Hier in der Nähe ist auch das Generalkommando des LI. Korps des Generals von Seydlitz untergebracht. Am Nachmittag des 22. November erhält General Paulus vom Oberkommando des Heeres einen Funkbefehl: »Aushalten und weitere Befehle abwarten.«
Bis zur gleichen Stunde gelingt es den Deutschen nicht, die Vorausabteilung Filippow aus ihren beiden Brückenköpfen bei Kalatsch zu vertreiben. Und als am Abend die sowjetische Infanterie auf den Don-Höhen erscheint und die Stellungen bezieht, ist diese für die 6. Armee so wichtige Brücke verloren, und das Unheil nimmt seinen Lauf. Durch die Ereignisse der letzten Tage beunruhigt, unterbricht Hitler seinen Urlaub in Berchtesgaden und fährt am Abend des 22. November mit dem Sonderzug in Richtung Leipzig. Der Zug hält alle zwei Stunden, um

... und deutsche Kriegsgefangene

Hitler die Möglichkeit zu geben, mit General Zeitzler im Führerhauptquartier in Rastenburg über die Entwicklung der Lage zu sprechen. Während der Zugfahrt entwirft Hitler gemeinsam mit General Jodl immer neue Pläne, wie man der Krise von Stalingrad Herr werden kann, z. B. durch den Abzug einer, vielleicht auch zweier gepanzerter Divisionen aus dem Kaukasus, die die Verbindungswege nach Stalingrad wieder öffnen sollen.
Um den Feind im ungewissen zu lassen, erscheinen in Moskau weder am 19. November, als Rokossowski und Watutin nach Kalatsch vorstoßen, noch am 20. November, als Jeremenko nach Nordwesten marschiert, um auf die Donfront zu treffen, irgendwelche offiziellen Berichte. Auch der Frontbericht vom 21. November enthält nicht die leiseste Andeutung der neuesten Ereignisse. Erst am späten Abend des 22. November wird in einer kurzen Sondermeldung mitgeteilt, daß sowjetische Truppen vor einigen Tagen nordwestlich und südlich Stalingrads zur Offensive angetreten sind.

20. Woche: 23. — 29. November 1942

★ Die Sowjets berichten

Am Montag, dem 23. November 1942,
gibt das *sowjetische Oberkommando*
durch Sondermeldung bekannt:
Dieser Tage sind unsere Truppen im Vorgelände von Stalingrad zur Offensive gegen die deutschen Streitkräfte übergegangen. Die Offensive wurde an zwei Sektoren unternommen: im Nordwesten und im Süden von Stalingrad. Nach Durchbrechung der Verteidigungslinie des Feindes in einer Ausdehnung von 30 Kilometern im Nordwesten im Gebiet von Serafimowitsch und in einer Ausdehnung von 20 Kilometern im Süden von Stalingrad sind unsere Truppen in drei Tagen angespannter Kämpfe unter Überwindung des feindlichen Widerstandes 60 bis 70 Kilometer vorgerückt.
Von unseren Truppen wurden genommen: die Stadt Kalatsch am Ostufer des Don, die Bahnstation Kriwo Muschanskaja sowie der Bahnhof und die Stadt Abganerowo. Daher sind beide östlich des Don gelegenen Eisenbahnlinien, auf denen die Truppen des Feindes versorgt werden, unterbrochen.

Am Nachmittag des 23. November
teilt das *Sowinformbüro* ergänzend mit:
In der Schlacht um Stalingrad ist eine entscheidende Wendung eingetreten. Auf breiter Front sind beide Flankenpositionen, die den rückwärtigen Raum der vor Stalingrad stehenden deutschen Belagerungsstreitkräfte schützen, eingedrückt worden, und unsere Truppen strömen mit starken Kräften in das Gebiet ein, durch das die deutsche Belagerungsarmee am Wolgaknie versorgt wird. Beide nach Stalingrad führenden Bahnlinien im Westen und Südwesten der Stadt, die für den deutschen Nachschub von vitaler Bedeutung sind, wurden von unserer Armee abgeschnitten, was die bei Stalingrad kämpfenden deutschen Truppenteile in eine äußerst schwierige Lage bringt.
Unsere Truppen stehen am Don unmittelbar westlich von Stalingrad in den Städten Kalatsch und Kriwo Muschanskaja, das heißt an der Eisenbahnlinie, die aus dem Donbogen direkt nach der Stadt führt. Im Südwesten wurde die Stadt Abganerowo — etwa 65 Kilometer von

Stalingrad entfernt an der nach Noworossisk führenden Eisenbahnlinie — genommen. Die genauen Positionen unserer Truppen werden nicht bekanntgegeben. Doch deutet alles darauf hin, daß die Rote Armee ihre Offensive fortsetzt und wahrscheinlich die Einschließung der deutschen Belagerungsarmee von Stalingrad versuchen will.

Die Offensive unserer Truppen ist ein typischer Zangenangriff, indem die Flanken des Gegners durchstoßen wurden und die zwei getrennt operierenden Heeresgruppen in den Rücken der zu umfassenden Streitkräfte vorgedrungen sind.

Mit größter Spannung sieht man in Moskau der weiteren Entwicklung entgegen. Am späten Sonntagabend wurde über die letzten Operationen bekanntgegeben, daß unsere Truppen im Nordwesten Stalingrads einige deutsche Gegenangriffe zurückgeschlagen hätten und weiter vorrückten. Zwei weitere deutsche Infanterieregimenter seien vernichtet worden. Aus der südlichen Zone der Stadt wird ebenfalls ein weiteres Vorrücken gemeldet. Unsere Truppen besetzten dort »mehrere Dutzend« Ortschaften und brachten rund 5000 weitere deutsche Gefangene ein. In Stalingrad selbst wurden im nördlichen Fabrikviertel einige deutsche Angriffe zurückgeschlagen, während in einem anderen Sektor unsere Stoßtrupps zum Gegenangriff übergingen und eine die Stadt beherrschende Anhöhe besetzten.

Mit einem Gefühl tiefer Freude

Die *Prawda* schrieb in ihrem Leitartikel
vom 23. November 1942:

Mit einem Gefühl tiefer Freude erfährt das sowjetische Volk von der erfolgreichen Offensive unserer Truppen im Raum Stalingrad. Die sowjetischen Truppen rückten nach dem Durchbruch durch die gegnerischen Verteidigungslinien 60 bis 70 Kilometer vor. Genommen wurden Kalatsch westlich von Stalingrad am Ostufer des Don, die Station Kriwo Muschanskaja (Sowjetski) sowie Station und Stadt Abganerowo. Beide Eisenbahnen, über die der Gegner seine ostwärts des Don liegenden Truppen versorgte, sind unterbrochen.

Die deutsch-faschistischen Eroberer haben eine schwere Niederlage erlitten. Unsere Truppen haben 6 Infanteriedivisionen und 1 Panzerdivision des Gegners völlig vernichtet und 7 Infanterie-, 2 Panzer- und 2 motorisierten Divisionen große Verluste zugefügt. Der Gegner verlor 14000 Mann an Toten, gefangengenommen wurden 19000 Mann. Die Beute ist groß... Seit fast 3 Monaten toben im Raum von Stalingrad

Kämpfe, wie sie die Welt zuvor nie gesehen hat. Unsterblich ist der Ruhm der Stalingradkämpfer. Mit angehaltenem Atem verfolgte die ganze Welt die gigantische Schlacht, die sich an den Ufern der Wolga abspielte... Im Rauch und in den Flammen der Schlachten stählte sich der Wille der sowjetischen Kämpfer und Kommandeure... Und sie haben widerstanden! Sie haben die frohe und glückliche Stunde der Vergeltung erlebt, die erfolgreiche Offensive unserer Truppen im Raum von Stalingrad!

Die Deutschen berichten

Am Montag, dem 23. November 1942,
gibt das *Oberkommando der Wehrmacht*
zu den Ereignissen des Vortages bekannt:
Im Raum südlich von Stalingrad und im großen Donbogen stehen die deutschen und rumänischen Verbände im Zusammenwirken mit starken Nahkampffliegerkräften weiterhin in schweren Abwehrkämpfen. Bei vorübergehender Wetterbesserung im mittleren Abschnitt waren Kampf- und Sturzkampfflugzeuge zur Bekämpfung feindlicher Artilleriestellungen und Truppenunterkünfte eingesetzt.

Tagesparole des Reichspressechefs,
Montag, 23. November 1942:
Informatorisch wird mitgeteilt: Die Zeitungen werden darauf hingewiesen, daß die im heutigen OKW-Bericht genannten schweren Abwehrkämpfe bei Stalingrad keinesfalls in Überschriften anzusprechen sind... Auslandsmeldungen, die Briefe deutscher Kriegsgefangener aus Sowjetrußland ansprechen, sollen vorerst von den Zeitungen nicht aufgegriffen werden, eine Sprachregelung ist abzuwarten.

Zurücknahme notwendig

OB HGr an OKH/Chef GenStdH vom 23. 11. 1942
FS HGr B/Ia an OKH/GenStdH/OpAbt für Chef GenStdH vom 23. 11. 1942, 18.45 Uhr, durch den Ia der HGr, Oberst i. G. Winter, an OpAbt fernmündlich durchgesprochen.
Trotz der außergewöhnlichen Schwere des zu fassenden Entschlusses, dessen Tragweite ich mir voll bewußt bin, muß ich melden, daß ich Zurücknahme der 6. Armee, wie von General Paulus vorgeschlagen, für notwendig halte.

Oben: Flugplatz Tazinskaja: im Vordergrund eine dreimotorige Ju 52, dahinter eine sechsmotorige Messerschmitt Me 323 »Gigant«, deren Nutzlast 11 000 kg beträgt, die sogar Panzer befördern kann und die mit 55 m Spannweite das größte Landflugzeug der Welt ist

Unten: Flugplatz Pitomnik: Eine der wenigen Messerschmitt Me 109, des deutschen Standardjägers des Zweiten Weltkrieges, zum notdürftigsten Schutz der Transportmaschinen

Oben: Trotz aller Opfer bleibt die Luftversorgung unzureichend: eine Kette von Ju 52/3m auf dem Flug nach Pitomnik

Unten: Anfangs werden fast alle Verwundeten – mit der Genehmigung der zuständigen Stellen – ausgeflogen

Gründe:

1. Die Versorgung der 20 Divisionen umfassenden Armee auf dem Luftwege ist nicht möglich. Mit dem verfügbaren Lufttransportraum kann — entsprechendes Wetter vorausgesetzt — täglich nur 1/10 des wirklichen Tagesbedarfes in den Kessel zugeflogen werden.

2. Der Entlastungsangriff, dessen rasches Durchschlagen im Hinblick auf die zu erwartende Wetterentwicklung nicht mit Sicherheit vorausgesetzt werden darf, kann in Anbetracht der Dauer des Aufmarsches kaum vor dem 10. 12. geführt werden. Aufmarschzeiten im einzelnen sind dem Generalstab des Heeres gemeldet. Die 6. Armee kann aber mit ihren rapide absinkenden Vorräten nur wenige Tage aushalten. Insbesondere wird die Munition schnell aufgebraucht sein, da der Kessel an allen Fronten angegriffen wird.

Ich verspreche mir aber auch von einem Durchschlagen der 6. Armee nach Südwesten eine Entspannung der Gesamtlage. Die Armee ist die

Verwundete auf dem Rückflug

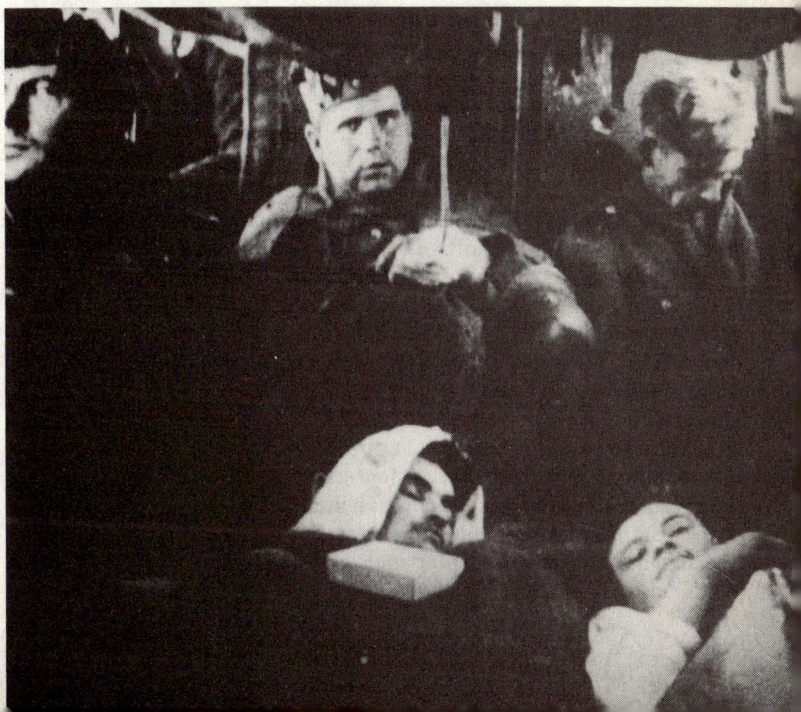

einzige Kampfkraft, mit der ich nach dem völligen Ausfall der rum. 3. Armee dem Feind noch Schaden zufügen kann. Die zunächst nach Südwesten, dann mit dem Nordflügel längs der Eisenbahn Tschir-Morosowskaja zu wählende Stoßrichtung wird zudem die bereits gespannte Lage im Raum von Swetssoje-Kotelnikowo auflockern.
Endlich bedeutet die verbleibende Kampfkraft der 6. Armee einen unentbehrlichen Zuwachs für die neu aufzubauende Verteidigung und die Vorbereitung des Gegenangriffs.
Ich verkenne nicht, daß mit der vorgeschlagenen Operation hohe Opfer, insbesondere materieller Art, verbunden sein werden. Sie werden aber immer hinter denen zurückbleiben, die bei dem — nach Lage der Dinge — unvermeidlichen Aushungern der Armee im Kessel gebracht werden müßten.

gez. *Frhr. von Weichs,* Generaloberst,
Oberbefehlshaber der Heeresgruppe

Paulus an Hitler

23. November 1942
g. Kdos. Chefsache!
Funkspruch an OKH
nachr.: an Heeresgruppe B

Mein Führer!
Seit Eingang Ihres Funkspruchs vom 22. 11. abends hat sich die Entwicklung der Lage überstürzt.
Die Schließung des Kessels ist im Südwesten und Westen nicht geglückt. Bevorstehende Feinddurchbrüche zeichnen sich hier ab.
Munition und Betriebsstoff gehen zu Ende. Zahlreiche Batterien und Panzerabwehrwaffen haben sich verschossen. Eine rechtzeitige, ausreichende Versorgung ist ausgeschlossen.
Die Armee geht in kürzester Zeit der Vernichtung entgegen, wenn nicht unter Zusammenfassen aller Kräfte der von Süden und Westen angreifende Feind vernichtend geschlagen wird.
Hierzu ist sofortige Herausnahme aller Divisionen aus Stalingrad und starker Kräfte aus der Nordfront erforderlich. Unabwendbare Folge muß dann Durchbruch nach Südwesten sein, da Ost- und Nordfront bei derartiger Schwäche nicht mehr zu halten.
Uns geht dann zwar zahlreiches Material verloren, es wird aber die Mehrzahl wertvoller Kämpfer und wenigstens ein Teil des Materials erhalten.

Dr. Goebbels hat den Abdruck verboten – Reportage über die Winterausrüstung in »Unser Heer« Nr. 24/1942

Die Verantwortlichkeit für diese schwerwiegende Meldung behalte ich in vollem Umfange, wenn ich melde, daß die Kommandierenden Generale Heitz, v. Seydlitz, Strecker, Hube und Jaenecke die gleiche Beurteilung der Lage haben. Bitte auf Grund der Lage nochmals um Handlungsfreiheit!

Heil mein Führer!
gez. *Paulus*

Am Dienstag, dem 24. November 1942,
gibt das *Oberkommando der Wehrmacht*
zu den Ereignissen des Vortages bekannt:
Südlich von Stalingrad und im großen Donbogen sind die Sowjets unter rücksichtslosem Einsatz von Menschen und Material in die Verteidigungsfront am Don eingebrochen. Die Gegenmaßnahmen sind im Gang. In den harten und wechselvollen Kämpfen der letzten beiden Tage wurden mehrere hundert feindliche Panzerkampfwagen vernichtet. Verbände der deutschen und rumänischen Luftwaffe griffen trotz ungünstigem Flugwetter laufend in die Erdkämpfe ein. In Stalingrad selbst nur örtliche Kampftätigkeit.

Tagesparole des Reichspressechefs,
Dienstag, 24. November 1942:
Die Kommentierung der Lage im Raum südlich Stalingrad und im großen Donbogen ist, solange der Ausgang der Operationen nicht geklärt ist, auf die Unterstreichung der Schwere der Abwehrkämpfe zu beschränken. Informatorisch wird mitgeteilt: Die im OKW-Bericht angesprochenen schweren Abwehrkämpfe im Osten sind in der Presse nicht aufzumachen, sie könnten jedoch mit zweispaltigen Überschriften versehen werden. Aus gegebenem Anlaß wird die Weisung in Erinnerung gebracht, über die neuen Winteruniformen für unsere Soldaten an der Ostfront nicht zu berichten. Auch in der Zeitschrift *Unser Heer* vom 24. November enthaltene Artikel über die neue Winterausrüstung ist nicht zu übernehmen.

Führerentscheid

An 6. Armee 24. 11. 1942
Führer beabsichtigt, 6. Armee in dem Raum jetzige Wolgafront, jetzige Nordfront LI. A. K., sodann allgemeine Linie, Hp. 564 — Karpowka — Marinowka zusammenzufassen... daß so wenig wie irgend möglich

Am 26. 11. 1942 wird die Verpflegung um die Hälfte gekürzt: abgekämpfte Panzergrenadiere

schwere Waffen und Geräte zurückbleiben. Gleichzeitig ist der Zusammenfassungsraum durch Angriff nach Südwesten in allgemeiner Richtung Kotelnikowo zu erweitern... Jetzige Wolgafront und jetzige Nordfront LI. A. K. unter allen Umständen halten. Luftversorgung durch Einsatz weiterer 100 Ju im Anlaufen.

★ Die Sowjets berichten

Am Mittwoch, dem 25. November 1942,
gibt das *sowjetische Oberkommando*
zu den Ereignissen des Vortages bekannt:
Der sowjetrussische Heeresbericht vom Mittwoch mittag meldet: Wäh-

rend der Nacht zum 25. November setzten unsere Truppen ihre erfolgreiche Offensive vor Stalingrad in der bisherigen Richtung fort.

Am Nachmittag des 25. November
teilt das *Sowinformbüro* ergänzend mit:
Der Umfang der Offensive Marschall Timoschenkos, an der sich jetzt die Garnison und die Gardetruppen unter General Rodimzew in Stalingrad beteiligen, nimmt ein Ausmaß an, das über den Umfang der Vorjahresoffensive im Raum von Moskau hinausgeht.
Erstaunlicherweise wurden die Kämpfe bisher fast ohne Luftunterstützung geführt, da das Wetter so schlecht ist, daß der Einsatz von Flugzeugen ausgeschlossen ist. Marschall Timoschenko ließ seine Truppen jeweils in der Nacht vormarschieren, und er erreichte mit einer gewaltigen Menge von Artillerie und Infanterie die Ausgangsstellungen seiner Offensive, ohne daß der Gegner sich über den Umfang des Aufmarsches orientieren konnte. Die Konzentration unserer Streitkräfte erfolgte mit erstaunlicher Schnelligkeit, obgleich der größte Teil der Truppen und des Materials über die durch Eisschollen blockierte Wolga transportiert werden mußte. Marschall Schaposchnikow ließ in den 48 Stunden vor dem Beginn der Offensive schwerstes Artilleriefeuer durch Ferngeschütze auf das Hinterland der faschistischen Front schießen, während die an der Front zusammengezogenen Geschütze schwiegen. Er erreichte damit, was er wollte: die Verbindungen des Nachrichtendienstes zwischen den einzelnen Divisionshauptquartieren wurde unterbrochen.
Unsere Truppen, die inzwischen 80 bis 100 Kilometer vom Ausgangspunkt der Offensive vorgedrungen sind, konnten feststellen, daß durch dieses Fernzielfeuer in der deutschen Etappe große Verwirrung hervorgerufen worden war.
Der Belagerungsring um Stalingrad ist am wichtigsten Abschnitt — nördlich der Stadt — aufgebrochen, und der deutsche Griff, der die nördliche Schleife des Industrieviertels an der Wolga umfaßt, ist an vielen Stellen gelöst. Die von Stalingrad in nördlicher Richtung verlaufende Bahn soll so schnell wie möglich wieder instand gesetzt werden. Westlich von Stalingrad haben die rumänischen Truppen ihr Kriegsgerät stehen lassen und sind, ohne die Fühlung mit den Deutschen aufrechtzuerhalten, zurückgegangen. Daraus erklärt sich der überaus rasche Vormarsch unserer Truppen in den letzten 48 Stunden.
Trotz der Erfolge bleibt man im Oberkommando zurückhaltend. Man betont, daß die deutsch-faschistische Armee vor Stalingrad noch nicht

entscheidend geschlagen sei. Das Oberkommando in Moskau schätzt, daß sie einen Gesamtbestand von 200000 bis 300000 Mann hat, daß zwischen 1500 und 2000 Geschütze und mehrere Millionen Granaten vor Stalingrad aufgefahren wurden und daß noch schwere Kämpfe bevorstehen, bis diese Armee geschlagen ist.
Mit Erstaunen hat man in Moskau vernommen, daß die neutrale Presse in Berlin vor zwei Tagen dahin informiert wurde, es seien auf sowjetischer Seite hauptsächlich entweder Soldaten im Jünglingsalter oder Männer über 45 Jahren eingesetzt worden. Man kann hier nicht begreifen, wie angesichts dieser deutschen Feststellungen die Mißerfolge der deutschen Armeen erklärt werden, die doch einem minderwertigen Truppenmaterial gegenüberstehen sollen.
Marschall Timoschenko und General Rodimzew dürften nun mit aller Wucht gegen die enge und lange Ausbuchtung anstürmen, in der die deutsche Belagerungsarmee vor Stalingrad zusammengepreßt ist. Gelingt es unseren Trupen, diesen von einer mächtigen deutschen Armee verteidigten Korridor zu durchbrechen, dann muß sich durch den Rückzug der Armee von Stalingrad und der deutsch-rumänischen Truppen ein Verkehrschaos ergeben, wie es das Moskauer Oberkommando in der jetzigen Phase erstrebt. Mit drei Angriffskolonnen griff Marschall Timoschenko am Mittwoch früh die in dem schmalen Korridor vor Stalingrad zusammengedrängten deutschen Truppen an. Der Kampf geht an vielen einzelnen, im Zusammenhang schwer übersichtlichen Frontabschnitten vor sich.
Die deutsch-faschistische Armee verfügt über eine beträchtliche Anzahl von Widerstandsnestern aller Art, die mit großer Umsicht angegriffen werden müssen. Besonders stark befestigt erweist sich die Nordseite des »Korridors von Stalingrad«, an der Hoth mindestens 200 schwere Panzer als Artilleriebunker eingegraben hat. Die Wucht des Angriffs unserer Truppen nimmt von Stunde zu Stunde zu, und die deutschen Verluste seit den frühen Morgenstunden des Mittwochs sind hoch. Feindliche Gruppen, die sich in abgeschnittenen Stellungen nicht ergeben, werden schonungslos niedergekämpft.
Die Garnison von Stalingrad und die Verteidigung der Stadt ist unter den Oberbefehl von Generalleutnant Tschuikow, Kommandeur der 62. Sowjetarmee, gestellt worden, während General Rodimzew auf eigenen Wunsch die Garde als Offensivgruppe befehligt.
Bei Stalingrad hat sich das Wetter jetzt gebessert, und die Rote Luftflotte konnte in den Kampf eingreifen. Die auf den schneebedeckten Straßen sich zurückziehenden feindlichen Kolonnen werden unaufhörlich bom-

Der Kampf in den Ruinen von Stalingrad kennt keine Pause –

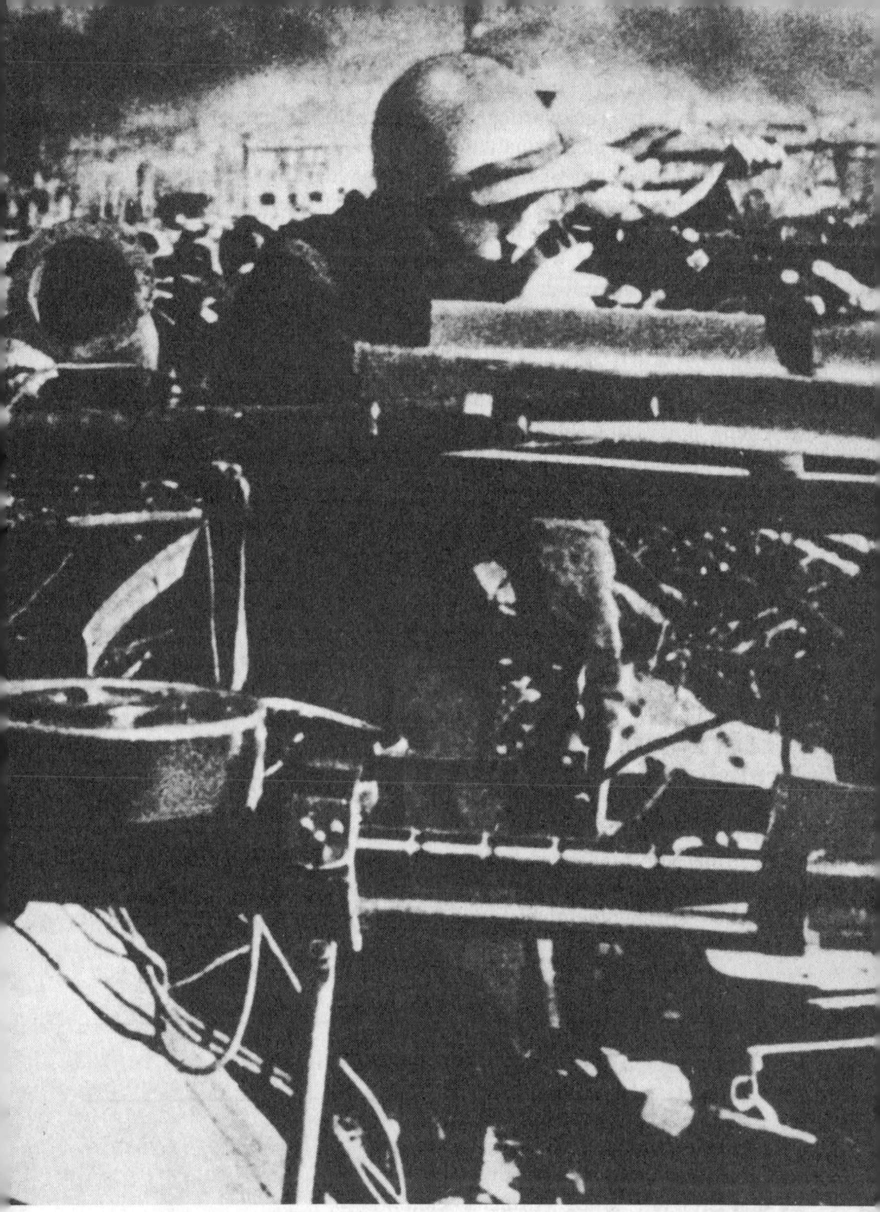

sowjetisches leichtes MG in Stellung

bardiert, und die rückwärtigen Flugplätze des Gegners werden von Sturmoviks unter Feuer gehalten.
Strategisch bedeutsam ist der Vorstoß der Südgruppe Marschall Timoschenkos bei Stalingrad. »Der Vorstoß soll ein Verkehrschaos anrichten«, wurde in Moskau erklärt. Tatsächlich zeigt sich, daß dieser Vorstoß ins Zentralgebiet der Kalmückensteppe den Deutschen bereits neue ernste Probleme bereitet. Die faschistischen Armeegruppen, die zum Marsch nach Astrachan und dem Kaspischen Meer konzentriert wurden, werden in ihrer linken Flanke angegriffen.
Ein Massenrückzug deutscher Einheiten aller Art über die kahle und eisige Kalmückensteppe hat eingesetzt. Diese Truppen finden nirgends Deckung, und es ist fraglich, in welcher Verfassung sie den Don erreichen werden. In der Kalmückensteppe operiert nämlich Marschall Timoschenko mit Kosakenkavallerie, und in diesem Kampfgebiet herrscht eisige Kälte, so daß Verwundete erfrieren, die nicht in ein bis zwei Stunden in Pflege genommen werden können.

Am 25. November
meldet das *Sowinformbüro* anschließend:
In den letzten 12 Stunden setzte unsere Armee ihren Vormarsch fort und stand in der Don- und Kalmückensteppe in schweren Angriffskämpfen. Die verschneite Donsteppe ist mit Tausenden von Leichen deutscher und rumänischer Soldaten übersät.
Eine Panzereinheit unserer Truppen erbeutete im Donbogen ein großes, feindliches Benzinlager, so daß unsere Panzer sofort ihre Vorräte auffüllen und den Angriff weiterführen konnten. Man kann sagen, daß die Belagerung von Stalingrad seit Dienstag nachmittag aufgehört hat. Im Inneren der Stadt hat sich der Charakter der Kämpfe völlig geändert. Die deutschen Truppen verzichten auf Angriffe und verteidigen verzweifelt ihre Stellungen.

Die Deutschen berichten

Am Mittwoch, dem 25. November 1942,
gibt das *Oberkommando der Wehrmacht*
zu den Ereignissen des Vortages bekannt:
Südwestlich Stalingrad und im großen Donbogen setzte der Gegner seine

Morgenausgabe
10 Pf., auswärts 15 Pf.

Berliner
Lokal-Anzeiger

Mittwoch, 25. November 1942
M

Nummer 281

Organ für die Reichshauptstadt

60. Jahrgang

Wöchentlich zwölfmal, morgens und abends. Bezugspreis 75 Pfennig wöchentlich oder 3,25 Mark monatlich. Bei Bezug durch die Post 3,25 Mark monatlich einschließlich 36 Pfennig Postgebühren, hierzu 72 Pfennig Bestellgeld. Bestellungen in allen Scherlfilialen, bei den Postanstalten und beim Verlag. Bei Ausfall wegen höherer Gewalt oder Betriebsstörung kein Anspruch auf Ersatz. Schriftleitung und Verlag Berlin SW 68, Scherlhaus. Fernsprecher Sammel-Nr. 17 45 71, Ferndienst 17 57 61. Drahtanschrift Scherlverlag Berlin. Postscheckkonto 3111 für Anzeigen, 36 649 für Bezugsgebühren. Anzeigen-Annahme im Scherlhaus, Zimmerstraße 35, und in allen Scherlfilialen. Keine Gewähr für Aufnahme in bestimmte Ausgaben

Neue Waffen in Stalingrad bewährt

Maschinengewehre mit ungeheurer Feuergeschwindigkeit – Flammenwerferpanzer

3000 Schuß in der Minute

Vernichtend für jede feindliche Angriffswelle

Die Front der jungen Völker

Jahrestag des Antikomintern-Zusammenschlusses / Von Rolf Brandt

Angriffe mit starken Infanterie- und Panzerkräften fort. Die eigene Abwehr wurde durch starke Nahkampffliegerverbände sowie deutsche und rumänische Kampfflieger in rollenden Einsätzen wirksam unterstützt. Die Sowjettruppen erlitten erneut hohe Verluste an Menschen und Material. Gleichzeitige Angriffe des Gegners zwischen Wolga und Don wurden von deutschen und rumänischen Truppen in erbitterten Kämpfen unter hohen blutigen Verlusten für den Feind abgeschlagen und dabei wieder 54 Panzerkampfwagen vernichtet. Auch in Stalingrad selbst scheiterten feindliche Angriffe. An der übrigen Ostfront wurden eigene Stoßtruppunternehmen erfolgreich durchgeführt und Angriffe des Feindes zurückgewiesen.

Denkschrift des Generals v. Seydlitz

Geheime Kommandosache *O.U., den 25. 11. 1942*

Der Kommandierende General
des LI. A.K.
Nr. 603/43 g. Kdos
An den
Herrn Oberbefehlshaber der 6. Armee.

Einer von Abertausenden: Schütze A. Zdrojewski, mit 18 Jahren »für Führer und Vaterland« in Stalingrad gefallen

In Besitz des Armee-Befehls vom 24. 11. 42 für die Weiterführung des Kampfes fühle ich mich im Bewußtsein des Ernstes der Stunde verpflichtet, meine Beurteilung, die durch die Nachrichten der letzten 24 Stunden nur noch bestärkt sind, noch einmal schriftlich niederzulegen.
Die Armee steht vor dem eindeutigen Entweder-Oder: Durchbruch nach Südwesten in allgemeiner Richtung Kotelnikowo oder Untergang in wenigen Tagen.
Diese Erkenntnis beruht auf nüchterner Erkenntnis der tatsächlichen Gegebenheiten:
I. Da schon zu Beginn der Schlacht so gut wie gar keine Bevorratung auf irgendeinem Gebiete vorhanden war, ist die Versorgungslage bei der Entschlußfassung entscheidend.
Stand der Versorgung des LI. A.K. am 23. 11. abds. s. Anlage
Die Zahlen sprechen für sich selbst.
Schon die kleineren Abwehrkämpfe der letzten Tage haben die Munitionsbestände fühlbar absinken lassen. Wird das Korps, womit täglich

gerechnet werden muß, auf ganzer Front angegriffen, so wird es sich in ein, zwei oder drei Tagen vollständig verschießen. Es ist kaum anzunehmen, daß die Munitionslage bei den bereits seit Tagen im Großkampf stehenden anderen Korps der Armee besser ist.
Aus der angestellten Berechnung ergibt sich, daß eine genügende Versorgung auf dem Luftweg schon für das LI. A.K. fraglich, für die Armee also völlig ausgeschlossen ist. Was 31 Ju (am 23. 11.) oder die erst in Aussicht gestellten weiteren hundert Ju bringen können, ist nur ein Tropfen. Hoffnungen daran knüpfen, bedeutet, sich an einem Strohhalm festhalten. Woher die für die Versorgung der Armee benötigte große Zahl Ju genommen werden soll, ist nicht ersichtlich. Wenn sie überhaupt vorhanden ist, müssen die Maschinen aus ganz Europa und Nordafrika erst zusammengeflogen werden. Ihr eigener Brennstoffbedarf wäre bei den zu überbrückenden Entfernungen so gewaltig, daß angesichts der bisher erlebten Brennstofflage die Deckung höchst fraglich erscheint, ganz abgesehen von den operativen Folgen dieses Aufwandes für die gesamte Kriegsführung.
Selbst wenn täglich 500 Maschinen statt der in Aussicht stehenden 130

Durch Bombenvolltreffer vernichtet: einer der wenigen verbliebenen Panzer der 6. Armee

Warten auf den Befehl zum Ausbruch ...

landen werden, können nicht mehr als 1000 t Güter herangebracht werden, die für den Bedarf einer Armee von rund 200000 Mann, im Großkampf und ohne Vorräte, nicht ausreichen. Mehr als die Deckung des allernotwendigsten Brennstoffbedarfs, eines kleinen Bruchteiles des Bedarfs der menschlichen Verpflegung ist nicht zu erwarten.
Die Pferde werden in wenigen Tagen bis auf das letzte verendet sein. Die taktische Beweglichkeit wird dadurch weiter eingeschränkt, die Durch-

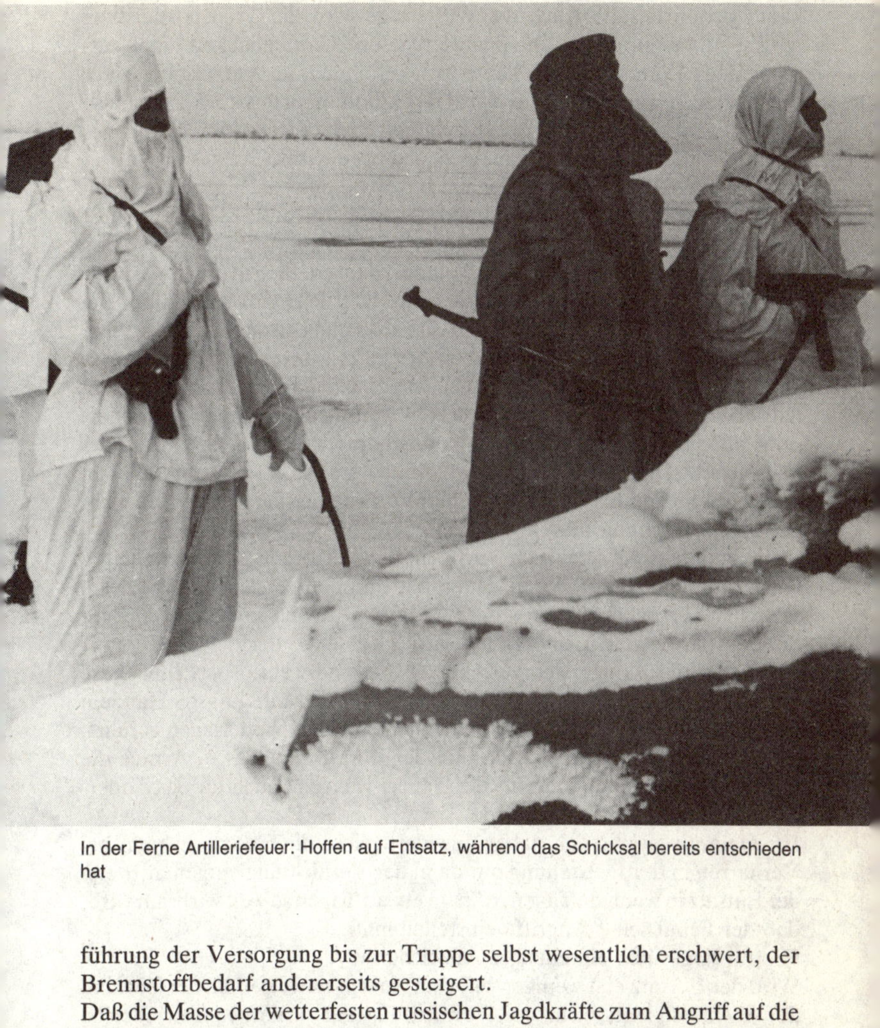

In der Ferne Artilleriefeuer: Hoffen auf Entsatz, während das Schicksal bereits entschieden hat

führung der Versorgung bis zur Truppe selbst wesentlich erschwert, der Brennstoffbedarf andererseits gesteigert.
Daß die Masse der wetterfesten russischen Jagdkräfte zum Angriff auf die anfliegenden Transportflugzeuge und die einzigen, für den Großbetrieb geeigneten Landeplätze Pitomnik und Peskowatka eingesetzt werden, ist nicht zu bezweifeln. Erhebliche Verluste sind unausbleiblich, ununterbrochener Jagdschutz für die lange Anflugstrecke und die beiden Plätze

kaum gewährleistet. Auch die Wetterlage wird die Transportleistung wechselnd beeinflussen. Die damit erwiesene Unmöglichkeit einer ausreichenden Luftversorgung kann den Aufbrauch der Versorgungsgüter der Armee in wenigen Tagen — bei der Munition in etwa 3-5 Tagen also — ein wenig verzögern, aber nicht verhindern. Die Streckung der Verpflegungsbestände hat man bis zu einem gewissen Grade selbst in der Hand (beim LI. A.K. Streckung um 100 % bereits vor Tagen befohlen). In der Streckung der Brennstoff- und Munitionsbestände ist man aber fast ausschließlich vom Feinde abhängig.
II. Das vermutliche Handeln des Feindes, dem ein Sieg in einer Vernichtungsschlacht klassischen Ausmaßes winkt, ist leicht zu beurteilen. Bei Kenntnis seiner aktiven Kampfweise ist nicht zu bezweifeln, daß er seine Angriffe gegen die eingekesselte 6. Armee mit unverminderter Heftigkeit fortsetzen wird. Es muß ihm auch die Erkenntnis zugebilligt werden, daß er die Armee vernichten muß, ehe Entsatzmaßnahmen deutscherseits wirksam werden können. Menschenopfer achtet er erfahrungsgemäß nicht. Die Abwehrerfolge, besonders des 24. 11., und die an mehreren Stellen festgestellten hohen Verluste des Feindes dürfen nicht zur Selbsttäuschung führen.
Dem Feinde sind sicherlich auch unsere Versorgungsschwierigkeiten nicht ganz unbekannt. Je ausdauernder und heftiger er angreift, desto schneller verbrauchen wir unsere Munition. Wenn nicht ein einziger dieser Angriffe zum Erfolg führt, wird doch der Enderfolg dann eintreten, wenn die Armee sich verschossen hat und wehrlos ist. Ihm diese Überlegung absprechen, hieße vom Feinde das unrichtigste Handeln erwarten. Dies hat in der Kriegsgeschichte stets zu Niederlagen geführt. Es wäre ein Vabanquespiel, das mit der Katastrophe der 6. Armee die schwerwiegendsten Folgen für die Dauer, vielleicht auch für das Endergebnis des Krieges haben würde.
III. Operativ ergibt sich daher unwiderleglich: die 6. Armee kann bei Verharren in der Igelstellung nur dann der Vernichtung entgehen, wenn der Entsatz in wenigen Tagen, d. h. in etwa 5 Tagen so weit wirksam wird, daß der Feind seine Angriffe einstellen muß.
Hierfür liegt nicht ein einziges Anzeichen vor.
Wird der Entsatz erst weniger wirksam, so tritt unweigerlich der Zustand der Wehrlosigkeit, d. h. der Vernichtung der 6. Armee ein. Welche Maßnahmen von OKH für den Einsatz der 6. Armee getroffen sind, ist nicht zu übersehen. Entsatz von Westen kann nur in weiter Ferne liegen, da eigene Sicherungskräfte erst westlich des oberen Tschir und etwa ab Obliwiskaja am unteren Tschir stehen, ein Aufmarsch von Entsatzkräf-

Oben: Im Kessel von Stalingrad, Ende November 1942: eine neue Verteidigungslinie entsteht

Rechts: Es ist bei dem gefrorenen Boden nicht einmal möglich, Schützenlöcher auszuheben

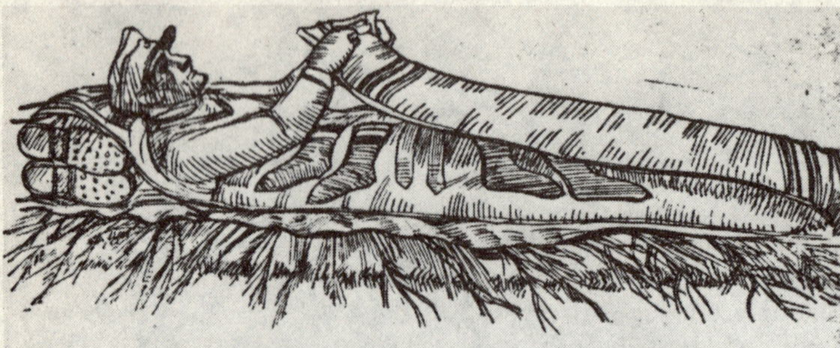

Bild 4. Richtiges Trocknen nasser Sachen nahe am Körper.

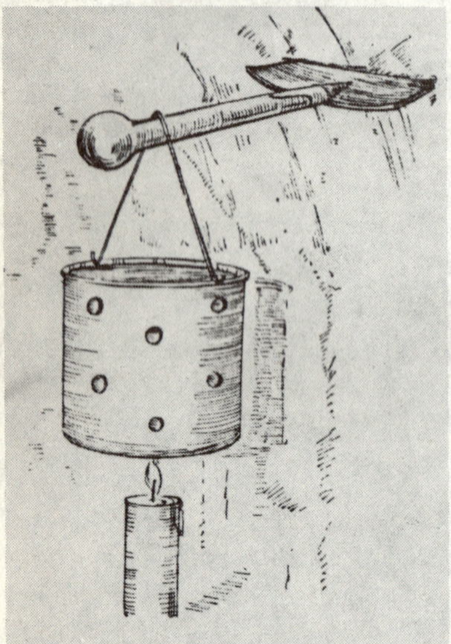

Bild 2. Einfache und zweckmäßige Beheizung eines Schneebiwaks.

Wer diese Empfehlung gab ...

...hat sie sicher nicht ausprobieren müssen (aus Soldatenzeitung 1942)

ten also weit ab von der 6. Armee vollzogen werden muß. Der Aufmarsch einer zu schnellem Durchstoß über den Don und gleichzeitiger Abdekkung ihrer Nordflanke ausreichenden Armee mit Hilfe der leistungsfähigen Bahn über Millerowo dauert Wochen. Hinzu kommt der Zeitbedarf für die Operationen selbst, der bei den Unbilden der Witterung und den

kurzen Tagen der jetzigen Jahreszeit bedeutend größer ist als im Sommer.
Die für den Entsatz von Süden eingeleitete Versammlung von 2 Panzer-Divisionen bei Kotelnikowo und deren Angriff ist mit mindestens 10 Tage zu berechnen. Die Aussichten für schnelles Durchschlagen des Angriffes werden durch die Notwendigkeit stark beeinträchtigt, die mit jedem Schritt länger werdenden Flanken, besonders die Ostflanke, abzudecken, ganz abgesehen von dem nicht bekannten Zustand der Divisionen und der Frage, ob überhaupt 2 Panzerdivisionen ausreichen. Mit der Möglichkeit, den Aufmarsch von Entsatzkräften, den Einsatz einer größeren Zahl von mot. Kolonnen zu beschleunigen, kann nicht gerechnet werden. Weder die Kolonnen noch der Brennstoff können vorhanden sein, sonst hätten sie schon früher, bei weit geringerem Transportraum-Bedarf, zur Bevorratung der so exponierten Stalingrader Front verfügbar gemacht werden müssen.
IV. Die Aussicht, in der versorgungsmäßig noch tragbaren Zeit den Befehl des OKH, den Igel zu halten, bis Hilfe heran ist, beruht offensichtlich auf unrealen Grundlagen. Er ist daher nicht ausführbar und hat die Katastrophe der Armee unweigerlich zur Folge. Soll die Armee erhalten werden, so muß sie einen anderen Befehl sofort herbeiführen oder sofort einen anderen Entschluß selbst fassen. Der Gedanke, die Armee bewußt aufzuopfern, dürfte im Hinblick auf die operativen, politischen und moralischen Folgen außerhalb jeder Diskussion stehen.
V. Die Gegenüberstellung der versorgungsmäßigen und operativen Zeitberechnung unter Berücksichtigung des vermutlichen Handelns des Feindes führt zu einem so klaren Schluß, daß sich weitere Überlegungen eigentlich erübrigen. Trotzdem wird auf die folgenden Punkte hingewiesen, die in die gleiche Richtung weisen:
a) Noch keineswegs stabilisierte Lage auf der Westfront des Igels.
b) Unmöglichkeit, auf der Nordfront einem scharf zusammengefaßten Angriff der gegenüberstehenden Kräfte längere Zeit standzuhalten, nachdem wegen Herausziehens erst der 16. Panz.-Division, dann der 3. I.D. mot. die Front in eine zwar kürzere, aber fast gar nicht ausgebaute Linie zurückverlegt werden mußte.
c) Angespannte Lage auf der Südfront.
d) Verminderte Kampfkraft der stark ausgekämmten Wolgafront, besonders, wenn die Eisdecke des Stromes, wie bald zu erwarten, geschlossen und kein Hindernis für die Angreifer mehr ist.
e) Infolge Munitionsmangels keine Verhinderung in der laufenden Kräftezufuhr in den feindlichen Wolga-Brückenkopf, an dessen Front

Die einzigen noch in Pitomnik verbliebenen Stukas Ju 87 starten zu einem Nachtangriff

schon die bisherigen Feindangriffe den Einsatz aller örtlichen Reserven erforderten.

f) Zustand der durch den Angriff in Stalingrad ausgebluteten Divisionen.

g) Die Armee eng zusammengedrängt in einem dürftigen Steppenraum, der fast gar keine noch brauchbaren Unterkünfte und Deckungsmöglichkeiten bietet, so daß Truppen und Material überall der Witterung und feindlichen Luftangriffen ausgesetzt sind.

h) Drohender Kälteeinbruch bei nahezu gänzlichem Fehlen von Heizmaterial im größten Teil der jetzigen Linien.

i) Nur unzulängliche Unterstützung durch die Luftwaffe mangels günstig gelegener Einsatzhäfen. Demgegenüber kein Flankenschutz, da die vorhandenen Flakverbände restlos zur Panzerabwehr eingesetzt werden mußten. Ein Vergleich mit dem vorjährigen Demjanskkessel kann zu

gefährlichen Trugschlüssen führen. Die für den Angreifer schwierigen Geländeverhältnisse begünstigen die Verteidigung, die Entfernung von der deutschen Front war um ein mehrfaches geringer. Der Versorgungsbedarf für ein eingeschlossenes Korps war bedeutend kleiner, zumal viel weniger der hier in der kahlen Steppe unentbehrlichen Kampfmittel (Panzer, schwere Artillerie, Werfer usw.) versorgt werden mußten. Trotz der geringen Entfernung zur deutschen Front hat damals die Schaffung eines ganz schmalen Zuganges in den Kessel wochenlange schwere Winterkämpfe erfordert.

VI. Die Folgerung ist eindeutig: entweder verteidigt sich die 6. Armee in der Igelstellung, bis sie verschossen, d. h. wehrlos ist. Da bei der sicheren Fortsetzung und wahrscheinlichen Ausdehnung der Feindangriffe auf die bisher noch ruhigen Frontteile dieser Zustand früher eintreten muß als der Entsatz wirksam werden kann, bedeutet dieses passive Verhalten das Ende der Armee. Oder die Armee sprengt in aktivem Handeln den Einkreisungsring.

Dies ist nur noch dadurch möglich, daß die Armee unter Entblößung von Nord- und Wolga-Front, d. h. unter Frontverkürzung, Stoßkräfte frei macht, um mit ihnen an der Südfront anzugreifen und unter Aufgabe von Stalingrad in Richtung des schwächsten Widerstandes, d. h. in Richtung Kotelnikowo, durchzubrechen. Dieser Entschluß macht die Zurücklassung erheblicher Materialmengen nötig, bietet aber Aussicht, die südliche Backe der feindl. Umfassung zu zerschlagen, einen großen Teil der Armee und ihrer Rüstung der Katastrophe zu entziehen und sie für die Fortführung der Operationen zu erhalten. Hierdurch bleibt ein Teil der Feindkräfte dauernd gebunden, während nach Vernichtung der Armee in der Igelstellung jegliche Bindung von Feindkräften aufhört. Nach außen hin ist eine Darstellung der Ereignisse möglich, die schweren moralischen Schäden vorbeugt: nach völliger Zerstörung des sowjetischen Rüstungszentrums Stalingrad ist die Armee unter Zerschlagung einer feindlichen Kräftegruppe von der Wolga abgesetzt worden.
Die Erfolgsaussichten für den Durchbruch sind um so größer, als die bisherigen Kämpfe vielfach eine geringe Standfestigkeit der feindlichen Infanterie im freien Gelände gezeigt haben und an den kleinen Flußabschnitten ostw. des Don und am Aksai-Abschnitt noch eigene Kräfte stehen. Im Hinblick auf die Zeitberechnung muß der Durchbruch unverzüglich eingeleitet und durchgeführt werden. Jedes Zögern mindert seine Aussichten, mit jedem Zögern nimmt die Zahl von Kämpfern und Munition ab. Mit jedem Zögern wird der Feind an der Durchbruchsfront stärker und kann mehr Abdeckungskräfte gegen die Gruppe Kotelnikowo heranführen. Mit jedem Zögern wird die Kampfkraft durch Pferdesterben und damit Ausfall Pferde-beweglicher Waffen geringer.
Hebt das OKH den Befehl zum Ausharren in der Igelstellung nicht unverzüglich auf, so ergibt sich vor dem eigenen Gewissen gegenüber der Armee und dem deutschen Volke die gebieterische Pflicht, sich die durch den bisherigen Befehl verhinderte Handlungsfreiheit selbst zu nehmen und von der heute noch vorhandenen Möglichkeit, die Katastrophe durch eigenen Angriff zu vermeiden, Gebrauch zu machen. Die völlige Vernichtung von zweihunderttausend Kämpfern und ihrer gesamten Materialausstattung steht auf dem Spiel. Es gibt keine andere Wahl.

gez. *von Seydlitz*
General der Artillerie

Anmerkung des Chefs des Gen.Stabes der Armee:
Wir haben uns nicht den Kopf des Führers zu zerbrechen und Gen. v. Seydlitz nicht den des O.B.

»Drum haltet aus, der Führer haut uns raus!« (GenMaj. Schmidt): Vorbereitungen zur Abwehr eines neuen sowjetischen Angriffs

Tagesparole des Reichspressechefs,
Mittwoch, 25. November 1942:
Die Schwere der Kämpfe bei Stalingrad ist entsprechend den Formulierungen des OKW-Berichts in zweispaltigen Überschriften hervorzuheben. Erläuterungen zur Tagesparole: Wie schon gestern der Presse empfohlen wurde, sollen auch heute wieder die schweren Abwehrkämpfe bei Stalingrad und im Donbogen nach Vorliegen des OKW-Berichts mit zweispaltigen Überschriften auf der ersten Seite verzeichnet werden. Es ist selbstverständlich, daß Aufmachungen nicht daraus zu bestreiten sind.

3000 Schuß in der Minute

In Stalingrad kam es am Dienstag zu erfolgreichen Stoßtruppkämpfen unserer Grenadiere. Die Bolschewisten versuchten, aus befestigten Ruinen und Kellern des Industriegeländes Vorstöße zu unternehmen. Jedoch alle ihre verzweifelten Angriffe brachen im Feuer der deutschen Infanteriegeschütze und Maschinengewehre zusammen.
Bei diesen erbitterten Kämpfen haben sich neue deutsche Infanteriewaffen hervorragend bewährt, vor allem die neuen Maschinengewehre, die den Bolschewisten schwerste Verluste zufügten. Die Maschinengewehre zeichnen sich durch ihre ungeheure Feuergeschwindigkeit aus. In einer Minute können 3000 Schuß den Lauf verlassen. Das ist eine Feuerdichte von unvorstellbarer Kraft. Jede feindliche Angriffswelle, die versuchen würde, gegen dieses Maschinengewehrfeuer anzurennen, bräche schon nach wenigen Feuerstößen zusammen. Das Explosionsgeräusch dieses Maschinengewehrs ist den Bolschewisten wohlbekannt. Sie haben inzwischen unterscheiden gelernt zwischen dem bekannten Tackern und dem neuen Dauergeräusch. Wenn ein derartiger Feuerstoß in rasender Folge den Lauf verläßt, hört man nur noch einen längeren gleichbleibenden Explosionston. Gefangene Bolschewisten erklärten, daß sie dort, wo das »elektrische« Maschinengewehr, wie diese gefährliche Waffe von ihnen genannt wird, eingesetzt ist, den Angriff abbrechen und sich schnellstens in Sicherheit zu bringen versuchen.
Im Kampf gegen eine stark befestigte Häusergruppe Stalingrads, von dessen 24 Stadtbezirken 22 in deutscher Hand sind, erzielte eine weitere neue Waffe, und zwar unser Flammenwerferpanzer, vernichtende Wirkung. Diese neue Waffe hat einen Stahlrohrkopf, der nach allen Seiten schwenkbar ist und seine Flammen über die höchsten fünf- und mehrstökkigen Gebäude hinwegschleudern kann. Die eigene schwere Bewaffnung schützt den Flammenwerferpanzer vor feindlichen Überfällen. Durch

Oben: Rumänische Pioniere auf dem Weg zu neuen Stellungen

Unten: Marinowka nach einem nächtlichen sowjetischen Angriff im Abschnitt der 3. Infanteriedivision (mot.): abgeschossene Panzerkampfwagen

Gefallene Rotarmisten

Nebelgeschosse, die aus dem Innern des Panzers abgeschossen werden, kann er sich in Sekundenschnelle der feindlichen Sicht entziehen.
Nach einem kurzen Angriff mit diesen Flammenwerferpanzern auf einen großen Gebäudekomplex der Bolschewisten stand das ganze seit Tagen zäh verteidigte Festungswerk mit allen feindlichen Waffen und der ganzen Besatzung in hellen Flammen. Im Schutz unserer Flammenwerferpanzer drangen die Grenadiere in den Gebäudekomplex ein und erledigten den Widerstand. Im zusammengefaßten Feuer der schweren Infanteriewaffen wurden ferner zahlreiche feindliche Mörser und schwere Granatwerfer vernichtet. *Berliner Lokal-Anzeiger, 25. 11. 1942*

Am Donnerstag, dem 26. November 1942
gibt das *Oberkommando der Wehrmacht*
zu den Ereignissen des Vortages bekannt:
Zwischen Wolga und Don und im großen Donbogen halten die schweren Panzer- und Infanterieangriffe des Feindes an. Sie wurden in erbitterten Kämpfen abgewehrt. Der Gegner verlor erneut zahlreiche Panzerkampfwagen. Eigene Luftangriffe fügten dem Gegner starke Verluste an

Menschen, schweren Waffen und Fahrzeugen aller Art zu. In Stalingrad brachen auch gestern feindliche Angriffsversuche zusammen.

Tagesparole des Reichspressechefs,
Donnerstag, 26. November 1942:
Die Härte der Kämpfe im Osten ist in zweispaltigen Überschriften wie bisher zu unterstreichen.

Geheimer Bericht des *Sicherheitsdienstes der SS*
zur innenpolitischen Lage:
Nr. 338 vom 26. November 1942 (Auszug)
Viele Angehörige sind über das Schicksal der im Raum von Stalingrad kämpfenden Truppe in Besorgnis und fürchten teilweise sogar, daß unsere Truppen bei Stalingrad eingekesselt werden könnten. Diese Befürchtungen konnten durch die Mitteilung vom Einsatz eines neuen Flammenwerfers und eines neuen Maschinengewehrs mit 3000 Schuß pro Minute nicht völlig beseitigt werden, obwohl man sich allgemein freut, daß mit Hilfe dieser Waffen unseren Feinden nach dem Führerwort »Hören und Sehen vergehen wird«.

Chef GenStdH an GFM v. Manstein vom 26. 11. 1942,
(*Beurteilung der Lage durch den Führer*)
FS OKH/GenStdH/OpAbt (I S/B) Nr. 420 969/42
gKdos Chefs. vom 26. 11. 1942, 15.10 Uhr:

Der Führer hat Ihre Beurteilung der Lage gelesen. In folgendem führe ich aus, wie der Führer die Lage beurteilt: Ein Aufgeben von Stalingrad würde den Verzicht auf den wesentlichsten Erfolg der Offensive dieses Jahres bedeuten. Der Russe würde wieder in den Besitz der für ihn lebenswichtigen Verbindung auf der Wolga kommen. Es muß daher mit allen irgend verfügbaren Mitteln angestrebt werden, Stalingrad zu halten und die Verbindung mit der 6. Armee wieder herzustellen.
Diese Aufgabe, so schwer sie zur Zeit auch erscheinen mag, muß gelöst werden. Wird sie nicht gelöst, erfordert die Wiedergewinnung der Wolga im nächsten Jahr noch viel mehr Opfer.
Hierbei ist zu bedenken, daß der Feind infolge Versagens zahlreicher rumänischer Truppenteile einen für ihn sicher unerwartet raschen und großen Erfolg erzielt hat. Er wird voraussichtlich nunmehr Schwierigkeiten in der planvollen Führung seiner Verbände sowie vor allem im Nähren der Kräfte aus der Tiefe und im Versorgen, vor allem mit

Durch Hunger und Strapazen gezeichneter Landser: Gibt es überhaupt noch Hoffnung?

Betriebsstoff, haben. Wir werden ihn daher, je früher wir wieder zum eigenen Angriff antreten, desto unfertiger antreffen. Ein rascher und in Richtung Stalingrad durchschlagender Erfolg der Angriffsgruppe kann daher erhofft werden.
Für die Durchführung der Aufgabe der Heeresgruppe Don sind die in dem Fernschreiben Nummer 420961/42 geh. Kdos. angegebenen Gesichtspunkte maßgebend. Hiernach kommt es auf folgendes an:

1. Die 6. Armee muß in dem in dem Fernschreiben angegebenen Raum zusammenschließen und gleichzeitig dadurch Kräfte gewinnen zur Erweiterung dieses Raumes in allgemeiner südwestlicher Richtung. Stalingrad selbst und die Nordfront bis zum H. P. 564 müssen unter allen Umständen gehalten werden, sowohl als Rückendeckung für die Erweiterung des Raumes der 6. Armee nach Südwesten, als auch besonders mit Rücksicht auf das beabsichtigte Endziel.
2. Die bei Kotelnikowo zu bildende Angriffsgruppe muß so stark und so frühzeitig wie irgend möglich in nordostwärtiger Richtung vorstoßen mit dem Ziel, der 6. Armee die Hand zu reichen.
3. Das Don-Tschir-Dreieck muß unter allen Umständen gehalten werden, einmal weil die linke Flanke der Stoßgruppe Kotelnikowo deckt und zwotens weil aus diesem Dreieck heraus die Möglichkeit eines Vorstoßes über den Don in nordostwärtiger Richtung gewährt bleiben muß. Ein solcher Vorstoß würde ein Vorwärtskommen der Stoßgruppe Kotelnikowo weitgehend erleichtern. Es muß daher ins Auge gefaßt werden, die in dem Don-Tschir-Dreieck stehenden Kräfte sobald wie möglich zu verstärken.
4. Wenn das Ziel der Wiedervereinigung mit der 6. Armee erreicht ist und damit das Halten von Stalingrad und die Versorgung der 6. Armee wieder gesichert ist, kann in Frage kommen, durch weiteren Angriff auch die Einbruchstelle zwischen Don und Tschir wieder zu bereinigen.

gez. *Zeitzler*

General Paulus an GFM v. Manstein

Der Oberbefehlshaber der 6. Armee
O.B. und Chef vorzulegen!

Bhf. Gumrak, den 26. November 1942
Durch Offizier geschrieben!

Generalfeldmarschall v. Manstein
Oberbefehlshaber der Heeresgruppe DON

Hochverehrter Herr Feldmarschall!

I. Ich danke gehorsamst für den Funkspruch vom 24. November und die in Aussicht gestellte Hilfe.

II. Zur Beurteilung meiner Lage darf ich folgendes melden:

1. Als am 19. November die russischen Großangriffe auf die rechten und linken Nachbarn der Armee einsetzten, waren im Verlauf von 2 Tagen die beiden Flanken der Armee offen, in die der Russe mit beweglichen Kräften schnell vorging. Die nach Westen über den Don vorziehenden eigenen schnellen Verbände (XIV. Pz. K.) trafen mit ihren Spitzen westlich des Don auf überlegenen Feind und kamen in eine sehr schwierige Lage, zumal sie durch Betriebsstoffmangel stark in ihrer Beweglichkeit gehemmt waren. Gleichzeitig marschierte der Feind in den Rücken des XI. AK, das befehlsgemäß in vollem Umfange seine Stellung nach Norden gehalten hatte. Da irgendwelche Kräfte aus der Front zur Abwehr dieser Gefahr nicht mehr herauszuziehen waren, blieb gar nichts anderes übrig, als den linken Flügel des XI. AK nach Süden umzuklappen und im weiteren Verlauf das AK zunächst in eine Brückenkopfstellung westlich des Don zurückgehen zu lassen, damit nicht die westlich des Don stehenden Teile von der Masse abgesplittert wurden.

In die Durchführung dieser Maßnahmen traf ein Führerbefehl ein, der den Angriff mit XIV. Pz.K. mit linkem Flügel auf Dobrinskaja forderte. Dieser Befehl war durch die Ereignisse überholt. Ich konnte ihn also nicht befolgen.

2. Am 22. früh wurde mir auch das IV. AK, bisher bei Pz. AOK 4, unterstellt. Der rechte Flügel des IV. AK war im Zurückgehen von Süden nach Norden über Businowka. Damit war die ganze Süd- und Südwestflanke offen. Wollte man nicht den Russen ungehindert in den Rücken der Armee Richtung Stalingrad marschieren lassen, so blieb gar nichts anderes übrig, als Kräfte aus Stalingrad und der Nordfront herauszuziehen. Diese konnten vielleicht noch rechtzeitig herangeführt werden, während dies mit Kräften aus dem Gebiet westlich des Don nicht durchführbar war. Mit den von uns aus der Stalingradfront zum IV. AK herangeführten Kräften gelang es dem IV. AK, eine schwache Südfront mit Westflügel bei Marinowka aufzubauen, in die jedoch am 23. mehrere Feindeinbrüche erfolgten. Ausgang noch ungewiß. Am 23. nachmittags wurden stärkere feindliche Panzerverbände, darunter allein 100 Panzer in Gegend westlich Marinowka, erkannt und mehrfach bestätigt. Im ganzen Raum zwischen Marinowka und dem Don standen nur dünne deutsche Sicherungen. Der Weg war für die russischen Panzer und mot. Kräfte frei, ebenso wie in Richtung Pestkowatka gegen die Donbrücke. Von den vorgesetzten Stellen hatte ich seit 36 Stunden keine Befehle oder Nachrichten bekommen. Ich konnte in wenigen Stunden vor folgender Lage stehen:

a) Entweder mit der West- und Nordfront stehenzubleiben und mitanzusehen, wie die Armeefront binnen kürzester Frist von hinten aufgerollt wurde, dabei aber formal dem mir gewordenen Befehl zum Halten gehorsam zu sein, oder
b) den in solcher Lage einzig möglichen Entschluß zu fassen, sich mit aller Kraft gegen den Feind zu wenden, der die Armee von rückwärts zu erdolchen im Begriff war. Daß bei diesem Entschluß die Ost- und Nordfront nicht mehr zu halten ist und im weiteren Verlauf dann nur noch ein Durchbrechen nach Südwesten in Frage kommt, ist selbstverständlich.
Im Falle b) werde ich zwar der Lage gerecht, mache mich aber — dann zum zweiten Male — des Ungehorsams gegen einen Befehl schuldig.
3. In dieser schwierigen Lage sandte ich an den Führer einen Funkspruch mit der Bitte, mir Handlungsfreiheit für einen solchen letzten Entschluß zu geben, wenn er nötig wird. Ich suchte in einer solchen Vollmacht einen Rückhalt, der mich davor bewahren sollte, den in gegebener Lage einzig möglichen Befehl zu spät zu geben. Daß ich einen solchen Befehl nur im alleräußersten Notfall und nicht zu früh geben würde, dafür kann ich keinen Beweis erbringen, sondern nur Vertrauen erbitten.
Ich habe auf diesen Funkspruch keine unmittelbare Antwort erhalten...

III. Die Lage von heute wird auf Karte übersandt. Wenn auch der Südwestfront weitere Kräfte zugeführt werden konnten, so ist die Lage dort noch angespannt...
Die Stalingradfront erwehrt sich täglich eines starken Feinddrucks... die seit 3 Tagen durchgeführte Luftversorgung brachte nur kleine Bruchteile des errechneten Mindestbedarfs (600 to = 300 Ju täglich). Die Versorgung kann schon in den nächsten Tagen zu einer äußerst ernsten Krise führen.
Ich glaube trotzdem, daß sich die Armee einige Zeit halten kann. Ob allerdings die täglich wachsende Schwäche der Armee, dazu der Mangel an Unterkünften, Bau- und Brennholz ein Halten des Raumes um Stalingrad — auch wenn etwa ein Korridor zu mir durchgeschlagen wird — für längere Zeit möglich machen kann, ist noch nicht voll zu übersehen.
Da ich täglich von vielen verständlichen Anfragen für die Zukunft bestürmt werde, wäre ich dankbar, wenn mir mehr als bisher Unterlagen zugänglich gemacht würden, die ich für die Hebung der Zuversicht meiner Männer verwenden kann.

Ich darf melden, daß ich in Ihrer Führung, Herr Feldmarschall, die Gewähr sehe, daß alles geschieht, um der 6. Armee zu helfen...

Ihr, Herr Feldmarschall, gehorsamer
gez. *Paulus*

Die Formlosigkeit des Papiers und der Handschrift bitte ich der Umstände halber entschuldigen zu wollen.

Und so war es

Am Montag, dem 23. November, werden die Nachrichten immer schlechter. Nur mit Mühe hält die 6. Armee noch den Brückenkopf am Westufer des Don.

An diesem Tage soll sich planmäßig das 4. Panzerkorps (GenMaj. A. G. Krawtschenko) südostwärts von Kalatsch bei Sowjetski mit den Truppen der Stalingrader Front treffen und so die Einschließung vollziehen.

Gegen Mittag nähern sich die beiden sowjetischen Panzerrudel der Südwest- und der Stalingrader Front wie eine riesige Zange dem Raum zwischen Kriwo Muschanskaja (Sowjetski) und Kalatsch.

Die Kommandos der beiden Vorhuten haben in ihren Panzern neuartige Funkgeräte mit Treff-Frequenz-Schaltung, die erstmalig zum Einsatz kommen: sie sollen die beiden Panzerspitzen bei schnell einbrechender Nacht narrensicher durch das unwegsame Gelände, das voller feindlicher Truppen steckt, aufeinander zuführen.

Unterdessen wirkt sich beim rumänischen VI. Armeekorps der Panzerschock aus. Es ist unmöglich, den planlosen Rückzug auf Kotelnikowo aufzuhalten; auch das rumänische VII. Armeekorps wird immer weiter zurückgedrängt. Zwischen den beiden rumänischen Verbänden öffnet sich eine Lücke, durch die sowjetische Kavallerie nach Süden durchbricht.

Am Nachmittag begegnen sich gegen 16 Uhr kurz vor der Ortschaft Sowjetski die beiden Stoßkeile des von Nordwesten vorpreschenden 4. Panzerkorps (Gen. A. G. Krawtschenko) von der Südwestfront und das von Süden her anrollende 4. motorisierte Korps (Gen. W. T. Wolski) der Stalingrader Front. Kurze Zeit später erreicht das 26. Panzerkorps des Generals L. G. Rodin den Raum Sowjetski ebenfalls.

»Kaum haben sich die ersten Panzer der Südwestfront gezeigt, als die Panzersoldaten der Stalingrader Front das vereinbarte Signal schießen, eine Serie grüner Leuchtkugeln. Die Soldaten des 4. Panzerkorps antworten ebenso und stürmen mit höchster Geschwindigkeit auf ihre Kampfgenossen zu...

... Mit dem Zusammentreffen der beiden Panzereinheiten ist die Einschließung des Gegners vollendet, die erste Etappe der Operation erfolgreich abgeschlossen. Die einander unbekannten, aber doch so vertrauten Soldaten jubeln über die lang ersehnte Vereinigung, werfen ihre Mützen in die Luft, machen ihrer Freude in einem donnernden Hurra Luft, schütteln sich die Hände, umarmen und küssen sich.«

Diese offizielle Darstellung des historischen Treffs ist jedoch nur ein frommer Wunsch; die beiden Panzerkeile halten nämlich Freund für Feind und liefern sich in der Dämmerung ein hartnäckiges halbstündiges Gefecht, wobei auf beiden Seiten erhebliche Verluste an Panzern und Menschen entstehen... Seine Brigade sei um 15.30 Uhr aus Sowjetski von der von Südosten vorstoßenden 36. mechanisierten Brigade beschossen worden, berichtet der Kommandeur der von Nordwesten vorstoßenden 45. Panzerbrigade, Oberstleutnant K. S. Schidkow. Trotz wiederholten Abschießens von grünen Raketen sei es zu einem halbstündigen Gefecht gekommen...

Der Stellvertreter General Jeremenkos, Generalleutnant M. M. Popow, meint jedoch zu dieser unvorhergesehenen Schlacht: »... die 45. Panzerbrigade trägt an dem Debakel die Schuld, da sie kein verabredetes Erkennungszeichen gegeben hat.«

Nun sind die 6. Armee, das IV. Armeekorps der 4. Panzerarmee, die rumänische 20. Infanteriedivision und die rumänische 1. Kavalleriedivision, also insgesamt 5 Korps mit 14 Infanterie-, 3 mot. und 1 Flakdivision, 3 Panzerdivisionen sowie 2 rumänische Divisionen im Raum zwischen Don und Wolga bei Stalingrad eingekesselt.

Doch kennt niemand so recht die Zahl der Eingeschlossenen: Die Sowjets glauben, es seien 80000 Mann; der Wehrmachtführungsstab tippt auf etwa 400000, der Quartiermeister der 6. Armee meint 300000, und General Paulus selbst glaubt, er hätte um 200000 unter sich. In Wirklichkeit befinden sich im Kessel etwa 260000 Mann, unter ihnen 9590 Rumänen und 20300 Hilfswillige, ehemalige sowjetische Kriegsgefangene, sowie 50000 Pferde. Der Raum zählt 1500 Quadratkilometer und hat eine Ausdehnung von 60 Kilometern Länge, 37 Kilometern Breite und einen Umfang von 171 Kilometern. Somit liegt das ganze Gebiet im Bereich der weittragenden sowjetischen Artillerie.

Tatsächlich ist jedoch die 6. Armee zu diesem Zeitpunkt von sowjetischen Truppen erst locker umstellt, und die deutschen Nachschubeinheiten unternehmen noch tagelang Vorstöße in das von ihnen vorher besetzte Steppengebiet, um die beim Rückzug liegengebliebenen Güter zu bergen. Bei diesen nächtlichen Aktionen werden geradezu in Wildwestmanier Munition und Treibstoff sowie noch Hunderte von Tonnen Futtermittel nach Stalingrad hineingeschleppt.
Der deutschen Heeresgruppe B (GenOberst v. Weichs) gelingt es immerhin noch, sich rechtzeitig abzusetzen. An diesem Tag, dem 23. November, kapitulieren die im Norden eingeschlossenen 5 rumänischen Divisionen.
Das nächste Ziel des sowjetischen Oberkommandos ist nun, die eingekreiste Armee schnellstens zu liquidieren. Diese Aufgabe überträgt man der Donfront (GenOberst K. K. Rokossowski). Ihre Hauptsorge ist jetzt die Frage, ob die 6. Armee womöglich Stalingrad aufgibt und ausbrechen wird. Das Gegenteil trifft zu. Viele deutsche Einheiten ziehen sich, als die sowjetischen Panzer am Don auftauchen, nach Stalingrad statt nach Westen zurück.
Schon jetzt ist die Lage der 6. Armee äußerst kritisch; der größte Teil der Versorgungsreserven liegt auf der Westseite des Don, fast alles ist den Sowjets in die Hände gefallen, und die Armee verfügt nur noch über 6 Tagesrationen für jeden Mann im Kessel.
Am Abend des 23. November, nach etwa 18stündiger Fahrt, trifft Hitlers Sonderzug aus Berchtesgaden in Leipzig ein. Von hier aus fliegt er mit seiner Maschine FW 200 nach Rastenburg.
Um 21.30 Uhr gibt Paulus nach Rücksprache mit den Kommandierenden Generalen der Armee seinen Funkspruch direkt an Hitler mit der dringenden Bitte um Genehmigung der Handlungsfreiheit.
Kurz vor Mitternacht zum 24. November landet Hitler und fährt in sein Hauptquartier.
Im Laufe des Tages hat der Chef des Stabes des LI. Armeekorps, Oberst i.G. Clausius, eine Denkschrift ausgearbeitet, die v. Seydlitz unterzeichnet: »Die Armee muß ausbrechen, oder sie ist dem Untergang geweiht.«
In der Nacht zum 24. November, noch vor Überreichung dieser Denkschrift an General Paulus, nimmt v. Seydlitz den linken Flügel seines Korps an der Wolgafront des Kessels eigenmächtig zurück. Seine Absicht: General Paulus zum Ausbruch zu bewegen.
Damit nichts dem Feind in die Hände fällt, befiehlt General v. Seydlitz, alles Überflüssige zu vernichten.
Die beschädigten Geschütze, Panzer, Lastkraftwagen und überflüssiges

An der Nordfront des Kessels: ein von der 60. Infanteriedivision (mot.) zurückgeschlagener sowjetischer Durchbruchsversuch an der Eisenbahnlinie nach Kotluban. Im Vordergrund ein sowjetisches MG Maxim 7,62 mm PM 1910 mit Schutzschild, links ein gefallener MG-Schütze

Nachrichten- und Pioniergerät werden zerstört, Bekleidung und Verpflegung verbrannt.

Im Gegensatz zu v. Seydlitz, der ohne Führer in einer sofortigen Aktion mit seinem Armeekorps ausbrechen will, setzt General Paulus das Gehorsamsprinzip höher und weigert sich, auf eigene Faust zu handeln. Unterdessen stoßen die Sowjets sofort in die offene Flanke, und die 94. Division, die sie aufzuhalten versucht, hat dabei erhebliche Verluste.

Nachdem das LI. Armeekorps des Generals v. Seydlitz die sicheren Riegelstellungen und Bunker geräumt hat, setzt es sich bis auf den Nordrand von Stalingrad ab und tauscht so seine festen Quartiere gegen Schneelöcher in der offenen Steppe und gegen vereiste Schluchten ein. Schon nach wenigen Tagen müssen sie feststellen, daß diese übereilte Vernichtungswelle fast einem Selbstmord gleichkommt.
In der Wolfsschanze ist der Führer — von der Reise ermüdet — angekommen und »vor Mittag nicht zu sprechen«.
Doch nach langen Bemühungen erreicht General Zeitzler, daß man ihn schließlich vorläßt. Und zu seinem Erstaunen empfängt ihn Hitler in bester Laune.
»Der Führer ist hinsichtlich der Lage der 6. Armee — in Stalingrad — zuversichtlich«, vermerkt später das Kriegstagebuch des Wehrmachtführungsstabes.
General Zeitzler empfiehlt nun, den sofortigen Durchbruch der 6. Armee einzuleiten, worauf ihn Hitler fragt, ob er denn dafür sei, Stalingrad aufzugeben. Als Zeitzler das bejaht, schlägt Hitler mit der Faust auf den Tisch: »Ich gehe nicht von der Wolga zurück!«
General Zeitzler läßt jedoch nicht locker und erscheint kurz darauf noch einmal bei Hitler in der Hoffnung, ihn umzustimmen.
Um 2 Uhr morgens gibt Zeitzler nach dem zweiten Gespräch dem Generalstabschef der Heeresgruppe B, General v. Sodenstern, telefonisch durch, der Führer wolle die Frage eines Ausbruchs erneut überdenken; seine Entscheidung werde er um 8 Uhr bekanntgeben. Es sei ihm nicht mehr möglich gewesen, dem erschöpften »Führer« den Ausbruchsbefehl noch zur Unterschrift vorzulegen, das werde am kommenden Morgen nachgeholt, die notwendigen Vorbereitungen für den Ausbruch seien aber schon einzuleiten und die 6. Armee zu unterrichten.
General v. Sodenstern ruft sofort über eine Telefonleitung, die von den Sowjets kurz danach unterbrochen wird, das Hauptquartier der 6. Armee in Gumrak an und gibt diese Meldung weiter, die sich wie ein Lauffeuer im Kessel verbreitet.
Morgens, kurz vor 8 Uhr, ist Zeitzler wieder bei Hitler, der jetzt aber nur noch von der »Festung Stalingrad« redet. »Wenn notwendig, wird die Besatzung von Stalingrad eine Belagerung den ganzen Winter aushalten, und ich werde sie mit meiner Sommeroffensive befreien.«
In der Zwischenzeit nämlich, bevor Zeitzler Hitler den Befehl zur Unterschrift vorlegen kann, haben entweder Göring oder in seinem Auftrag der Chef des Generalstabes der Luftwaffe, Generaloberst Jeschonnek, ihm eine ausreichende Luftversorgung des Kessels die

Wintermonate hindurch garantiert, was jedoch zu dieser Zeit für die deutsche Luftwaffe außerhalb ihrer Möglichkeiten liegt.
Man weiß heute jedoch nicht mehr, wen Hitler wegen der Luftversorgung zuerst angesprochen hat, was Göring wirklich zusagte, bei wem Generaloberst Jeschonnek irgendwelche Einwände vorbrachte und ob Hitler noch andere zu Rate zog.
Es ist auch nicht auszuschließen, daß Jeschonnek den Stein ins Rollen brachte, nachdem er — womöglich durch Unkenntnis technischer Details — die Frage des Reichsmarschalls Göring, ob eine Luftversorgung mit 300 t pro Tag durchführbar sei, mit »Ja« beantwortet hat, wobei er an 300 sogenannte »1000-kg-Versorgungsbomben« dachte, die zwar ihre Bezeichnung wegen der Ähnlichkeit mit den üblichen 1000-kg-Sprengbomben tragen, aber in Wirklichkeit nur ein Fassungsvermögen von etwa 650 kg besitzen.
Von einem zuständigen Offizier der Luftwaffe auf seinen Irrtum aufmerksam gemacht, soll Jeschonnek anschließend Göring telefonisch benachrichtigt und die Bitte geäußert haben, er möge es an Hitler weitergeben, daß aus dieser Sicht heraus der Mangel an Transportflugzeugen eine Luftversorgung solchen Ausmaßes unmöglich mache. Göring lehnt dies vorerst ab, mit der Bemerkung, Hitler sei mit den Nerven am Ende.
Inzwischen werden nach dem Anruf des Generals v. Sodenstern entsprechende Befehle erteilt; die Preisgabe Stalingrads soll nach den Vorstellungen der Armeeführung am nächsten Tag, dem 25. November, eingeleitet werden. Ein Panzerkeil, verstärkt durch motorisierte Truppen, würde für die nach Westen aufbrechende Armee den Weg bahnen, den feindlichen Einschließungsring sprengen und für Flankensicherung sorgen.
Als bis 8.00 Uhr bei der Heeresgruppe B immer noch keine Nachricht von Zeitzler da ist, ruft v. Sodenstern in Rastenburg an; es wird ihm aber nur gesagt, er möge etwas Geduld haben. Kurz darauf fängt die Funkabhörstelle der Heeresgruppe B einen von Hitler an Paulus gerichteten Befehl ab: Er trägt die Überschrift »Führerentscheid«, das ist die höchste Befehlsstufe: »Hitler befiehlt die Bildung des Kessels und verspricht die Luftversorgung.«
Damit ist die Entscheidung über das Schicksal der 6. Armee gefallen. Die Heeresgruppe B darf nun keinen Befehl mehr geben, der dem Entscheid Hitlers widerspricht. In dieser Situation schlägt General v. Seydlitz vor, nicht nochmals bei Hitler um Handlungsfreiheit zu bitten, sondern die befohlene Einigelung durch die sich überstürzenden Ereignisse als über-

holt zu bezeichnen und ihm zu melden, daß nur noch ein Durchbruchsversuch möglich sei. Aber General Paulus lehnt dies kategorisch ab; er will nicht ohne vorherige Genehmigung Hitlers handeln.
Am 24. November, an seinem 55. Geburtstag, erscheint Feldmarschall v. Manstein beim Oberkommando der Heeresgruppe B in Nowotscherkask. Und kurz nach 13 Uhr trifft im Hauptquartier der 6. Armee unerwartet der Funkspruch ein: »Übernehme 26. 11. Befehl über Heeresgruppe Don. Wir werden alles tun, Sie herauszuhauen. Es kommt inzwischen darauf an, daß Armee unter Festhalten der Wolga und Nordfront gemäß Führerbefehl baldmöglichst starke Kräfte bereitstellt, um sich notfalls wenigstens vorübergehend eine Nachschubstraße nach Südwesten auszuschlagen.« gez. von Manstein.
Die von Feldmarschall v. Manstein neu gebildete Heeresgruppe Don (rumänische 3. und 4. Armee, 6. Armee und 4. Panzerarmee) soll einen Korridor für die 6. Armee freikämpfen, deren Nachschublinien und schließlich den alten Frontverlauf wiederherstellen. Manstein unterteilt seine Heeresgruppe in die Gruppen Hoth südlich des Don, Hollidt nördlich des Don und die rumänische 3. Armee, jetzt unter dem deutschen Chef des Stabes Oberst i. G. Wenk.
Gleichzeitig werden aus allen Dienststellen, Ministerien und Stäben sämtliche Junkers Ju-52-Transportmaschinen schnellstens für die Versorgung von Stalingrad herausgezogen. Auf den Fliegerschulen holt man Ausbilder und Schüler heran, und zu Nachteinsätzen werden auch im Blindflug erfahrene Lufthansa-Besatzungen abkommandiert.
Mit dem Befehl zur Erfassung sämtlicher flugtauglicher Ju 52 hofft man, daß sich bereits in 24 Stunden alle Maschinen im Einsatz befinden. Aber ihr massiertes Eintreffen auf den Absprungplätzen westlich des Don wird eher zu einem Alptraum; sie versperren die Landebahnen und müssen dazu noch mit den unzureichenden technischen Mitteln erst einmal umgerüstet werden, da sie für den Wintereinsatz ungeeignet sind. Unter den Flugzeugen befinden sich nämlich auch solche, die sonst als Reisemaschinen benutzt wurden, ohne notwendige Funk- und Peilgeräte, Winterschutz, Bewaffnung oder auch nur Fallschirme.
Die 6. Armee teilt inzwischen mit: Die Mindestmenge des erforderlichen Nachschubs betrage täglich insgesamt 600 t Munition, Treibstoff, Futter und Lebensmittel (davon allein 40 t Brot), was natürlich bei weitem die

Deutsche Artillerie wehrt einen nächtlichen sowjetischen Angriff ab: der sogenannte Nebelwerfer (10 cm-Nb.-Wf. 35) ist ein Vorderlader mit glattem Rohr, 115 cm lang, und verschießt flügelstabilisierte Splittergeschosse (10 kg) auf eine Entfernung bis zu 3,2 Kilometer

Kapazität der Transportflotte übersteigt. Nur mit äußersten Anstrengungen und unter vielen Opfern wird der Tagesdurchschnitt der eingeflogenen Menge von rund 95 t anstelle der zugesagten 300 t erreicht.
Im Kessel gibt es eine Anzahl Flugplätze wie Pitomnik, Gumrak, Bassargino, Karpowka und Stalingradski, von denen einige bis zur Einschließung von der Luftwaffe benutzt wurden. Für den Versorgungseinsatz kommt jedoch nur Pitomnik in Frage, denn dieser Platz eignet sich für den Flugbetrieb auch bei Nacht. Bassargino, ein ehemaliger sowjetischer Feldflughafen, besitzt nicht die notwendigen Einrichtungen und liegt wie Karpowka zu nahe an der Frontlinie, und den bestens geeigneten Flugplatz Gumrak weigert sich General Paulus zur Verfügung zu stellen, um sein am Rande liegendes Hauptquartier nicht zu gefährden.
Am Mittwoch, dem 25. November, beginnt die Luftversorgung des Kessels von Stalingrad durch das VIII. Fliegerkorps (GenLt. Fiebig). Am gleichen Tage wird im In- und Ausland die Meldung verbreitet, daß in Stalingrad ein neuartiger Flammenwerfer eingesetzt worden sei, der seine Flamme über fünf- und mehrstöckige Häuser hinwegschleudern könne, ferner neue Super-Maschinengewehre, die eine Feuergeschwindigkeit von 3000 Schuß in der Minute besäßen. Es handelt sich dabei um Wunschträume: derartige Waffen waren nie im Einsatz.
Am 25. November, als General v. Seydlitz seine Denkschrift dem Oberkommando der 6. Armee vorlegt, kommt zugleich ein »Sonderauftrag« Hitlers, wonach Seydlitz die Nord- und Ostfront des Kessels unterstellt werden soll, für deren Halten er dem Führer persönlich verantwortlich sei. General Paulus übergibt ihm den »Sonderauftrag« mit den Worten, nun könne er ja tun, was ihm beliebe.
Obwohl General v. Seydlitz noch am Tage zuvor in dem Ausbruch der Armee die einzige Chance sieht, erläßt er jetzt harte Durchhalteparolen: »Keinen Schritt zurück! Was verloren geht, muß unverzüglich wieder gewonnen werden. Entsatz ist eingeleitet. Versorgung auf dem Luftwege ist angelaufen.« Seine Divisionen sollen nun die Stellungen »bis zum letzten« halten.
Doch es ist nicht einmal möglich, bei dem gefrorenen Boden auch nur Schützenlöcher auszuheben. Zudem fehlt es an Holz für die Errichtung von Unterständen.
Zum Schutz gegen Schneestürme und Temperaturen bis zu 30 Grad minus haben die Soldaten oft nur ihre Zelte.
An den beiden ersten Tagen mit regulären Versorgungsflügen, dem 25. und 26. November 1942, bringen die Ju 52 lediglich 65 t Sprit und Munition in den Kessel. In dieser ersten Phase, als die vier Absprung-

Treibeis auf der Wolga: eines der Probleme von General Tschuikow

plätze Tazinskaja, Morosowsk, Tormosin und Bogojawlenskaja »nur« 150 bis 200 Kilometer von Stalingrad trennen, sind 2 Flüge pro Tag die Regel.

Die Schwerverwundeten werden aus Pitomnik nach Tazinskaja, die Leichtverwundeten nach Morosowsk geflogen.

Am 26. November wird die Verpflegung auf den halben Satz gekürzt: Es gibt täglich 200 Gramm Brot und vorerst noch genügend Büchsenverpflegung.

Am Freitag, dem 27. November, um 8.30 Uhr, trifft bei der 6. Armee ein Aufruf Hitlers zum Durchhalten ein. Generalmajor Schmidt ergänzt ihn mit dem sarkastischen Bonmot: »Drum haltet aus, der Führer haut uns raus«.

Am Vormittag des 27. November erscheint v. Manstein in seinem Hauptquartier und übernimmt den Befehl. Er beabsichtigt, in der Entsatzoperation, Tarnname »Wintergewitter«, mit der 4. Panzerarmee (GenOberst Hoth) östlich des Don einen Korridor durch die Südostfront der sowjetischen Einschließungskräfte zu schlagen und die Verbindung mit der 6. Armee wiederherzustellen. Gleichzeitig wird die 6. Armee auf ihrer Südostfront angreifen, um der 4. Panzerarmee entgegenzukom-

men. Gelingt es, den Kessel zu sprengen, dann soll die Armee ausbrechen.
Auch General Tschuikow hat jetzt erhebliche Probleme: Das Treibeis auf der Wolga lähmt weiterhin seine Versorgung, und am 27. November wird sogar jeglicher Munitionsnachschub und der Abtransport von Verwundeten eingestellt. Von diesem Tage an sorgen die kleinen Doppeldecker Po 2 mit Munition und Verpflegung für die auf den Brückenköpfen in Stalingrad eingeschlossenen Teile der 62. Armee. Die Abwürfe erfolgen im Tiefflug über den schmalen Streifen, bei der geringsten Abweichung landen sie in der Wolga oder in den Händen des Feindes.
Am Sonntag, dem 29. November, setzen die Deutschen für die Flüge nach Stalingrad erstmalig zweimotorige He-111-Bomber ein, die den Nachschub in Sonderbehältern, die wie eine Bombe ausgeklinkt werden, über dem Kessel abwerfen.

21. Woche: 30. November — 6. Dezember 1942

★ Die Sowjets berichten

In der Sonderverlautbarung
des *sowjetischen Oberkommandos*
vom Montag, dem 30. November 1942, heißt es:
Am 29. November brachen unsere Truppen bei Stalingrad den feindlichen Widerstand und bahnten sich einen Weg durch die neuen Verteidigungslinien am Ostufer des Don. Wichtige feindliche Widerstandsnester wurden besetzt. Am 29. November wurden 3000 Gefangene gemacht, womit die Zahl der seit dem 19. November gemachten Gefangenen auf 66000 angewachsen ist. Im gleichen Zeitraum wurden 2000 Geschütze verschiedener Kaliber, 3935 Maschinengewehre, 1309 Panzer (teilweise beschädigt), über 6000 Lkw, 4677 Waggons mit Kriegsmaterial, 10700 Pferde, 122 Lager mit Kriegsmaterial, Munition und Lebensmitteln erbeutet. Im Abschnitt von Stalingrad wurden 72 dreimotorige Flugzeuge auf besetzten Flugplätzen vorgefunden.

Am 30. November gibt das
Oberkommando der Roten Armee
zu den Ereignissen des Vortages bekannt:

In der Nacht auf den Montag setzten unsere Truppen im Gebiet von Stalingrad und in der mittleren Front ihre Offensiven in den bisherigen Richtungen fort. Der Sender Moskau berichtet, daß unsere Truppen auch die Ortschaft Kurmojarskaja im Südwesten von Stalingrad zurückerobert haben.

Moskau, 30. November.
Die *Presseagentur Reuter* teilt mit:
Vor Stalingrad zeichnen sich wichtige Entwicklungen ab. Die deutsche Belagerungsarmee wurde dreimal bei dem Versuch, nach Westen durchzubrechen, zurückgeschlagen, wobei sie schwere Verluste erlitt. In der Stadt verloren die Deutschen auf breiter Front bis zu 400 Meter Tiefe bebautes Gelände, das durch fast 200 Maschinengewehrnester verteidigt war.

Moskau, 30. November. Das *Sowinformbüro*
meldet in der Nacht zum Montag:
J. W. Stalin hat die Führung der Operationen bei Stalingrad und im mittleren Frontabschnitt persönlich übernommen.

Die Deutschen berichten

Am Montag, dem 30. November 1942,
gibt das *Oberkommando der Wehrmacht*
zu den Ereignissen am Vortage bekannt:
Zwischen Wolga und Don schlugen die Truppen des Heeres in engem Zusammenwirken mit starken Luftstreitkräften erneut heftige Panzer- und Infanterieangriffe ab. In Stalingrad nur örtliche Kampftätigkeit. Eigene Gegenangriffe im großen Donbogen waren erfolgreich. Die Luftangriffe gegen Eisenbahnanlagen am mittleren Don wurden fortgesetzt und dabei mehrere Transportzüge schwer getroffen.

Lagevortrag, *Oberkommando der Wehrmacht,*
30. November 1942
Osten: Die 6. Armee beabsichtigt, ihre Nordwestfront weiter zurückzunehmen. Von 38 gestarteten Ju 52 haben gestern nur 12 den Raum von Stalingrad erreicht...

Oben: Pitomnik: die Zahl der den sowjetischen Luftangriffen zum Opfer fallenden Maschinen wird immer größer

Rechts: Auf der falschen Seite gelandet: sowjetischen Soldaten in die Hände gefallener Nachschub für die 6. Armee

Unten: »Die Vernichtung der gegnerischen Transportflugzeuge als Hauptaufgabe«: sowjetische Flaksperre entlang der deutschen Einflugschneisen. Die mittelschwere Flak M 39 (im Vordergrund) fand – aus Beutebeständen – auch bei der deutschen Heimat-Luftverteidigung in großer Zahl Verwendung

Lagebericht, *Oberkommando des Heeres,*
30. November 1942
Heeresgruppe Don, 6. Armee: An der Westfront verlief Zurücknahme der eigenen Linien auf Höhenstellung (ungefährer Verlauf: südwestlich Kotluban-Marinowka) planmäßig. Der Gegner folgte zögernd. Bei 29. Infanteriedivision (mot.) zog sich der Feind etwa 3 Kilometer zurück und schanzt. Starke Feindangriffe auf die Südspitze südwestlich Stalingrad wurden zum größten Teil abgewiesen. Kleinerer Einbruch im Gegenstoß bereinigt.

Tagesparole des Reichspressechefs,
Montag, 30. November 1942:
Die Berichterstattung über die schweren Abwehrkämpfe im Osten ist auf der bisherigen Linie zu halten.

★ Die Sowjets berichten

Am Dienstag, dem 1. Dezember 1942,
meldet das *Sowinformbüro*
über die Ereignisse am Vortage:
Unsere Truppen haben nach äußerst schweren Kämpfen sich nördlich und südlich der Eisenbahnlinie Stalingrad-Krasnodar vorschieben können und Hunderte von kleinen Stützpunkten niedergekämpft.
Am späten Montag abend gelang es Panzertruppen, die letzte Bahnstation vor Kotelnikowo zu erobern, wobei die ersten Steilfeuergeschütze in unsere Hand fielen. Es handelt sich um die Ortschaft Niedkiovski, in der ein umfangreiches Lager entdeckt wurde, von dem aus die faschistische Artillerie aller Kaliber versorgt wurde.
Nördlich von Kotelnikowo hat eine schnelle Division unserer Truppen — leichte Kampfwagen und Kosakenkavallerie — bis nach Kurmojarsk vorstoßen können, das nach dreistündigem Kampf besetzt wurde. Marschall Timoschenko läßt in diesem Abschnitt Defensivstellungen errichten, da mit einem kraftvollen Gegenangriff gerechnet werden muß. Wahrscheinlich befinden sich bei Zimljansk zwei deutsche Panzerdivisionen im Anmarsch.

Am Nachmittag des 1. Dezember
teilt das *Sowinformbüro* ergänzend mit:

Einsatz sibirischer Truppen. Im Gebiet der Kalmückensteppe verfügt Marschall Timoschenko über die ersten sibirischen Truppen, die in diesem Winter an der Westfront eingesetzt worden sind. Sie machen einen vorzüglichen Eindruck, sind mit Schnellfeuerwaffen ausgerüstet und werden gemeinsam mit der Kosakenkavallerie kämpfen. Der Vorstoß dieser Truppen hat sowohl in östlicher (gegen die deutschen Truppen in der Kalmückensteppe), wie auch in südlicher Richtung von Obilnaja aus entwickelt werden können.
Von Kalatsch aus gewinnt unsere Offensive in südöstlicher Richtung, d. h. gegen die faschistischen Truppen bei Stalingrad, langsam Boden, obwohl der Widerstand des Gegners wesentlich härter geworden ist. Es ist Hoth zweifellos gelungen, die Folgen des ersten Rückschlags zu überwinden und seine Truppen wieder zu kampfstarken Verbänden zusammenzufassen. Die nach dem Westen zu von unseren Truppen errichtete Riegelstellung, die wahrscheinlich den Hauptangriff der deutschen Entsatzarmee abzuwehren hat, konnte beträchtlich verstärkt werden, aber ihr Ausbau erfordert eine gewisse Zeit. Auf den hartgefrorenen Feldern können jetzt überall Flugplätze errichtet werden. Das Ausmaß der Luftkämpfe hat beträchtlich zugenommen. Bis jetzt konnten unsere Truppen dank der Sturmovik-Staffeln die Überlegenheit in der Luft bewahren.

Die Deutschen berichten

Am Dienstag, dem 1. Dezember 1942,
gibt das *Oberkommando der Wehrmacht*
zu den Ereignissen des Vortages bekannt:
Die gestern fortgesetzten Angriffsversuche der Sowjets zwischen Wolga und Don scheiterten unter ungewöhnlich hohen feindlichen Verlusten. Der deutsche Gegenangriff warf sie über ihre Ausgangsstellungen zurück. Zahlreiche Gefangene und Beute wurden eingebracht. Örtliche Angriffe im großen Donbogen scheiterten.
Kampf-, Schlacht- und Zerstörergeschwader unterstützten wirksam die Truppen des Heeres. Jagdverbände schossen 43, Flakartillerie der Luftwaffe 8 Sowjetflugzeuge ab. 3 eigene Flugzeuge gingen verloren. Truppenunterkünfte und Bahnanlagen am mittleren Don wurden bei Tag und Nacht bombardiert.

★ Die Sowjets berichten

Am Freitag, dem 4. Dezember 1942,
meldet das *Sowinformbüro*
über die Ereignisse am Vortage:
In dem Umfang, in dem sich der deutsche Widerstand zwischen Don und Wolga verstärkt, nimmt auch unser Druck zu. An der Front sind Reserven unserer Truppen angekommen. Bis jetzt hatten die Verteidiger an den Flüssen stets gegen die faschistischen Truppen auf den höherlie-

Oben: Flugplatz Tazinskaja: Verwundung ist noch die einzige Hoffnung, aus dem Kessel herauszukommen
Links: Rostow, Mitte Dezember 1942: einer der zu Tode erschöpften und fast erfrorenen Kesselverteidiger, kein Thema für die Wochenschau

genden Westufern zu kämpfen. Jetzt müssen die Deutschen diese Schwierigkeiten selbst überwinden.
In der engeren Umgebung von Stalingrad haben unsere Truppen einige weitere Höhenstellungen besetzt.
An der Zentralfront werden kombinierte Panzer-Skitruppen eingesetzt, die während des Sommers nach der Art der britischen »Commandos« ausgebildet worden sind. Die Panzer-Skitruppen operieren mit schnellen

Panzerwagen besonderer Bauart, die dem Winter angepaßt ist. Auf dem Panzer können hinter einer gegen die Kälte schützenden Verschalung einige Skisoldaten transportiert werden. Sie sind mit Maschinenpistolen ausgerüstet und operieren als Langstreckenpatrouillen mit Artillerieunterstützung der Panzerwagen. Eine weitere Neuerung ist die »Unterwasserbrücke«, die zuerst von den Italienern an der Front von Stalingrad entdeckt worden ist. Diese Unterwasserbrücke spielte in den Kämpfen vor Rschew eine erhebliche Rolle. Vor der Offensive hatten eine Woche lang während der Nacht Pioniere nur wenige hundert Meter von den deutschen Vorposten entfernt solche »Unterwasserbrücken« in einen Fluß gelegt. Die Brückenfläche bleibt dabei etwa 15 Zentimeter unter dem Wasserspiegel. Sie ist stark genug, um selbst schwere Kampfwagen tragen zu können. Die Deutschen konnten, wie Gefangenenaussagen bestätigen, ihren Augen nicht trauen, als sie die schweren Panzer in dem dünnen Eis einbrechen und trotzdem weiterfahren sahen.
Die Kampfhandlungen bei Stalingrad und an der Zentralfront stehen im Zeichen schwerer deutscher Gegenangriffe, die oft bis zu Divisionsstärke vorgetragen wurden. Die im Gebiet unmittelbar vor Stalingrad durchgeführten Angriffe haben den Charakter von Nachhutkämpfen; offenbar wollen die Deutschen den Druck auf die Ostseite des Kessels vermindern und Zeit gewinnen.

Die Deutschen berichten

Am Freitag, dem 4. Dezember 1942,
gibt das *Oberkommando der Wehrmacht*
zu den Ereignissen des Vortages bekannt:
In Fortsetzung der erbitterten Abwehrkämpfe zwischen Wolga und Don brachen am gestrigen Tag wiederholte starke Angriffe der Sowjets unter hohen Verlusten zusammen. 36 Panzer wurden vernichtet. Hunderte von Gefangenen, Waffen und sonstige Beute fielen in die Hand unserer Truppen. Im großen Donbogen nahmen eigene Angriffe trotz hartnäckigem Widerstand des Feindes einen günstigen Verlauf.

Lagebericht, *Oberkommando des Heeres,*
4. Dezember 1942
Heeresgruppe Don: Bei der 6. Armee griff der Russe an der Südfront und

Pitomnik: ein Schwerverwundeter wird in eine Ju 52 gebracht; viele überstehen die Kälte und den Hunger nicht

mit stärkeren Kräften an der Nordwestfront an. Alle Angriffe blieben ohne Erfolg. Wegen Vereisungsgefahr keine Luftversorgung.

Lagebericht, *Oberkommando des Heeres,*
6. Dezember 1942
Heeresgruppe Don, 6. Armee: Im Gegenangriff wurden die am 4. Dezember erzielten Feindeinbrüche bereinigt. Nach bisher vorliegenden Meldungen sind 26 Versorgungs-Ju's gelandet.

Und so war es

Der Kessel gewinnt nun in diesen Tagen seine endgültige Form, die bis in die zweite Januarwoche hinein beinahe unverändert bleibt.
»In Anerkennung des heldenmütigen Kampfes der Truppe« befördert

Hitler am 30. November 1942 den General der Panzertruppen Paulus zum Generaloberst. Inzwischen unternehmen die Sowjets alle Anstrengungen, um die Luftversorgung der 6. Armee zu unterbinden: An einem der Tage, dem 30. November, schießen deutsche Jäger und Flak 30 sowjetische Maschinen ab, die gegen deutsche Transportmaschinen und Flugplätze eingesetzt waren. Anfang Dezember verfügt der »Lufttransportführer Tazinskaja«, Oberst Förster, über mehr als 11 Gruppen Ju 52 und dazu 2 weitere Gruppen völlig untaugliche veraltete Ju 86, insgesamt 320 Maschinen. Dann folgt am 2. Dezember klirrender Frost. Die Motoren springen nicht mehr an, es fehlen die Wärmewagen.

Mansteins Entsatzoperation »Wintergewitter«, ursprünglich am Mittwoch, dem 2. Dezember, vorgesehen, wird wegen unvorhergesehener großer Nachschubschwierigkeiten zunächst auf den 8., dann auf den 12. Dezember verlegt.

Die Operation Wintergewitter überträgt man der neuformierten Armeegruppe Hoth. Ihre Aufgabe: »... durch Angriff ostwärts des Don nach Norden die Verbindung mit der 6. Armee herzustellen.« Der 6. Armee befiehlt v. Manstein, »sich darauf vorzubereiten, nach Süden auszubrechen, wenn die Armeegruppe Hoth die Höhen ostwärts Jeriko Krepinki erreicht haben würde«.

Die Heeresgruppe Don umfaßt zu dieser Zeit alle deutschen und rumänischen Truppen zwischen dem mittleren Don und der Astrachan-Steppe.

Die Aufstellung der vorgesehenen Stoßkeile verzögert sich erheblich. Partisanen greifen ständig die Eisenbahnlinien an, so daß die Verstärkungen auf allen möglichen Umwegen vom Westen in das Dongebiet geschafft werden müssen.

Am 3.12. bestätigt STAWKA den sogenannten Plan »Saturn«. Sein Ziel: Die in Stalingrad eingeschlossenen deutschen Verbände zu liquidieren, dann das Gebiet innerhalb des Donbogens einschließlich Rostow zu besetzen und die deutschen Verbände im Kaukasus abzuschneiden.

Der Oberbefehlshaber der Luftstreitkräfte der Roten Armee, Generalleutnant A. A. Nowikow, übernimmt jetzt persönlich das Kommando über die Luftblockade der eingekesselten 6. Armee. In seiner Direktive vom 4. Dezember 1942 verlangt er von den Luftarmeen »die Vernichtung gegnerischer Transportflugzeuge als Hauptaufgabe zu betrachten..., und die ihnen unterstellten Jagd- und Schlachtfliegerverbände pausenlos dafür einzusetzen und dem fliegenden Personal die ganze Bedeutung dieser Aufgabe klarzumachen. Die Flugplätze des Gegners im Kessel sind tagsüber mit Jägern und nachts mit U-2-Maschinen anzugreifen.«

An der Blockade beteiligen sich die 8. und 16. Luftarmee, Teile der 17. Luftarmee, die Heeresflak und das Luftabwehrkorps.
Bei Kotelnikowo und Zimljansk werden vorgeschobene Luftbeobachtungsposten eingerichtet, die Tag und Nacht anfliegende Transportflugzeuge melden. 5 neu aufgestellte Flakabteilungen mit Scheinwerfern bilden 2 Flaksperren im Abschnitt Sety-Stalinski.
Für die Luftblockade werden auch alle erreichbaren Flakregimenter, selbständige Flakbatterien, Flakbataillone und -kompanien, Scheinwerfer- und Sperrballontrupps, Bataillone des Flugmeldedienstes und sogar Panzerzüge eingesetzt.
Das Luftmeldenetz wird erheblich verstärkt und mit den Jagdflugplätzen und den Flakbatterien verbunden. Die Sperrzone besteht aus zwei

Die Motoren der überstrapazierten Flugzeuge werden in behelfsmäßigen »Boxen« überprüft

Irgendwo in Stalingrad: nach der Ablösung nur noch einen Wunsch – schlafen

Streifen, der äußere Streifen ist 50 Kilometer breit, in 5 Sektoren eingeteilt, und jede der eingesetzten 5 Jagdfliegerdivisionen ist für einen bestimmten Sektor verantwortlich.

8 bis 10 Kilometer vor dem inneren Einschließungsring, der fast bis an den Kessel reicht, geraten die deutschen Flugzeuge in das Feuer der Flakartillerie. Die Breite des inneren Streifens hat durchschnittlich 10 Kilometer. So stehen entlang der deutschen Einflugschneisen etwa 1100 Flugabwehrgeschütze, und selbst wenn den deutschen Maschinen der Anflug in den Kessel gelingt, sind sie keineswegs in Sicherheit. Sowjetische Bomben- und Schlachtflugzeuge greifen die Flugplätze innerhalb des Einschließungsringes fast ununterbrochen an.

Nachts halten U-2-Maschinen die Blockade aufrecht und operieren paarweise: Während das eine Flugzeug über dem Zielgebiet Leuchtbomben abwirft, greift das andere an.

Am Sonntag, dem 6. Dezember, treffen in Achtuba beim Stab der Propagandaabteilung der Stalingrader Front drei deutsche Kommunisten ein: Walter Ulbricht, der Schriftsteller Willi Bredel und der Dichter Erich Weinert in Begleitung von zwei Stabsoffizieren aus der Politischen Hauptverwaltung der Roten Armee. Das Ziel ihrer Visite: Vorbereitung der Propagandaeinsätze unter »Ausnutzung aller technischen Mittel, die ihre Worte den Eingekesselten zugänglich machen können«. E. Weinert: »Wir drängten darauf, möglichst schnell an die Front zu kommen. Wenn die Wirkung des Schocks auf die im Kessel erst nachläßt oider leidlich erfolgversprechende Entsetzungsversuche einsetzen, wird es viel schwerer sein, sich Gehör zu verschaffen.«

Bild 10. Richtige Kopfhaltung und Atmung bei Kälte.

Aus: Soldatenzeitung, 1942

Die Deutschen berichten

Lagebericht, *Oberkommando des Heeres,*
8. Dezember 1942
Heeresgruppe Don: Bei Aksai Feindansammlungen gemeldet (an der Bahn Stalingrad-Kotelnikowo).
Bei der 6. Armee keine wesentlichen Feindangriffe. Feindansammlungen vor der Südostfront erkannt. Westlich Bahnhof Tschir wurden mehrere Feindangriffe abgewiesen.

Eine in deutsche Gefangenschaft geratene sowjetische Nachrichtenhelferin

Im nördlichen Industrieviertel von Stalingrad Beobachtungsposten der 94. Infanteriedivision

★ Die Sowjets berichten

Am Mittwoch, dem 9. Dezember 1942
meldet das *Sowinformbüro*
über die Ereignisse am Vortage:
An der Front von Stalingrad hat sich in den letzten 12 Stunden eine wesentliche Veränderung vollzogen. Zum erstenmal gelang es schweren Panzerformationen unserer Truppen, vom Norden Stalingrads aus in die Abwehrstellungen der eingeschlossenen Armee Hoth einzubrechen und damit den Kampf ins Innere des Kessels zu tragen. In sehr heftigen Gefechten — der Widerstand des Gegners bleibt hart und schlagkräftig — konnten zahlreiche kleinere Stützpunkte überwunden und mehr als 20 Geschütze mittleren Kalibers gesprengt werden. In einer Blockstellung

wurden 12 Mörser und schwere Maschinengewehre und 6 Panzer zerstört oder erbeutet. Gegen Mitternacht rückt schwere Artillerie unserer Truppen in die neugewonnenen Positionen ein. Im Fabrikenviertel verlieren die Faschisten immer mehr an Boden. Es sind jetzt unsere Truppen, die hauptsächlich flammenwerfende Panzerwagen verwenden, mit denen sie gegen die Unterstände der Deutschen operieren.
Am Dienstag wurden durch Einsatz dieser Waffe 39 größere Truppenunterstände und Bunker mit ihren Besatzungen niedergekämpft. Im Abschnitt Kotelnikowo konnten unsere Truppen vom Norden her Boden gewinnen, doch hält sich der Vormarsch im örtlich begrenzten Rahmen. Eine deutsche Panzer- und Infanteriegruppe, die bei einem Gegenangriff

die Verbindung mit der rückwärtigen Basis verlor, wurde aufgerieben. 40 Panzer und Lastkraftwagen, 22 Mörser und schwere Maschinengewehre fielen unbeschädigt in die Hand unserer Truppen. Die deutschen Mannschaftsverluste an Toten liegen über 1000 Mann.
Die prekäre Lage der eingekesselten Armee Hoth zeigt sich vor allem darin, daß die deutsche Luftwaffe nach einigen Tagen Ruhe nunmehr wieder den Versuch der Versorgung der Truppe mittels Transportflugzeugen (Junkers 52)) aufnahm. Von ihnen wurden nicht weniger als 44 am 7. Dezember vernichtet.

Über die vereiste Wolga rollt der Nachschub für die Armee des Generals Tschuikow

Die Deutschen berichten

Am Mittwoch, dem 9. Dezember 1942,
gibt das *Oberkommando der Wehrmacht*
zu den Ereignissen des Vortages bekannt:
Neue Versuche der Sowjets, die deutschen Stellungen im Ostkaukasus und im Wolga-Don-Gebiet zu durchbrechen, scheiterten auch gestern unter hohen feindlichen Verlusten. Feindliche Massenangriffe von Infanterie- und Panzerkräften führten zwischen Wolga und Don zu sehr harten, für unsere Truppen erfolgreichen Kämpfen. Gefangene und Beute wurden eingebracht. Im großen Donbogen warfen deutsche Panzergrenadiere im Gegenangriff den Feind aus seinen Stellungen und schossen 46 Sowjetpanzer ohne eigene Panzerverluste ab.

Lagevortrag, *Oberkommando der Wehrmacht,*
9. Dezember 1942
Osten: Generalfeldmarschall von Manstein will bei günstiger Wetterlage am 11. oder 12. Dezember zum Entsatz der 6. Armee antreten; er rechnet mit der Durchführung des Angriffs bis zum 17. Der Führer ist sehr zuversichtlich, er will die alte Stellung am Don wiedergewinnen. Seiner Ansicht nach ist die erste Phase der großen russische Winteroffensive abgeschlossen, ohne daß sie entscheidende Erfolge gebracht hat.

Lagebericht, *Oberkommando des Heeres*,
9. Dezember 1942
Heeresgruppe B: Luftaufklärung ergab stärkere Feindansammlungen im Raume westlich Kalatsch. Es wird mit einem Feindangriff auf die italienischen Stellungen bei Werchnij-Mamon und südlich davon gerechnet.

Sechste Phase

12. Dezember 1942 bis 1. Januar 1943

Generaloberst Hoth
Noch 48 Kilometer bis Stalingrad

★ Die Sowjets berichten

Am Sonnabend, dem 12. Dezember 1942,
meldet das *Sowinformbüro*
über die Ereignisse am Vortage:
Mit außerordentlicher Spannung sieht man den Meldungen aus Stalingrad entgegen. Unsere Streitkräfte haben nach einer Umgruppierung den Angriff wiederaufgenommen, über den zur Zeit keine Berichte ausgegeben werden dürfen. Man erklärt jedoch im Oberkommando, daß Anzeichen dafür vorliegen, daß der Stab General Hoths bereits mit Transportflugzeugen nach dem Westen zurückgebracht worden sei. Wie sehr sich die Lage der eingeschlossenen deutschen Verbände verschlechtert hat, geht auch aus dem Zustand der Gefangenen hervor, die in den vorderen Sammellagern eintreffen. Alle klagen über knappe Verpflegung, geringe Munitionsbestände und unzureichende ärztliche Versorgung.
Die deutsche Luftwaffe verstärkte erneut die Anstrengungen, die Armee auf dem Luftweg zu verproviantieren und Spezialtruppen heranzuführen. Marschall Timoschenko setzte sofort sämtliche in den vorderen Linien stationierten Jäger und Schlachtflieger ein, die nach bisher unvollständigen Berichten in den letzten 48 Stunden über 70 Transportflugzeuge vernichteten. Am Donnerstag allein wurden 60 Ju 52 und andere Typen von Transportflugzeugen zerstört.
Im Kampfgebiet von Stalingrad konnten Sturmoviks in unaufhörlichen Luftangriffen 15 Kampfwagen, mehr als 200 Panzer- und Lastautos, 2 große, mit Munition und anderem Kriegsmaterial beladene Eisenbahnzüge, 14 schwere Geschütze und 2 große Munitions- und Brennstofflager

Sowjetische Sturmgruppe in einem Gebäude des Traktorenwerkes

vernichten. Gleichzeitig wurden sowohl im Fabrikviertel von Stalingrad wie auch am südlichen Stadtrand von Gardetruppen mehr als 50 Blockhäuser und 34 große Truppenunterstände gesprengt oder gestürmt, 800 Schützen einer norddeutschen Infanteriedivision kapitulierten.
An der Eisenbahnlinie Stalingrad-Lichaja konnten Panzertruppen unserer Armee, vom westlichen Ufer des Don angreifend, bis 50 Kilometer tief innerhalb des Donboges vorstoßen und die Eisenbahnstation Sekretez besetzen.

Die Deutschen berichten

Am Sonnabend, dem 12. Dezember 1942,
gibt das *Oberkommando der Wehrmacht*
zu den Ereignissen des Vortages bekannt:
Deutsche, italienische und rumänische Truppen wiesen, durch Luftwaffenverbände unterstützt, im südlichen Abschnitt der Ostfront mehrfache feindliche Angriffe mit Verlusten für den Gegner ab.

Brandmittel

Zum Inbrandsetzen von Feindpanzern können Brandflaschen mit Erfolg eingesetzt werden.

Mehrere Brandflaschen werden gleichzeitig auf das Heck des Panzers geworfen. Der Inhalt fließt durch die Motorentlüftung in den Motorraum und setzt den Panzer in Brand.

1. Herstellung

Brandflaschen werden von der Truppe selbst hergestellt. Flaschen beliebiger Größe werden mit $^2/_3$ Benzin und $^1/_3$ Flammöl gefüllt und gut verschlossen. Dann werden mit Klebeband oder Bindfaden zwei Sturmstreichhölzer an der Flasche befestigt.

Sind Sturmstreichhölzer nicht vorhanden, so kann die Flasche auch mit Gewehrreinigungsdochten oder anderem leicht brennbaren Material verschlossen werden.

Aus: Heeresdienstvorschrift 298/20c

Mittagslage vom 12. Dezember 1942,
Führerhauptquartier
Der Führer: Ist etwas Katastrophales passiert?
Zeitzler: Nein, mein Führer. Manstein hat den Abschnitt erreicht und eine Brücke in der Hand. Angriffe sind nur bei den Italienern. Dieses eine Regiment, das in der Nacht alarmiert ist, ist um 10 Uhr auf dem Gefechtsstand erschienen. Das war gut; denn die Italiener hatten alle ihre Reservebataillone schon hereingeschmissen.
Der Führer: Ich habe mehr schlaflose Nächte bei dieser Geschichte als im Süden. Man weiß nicht, was passiert.

Lagevortrag, *Oberkommando der Wehrmacht,*
13. Dezember 1942
Osten: Generalfeldmarschall von Manstein hat gemeldet, daß er mit den beiden im Angriff stehenden Panzerdivisionen keinen durchschlagenden Erfolg erzielen könne und daß er bei länger werdenden Flanken mit den

zur Verfügung stehenden Kräften nicht auskomme. Der Führer hat entschieden, daß die 11. Panzerdivision in ihrem jetzigen Einsatz im Tschir-Brückenkopf bleibt, da sich gegen diesen schwere feindliche Angriffe richten, und daß statt der 11. die 17. Panzerdivision der Gruppe Hoth zugeführt wird.
Bei der Heeresgruppe B besteht der Eindruck, daß der Gegner vor der italienischen 8. Armee Angriffsabsichten vielleicht nur vortäuscht, um dort Kräfte zu binden.

Pitomnik, Dezember 1942 – vor einer Ju 52 hoffen frierende Verwundete auf Einlaß in die Maschine

Und so war es

Am Montag, dem 7. Dezember, landen bei gutem Wetter auf dem Flugplatz von Pitomnik 188 Maschinen, die 282 t Nachschub bringen. Nur ein zweites Mal gelingt es im Verlauf der Luftversorgung von Stalingrad, diese an der Grenze der geforderten 300 t liegende Menge zu schaffen.
Am 8. Dezember greifen nun die Sowjets an allen Kesselfronten an, um die 6. Armee noch vor einer Entsatzoperation zu vernichten. Die sowjetischen Vorstöße werden jedoch zurückgeschlagen. Lediglich an der Westfront, die von der 376. Infanteriedivision und der 44. Infanteriedivision gehalten wird, können sie an mehreren Stellen tief einbrechen.
Am gleichen Tage wird der Verpflegungssatz der eingeschlossenen 6. Armee nochmals gekürzt, jetzt beträgt die Tagesration:
Brot: 200 g
Gemüse: 1/2 der Normalsätze
Frischfleisch: 120 g oder 200 g Pferdefleisch
Käse: 50 g oder 75 g Frischwurst
Butter, Margarine, Schmalz: 30 g oder 120 g Marmelade und Kunsthonig
3 Portionen Getränke
3 Zigaretten, 1 Zigarre oder 25 g Tabak.
Am Freitag nachmittag, dem 11. Dezember, erleben die Soldaten der 6. Armee ein seltenes Schauspiel. Wie in einer Prozession ziehen am Südrand des Kessels stundenlang sowjetische Verbände mit Panzern und Geschützen in Richtung Kotelnikowo vorbei.
Ebenfalls am 11. Dezember werden bis auf einen unbedeutenden Einbruch, der schnell bereinigt wird, alle sowjetischen Angriffe an den Kesselfronten abgewiesen. Man ist davon überzeugt, die wenigen Tage noch durchzuhalten, bis die Entsatzarmee erscheint. Der Plan von Feldmarschall v. Manstein sieht vor: Aus dem Donbogen führt General Hollidt das XXXXVIII. Panzerkorps zu, es soll in einem Vorstoß aus dem Brückenkopf von Nischne-Tschirskaja den Hauptangriff des LVII. Panzerkorps unterstützen. Jedoch verläuft es anders: Diese Unterstützung entfällt für die Operation Wintergewitter, da die Kräfte am Tschir gebunden sind, und das XXXXVIII. Panzerkorps, das seinen Brückenkopf räumen muß, kann dem LVII. Panzerkorps nicht zu Hilfe kommen.
Die Zeit drängt, und v. Manstein entschließt sich, nur mit den bei Kotelnikowo konzentrierten Verbänden der neu formierten 4. Panzerarmee (GenOberst Hoth) anzugreifen.

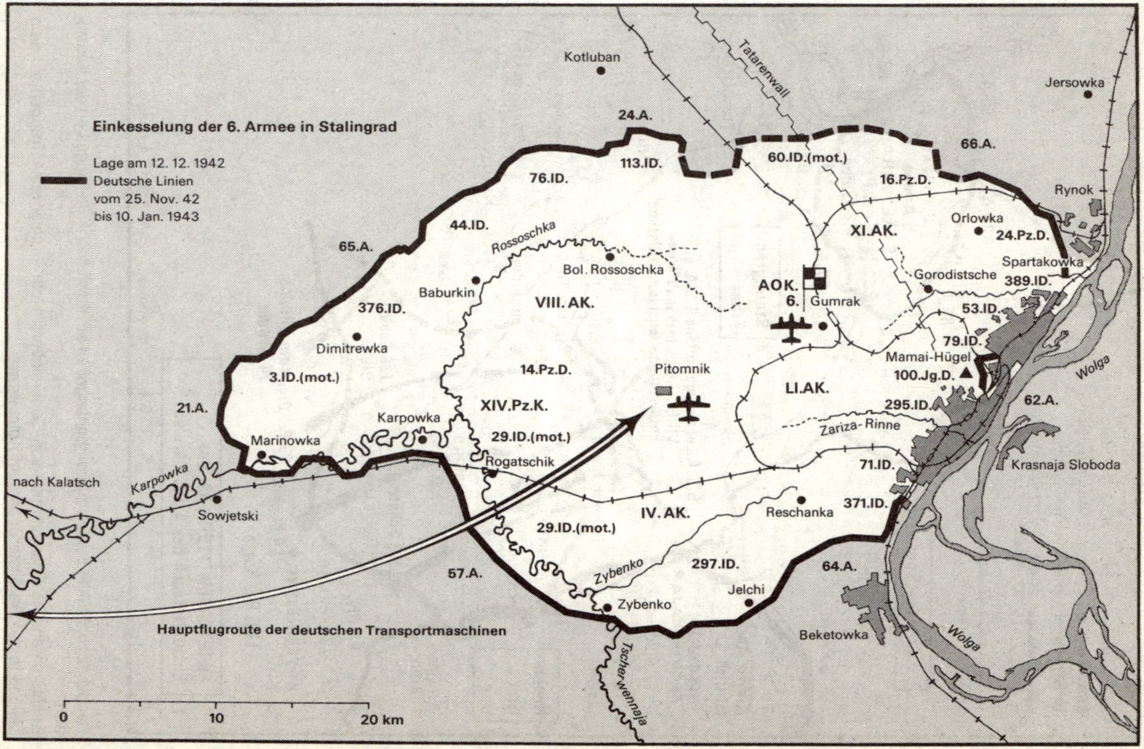
Einkesselung der 6. Armee in Stalingrad
Lage am 12. 12. 1942
Deutsche Linien
vom 25. Nov. 42
bis 10. Jan. 1943
Kotluban
Tatarenwall
Jersowka
24.A.
66.A.
113.ID.
60.ID.(mot.)
76.ID.
16.Pz.D.
Rynok
Orlowka
XI.AK.
24.Pz.D.
44.ID.
65.A.
Rossoschka
Bol. Rossoschka
Spartakowka
Gorodistsche
389.ID.
AOK.
6.
Gumrak
Baburkin
VIII. AK.
376.ID.
53.ID.
79.ID.
Dimitrewka
Mamai-Hügel
14.Pz.D.
Pitomnik
100.Jg.D.
3.ID.(mot.)
LI.AK.
Wolga
21.A.
XIV.Pz.K.
295.ID.
62.A.
Karpowka
Zariza-Rinne
29.ID.(mot.)
Marinowka
Rogatschik
71.ID.
Krasnaja Sloboda
nach Kalatsch
Karpowka
Sowjetski
Reschanka
371.ID.
IV. AK.
29.ID.(mot.)
297.ID.
Zybenko
64.A.
57.A.
Jelchi
Zybenko
Hauptflugroute der deutschen Transportmaschinen
Beketowka
Wolga
Tscherwennaja
0
10
20 km

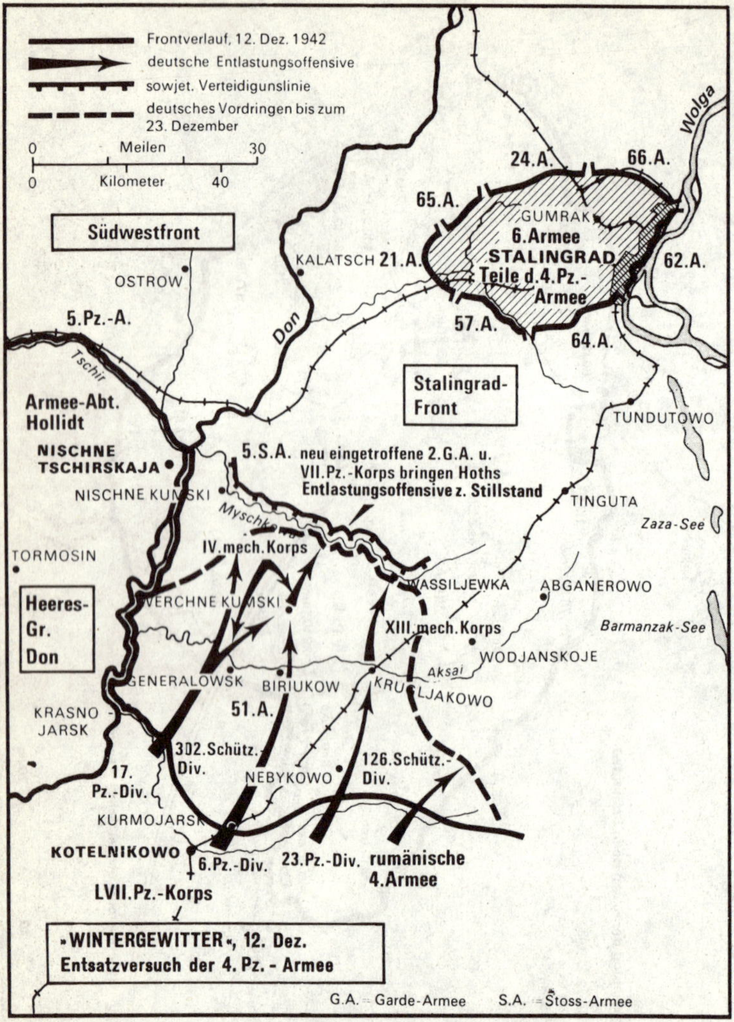

Rechts oben: Stukas starten zu Bombenangriffen auf sowjetische Stellungen an der Kesselfront

Rechts unten: Die Entsatzarmee von Generaloberst Hoth – rumänische Truppen auf dem Marsch in den Bereitstellungsraum Kotelnikowo

Panzer der Entsatzarmee in den Bereitstellungen kurz vor dem Abmarsch: sämtliche Kampfwagen sind mit sogenannten Ostketten ausgestattet, damit ihre Einsatzfähigkeit auch

in tiefem Schnee erhalten bleibt. Diese breiten Ketten sind jedoch recht unbeliebt, da sie bei einseitiger Belastung des überragenden Teils immer wieder von den Rädern abrutschen

Am Sonnabend, dem 12. Dezember, beginnt — für die Sowjets völlig überraschend — die Operation »Wintergewitter«: der Entsatzvorstoß der 4. Panzerarmee (GenOberst Hoth) mit dem LVII. Panzerkorps (6. und 23. Panzerdivision) aus dem Raum von Kotelnikowo in Richtung Nordost. Noch vor Morgengrauen steht die frisch aus Frankreich verlegte 6. Panzerdivision mit der 23. Panzerdivision zum Durchbruch bereit. Die 6. Panzerdivision zählt zu den besten Divisionen der deutschen Wehrmacht. Der Entsatzarmee wird das erste, mit schweren Tigerpanzern ausgerüstete Panzerbataillon des deutschen Heeres zugeteilt, dazu 160 Panzer vom Typ »IV — lang«, 42 Sturmgeschütze und 20 schwere Panzerspähwagen, die der 6. Division eine erhebliche Stoßkraft verleihen. Sie hat bereits in den ersten Vormittagsstunden des 12. Dezember den sowjetischen Divisionsgefechtsstand überrollt und die am äußeren Einschließungsring stehenden Truppen der 51. Armee (Gen. W. F. Trufanow) zurückgedrängt.
Generaloberst Jeremenko gibt diese Hiobsbotschaft sofort nach Moskau durch. Stalin, erregt über diese Mitteilung: »Haltet aus, ich schicke Reserven.«
An diesem Sonnabend starten bei Einbruch der Dunkelheit mit einem Lautsprecherwagen aus Sarepta, dem Sitz des Stabes für Politische Aufklärung, Walter Ulbricht und Erich Weinert zu ihrem ersten Propagandaeinsatz an der Kesselfront.
Die weiße Steppe liegt im hellen Mondschein; es ist völlig windstill. »Die Lautsprecheranlage hatten wir am Tage geprüft und festgestellt, daß die menschliche Stimme bei windstillem Wetter sehr deutlich bis auf 800 Meter hörbar war.«
Sie fahren mit ihrem geländegängigen Tonwagen bis dicht an die vordere Linie. Und ein Rotarmist kriecht mit dem Lautsprecher so nah an die deutsche Hauptkampflinie heran, wie es geht.
Gegen Abend hat die 6. Panzerdivision die sowjetische Front schon in einer Tiefe von 30 Kilometern durchbrochen; ihre Spitzen erreichen den Raum südlich Tschilikow. Und am nächsten Morgen rollt bereits vor Sonnenaufgang der deutsche Vorstoß weiter. Im ersten Dämmerlicht des 13. Dezember haben die deutschen Panzerspitzen den nördlichen Aksai erreicht, bei Salijewski einen Brückenkopf gebildet und mit dem Brükkenschlag begonnen.
Inzwischen ist die 6. Panzerdivision bis nach Werchne Kumski, 12 Kilometer nördlich des Aksai, vorgedrungen.

23. Woche: 14. — 20. Dezember 1942

★ Die Sowjets berichten

Am Montag, dem 14. Dezember 1942,
meldet das *Sowinformbüro*
über die Ereignisse am Vortage:
Nach längerer Pause sind die Kampfhandlungen im Gebiet von Kotelnikowo wieder in Fluß gekommen. Eine starke faschistische Armee, die aus dem Kaukasus abgezogen wurde, ist in der Nacht zum Montag auf breiter Front in nord- und nordwestlicher Richtung zum Angriff übergegangen. Die Deutschen sind auf die in den letzten zwei Wochen von Marschall Timoschenko angelegte Verteidigungszone gestoßen. Marschall Schaposchnikow, der eine solche Entwicklung voraussah, hat 2 Artillerie-Sperrlinien gezogen, deren südliche sich auf den Fluß Sal stützt, während die 2. Artillerielinie etwa parallel zum Fluß 30 Kilometer weiter nördlich verläuft. Die Stärke der faschistischen Armeegruppen entspricht etwa der, mit der die Deutschen Mitte Oktober den Angriff auf Stalingrad begannen.
An der Front zwischen Don und Wolga vermochten unsere Truppen einige Breschen gegen deutsche Gegenangriffe zu halten. Erst jetzt hat Marschall Timoschenko die neuesten schweren Panzerwagen vom Typ B 34 eingesetzt, die sogar dem Woroschilow-Panzerwagen an Bestückung und Panzerung überlegen sind.
In der Stadt Stalingrad selbst wurden einige deutsche Unterstände und Stützpunkte im Sturmangriff genommen oder durch Sprengungen vernichtet. Die vom Südrand der Stadt ausgehende Offensive unserer Truppen hat weitere Fortschritte gemacht.

✠ Die Deutschen berichten

Am Montag, dem 14. Dezember 1942,
gibt das *Oberkommando der Wehrmacht*
zu den Ereignissen des Vortages bekannt:
An... Teilen des südlichen Frontabschnittes dauern die z. T. sehr erbitterten Kämpfe mit starkem Gegner an. Eigene Panzerkräfte, die aus dem Raum südwestlich Stalingrads vorstießen, zerschlugen starken

Eine Panzerjägerkanone 40 in Lauerstellung in der Steppe: die Bedienungen bereiten sich auf die Abwehr eines sowjetischen Panzerangriffs vor

Feind, dessen Gegenangriffe unter Verlust von mehr als 20 Panzerkampfwagen scheiterten. Bei einem in den letzten Tagen in der Kalmückensteppe geführten Vorstoß in den Rücken des Feindes wurden zahlreiche Gefangene eingebracht und der Nachschub des Gegners empfindlich gestört.

Lagevortrag, *Oberkommando der Wehrmacht,* 15. Dezember 1942
Osten: Die Panzergruppe Hoth hat keine weiteren Fortschritte gemacht. Die bei ihr eingetroffene, nur aus vier Bataillonen bestehende 15. Luftwaffen-Felddivision befindet sich noch weit rückwärts in der Versammlung. Der erwartete Großangriff gegen die italienische 8. Armee hat noch immer nicht eingesetzt; es hat den Anschein, als ob der Gegner durch dauerndes Vorfühlen nur Reserven binden wolle. Eine Schlußfolgerung ist hieraus vom Führer noch nicht gezogen worden. Auf den Getreide-

sammelstellen der Ukraine ist in diesem Jahr zehnmal soviel Getreide angeliefert worden wie voriges Jahr, nämlich 8,1 Millionen Tonnen. Der Führer hat seine Absicht, sich auf längere Zeit nach dem Berghof zu begeben, endgültig aufgegeben.

★ Die Sowjets berichten

Am Donnerstag, dem 17. Dezember 1942
meldet das *Sowinformbüro*
über die Ereignisse am Vortage:
Der Zusammenbruch des ersten großen faschistischen Angriffs bei Kotelnikowo ist von strategischer Bedeutung. Zum erstenmal ist es unseren Truppen gelungen, in einem deckungslosen Gelände einer mächtigen Angriffswelle zu widerstehen. »Es ist ein Sieg Marschall Schaposchnikows«, so heißt es beim Oberkommando in Moskau, »der seine Truppen nach der von ihm im Sommer entwickelten Abwehrtaktik operieren ließ, die auf der weitgehenden Kombination von Artillerie und Sturmovik-Sturzbombern beruht. Der wichtigste Einbruchskeil der Faschisten ist beseitigt, und an den Sektoren, in denen es den Deutschen gelungen war, die Eisenbahnlinie wieder zu erreichen oder darüber hinaus vorzustoßen, stehen unsere Truppen vom Westen und Osten her im Flankenangriff.

Der größere Teil des von den Deutschen gewonnenen Geländes ist bereits zurückerobert. Die Bedeutung dieses Erfolges ist um so eindeutiger, als die Faschisten diese erste große Schlacht zur Befreiung der eingeschlossenen Armee Hoth drei Wochen lang vorbereitet haben. In den benachbarten Abschnitten, in denen unsere Verbände mehrere Tage lang abgeschnitten zu werden drohten, haben unsere Truppen in den letzten 24 Stunden beträchtliche Verstärkungen erhalten und sind seit Donnerstag früh auf verbreiterter Front zum Angriff übergegangen, der die Deutschen tiefer in die Kalmückensteppe zurückwerfen soll. Marschall Timoschenko will unter allen Umständen die Sperrzone zwischen der deutschen Kaukasus-Armee und der Armee Hoth verbreitern. Die Ortschaft Werchne-Kurmojarsk, in deren Nähe ein Panzerregiment der deutschen 6. Panzerdivision vernichtet wurde, liegt nordwestlich von Kotelnikowo an einem Flüßchen, das durch sumpfige Steppe zum Don fließt.

Die Deutschen berichten

Am Donnerstag, dem 17. Dezember 1942,
gibt das *Oberkommando der Wehrmacht*
zu den Ereignissen des Vortages bekannt:
Deutsche und rumänische Truppen, unterstützt von Kampffliegerverbänden, warfen zwischen Wolga und Don den Feind im Angriff weiter zurück und wiesen im großen Donbogen wiederholte Angriffe stärkerer Kräfte z. T. im Gegenangriff ab. 30 Sowjetpanzer wurden vernichtet.

Geheimer Bericht des *Sicherheitsdienstes der SS*
zur innenpolitischen Lage:
Nr. 344 vom 17. Dezember 1942 (Auszug)
1. Allgemeines. Gerüchtweise wird in zahlreichen Teilen des Reiches erzählt, daß die im Raum von Stalingrad stehenden deutschen Truppen mit etwa 80000 bis 100000 Soldaten völlig eingeschlossen seien, wodurch die Befürchtung, Stalingrad könne dadurch doch zu einem »zweiten Verdun« werden, erneut aufgetaucht ist. Zuversichtlich und beruhigend wirken aber die in der Bevölkerung verbreiteten Erzählungen von Fronturlaubern, daß der Feind vorwiegend ganz junge unausgebildete oder alte Männer einsetze und daß auch die Qualität seiner Waffen bedeutend schlechter geworden sei.

FS-Gespräch *Kunowski — Bader* vom 20. 12. 1942, 22.00—23.10 Uhr, betr. Luftversorgung, Versorgungskonvoi und Versorgungslage der 6. Armee

Hier Maj. v. Kunowski — hier Oberst Bader
Bader: Heutige Flugzeugbeladung: Konnte nicht mehr Ihren Wünschen entsprechend umgeschaltet werden, da bei großem Flugzeugeinsatz Umladungen nur schwer durchführbar. Bitte, Ihre Wünsche recht frühzeitig geben. Lufttransport für Führer Morosowskaja war heute in Pitomnik. Er hat folgende Wünsche: 1000-kg-Bomben müssen schneller entleert werden und am nächsten Tag eher zurückgesandt werden. Er meint, daß für zeitraubendes Zusammenschrauben der 1000-kg-Bomben nicht genügend Personal vorhanden ist. Können Sie helfen? Enttanken

Vorhergehende Doppelseite: Aksai: eine soeben von Pionieren fertiggestellte Brücke über den Fluß; vorn ein Panzer III

der Flugzeugbehälter soll so organisiert werden, daß gleichzeitig immer die in einer Kette fliegenden He geschlossen enttankt werden, um gemeinsamen Abflug zu ermöglichen. Möglichst an jedes Flugzeug zwei Tankwagen anstellen zur Beschleunigung. Ein besonderes Organ einteilen, das u. a. gelandeten Flugzeugen mitteilt, von welchem Zeitpunkt ab Enttankungen vorgesehen sind. Bitte funken, falls Abwurfbehälter mit Ju 52 nach Tazinskaja gehen, damit wir sie rechtzeitig hier ranziehen können, da hier Mangel.
2. Maj. Teltmann von mir zur Dienstleistung zum Kdr. Armee-Nachschubtruppen kommandiert.
3. Für IIa: Alle Offiziere werden sofort in Kessel geflogen. Sollen Personalpapiere für dorthin aus Führerreserve usw. versetzte Offiziere überflogen werden?
4. Finckh hat für OB. und Chef je 1 Kiste geschickt. Beide mußten abgeworfen werden, da Flugzeug unter Beschuß war.
5. Können Sie nicht Beladeaufträge auf etwas längere Sicht, z. B. 2 oder 3 Tage geben, dies würde Verladung vereinfachen. Oberint. Lerche und ich stehen zur Verfügung.
Kunowski: 1. Luftransportführer war bei General Pickert und hat gleiche Fragen besprochen. Schwierigkeiten werden abgestellt soweit möglich. Erhöhung der Zahl der Tankwagen nicht möglich, da alle greifbaren Wagen schon eingesetzt.
Gen. Pickert wird Einzelfragen in Ordnung bringen.
2. Wo sind Kisten Oberst Finckh abgeworfen? Mit Fallschirm? Bisher Verbleib unbekannt.
Bader: Nicht mit Fallschirm, Notabwurf.
Kunowski: Ist Abwurf in Pitomnik erfolgt??
Bader: Nein, über Feind, aber nicht sicher.
Kunowksi: 3. Lt. Heimbach fliegt morgen als KurierOffz. zu O. Qu.
4. Beladeaufträge werde ich in Zukunft auf lange Sicht geben, ist nach augenblicklicher Lage auch möglich.
5. H. Gr. Don hat mitgeteilt, daß zum Einschleusen bereitstehen:
a) rund 3000 Kolonnenraum beladen.
b) Zugmittel-Staffel, 30 KOM zum Verwundetentransport.
Beladeplätze zu a) immer noch nicht eingetroffen. Erbitte Übersendung morgen. Erbitte ferner Auftrag bei Don, mit wieviel Zugmaschinen nach Art und Leistung wir rechnen können. Sicherstellen, daß diese Zugmittelstaffeln ausreichend mit Betriebsstoff versehen sind, damit Auftanken im Kessel nicht notwendig.
Bader: Wird gemacht. Beladepläne werden morgen eingeflogen. Ich

habe noch etwas: Einzelne San.-Ju's werden einfliegen, jedoch nur bei günstiger Witterung. Bitte senden Sie eine Liste der dort eingesetzten FPA, kann Lerche kommen?
Kunowski: 6. Maj. Rese hat gefunkt, daß Versorgungsbasis Kotelnikowo im Aufbau. Was lagert dort? Erbitten an 1. Stelle Betriebsstoff, Verpflegung und Munition für schwere Inf.-Waffen und panzerbrechende Waffen.
7. Anforderung für nächste Tage: Schwerpunkt Betriebsstoff, täglich 200 cbm. Dann Verpflegung, dann Munition. Bedarf liegt Orientierung H. Gr. Don zugrunde. Erbitte Absichten und Möglichkeiten für kommende Zeit dort erfragen.
8. Bei einer Gesamtbelegung von 7500 sind z. Zt. im Festungsgebiet vorhanden 2500 sitzend Transportfähige für Leerkolonnen, 1750 sitzend Transportfähige für Transport mit Omnibussen und ähnlichen Fahrzeugen, 2000 liegend Transportfähige. Rest besteht aus 550 nicht Transportfähigen und zur Entlassung Heranstehenden. Gesamter Lufttransport wird laufend zum Verwundetentransport, insbesondere von Liegenden, ausgenutzt. Soweit Flugzeugabtransport nicht ausreicht, muß Landabtransport erfolgen. Ich hoffe, daß durch vermehrten Flugzeugeinsatz ein erheblicher Teil der Verwundeten abbefördert werden kann. Heute 12. 10. Es ist schwer zu sagen, wieviel Verwundete noch auf dem Landwege abtransportiert werden müssen, weil sie abhängig von der Lage. Metzsch soll sich auf 4—5000 einstellen, vielleicht wird es geringer. Einflug der im Tätigkeitsbericht Armeearzt Morosowskaja genannten San.-Offz. nicht notwendig.
9. Uffz. Lutter mit 2 Kurierpaketen eingetroffen.
10. Feldw. Büten, Fahrer Chef, soll an Chef schreiben und mitteilen, was er im Paket geschickt hat. Sein Brief angekommen, Paket bisher nicht.
11. FPA. 408 hat Armeefeldpostmeister gebeten, das Aussortieren der Feldpost der Heeresgruppe hinten zu übernehmen, da hier Personalmangel. Ausgabe der sortierten Post wird hier erfolgen. Erbitte Überprüfung. Bitte, nochmals überprüfen, daß gleichmäßige Zuführung Feldpost aller Div. geführt wird. Noch immer Klagen der Div.
(Stabsintendant:)
12. Es spricht Stabsint. für Armeeint. Heute Kurierbrief vom 16. 12. erhalten. Stellungnahme wie folgt:
1. Reichweiten einschl. der bis heute 17.00 Uhr eingeflogenen Mengen zu den gekürzten noch geltenden Sätzen des OB-Befehls vom 6. 12. 42. Bei schärfster Berechnung:
a) Brot bis 24. 12., Fehl an Ausstattung für 25. 12. 15 t.

Wassiljewka erreicht: In der Kampfpause nimmt sich die Besatzung Zeit für ihren Achtrad-Panzerspähwagen

b) Aufstrich 25. 12. nicht ganz voll.
c) Mittagskost: 26. 12.
d) Abendkost: 26. 12. Fehl an Ausstattung für 27. 50000 Portionen ist 2,5 t.
e) Getränke: 27. 12.
f) Rauchwaren: 28. 12.
g) Kein Zucker, starker Mangel an Salz und sonstigen Gewürzen. Fleisch für Mittagskost und Teile der Abendkost nur Pferdefleisch, deshalb nochmals: Abhilfe.

2. Allg. Erhöhung der Brotportionen nach nunmehr 14 Tage geltendem Satz von 200 g dringendst erforderlich. Heute für 20 Proz. der Verpfl.-Stärke Brotzulage von 100 g für die in vorderster Linie eingesetzten Soldaten durch O. B. befohlen. Dadurch bedingter Mehrbedarf von 5 t täglich bis in Reichweite zu Ia berücksichtigt.

Eine sowjetische Pakstellung, die das Dorf Wassiljewka an der Myschkowa abriegeln soll, wurde von den Panzern der 6. Panzerdivision überrollt

3. Gründe für Änderung der Reichweiten Schnellbericht Nr. 3 gegenüber Funkspruch 15. 12.

a) Infolge Verlegung der Dv. Verpflegungsämter waren Bestände nicht genau erfaßbar.

b) Verpflegungsstärke waren in Div. nicht bekannt. Wesentliche Änderungen in Zuteilungen und Unterstellungen.

c) In vorderster Linie z. B. Marinowka, Woroschilow-Lager gelegene V-Bestände doch noch in Festung gebracht.

d) Befehl O. B. als Mittagskost nur Pferd- und Frischfleisch. Alle Konserven für Abendkost.

e) Wiederholte eingehende Überprüfung und schärfste Erfassung aller Bestände sowie Ausgleich der einzelnen V-Mittel zwischen Korps und Div.

4. Maj. Ing. Große, Vetter H. Gr. Int., und Stabsint. Tobias bei Ib 3. mot. in Festung wohlauf.

5. Kommen 25 t Schokolade rechtzeitig zum Weihnachtsfest?
6. Bleistift- und Kopierstiftpakete gut eingegangen. Quartiermeister enttäuscht. Von hier aus keine Fragen mehr, gehorsamste Grüße. Liegt von dort noch etwas vor?
Bader: Ja. Verpflegungsstärke nach Köpfen und Pferden angeben.
2. Wieviel Futter müßte zur Erhaltung des noch vorhandenen Pferdebestandes täglich zugeflogen werden? Gen. Qu. will es wissen.
3. Für welchen Teil der Verpflegungsstärke könnte Mehl statt Brot geflogen werden?
4. Am 14. 12. wurden in Karpowka noch 15 t russische Kernseife gemeldet. Warum ist sie nicht ausgegeben?
5. Wünsche für Beladung der ersten Kolonne mit 600 t aus Kotelnikowo mit Verpflegung angeben. Bitte Antwort.
Schokolade kommt rechtzeitig. Warum sind Quartiermeister enttäuscht? Haben Sie noch etwas? Bitte antworten.
Kunowski: Hier Maj. v. Kunowski, Quartiermeister waren enttäuscht, weil sie anstelle von Bleistiften rauchbare Zigarren erwarteten.
2. Futterfrage nach augenblicklicher Lage Lufttransport kaum möglich. Wir wollen 20000 Pferde nach Möglichkeit erhalten, dazu notwenig je Pferd 2 kg Futterkonserven.
3. Zuführung von Mehl wird gemeldet, abhängig von Lage, es kann möglich sein, daß Armee in den nächsten Tagen ausschließl. Brot bekommen muß, da Möglichkeit zum Backen nicht gegeben. Dies hängt zusammen mit Lageorientierung Don.
4. Gemeldete Kernseife Karpowka wurde nach Anforderung ausgegeben. Ausrüstung der Truppe mit Seife hier nicht bekannt.
5. Wunsch für Beladung gem. Beladeplan v. 6. 12. 42. Allerdings mit Rauch- und Getränkeportionen unter entsprechender Kürzung anderer Teile. Von mir aus keine Fragen mehr. Liegt dort noch etwas vor?
Bader: bitte Verpflegungsstärke — sofort — mitteilen, Gen. Qu. quält uns.
Kunowski: 249000 nach Stand vom 18. 12. 42.
Bader: Augenblickliche Pferdestärke?
Kunowski: Heutiger Kurier muß Pferdestärken mitgebracht haben, Zahlen augenblicklich nicht bekannt.
Bader: Wieviel etwa??
Kunowski: Geschätzt 40000, davon zahlreiche Pferde kurz vor Verhungern und nicht mehr einsatzfähig. Genaue Zahlen werden nochmals gemeldet. Hier Ende.
Bader: Wir danken sehr und wünschen alles Gute. Herzlichen Gruß

Bader, Lerche, Tümpling.
Kunowski: Wir danken ebenfalls, Herzlichen Gruß, Funkergemeinschaft O. Qu. I. K. — Ende.

Und so war es

Seit dem 2. Dezember bereitet der Stab der 6. Armee den Ausbruch vor. Auf das Stichwort »Donnerschlag« sollen alle eingeschlossenen Verbände den Kessel von innen sprengen und der Panzerarmee Hoth entgegenstoßen. Vorgesehen ist, alle Verwundeten auf Lastwagen und Omnibussen mitzunehmen. Den Durchbruch wird das XIV. Panzerkorps aus dem Raum südlich Karpowka führen.
Zwei Pionierbataillone, zwei Straßenbaubataillone und ein Brückenbaubataillon werden laut Befehl die Minenfelder räumen. Alle Einheiten haben ihre Fahrzeuge an einer zentralen Stelle abzugeben, dort will man zwecks besserer Kontrolle mit weißer Farbe große Zahlen an die Wagenwände pinseln.
Das Durchschleusen der Fahrzeugkolonnen wird sich auf markierten Bahnen abspielen. Und der Kommandeur des Nebelwerferregiments 53, Oberst Schwarz, soll mit seiner Einheit den zu erwartenden Einbahnverkehr regeln und sichern. Die Maschinen des VIII. Fliegerkorps sind angewiesen, im Tiefflug Benzin in 200-l-Fässern neben der Durchschleusstrecke abzuwerfen. Es ist ein Feldflughafen zwischen dem Ausbruchsraum und Kotelnikowo geplant. Die zur Sicherung des Flugplatzes Pitomnik eingesetzten Flakbatterien der 9. Flakdivision sollen diesen neuen Feldflughafen schützen.
Treibstoff, Verpflegung und Munition — im ganzen über 3000 t Kolonnenraum — stehen hinter der Armee Hoth. Sie warten nur darauf, durchgeschleust zu werden, außerdem Zugmaschinen zum Abschleppen der Artillerie. Und für den Abtransport der Schwerverwundeten hat man 30 Omnibusse beschafft.
Ganze Stapel von Wegmarkierungen mit farbigen Wimpeln liegen schon parat, und die Armee-Nachrichtenführung hat alle Maßnahmen getroffen, den Ausbruch durch Funk zu lenken: Bereits seit dem 10. Dezember sind 6 Trupps zum Abhören des Funkverkehrs eingesetzt. Funksprüche: »Haltet aus, wir kommen.« »Die Vereinigung steht dicht bevor.« »Kommt uns entgegen.« »Auf Wiedersehen in Kürze!« wechseln einander ab.

Wegen Treibstoffmangel sollen die Truppen Geschütze und Fahrzeuge reihenweise an Zugmaschinen gekoppelt mitführen. Alles, was nicht mitgenommen wird, muß vernichtet werden.
Eines der größten Probleme ist die Verfassung der Soldaten, die zu dieser Zeit schon so unterernährt und kaum noch imstande sind, ein paar Kilometer zu bewältigen. Die Divisionen sollen nacheinander, zuerst diejenigen, die an der Nordostfront des Kessels stehen, in Richtung Südwesten marschieren und zügig den ersten drei Stoßdivisionen folgen. Die kampffähigen Panzer der Armee, etwa 50 Stück, werden nach dem Durchbruch die Flanken der Armee schützen, um so die Masse der Infanterie aus dem Kessel zu schleusen.
Als Dank der Eingeschlossenen für ihren zukünftigen Befreier wird am 15. Dezember im Kessel die v. Manstein-Spende aufgelegt. Die Sammlung ergibt eine Summe von mehreren 100000 RM, die dem Feldmarschall zum Weihnachtsfest zur Verfügung gestellt werden soll.
Der nächtliche Nachrichtenaustausch zwischen dem Gefechtsstand Generaloberst Paulus' in Gumrak und dem Stab des Feldmarschalls v. Manstein in Nowotscherkask erfolgt über einen Fernschreiber, gekoppelt mit einem Dezimetergerät und einer Relaisstation bei Nischne-Tschirskaja am Don, die die Gespräche auf dem Funkwege abhörsicher weiterleitet. Damit die Sowjets nicht hinter das Geheimnis dieser Anlage kommen, werden die Antennen gleich nach Beendigung der Gespräche wieder eingezogen und bis zum nächsten Abend in Deckung gebracht.
Inzwischen hat Generaloberst Hoth mit seiner Panzerarmee trotz des harten sowjetischen Widerstandes in drei Tagen 50 Kilometer zurückgelegt, dabei drei gegnerische Schützenkorps abgedrängt und den Aksai, an dessen Nordseite die Sowjets starke Abwehrstellungen bezogen haben, mehrfach überschritten. Nun stockt der deutsche Vormarsch.
An diesem Sonntag, dem 15. Dezember, kommt es auch zu einer Schlacht zwischen den in geschlossener Formation angreifenden deutschen Panzern und 350 sowjetischen Kampfwagen auf den Höhen um Werchne-Kumski, die sich bis in die Abendstunden hineinzieht.
Für die immer länger werdende Flankensicherung wird der Armee Hoth die 17. Panzerdivision (v. Sengler und Etterlin) zur Unterstützung gegeben. Bevor jedoch die deutsche Panzerarmee den nächsten Flußabschnitt der Myschkowa erreicht hat, führt Jeremenko der hier kämpfenden 51. Armee (Gen. W. F. Trufanow) frische Reserven zu.
Nun stellt das sowjetische Oberkommando den »Plan Saturn« — Angriff auf Rostow — vorerst zurück und gibt den Befehl, die 4. Panzerarmee (GenOberst Hoth) zu vernichten.

Aksai-Front: Eine Versorgungskolonne der 23. Panzerdivision ist im hohen Schnee steckengeblieben

Unterdessen greift seit dem 16. Dezember die sowjetische Woronesch-Front (GenLt. Golikow) mit der neuen 1. Gardearmee (GenLt. Kusnezow) und der 6. Armee (GenMaj. Charitonow) die italienische 8. Armee (GenOberst Gariboldi) an. Zur gleichen Stunde stoßen Teile der Südwestfront (Gen. Watutin) auf die Gruppe Hollidt und auf den Rest der rumänischen 3. Armee (GenOberst Dumitrescu), der anschließend auch von der sowjetischen 5. Panzerarmee (GenLt. Romanenko) bedroht wird. Die italienische 8. Armee (Gariboldi) zieht sich fluchtartig bis Millerowo zurück. Die beiden für die Versorgung der 6. Armee wichtigsten Flugplätze Tazinskaja und Morosowsk sind dadurch in höchster Gefahr. Und am Abend des 16. Dezember gelingt es den Sowjets, 25 Kilometer in Richtung Tschir-Rostow voranzukommen.
Sollten die Sowjets die Tschirfront zerschlagen, ist für sie der Weg nach Rostow frei, und der Heeresgruppe Don (GFM v. Manstein) sowie der im Kaukasus kämpfenden Heeresgruppe A (GenOberst v. Kleist) droht eine ähnliche Situation wie der 6. Armee in Stalingrad.
Am 16. Dezember friert die Wolga ganz zu, und die sowjetischen Soldaten können die dringend gebrauchte Munition vom Ostufer mit

Schlitten über das Eis bringen. Die Versorgungslage der 6. Armee dagegen wird immer kritischer. Es ist sogar unmöglich, statt Brot das raumsparende Mehl in den Kessel zu schicken, da die vorhandene Brotmenge für die Überbrückungszeit von 3—4 Tagen zur Umstellung auf eigenes Backen in der Armee nicht ausreicht. Das eingeflogene wäßrige Roggenbrot muß vor Gebrauch erst wieder aufgetaut werden. Dabei lagern bei Rostow riesige Weizenmehl- und Buttervorräte, die nicht verteilt werden dürfen. Es treffen überwiegend hartgefrorenes Frischfleisch und tonnenweise Gemüsekonserven anstelle von Kraftnahrung ein.

Als man eines Tages Gewürze anfordert, die zur Neige gehen, werden gleich zwei Ju-52-Transportmaschinen, vollgestopft mit Majoran und Pfeffer — ganze vier Tonnen — eingeflogen.

Manche Transportmaschinen bringen statt der dringend erforderlichen Nahrung Stapel alter Zeitungen, 200000 Tornisterschriften der Wehrmacht-Propaganda-Abteilung, Kragenbinden, Dachpappe, Stacheldraht oder andere unmöglich zu verwendende Dinge. An einem der Tage kommen allein 6 t Bonbon und verschiedene sperrige Ersatzteile für Pioniergerät. Aus der Not heraus werden 4000 Pferde der rumänischen Kavallerie-Division, die aus Futtermangel eingegangen wären, geschlachtet, um wenigstens das Schlimmste abzuwenden. Am 15. Dezember muß die Brotration auf 100 Gramm herabgesetzt werden: Zwei Schnitten Brot am Tage, einige Tassen Kräutertee oder Malzkaffee und als Mittagsverpflegung eine dünne Suppe, auf der oft erst die Eisschicht entfernt werden muß, bevor sie gegessen werden kann. Damit soll der Soldat leben und kämpfen, Frost, Schnee und Sturm widerstehen können.

Und mit dem Schutz gegen die Kälte ist es nicht anders: Was die Truppen der 6. Armee an Bekleidung und Schuhwerk besitzen, tragen sie am Körper.

Bei manchen Einheiten übertrifft die Zahl der durch Hunger Entkräfteten bereits die Zahl der Verwundeten. Und in Bunkern, Gräben und auf jedem Hauptverbandsplatz liegen ausgezehrte Soldaten und Offiziere, die nicht mehr auf den Beinen stehen können. Jedoch erst am 17. Dezember meldet die Sanitätsführung im Kessel offiziell Todesfälle infolge Erschöpfung. Trotz der Misere wird weitergekämpft.

In der Nacht zum 18. Dezember tritt die sowjetische 62. Armee in Stalingrad erneut zu Angriffen gegen die Werke Krasny Oktjabr und Krasnaya Barrikady an. Diese Kämpfe ziehen sich bis über das Weihnachtsfest hin.

Ab Mitte Dezember wird die sowjetische Abwehr durch Jäger und Flak so verstärkt, daß nur die He-111-Kampfflugzeuge bei Tage eingesetzt werden und die Ju-52-Maschinen ausschließlich nachts fliegen können. Während die deutsche Front zusehends abbröckelt, steht die 4. Panzerarmee (GenOberst Hoth) nahe der Myschkowa in der Hoffnung, Generaloberst Paulus würde den Ausbruch wagen. Die einzige Chance der 6. Armee besteht nun darin, sich selbst bis zur Armeegruppe Hoth durchzuschlagen. Manstein beordert am 18. Dezember einen seiner Offiziere in den Kessel, um den Grund der Bedenken von Paulus zu erfahren, der ihm erklärt, daß er für die Vorbereitung der Operation noch mehrere Tage brauche. Seine Truppen seien in äußerst schlechter physischer Verfassung, und er benötige Verpflegung und andere Nachschubgüter, vor allem Treibstoff, da der Vorrat außerordentlich gering sei. Nach seinen Schätzungen reiche er für die noch vorhandenen Panzer höchstens 20 Kilometer. Und es bestehe die Gefahr, daß man auf der Strecke liegenbleibe, ehe man auf Hoth gestoßen sei. Zunächst müßten übrigens 8000 Verwundete evakuiert werden.
Im Morgengrauen des 19. Dezember erreichen die Spitzen der deutschen 4. Panzerarmee bei Wassiljewka das von den Sowjets stark besetzte Ufer der Myschkowa, dem letzten Hindernis vor Stalingrad.
Hier im Myschkowa-Abschnitt soll der Treffpunkt mit der aufbrechenden 6. Armee sein.
Die deutsche 6. Panzerdivision richtet nach einem kühnen Nachtangriff einen Brückenkopf auf dem Nordufer der Myschkowa ein, und die einzige Brücke über den Fluß fällt unversehrt in ihre Hand. Die Panzerspitzen des Generals Hoth stehen nun etwa 48 Kilometer vor Stalingrad und können von hier aus bereits am Horizont die Leuchtkugeln über der Front sehen.
Am 19. Dezember, um 14.35 Uhr, betont Manstein in seiner Lagebeurteilung an das OKW: »Das Durchbrechen der 6. Armee nach Südwesten ist die letzte Möglichkeit, um wenigstens die Masse der Soldaten und der noch beweglichen Waffen der Armee zu erhalten.«
Und am Abend des 19. Dezember versucht Manstein mit eindringlichen Worten, Hitler dazu zu bewegen, die Genehmigung zum sofortigen Ausbruch der 6. Armee zu erteilen. Nachdem der Führer allerdings erfährt, daß sich die Panzerspitzen des Generalobersts Hoth dem Kessel bis auf 48 Kilometer genähert haben, die Treibstoffbestände der 6. Armee aber nicht ausreichend seien, verweigert er seine Zustimmung zum Ausbruch. Trotzdem gibt v. Manstein der 6. Armee den Befehl, sich auf das Stichwort »Donnerschlag« vorzubereiten.

Er ahnt nicht, daß schon zu dieser Zeit das sowjetische 4. mechanisierte Korps, das 4. Kavalleriekorps und das 13. mechanisierte Korps den Truppen von Hoth gegenüberstehen. Darüber hinaus erreichen am 19. Dezember die starken Verbände der sowjetischen 2. Gardearmee (Gen. R. J. Malinowski) den Raum Myschkowa. In Tagesmärschen von 40 bis 50 Kilometern haben die Gardisten des Generals Malinowski 200 bis 280 Kilometer zurückgelegt.
Am Sonnabend, dem 20. Dezember, trifft beim Stab des Generals K. K. Rokossowski der Vertreter der STAWKA, General N. Woronow, ein. Er soll die »Operation Ring« — die Zerschlagung des Kessels — in die Wege leiten und »spätestens bis 21. Dezember 42 dem Hauptquartier den Operationsplan vorlegen«.
Woronow wird von vornherein über die tatsächliche Stärke der deutschen Truppen im Kessel falsch informiert: Der für die Feindbearbeitung zuständige Offizier meldet ihm nämlich 86000 Mann. Mit dem Oberbefehlshaber der Donfront, Generaloberst Rokossowski, und dem Chef des Stabes, M. S. Malinin, entwirft N. Woronow den Operationsplan, wobei ihnen — wie Woronow später sagte — die Zeit von 5 bis 6 Tagen zwischen Planung und Durchführung sofort illusorisch erschien.

24. Woche: 21. — 27. Dezember 1942

★ Die Sowjets berichten

Am Mittwoch, dem 23. Dezember 1942,
meldet das *Sowinformbüro*
über die Ereignisse am Vortage:
Das Tempo der Offensive unserer Truppen am mittleren Don hat sich in den letzten 12 Stunden infolge der schlechten Wetterlage verlangsamt. Heftige Winde und Schneefälle behindern das Vordringen der Generäle Golikow und Watutin; immerhin ist die Offensive nirgends zum Stillstand gekommen, und nirgends haben deutsche Gegenangriffe von irgendwelcher Bedeutung stattgefunden. Die schweren »Klim-Woroschilow«, Panzerwagen, als Schneepflüge eingesetzt, rollen unaufhaltsam in südlicher und südwestlicher Richtung über die tiefverschneiten Ebenen; die mittleren und leichten Panzerwagen folgen den Spuren der schweren Typen, die die faschistischen Auffangstellungen durchbrachen.

Oben: Die Besatzung eines sowjetischen Bombers vom Typ Tupolew SB-2 (ANT 40) vor dem Einsatz gegen die Luftversorgungs-Stützpunkte der 6. Armee

Unten: Nowotscherkask: nach dem Angriff sowjetischer Bomber auf die deutsche Nachschublinie

Die Streitkräfte General Golikows, die vom Don her vorrückten und die Eisenbahnlinie Rostow-Woronesch bei Kantemirowsk überschritten, schwenkten dann nach Süden ab und warfen die Deutschen um etwa 20 Kilometer in der Richtung auf Millerowo zurück. Sie besetzten dann, im Durchschnitt 15 Kilometer westlich von dieser Bahnlinie vorrückend, nacheinander die Ortschaften Koleschatvje, Nikolskoje und Morosowka; die letztere Ortschaft liegt 55 Kilometer von Millerowo entfernt.
Östlich der Eisenbahnlinie Rostow-Woronesch operieren die Streitkräfte Watutins in ständiger Verbindung mit denen Golikows. Nach Vernichtung der zwischen der Bahnlinie und dem Don zurückgebliebenen faschistischen Verbände stießen sie ebenfalls nach Süden vor und stehen jetzt noch 28 Kilometer von Millerowo entfernt nordöstlich dieser Stadt. Nach den neuesten Frontberichten erscheint Millerowo ernstlich bedroht. Die Streitkräfte der Generäle Watutin und Golikow rücken in parallelen Kolonnen beiderseits der Eisenbahnlinie Rostow-Woronesch vor und treiben die deutschen Truppen in der Richtung auf Millerowo zurück. Die Armeegruppe Watutin marschiert östlich der Eisenbahn nach Süden und hat ihr Tempo etwas verlangsamt, offenbar um mit der Gruppe Golikow gleichzeitig den Stoß auf Millerowo führen zu können, das einen der Schlüsselpunkte der deutschen Verteidigung im Donbogen darstellt. Soeben wird gemeldet, daß Einheiten der Gruppe des Generals Watutin bereits bei Degtewa, 28 Kilometer nordöstlich von Millerowo, stehen. Die Rote Armee ist damit in die Ukraine eingebrochen. Nach einigen Frontmeldungen vollzieht sich der deutsche Rückzug aus Millerowo in solcher Eile, daß die vorgeschobenen Einheiten unserer Truppen mancherorts die Fühlung mit dem Feind verloren haben.

Die Deutschen berichten

Am Mittwoch, dem 23. Dezember 1942,
gibt das *Oberkommando der Wehrmacht*
zu den Ereignissen des Vortages bekannt:
Bei erneuten vergeblichen Angriffen zwischen Wolga und Don und in Stalingrad erlitten die Sowjets hohe Verluste. Am mittleren Don halten die schweren Kämpfe an.

Am Südwesthang von Wassiljewka: ein MG-Zug des Panzerregiments 11 der 6. Panzerdivision

Truppenhygiene im Winter

Schäden durch unmittelbare Kälteeinwirkung und ihre Behandlung

Man unterscheidet allgemeine und örtliche Erfrierungen.

a) Allgemeine Erfrierungen.

Wenn dem Körper zu viel Wärme entzogen wird, sinkt die sonst gleichmäßig zwischen 36,5 und 37 Grad gehaltene Körpertemperatur allmählich immer mehr ab. Bei allgemeiner Erfrierung kann in seltenen Fällen die Körperwärme bis zu 20 Grad absinken, ohne daß der Tod unvermeidlich ist.

Der Beginn der allgemeinen Erfrierung äußert sich im Schweregefühl der Glieder. Der Gang wird unsicher. Die Sinne drohen zu schwinden. Die Haut wird fahl, Puls und Atmung verlangsamen sich. Zunehmend tritt Schlafsucht ein.

Die Hilfeleistung (gegenseitige Beobachtung!) muß sofort einsetzen. Die Abwendung schwerer Schäden, ja des Todes, kann von Minuten abhängen.

(Anhang 2 zur H. Dv. Ia, Seite 53 d, lfd. Nr. 59)

Am Donnerstag, dem 24. Dezember 1942,
gibt das *Oberkommando der Wehrmacht*
zu den Ereignissen des Vortages bekannt:
In der Kalmückensteppe wiesen deutsche Truppen wiederholte feindliche Angriffe ab und fügten dem Gegner bei einem erfolgreichen Vorstoß blutige Verluste zu. Ein im Hintergelände auftauchender Kavallerieverband der Sowjets wurde angegriffen und in anschließender Verfolgung zersprengt. Zwischen Wolga und Don wurden im Angriff 600 Gefangene eingebracht und 15 Panzer vernichtet. Gegenangriffe der Sowjets brachen zusammen. Im Dongebiet dauert die Abwehrschlacht in wechselvollen Kämpfen weiterhin an.

★ Die Sowjets berichten

Am Donnerstag, dem 24. Dezember 1942,
gibt das *Sowinformbüro*
zu den Ereignissen am Vortage bekannt:
An der Front von Stalingrad dürften entscheidende Kampfhandlungen bevorstehen. Die von Rostow aus vorgehenden faschistischen Divisionen und die Truppen, die von der Kaukasus-Front abgezogen wurden, haben die »Entsatzarmee« erreicht und dürften innerhalb der nächsten 24 bis 48 Stunden den Kampf aufnehmen.
Man hält es im Oberkommando in Moskau für unmöglich, daß die Armee Hoth über den Winter durchhalten kann. Aus diesem Grunde unternehmen unsere Truppen auch keine frontalen Angriffe gegen die eingeschlossene Armee, da es nur darauf ankommt, Hoth von der Verbindung mit der Außenwelt abgeschnitten zu halten. Unsere Truppen bringen ununterbrochen schwere Artillerie und Wintertruppen in Stellung: Sie haben vor allem die Positionen 35 Kilometer nordöstlich von Kotelnikowo befestigt, wo der Hauptangriff der faschistischen »Entsatzarmee« erwartet wird.
Breites Echo fand der Erlaß der sowjetischen Regierung vom 22. Dezem-

Es ist gelungen, den Einbruch des Gegners am Brückenkopf Wassiljewka zu vereiteln. Rechts ein sowjetischer mittelschwerer Panzer T-34/76 B, Bj. 1941, seine Kanone 7,62 cm mit eckiger, verschraubter Rohrwiege. Die deutschen Panzergrenadiere tragen Wintertarnanzüge

ber 1942 über die Verleihung von Medaillen für die Verteidigung Leningrads, Sewastopols, Odessas und Stalingrads.

Die *Prawda,* 23. Dezember 1942:
Die Medaille auf der Brust der Verteidiger dieser Städte wird eine Erinnerung an die heroischen Tage sein, als das ganze Land mit angehaltenem Atem den tapferen Kampf verfolgte, als die ganze Welt erstaunt und begeistert über die Standhaftigkeit und Unerschrockenheit der sowjetischen Kämpfer war, über ihre grenzenlose Ergebenheit gegenüber der Heimat.

Weihnachten in Stalingrad:

Königsberger Klopse aus Pferdefleisch

Das Fleisch in Stücke schneiden, mit Salz, Pfeffer und Majoran würzen und durch die Hackmaschine treiben. Auf einem Brett mit den Händen zerreiben und kneten, dabei kleine Mengen kalter Brühe oder Wasser unterarbeiten.
Aus der Hackfleischmasse Klopse formen, aufkochen und 15 Minuten ziehen lassen.
Aus Brühe und einer Mehlschwitze eine weiße Tunke herstellen und mit Essig abschmecken.

(Warme Sonderkost, Weihnachten 1942, Stalingrad)

Weihnacht

Einer kam und brachte den Baum,
Und einer die Kugeln voll Flimmer
Und Silberfäden, — da wob im Raum
Ein seltsam entrückender Schimmer

Und so beganns. Als die Kerzen erwachten
Im goldenen Schein des Lichts,
Da standen wir alle, stumm, im Betrachten
Des Wunders, und sprachen lange nichts.

Und die Seelen vergaßen des Kampfs und der eisigen
Steppe draußen und aller Gefahr,
Es lagerten die Gedanken sich, den reisigen
Knechten gleich um das Feuer, es war,

Als sei uns zur Rast geblasen mit einem,
Und alles Kämpfen schwiege im Banne des Lichts,
Und es würde Weihnacht. Sie fehlte keinem,
Der da stand, festlich verklärten Gesichts.

Draußen die Posten gingen mit schwerem Schritt,
Die Kälte dröhnte hohl unterm Fuß.
Wir aber sangen, und alles sang mit:

Waffen und Erde, Himmel und Fluß,
Und auch der Tod, er sang — wir hörten ihn gut,
Aber er ist uns vertraut. So scheuten wir nicht,
Sein zu gedenken. Alles, was in uns ruht
Wird uns Gestalt: Nacht und Licht,

Ende und Anfang. Es duftet der Lebensbaum
Schwer nun im schimmernden Schein,
Und die gefallen, aus dämmerndem Traum
Treten zur Feier herein.

Heben die Hände und sehen ins Licht
Und singen mit uns nun das Lied,
Und sie fassen uns an und lassen uns nicht —
Kamerad, Kamerad, was geschieht?
W. Bade, 1943

Das Weihnachtsflugblatt

Vom Himmel hoch, da komm ich her.
Ich bring euch keine Goebbels-Mär.
Ich bring euch keine Feindeslist,
Ich bring die Wahrheit, wie sie ist.

Die Wahrheit ist: Der Tag ist nah,
Da ist kein Hitlerstaat mehr da.
Wie glücklich, wer zu dieser Frist
Noch unversehrt am Leben ist.
Erich Weinert,
Stalingrad 1942

Vorbereitung zum Durchbruch

Manstein an Chef GenStdH vom 24. 12. 1942, Meldung (Antrittstermin der 6. Armee zum Durchbruch) Fspr. HGr. Don/Ia Nr. 0376/42 gKdos, Chefs. vom 24. 12. 1942, 19.50 Uhr.
Zu 1. Antreten zum Durchbruch bedarf, wie bereits gemeldet, 6 Tage Vorbereitung. In dieser Zeit muß Sprit (1000 t) und Verpflegung (500 t) eingeflogen werden, was bei gutem Wetter möglich gemacht werden kann und muß. Ob Durchbruch erfolgversprechend sein wird, kann niemand

Ein letzter Versuch, von Wassiljewka aus in Richtung Stalingrad vorzustoßen.

Nur mit Mühe können die Panzerkampfwagen III und die Schützenpanzer der 6. Panzerdivision den sowjetischen Angriff abwehren.

sagen. Wenn 6. Armee aber im Festungsbereich nicht versorgt wird, bleibt gar nichts anderes übrig. Wenn man einen Erfolg, soweit überhaupt möglich, sicherstellen will, dann muß man Hoth schnellstens (im Landmarsch) III. Pz.Korps mit 2 Pz.Div. und im letzten Moment 16. I. D. (mot.) zuführen und dementsprechend mit 1. Panzerarmee zum beweglichen Kampf übergehen.

Zu 2. Paulus kann antreten, wenn er obigen Sprit und Verpflegung hat. 6 Tage Vorbereitung mit gutem Wetter genügen hierfür, wie auch für Heranziehen des III. Pz.Korps. Was er mitnehmen kann, hängt vom Kräftezustand Pferdelage ab (Div.-Artl.). In jedem Fall wird die Masse der Bespannfahrzeuge, die nicht für den Kampf benötigt werden, stehen bleiben müssen, außerdem alles unbewegliche Material.

Zu 3. Nach Meldung 6. Armee ist Kräftezustand schon sehr erheblich abgesunken, was bei jetziger Versorgung in zunehmendem Tempo sich fortsetzen muß. Es mag gelingen, die Soldaten noch einige Zeit zu erhalten, sie können aber dann nicht mehr ausbrechen. Ende des Monats dürfte der letzte Termin sein.

Zu 4. Ich glaube, daß weder 7. Pz.Div. noch SS. Wiking auf den rechten Heeresgruppenflügel geführt werden können, sondern benötigt werden, um überhaupt die Lage am Donez und im Bogen Donez-Don-Tschir zu halten, ganz abgesehen davon, daß 7. Pz.Div. hierfür zu spät käme.

Zu 5. Die Unterstellung einer weiteren Heeresgruppe in dieser Lage zu begrüßen, liegt kein Anlaß vor. Ich halte sie jedoch für notwendig, allerdings unter völliger Freiheit der Operationsführung. Ich muß jedoch dabei feststellen, daß die Gesamtlage sich bereits so weit entwickelt hat, daß sowohl hinsichtlich 6. Armee wie hinsichtlich Heeresgruppen Don und A die angedeuteten großen Entschlüsse bereits zu spät fallen werden. Ich bitte sich zu überlegen, wie sich die Lage entwickeln würde, wenn wir auf der anderen Seite führten.

Zu 6. Nach Aussage des gefangenen O.B. hatten Panzerkorps beim Antreten voll getankt und 3 weitere Füllungen aufgeladen. Reichweite nach seiner Ansicht 450 km. Für weitere Versorgungsschwierigkeiten liegen Anzeichen nicht vor.

Der Oberbefehlshaber der Heeresgruppe Don
gez. *von Manstein*
Generalfeldmarschall

Lagebericht, *Oberkommando des Heeres,*
25. Dezember 1942
Heeresgruppe Don, 6. Armee: Stärkere Angriffe in Stalingrad und

Pitomnik: Wenn der hohe Schnee eine Landung unmöglich macht, werfen die Versorgungsmaschinen Säcke mit Verpflegung ab

schwächere Angriffe an der Nordfront wurden abgewiesen. Luftversorgung infolge Schneesturms nicht möglich. Die Absetzbewegungen der Gruppe Hollidt nach Süden in den Gnilaja-Abschnitt erfolgten planmäßig.

Am Sonnabend, dem 26. Dezember 1942,
gibt das *Oberkommando der Wehrmacht*
zu den Ereignissen des Vortages bekannt:
Zwischen Wolga und Don und im Dongebiet brachen sich die anhaltenden feindlichen Angriffe an dem harten Widerstand unserer Truppen. In Gegenangriffen warfen deutsche Truppen an mehreren Stellen die Sowjets zurück. 42 Panzerkampfwagen wurden abgeschossen. Starke Verbände der Luftwaffe und schnelle ungarische Kampfflugzeuge unterstützten die Kämpfe des Heeres bei Tag und Nacht.

Paulus an OB HGr Don vom 26. 12. 1942, 13.15 Uhr,
Meldung betr. *Kampfkraft der 6. Armee*
KR-FS AOK 6/I a Nr. 6010 gKdos Chefs
Blutige Verluste, Kälte und unzureichende Versorgung haben Kampfkraft der Divisionen in letzter Zeit stark absinken lassen.
Ich muß daher melden:
1. Armee wird schwächere Feindangriffe wie bisher abweisen und örtliche Krisen für einige Zeit noch bereinigen können; Voraussetzung bleibt bessere Versorgung und baldiges Einfliegen von Ersatz.
2. Wenn Russe von Hoth stärkere Kräfte abzieht und mit diesen oder mit anderen Truppen zu massierten Angriffen auf Festung schreitet, wird diese nicht lange widerstehen können.
3. Donnerschlag nicht mehr durchführbar, wenn nicht vorher Korridor geschlagen und Armee mit Menschen und Versorgungsgütern aufgefüllt wird.
Ich bitte deshalb höheren Ortes vorstellig zu werden, daß energische Maßnahmen zum schnellen Entsatz der Armee getroffen werden, wenn nicht die Gesamtlage zwingt, sie zu opfern.
Daß die Armee alles tun wird, um bis zur letzten Möglichkeit zu halten, ist selbstverständlich.

gez. *Paulus*

Lagebericht, *Oberkommando des Heeres,*
16. Dezember 1942
Heeresgruppe Don: Bei 6. Armee wurde außer einem kleinen Einbruch bei 16. Panzerdivision nichts Besonderes gemeldet. Die Armee war am Nachmittag 46 Stunden ohne Luftversorgung.

Weihnachts-Ringsendung 1942

Vom Eismeerhafen bis nach Afrika. Die Grüße von der Front zur Heimat über 50000 Kilometer. — »Die Weihnachtssendung des Großdeutschen Rundfunks beginnt.« So klang es uns gestern abend aus dem Lautsprecher entgegen. Festliche Musik, einleitende Worte des Leiters und zugleich Schöpfers dieser nunmehr dritten Ringsendung, Werner Plükker, bringen weihnachtliche Gedanken. Front und Heimat wechseln Grüße zur deutschen Weihnacht, eine den Weltraum umspannende Feierstunde beginnt. Das Wunder »Technik« hat wieder einmal Raum und Zeit besiegt. In Sekundenschnelle überspringen wir über Kabel und Leitungswege des Deutschen Rundfunks Tausende von Kilometern, die Stimmen gehen von Kontinent zu Kontinent.

Station um Station meldet sich. Frontabschnitt kommt zu Frontabschnitt, Landschaft zu Landschaft.
Wir stehen im Senderaum des Berliner Rundfunkhauses und erleben unmittelbar, wie sie alle zueinanderströmen. Vom Eismeeerhafen springen wir über 4300 Kilometer bis nach Afrika, vom Kaukasus über 3500 Kilometer bis zur Atlantikküste.
»Hallo, bist du es, Mutter?!« ruft ein am Eismeer verwundeter Landser durch den Äther. Er befindet sich gegenwärtig in einem großen Militärgenesungsheim fern der Heimat, bei ihm sind Arzt und die stets hilfsberei-

Nur noch 48 Kilometer trennen die Panzerspitzen von der eingekesselten Armee: Beobachtungsposten auf einem mittelschweren Schützenpanzer

ten Schwestern des Deutschen Roten Kreuzes. Mutter und Sohn können es noch nicht ganz fassen, daß sie an diesem Tage zueinander sprechen dürfen. Eine grenzenlose, erregende Freude liegt in den Stimmen.
»Mach's gut, mein Junge«, klingt es nach.
Wieder ruft der Sprecher eine Station. Soldaten in einem Eismeerhafen danken den Kameraden für die Grüße über die Ätherwellen.
Dann wieder zurück zur Ostfront! Leningrad und Stalingrad. Angehörige aus allen deutschen Landschaften sprechen mit ihren Männern, Söhnen, Vätern. *Völkischer Beobachter, 26. — 28. 12. 1942*

★ Die Sowjets berichten

Am Sonntag, dem 27. Dezember 1942,
gibt das *Oberkommando der Roten Armee*
die Sonderverlautbarung vom Samstagabend bekannt: Südwestlich Stalingrads drängten unsere Streitkräfte den Feind weiter um 10 bis 15 Kilometer zurück und besetzten eine Anzahl Ortschaften.

Am Nachmittag des 27. Dezember
teilt das *Sowinformbüro* ergänzend mit:
Trotz schwerer Schneestürme und einer Kälte von 25 Grad geht die Offensive unserer Truppen zwischen Don und Donez mit unverminderter Wucht weiter. Im Gebiet des Donbogens eroberten die nach Westen vorgehenden Truppen der Roten Armee die wichtige Bahnstation Tazinskaja an der Linie Stalingrad—Charkow. Der Vorstoß erfolgte so überraschend, daß die Faschisten nicht mehr Zeit hatten, auf den großen Flugstützpunkten, die sich im Umkreis der Stadt befinden, alle Flugzeuge zu zerstören.
Nicht weniger als 300 Flugzeuge fielen unseren Truppen in z. T. noch gebrauchsfähigem Zustand in die Hände. Weitere 51 Flugzeuge waren noch in Eisenbahnwagen verladen, die unsere Truppen in Tazinskaja erbeuteten. Das wiederaufgenommene Vordringen der Truppen unserer Armee im Südwesten von Stalingrad brachte ihnen weitere Geländegewinne in Richtung Kotelnikowo. Eine Panzerabteilung unserer Truppen operiert etwa 35 Kilometer südlich von Kotelnikowo. Sie steht nur noch 10 Kilometer vom Sal entfernt, wo die Deutschen eine starke Verteidigungslinie aufgebaut haben.

In Stalingrad selbst verstärken unsere Truppen den Druck auf die eingeschlossene Armee Hoth, deren Lage täglich kritischer wird. In zweitägigen erbitterten Kämpfen erzielten sie beträchtliche Fortschritte nach Westen und besetzten im Fabrikviertel den größten Teil eines ausgedehnten Werkes. Aus den Aussagen von Gefangenen geht hervor, daß die Verpflegungsrationen der eingekesselten Truppen schon beträchtlich herabgesetzt werden mußten, da die Versorgung durch Flugzeuge nicht ausreicht. 7 deutsche Transportflugzeuge wurden am Samstag abgeschossen. Wie schwer die Verluste an Transportflugzeugen bereits gewesen sind, wird auch dadurch bewiesen, daß die Deutschen jetzt oft Verkehrsmaschinen und mittlere Bomber zur Versorgung der Armee Hoth verwenden.

Die Deutschen berichten

Am Sonntag, dem 27. Dezember 1942,
gibt das *Oberkommando der Wehrmacht*
zu den Ereignissen des Vortages bekannt:
Feindliche Angriffe zwischen Wolga und Don und im Raum von Stalingrad wurden abgewehrt.

Und so war es

In der zweiten Dezemberhälfte sind im Kessel immerhin noch etwa 230000 Mann, davon 40000 im Kampfeinsatz. Rund 200000 dagegen sitzen untätig herum: Kraftfahrer, für deren Wagen es kein Benzin gibt, Kanoniere mit Geschützen ohne Munition, Trosse, deren Pferde längst verspeist sind, Nachrichtensoldaten und Nachschubdienste, deren Lager nicht mehr existieren.
Am Montag, dem 21. Dezember, verfügt die 6. Armee nur noch über 5 Prozent des benötigten Treibstoffs. An diesem Tage wenigstens bringen Transportmaschinen 128 t Verpflegung, was etwa dem Mindestbedarf entspricht und die Armeeführung ermutigt, zu Weihnachten für alle Soldaten je 1 Tafel Schokolade — ganze 23 t — zu verlangen. Diese Idee muß man leider ein paar Stunden später fallenlassen und statt des Naschwerks unentbehrliches Benzin anfordern.

Zwei Tage vor Weihnachten zählt man im Kessel nur noch 23000 Pferde, von denen jedoch einige Tausend das »Fest« nicht überleben werden. Die sowjetische Luftblockade wird nun zusehends stärker. Die pausenlosen nächtlichen Störangriffe der Po-2-Doppeldecker mit MG-Feuer und Sprengbomben auf startende und landende deutsche Transportmaschinen demoralisieren die Besatzungen. Während eines dieser Nachtangriffe überschlägt sich in Pitomnik beim Start eine viermotorige Ju 90 mit 50 Verwundeten an Bord. Um die Luftversorgung zu unterbinden, läßt General Nowikow, Chef der Roten Luftflotte, Scheinflughäfen rund um den Kessel errichten mit Funkfeuern, die auf Frequenzen der Deutschen arbeiten. Kurz danach landen dort zwei vollbeladene Ju 52; die Piloten sind überzeugt, in Pitomnik oder Bassargino zu sein. Und prompt bestätigen die Sowjets per Funk auch noch das Eintreffen der Maschinen. Den deutschen Besatzungen, die ungeachtet des schlechten Wetters und Feindeinwirkungen ihre Einsätze weiter fliegen, winken jetzt hohe Prämien und Auszeichnungen. Am Dienstag, dem 22. Dezember, zerstören sowjetische Panzer bei ihrem Vormarsch die Relaisstation bei Nischne-Tschirskaja, und Tage später gibt es nur noch einen einzigen 1000-Watt-Sender und einige kleinere Funkstationen als Verbindung zwischen der 6. Armee und der Heeresgruppe Don.
Zu dieser Zeit steht die 6. Panzerdivision, der schlagkräftigste Verband der Entsatzarmee, immer noch vor Wassiljewka, nachdem sie die unzerstörte Brücke über die Myschkowa eingenommen hat. Von hier aus sind es rund 48 Kilometer bis an den Südrand des Kessels von Stalingrad.
In den vier entscheidenden Tagen — vom Sonnabend, dem 19. bis zum Mittwoch, dem 23. Dezember — hat Generaloberst Paulus die letzte Chance, den Ausbruch zu wagen. Es ist allerdings eine recht schwache Chance, wenn man berücksichtigt, daß die 4. Panzerarmee erschöpft am Myschkowa-Abschnitt hält und die 6. Armee schon unter völlig anomalen Bedingungen kämpft. Was ein Weg durch tiefen Schnee — über 50 Kilometer Luftlinie — für die 6. Armee mit ihren entkräfteten Soldaten, Tausenden von Verwundeten, ohne ausreichende Mengen an Treibstoff und Munition bedeutet, bedarf keiner allzugroßen Vorstellungskraft.
Der am Vormittag des 22. Dezember von der Armeegruppe Hoth erteilte Befehl sieht für den 23. Dezember, als letzten Versuch, das Vorrücken der 6. Panzerdivision über weitere 33 Kilometer in Richtung Stalingrad vor, um gegebenenfalls — sollte Hitler doch den Ausbruchsbefehl erteilen — der geschwächten 6. Armee bis hinter den Myschkowa-Abschnitt Panzergeleit zu bieten. Inzwischen haben deutsche Eisenbahnpioniere auch die Bahnlinie bis an den Aksai verlängert.

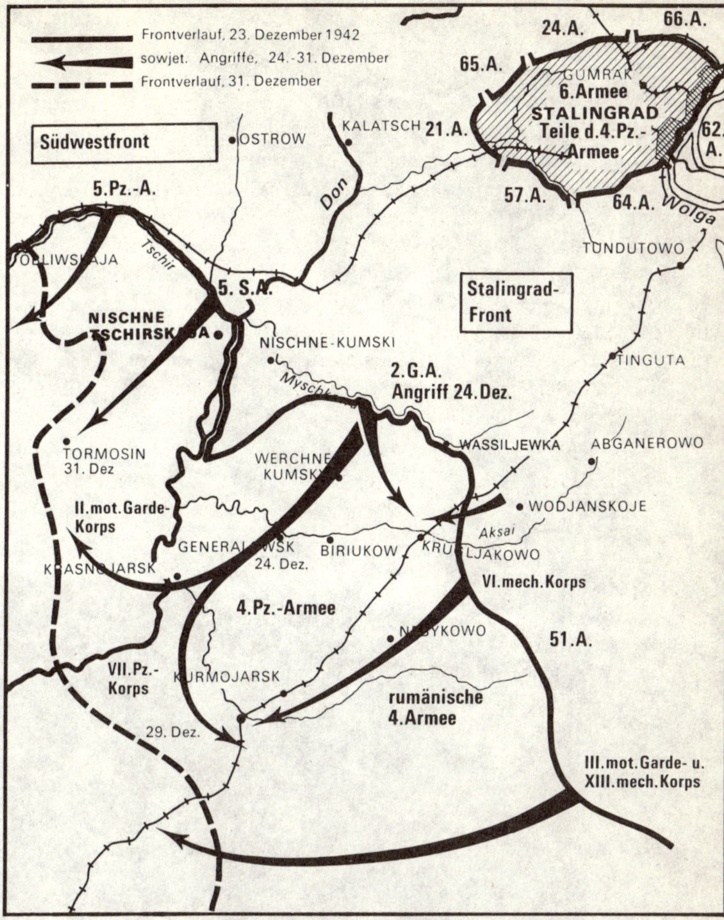

Was jedoch die Eingekesselten nicht wissen können: Den Entsatzangriff der Panzerarmee Hoth hat Hitler keinesfalls für die Befreiung der 6. Armee aus dem sowjetischen Griff im Sinne eines Rückzuges aus Stalingrad befohlen. Hoth soll lediglich — das ist Hitlers Absicht — eine Bresche, eine Art Versorgungsstraße freischlagen, um damit der 6. Armee die Möglichkeit zu geben, Stalingrad zu halten. Es ist die Idee

Im Morgengrauen des 24. Dezember stürmt die 39. Gardedivision (GenMaj. Gurjew) das von

Deutschen besetzte Werk Krasny Oktjabr: Flammenwerfer im Einsatz

eines Irren, sich einzubilden, daß man einen über 100 Kilometer langen Korridor bis zum Stalingrader Kessel gegen alle sowjetischen Flankenangriffe halten könne. Übrigens ist der Befehl Mansteins, eine Vollmacht für den Ausbruch, bei General Paulus nie eingetroffen.
Doch schon Stunden nach dem Befehl von Generaloberst Hoth zwingt eine neue sowjetische Offensive gegen die Tschir-Front zum Abbruch des Entsatzvorstoßes in Richtung Stalingrad. Die 6. Panzerdivision muß herausgenommen und nach Potemkinskaja am Don in Marsch gesetzt werden, um Mansteins linke Flanke zu retten. Die letzten Panzer überqueren um Mitternacht die Myschkowa und rollen westwärts.
Am 24. Dezember beendet die 2. Gardearmee ihre Vorbereitungen und eröffnet den Angriff auf die Truppen von Generaloberst Hoth. Am selben Tage tritt die sowjetische Stalingrader Front (GenOberst Jeremenko) mit der 51. Armee (Gen. Trufanow) und der 5. Stoßarmee (GenLt. Popow) zur Offensive in Richtung Kotelnikowo an. Das sowjetische 13. Panzerkorps und das 3. mechanisierte Korps der 51. Armee durchbrechen unterdessen die Front der rumänischen 4. Armee.
Durch die sowjetische Gardearmee bedroht, weicht die Armeegruppe Hoth am Heiligabend bis hinter den Aksai zurück. Der Entsatzversuch hat sie nach sowjetischen Angaben 16000 Mann Verluste und 300 Panzer gekostet.
Im Morgengrauen des 24. Dezember erreichen sowjetische Panzer die Linie Millerowo — Morosowsk westlich des Don und haben damit die für die Versorgung von Stalingrad wichtige Nachschubbasis Tazinskaja überrollt. Im letzten Augenblick gelingt es noch, 124 Transportflugzeuge zu starten und in Sicherheit zu bringen. 30 Maschinen und riesige Verpflegungslager fallen der Roten Armee jedoch in die Hände.
Am gleichen Tag stürmt in Stalingrad die 39. Gardedivision (GenMaj. Gurjew) die von Deutschen besetzten Teile des Werkes Krasny Oktjabr. Sie erobert bis zum Nachmittag die Kalibrier- und die mechanische Abteilung, erreicht den Westrand des Werkes und schließt nun den Gegner ein.
An anderen Teilen der 140 Kilometer langen Kesselfront verläuft der Weihnachtsabend verhältnismäßig ruhig. Die Stimmung der Armee hat allerdings nach Abbruch der Entsatzoffensive des Generaloberst Hoth einen Tiefpunkt erreicht. Man hofft zwar immer noch, daß die oberste Führung eine Möglichkeit finden wird, den Kessel zu sprengen.
Auf den umliegenden Höhen haben die Sowjets — für die Deutschen gut sichtbar — Weihnachtsbäume aufgestellt, und ein Tonwagen der Roten Armee spielt deutsche Weihnachtslieder, die ab und zu eine Stimme mit

Gebet für Führer, Volk und Wehrmacht

Lasset uns beten!

In Deiner Hand, o Gott, liegt die Herrschaft über alle Reiche und Völker der Erde.

Segne unser deutsches Volk in Deiner Güte und Kraft und senke uns tief ins Herz die Liebe zu unserem Vaterlande. Laß uns ein heldenhaftes Geschlecht sein und unserer Ahnen würdig werden. Laß uns den Glauben unserer Väter hüten wie ein heiliges Erbe.

Segne die deutsche Wehrmacht, welche dazu berufen ist, den Frieden zu wahren und den heimischen Herd zu beschützen, und gib ihren Angehörigen die Kraft zum höchsten Opfer für Führer, Volk und Vaterland.

Segne besonders unseren Führer und Obersten Befehlshaber in allen Aufgaben, die ihm gestellt sind. Laß uns alle unter seiner Führung in der Hingabe an Volk und Vaterland eine heilige Aufgabe sehen, damit wir durch Glauben, Gehorsam nnd Treue die ewige Heimat erlangen im Reiche Deines Lichtes und Deines Friedens. Amen.

Aus: Katholisches Feldgesangbuch 1942

den Worten unterbricht: »Kommt rüber! Ihr wollt doch gesund nach Hause? Kommt deshalb rüber!«
Bei den meisten Einheiten der 6. Armee gibt es an diesem Abend zwei unwahrscheinlich große Königsberger Klopse aus Pferdefleisch, dazu etwas Weißkohl. In Gedanken versunken hören die Soldaten über Kurzwellengeräte die Ringsendung des Großdeutschen Rundfunks mit dem Läuten der Glocken heimatlicher Dome, Kirchen und den unvergeßlichen Worten des Sprechers: »Ich rufe Stalingrad...«
Am Morgen des 1. Feiertages weht ein Schneesturm über den Kessel, und um 5 Uhr eröffnet die sowjetische Artillerie heftiges Feuer.

Die Medaille »Für die Verteidigung Stalingrads«: mehr als 707000mal vergeben

Ebenfalls am 1. Feiertag setzen in Stalingrad die Gardisten des Generalmajors Gurjew ihren Angriff auf die noch in deutscher Hand liegenden Teile des Werkes Krasny Oktjabr fort. Es kommt zu blutigen Nahkämpfen um jeden Raum und um jede Ruine der Fabrikhalle. Die Deutschen haben sich im Verwaltungsgebäude der Fabrik verschanzt. Und erst als das ganze Gebäude auf kurze Entfernung von Artillerie im Direktfeuer in Trümmer geschossen wird, bricht ihr Widerstand zusammen.

Am 26. Dezember wird die Brotration nochmals gekürzt. Jetzt auf 50 g pro Tag und Kopf. Selbst die Infanteriemunition ist bereits so knapp, daß mit Ausnahme der Abwehr gegnerischer Angriffe — Schießverbot besteht. Da kommt ein findiger Feuerwerker auf die Idee, aus verschiedenen Ersatzteilen Granatwerfermunition zusammenzubasteln. Er versteht es auch, in seiner »Munitionsfabrik« in Gumrak sowjetische Beutemunition passend umzuarbeiten.

Am Sonntag, dem 27. Dezember, sendet der Oberbefehlshaber der Donfront, General K. K. Rokossowski, den Entwurf der »Operation Ring« nach Moskau, um von der STAWKA die Zustimmung für die endgültige Vernichtung der 6. Armee zu erhalten.

★ Die Sowjets berichten

Am Montag, dem 28. Dezember 1942,
meldet das *Sowinformbüro*
über die Ereignisse am Vortage:
Trotz Schnee und Kälte stehen die Leute vor den in den Straßen Moskaus aufgestellten Lautsprechern, um die neuesten Frontberichte zu hören. Die Stimmung wird selbst durch die Tatsache nicht beeinträchtigt, daß auch auf unserer Seite erhebliche Verluste eingetreten sind. In Moskau wird heute der 25. Jahrestag der Gründung der ukrainischen Sowjetrepublik gefeiert.
Es wird im Oberkommando darauf hingewiesen, daß das gegenwärtige Vormarschtempo nicht hinter der Schnelligkeit der faschistischen Sommeroperationen zurücksteht. Immerhin übersieht man in Moskau keineswegs, daß, sollten die gegenwärtigen Schneestürme anhalten, die Nachschubschwierigkeiten erheblich wachsen werden.
Die faschistische Führung wirft unseren Truppen immer neue Reserven an Panzern, Infanterie und Artillerie entgegen, ohne jedoch zu einer organisierten Gegenaktion zu kommen. Die Führung unserer Armee wendet eine ähnliche Taktik an wie die Deutschen im Sommerfeldzug, indem sie starke Panzer- und motorisierte Artillerieverbände vorausschickt, die durch massierte Angriffe die faschistischen Linien immer wieder durchbrechen, sich aber um die Verbände, die die Deutschen zurücklassen, um den Vormarsch zu behindern, nicht kümmern und deren Bekämpfung den nachfolgenden Infanteriemassen überlassen.
Aus den gegen Mittag eintreffenden Frontberichten geht hervor, daß die Einkreisung von Millerowo am frühen Montag morgen vollendet worden ist, nachdem die westlich der Bahnlinie Woronesch-Rostow vorgehenden Truppen unserer Armee in einer Schwenkung in südöstlicher Richtung die Bahn erreicht haben und sich mit der östlichen Kolonne vereinigen konnten. Auch in Richtung auf Woroschilowgrad wurden weitere Fortschritte erzielt, wobei unsere Truppen nun 30 Kilometer tief in ukrainisches Gebiet eingedrungen sind. Eine Zangenbewegung bahnt sich nun gegen Kamensk (am Übergang der Bahn Woronesch-Rostow über den Donez) an.
Unsere Kolonne, die in der Nacht zum Samstag Werchnije Tarassow

eroberte, steht am Montagmorgen noch etwa 30 bis 35 Kilometer nördlich Kamensk, während vom Osten her aus dem Donbogen eine mit starker Panzerunterstützung vorgehende Armee nach der Besetzung von Tazinskaja noch 50 Kilometer vom Donez entfernt operiert.
Die riesige Beute — darunter 351 Flugzeuge —, die in Tazinskaja gemacht wurde, zeigt, daß die Faschisten im Begriff waren, eine Gegenoffensive quer durch den Donbogen zur Befreiung der Armee Hoth vorzubereiten, aber durch den Vorstoß unserer Truppen längs der Bahnlinie Stalingrad-Charkow, der bereits zur Erbeutung eines riesigen Nachschublagers in Surowikino geführt hatte, überrascht wurden.
Südwestlich von Stalingrad zeichnet sich immer deutlicher eine Umfassungsoperation gegen Kotelnikowo ab, das zu einem starken Stützpunkt ausgebaut worden ist. Der linke Flügel unserer Armee steht bereits südöstlich von Kotelnikowo. Die sichelförmig um Kotelnikowo gelegte Front ist noch 35 bis 55 Kilometer von der Ortschaft entfernt. Die deutsche 23. Panzerdivision erlitt in den letzten Tagen so hohe Verluste, daß sie als Kampfverband aufgehört hat zu bestehen.
Im Fabrikviertel von Stalingrad eroberten Stoßtrupps unserer Armee 14 deutsche Stellungen, und am südlichen Stadtrand wurden die Truppen Hoths ebenfalls zurückgedrängt. 600 deutsche Soldaten wurden tot aufgefunden und 5 Panzer zerstört.

Die Deutschen berichten

Am Montag, dem 28. Dezember 1942,
gibt das *Oberkommando der Wehrmacht*
zu den Ereignissen des Vortages bekannt:
Im Laufe der auch gestern erfolgreichen Abwehrkämpfe zwischen Wolga und Don und im großen Donbogen wurden 59 sowjetische Panzer vernichtet.

Die Sowjets berichten

Am Dienstag, dem 29. Dezember 1942,
meldet das *Sowinformbüro*
über die Ereignisse am Vortage:

»Nordwestlich von Stalingrad ist ein heftiges Artillerie-Duell im Gange«: ein deutscher schwerer Mörser aus der Zeit des Ersten Weltkrieges in Feuerstellung

Die 6 Panzer- und motorisierten Divisionen, die versucht hatten, den eingeschlossenen 20 Divisionen Hoths vom Südwesten Stalingrads her Hilfe zu bringen, haben eine schwere Niederlage erlitten und ziehen sich nach Südwesten zurück.
An der Front am mittleren Don hat das faschistische Oberkommando nun eine entschlossene Gegenaktion eingeleitet, um das Vordringen unserer Truppen auf Kamensk aufzuhalten. Seit Montag sind starke deutsche Panzer- und Infanterieverbände in den Kampf geworfen worden, die den Vormarsch unserer Truppen beträchtlich verlangsamen konnten. Es sind außerordentlich schwere Kämpfe im Gang, die auf beiden Seiten hohe Verluste verursachen. Der Ring um Millerowo ist noch mehr verengt worden. Eine Ortschaft wurde gestürmt, die nur 3 Kilometer östlich dieser Stadt liegt.
In Richtung auf Kamensk rückten die beiden Zangenarme unserer Truppen von Norden und Osten um 5 bis 8 Kilometer vor.
In Stalingrad stürmten Stoßtrupps unserer Armee einige Blockhäuser im Fabrikviertel und am Westrand der Stadt. Nordwestlich von Stalingrad ist ein heftiges Artillerieduell im Gange, in dessen Verlauf die Rote Armee

deutsche Feldbatterien zum Schweigen brachte. Am Montag wurden 24 deutsche Transportflugzeuge abgeschossen.

Am Nachmittag des 29. Dezember
gibt das *Sowinformbüro* anschließend bekannt:
An der südlichen Westfront hat sich das Wetter wesentlich gebessert. Die Schneestürme haben nachgelassen und eisiger Kälte Platz gemacht. Damit ist die Gefahr behoben, die die Schneemassen für den Nachschub bedeuteten, den unsere Offensiven benötigen. Das bessere Wetter gestattete auch den Faschisten, die Versorgung der 20 eingeschlossenen Divisionen Hoths zwischen Wolga und Don mit Transportflugzeugen wiederaufzunehmen, was aber zu hohen Verlusten an Maschinen mit fliegendem Personal führt. Die Bekämpfung dieser Flugzeuge ist dadurch erheblich erleichtert, daß sie nach der Besetzung des größten Teiles des Donbogens durch unsere Truppen einen weit längeren Anflugweg zurücklegen müssen. Die Junkers-Ju-52-Transportmaschinen sind damit

Oben: Nördlich Beketowka: Batterien der sowjetischen 64. Armee feuern in die Stellungen der 371. Infanteriedivision

Rechts: Für die Deutschen unerreichbar: die sowjetischen Unterstände am Steilufer der Wolga; ein Brükkenkopf nahe dem Industrieviertel

bedeutend länger der Abwehr durch unsere Flak und Jäger ausgesetzt und können außerdem, infolge des Mehrverbrauchs an Brennstoff, erheblich weniger Nutzlast mit sich führen.
Nach der Niederlage, die die Entsatzarmee für Stalingrad nordöstlich von Kotelnikowo erlitten hat, ist die Lage der eingeschlossenen Deutschen nahezu hoffnungslos geworden. Sie ist in keiner Weise mit der im vorigen Winter eingekreisten faschistischen 16. Armee südlich des Ilmensees (Demjansk) zu vergleichen, denn sie ist von einem weit stärkeren Sperring umgeben. Wie gespannt die Versorgungslage der eingeschlossenen Armee, deren Stärke auf 150000 bis 200000 Mann geschätzt wird, ist, geht daraus hervor, daß sie seit bald 2 Wochen keine Ausbruchsversuche mehr unternommen hat.

Die Deutschen berichten

Am Dienstag, dem 29. Dezember 1942,
gibt das *Oberkommando der Wehrmacht*
zu den Ereignissen des Vortages bekannt:
Zwischen Wolga und Don und im großen Donbogen scheiterten erneute feindliche Angriffe in harten Abwehrkämpfen. Eine seit mehreren Tagen eingeschlossene feindliche Kräftegruppe wurde vernichtet. Seit dem 24. Dezember wurden hier, unterstützt durch die Luftwaffe, 65 Panzer, 30 Geschütze, zahlreiche schwere und leichte Infanteriewaffen und weiteres Kriegsgeräte vernichtet oder erbeutet und eine große Anzahl Gefangener eingebracht. Die blutigen Verluste des Feindes übertrafen diese um ein Vielfaches. In den Abwehrkämpfen im großen Donbogen hat sich die italienische Division Julia besonders ausgezeichnet.

Lagevortrag, *Oberkommando der Wehrmacht,*
29. Dezember 1942:
Der im Führerhauptquartier eingetroffene Kommandierende General des XIV. Panzerkorps, General der Panzertruppen Hube, berichtet über die Lage im Raume von Stalingrad. Die unbedingt erforderliche tägliche Versorgungsmenge der 6. Armee beträgt 300 t. Die Armee will in den ausgebauten Stellungen verbleiben. Der Generalquartiermeister des Heeres wird vom Führer angewiesen, der Armee Kraftnahrung zuzuführen, da die Fleischvorräte spätestens Ende Januar aufgebraucht sein werden. Dem OB West ist gestern abend befohlen worden, sofort drei SS-

Traktorenwerkviertel: immer wieder gelingt es den deutschen Infanteristen, die angreifenden Sowjets zurückzudrängen

Divisionen unter dem SS-Generalkommando nach dem Osten abzubefördern; sie sollen an einer Stelle zum Entsatz der 6. Armee eingesetzt werden.

★ Die Sowjets berichten

Radio Moskau meldet am 31. Dezember:
Während an der Don-Donez-Front immer neue faschistische Reserven in die Schlacht geworfen werden, was auch zu einer Verlangsamung unseres Vormarsches führte, zeigt unser Erfolg südwestlich von Stalingrad, wo die Angriffsfront sich jetzt bis 200 Kilometer südlich von Stalingrad ausdehnt, immer größere Ausmaße. Die Widerstandskraft der deutschen und rumänischen Truppen ist hier schwächer geworden.
Die Eroberung von Kotelnikowo ist zweifellos einer der größten Erfolge, den wir in der zweiten Winteroffensive erringen konnten. Diese Stadt war ein bedeutender faschistischer Versorgungsstützpunkt, der im vergangenen August erst nach langwierigen Kämpfen von uns geräumt worden war. Die Offensive dehnt sich immer weiter längs der Jergeni-Höhen nach Süden aus, wo wir auf breiter Front den Oberlauf des Sal erreicht und zum Teil bereits überschritten haben. Einzelne unserer Abteilungen haben hier innerhalb von 6 Tagen bis zu 110 Kilometer zurückgelegt.
Die gegen Mittag eintreffenden Frontberichte besagen, daß unser Vormarsch im Südwesten Stalingrads während der Nacht und am Mittwoch morgen auf der ganzen Frontbreite bis tief in die Kalmückensteppe anhält, obwohl das hügelige und schluchtenreiche Gebiet am rechten Flügel für die Verteidigung gut geeignet ist.
Am Südende der Front stößt eine unserer Kolonnen längs der nach dem Zentralkaukasus führenden Eisenbahnlinie gegen die Hauptstadt der Kalmückenrepublik, Elista, vor. In diesem Sektor wurden weitere Ortschaften besetzt und 2 deutsche Divisionen zerschlagen. Ein deutsches Bataillon kapitulierte, nachdem es umzingelt worden war. 2 Regimenter dieser Divisionen, deren Stabsquartiere am Dienstag abend erobert wurden, sind vollständig umstellt. Auf dem Schlachtfeld wurden 1000 deutsche Gefallene aufgefunden.
Der rechte Flügel unserer Offensivarmee, der zwischen der Eisenbahnlinie und dem Südufer des Don vorgeht, hat Werchne Kurmojarsk weiter hinter sich gelassen und hat sich bis auf 35 Kilometer der am Nordufer des Don liegenden Stadt Zimljansk genähert. Unter der Beute von Kotelnikowo befand sich ein ganzer Eisenbahnzug, der mit Panzerwagen beladen war, sowie 17 Flugzeuge in gebrauchsfähigem Zustand.

Stalingrad-Nord – Sowjets mit leichten Granatwerfern im Häuserkampf

Die Deutschen berichten

Am Donnerstag, dem 31. Dezember 1942,
gibt das *Oberkommando der Wehrmacht*
zu den Ereignissen des Vortages bekannt:
Im Dongebiet wurden feindliche Angriffe in harten Kämpfen abgewehrt. Die Sowjets erlitten hohe Verluste und verloren wieder zahlreiche Panzer. Der deutsche Gegenangriff gewann weiter Raum.

HGr Don an AOK 6 vom 31. 12. 1942,
(längeres Durchhalten und Steigerung der Luftversorgung)
FS HGr Don/I a Nr. 0396/42 gKdos Chefs vom 31. 12. 1942, 20.05 Uhr.
Kampf Heeresgruppe einzig auf baldmögliche Befreiung 6. Armee abgestellt. Derzeitige Lage und Kräfteverhältnisse erfordern begrenzte Zurücknahme Ostfront nach Westen, bis zum Entsatz vorgesehene Kräfte versammelt. Für Versammlung größerer Zeitbedarf. 6. Armee muß daher längere Zeit in Einschließung durchhalten. Auf Forderung Heeresgruppe nach grundlegender Steigerung Versorgung hat Führer Ob. d. L. befohlen, Versorgung in Kürze auf durchschnittlich minde-

Oben: Die Verbindung zur Außenwelt: Funkstelle der 6. Armee in Gumrak

Unten: Südlich von Karpowka: eine deutsche Pakstellung der 29. Infanteriedivision (mot.) mit einer 7,5-cm-Panzerjägerkanone 40 im alten sowjetischen Befestigungsring

stens 300 t täglich zu steigern. Durchgreifende Maßnahmen durch Ob. d. L. eingeleitet. Sobald hierdurch Versorgung gesteigert, Zufliegen Mannschaftsersatz vorgesehen. Ob. Kdo. Heeresgruppe Don.

Lagebericht, *Oberkommando des Heeres,*
1. Januar 1943
Ostfront: In Stalingrad wurde an der Nordwestfront ein feindlicher Angriff in hartem Kampf abgeschlagen.

Am Freitag, dem 1. Januar 1943,
gibt das *Oberkommando der Wehrmacht*
zu den Ereignissen des Vortages bekannt:
Im Terekgebiet, in Stalingrad und im großen Donbogen erlitt der Feind bei der Fortsetzung seiner vergeblichen Angriffe wieder hohe Verluste und verlor 33 Panzer.

Ausnutzen von Pferdeknochen zur Brühe

Zum Entziehen der wertvollen und geschmackgebenden Stoffe sind die zerkleinerten Knochen kalt anzusetzen und mit Suppengemüsen zusammen mehrere Stunden auszukochen. Ist dies an einem Tage wegen anderweitiger Benutzung des Kessels nicht durchführbar, so ist es am folgenden Tage fortzusetzen. Anhängende Fleischteile sind nach dem ersten Abkochen zu entfernen. Zur Vermeidung von Knochensplittern im fertigen Gericht und zur Arbeitserleichterung sind die Knochen in Sieben, Leinensäcken oder feinmaschigen Netzen abzukochen. Durch vorheriges Anbräunen der Knochen ohne Fett in der Brateinrichtung oder in Behelfsgeräten wird eine braune, kräftige Brühe erzielt.

Bericht eines Arztes

Immer mehr Todesfälle ohne vorausgegangene Verwundung oder Krankheit alarmieren Ende 1942 die Führung der in Stalingrad eingeschlossenen 6. Armee. Vermutet werden Unterkühlung und Erschöpfung; von Verhungern wagt keiner der etwa 600 Ärzte im Kessel zu sprechen. Um Klarheit zu gewinnen, wird einer der Pathologen der 6. Armee, Dr. med. Hans Girgensohn, der sich außerhalb des Kessels befindet, angefordert:
Der Befehl traf in Tazinskaja in der Donsteppe am Nachmittag des 15. Dezember ein. Nachdem ich für den Auftrag bestimmt worden war,

Absprungplatz Salsk: Versorgungsbomben und -kisten werden zum Abwurf vorbereitet

fuhr ich nach einer schlimmen Bombennacht zum Stab des Armeearztes außerhalb des Kessels nach Morosowskaja, wo mir der Oberfeldarzt den Auftrag (Aufklärung der Todesursache bei den unverwundeten Soldaten) erläuterte und auf der Karte die unmittelbar bevorstehende Entsetzung des Kessels von Südwesten her demonstrierte (die sechs Tage später scheiterte).
Im Morgengrauen des 17. Dezember auf dem Flugplatz Befehlsausgabe an die vier Mann Besatzung des Kampfflugzeuges, das Munitionskisten und Kommißbrote als Ladung gestapelt hatte und mich mitnehmen sollte: Flaksperre der Russen am Don südlich umfliegen, zwischen der Sperre und den russischen Jagdflughäfen nach Norden zum Kessel durchbrechen, bei Wolkendecke allein fliegen, sonst nur mit dem angeforderten Jagdschutz. Der Flugzeugführer zu mir: Wir haben für Sie leider keinen

Fallschirm übrig. Sie fliegen auf eigene Gefahr. Bis zum Don Wolken, dann blauer Himmel, weit und breit kein deutscher Jäger, Umkehr. Am 18. Dezember der gleiche Anlauf, aber zwischen Don und Wolga vereinzelte Wolken, ein Springen von Wolke zu Wolke, der Heckschütze stößt mich an: Wir haben Glück gehabt, da unten liegt Pitomnik. Ich sah in der weißen Schneedecke eine braune Kraterlandschaft.
Stabsarzt d. R. Dr. Seggel wies mich ein, bestimmte meinen Standort in einem Armeefeldlazarett in einer Balka (Schlucht) beim Bahnhof Gumrak, in Nähe des Armeeoberkommandos, wo ich auch die beiden Sektionsgehilfen vorfand, und veranlaßte über die Divisionärzte die direkte telephonische Meldung der zu untersuchenden Todesfälle an mich. Ein Pkw mit Fahrer und ausreichend Benzin (bei strengster Rationierung im Kessel) stand zu meiner Verfügung.
Die Unterkunft war für Kesselverhältnisse luxuriös: ein Erdbunker im Lehm der steilen Balkawand mit vorgebauter Holzwand, darin zwei doppelstöckige Feldbetten mit Laken (!), ein Tisch und ein eiserner Ofen, der mit Holz aus den Häusertrümmern von Stalingrad geheizt wurde. Die Verwundeten lagen in einer aufgestellten Holzbaracke auf engstem Raum, ein großes Zelt konnte wegen der Kälte nur noch für Material benutzt werden. Die Fahrten zu den Sektionen in dem 30 bis 50 Kilometer im Durchmesser großen Kessel waren anstrengend. Es galt zu improvisieren und »unkonventionelle« Wege zu finden, um den Auftrag erfolgreich durchführen zu können.
Als Sektionsraum wurden ein Erdbunker, wenn ein Dorf vorhanden war, ein vorübergehend geräumtes Zimmer in einer Hütte, ein Eisenbahnwaggon oder ein Zelt zur Verfügung gestellt. Einmal führte ich drei Sektionen hintereinander im Freien in einer Schneemulde aus, bei minus 30 Grad und unter dem Geknatter wiederholter Tieffliegerangriffe. Aus einem kleinen Bunker wurde immer wieder heißes Wasser gebracht, damit ich meine in Gummihandschuhen steckenden erstarrten Finger auftauen konnte.
Die meisten Hungertodesfälle stellte ich bei der unglücklichen 113. Infanteriedivision fest. Wie mir berichtet wurde, waren die Zahlmeister mit Orden ausgezeichnet worden, weil sie bereits im Herbst vor Eintritt der Schlammperiode mit zeitweiliger Unterbrechung des Lebensmittelnachschubs die Rationen gekürzt und dadurch ausreichend Vorräte für diese Zeit gehortet hatten. Beim »Lastenausgleich« im Kessel (einige Divisionen hatten alles Nachschubmaterial verloren) mußte die gut versorgte Division alles abgeben und wurde mit ihren schon vorher unterernährten Soldaten zum bevorzugten Opfer des Hungertodes.

»Nur noch ein Schuß pro Rohr erlaubt«: deutsche schwere Feldhaubitze 17 cm beim Störfeuer im Schutz der Nacht

Schwierig war das Problem zu lösen, glashart gefrorene Leichen wieder aufzutauen. Meist glückte es den Sanitätsdiensten der einzelnen Truppenteile, den Toten in einem gedeckten Raum bis zur Sektion liegenzulassen. Oft konnte der Tote aber erst gefroren aus den Stellungen zurückgebracht werden. Bei der schon genannten 113. Division im Tal der Rossoschka sezierte ich mehrmals in einem Erdbunker. In der Nacht vorher mußte ein Sanitäter das eiserne Öfchen heizen und die Leiche immer wieder am Ofen wenden, um sie aufzutauen. Einmal war der übermüdete und erschöpfte Mann eingeschlafen. Das Ergebnis war eine links gefrorene und rechts angebratene Leiche.

Nach der Sektion von drei Hiwis (Hilfswillige kriegsgefangene Sowjetsoldaten, die in deutschen Einheiten dienten) erkundigte sich der junge deutsche Offizier der Einheit bei mir nach der Todesursache. Zu meiner Diagnose »Verhungert«, erklärte er offensichtlich völlig überrascht: Das ist doch ausgeschlossen, die bekommen die gleiche Verpflegung wie wir, drei Scheiben Brot und einen halben Liter gute Pferdefleischsuppe (Wasser mit 4 bis 5 kleinen Fleischwürfeln!)

Die folgenschwere Diagnose konnte nur gestellt werden, wenn eine andere Todesursache auszuschließen war, die ich immerhin in der Hälfte der Fälle fand. Und die pathologischen Veränderungen mit dem vollständigen Schwund des Fettgewebes, der Verkleinerung (Atrophie) des Herzens und der Leber, dem Schwund der Skelettmuskulatur und der Erweiterung der rechten Herzkammer waren erst bei der Wiederholung in einer größeren Zahl von Fällen beweisend.

Der Hungertod ist undramatisch. Das nur noch mit kleinster Flamme brennende Lebenslicht löscht wie eine verbrauchte Kerze plötzlich aus. Nicht selten kam es vor, daß ein in Stellung liegender Soldat dem die Runde machenden Unteroffizier erklärte, »mir geht es gut, ich will jetzt etwas essen« (ein kleines Stückchen Fettfleischkonserve, die als besonders hochkalorisch bevorzugt eingeflogen wurde), und bei der nächsten Runde tot aufgefunden wurde.

Die Sektion ergab dann regelmäßig im völlig fettgewebsfreien Gekröse des Dünndarms eine pralle gelbe Füllung aller Lymphgefäße mit dem resorbierten Fett, wie man sie sonst nur in anatomischen Injektionspräparaten sehen kann. Der Beginn der Verdauungsarbeit hatte den Kreislauf überfordert und zum Tode geführt.

In der Zeit vom 19. bis 31. Dezember machte ich 50 Leichenöffnungen. Genau 25 dieser Toten waren verhungert, viele der anderen Fälle hochgradig abgemagert. Das genügte als unwiderlegbarer Beweis. In der Silvesternacht schrieb ich den Bericht an den Armeearzt und übergab ihn am Neujahrsmorgen dem Stabsarzt Dr. Seggel, der ihn sofort an Generaloberst Paulus weiterleitete. *Die Zeit, 2. 2. 1973*

Siebte Phase

2. Januar bis 9. Januar 1943

Die Ruhe vor dem Sturm

Die Deutschen berichten

Lagebericht, *Oberkommando des Heeres,*
2. Januar 1943
Ostfront: In Stalingrad keine größeren Kampfhandlungen.

Die Sowjets berichten

Am Sonntag, dem 3. Januar 1943,
meldet das *Sowinformbüro*
zu den Ereignissen am Vortage:
Im Kampfgebiet südlich und südwestlich von Stalingrad versuchen deutsche Nachhutverbände, sich unseren Truppen entgegenzustellen, um unseren Vormarsch zu verlangsamen und so der deutschen Hauptmacht Gelegenheit zu einer wirksamen Umgruppierung zu geben. Dieses Vorhaben ist jedoch nicht gelungen, und durch die Überwindung des Widerstandes einer in diesem Gebiet kämpfenden rumänischen Infanteriedivision konnte das hier sich bietende Hindernis fast gänzlich aus dem Weg geräumt werden.
Auf ihrem Vorstoß längs der Eisenbahnlinie von Stalingrad nach dem Kaukasus hat eine unserer Kolonnen eine wichtige Station rund 50 Kilometer von Kotelnikowo entfernt erobert, während sich weiter westlich die Spitzen der am Don vormarschierenden Verbände von uns der Stadt Zimljansk nähern, wo der Strom im August 1942 erstmals von den Deutschen überschritten worden war. Hauptsächlich am rechten Flügel

der Angriffsfront, zwischen der Eisenbahnlinie Stalingrad-Kotelnikowo und dem Don, haben wir somit weitere beträchtliche Geländegewinne erzielt, und bis auf 10 Kilometer östlich von Zimljansk befinden sich beide Ufer des Don fest in unserer Hand.
Im Gebiet von Stalingrad übt unsere Garnison einen starken Druck auf die eingeschlossenen deutschen Divisionen aus und entriß ihnen im Nordwesten der Stadt eine Anzahl weiterer befestigter Stellungen und Artilleriebunker.
Ein Berichterstatter der Agentur Reuter, der Gelegenheit hatte, das Kampfgelände von Stalingrad zu besichtigen, meldet: Die 22 westlich von Stalingrad eingeschlossenen deutsch-rumänischen Divisionen werden von Tag zu Tag mehr eingeengt. Das von ihnen gehaltene Gebiet bildet jetzt zwischen Don und Wolga ein sich ausdehnendes Oval, dessen längere Achse in ostwestlicher Richtung verläuft und etwa 55 Kilometer mißt. Die kürzere Achse ist auf 35 Kilometer zusammengeschrumpft. Die hier eingeschlossenen Deutschen legen unter großem Arbeitsaufwand ein tiefgestaffeltes Verteidigungsnetz an. Man kann sagen, daß sie sozusagen völlig unter dem Erdboden verschwunden sind. Am Westrand der Stadt haben sie ihre Stützpunkte vor allem in den Kellern der Häuser und im Kanalisationssystem eingerichtet, wo sie vor dem schweren russischen Artilleriefeuer einigermaßen geschützt sind. Der Kampf wird deshalb hauptsächlich mit Handgranaten, Maschinenpistolen und Brandflaschen geführt, die mit einer leicht entzündbaren Flüssigkeit gefüllt sind.
Außer dem Treibstoff scheint den Deutschen jetzt auch die Munition auszugehen, und die Versorgungslage der eingeschlossenen Armee wird immer schwieriger. Jedem Infanteristen werden täglich nur noch 30 Patronen zugeteilt. Die Nahrung besteht hauptsächlich aus Pferdefleisch und Brot, von dem jeder Soldat 200 Gramm täglich erhält. Das Fleisch stammt von den zahlreichen Zugtieren, die sich bei den eingeschlossenen Truppen befinden und wohl auch die Grundlage einer einigermaßen ausreichenden Ernährung für die nächste Zeit geben dürften.

Die Deutschen berichten

Am Sonntag, dem 3. Januar 1943,
gibt das *Oberkommando der Wehrmacht*
zu den Ereignissen des Vortages bekannt:
Im Dongebiet dauern die schweren Abwehrkämpfe an. Der Feind wurde

auf der ganzen Front zurückgeschlagen und verlor 38 Panzer. Bei diesen Kämpfen zeichnete sich die 6. Panzerdivision besonders aus. Ungarische Truppen schlugen einen von starker Artillerie unterstützten Angriff der Sowjets ab.

Lagebericht, *Oberkommando des Heeres,*
3. Januar 1943
Ostfront: In Stalingrad keine besonderen Kampfhandlungen.

Und so war es

Der von der Donfront eingereichte Plan für das »Unternehmen Ring« wird am 28. Dezember von der STAWKA abgelehnt: In Moskau befindet man, daß laut vorgelegtem Plan »... Haupt- und Nebenstoß in verschiedene Richtungen führen und nirgends zusammenschließen, was den Erfolg der Operation zweifelhaft macht.«
»Im Vergleich zum Plan des Hauptquartiers und den auf seiner Grundlage gestellten Aufgaben hatten unsere Idee und der Entwurf des Operationsplanes viele Vorzüge«, meint General Woronow. »Sie waren hinsichtlich der Organisation und der Durchführung der Operation einfacher, zuverlässiger und zeitsparender...«
Woronow und General Rokossowski, der Oberkommandierende der Donfront, sind sich trotzdem einig, ihren ursprünglichen Plan durchzuführen und dabei die im Plan der STAWKA vorgesehenen drei Etappen in den Meldungen zu berücksichtigen und die Ergebnisse stufenweise zu melden.
Zu dieser Zeit werden — nach dem Zusammenbruch der Front am Tschir — die deutschen Lufttransportverbände nach Schachty, Jamiensk, Schatinski, Meschetinskaja und Salsk verlegt. Von hier aus sind es bis Stalingrad gut 350 bis 400 Kilometer und selbst zwei Flüge täglich schon eine Seltenheit.
Durch die steigende Aktivität der roten Luftwaffe müssen die Transportmaschinen oft einen großen Bogen über den unteren Wolga-Lauf machen, um den Kessel anzufliegen. Dadurch sinkt der Tagesdurchschnitt der Nachschublieferungen weit unter 100 t, und in den Lazaretten rund um den Landeplatz Pitomnik wächst die Zahl der Schwerverwundeten, die auf ihren Abtransport warten.
Wer das Glück hat und ausgeflogen wird, findet zwar in den rückwärtigen

Feldlazaretten gute Betreuung, wird jedoch auf sogenannten Führerbefehl nicht mehr in ein Heimatlazarett verlegt: Kein Stalingradkämpfer darf nun über den Dnjepr hinaus nach Westen gebracht werden. Man will ein Durchsickern von Gerüchten und Nachrichten unterbinden.
Übrigens spricht das Sowinformbüro immer wieder von der in Stalingrad eingekreisten »Armee Hoth«, als wäre Hoth und nicht Paulus der OB der 6. Armee. In dieser Woche hat das Oberkommando des Heeres den bekannten Pathologen Dr. med. Hans Girgensohn mit dem geheimen Auftrag in den Kessel beordert, durch Leichensektionen festzustellen, warum so viele Soldaten auf unerklärliche Weise plötzlich sterben. Das Ergebnis seiner Untersuchung: Hungertod.
Über das Los der ehemaligen Stadtbewohner schreibt beeindruckt der Pionierführer der 6. Armee, Oberst Selle: »... Die Kinder jammern und schreien nach Brot, und die Mütter irren in der Steppe umher, bis sie irgendwo ein Hirsefeld gefunden haben, streifen die winzigen Körner in die aufgelesene Kartuschenhülse hinein, stopfen sie bis zum Rand mit Schnee. Das ist dann ihre Nahrung tage- und wochenlang, Hirse in Schneewasser gekocht...«
Am 29. Dezember 1942 setzt der Generalstabschef des Heeres, General Zeitzler, sich und seine engeren Mitarbeiter solidarisch auf die gleichen Rationen wie im Kessel. Nach einigen Tagen läßt ihre Arbeitskraft nach. Hitler läßt sich jedoch von dem Experiment nicht überzeugen. Er ist der festen Meinung, die Divisionen hätten alle noch Schwarzbestände, womit sie ihre Verpflegung aufbessern können.
Am gleichen Tage trifft der auf Befehl von General Zeitzler aus dem Kessel ausgeflogene Kommandierende General des XIV. Panzerkorps Hube im Führerhauptquartier ein, um Hitler einen genauen Bericht über die Lage zu geben.
»Mein Führer«, soll General Hube dabei gesagt haben, »warum lassen Sie nicht den Fliegergeneral erschießen, der Ihnen die Versorgung Stalingrads versprochen hat?« In dieser Woche können bereits ganze Regimenter wegen Unterernährung und abnehmender moralischer Widerstandskraft kaum mehr eingesetzt werden.
Der wachsende Munitionsmangel auf deutscher Seite wird von den Truppen der sowjetischen 62. Armee (Gen. Tschuikow) als Erleichterung empfunden. Ganze Konvois von Pferdeschlitten können jetzt ungehindert die Brückenköpfe auf dem anderen Wolgaufer versorgen. Auch von Krasnaja Sloboda aus überqueren Hunderte von Lastwagen täglich die Eisdecke des Flusses, und Offiziere leiten die Nachschubkolonnen zu den unter dem Steilufer eingerichteten Lagern.

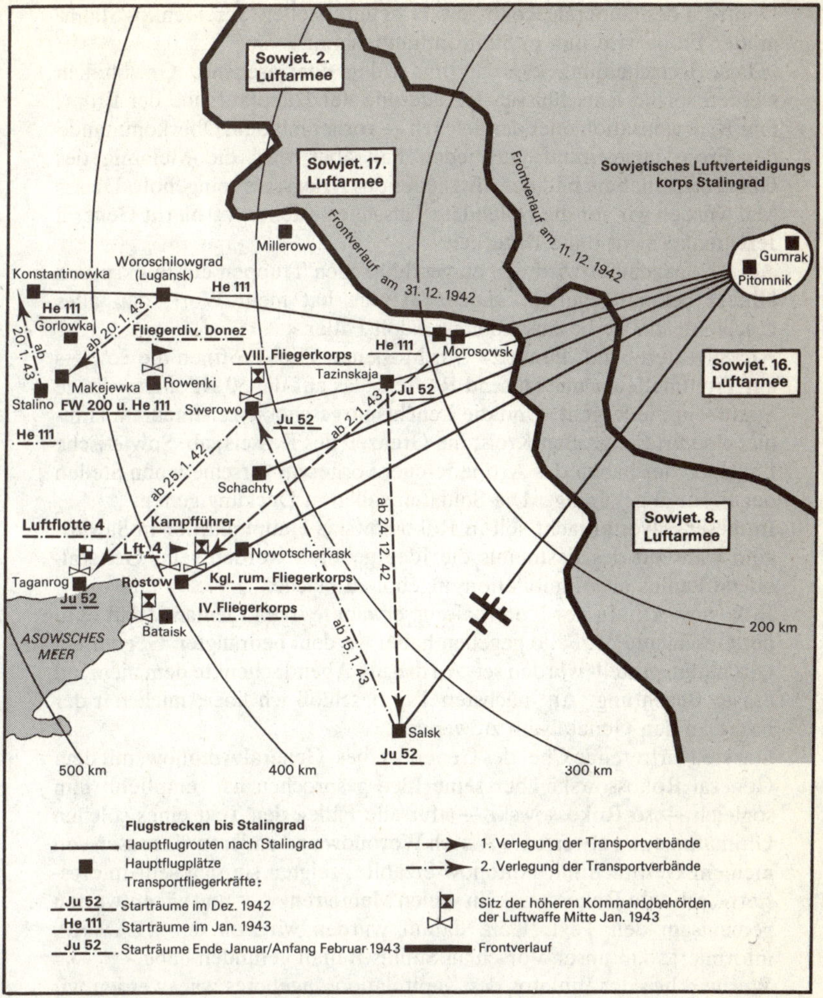

Inzwischen erreicht General Woronow bei der STAWKA, daß General K. K. Rokossowski die alleinige Durchführung der Operation Ring anvertraut wird. Und am 30. Dezember erhält General Jeremenko aus Moskau die Weisung, seine 62., 64. und 57. Armee ab sofort der

Donfront des Generals Rokossowski zu unterstellen. Jeremenkos Stalingrader Front wird nun in Südfront umbenannt.
»Diese Entscheidung kam für uns völlig überraschend. Gewöhnlich werden solche Entschlüsse — Änderung der Hauptaufgabe der Front, ihre Reorganisation oder dergleichen — vorher mit dem Oberkommando der Front abgestimmt: auf jeden Fall aber wird die Meinung des Oberbefehlshabers und des Mitgliedes des Kriegsrates eingeholt. Dieses Mal wurden wir vor die vollendete Tatsache gestellt«, vermerkt General Jeremenko nicht ohne Bitterkeit.
Am 31. Dezember wird den eingeschlossenen Truppen ein Funkspruch Hitlers bekanntgegeben. »Die 6. Armee hat mein Wort, daß alles geschieht, um sie herauszuholen. Adolf Hitler.«
Am Silvesterabend, Punkt 24 Uhr Moskauer Zeit, eröffnen die Sowjets ein Trommelfeuer aus tausend Rohren, das auf die 30 Kilometer lange Stadtfront niedergeht. Und die Leuchtspurgeschosse zeichnen am Himmel einen riesengroßen Kreis, die Grenzen des Kessels, ab. Sowjetische Lautsprecher haben das Artilleriefeuer vorher an verschiedenen Stellen der Front angekündigt: Die Soldaten sollen in Deckung gehen.
In dieser Silvesternacht soll in Rokossowskis Hauptquartier in Sawarigino während des Festmahls die Idee geboren worden sein, Generaloberst Paulus ein Kapitulationsangebot zu machen.
Rokossowski: »In der Unterhaltung erwähnte irgend jemand, daß es in der Geschichte oft Fälle gegeben habe, wo dem bedrängten Gegner ein Ultimatum gestellt worden sei. An diesem Abend schenkte dem niemand ernste Beachtung. Am nächsten Tag beschloß ich aber, mich mit der Frage an den Generalstab zu wenden.«
Der stellvertretende Chef des Generalstabes, General Antonow, mit dem General Rokossowski über seine Idee gesprochen hat, empfiehlt ihm sogleich — so Rokossowski — »für alle Fälle« den Text eines solchen Ultimatums zu entwerfen. »Als ich Woronow und anderen Genossen von meinem Gespräch mit Antonow erzählte, zeigten sie sich sehr interessiert«, schreibt Rokossowski in seinen Memoiren. »... und wir entwarfen gemeinsam den Text. Kurz darauf wurden wir von der STAWKA informiert, daß unser Vorschlag Stalins Beifall gefunden habe.«
Wer wirklich der Initiator des Kapitulationsangebotes war, werden wir wahrscheinlich nie erfahren, denn General Woronow bestreitet energisch, daß die Idee von Rokossowski stammte und daß er bei dem Entwurf des Textes behilflich gewesen sei: »Der Gedanke, Parlamentäre zu entsenden, kam von unten«, berichtet nach dem Kriege General der Artillerie N. Woronow. »Er wurde aus russischem Mutterwitz und aus

Die ausreichend versorgten und gut ausgestatteten sowjetischen Sturmgruppen im Stalingrader Industrieviertel

alten Traditionen geboren... Aber ich hatte nicht das Recht, auch nicht als Vertreter des Hauptquartiers, diese Frage allein zu entscheiden... Meiner Meinung nach mußte die Frage der Gefangennahme der eingekesselten gegnerischen Truppen an offizieller Stelle entschieden werden. Ich schlug vor, dazu dem Oberkommando der eingeschlossenen deutschen Truppen am 4. oder 5. Januar ein kurzfristiges Ultimatum zu stellen...
Sobald dieser Bericht nach Moskau abgegangen war, machte ich mich sofort an den Entwurf des Ultimatums. Ich erzählte Rokossowski davon, der wie immer aufmerksam zuhörte und dem Vorschlag zustimmte. Er war mit den Vorbereitungen der bevorstehenden Operation angespannt

Im Propagandaeinsatz an der Kesselfront: links der ehemalige KPD-Reichstagsabgeordnete Walter Ulbricht, am Mikrophon der Dichter Erich Weinert

beschäftigt und konnte an der Ausarbeitung des Entwurfes für das Ultimatum nicht teilnehmen.
Am 4. Januar morgens wurde ich aus Moskau am Telefon verlangt. Man sagte mir, daß das Hauptquartier dem Vorschlag über die Aushändigung eines Ultimatums an das Oberkommando der eingeschlossenen deutschen Truppen zustimme und vorschlage, am 5. Januar einen Entwurf zur Durchsicht und Bestätigung vorzulegen. Die ganze Nacht arbeitete ich an dem Entwurf. Ich hatte erstmalig mit einer derartigen Sache zu tun...«
Um die günstigste Ausgangsstellung für die Operation Ring zu gewinnen, führt die Donfront in den darauffolgenden Tagen örtliche Kämpfe, die — wie General Woronow später zugibt — »nicht immer erfolgreich waren«. Die deutschen Truppen hatten sich nämlich im alten sowjetischen Befestigungsring verschanzt und diesen weiter ausgebaut.
General Tolbuchin bedauert scherzhaft, daß er seinerzeit, als er die Anlage der Verteidigungslinien vor Stalingrad leitete, des Guten zuviel getan habe. Damals hätte er nicht ahnen können, daß er diese einmal selbst würde überwinden müssen.

Am 1. Januar 1943 gibt die 6. Armee einen Befehl über den Munitionsverbrauch heraus: Auf Regimentsebene dürfen 3 Schuß leichte Feldhaubitze, 2 Schuß Pak, 2 Schuß 8,8 Flak, auf Korpsebene 1 Schuß schwere Feldhaubitze täglich abgegeben werden.
Am Sonnabend, dem 2. Januar, legen die Generäle Woronow und Rokossowski J. W. Stalin den Entwurf eines Ultimatums an die eingeschlossene Armee vor.
Gleichzeitig rüsten sich in der ersten Januarwoche, in der Steppe zwischen Don und Wolga, die Truppen der Donfront unter General K. K. Rokossowski für ihren entscheidenden letzten Angriff.

IN LETZTER STUNDE!

Deutsche Landsleute!

Ihr habt wie wir die letzte Warnung der Oberbefehlshaber der Roten Armee für die Stalingrader und Don-Front gelesen. Nun wird der Kessel so oder so liquidiert. Ihr habt Euch zu entscheiden:

SINNLOSEN TOD ODER EHRENVOLLE KAPITULATION!

VERGEBENS HABT IHR AUF HILFE VON AUSSEN GEHOFFT!

Selbst das OKW mußte Euren Offizieren gegenüber eingestehen, daß der Befreiungsversuch mißlungen ist.

IHR SITZT ALS TODESKANDIDATEN IM KESSEL

WEIL die Armee Manstein die zu Euch durchstoßen sollte, bei Kotelnikowo zerschlagen wurde.

WEIL die deutsche Armee in den Kämpfen an Südost- und Südabschnitt der Ostfront ungeheure Mengen Kriegsmaterial eingebüßt hat;

WEIL die Offensive der Roten Armee an der ganzen Ostfront Hitler gezwungen hat, seine Kräfte zu zersplittern;

WEIL die gewaltigen materiellen Reserven des sowjetisch-englisch-amerikanischen Bündnisses erst jetzt in wachsendem Masse ins Gewicht fallen.

IHR STEHT AUF DEM VERLORENSTEN POSTEN
und zählt für das OKW nur noch als Verlorene.

DAS IST DIE WAHRHEIT!

Nur wir können Euch die ganze Wahrheit sagen, kein Göbbels und keine Gestapo können uns daran hindern. Schon vor 10 Jahren warnten wir unser Volk eindringlich. **Hitler, das ist der Krieg!**

Wir haben alles in unseren Kräften stehende getan, um diesen unseligen Krieg zu verhindern. Wir sind der Freundschaft mit dem Sowjetvolk treu geblieben, denn wir wissen, daß das Glück unserer Nation nur in Freundschaft mit dem großen Sowjetvolk und mit den anderen Völkern möglich ist. Wir halten es für unsere nationale Pflicht als Deutsche, alles zu tun, um unser Deutschland aus diesem Kriegsunglück herauszubringen, bevor weitere Millionen Söhne unseres Volkes fern der Heimat eines sinnlosen Todes sterben.

Man sagt Euch, ihr sterbt „für Deutschland". Nein!

Über dem Kessel abgeworfenes Flugblatt der Ulbricht-Gruppe

★ Die Sowjets berichten

Am Donnerstag, dem 7. Januar 1943,
meldet das *Sowinformbüro*
über die Ereignisse am Vortage:
Die deutsche 6. Armee vor Stalingrad, die jetzt offenbar von General Paulus kommandiert wird — es ist nicht ganz klar, wo sich zur Zeit General Hoth befindet —, hat in drei Angriffen versucht, den Mamai-Hügel zurückzugewinnen, doch fehlte den Angriffen jede Stoßkraft. Der Höhenzug war von unseren Truppen vor 3 Wochen erobert worden. Die Deutschen hatten zahlreiche Panzerwagen als improvisierte Bunker eingebaut, um die Erdbefestigungen angelegt waren. Allmählich wurden die Zugänge zum Hügel von Leuchtkugeln erhellt, so daß die Truppen unserer Armee nur schrittweise vordringen konnten.
Der Hügel spielte übrigens in der Geschichte Rußlands eine große Rolle: Hier schlug Großfürst Dmitri Donskoi im 14. Jahrhundert den tatarischen Führer Großkhan Mamai — nach ihm ist der Höhenzug benannt. Dieser Sieg legte den Weg zum staatlichen Zusammenschluß Rußlands frei.
In allen Kirchen Moskaus wird heute anläßlich des Erfolges der Roten Armee im Namen des heiliggesprochenen Dmitri Donskoi ein Sondergottesdienst abgehalten.
Im Fabrikviertel von Stalingrad wurden in Fortführung der Bekämpfung der zahlreichen kleinen Stützpunkte, die in Hauskellern und Ruinen bestehen, weitere Fortschritte erzielt und 23 Stellungen gesprengt. Sie werden von Mannschaften einer SS-Division verteidigt. Es wird hier ein Kampf um Tod und Leben geführt, und man macht kaum Gefangene.

Die Deutschen berichten

Am Donnerstag, dem 7. Januar 1943,
gibt das *Oberkommando der Wehrmacht*
zu den Ereignissen des Vortages bekannt:
Die Kämpfe im Don- und Kalmückengebiet und im Raum von Stalingrad dauern an. Dabei schlugen deutsche Infanterie- und Panzerdivisionen im

Zusammenwirken mit starken Verbänden der Luftwaffe und rumänischen Kampffliegern alle Angriffe der Sowjets zurück. Im Gegenangriff wurden an einer Stelle 20 feindliche Panzer vernichtet.

★ Die Sowjets berichten

Am 8. Januar 1943 gibt das *sowjetische Oberkommando* in einer Verlautbarung bekannt:
Im Industriegebiet von Stalingrad führten unsere Sturmtruppen Angriffe durch, in deren Verlauf 11 feindliche Stützpunkte und 7 ausgebaute Stellungen besetzt und etwa 120 feindliche Soldaten getötet wurden. Im

»Anderthalb Scheiben Brot täglich«, der Kampf geht trotzdem weiter: ein deutscher Schütze mit schußbereitem MG 34. Kal. 7,92 mm mit Dreibein

Stalino, von der Atlantikfront abgezogen: Langstrecken-Fernaufklärer Focke-Wulf FW 200 »Condor« des Kampfgeschwaders 40 (KG 40); auf dem Rumpf der große Drehturm HDL mit dem MG 151

Nordwesten von Stalingrad drangen unsere vorgeschobenen Abteilungen in die feindlichen Gräben ein, töteten im Verlaufe eines heftigen Gefechtes 60 feindliche Soldaten und erbeuteten Material.

Am Freitag, dem 8. Januar 1943,
meldet das *Sowinformbüro*
über die Ereignisse am Vortage:
An allen Abschnitten der Südfront dringen die Truppen unserer siegreichen Armeen weiter vor, und an einigen Sektoren hat das Tempo der Operationen in den letzten 12 Stunden noch zugenommen. Es zeichnet sich jetzt klar ab, daß das Oberkommando in Moskau ein Abschnürungsunternehmen gigantischen Umfangs in Gang gebracht hat. An den

Operationen im Süden, die für diesen weitreichenden Plan eingesetzt sind, nehmen teil: Teile der Armee des Generals Watutin, die längs dem unteren Don vorrückt; die Armee am Fluß Sal südlich des unteren Don unter General Rokossowski; eine von Stalingrad längs der Bahn nach Salsk vorgehende Armee, die in den Rücken der gegen General Rokossowski Front machenden Faschisten zu kommen droht; die Armee General Jeremenkos, die von Osten her gegen den Nordkaukasus drängt und bereits viele Teile der deutschen Manytsch-Stellung niedergekämpft hat; zwei von Mosdok und Naltschik kommende Armeen, die sich inzwischen im Raum von Prochladnaja vereinigt haben. Geradezu phantastische Leistungen haben die von Marschall Budjonny ausgebildeten Kosakenregimenter vollbracht. Sie sind von Stalingrad aus in wenigen Tagen 500 Kilometer quer durch die Kalmückensteppe geritten, fielen überraschend in Budjennowsk ein — am Ausgangspunkt der Zweigbahn nach Georgijewsk — und stehen jetzt in Operationen gegen Georgijewsk. Zwischen dieser Kosaken-Reiterformation und den von Mosdok

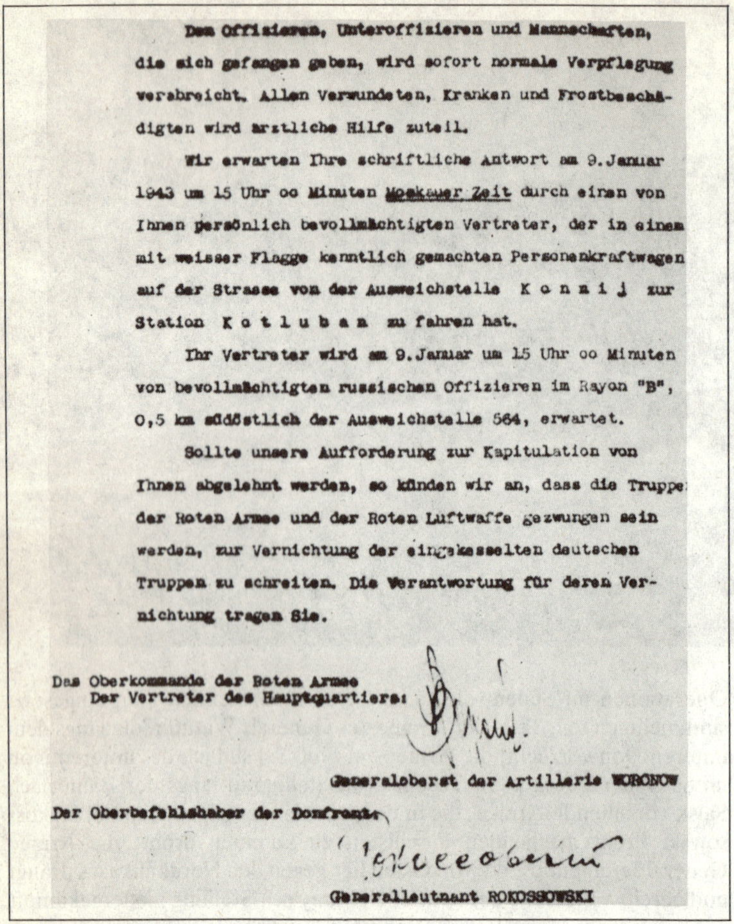

Dem Offizieren, Unteroffizieren und Mannschaften, die sich gefangen geben, wird sofort normale Verpflegung verabreicht. Allen Verwundeten, Kranken und Frostbeschädigten wird ärztliche Hilfe zuteil.

Wir erwarten Ihre schriftliche Antwort am 9. Januar 1943 um 15 Uhr oo Minuten Moskauer Zeit durch einen von Ihnen persönlich bevollmächtigten Vertreter, der in einem mit weisser Flagge kenntlich gemachten Personenkraftwagen auf der Strasse von der Ausweichstelle K o n n i j zur Station K o t l u b a n zu fahren hat.

Ihr Vertreter wird am 9. Januar um 15 Uhr oo Minuten von bevollmächtigten russischen Offizieren im Rayon "B", 0,5 km südöstlich der Ausweichstelle 564, erwartet.

Sollte unsere Aufforderung zur Kapitulation von Ihnen abgelehnt werden, so künden wir an, dass die Truppen der Roten Armee und der Roten Luftwaffe gezwungen sein werden, zur Vernichtung der eingekesselten deutschen Truppen zu schreiten. Die Verantwortung für deren Vernichtung tragen Sie.

Das Oberkommando der Roten Armee
Der Vertreter des Hauptquartiers:

Generaloberst der Artillerie WORONOW

Der Oberbefehlshaber der Donfront:

Generalleutnant ROKOSSOWSKI

Die letzte Seite des Ultimatum-Textes vom 8. Januar 1943

aus vorstoßenden Truppen liegt zur Zeit nur noch eine Distanz von 80 Kilometern.

Obwohl sich an der Front von Stalingrad keine wesentlichen Veränderungen ergeben haben, zeigt sich das Oberkommando in Moskau über den

Verlauf der Kampfhandlungen befriedigt. Der Grund dafür liegt hauptsächlich in den hohen Verlusten an deutschen Transportflugzeugen. In den letzten Tagen wurden mehrere deutsche Transportmaschinen abgeschossen, von denen einige je 2 t Brot an Bord hatten. Auch die Zahl der in Gefangenschaft geratenen deutschen Flieger ist bereits beträchtlich. Man darf annehmen, daß das Oberkommando in Moskau es zur Zeit vorzieht, die Armee Paulus eingekesselt zu halten, statt sie zu vernichten, da auf diese Weise die deutsche Führung gezwungen ist, die eingekesselten Truppen unter großen Opfern vor allem an Transportflugzeugen zu versorgen.

10. Januar, 8.05 Uhr (Moskauer Zeit), Beginn der Operation Ring: 55 Minuten Trommelfeuer aus rund 7000 Rohren

Die Deutschen berichten

Am Freitag, dem 8. Januar 1943,
gibt das *Oberkommando der Wehrmacht*
zu den Ereignissen des Vortages bekannt:
Im Raum des ... Don und nordwestlich Stalingrads standen die deutschen Truppen auch gestern in schwerem, aber erfolgreichem Abwehrkampf mit starken Infanterie- und Panzerkräften der Sowjets. Im Gegenangriff wurde der Feind an verschiedenen Stellen zurückgeworfen und erlitt hohe Verluste. 32 Panzer wurden vernichtet.

Erläuterungen zur *Tagesparole des Reichspressechefs,*
Freitag, 8. Januar 1943:
Die Winterausrüstung des Heeres im Osten kann nunmehr in der Presse angesprochen werden, ohne Anlaß zu einer besonderen publizistischen Aktion zu bieten.

Einer der letzten Feldpostbriefe aus Stalingrad

... In Stalingrad die Frage nach Gott stellen, heißt sie verneinen. Ich muß Dir das sagen, lieber Vater, und es ist mir doppelt leid darum. Du hast mich erzogen, weil mir die Mutter fehlte, und mir Gott immer vor die Augen und die Seele gestellt.
Und doppelt bedaure ich meine Worte, weil es meine letzten sein werden und ich hiernach keine Worte mehr sprechen kann, die ausgleichen könnten und versöhnen. Du bist Seelsorger, Vater, und man sagt in seinem letzten Brief nur das, was wahr ist oder von dem man glaubt, daß es wahr sein könnte. Ich habe Gott gesucht in jedem Trichter, in jedem zerstörten Haus, an jeder Ecke, bei jedem Kameraden, wenn ich in meinem Loch lag, und am Himmel. Gott zeigte sich nicht, wenn mein Herz nach ihm schrie. Die Häuser waren zerstört und die Kameraden so tapfer oder so feige wie ich, auf der Erde war Hunger und Mord, vom Himmel kamen Bomben und Feuer, nur Gott war nicht da. Nein, Vater, es gibt keinen Gott. Wieder schreibe ich es und weiß, daß es entsetzlich ist und von mir nicht wiedergutzumachen. Und wenn es doch einen Gott geben sollte, dann gibt es ihn nur bei Euch, in den Gesangbüchern und Gebeten, den frommen Sprüchen der Priester und Pastöre, dem Läuten der Glocken und dem Duft des Weihrauches, aber in Stalingrad nicht.

Lebe wohl!

Mit wehenden Fahnen und Musik: ein Massenangriff sowjetischer Infanterie

8. Januar 1943: Aufforderung zur Kapitulation

An den Befehlshaber der bei Stalingrad eingekesselten deutschen 6. Armee, Generaloberst *Paulus* oder an seinen Stellvertreter.
Die deutsche 6. Armee, die Einheiten der 4. Panzerarmee und die ihnen als Verstärkung beigegebenen Truppenteile sind seit dem 23. November 1942 vollständig eingekesselt. Die Truppen der Roten Armee haben um diese deutsche Armeegruppe einen stählernen Ring gezogen.
Alle Hoffnungen auf Rettung Ihrer Truppen durch einen von Süden und Südwesten her geführten deutschen Angriff wurden zunichte gemacht. Die zu Ihrem Entsatz herbeigeeilten deutschen Truppen wurden durch die Rote Armee zerschlagen. Die Reste dieser Truppen ziehen sich auf Rostow zurück. Die deutschen Transportflugzeuge, die die eingeschlossenen deutschen Truppen auf dem Luftwege mit Hungerrationen an Lebensmitteln, Munition und Treibstoff versorgen, sind durch den erfolgreichen und stürmischen Vormarsch der Roten Armee gezwungen, ihre Flughäfen ständig zu wechseln und bis zum Kessel weite Strecken zurückzulegen. Zudem werden der deutschen Luftwaffe durch die russischen Flieger große Verluste an Transportflugzeugen und Besatzungen zugefügt. Die Hilfe der Transportflugzeuge für die eingekesselten deutschen Truppen erweist sich als unwirksam.
Die Lage Ihrer eingekesselten Truppen ist schwer; sie leiden unter Hunger, Krankheiten und Kälte, obwohl der rauhe russische Winter erst begonnen hat. Die grimmigen Fröste, die eisigen Steppenwinde und Schneestürme stehen noch bevor.
Ihren Soldaten fehlt es an Winterausrüstung; sie leiden unter unhygienischen, ihre Gesundheit zerstörenden Verhältnissen.
Sie als Befehlshaber, ebenso die Offiziere der eingekesselten Truppen, wissen sehr wohl, daß es keine realen Möglichkeiten mehr gibt, den Einschließungsring zu durchbrechen. Ihre Lage ist hoffnungslos und jeder weitere Widerstand sinnlos.
Angesichts der für die deutschen Truppen aussichtslosen Lage schlagen wir Ihnen zur Vermeidung unnützen Blutvergießens vor, folgende Kapitulationsbedingungen anzunehmen:
1. Alle eingekesselten deutschen Truppen mit Ihnen und Ihrem Stab an der Spitze haben den Widerstand einzustellen.
2. Alle Wehrmachtsangehörigen haben sich organisiert zu ergeben. Alle Waffen, die gesamte technische Ausrüstung und das Heeresgut sind in unbeschädigtem Zustand zu übergeben.

Wir garantieren allen Offizieren, Unteroffizieren und Mannschaften, die den Widerstand aufgeben, Leben und Sicherheit sowie bei Kriegsende die Rückkehr nach Deutschland oder auf Wunsch der Kriegsgefangenen in ein beliebiges anderes Land.
Alle Wehrmachtsangehörigen der sich ergebenden Truppen behalten ihre Uniform, ihre Rangabzeichen und Orden, die persönlichen Gebrauchs- und Wertgegenstände. Den höheren Offizieren wird die blanke Waffe belassen. Den Offizieren, Unteroffizieren und Mannschaften, die sich gefangen geben, wird sofort normale Verpflegung verabreicht. Allen Verwundeten, Kranken und Frostbeschädigten wird ärztliche Hilfe zuteil.
Wir erwarten Ihre schriftliche Antwort am 9. Januar 1943 um 10.00 Uhr Moskauer Zeit durch einen von Ihnen persönlich bevollmächtigten Vertreter, der in einem Personenkraftwagen mit weißer Flagge auf der Straße nach der Ausweichstelle Konnij, Station Kotluban, zu fahren hat. Ihr Vertreter wird am 9. Januar um 10 Uhr 00 Minuten von bevollmächtigten russischen Offizieren im Rayon »B«, 0,5 km südöstlich der Ausweichstelle 564, erwartet. Sollte unsere Aufforderung zur Kapitulation von Ihnen abgelehnt werden, so künden wir an, daß die Truppen der Roten Armee und der Roten Luftwaffe gezwungen sein werden, zur Vernichtung der eingekesselten deutschen Truppen zu schreiten. Die Verantwortung für deren Vernichtung tragen Sie.

Das Oberkommando der Roten Armee
Der Vertreter des Stabes der Obersten Heeresleitung:
Woronow, Generaloberst
Der Truppenbefehlshaber der Donfront:
Rokossowski, Generalleutnant

✠ Die Deutschen berichten

Am Sonnabend, dem 9. Januar 1943,
gibt das *Oberkommando der Wehrmacht*
zu den Ereignissen des Vortages bekannt:
Zwischen Kaukasus und Don, bei Stalingrad und im Dongebiet halten die schweren Kämpfe an. Die erbittert angreifenden Sowjets wurden überall zurückgeschlagen. Die an vielen Stellen sofort zum Gegenstoß antretenden deutschen Truppen fügten dem Gegner hohe blutige Verluste zu und

vernichteten zahlreiches Kriegsmaterial. Eine eingeschlossene Kräftegruppe wurde aufgerieben. 18 Panzer wurden vernichtet. Kampf- und Nahkampfflieger griffen in die Abwehrkämpfe mit Erfolg ein und zersprengten feindliche Kavallerie- und motorisierte Kolonnen sowie Bereitstellungen.

Und so war es

Bereits Ende Dezember 1942 hat Generaloberst Rokossowski, der Oberkommandierende der Donfront, mit der Umgruppierung und Konzentration seiner Truppen begonnen. Inzwischen ist die Eisdecke der Wolga so dick, daß selbst schwere Artillerie und Flak vom Ostufer aus über den Fluß geschafft werden können; auch Truppenverstärkungen und Nachschub rollen über die Wolga. Jetzt melden deutsche vorgeschobene Beobachter von der Süd- und Westfront des Kessels eine bedrohliche Massierung sowjetischer Kräfte. Diese ziehen demonstrativ an der deutschen Hauptkampflinie entlang zu ihren Bereitstellungen.
Und in diesen ersten, etwas ruhigeren Januartagen sammeln im Nordteil des Kessels die Soldaten der 60. Infanteriediv. (mot.) auf einem hinter den Stellungen liegenden Weizenfeld die über den hohen Schnee hinausragenden Ähren. Sie schlagen die Körner aus und kochen sich im Unterstand mit Schneewasser eine Suppe, um so ihre schmale Kost aufzubessern.
Unterdessen laufen im Oberkommando der Donfront die Vorbereitungen der Operation Ring, die sich jedoch verzögern, weil die 2. Gardearmee (GenLt. R. J. Malinowski) — ursprünglich für den Hauptstoß vorgesehen — zur Vernichtung der Entsatzarmee von Generaloberst Hoth eingesetzt ist und die dadurch geschwächten Truppen der Donfront unbedingt aufgefüllt werden müssen. Der Plan der Generäle Woronow und Rokossowski sieht vor, in einem Hauptstoß von West nach Ost den Kessel in mehrere Teile zu spalten und diese nacheinander zu vernichten.
»Wir überprüften nüchtern die Lage, die sich durch die Verspätung der Nachschubzüge und Truppentransporte ergeben hatte«, notiert Woronow. »Es wurde klar, daß wir die Operation Ring nicht zum festgesetzten Termin am 6. Januar beginnen könnten.«
Jedoch als Woronow nach Moskau funkt und um eine Verschiebung der Offensive um 4 Tage, also bis zum 10. Januar, bittet, wird er kurz danach ans Telefon gerufen: Der heftig erregte Stalin begann, ohne zu grüßen,

mich aller Todsünden zu beschuldigen. Ich erinnere mich noch an einen seiner vielen Sätze: »Sie werden so lange dort sitzen, bis die Deutschen Sie und Rokossowski gefangennehmen werden!... Wir müssen schleunigst Schluß machen, und Sie ziehen es vorsätzlich hinaus!«
Letzten Endes kann Generaloberst Woronow den aufgebrachten Stalin, der aus Furcht vor einem neuen deutschen Entsatzversuch zur Eile drängt, dazu bewegen, ihm die Verschiebung des Termins zu bestätigen.
Am Montag morgen, dem 4. Januar, erhält Generaloberst Woronow die Nachricht der STAWKA, man sei mit der Übergabe eines Ultimatums an das Oberkommando der eingeschlossenen deutschen Truppen einverstanden und schlage vor, am 5. Januar einen Entwurf nach Moskau zu schicken. Gleich am darauffolgenden Tag geht der von Woronow und Rokossowski ausgearbeitete Wortlaut des Textes an das Oberkommando der Roten Armee.
Am 6. Januar landen auf den Absprungflughäfen 6 Ju 52, die Privatmaschinen von Göring, Ribbentrop, Ley und anderen Parteigrößen, die diese für die Versorgung von Stalingrad zur Verfügung gestellt haben.
Bereits am Donnerstag vormittag des 7. Januar trifft bei Woronow die Bestätigung des Ultimatums an Generaloberst Paulus ein. Am gleichen Abend sowie in den frühen Morgenstunden des 8. Januar gibt der Sender Donfront mehrmals an den Stab der 6. Armee die Mitteilung durch, daß Parlamentäre entsandt würden. Diese Durchsage und anschließend den Text des Ultimatums spricht der deutsche Emigrant und Dichter Erich Weinert.
Am 8. Januar, um 9.00 Uhr früh, brechen die sowjetischen Parlamentäre Major A. M. Smyslow und der Dolmetscher Hauptmann N. D. Djatlenko in Marinowka auf der Südseite des Kessels vor dem Abschnitt der 3. Infanteriedivision (mot.) mit weißer Fahne und einem Trompeter ins Niemandsland auf. Major Smyslow trägt das Ultimatum in einem versiegelten Umschlag bei sich.
Djatlenko: »... sobald wir den Bereich unserer eigenen Linien verlassen hatten, pfiffen einzelne Geschosse an uns vorbei.
Weder die weiße Fahne noch Trompetensignale ließen das Feuer verstummen, und je weiter wir uns im Niemandsland nach vorn bewegten, um so häufiger wurden wir aus Karabinern und Maschinengewehren beschossen... so daß wir uns hinlegen mußten. Bei der weiteren Vorwärtsbewegung konnten wir nur kurz aufspringen, mußten uns aber gleich wieder hinwerfen.
Schließlich eröffneten die Deutschen das Feuer aus Granatwerfern. Daraufhin erhielten wir durch einen Soldaten, der zu unseren Linien die

Verbindung hielt, den Befehl, in die eigene Stellung zurückzugehen.« General Woronows Kommentar: »Die feindliche Seite verhält sich eben feindlich!« Aus Moskau kommt der Befehl, die Verhandlungen abzubrechen. Jedoch gibt Woronow nicht nach und schlägt der deutschen Armeeführung vor, am 9. Januar um 15 Uhr an die Straße zur Station Kotluban einen Bevollmächtigten zu entsenden. Generaloberst Paulus lehnt jedoch mit der Zustimmung aller kommandierenden Generale Kapitulationsverhandlungen ab. Gleichzeitig befiehlt er der Armee, keinesfalls auf ähnliche Versuche einzugehen und »etwa ankommende Parlamentäre durch Feuer zur Umkehr zu zwingen«.
In der Nacht zum 9. Januar werfen sowjetische Flugzeuge in Massen Flugblätter ab mit dem Text des Ultimatums. Die Nacht und der folgende Morgen sind unheimlich ruhig. Sowjetische Maschinen überfliegen mehrmals die deutschen Stellungen, ohne Bomben abzuwerfen. Die Soldaten beobachten, wie die Sowjets Geschütze und Stalinorgeln in einem Kilometer Entfernung in Stellung fahren, die Rohre ausschwenken und Munition stapeln. Am Sonnabend, dem 9. Januar, erscheinen zur angekündigten Zeit die Parlamentäre an der Straße nach Kotluban vor der Nordfront im Abschnitt der deutschen 60. Infanteriedivision (mot.).
Djatlenko: »... Wir gingen 500 bis 600 Meter über ebenes, schneebedecktes Gelände. Von Zeit zu Zeit winkten wir mit der weißen Fahne und gaben Signale mit der Trompete. Als ›weiße Fahne‹ diente uns ein Bettlaken, das ich in der Siedlung Platonowo vom Bett des Divisionskommandeurs abgezogen und an einem langen dünnen Ast befestigt hatte. Ich ging mit der weißen Fahne voraus, etwa 30 bis 40 Meter hinter mir folgte der Trompeter Sidorow, und hinter ihm, etwa im gleichen Abstand, der Führer unserer Gruppe, Major Smyslow. 70 bis 80 Meter vor der deutschen Stellung stieß ich meine Fahne in den Schnee und blieb stehen.
»Was wollen Sie«? rief mir ein Unteroffizier zu, der sich aus einer Deckung erhob. »Wir sind offizielle Parlamentäre der Roten Armee. Wir überbringen eine Botschaft an den Oberbefehlshaber der 6. Armee, Paulus. Wir sind Offiziere und fordern, daß wir nach internationalem Brauch von Offizieren empfangen werden!«
Sie werden entgegen dem Armeebefehl vom Vortage zu einem Major

Vorhergehende Doppelseite: Die Deutschen leisten immer wieder harten Widerstand: Balka nach einem sowjetischen Angriff
Kleines Bild: Am ersten Tag 8 Kilometer vorgestoßen: neben einem gefallenen Gardesoldaten das leichte Standard-Maschinengewehr der Roten Armee Kal. 7,62 mm DP 1928; am Lauf fehlt das typische Trommelmagazin für 49 Patronen

Tagesration eines Stalingradkämpfers ab 9. 1. 1943: 75 g Brot, 24 g Gemüse, 200 g Pferdefleisch mit Knochen, 12 g Fett, 11 g Zucker, 9 g Getränke, 1 Zigarette

gebracht, aber auf Weisung des Armeeoberkommandos 6 nach ungefähr einer Stunde wieder zurückgeschickt.
Djalenko: »... Unser Kapitulationsangebot wurde nicht angenommen. Wir gingen denselben Weg zurück, uns begleiteten dieselben Menschen, unsere Augen waren in derselben Weise verbunden wie auf dem Hinweg. Die Deutschen waren in niedergedrückter Stimmung, als gingen sie zu einem Begräbnis. Man gab uns unsere Pistolen zurück, grüßte militärisch. Wir erwiderten den Gruß, legten unsere Tarnkittel über die Arme, ich nahm den Ast mit dem angenagelten Bettuch über die Schulter. Langsam gingen wir zurück, ohne uns umzublicken...«
An diesem Tage, dem 9. Januar, beträgt der vorgesehene tägliche Verpflegungssatz für die eingekesselten Truppen:
75 g Brot, 24 g Gemüse, 200 g Pferdefleisch mit Knochen, 12 g Fett, 11 g Zucker, 9 g Getränke, 1 Zigarette. Da die Soldaten ihre kargen Rationen immer für 5 Tage im voraus bekommen, bedarf es einer enormen Willensstärke, um das appetitliche, in Pergament verpackte Wittlerbrot aus Berlin nicht auf einmal zu verschlingen. Ebenfalls Sonnabend, den 9. Januar, kehrt General Hube aus dem Führerhauptquartier in den

Kessel zurück und berichtet hoffnungsvoll: Der Führer plane eine neue Entsatzoffensive von Westen her. Die Verlegung frischer Panzerverbände in den Raum ostwärts Charkow laufen bereits an. Auch die Luftversorgung solle erheblich verstärkt werden.
Und in der Tat: Am gleichen Tage um 9.30 Uhr landen in Pitomnik nacheinander sieben viermotorige Focke-Wulf-200 »Condor«.
Die ersten von insgesamt 18 Condor-Maschinen bringen am 9. Januar 4,5 t Kraftstoff, 9 t Munition und 22,5 t Verpflegung. Auf dem Rückflug nehmen sie 156 Verwundete mit. Der Einsatz dieser Viermotorigen zur Versorgung des Kessels läßt neue Hoffnung aufkommen.
Am 9. Januar wird in der Orlowka-Riegelstellung, die durch Schneeverwehungen kaum noch erreichbar ist, die letzte Tagesration verteilt. Und jeder versucht, sich nun mühselig selbst etwas zusammenzubrauen. Es gibt kein Salz zum Kochen, und nur selten findet man ein längst verendetes Pferd, dessen vereistes Fleisch im Stahlhelm in Schneewasser aufgewärmt und verzehrt wird. Aus Motorenöl und Fußpuder, Sägemehl

Von sowjetischen Jägern verfolgt und durch schlechtes Wetter behindert: eine He 111 vor dem Start aus Pitomnik

oder geraspeltem Holz von Eisenbahnschwellen werden Suppen gemixt.
Am Nachmittag des 9. Januar erläßt Paulus einen Aufruf. Der Feind versuche, durch Propaganda die Moral der Truppe zu untergraben. Den Bemühungen des Feindes sei kein Glauben zu schenken, denn die Entsatzarmee sei im Anrollen und ein Aushalten von sechs Wochen oder auch noch länger erforderlich.
Gegen 21 Uhr abends unterrichtet der Oberkommandierende der Donfront, General Rokossowski, den Stab der deutschen 6. Armee, daß am Morgen des 10. Januar um 6 Uhr früh mit ¾stündiger Artillerievorbereitung der Generalangriff auf den Kessel beginne. Dies ist der Auftakt zur letzten Phase der Tragödie.
Generalleutnant Rokossowski: »Es war noch völlig dunkel, als ich mit

Woronow und Kasakow auf Batows Beobachtungsstelle eintraf.« Ringsum herrscht reglose Stille.
Der Kommandeur der 65. Armee, Generalleutnant Batow: »Seit dem Morgen hatten wir gutes Wetter. Unerträglich blendete der in der Sonne glitzernde Schnee. Alle Scherenfernrohre waren auf die kaum erkennbaren Höhen gerichtet, hinter denen der Hauptstreifen der 4 bis 5 Kilometer tiefen deutschen Verteidigung verlief. Um 8.05 Uhr stieg von der kleinen Höhe unserer Beobachtungsstelle eine Leuchtkugelserie hoch.«
An der gesamten 11 Kilometer breiten Durchbruchsfront schlägt die Artillerie los: Ein 55 Minuten währendes Trommelfeuer von rund 7000 Geschützen und Granatwerfern, durch Angriffe sowjetischer Bomber unterstützt. Die befestigten Stellungen der 6. Armee im Karpowkatal verschwinden in einer Wand gewaltiger Explosionen.
Mit wehenden Fahnen und Musik treten nach einer Stunde sowjetische Panzer und Infanterie zum Angriff an. Die Deutschen leisten verzweifelten Widerstand, dennoch gelingt es den Truppen der Donfront am ersten Tag, an manchen Stellen 5 bis 8 Kilometer weit vorzustoßen. Da ein Befehl der 6. Armee sagt, daß diejenigen sofort ausgeflogen würden, die einen sowjetischen Panzer im Nahkampf erledigten, versuchen nun mehrere Soldaten mit Benzinflaschen auf gegnerische Panzer loszustürmen.
Das Zurückweichen der Deutschen artet in Flucht aus, die sich nun auf andere Verbände überträgt; ganze Einheiten gehen unter. Bei über 30 Grad Kälte und Schneesturm ziehen die Reste der 6. Armee durch die kahle weiße Steppe – ostwärts in Richtung Stalingrad.

Achte Phase

10. Januar bis 2. Februar 1943

Das Ende der 6. Armee

27. Woche: 11. — 17. Januar 1943

★ Die Sowjets berichten

Am Donnerstag, dem 14. Januar 1943,
meldet das *Sowinformbüro*
über die Ereignisse am Vortage:
Die schweren Kämpfe, die in den westlichen und nordwestlichen Vororten Stalingrads seit Mittwoch im Gange sind, lassen erkennen, daß die Kampfkraft der eingeschlossenen faschistischen Belagerungstruppen noch keineswegs nachgelassen hat, wie die wiederholten deutschen Gegenangriffe beweisen, die das Ziel haben, die verlorenen Positionen am westlichen Stadtrand zurückzunehmen. Dieses neue Aufflammen schwerer Kämpfe folgte einer mehrwöchigen relativen Ruhepause. Rasche Fortschritte unserer Truppen sind angesichts dieser Lage kaum zu erwarten.
Die Rückeroberung jedes einzelnen Gebäudekomplexes stellt noch immer eine selbständige militärische Unternehmung dar. Die Erfahrung hat unsere Truppen gelehrt, daß es besser ist, vor dem Sturm auf die bisher übliche schwere Artillerievorbereitung zu verzichten, da Schutt und Trümmer den Deutschen ausgezeichnete Verteidigungsmöglichkeiten geben. Die einzelnen Gebäude werden daher ausschließlich von »Schocktruppen« unserer Armee und der Infanterie gestürmt, wobei das Überraschungsmoment eine wichtige Rolle spielt.
In Stalingrad eroberten während der Nacht zum Donnerstag Stoßtrupps unserer Armee weiter Gebäude im West- und Nordwestbezirk der Stadt.

Einige feindliche Gegenangriffe, die jedoch nicht mehr die Stärke derjenigen des Mittwochs erreichten, wurden ohne Schwierigkeiten abgeschlagen.

Die Deutschen berichten

Am Donnerstag, dem 14. Januar 1943,
gibt das *Oberkommando der Wehrmacht*
zu den Ereignissen des Vortages bekannt:
Im Raum Stalingrad wehrten die deutschen Truppen starke Infanterie- und Panzerangriffe in heldenhaften schweren Kämpfen ab. Die Luftwaffe griff an den Schwerpunkten der Kampfhandlungen auf der Erde ein.

Links: Auf der Schwelle eines neuen Lebensabschnitts – deutsche Kriegsgefangene werden erfaßt

JOHANNES R. BECHER

Das Flugblatt

Ein Flugblatt kam herabgeweht,
„Was wohl darin geschrieben steht?"
Sah der Soldat nach oben.
Das Flugblatt fiel und fiel ganz nah.
Und als er niemand weithin sah
Hat er es aufgehoben.

Das Flugblatt sprach ihn fragend an:
„Was haben wir dir angetan,
Daß du uns bringst Verderben?"
Er hielt das Flugblatt in der Hand
Und las und las, und er verstand:
Es lohnt sich nicht, zu sterben.

Er steckt es in den Stiefelschaft.
Ihm war, als hätte neue Kraft
Das Flugblatt ihm gegeben.
Er pfiff und summte vor sich hin:
Das Leben hat doch einen Sinn!
Und ich — ich bleib am Leben!

Er dachte lang darüber nach.
Im Traum zu ihm das Flugblatt sprach:
„Kein Leid wird dir geschehen."
Das Flugblatt nahm ihn bei der Hand.
„Ich kenn mich aus in diesem Land,
Ich weiß, wohin wir gehen."

So ist er, der Soldat, erwacht
Und hat noch einmal nachgedacht,
Dann schrieb er an die Seinen:
„Ihr, meine Lieben, daß ihr's wißt,
Wenn man mich meldet als vermißt.
Dann braucht ihr nicht zu weinen."

Zum Flugblatt sprach er: „Komm, 's ist Zeit!
Ich geh mit dir, du mich begleit!"
Und er ist fortgegangen.
Er hob das Flugblatt hoch und hat
Gelacht und winkte mit dem Blatt.
So gab er sich gefangen.

DIESES FLUGBLATT GILT ALS PASSIERSCHEIN BEI DER GEFANGENGABE
ЭТА ЛИСТОВКА СЛУЖИТ ПРОПУСКОМ ДЛЯ ПЕРЕХОДА В ПЛЕН

PASSIERSCHEIN

Jeder deutsche Soldat ist berechtigt, mit diesem Passierschein die Front zu überschreiten und sich den Russen gefangenzugeben. Jeder Angehörige der Roten Armee und jeder Sowjetbürger ist verpflichtet, ihn in den nächstgelegenen Stab der Roten Armee zu führen.

Das Kommando der Roten Armee garantiert dem Kriegsgefangenen das Leben, gute Behandlung und die Heimkehr nach dem Kriege.

ПРОПУСК

Каждый немецкий солдат имеет право с этим пропуском переходить через фронт в плен к русским. Каждый воин Красной Армии и советский гражданин обязан сопроводить его в ближайший штаб Красной Армии.

Командование Красной Армии гарантирует пленному жизнь, хорошее обхождение и возвращение на родину после войны.

Bei der Gefangengabe — Hände hoch, und niemand schießt auf Euch!

Sowjetisches Flugblatt: Mitte Januar 1943 über den Kessel abgeworfen

Tägliche Lagemeldung der 6. Armee
an die Heeresgruppe Don:
14. Januar. *Morgenmeldung:* Die Truppe nur noch zur Hälfte mit 200 Gramm Brot ausgestattet. Munition so knapp, daß Feindmassen vor der Front nicht mehr bekämpft werden können.
Tagesmeldung: Die Divisionen kämpfen zum Teil mit blanker Waffe, da ohne Munition. Halten derzeitiger Stellungen an Westfront infolge Feindüberlegenheit, besonders an Artillerie, zahlreichen Erfrierungen und völliger Erschöpfung der Truppe nicht mehr möglich.
Zusatz der Heeresgruppe Don zu dieser Meldung:
Heeresgruppe rechnet infolge der immer unzureichend bleibenden Versorgung nicht mehr damit, daß die Lage der Armee wiederhergestellt werden kann.

Luftnachrichten — Verbindungstrupp in Stalingrad

Heute ist der 14. Januar. Unsere Verbindung mit dem Fliegerkorps ist seit gestern unterbrochen. Ein sowjetischer Tiefflieger hat unsere Funkstelle angegriffen und mit einem derartigen Geschoßhagel belegt, daß das Fahrzeug nicht mehr verwendungsfähig ist. Wir haben daher kurz entschlossen das Funkgerät ausgebaut und in einen Keller der Geschützfabrik geschleppt. Das war keine leichte Arbeit; denn der Gegner hatte eine ganze Anzahl neuer Batterien und Salvengeschütze herangezogen und streute mit allen nur erdenklichen Waffen das ehemalige Fabrikgelände ab. Außerdem fegte seit Tagen ein schneidender Ostwind über die Trümmer der Stadt und machte jeden Griff auch in den Handschuhen zu einer schmerzenden Bewegung. Aber trotzdem haben wir es geschafft! Wußten wir doch, was davon abhing, wieder eine Verbindung mit dem Fliegerkorps zu bekommen.
Seit Stunden versucht nun unser Funkunteroffizier, das Gerät wieder betriebsklar zu bekommen. Unentwegt bastelt er in unserem Unterschlupf daran herum. Aber mit den frostklammen Fingern ist nun mal kein gutes Arbeiten. »Verdammt!« schimpft er schließlich und feuert wütend den Schraubenzieher an die Wand. »Wenn man sich bloß irgendwo erwärmen könnte!«
»Ich will einmal sehen, ob ich etwas auftreiben kann«, meint unser Fahrer und ist, ehe ihn jemand hindern kann, auf und davon. Nach einiger Zeit kommt er wirklich mit einem Essenkanister und einer Art Blechrohr zurück.

»Hinter dem Flugplatz ist eine Ju 88 bauchgelandet«, meldet er aufgeregt. »Vielleicht können wir das Funkgerät ausbauen!«
Wie elektrisiert springt der Unteroffizier auf. »Zwei Mann mitkommen!« befiehlt er kurz, greift zur Werkzeugtasche und stürzt hinaus.
Unser Fahrer nimmt Hammer und Meißel und dengelt drauflos, als ob er sich zu Hause in seiner Werkstatt befände. Er bekommt auch schließlich so etwas wie einen Ofen zustande.
Das Feuer der Sowjets wird immer stärker. Einige Grenadiere stapfen die Stufen herunter und suchen Schutz in unserem Keller. Ohne viel Worte hocken sie sich zu Boden. Wir sind nun elf Mann in dem engen Raum, den ein widerlicher Geruch von Schweiß und Fäulnis erfüllt. So dicht als möglich rücken wir zusammen und versuchen, uns wenigstens gegenseitig etwas zu wärmen. Doch die Kälte ist trotzdem unerträglich. Stumm sieht alles dem arbeitenden Kraftfahrer zu und lauscht mit halbem Ohr auf die Einschläge.
»Ich mache mir Sorgen um die Kameraden«, sagt nach einer Weile unser Fahrer. »Sie könnten schon längst zurück sein...« Er hat nun den Ofen fertig und versucht, ihn mit den herumliegenden Holzsplittern zu heizen. Beißender Qualm dringt uns in die Augen, aber trotzdem kriechen wir näher heran, begierig, ein wenig von der Wärme zu erhaschen. Ununterbrochen faucht und kracht es draußen. Es sind nun schwere Kaliber, die mit Verzögerung schießen und alles zerquetschen, was ihnen in den Weg kommt. Der Keller wankt und bebt, als wolle er auseinanderbrechen. Auf die Dauer wird er dieses Feuer nicht aushalten!
Längst schon sind unsere Gespräche verstummt. Die einzige Bewegung im Raum ist die des Fahrers, der beim Schein unserer kümmerlichen Benzinfunzel, die wir aus einer alten Konservenbüchse gefertigt haben, Span für Span in den Ofen schiebt. Die kleine Flamme tanzt hin und her, wenn ein schwerer Brocken in der Nähe einschlägt. Fast scheint der schütternde Luftstoß sie zu erdrücken, aber immer wieder flackert sie von neuem empor. Für die drei, die unterwegs sind, haben wir nur noch wenig Hoffnung.
Erbarmungslos zertrommelt der Feind das Gelände. Ohne Pause pfeift, kracht und heult es in allen Tonarten des Höllenregisters und zerrt an unseren Nerven.
Schlürfend poltert es die Treppe herunter. Fast erschrocken sieht der Gefreite auf. Der Truppführer ist es mit den beiden Kameraden! Völlig erschöpft wanken sie daher. Von Dreck beschmiert sind ihre Gesichter kaum noch zu erkennen. Ein verkrusteter Blutstreifen läuft dem Unteroffizier über das Gesicht, sein linker Rockärmel ist aufgerissen und

vollständig zerfetzt. Keuchend setzen sie die Geräte zu Boden. Einer von ihnen will was sagen, doch das Gebrüll des Artilleriefeuers reißt ihm das Wort vom Munde. Der Fahrer ist aufgesprungen und schiebt seinem Vorgesetzten eine Kiste hin. Aufseufzend reißt sich dieser die Pelzmütze vom Kopf, zieht die Handschuhe aus und streicht sich das wirre Haar aus dem Gesicht. Er versucht, seine frostklammen Finger an dem Russenkanister zu wärmen. Dann beginnt er trotz des rasenden Feuers die aus dem Flugzeug geborgenen Teile einzubauen. Endlich ist es soweit. Das Funkgerät hat Strom und scheint zu arbeiten. Der Unteroffizier stellt die Frequenz ein, beginnt zu tasten und gibt das Rufzeichen. Immer wieder, obwohl der Boden unter dem Feuer schwankt und zittert, ruft er die Gegenstelle an und schaltet dann hastig auf Empfang. Doch keine Antwort kommt! Hört er vielleicht nichts bei dem ohrenbetäubenden Aufbrüllen der Explosionen? So fest er kann, drückt er die Kopfhörer an. Da... war das nicht...? Ssss... Huiiih... Rrang... Wwumm... kracht es im gleichen Augenblick vor dem Keller. Eine Lawine von Schutt und Staub prasselt die Treppe herunter. Die Ohren sind taub und singen vom Luftdruck. Es ist unmöglich, noch das geringste Morsezeichen zu hören. Kurz entschlossen und unbekümmert um das, was um ihn vorgeht, tastet er den dringenden Funkspruch mit der Bitte um Luftunterstützung blind hinaus.

Wieder faucht es heran... Doch ununterbrochen hämmert die Morsetaste. Zweimal wiederholt er den Spruch, dann gibt er den nächsten. Geht auf Empfang und wartet mit fiebernden Sinnen auf die Bestätigung. Da...! Jetzt... deutlich hört er die Gegenstelle, sie bestätigt den Empfang.

Wie im Freudenrausch greift er zum Block. Spruch um Spruch, die seit gestern sich gestapelt haben, jagt heraus. Blatt um Blatt kann abgelegt werden. Unheimlich heult es plötzlich heran. Der Keller zerbirst in glühender Lohe. Wie mit einer Riesenfaust schmettert es den Unteroffizier vom Gerät fort gegen die Wand und preßt ihn hinein in das herunterbrechende Mauerwerk. Ihm ist es noch, als höre er einen langgezogenen Schrei und das splitternde Zerkrachen von brechendem Holz. Dann ist es aus! Drückende Stille lastet lähmend auf ihm. Nicht eine Hand kann er bewegen, wie eingemauert ist er von Schutt und heruntergebrochenem Gebälk. *Luftnachrichtentruppe, 1943*

Geheimer Bericht des *Sicherheitsdienstes der SS*
zur innenpolitischen Lage:
Nr. 349 vom 11. Januar 1943 (Auszug)

I. Allgemeines. Während die Winterkämpfe im Osten zunächst nur Besorgnisse um das persönliche Schicksal der beteiligten Soldaten auslösten, wurde im allgemeinen trotz der gemeldeten Abwehrkämpfe die gesamte Kampflage im Osten mit ruhiger Sicherheit betrachtet. Die vorliegenden Meldungen besagen jedoch nunmehr, daß die anhaltenden schweren Abwehrkämpfe zu einer zunehmenden Beunruhigung geführt haben. Die anfängliche Sicherheit, daß unsere Soldaten im Osten dank der diesjährigen guten Winterausrüstung, gut ausgebauten Winterstellungen und nicht zuletzt wegen des bisher relativ milden Winterwetters den erwarteten Winterangriffen gerüsteter gegenübertreten werden als im vorigen Jahr, wird mehr und mehr überschattet durch die aus den Meldungen zur Kriegslage erkennbare russische Angriffswucht an der gesamten Ostfront.

Und so war es

Die Auflösung der Truppe nach dem sowjetischen Angriff am Vortage schreitet am Montag, dem 11. Januar, weiter fort. Die Verwundeten, Versprengten, selbst die noch Kampffähigen strömen jetzt in Richtung Stadt, um in den Kellerruinen Schutz zu suchen.
Am gleichen Tage sorgt ein sowjetischer Panzer mit aufgesessener Infanterie, der sich bis zum Flugplatz Pitomnik durchschlägt, für enorme Verwirrung. Durch die bei den Verpflegungsstellen entstandene Panik wird dieser wichtige Flugplatz für einige Stunden geräumt. Es gelingt jedoch, die sowjetische Patrouille, die auf dem Gelände der Versorgungsbasis aufgetaucht ist, zurückzuwerfen.
An diesem Montag, dem 11. Januar, haben die Truppen im Kessel das letzte Mal eine Zuteilung an Munition und Treibstoff aus eigenen Beständen bekommen.
Viele Soldaten tragen jetzt keine Waffen mehr, ziehen bei Dunkelheit durch die Ruinen und verbergen sich bei Tage in verschiedenen Schlupfwinkeln. Nächtliche Überfälle auf Feldküchen und Verpflegungslager bleiben nicht aus.
Zu dieser Zeit wird über Stalingrad das Standrecht verhängt: Plünderer sind binnen 24 Stunden zu erschießen. So fallen immer wieder deutsche Soldaten den Kugeln der eigenen Landsleute zum Opfer. Neben dem Hunger zehren Gelbsucht und vor allem eine grauenvolle Steppenruhr an

den Kräften der Eingeschlossenen. Tausende von Toten können im steinhart gefrorenen Boden nicht mehr begraben, sondern nur noch mit Schnee überdeckt werden.
Am 11. Januar 1943 erzielen die Sowjets an der Nordost-, West- und Südfront einen 8 Kilometer breiten und 5 Kilometer tiefen Einbruch. In den frühen Morgenstunden drücken die Verbände der sowjetischen 65. und 21. Armee gegen die deutschen Stellungen westlich des Rossoschka-Tales, und an der Südfront wirft die sowjetische 64. Armee weitere Panzer und Infanterie durch die Einbruchsstelle östlich von Zybenko.
Um 9.40 Uhr erreicht die Heeresgruppe Don ein Funkspruch der 6. Armee: »Feind an mehreren großen Frontabschnitten durchgebrochen... einzelne Widerstandsnester halten sich noch... Wir setzen die letzten Nachschub- und Bausoldaten ein... Versuche eine neue HKL zu bilden.« Noch an diesem Tage sind viele der Soldaten, die im östlichen Teil des Kessels liegen, überzeugt, daß das sowjetische Artilleriefeuer, das sie von Westen wahrnehmen, von einem neuen deutschen Entsatzangriff herrührt.
Am 12. Januar trifft bei der Heeresgruppe Don ein neuer Funkspruch der 6. Armee ein: »Fortgesetztes Trommelfeuer seit 7 Uhr morgens. Können nicht erwidern... Seit 8 Uhr schwere Angriffe an der ganzen Front mit zahlreichen Panzern... Die Armee hat befohlen, daß jeder Soldat an dem Platz, wo er gerade steht, bis zur letzten Patrone zu kämpfen hat.«
Trotz der Schwäche der deutschen Verbände brauchen die sowjetischen Truppen noch drei volle Tage, um von dem westlichen Teil des Stalingradkessels den etwa 600 Quadratkilometer großen Zipfel abzuschneiden.
In der Nacht zum 13. Januar wird Pitomnik Schauplatz einer Tragödie: Eine viermotorige Ju 290 — mit 150 Verwundeten für den Rückflug an Bord — bäumt sich Sekunden nach dem Abheben plötzlich auf, überschlägt sich und zerschellt auf dem Boden. Nur ein einziger Soldat kommt wie durch ein Wunder mit dem Leben davon. Nach seiner Aussage sind die Verwundeten durch die starke Startbeschleunigung nach hinten gerutscht, und der hecklastige Riese war nicht mehr zu halten.
Am Abend des 13. Januar fliegt der letzte Abgesandte des Kessels, 1. Ordonnanzoffizier der Armee, Hauptmann Behr, zum Oberkommando des Heeres. Sein Auftrag: Hitler die präzise Forderung zu stellen, »die Armee erwartet eine klare Antwort auf die Frage, was innerhalb der nächsten 48 Stunden für die Rettung der Armee getan wird«. Gleichzeitig soll er die Kriegstagebücher der Armee in Sicherheit bringen.
Am 13. Januar ist die erste Etappe der Operation Ring abgeschlossen,

12. Januar 1943: das sind die überrannten Eckpfeiler der Verteidigung des XIV. Panzerkorps

und die 65. Armee (GenLt. P. I. Batow) dreht jetzt nach Osten ein, in Richtung Gumrak, Gorodistsche und das Werk Barrikady, um mit der von Norden her vorstoßenden 66. Armee (GenLt. R. J. Malinowski) der deutschen Nordfront den Todesstoß zu versetzen. Mit den Gefechten um Nowo-Alexejewski beginnt die zweite Etappe der Operation Ring: die Zerschlagung des Gegners im Raum Pitomnik und der Vorstoß zum

inneren ehemaligen sowjetischen Verteidigungsgürtel von Stalingrad mit seinen vielen Stützpunkten und eingegrabenen Panzern.
Am 15. Januar beauftragt Hitler den Generalfeldmarschall der Luftwaffe Milch, »die Organisation der Luftversorgung für die eingeschlossene 6. Armee anzukurbeln«, da er annimmt, daß es dem Feldmarschall

»... versuche eine neue HKL zu bilden ...«: zwei Panzergrenadiere sichern die Kameraden beim Aufbau einer neuen Stellung

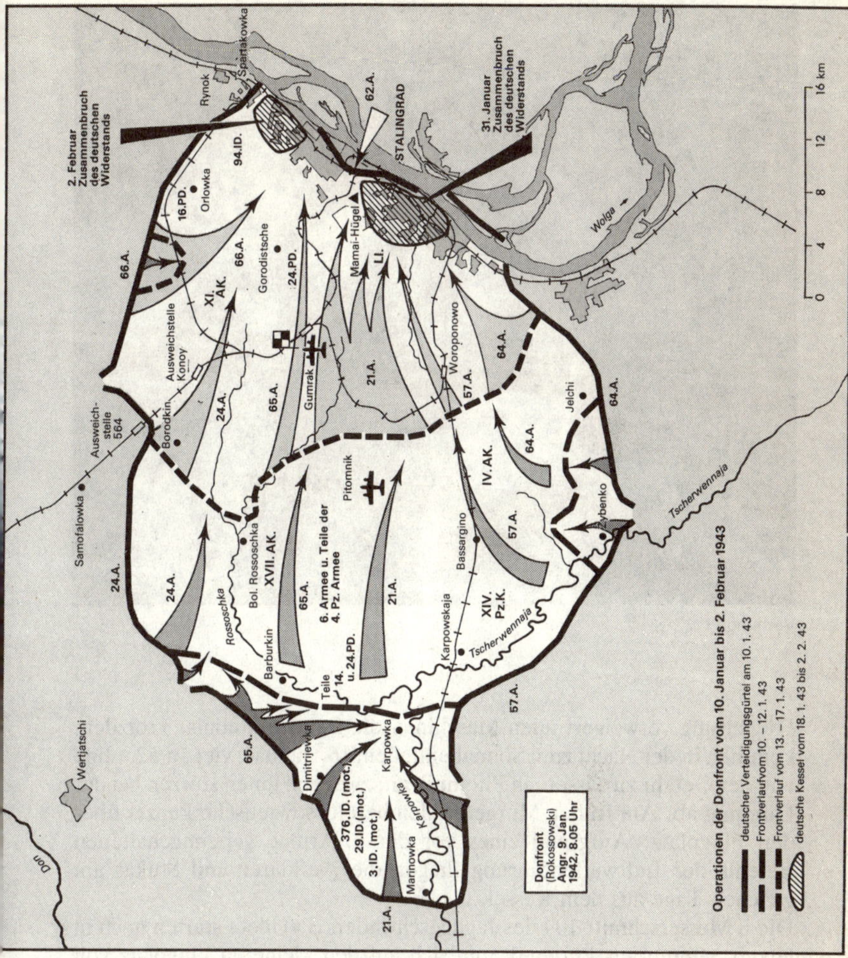

gelingen wird, endlich die von Göring zugesagten 300 t täglich nach Stalingrad zu schaffen.

An diesem Tag stehen jedoch die sowjetischen Panzer einen halben Kilometer vom Rollfeld des Flugplatzes Pitomnik entfernt, und die

Verhungert ...

Flugleitung verweigert allen Maschinen die Landeerlaubnis. Trotzdem kommen in der Nacht zum Sonnabend, dem 16. Januar, vier Ju 52, ohne von der Gefahr zu wissen, in Pitomnik an; zwei von ihnen stürzen bei der Landung ab. Am frühen Morgen rollen bereits sowjetische Panzer über den Flugplatz. Aufgrund eines vor der 6. Armee geheimgehaltenen Befehls der Luftwaffenführung fliegen die Aufklärer und Stukas am gleichen Tage aus dem Kessel.
Die 6 Messerschmitt-109 des Jagdgeschwaders 3 »Udet« starten noch in letzter Minute aus Pitomnik, um sich auf den kleineren Flugplatz von Gumrak zurückzuziehen. 5 von ihnen machen dort eine Bruchlandung im Tiefschnee. Der sechste kreist nur über dem Platz und dreht dann nach Westen ab. Nach seiner Landung in Schachty meldet er, daß Pitomnik nicht mehr in deutscher Hand sei. Seitdem sind die eingekesselten Truppen den sowjetischen Luftangriffen völlig schutzlos ausgeliefert.
In Pitomnik bleiben Hunderte von Wagen zurück und Berge von

... erfroren

Verpflegung, die kurz zuvor eingeflogen wurden. Nun übernehmen die Sowjets die unzerstörte deutsche Platzbefeuerung mit dem Funkpeiler und errichten dort eine Scheinanlage. Davon lassen sich mehrere Besatzungen täuschen: sie landen mit ihren vollbeladenen Maschinen beim Feind. Selbst eine Ju 52 aus Hitlers Leibstaffel fliegt auf diese Art in die Gefangenschaft. Trotz des Verlustes von Pitomnik geht die Luftversorgung ab 16. Januar über den Flugplatz Gumrak weiter, den man in den letzten Tagen eingeebnet hat; die Landefläche ist jedoch hier besonders schmal und kurz. Der Nachschub an Verpflegung sinkt ab, weil fast ausschließlich Munition eingeflogen werden muß.
Am Vormittag des 16. Januar verlegt der Armeestab seinen bisherigen Gefechtsstand von Gumrak in eine Balka dicht am Flughafen Stalingradski südlich der Zariza und übernimmt in dem nach seinem Kommandeur benannten Bunkerdorf Hartmannstadt den Gefechtsstand der 71. Infanteriedivision.

Durch das Vordringen der Sowjets gegen Rostow ab Mitte Januar 1943 werden die Absprungplätze nach Artemowsk, Gorlowka und Stalino zurückverlegt. Von dort aus sind es bis Stalingrad schon 500 Kilometer, und man kann diese Entfernung höchstens einmal pro Tag fliegen; dadurch beträgt der Nachschub nur noch bis 45 t täglich. Um die äußerst schwierigen, gefahrvollen Landungen zu umgehen, werfen zahlreiche Maschinen Versorgungsbehälter ab. Die weißen Fallschirme jedoch, die sich nach dem Abwurf über die Behälter legen, erschweren die Suche in der schneebedeckten Steppe, oft ist es auch den Männern, die so abgekämpft sind, kaum noch möglich, die schweren Versorgungsbomben zu bergen.
Am 16. Januar trifft Generalfeldmarschall Milch nachmittags mit seinem Sonderzug in Taganrog ein. Bereits am nächsten Tag verunglückt er mit dem Wagen und muß ins Lazarett eingeliefert werden, womit er für die Lösung des Problems einer gesteigerten Luftversorgung des Kessels zunächst weitgehend ausfällt.
Am Sonntag, dem 17. Januar, landen in Gumrak 5 Maschinen mit Nachschub, der einfach an vorüberziehende Truppen verteilt werden muß, da kein Bodenpersonal mehr da ist.
Am gleichen Tag stellt das sowjetische Oberkommando Generaloberst Paulus eine neue Kapitulationsaufforderung zu. Die beiden Generale v. Seydlitz und Schlömer sind dafür, das Angebot anzunehmen; General Paulus weigert sich, da er keine Vollmacht hat, eigenmächtig zu handeln.
Zu dieser Zeit haben die Sowjets bereits die Hälfte des Kessels überrollt, und ihre Truppen stehen an der Linie Bolschaja-Rossoschka-Gontschara-Woroponowo. General Rokossowski beschließt jetzt, den Kampf mit allen Mitteln zu beenden und bereitet seine Armeen auf einen Frontalangriff vor.

28. Woche: 18. — 24. Januar 1943

★ Die Sowjets berichten

Am Montag, dem 18. Januar 1943,
meldet das *Sowinformbüro*
über die Ereignisse am Vortage:
Hinter der gegenwärtigen Frontlinie geht der Auflösungsprozeß der

ehemaligen Belagerungsarmee von Stalingrad rasch vorwärts. Der weitaus größte Teil Stalingrads ist in unserer Hand, und nur schmale Vorstadtränder im Westen und Südwesten, sowie einzelne Komplexe im Fabrikviertel werden noch von den Faschisten gehalten.
Arbeiterkolonnen durchstreifen die Stadt, um unter den Trümmern nach brauchbaren Gegenständen zu suchen. Baukommissionen sind am Werk, die untersuchen, welche Häuser noch bewohnbar sind oder bewohnbar gemacht werden können.
Bei der Eroberung des letzten, den Überresten der 6. Armee noch verbliebenen Flugplatzes, fielen den Truppen unserer Armee 20 Flugzeuge, 38 Kampfwagen und andere Beute in die Hände. Zur Lage der eingekesselten deutschen Gruppen, die direkt im Fabrik- und westlichen Stadtviertel von Stalingrad stehen, wird erklärt, daß es sich — wie bei der 6. Armee — um eine verlorene feindliche Gruppe handle, die keine Aussicht habe, sich zu retten. Ihre Niederkämpfung dürfte jedoch noch längere Zeit in Anspruch nehmen. Gerade in Stalingrad hat sich immer wieder gezeigt, daß ein in Trümmer geschossener Häuserblock die denkbar beste Verteidigungsmöglichkeit bildet, zu deren Überwindung unverhältnismäßig starke Artillerie notwendig ist. Die Besatzung von Stalingrad zieht es daher vor, zunächst jede der deutschen Positionen genau festzustellen, um sie dann systematisch mit Kleinwaffen niederzuringen.

Die Deutschen berichten

Am Montag, dem 18. Januar 1943,
gibt das *Oberkommando der Wehrmacht*
zu den Ereignissen des Vortages bekannt:
Die unter schwierigsten Bedingungen kämpfenden deutschen Truppen im Raum von Stalingrad hielten in zäher Ausdauer und verbissenem Kampfeswillen weiteren starken Angriffen stand.

Tägliche Lagemeldung der 6. Armee
an die Heeresgruppe Don:
15. Januar, *Tagesmeldung:* Trotz heldenhaftem Kampf der 16. Panzerdivision ging Höhe drei Kilometer südostwärts P. 139,7, die mehrere Tage von drei Seiten eingeschlossen war, gegen schwerste Angriffe verloren… Wiedernahme der Höhe aus Munitionsmangel und Kräftemangel nicht möglich.

16. Januar, *Tagesmeldung:* Feind setzt Massensturmangriffe gegen Süd-, Südwest- und Westfront fort, wurde jedoch in schweren Kämpfen vor neuer Widerstandslinie abgewiesen. — Versorgungslage katastrophal. Truppe infolge Betriebsstoffmangels nicht mehr in der Lage, Verpflegung zur Front zu bringen. Zahlreiche Kompanien an der Westfront seit zwei Tagen ohne Verpflegung — Truppe während des ganzen Tages bei 30 Grad Kälte ohne Bunker, Angriffen russischer Stuka-Staffeln mit schwersten Bomben wehrlos ausgesetzt. Eigene Stuka, Jäger und Aufklärer ausgefallen oder ausgeflogen.

17. Januar, *Morgenmeldung:* Seit Mitternacht rollende feindliche Luftangriffe auf die Festung, die ohne Jagd- und fast ohne Flakschutz ist. Wenn erneut zugesagte Steigerung der Luftversorgung nicht sofort einsetzt, ist jedes Halten aussichtslos.

Tagesmeldung: 6. Armee hat Stellungen gegen weitere schwere Angriffe an Nordost-, West- und Nordwestfront im allgemeinen gehalten. Zahlreiche örtliche durch Munitions- und Betriebsstoffmangel bedingte Krisen... Infolge unzureichender Versorgung muß in der Festung mit dem äußersten gerechnet werden. Zahlreiche Soldaten verhungert.

18. Januar, *Tagesmeldung:* Betriebsstofflage durch Versagen der Luftzufuhr legt jede Bewegung auch für die Versorgung der Truppe mit Verpflegung lahm. Laufend Bombenangriffe. Flughafen Gumrak voll anfliegbar. Tagsüber nur 2 Heinkel 111 gelandet.

Tagesparole des Reichspressechefs,
Montag, 18. Januar 1943:
Die Schwere der Kämpfe an allen Abschnitten der Ostfront sowie der heldenmütige Kampf unserer Truppen im Raume von Stalingrad stehen im Vordergrund der Blätter.

Der letzte Mann

Die Kristalle des Eises draußen tanzten einen taumelnden Tanz, hoben sich leicht und schwebend, stürzten in die Tiefe, jagten urplötzlich in glitzernden Spitzen übers Land, um dann jäh ins Ziellose zu ziehen. Wo Menschen sich ihnen in den Weg stellten, krallten sie sich in die Haut, die Atemschutz und Schal freiließen, aber sie schmolzen nicht, denn die Haut war so kalt wie das Eis selber, und es dauerte nicht lange, so bildeten sich um Augen und Lippen schimmernde Ringe.

Hunger, Müdigkeit und stumpfe Resignation im enger werdenden Kessel

Der Sturm rast über 35 Mann und eine Maschine, eine Ju. Ein paar Mal zogen die Leute die Fausthandschuhe aus und steckten die Finger in den Mund, und wer laufen konnte, trabte in Kreisen herum. Fünfunddreißig Mann, die letzten Verwundeten dieses Platzes... Das Herz konnte sich einem im Leibe umdrehen, wenn man diese Menschen ansah, die so gekommen waren, wie die Schlacht sie entlassen hatte. Die letzte Maschine — das hieß die letzte Möglichkeit, hinter die Linie der Kameraden zu kommen.

Ist es begreiflich, daß sich um die Türe ein Knäuel bildete, der hinein wollte, schob und drängte und dennoch Disziplin bewahrte? Sechzehn

Links: Er soll die Organisation der Luftversorgung wieder ankurbeln: Generalfeldmarschall der Luftwaffe E. Milch

Rechts: am 16. Januar wird Pitomnik von den Sowjets besetzt: Wracks von Transportmaschinen

Mann faßt der Leib des Riesenvogels, doch als die drin waren, schoben sich andere nach. Drinnen saßen sie in Hockstellung, schoben sich übereinander, drückten sich zusammen, aber noch standen sechs draußen. Die Bahren flogen hinaus, Kanister, Notbeleuchtung, sie zogen die Mäntel aus, krochen in den Führerstand, besetzten die Heckkanzel, doch immer noch waren drei Mann nicht geborgen. Die Munition ging den Weg des Inventars, Verbandszeug schuf Platz für einen weiteren Mann. Noch standen zwei Mann draußen...
Doch es ging nicht allein um den Platz. Würde die Maschine mit der ungewöhnlichen Belastung hochkommen? Es gelang dem Piloten nicht, aus dem Führersitz zu kommen, und es konnte auch niemand hinein. Über drei anderen Kameraden stand in der Türe, die nicht mehr schloß, der zweitletzte von draußen. Und wenn sie nun die Farbe von den

Wänden gekratzt hätten und die Türe ausgehangen und die Verbindungswände und das Funkgerät über Bord geworfen hätten, es wäre bei Gott niemand mehr hineingegangen. Im Schnee lag der letzte der Fünfunddreißig mit zerschossenen Knien.

Die letzte Maschine, die letzte Lebenschance. Wißt ihr, was das heißt, wenn man erst 22 Jahre alt ist und sich seit Wochen nicht gewaschen hat und nichts zu essen bekam außer einem Stückchen Brot, rohen Rüben und gekochtem Schneewasser und Tag und Nacht das Brüllen der Angreifer hörte, den Eisenhagel über sich ergehen ließ und das alles bei 40 Grad Kälte?!

Der Mann an der Tür, der über den dreien stand, stieg aus und ging zu dem Allerletzten und sagte: »Mir sind beide Arme zerschossen, aber du kannst nicht mehr laufen.« Und so kam es, daß die drei anderen herauskletterten, ihn auf ihre Arme nahmen und quer über Köpfe und Beine legten, die den Raum bis unter das Dach füllten, um dann wieder in qualvoller Enge zu stehen. Fragt nicht danach, was sie dachten, fragt nicht danach, was der Gefreite aus Lüdenscheid in seiner Vorstellungswelt empfand, fragt nicht danach, was sie schrien und brüllten — es ging im Donner der Motoren verloren, und sie konnten es ja selbst nicht hören, und der Zurückbleibende konnte nicht antworten... Mit dem Rücken drückte der letzte Mann von draußen die Türe zu, von drinnen zogen sie Koppel durchs Schloß und hielten so die Türe mit zwei Mann geschlossen, so voll war die Maschine.

Auf einer Schneewelle des Flugplatzes saß ein einzelner Soldat, den Mantelkragen hochgeschlagen, darüber ein paar Tücher gewickelt, den Kopf in einer Pelzmütze, und sah der startenden Maschine nach. Ja, sie kamen gut vom Boden ab. Wie das sein konnte, soll hier nicht erklärt werden, aber es wird für alle Zeiten eine einzigartige Leistung eines Piloten bleiben. Mir ist kein weiterer Fall bekannt, daß ein Flugzeug um einen einzelnen Soldaten eine Ehrenrunde geflogen ist.

Der Pilot, der mir das alles erzählte, sagte, er hätte noch nie einen einsameren Menschen gesehen als den Gefreiten auf der Schneewehe des aufgegebenen Flugplatzes, der mit dem Kopf im Nacken in die Höhe starrte. Das einzige Farbige an ihm sei das Blut gewesen, von dem die Verbände braun ausgesehen hätten...

Deutsche Zeitung in den Niederlanden, 22. 12. 1944

★ Die Sowjets berichten

Im Stabsquartier von *General Malinowski*,
19. Januar 1943:

Kriegsberichterstatter hatten am Freitag Gelegenheit, General Malinowski zu sprechen, der die Armee zwischen Sal und Manytschkanal befiehlt. Der General erklärte: »Mein Gegner v. Manstein zieht sich keineswegs, wie es im faschistischen Heeresbericht heißt, planmäßig zurück, sondern er steht unter starkem Druck, er versucht, jeden Fußbreit Boden zu halten und erhält beständig Reserven aus der Ukraine. Unsere Angriffe stellen an die Truppe höchste Anforderungen und sind natürlich auch mit Verlusten verbunden. Heute dürfen wir mit Recht sagen, daß wir das Hauptquartier Hitlers vollständig verwirrt

haben. Fieberhaft werden deutsche Reserven von einem Abschnitt in den anderen gejagt, und massenweise wird wertvollstes Kriegsmaterial einfach im Stich gelassen. Eine klare, noch irgendwie gut geordnete Organisation des Widerstandes ist mindestens für den jetzigen Zeitpunkt beim Gegner nicht mehr vorhanden. Die deutsche Luftwaffe scheint ganz und gar aus dem Feld geschlagen zu sein: es ist uns in den letzten Tagen fast ohne Abwehr durch deutsche Jäger gelungen, die nach Westen zurückgehenden faschistischen Truppen nachhaltig zu bombardieren.« General Malinowski betonte dann, es sei richtig, daß unsere Truppen eine »Geheimwaffe« besitzen, welche die Truppen »Katjuscha« nennen und die sich glänzend bewährt. Es sei dies ein mehrläufiges Salvengeschütz, das viel dazu beigetragen habe, die deutschen »Igel« zu überwinden. Die Deutschen hätten mehrfach unsere Katjuscha erbeutet und versucht, etwas Ähnliches, nämlich einen Sechsrohr-Minenwerfer, zu bauen. Wir dürfen sagen, daß dies nur ein sehr armseliger Ersatz ist.
Aus dem Hauptquartier General Jeremenkos berichtet ein anderer Kriegsberichterstatter: »General Jeremenko erklärte zum Schicksal der Armee Paulus: Es handelt sich tatsächlich um nichts anderes mehr als um bewaffnete Kriegsgefangene. Wir können und wollen nur vorsichtig gegen diesen Rest operieren, da sich in dem von ihm beherrschten Gelände etwa 60000 unserer sowjetischen Männer und Frauen als eine Art von Geiseln befinden. Ihre Lebensmittelrationen sind noch geringer als die der faschistischen Truppen.«

Die Deutschen berichten

Am Dienstag, dem 19. Januar 1943,
gibt das *Oberkommando der Wehrmacht*
zu den Ereignissen des Vortages bekannt:
Die Truppen im Raum Stalingrad verteidigen sich standhaft in harten Kämpfen gegen immer neue Angriffe des Feindes.

Tägliche Lagemeldung der 6. Armee
an die Heeresgruppe Don:
19. Januar. *Tagesmeldung:* Feind nahm seine Massenangriffe an der Westfront gegen linken Flügel 76. und rechten Flügel 44. I. D. wieder auf, wurde jedoch abgewiesen. — Versorgungsbomben wegen Schnee-

verwehungen nur teilweise gefunden; Sammeln derselben wegen Betriebsstoffmangels sehr schwierig.

Tagesparole des Reichspressechefs,
Dienstag, 19. Januar 1943:
Nachdem die Härte der Winterschlacht im Osten der Öffentlichkeit durch die Nachrichtengebung zum Begriff geworden ist, muß in verstärktem Maße die eigene Arbeit der Schriftleitungen einsetzen, um die Leser im Sinne der von den Soldaten im Osten bewiesenen äußersten Entschlossenheit und Einsatzbereitschaft eindringlich anzusprechen.

Telefongespräch *Hube — Zeitzler* vom 19. 1. 1943,
15.00 Uhr,
Zur Lage der 6. Armee

General Hube teilt mit, daß er aus Festung Stalingrad befehlsgemäß ausgeflogen und bei Feldmarschall Milch zu erreichen sei. Die Lage im Kessel ist trotz allen Heldentums als tragisch zu bezeichnen. Man kann dort infolge der Kälte und der immer mehr absinkenden Versorgung von einem organisierten Menschensterben sprechen.
Statt der versprochenen 500 t sind in letzter Zeit durchschnittlich 50 t Versorgung angekommen. Generaloberst Paulus beabsichtigt, die Festung auf einen kleinstmöglichen Raum unter Ausnutzung der noch leidlichen Unterkunftsmöglichkeiten in Stalingrad und um Zariza zu verengen. Der Flugplatz wird in Kürze nicht mehr landefähig sein. Dann kommt nur noch Abwurf in Frage, und zwar möglichst hinter den Divisionen, da weder Panjepferde noch Schlitten vorhanden sind, um Versorgungsgüter von einem zentralen Abwurfplatz zur Truppe zu bringen, und die wenigen betriebsfähigen Lkw durch Schneeverwehungen nicht durchkommen.
Wenn Versorgung sichergestellt wird, ist zu hoffen, daß sich die verkleinerte Festung noch eine Zeit halten kann. Ein Einbruch in diese Stellung muß dann aber das Ende zur Folge haben. Es wird für diesen Fall erwogen, ehe man sich totschlagen läßt, einen Ausbruch in Richtung Don zu versuchen in der Hoffnung, daß es dann doch noch einigen Gruppen gelingen wird, sich nach Partisanenart zu den eigenen Linien durchzuschlagen. Vielleicht wird es möglich sein, einzelne dieser Gruppen noch mit Flugzeugen zu versorgen. Als Landezeichen könnte Landekreuz aus Decken oder Mänteln gelten.
Jeder denkende Mensch im Kessel sei sich darüber klar, daß mit einem

Oben: Kampfflugzeug He 111 mit Bandmuster-Tarnanstrich ist startbereit: unter dem Rumpf die Verpflegungsabwurfkiste 500

Unten: Nicht immer gelingt es den ausgemergelten Suchtrupps, die abgeworfenen Versorgungsbomben in der Schneewüste zu bergen

Entsatz, auch im März, nicht mehr zu rechnen ist, denn die Verbände, die dafür vorgesehen sind, werden zur Festigung der Hauptfront zwangsweise in Anspruch genommen werden müssen. Man sollte deshalb die Gesamtoperation nicht mehr auf die 6. Armee, sondern einzig auf die Festigung der Front der Heeresgruppen A, Don und B abstellen; denn darüber sind sich im Kessel alle klar, daß es ein zweites Mal kein »Stalingrad« an einem anderen Frontteil mehr geben dürfe.
Der Untergang der 6. Armee muß die oberste Heeresführung belasten. Im Interesse des gesamten Volkes ist es untragbar, daß hierdurch das Vertrauen zum Führer untergraben wird. Es ist deshalb notwendig, daß sich der Führer wieder mehr von der unmittelbaren und ins einzelne gehenden Heeresführung absetzt und damit einen anderen beauftragt. General Hube betont zum Schluß, daß General Zeitzler dies ganz klar dem Führer vortragen müsse, daß es notwendig sei, in den letzten Tagen ausgeflogene, leicht verwundete Offiziere und auch Offiziere aus der Front der Heeresgruppe Don zum Vortrag über jetzigen Zustand der Truppe, die Stimmung und die Versorgungslage zu bestellen.

Geheimer Bericht des *Sicherheitsdienstes der SS*
zur innenpolitischen Lage:
Nr. 352 vom 21. Januar 1943 (Auszug)

I. Allgemeines. Die Lage an der Ostfront wird von der Bevölkerung weiterhin als ernst und besorgniserregend angesehen. Aus den Wehrmachtsberichten, den zum Teil sehr pessimistischen Erzählungen und Feldpostbriefen der Frontsoldaten und auf Grund der umlaufenden, teils auf Feindnachrichten basierenden Gerüchte glauben viele Volksgenossen darauf schließen zu müssen, daß z. Z. ein Tiefstand in diesem Kriege erreicht sei.
Ähnlich verhält es sich mit Stalingrad, welches von vielen Volksgenossen bereits als verloren angesehen wird. Abgesehen von der seinerzeit stark herausgestellten strategischen Bedeutung dieses Platzes wurde seine Eroberung von vielen Volksgenossen als Prestigefrage angesehen, teilweise glaubte man sogar hiervon den entscheidenden Wendepunkt des Kriegs erwarten zu können. Die Bemerkung im Wehrmachtsbericht vom 20. 1. 1943 über die harten Entbehrungen der Verteidiger des Raumes von Stalingrad wird von der Bevölkerung so ausgelegt, daß die dort eingeschlossenen deutschen Truppen jetzt auch nicht mehr auf dem Luftwege in ausreichendem Maße versorgt werden können, und hat die Besorgnisse erheblich verstärkt.

★ Die Sowjets berichten

Am Freitag, dem 22. Januar 1943,
meldet das *Sowinformbüro*
über die Ereignisse am Vortage:
Die Auflösung der Reste der faschistischen 6. Armee vor Stalingrad macht schnelle Fortschritte. Die Verluste, die der Gegner erleidet, sind sehr hoch, und den 5000 Gefallenen in den letzten Tagen stehen nur 400 Gefangene gegenüber. Am Freitag früh verlor die Armee Paulus 44 Geschütze und 251 Panzer und Lastautos. Am Westrand der Stadt mußten die deutschen SS-Truppen eine Anzahl befestigter Stellungen aufgeben.

Die berüchtigte sowjetische »Ratsch-Bum«-Pak 7,62 cm

Zur Taktik unserer siegreichen Truppen: Die Überlegenheit unserer Artillerie, die sich schon immer deutlich gezeigt hat, ist jetzt zum ausschlaggebenden Faktor geworden. Die Batterien wechseln äußerst rasch ihre Stellungen, und die Offiziere haben das rechte Maß zwischen Draufgängertum und Vorsicht gelernt. Die überlegene Artilleriewirkung ist auch das Geheimnis der raschen Beseitigung faschistischer Igelstellungen. Im Winterfeldzug 1941/42 konnten nur einzelne dieser Stützpunkte genommen werden. Es wird im Oberkommando in Moskau erneut darauf hingewiesen, daß die Taktik der Igel überholt ist und nur dazu führt, die faschistische Armee zu schwächen, da mit jedem Igel gewaltige Munitions-, Waffen- und Verpflegungsbestände in unsere Hand fallen, nicht zu reden von den empfindlichen Mannschaftsverlusten. Auch die zurückweichenden feindlichen Kolonnen werden nach neuen Methoden bekämpft.
In weit größerem Maßstab als bisher wurden selbständige, schnelle Verbände gebildet, die aus Panzern, motorisierter Artillerie und motorisierter Infanterie zusammengestellt sind. In den Steppen zwischen Don und Kaukasus tritt dagegen die Kosakenkavallerie an die Stelle der motorisierten Infanterie. Diese schnellen Verbände haben die Aufgabe, die zurückgehenden gegnerischen Verbände zu überholen, wichtige Punkte, wie Brücken, Straßen- oder Eisenbahnkreuzungen zu besetzen und so den Rückzug in Unordnung zu bringen und zu verlangsamen, so daß die nachrückenden Hauptverbände, deren Vormarschtempo durch das schwere Kriegsmaterial notwendigerweise beschränkt ist, den Anschluß an den Gegner halten können.

Die Deutschen berichten

Am Freitag, dem 22. Januar 1943,
gibt das *Oberkommando der Wehrmacht*
zu den Ereignissen des Vortages bekannt:
Die vom Gegner eng umschlossene und dem starken feindlichen Druck hartnäckig Widerstand bietende deutsche Kräftegruppe in Stalingrad hatte auch gestern schwere Kämpfe gegen die mit weit überlegenen Kräften anrennenden Sowjets zu bestehen. Trotz heldenmütiger Abwehr konnten die Verteidiger von Stalingrad einen Einbruch von Westen her nicht verhindern, was zu einer Zurücknahme der eigenen Stellungen um einige Kilometer zwang. Im Nahkampf wurde eine größere Anzahl von

Panzerkampfwagen der Sowjets vernichtet. Im großen Donbogen und am mittleren Donlauf halten die schweren wechselvollen Kämpfe an.

Tägliche Lagemeldung der 6. Armee
an die Heeresgruppe Don:
22. Januar, *Tagesmeldung:* In schweren, während des ganzen Tages an Nord-, West- und Südwestfront anhaltenden Kämpfen erzielte Feind an Südwestfront tiefen Einbruch. In heroischem Ringen, trotz Fehlens von Artilleriemunition und Panzerabwehr, stark überlegene Feindangriffe in Linie 2 Kilometer nordwestlich Talowoi — Talawoi — 2 Kilometer nordwestlich Minina aufgehalten. Munition zum größten Teil verschossen, teilweise Auflösungserscheinungen. Mit letzten Waffen über 20 Feindpanzer abgeschossen. — An Westfront nur noch dünne, stützpunktartige Besetzung; hier auch nur noch wenig schwere Waffen vorhanden. — 76., 297., 29. mot. und 3. mot. I. D. aufgerieben. — Südfront und Stalingrader Front halten gegenüber überlegenen Angriffen; Munition geht auch hier zu Ende. — Widerstandskraft der Festung geht ihrem Ende entgegen.

Tagesparole des Reichspressechefs.
Freitag, 22. Januar 1943:
In den bevorstehenden Sonntagsausgaben ist im Hinblick auf die ersten Kämpfe im Osten und auf die erforderliche entschlossene Steigerung des Kräfteeinsatzes in der Heimat das Wort an die Leser zu richten und ihnen in aller Eindringlichkeit zu sagen, daß der Krieg den härtesten Einsatz aller bedarf, um den Sieg zu erkämpfen.
Bedienen Sie sich regelmäßiger Propagandaparolen, wie etwa:
Sieg oder Bolschewismus!
Der totale Krieg ist das Aufgebot der ganzen Nation!
Nur härtester Wille meistert das Schicksal!
Totaler Krieg — Alle Kräfte für den Sieg!

Die Losung

Jeder Mann eine Festung! Eine Festung zähen Willens und verbissener Entschlossenheit. Das ist auch die Losung für jeden und jede in der Heimat, für unseren Arbeitseinsatz, der nur dann wirklicher Kriegseinsatz ist, wenn wir in unserer Arbeit an unserem Platz das Letzte an Leistungsfähigkeit hergeben.
Jeder Mann eine Festung! Diese Losung aus der großen Winterschlacht

im Osten muß das Kennwort unseres Gewissens sein und bleiben gegen alle Gefahren und für alle Aufgaben, die uns gestellt werden, bis dieser schwerste aller Kriege mit dem schwersten aller Siege für uns und unsere Zukunft entschieden ist. *Berliner Zeitung am Mittag, 22. 1. 1943*

Armeebefehl vom 22. 1. 1943
Soldaten der 6. Armee!
Der Russe hat die Anfänge des von uns erwarteten Entsatzes über den Don zurückgedrückt, ehe genügend starke Kräfte zur Stelle waren. Jetzt erst steht die Aufmarschfront fest, und dahinter marschieren weitere Kräfte auf. Ehe sie heran sind, werden aber noch einige Wochen vergehen.
Zwei Monate lang habt Ihr dem Ansturm russischer Massen getrotzt. Weder Russenpanzer, Granatwerfer, Stalinorgeln, Munitionsmangel, Hunger oder Kälte haben euren Widerstandswillen brechen können.
Sollen wir jetzt den Widerstand aufgeben?
Unter keinen Umständen! Wir müssen um jeden Fußbreit Boden kämp-

Die letzte Frontlinie in Stalingrad-Nord: die Ruinen der Arbeitersiedlung Spartakowka

fen und dem Russen Schaden zufügen, wo wir können. Mit der von Euch so oft gezeigten Zähigkeit und Verbissenheit müssen wir uns weiter trotz Schnee, Kälte und geringer Versorgung wehren, jeder an seiner Stelle, an die er gestellt ist. Auch der Russe ist nicht übermächtig. Wir wissen, daß er riesige Verluste hat und selbst auch unter der Kälte und Versorgungsschwierigkeiten leidet. Es gilt deshalb, jetzt die letzte Kraft zusammenzureißen, um durchzuhalten, bis der Russe nachgibt und der Sieg sich wieder auf unsere Seite neigt!

Haltet aus! Wenn wir wie eine verschworene Schicksalsgemeinschaft zusammenhalten und jeder den fanatischen Willen hat, sich bis zum äußersten zu wehren, sich unter keinen Umständen gefangen zu geben, sondern standzuhalten und zu siegen, werden wir es schaffen!

gez. *Paulus*

Funkmeldung vom 22. Januar 1943, 16.00 Uhr
An Heeresgruppe Don
... Zur Vorlage beim Führer und beim Oberbefehlshaber der Heeresgruppe Don... Die Russen dringen beiderseits Woroponowo in 6 Kilometer Breite mit wehenden Fahnen nach Osten (nach Stalingrad) vor. Die Lücke kann nicht geschlossen werden... alle Vorräte sind aufgebraucht. Über 12000 unversorgte Verwundete im Kessel. Was soll ich Truppen befehlen, die keine Munition mehr haben...?
Sofortige Entscheidung erforderlich, da sich an einigen Stellen Auflösungserscheinungen bemerkbar machen. Noch hat die Truppe Vertrauen zu ihren Führern.

gez. *Paulus*

Die Antwort aus dem Führerhauptquartier:
Kapitulation ausgeschlossen.
Truppe kämpft bis zur letzten Patrone... Die 6. Armee leistet so einen historischen Beitrag zur größten Kriegsanstrengung in der deutschen Geschichte.

gez. *Adolf Hitler*

Am Sonnabend, dem 23. Januar 1943,
gibt das *Oberkommando der Wehrmacht*
zu den Ereignissen des Vortages bekannt:
Die Verteidiger von Stalingrad leisteten während des ganzen gestrigen Tages in heroischem Ringen stark überlegenem Feind Widerstand. 20 Panzer wurden im Nahkampf vernichtet. Ein tiefer feindlicher Einbruch in die Verteidigungsfront wurde unter Aufbietung aller Kräfte aufgefangen. Die schweren Abwehrkämpfe am mittleren Donlauf und südlich des Ladogasees dauern an.

Tagesparole des Reichspressechefs,
Sonnabend, 23. Januar 1943:
Das große und ergreifende Heldenopfer, das die bei Stalingrad eingeschlossenen deutschen Truppen der deutschen Nation darbringen, wird im Zusammenhang mit der unmittelbar bevorstehenden Arbeitspflicht für Frauen und anderen durchgreifenden Organisationsmaßnahmen für die totale Kriegführung die moralische Antriebskraft zu einer wahrhaft heroischen Haltung des ganzen deutschen Volkes und zum Ausgangspunkt eines neuen Abschnitts des deutschen Siegeswillens und der Erhebung aller Kräfte werden. Der deutschen Presse fällt hierbei die

besondere publizistische Aufgabe zu, durch ergreifende Schilderung der einzigartigen Opferbereitschaft der Helden von Stalingrad auch den letzten Volksgenossen aufzurütteln, damit er sich einreiht in die große Front des entschlossenen Widerstands und Siegeswillens. Die Schriftleitungen werden aufgefordert, sich auf diese ernste Gesamteinstellung, die auch den 30. Januar mit erfassen wird, einzurichten, damit sie bei Vorliegen der zu erwartenden Aufrufe und Bekanntgaben die dann erforderliche tiefgreifende Wirkung gewährleisten können. In den eigenen Stellungnahmen der Sonntagsausgaben ist auch zum Ausdruck zu bringen, daß die Gedanken des ganzen deutschen Volkes bei seinen heldenmütigen Kämpfern in Stalingrad weilen...
Erläuterungen: Punkt 1 der Tagesparole dient — mit Ausnahme des letzten Satzes — lediglich zur Information. Die Ankündigung der Arbeitspflicht der Frauen und weiterer Organisationsmaßnahmen ist also ausdrücklich bis zum Vorliegen amtlicher Meldungen gesperrt.

Massenhaft neue schwere Sowjetwaffen

Der Kampf im Raum von Stalingrad wuchs nach Wochen harter Gefechte seit dem 10. Januar zu jener Härte, die auch die bisher schwersten Kämpfe in den Schatten stellt. Im Dämmerlicht jenes Angriffstages erkannte man von der vorgeschobenen Beobachtungsstelle einer schweren Flakbatterie aus, die dicht hinter der Hauptlinie im Wrack eines Sowjetpanzers lag, daß drüben beim Feind während der Nacht massenhaft neue schwere Waffen in Stellung gebracht waren. In einem Abschnitt von kaum 700 Metern sah der Beobachter 20 neue Pakgeschütze aller Kaliber, und vor diesen standen zahlreiche frisch eingebaute Granatwerferbatterien.
Das war noch nicht weiter auffällig, da der Bolschewist schon des öfteren seine Waffen in ähnlicher Weise zur Schau gestellt hatte, um den Beschuß herauszufordern und dadurch die Munition zu verknappen.
Da ging plötzlich, genau um 6 Uhr, furchtbares Trommelfeuer los. Salvengeschütze, Artillerie, Granatwerfer und Panzerabwehrkanonen schossen, was aus den Rohren herausging. Die Leitungen von dem Beobachter zu den Batterien waren sofort zerstört, nur das Funkgerät hielt die Verbindung aufrecht. Nacheinander erhielt die Beobachtungsstelle drei Volltreffer. Beide Artilleristen wurden verwundet. Dennoch richteten sie das unversehrt gebliebene Scherenfernrohr wieder auf und sahen, wie schon die erste Welle der feindlichen Infanterie über den Schnee vorstürmte, aber von unseren Maschinengewehren niedergemäht

Abendausgabe

Berliner

Lokal-Anzeiger

Montag, 25. Januar 1943

Organ für die Reichshauptstadt

61. Jahrgang

Drahtanschrift Scherlverlag Berlin – Postscheck 3111 für Anzeigen, 36 640 für Bezugsgebühren

Unsterbliche Ehre der Stalingrad-Helden

Der aufopfernde Heldenkampf der 6. Armee und zweier rumänischer Divisionen

Abwehr und Gegenangriff

Brückenkopf Woronesch planmäßig und ohne Feinddruck geräumt

25. Januar 1943

Aus dem Führerhauptquartier

Das Oberkommando der Wehrmacht gibt bekannt:

nesch planmäßig und ohne feindlichen Druck geräumt. Im Abschnitt südlich der Stadt griff der Feind auf breiter Front an, wurde aber blutig abgewiesen. Südlich des Ladogasees

Beispielhaftes Kämpfertum

Mit unerschüttertem Heldenmut leisten die deutschen Kämpfer in Stalingrad dem wütenden Ansturm des Feindes, der in vielfacher Uebermacht seit Wochen auf sie eindringt, weiter erbitterten Widerstand. Hinter den knappen, soldatischen Worten der Berichte des Oberkommandos steht

sprechen wird, weil sie weltgeschichtliches Ausm… haben.

In ganz Europa verfolgt man das gigantis… Ringen um die Stadt an der Wolga mit ang… haltenem Atem. Das Heldentum der Männ… die sich dort auch in noch hoffnungslos erscheine…

wurde. Bald darauf kam die zweite Welle, die sich sprungweise vorarbeitete.

Die Batterie wurde angefunkt. Sofort standen die Sprengpunkte der Granaten über den Köpfen der Sowjets und rissen auch die zweite Welle nieder. Jetzt aber erschienen Panzer in ganzen Haufen. Sperrfeuer wurde angefordert, aber die Flakbatterie antwortete nicht, weil sie inzwischen ein in der rechten Flanke eingedrungenes sowjetisches Schützenregiment zusammenschoß. Doch eine schwere Feldhaubitzenbatterie nahm die Funkmeldung auf und feuerte in den Panzerhaufen hinein. Die Panzer wichen zurück, kurz darauf rollten sie wieder an. Einige wurden von Volltreffern zerschlagen, aber dreien gelang es, durchzubrechen. Sie wälzten und kreisten über den Laufgräben und Schützenlöchern der Hauptkampflinie und rollten dann weiter ins Hintergelände. Im Vertrauen auf die rückwärts stehenden schweren Waffen ließ man sie fahren. Gefährlich wurde aber die Lage, als plötzlich beim Feind neue Panzer mit aufgesessenen Schützen erschienen. Die Haubitzen schossen, was sie konnten. Aber bald war es klar, daß sie den Einbruch der Sowjets nicht zu verhindern vermochten. Die Grenadiere erhoben sich aus ihren Löchern, rückten zu Igeln zusammen und warteten auf den günstigen Augenblick

»Ich hatt' einen Kameraden«: Ein Schwerverwundeter wird zur nächsten Verbandstelle gebracht

zum Gegenstoß. Die feindlichen Panzer mit aufgesessener Infanterie erreichten die Hauptkampflinie und gerieten ins Feuergefecht mit den Igelstellungen. Immer wieder übertönte der Lärm der Schlacht das klirrende Toben, wenn Minen oder Granaten einen der Panzer zerbrachen.

Aber es waren zu viele. Einige drückten sich langsam im tiefen Schnee weiter vorwärts, andere umfuhren die Igelstellungen, doch immer noch hielten die Grenadiere. Einer der Panzer rollte auf 8 Meter an den einen der verwundeten Artilleriebeobachter heran. Von der Panzerbesatzung ungesehen, stolperte der zum Heck des Panzers, klammerte sich mit einer Hand an und ließ sich durch den tiefen Schnee weiterschleppen. Die Pistole lag schußbereit in der anderen Hand, um sofort auf die Besatzung des Panzers oder auf feindliche Schützen schießen zu können. Der Panzer schoß auf Ziele im Hintergelände und näherte sich schließlich einem Dorf. Der Verwundete wußte, daß dort schwere Pakgeschütze standen. Schnell ließ er los und rollte sich in ein Loch. Keine Sekunde zu früh, denn

schon krachte es, und der Panzer, an dem er gehangen hatte, brannte lichterloh.
Jetzt hatten wieder die deutschen Geschütze das Wort. Schlag auf Schlag fuhren in direktem Beschuß die Granaten zwischen die rollenden Kolosse. Manche zerbarsten, manche verbrannten, der Rest wich zurück. Nun konnten auch die Grenadiere und Pioniere, die Fahrer und Kanoniere der Gegenstoßgruppe im pulvergeschwärzten Schnee Raum gewinnen und in erbittertem Kampf mit Handgranaten und blanker Waffe die feindlichen Schützen zurücktreiben. Sie erreichten die in der Hauptkampflinie gebildeten Igel, stellten die Verbindung untereinander wieder her und bargen dann die verwundeten Kameraden.
Ein schmaler, blutdurchtränkter Streifen des von Granaten zerwühlten Niemandslandes war alles, was dem Feind von seinem Einbruch übrigblieb. Jeder Tag und jede Nacht ist seitdem mit solchen schweren Kämpfen erfüllt. *Völkischer Beobachter, 23. 1. 1943*

Die letzte Flugzeuglandung in Stalingrad

Von einem der Männer, denen es vergönnt war, durch ihren Einsatz den Helden von Stalingrad zu helfen, soll hier berichtet werden. Flugzeugführer Oberfeldwebel W. war mit seiner He 111 achtmal in Stalingrad. Achtmal nahm er Munition und Verpflegung für die Eingeschlossenen in seinem Kampfflugzeug mit, und achtmal lud er in sein Flugzeug verwundete Stalingrad-Kämpfer und brachte sie zurück in den Fliegerhorst.
Am 23. Januar landete er das letzte Mal in der Stadt. Seitdem konnten unsere Truppen nur noch aus der Luft versorgt werden, bis sie von der gewaltigen feindlichen Übermacht überwältigt wurden.
Der Oberfeldwebel denkt auf dem Flug nach der von den Sowjets berannten Festung an die vorangegangene Landung auf einem Fluplatz in der Nähe Stalingrads, die mit sehr großen Schwierigkeiten verbunden war.
Der Platz, auf dem er mit seinem Flugzeug niederging, sah schon von oben verheerend aus. Bombentrichter über Bombentrichter. Das ganze Feld von den Granaten der Artillerie zerpflügt. Aber als alter Flugzeugführer — zwar nicht an Jahren alt, er zählt erst 29, aber an Erfahrungen — brachte er die Landung doch zustande.
Kaum stand das Flugzeug, da wurde es von der feindlichen Artillerie auf das heftigste unter Feuer genommen. Immer dichter lagen die Einschläge, bis zu zehn Metern. Dann bekam seine He 111 einen Granatsplitter ab. Nicht schlimm, aber es war jetzt höchste Zeit, daß er sie an

Gumrak, 22. Januar – Trümmer einer zerschellten Ju-52-Maschine, daneben erfrorene Verwundete

eine andere Stelle des Platzes rollte, wenn sie nicht in Trümmer gehen sollte. Sechsmal mußte er auf diese Weise den Standort des Flugzeuges verändern.

Wie wird es diesmal sein? Während er seinen Gedanken nachgeht, macht der Beobachter auf mehrere sowjetische Jäger aufmerksam, die sich heranzupirschen versuchen. Der Bordmechaniker und der Funker bereiten ihnen mit ihren Maschinengewehren einen warmen Empfang. Die feindlichen Jäger eröffnen das Feuer aus respektvoller Entfernung. Sie scheinen schon manche unliebsamen Bekanntschaften mit der deutschen He 111 gemacht zu haben.

Als das deutsche Kampfflugzeug den Stadtrand von Stalingrad erreicht, drehen die Jäger ab. Nun beginnt die Flak zu schießen, und das ist schon wesentlich unangenehmer.

Es ist kurz vor 13 Uhr. In einer Länge von 35 Kilometern zieht sich die Trümmer- und Ruinenstadt Stalingrad an der Wolga entlang. Die zahlrei-

Morgenausgabe
10 Pf., auswärts 15 Pf.

Dienstag, 26. Januar 1943

Berliner Lokal-Anzeiger

Nummer 22

Organ für die Reichshauptstadt

61. Jahrgang

Jeder Mann in Stalingrad ein Held

Unsterbliche Ruhmestaten – Höchste Bewährung der soldatischen Kameradschaf

Kräftekonzentration in Tunesien

Tripolis – ein weitblickender Entschluß

Zur Räumung von Tripolis erfährt das Deutsche Nachrichtenbüro von berufener militärischer Stelle:

Tripolis ist von den Streitkräften der Achse

Kampf um jedes Stück Boden

Ueber Stalingrad lag weiter das schwere Feuer des Feindes, der mit wachsender Wut die Helden der 6. deutschen Armee und ihre rumänischen Kameraden zertrümmern will. Mit brennenden Augen in schmalen, harten Gesichtern

immer wieder schaffen sie das Unmögliche. Ein Offizier und 30 Mann, durch Hunderte von Bolschewisten umringt, werden zur Uebergabe aufgefordert. Sie lehnen ab und brechen im Nahkampf zur nächsten Igelstellung durch, um von

Unser Wille ist unser Schicksal

rb Die Härte der Kämpfe an der Fr verlangt mehr als menschliche Begriffe bisher vorstellen konnten. Der Soldat g sich selbst auf. Es bleibt nur der Wille, zum letzten Schuß Widerstand zu leisten,

chen Brände und die aufblitzenden Artillereinschläge lassen auf heftige Kämpfe schließen. Oben im Norden erkennt man deutlich das gewaltige Traktorenwerk, das von unseren Truppen noch zäh verteidigt wird. Oberfeldwebel W. geht mit seinem Flugzeug herunter. An den Leuchtkugeln, die Kameraden abschießen, kann er sehen, wo er landen kann. Nachher muß der Flugzeugführer allerdings feststellen, daß eine Landung unter normalen Umständen auf solch einem Platz niemals in Frage käme, aber hier gilt es, verwundete Kameraden zu bergen. Dann geht man auch mit dem Flugzeug herunter, wenn der Platz nur aus Bombentrichtern zu bestehen scheint und man weiß, daß schon einige andere Kameraden vorher mit ihren Flugzeugen Bruch gemacht haben. Als der Oberfeldwebel die Landung glücklich vollendet hat, stellt er fest, daß dabei das halbe Höhenruder abgerissen wurde. Rasch werden Munition und Verpflegung ausgeladen. Nun müssen die Verwundeten in das Flugzeug gebracht werden. Der Flugzeugführer weiß, die Maschine ist überladen. Aber er riskiert trotzdem den Start. Er glückt, auch mit dem halb abgerissenen Höhenruder. Die Front verläuft ganz in der Nähe des Flugplatzes, und so zieht das Flugzeug dicht über die eigenen und feindlichen Linien hinweg. Die Sowjets schießen von unten mit ihren automatischen Gewehren herauf. Der weitere Rückflug verläuft ohne

Störung. Einige Zeit später setzt der Oberfeldwebel seine He 111 vorsichtig auf das Rollfeld des Fliegerhorstes auf.
Noch am selben Tag brechen die Sowjets mit einer gewaltigen Übermacht an der Stelle in Stalingrad, wo der Flugplatz war, in die deutschen Linien ein, wodurch die Reste der deutschen 6. Armee in zwei Kampfgruppen geteilt werden. Eine Landung mit dem Flugzeug ist nicht mehr möglich. Oberfeldwebel W. war somit der letzte Flugzeugführer, der mit seinem Flugzeug deutsche verwundete Kameraden aus dem Kessel von Stalingrad holte. *Das Reich, Februar 1943*

Und so war es

Schon seit einigen Tagen halten sich drei Himalaja-Forscher bei der Heeresgruppe Don in Taganrog auf. Die Herren sollen sich im Auftrag des Führerhauptquartiers aufgrund ihrer Expeditionserfahrungen damit befassen, wie man das Problem der Zusammenstellung konzentrierter Nahrungsmittel und deren Transport am zweckmäßigsten lösen könnte.
Am Montag, dem 18. Januar, sind bereits die aus Frankreich abkommandierten Jagdmaschinen und Bomber nach Stalingrad unterwegs. Zur Unterstützung der Versorgung hatte Feldmarschall Milch den Einsatz von Lastenseglern geplant.
Allen sowjetischen Jägern und der Flak zum Trotz landen bei Einbruch der Dunkelheit 4 Transportmaschinen in Gumrak, weitere 13 werfen ihre Lasten ab.
Wie es am 18. Januar 1943 in den Armeeberichten heißt, mußten in Stalingrad die Nordost-, die West- und die Südwestfront zurückgenommen werden. »Man könne dort infolge der Kälte und der immer mehr absinkenden Versorgung von einem organisierten Menschensterben sprechen«, erklärt in seiner Lageschilderung General Hube, der am 19. Januar aus dem Kessel ausgeflogen wird, um dem durch seinen Unfall angeschlagenen Feldmarschall Milch bei der Versorgung der 6. Armee zur Seite zu stehen.
In der Nacht zum 20. Januar landen in Gumrak noch 11 He 111, eine FW 200 »Condor« und eine Ju 52. Der mitgebrachte Nachschub bleibt jedoch am Flugplatz liegen, da es keine betankten Fahrzeuge für den Abtransport gibt.
An diesem Mittwoch werden auch die letzten Pferde geschlachtet.

Man sucht jetzt verzweifelt nach einer Möglichkeit, die verfahrene Situation ins richtige Lot zu bringen. Hitler sinniert z. B. — berichtet General Zeitzler —, »mit einer schlagkräftigen Abteilung werkneuer Panther-Panzer durch die feindlichen Linien vorstoßend Stalingrad anzugreifen, um so die Festung zu versorgen«. Die Sache hat nur einen Haken: Dieser Panzertyp befindet sich noch nicht einmal in der Produktion, sondern erst im Erprobungsstadium.

Der andere utopische Plan heißt »Löwe«: »Nach Ausgabe des Stichwortes ›Löwe‹ geschieht der Aufbruch und Ausbruch der Armee auf eigene Verantwortung. Zu diesem Zweck treten jeweils 200 Mann starke Kampfgruppen ohne Feurvorbereitung an und stürmen die feindlichen Stellungen mit dem Ziel des Durchbruchs und der Vereinigung mit der deutschen Front«, heißt es in einer Weisung des Armeestabes. Mit anderen Worten, die Befehlshaber besitzen die wahnwitzige Vorstellung eines Durchbruchs ausgezehrter Männer, ohne jegliche Wintererfahrung und Sprachkenntnisse, durch feindliches Gebiet von etwa 450 Kilometer Luftlinie, inmitten einer Schneewüste, bei Temperaturen bis zu minus 45 Grad und eisigem Wind, ohne Unterbringungsmöglichkeiten und ohne notwendige Verpflegung. Dabei lassen sie auch völlig außer acht, daß die sowjetischen Kosakenpatrouillen längst in den rückwärtigen Gebieten Tag und Nacht nach den zu erwartenden deutschen Ausbruchsgruppen Ausschau halten. Auch die Bevölkerung zwischen Wolga, Don und Tschir hat man angewiesen — gegen eine gute Kopfprämie —, jeden flüchtenden deutschen Soldaten zu melden.

Inzwischen laufen allen Ernstes die Vorbereitungen für die Operation Löwe, und anstatt die ihnen unterstellten Soldaten auf alle Gefahren eines solchen Ausbruchs hinzuweisen, spornen die Kommandierenden sie noch zu diesem halsbrecherischen Unternehmen an.

General Hube empfiehlt tatsächlich, sich nach Partisanenmanier durchzuschlagen, als einzige Chance »wenigstens einen Teil der Soldaten zu retten«, und er bemüht sich, das Oberkommando des Heeres zu veranlassen, einen Befehl in diesem Sinne an Paulus zu schicken. Man stimmt ihm zu, jedoch um einen »vorzeitigen Zusammenbruch der Gesamtverteidigung zu verhindern«, dürften die Ausbrüche erst nach einem ausdrücklichen Befehl der Armee durchgeführt werden.

Auch der Generaloberst Paulus ist entschlossen, unmittelbar vor dem Zusammenbruch den Befehl zum »organisierten Durchschlagen« zur deutschen Frontlinie zu geben. Er ist der Meinung, daß einigen Gruppen das Durchkommen gelingen wird, während bei weiteren Kesselkämpfen »mit Sicherheit alles umkommt«. Und in der Weisung der Armee an die

»Feind nahm seine Massenangriffe wieder auf«: eine sowjetische Sturmgruppe in den Ruinen des Werkes Krasnaya Barrikady

Korps und Divisionen heißt es: »Die Regimentskommandeure sollten hierzu je eine Kampfgruppe von 200 Mann ihrer besten Leute bilden, die unterwegs rückwärtige Teile des Feindes überfallen, sich deren Fahrzeuge und Verpflegung beschaffen, um so allmählich die eigenen Linien zu erreichen.«

Operation Löwe soll in den nächsten Tagen losgehen. »Wir erörterten Pläne, was wir unternehmen sollten, wenn das Ende kurz bevorstand«, notiert Armeepionierführer Oberst Selle. »Einige wollten mit vom Munde abgesparten, kärglichen Rationen versehen, über die Wolga und dann nach Süden am Kaspischen Meer vorbei ausbrechen, um zur 1. Panzerarmee und 17. Armee zu gelangen, die am Terek und im Kaukasus standen. Der größere Teil entschloß sich für das nächtliche Davonstehlen nach Westen. Wir rasierten uns nicht mehr, besorgten uns sowjetische Uniformstücke, um uns in unserem Äußeren möglichst zu tarnen. Die russischen ›Matkas‹, die in der AOK-Küche beschäftigt waren, hatten wir für uns gewonnen, sie wollten uns auf unserem abenteuerlichen Marsch begleiten und uns Weg und Winkel in der Steppe zeigen.«

Am Donnerstag, dem 21. Januar, erhält die 6. Armee eine Anforderung von General Hube, Einzelheiten über die Stellen zu übermitteln, wo für die an der Operation Löwe beteiligten Gruppen Versorgungsbomben abzuwerfen sind. Die Ausgebrochenen sollen sich beim Herannahen deutscher Flugzeuge in Form eines Kreuzes aufstellen, um den Besatzungen so die Abwurfstelle zu markieren. Selbst nachdem die 6. Armee meldet, daß mit einem organisierten Ausbruch nicht zu rechnen sei, da alle Truppenführer ihn »für unmöglich erklären«, bleibt General Hube bei seiner Zusage, auch die Gruppen mit Luftversorgung zu unterstützen, die auf eigene Faust versuchen wollen, sich durchzuschlagen. Den Vorschlag des Feldmarschalls Milch, im Kessel 2000 Paar Ski abzuwerfen, lehnt Paulus jedoch entschieden ab.

Am Freitag, dem 22. Januar, 8.00 Uhr, treten die Verbände der Donfront (Gen. Rokossowski) zum letzten Angriff gegen die 6. Armee an. »Der Zusammenbruch steht kurz bevor«, funkt der Stab Paulus an Manstein. Die Kanoniere haben an diesem Tag nur noch 30 Schuß pro Rohr. Die letzten Flugzeuge starten in den frühen Morgenstunden in Gumrak unter sowjetischem Artilleriebeschuß. Entsetzliche Szenen spielen sich dabei ab. Verzweifelte Landser hängen sich an die Tragflächen, stürzen ab, werden zerschmettert oder niedergetrampelt.

Kurz nach Angriffsbeginn erobern die Sowjets den Flugplatz Gumrak, und der am Stadtrand liegende kleine Flugplatz Stalingradski ist nun die einzige Verbindung zur Außenwelt. Die geschwächten Soldaten haben es bis jetzt noch nicht geschafft, die Schneeverwehungen glattzuwalzen. Und als gegen Mittag in Stalingradski 6 He 111 die Landung versuchen, gehen alle 6 Maschinen zu Bruch. Etwa zur gleichen Zeit rücken die sowjetischen Verbände bei Woroponowo in einer Breite von 6 Kilometern in den Abschnitt des XIV. Panzerkorps und des IV. Armeekorps vor.

Während die Sowjets in Gumrak eindringen, gibt das Armeeoberkommando den Befehl, Tausende von Verwundeten, die in den Behelfslazaretten um den Flugplatz und am Bahnhofsgelände notdürftig untergebracht sind, ihrem Schicksal zu überlassen. Alle Ärzte und das gesamte Pflegepersonal sollen sich den nach Stalingrad zurückflutenden Truppen anschließen. Durch diesen unbarmherzigen Befehl gehen fast alle Verwundeten, um die sich nun keiner mehr kümmern kann, zugrunde.

Nun wälzt sich von Gumrak her — wie eine unübersehbare Völkerwanderung — die geschlagene 6. Armee in die Stadt und verkriecht sich in den Ruinen. Bis an den Horizont sieht man nichts als zurückgelassene zerstörte Panzer, Autos, Haubitzen, Trecker, Planwagen, Flugzeugtrümmer und Munitionsstapel.

2500 Kilometer westlich davon, im Führerhauptquartier, schildert an diesem Abend Major i. G. Zitzewitz, der vor einigen Tagen aus Stalingrad zurückbeordert wurde, die katastrophale Lage im Kessel und erklärt: »Mein Führer, ich darf melden, dem Menschen von Stalingrad kann man das Kämpfen bis zur letzten Patrone nicht mehr befehlen, erstens, weil er physisch dazu nicht mehr in der Lage ist, zweitens, weil er diese Patrone nicht mehr hat.« Hitler: »Der Mensch regeneriert sich sehr schnell.«

Am 22. Januar wird der Dolmetscher des LI. Armeekorps, Hauptmann Boris v. Neidhardt, ein ehemaliger Zarenoffizier, zum Stab der 6. Armee beordert. Hier erwarten ihn die Generale Paulus und Schmidt mit der Nachricht, daß in Anbetracht des kurz bevorstehenden Zusammenbruchs zu überlegen sei, welche Möglichkeit bestehe, mit General Woronow Kontakt aufzunehmen. Die eindringliche Bitte seiner Generale Pfeffer und v. Seydlitz, nachdem er ja am Vortage das Elend seiner Truppen mit eigenen Augen gesehen habe, die sinnlosen Kämpfe einzustellen, hindert Generaloberst Paulus nicht daran, am 22. Januar einen weiteren Durchhaltebefehl an die 6. Armee zu erlassen. Er könne nicht verantworten, daß der Generaloberst Paulus in dem vorauszusehenden Endkampf mit Kolbenschlägen mißhandelt werde, teilt General Schmidt in einem erneuten Gespräch am Freitag, dem 23. Januar, Hauptmann v. Neidhardt mit. Er stehe von nun an ihm und dem Generaloberst Paulus zur Verfügung und könne im äußersten Notfall mit den Sowjets persönlich Verbindung aufnehmen. »Aber es dürfen keine weißen Fahnen gezeigt werden!« mahnt ihn General Schmidt.

An diesem Morgen ziehen die Reste der 16. Panzerdivision durch Gorodistsche und mit ihr führerlose Einheiten. Fahrzeuge stauen sich, Verwundete schreien und flehen, mitgenommen zu werden. Plötzlich tauchen sowjetische Schlachtflieger auf. Da sie keine Abwehr zu befürchten haben, kreisen sie wohl eine halbe Stunde im Tiefflug über der verstopften Rollbahn, schießen mit Bordwaffen und werfen Bomben in die sich dahinwälzenden grauen Massen.

Am Sonnabend, 23. Januar, fliegt mit einer der letzten Maschinen der Armeepionierführer Oberst Selle als Kurier aus dem Kessel. General Schmidt verabschiedet ihn mit den Worten: »Sagen Sie es überall, wo Sie es für angebracht halten, daß die 6. Armee von höchster Stelle verraten und im Stich gelassen worden ist.«

In der Dämmerung des 23. Januar starten Leutnant Krausse und seine Besatzung das allerletzte Flugzeug aus dem Kessel. Es ist eine He 111 mit halb weggeschossenem Höhenruder und 9 Verwundeten an Bord. Schon einige Minuten später rollen sowjetische Panzer über den Flugplatz Stalingradski. Und die 6. Armee meldet nun der Heeresgruppe Don die 4 noch in Frage kommenden Abwurfstellen für Versorgungsbomben: Traktorenwerk Dscherschinski, Roter Platz, Gorodistsche und das Krankenhaus.

Am Sonntag, dem 24. Januar, stoßen die Sowjets von Westen her zur Wolga durch und trennen das XI. Armeekorps (Gen. d. Inf. Strecker) im Norden von der Masse der Armee ab. Der neue Nordkessel um das Traktorenwerk Dscherschinski hat einen Durchmesser von 8 bis 10 Kilometern. Im Südteil Stalingrads verteidigen sich noch die Reste des IV. Armeekorps (GenLt. Pfeffer) und des XIV. Panzerkorps (ehemals Gen. Hube).

Bereits in den Morgenstunden des 24. Januar muß der Armeestab erneut seinen Gefechtsstand verlegen. Oberst Adam: »Im Davoneilen hörten wir schon das ›Urräh‹ der vom anderen Ende der Schlucht stürmenden Rotarmisten.« Diesmal richtet sich das Armeeoberkommando in einem feuchten Keller des ehemaligen Krankenhauses in Stalingrad-Süd ein.

Unterwegs bietet sich ihnen ein apokalyptisches Bild: Wo man hinblickt, ungezählte Tote und zerlumpte Soldaten, die um ein Stück Brot betteln. Aufgerissenes Pflaster, umgestürzte Masten, zerbeulte Straßenbahnwagen, Bombentrichter, niedergebrannte Grundmauern und gebrochene Fassaden sind von dem Stadtkern übriggeblieben.

An diesem Sonntag stehen nun die Sowjets wieder am äußeren Verteidigungsring, aus dem sie vor 4 Monaten, am 13. September, verdrängt worden waren. In der Stadt herrschen entsetzliche Zustände; etwa 30000 Verwundete kampieren ohne jegliche Betreuung in den Ruinen, ausgemergelte Gestalten irren umher.

Um die Mittagszeit ruft Oberst I. G. Clausius, Chef des Stabes des LI. Armeekorps (Gen. v. Seydlitz), die Offiziere zusammen und teilt ihnen mit: »Meine Herren, Sie können tun und lassen, was Sie wollen! Die Schlacht ist verloren, ich wünsche Ihnen alles Gute!«

Die sowjetischen Verbände sind von allen Seiten bis an die Stadt vorgedrungen, und in dem fast 20 Kilometer langen Trümmerfeld spielen sich nun die letzten Kämpfe ab. Die Versorgungsabwürfe werden für die Besatzungen immer gefährlicher, da die sowjetische Flak eine beinahe

Woroponowo – eine Kommission der sowjetischen 64. Armee im befreiten Lager für sowjetische Kriegsgefangene

lückenlose Feuerglocke über die beiden Kessel legt. Die abgeworfenen Verpflegungsbomben landen oft bei den Sowjets oder werden, obwohl Todesstrafe darauf steht, geplündert. Die Munition ist am Ende, seit Tagen gibt es keinen Nachschub mehr. Die Divisionen bilden Erfassungskommandos, die in den Ruinen und alten Stellungen nach Infanteriemunition suchen. Unterdessen bauen die Sowjets einen Kilometer von der Frontlinie entfernt hinter Schneewällen ihre Waffen auf.

Die Deutschen berichten

Am Montag, dem 25. Januar 1943,
gibt das *Oberkommando der Wehrmacht*
zu den Ereignissen des Vortages bekannt:
In Stalingrad heftet die 6. Armee in heldenhaftem und aufopferndem Kampf gegen die erdrückende Übermacht unsterbliche Ehre an ihre Fahnen. Verbände der rumänischen 20. Infanteriedivision und 1. Kavalleriedivision schlagen sich mit ihren deutschen Kameraden bis zum letzten und nehmen in vollem Maß an diesem Ruhm teil.

Tägliche Lagemeldung der 6. Armee
an die Heeresgruppe Don:
24. Januar, *Morgenmeldung:* Im engeren Stadtgebiet grauenhafte Zustände. Etwa 20000 unversorgte Verwundete suchen in Häuserruinen Obdach; dazwischen etwa ebensoviel Ausgehungerte, Frostkranke und Versprengte, meist ohne Waffen.
Tagesmeldung: Bei Kämpfen um Stalingrad haben sich Verbände der rumänischen 1. Kavalleriedivision und rumänischen 20. Infanteriedivision Schulter an Schulter mit den deutschen Kameraden bis zuletzt hervorragend geschlagen. Ihre Taten sind würdig, in der Geschichte dieses einmaligen Kampfes hervorgehoben zu werden.
25. Januar, *Tagesmeldung:* Starke Angriffe mit überlegener Artillerie und Panzern und schwächerer, nur zögernd angreifender Infanterie. Westrand Stalingrad im wesentlichen gehalten; Vorstadt Minina verloren. — XI. A. K. kämpft mit noch wenig schweren Waffen, geringer Munition und ohne Verpflegung... Stärkste feindliche Fliegerangriffe in rollendem Einsatz auf gesamtes Stadtgebiet. Zahl der Verwundeten, Ausgehungerten und Versprengten wächst stündlich.

Die Letzten aus Stalingrad

Nachts auf einem verschneiten ostukrainischen Bahnhof. Es liegt wieder Schnee in der Luft, und es riecht nach Eisenbahn, nach einem Gemisch von verbrannter Kohle und öligem, verdunstetem Wasser. Pfeifsignale, Geräusch von prustenden Lokomotiven und dumpfem Rumpeln anein-

anderstoßender Wagen klingt von dort hinten, wo ein paar hundert Meter vor der Station einige einsame Lampen fahl leuchtend an Masten hoch über einer Rampe hängen. Irgendein Transport wird dort zusammenrangiert. Es ist dunkel, kalt, glatt, denkbar ungemütlich.
Zwischen abgestellten Waggons schiebt sich jetzt auf ein freigehaltenes Gleis ein langer Zug wie eine finstere Mauer. Der vorgemeldete Lazarettzug ist eingetroffen. Von den Baracken her nähern sich schwankende Laternen über die Gleise. Auch aus den halboffenen Türen der Güterwagen leuchtet jetzt schwaches Licht, in dem dunkle Silhouetten tanzen. Sie verdecken ein wenig das, was das Innere des Waggons birgt. Ein Blick durch die Spalte der Türen offenbart ein abenteuerliches Milieu. Wie um ein Lagerfeuer sitzen und liegen Landser um rotglühende eiserne Öfen auf Bänken und Strohsäcken. Unter ihren Mänteln und Mützen leuchten weiße Binden, bei manchen zeigen sich die Verbände auch an Stelle der feldgrauen Ärmel und Hosenbeine.
Auf dem Bahnhof, der zugleich Versorgungsstützpunkt ist, beginnt jetzt

Ruine des Kaufhauses Univermag: der letzte Gefechtsstand von Generaloberst Paulus

schlagartig Betrieb. Ein Arzt, begleitet von einem mit Verbandzeug und Medikamenten bepackten Soldaten, klettert von vorn beginnend durch die Wagen. »Wird ein neuer Verband gebraucht? — Alles in Ordnung bei euch?« hört man ihn fragen. Schmerzstillende Tabletten werden ausgegeben. Langsam entfernt sich die Visite den Zug entlang.
Gefangene schleppen einen dampfenden Kessel zum Zug. Eine Schwester in Pelzmütze, dicker Joppe, hohen Stiefeln und mit großen Fausthandschuhen an den Händen hantiert im Halbdunkel vor den offenen Wagentüren mit einer großen Kelle. — Graupensuppe. Eine zweite schenkt hinter ihr heißen Kaffee aus einer großen Milchkanne in Feldflaschenbündel. Brot, Butter, Wurst, Drops und Zigaretten werden in Portionen verteilt. Frauen mit dem NSV-Abzeichen auf dem Mantelkragen reichen für jeden Verwundeten einen Karton Pralinen in die Wagen. Dazwischen weht der eisige Schneewind. Ein langer Zug mit verladenen Kraftfahrzeugen auf den Loren rumpelt auf einem Nachbargleis frontwärts vorüber.
Im Inneren des Wagens, an dem draußen mit Kreide eine große »Sieben« geschrieben steht, ist man, wie jetzt überall, im ganzen Zug, mit dem verspäteten Abendbrot beschäftigt. Man glaubt in einen Wohnbunker an der Front versetzt zu sein. Ein Bild wie aus der Schule der Hell-Dunkel-Malerei. Zwei Mann umstehen den Ofen und rösten sich Kommißbrotscheiben auf der glühenden Platte. Die übrigen Insassen des Güterwagens hocken oder liegen im tiefen Schatten, kaum zu erkennen auf ihren aus Brettern gezimmerten Bettgestellen, und beschäftigen sich mit dem Inhalt der Konfektschachtel.
Nun beginnen auch wieder die leisen abgehackten Gespräche. Sie handeln alle von dem Geschehen und Erleben der letzten Tage und Wochen. Ortsnamen werden immer wieder erwähnt, wie Bahnhof Gumrak, Gontschara-Schlucht, Gorodistsche, Traktorenwerk, Zarizatal, Flugplatz Pitomnik. Sie werden so gewichtig und vertraut ausgesprochen, wie aus dem Mund unserer Väter Kemmelberg, Ornesschlucht, Houthoulsterwald, Hartmannsweilerkopf oder Toter Mann geklungen haben.
Im Waggon Nr. 7 des behelfsmäßigen Lazarettzuges fahren, wie auch in den anderen vielen Wagen, die letzten aus Stalingrad, die Verwundeten, die noch am 22. und 23. Januar mit Flugzeugen aus dem Kessel geholt werden konnten.
Da ist der Unteroffizier H., Bauernsohn aus dem Gau Bayreuth, Angehöriger einer Wiener Infanteriedivision, schon im sechsten Jahr Soldat. Drei Brüder sind außer ihm noch draußen. Auf der verblichenen Feldbluse trägt er Infanteriesturmabzeichen und EK. Er kann sich noch

gar nicht über die Liebesgabenschokolade beruhigen. Er lag erst im Nordriegel, dann an der Westfront, bis ihn ein Splitter in die Hüfte traf. »Verdammt schlapp machte die knappe Verpflegung. Für die schweren Waffen war keine Munition mehr da. Nur für die erbeuteten Granatwerfer hatten wir noch genug. Holten sie bei den Bolschewiken ab, wenn sie mal ausging. Aber damit kann man keine Panzer knacken. Und dann so vom 10. Januar ab brach verstärkt die Kälte ein, und der verfluchte Wind begann zu wehen. Der Wind saugt einem die Kraft und den Widerstandswillen aus den Knochen, wie ein Riesenmagnet Nägel aus einem Brett zieht. Hätten wir nicht die neue Winterbekleidung gehabt — und unsere Offiziere, vielleicht wären die Bolschewiken damals schon durchgekommen. Die meisten Landser waren schon am Ende, und unser General, ein Mann, sage ich euch. Als es zum Ende ging, war er nur noch bei uns. Man kann sich gar nicht vorstellen, daß er auch dabei war, nun nicht mehr da ist... und alle die Kameraden!« Dann versinkt seine Stimme in Schweigen. — Nur der Ofen bullert jetzt, und von draußen schreit eine Lokomotive wie ein Tier.
»Daß wir da noch herausgekommen sind! Warum gerade wir? Gerade ich? Frage ich mich immer!« beginnt ein sächsischer Gefreiter wieder. »Es ist wie ein Wunder. Ich kann es noch gar nicht glauben. Ich bin von einer Werkstattkompanie. Wir waren als Infanterie eingesetzt. Nachher schoß kein MG mehr. Wir hatten keine Läufe. Die waren ausgeschossen. Ich bekam den Armschuß, kroch zurück, lief zu einem Lazarett, wurde notdürftig verbunden. Viel Verbandszeug war auch nicht mehr da, und auch kein Platz. Sie schickten mich zu unserem Troß. Den fand ich nicht. Irrte umher. So kam ich zum Flugplatz und durch Zufall in eine Ju. Es ist wie ein Wunder. Wirklich wie ein Wunder, daß ich mitkam. Und dann der Rückflug. Wir flogen ganz tief, wenige Meter über dem Boden, damit uns die Flak nicht erwischte. 14 Mann und die Besatzung waren drin. Plötzlich bekommen wir MG-Feuer. Mein Nebenmann war gleich weg. Kopfschuß. Drei andere bekamen zu ihren alten Verwundungen noch neue. Auch der Funker wurde getroffen. Vorn brannte ein Motor. Jetzt ist es aus, dachte ich. Wir flogen so niedrig, daß in der Steppe manchmal die Räder aufsetzten. Gott sei Dank hörte der Brand am Motor wieder auf. An den Höhen hinter dem Don sind wir richtig hochgeklettert. Oben standen Bolschewiken, man konnte ihre Gesichter sehen, als wenn man im Auto vorbeifährt. Sie schossen gar nicht, so einen Schreck bekamen sie, weil wir so niedrig flogen, und dabei sah sich der Flugzeugführer immer noch nach dem verwundeten Funker um. Junge, dachte ich, Junge guck doch bloß jetzt geradeaus. So haben wir jede Mulde ausgewischt, bis

plötzlich eigene Panzer unter uns waren und dann ein Flugplatz mit deutschen Maschinen. Ich habe nachher den Flugzeugführer umarmt. Weiß gar nicht, was für einen Dienstgrad er hatte. Ich hätte ihn auch umarmt, wenn er General gewesen wäre, war mir alles ganz gleich. Das war ein Flug! Der erste in meinem Leben.«
Wieder lastet Stille im Wagen. Einer stellt seinen Trinkbecher Kaffee auf den Ofen zum Wärmen. Es ist der Unteroffizier K., ein Westfale, der am 23. Januar abends, als der Feind schon die Westfront aufgerissen hatte, mit einer He 111 ausgeflogen ist. Er ist wohl der letzte Verwundete aus Stalingrad. Der Heinkel fehlte ein großes Stück der Steueranlage. Zuerst war er Artillerist, doch dann auch als Infanterist eingesetzt worden. Denn für die Geschütze war keine Munition mehr vorhanden, sie konnten auch nicht mehr bewegt werden. Es gab ja doch keinen Betriebsstoff mehr, und die Pferde waren geschlachtet. So blieben die Kanonen gesprengt im Vorfeld liegen. Nur einige wenige wurden von den letzten Offizieren und Kanonieren im Mannschaftszug zum Stadtrand zurückgeschleppt.
»Es ist ein Jammer«, sagte er, »daß diese Burschen uns so zur Sau gemacht haben. Hätten wir noch Sprit, Munition und Brot gehabt, da hätten sie mal kommen sollen!«
Und dann klingt aus seinen Worten das, was jeder dieser Verwundeten fühlt und denkt und was wohl das wichtigste für unser ganzes Volk ist: das Gefühl der Überlegenheit über den Feind hat der deutsche Soldat, haben selbst die Kämpfer von Stalingrad nicht verloren. Der Unteroffizier K. sagt weiter das, was hier alle Verwundeten aus Stalingrad fühlen: »Und wenn wir auch wissen, warum wir hier im Osten kämpfen, jetzt nach Stalingrad haben wir alle, unser ganzes Volk, noch eine besondere Pflicht — unerbittlich zu sein! Wir müssen doch schließlich die Kameraden wieder befreien — oder rächen. Eher kann es keine Ruhe geben. Auch Langemarck und der 9. November in München waren nationale Unglücke, und doch ist aus ihnen der Sieg erwachsen. Hoffentlich begreifen es auch die Leute zu Hause alle. Sie wissen ja gar nicht, wie gut es ihnen noch geht.«
Langsam rollt jetzt der lange Zug an und verschwindet in die Winternacht mit Richtung Heimat. In seinem Rattern ist kein Gespräch mehr zu führen. In den Wagen legt man sich zur Ruhe. Nur am Ofen bleibt eine Wache. Die Räder schlagen über die Schienenstöße, und es ist denen, die mit wachen Augen an das Halbdunkel der Wagendecke starren, als hämmerten sie immer nur das eine Wort: »Stalingrad—Stalingrad—Stalingrad«.

Das Reich, Februar 1943

Jeder Mann...

Was draußen der Kampf gilt, gilt drinnen die Arbeit, was draußen die Soldaten, die Maschinengewehre, die Geschütze, hier sind es die Werkzeuge aller Berufe. Jeder werkt, so lange er werken kann. Jeder Mann und auch jede Frau! Denn es gilt in der Hingabe letzter Leistungskraft sich nicht ganz beschämen zu lassen von denen, die das leuchtende Beispiel geben. *B. Z. am Mittag, 25. 1. 1943*

Wer soll sie noch retten?

Ein Wunder möchte man heute herbeibeten, da die Massen der Bolschewisten die deutschen Verteidiger immer enger umkreisen. Offenbar steht das Drama vor oder in seinem fünften Akt. Wer soll sie noch retten? Eine dichte Barriere wimmelnder Sowjethaufen und grausamer Panzerdivisionen liegt zwischen ihnen, die noch an der Wolga stehen, und denen, die sich auf den weiten Flächen des inneren Donbogens, viele Kilometer entfernt, selbst aufs erbitterte gegen den Feind zu schlagen haben.
Es ist nicht nur ein kleiner Haufen, der kämpfend Schritt für Schritt zurückweichen muß. Täglich gebrauchen sie Tausende von Granaten, unzählige Kanister Benzin, Millionen von Gewehrgeschossen. Sie müssen essen, sie müssen trinken, sie müssen kämpfen, sie dürfen nicht schlafen. Über ihre Gesichter und die vor Hunger und Übermüdung eingefallenen Augen spannt sich die trockene Haut der Not.
Kein Brief aus ihren Händen kann uns heute noch sagen, was sie erdulden. Sie klagen nicht, sie kämpfen. Sie zählen die spärlichen Patronen und kämpfen weiter. Sie spüren das Aussichtslose, auf einer kleinen Insel zu sein und am Horizont keine Rettung zu erspähen. Aber sie kämpfen immer noch. Frühere Briefe sind von diesen erschöpften und doch immer noch sich wehrenden Männern da, die das Erschütterndste über die Strapazen wiedergeben, die dieser grausame Krieg im Osten ausschüttet.
Vor drei Wochen schon war ein Stück Brot eine Kostbarkeit geworden. Eine Entbehrung nach der andern mußte sie ergreifen. Alle außer den deutschen Soldaten hätten schon längst verzagt und die weiße Fahne gehißt. Sollten die Feinde doch in die letzten Stellungen einbrechen — sie würden nur Erschöpfte und Verwundete finden. Unsere Geschichte zeigt ein grandioses und gleichzeitig schauriges Exempel, wie viele Männer, durch den gleichen Willen getragen und durch die Kraft ihres Entschlusses schon ins Ewige entrückt, über das Irdische des Sterbens in Unvergänglichkeit ihre Taten setzen. *Brüsseler Zeitung, 25. 1. 1943*

★ Die Sowjets berichten

Am Mittwoch, dem 27. Januar 1943
meldet das *Sowinformbüro* über die Ereignisse am Vortage:
Drei Gardedivisionen der Roten Armee sind vor Stalingrad geblieben, um den Kampf gegen den kleinen Überrest der deutschen 6. Armee zu Ende zu führen. Das Gros sowie die Truppen der Garnison Stalingrad sind bereits in Eiltransporten nach Salsk geschafft worden und verstärken damit wesentlich die Sperrzone, die sich im Südosten gegen Rostow bildet.

Radio Moskau meldet am 27. Januar:
Während der Kampf gegen die deutsche 6. Armee vor Stalingrad seiner Schlußphase entgegengeht, streifen unsere Kosakenverbände auf ihren Pferden durch das mehrere hundert Quadratkilometer große Gebiet, das noch vor wenigen Tagen von der Armee des Generals Paulus besetzt war. Immer wieder treffen Meldungen ein, daß Gruppen deutscher und rumänischer Soldaten in der Steppe erfroren aufgefunden wurden, daß kleine Abteilungen — oft seit Tagen ohne Nahrung — kapitulierten oder andere, die den Widerstand fortsetzten, niedergekämpft wurden. Es wird wahrscheinlich einige Zeit vergehen, bis man genau ermitteln kann, wie groß die Menschenverluste der 6. Armee seit ihrer Einkesselung gewesen sind. Tausende von Soldatengräbern sind entdeckt worden, aber nicht überall zeigen die Kreuze, wie viele Soldaten gemeinsam beigesetzt wurden.

✠ Die Deutschen berichten

Am Mittwoch, dem 27. Januar 1943,
gibt das *Oberkommando der Wehrmacht*
zu den Ereignissen des Vortages bekannt:
Die noch kampffähigen Teile der 6. Armee verkrallen sich in die Trümmer der Stadt Stalingrad. Unter Aufbietung aller Verteidigungsmöglichkeiten gegenüber pausenlosen Angriffen der Sowjets auf der Erde und aus der Luft binden sie die Kräfte mehrerer Sowjetarmeen. Eine in die Stadt vorgedrungene feindliche Kräftegruppe wurde in erbitterten Kämpfen zerschlagen.

Tagesparole des Reichspressechefs,
Mittwoch, 27. Januar 1943:
Das Bild der deutschen Presse wird weiterhin von dem Ernst der Kämpfe im Osten bestimmt, aber auch von der Zuversicht, die aus unserer Entschlossenheit erwächst, die Lage zu meistern.

Heroischer Widerstand in den Ruinen Stalingrads

Trotz des Stahlgewitters, das unaufhörlich niedergeht, leisten die heldenhaften Verteidiger Stalingrads, die sich, wie der heutige OKW-Bericht meldet, nun im mittleren und südlichen Teil auf engem Raum zusammengeschlossen haben, weiterhin unter Führung ihrer Generale heroischen

Im Zariza-Abschnitt wird eine neue Frontlinie aufgebaut: MG-Schützen halten die Balka unter Feuer

Widerstand gegen den übermächtigen Druck der bolschewistischen Massen.
Die Kämpfer der 6. Armee wehren sich mit übermenschlicher Anstrengung, zusammen mit ihren rumänischen und kroatischen Kameraden.
Die Sowjets steigern die Wut ihrer Angriffe, werfen immer neue Massen in den Kampf. In diesem Inferno kämpfen die Verteidiger, inmitten der Ruinen, weiter bis zum letzten, ein leuchtendes Vorbild ruhmreichsten deutschen Soldatentums.
Mit brennenden Augen in schmalen harten Gesichtern starren diese in das tobende Ungewitter der berstenden Granaten und warten, bis sich die Panzer durch die Krater des aufgerissenen Schlachtfeldes wühlen. Wenn sich die Umrisse der hin und her taumelnden Kolosse im Rauch der Explosionen und im hochgeschleuderten Erdreich abzuzeichnen beginnen, reißen sie alles, was noch an Kraft in ihren Leibern steckt, zusammen und werfen sich der feindlichen Übermacht entgegen. Sie zerbrechen die Panzer, zerschlagen die Schützenwellen, und immer wieder schaffen sie das Unmögliche.
Ein Offizier und 30 Mann, durch Hunderte von Bolschewisten umringt, werden zur Übergabe aufgefordert. Sie lehnen ab und brechen im Nahkampf zur nächsten Igelstellung durch, um von dort aus den Feind von neuem anzupacken.
So wie diese Grenadiere ringen alle unsere Soldaten um jedes Stück des blutgetränkten Bodens, um jede Hausruine und jedes Panzerwrack. Sie alle schreiben an dem ruhmvollsten Blatt der Geschichte deutschen Heldentums. *Völkischer Beobachter, 27. 1. 1943*

★ Die Sowjets berichten

Am Donnerstag, dem 28. Januar 1943,
meldet das *Sowinformbüro*
über die Ereignisse am Vortage:
In raschem Tempo geht das Drama der ehemaligen Belagerer Stalingrads seinem Ende zu.
Seit dem Sondercommuniqué von Dienstag abend ist von den auf 120000 Mann geschätzten Überresten beinahe die Hälfte gefallen oder gefangen.
Die meisten Gefangenen tragen Verbände, und viele können sich vor

Feindpropaganda.

DIE LEHRE VON STALINGRAD

Deutsche Soldaten! Vor Stalingrad hat die Rote Armee die deutschen Truppen aufs Haupt geschlagen. Zehntausende deutscher Soldaten und Offiziere sind vernichtet worden. **70 000 haben sich gefangengegeben.**

Der Rest der deutschen Truppen **IST EINGEKESSELT** und seine Lage ist aussichtslos.

Was bedeutet der Zusammenbruch der Hitlerarmee vor Stalingrad?

70000

deutsche und rumänische Soldaten haben allen übrigen Soldaten den Weg zur Rettung gewiesen.

Sie gaben sich gruppen-, zug- und kompanieweise, mit weißen Flaggen, gefangen.

Sie gaben sich mit ihren Offizieren an der Spitze gefangen. Die Offiziere aber, die sich der Gefangengabe widersetzten, wurden von den Soldaten aus dem Wege geräumt. Die Soldaten verständigten die Russen durch Delegierte, daß sie sich gefangengeben wollten.

70 000 Eurer Kameraden sind aus dem Krieg hinausgesprungen.

Sie alle sind wohlauf.

Soldaten! Jeder, der noch seine fünf Sinne beisammen hat, folge dem Beispiel der 70 000 Soldaten!

NUR DARIN LIEGT EURE RETTUNG!

Dieses Flugblatt gilt als Passierschein für eine unbegrenzte Zahl von deutschen Soldaten und Offizieren, die sich den russischen Truppen gefangengeben.

ПРОПУСК

Sowjetisches Flugblatt: Mitte Januar 1943 abgeworfen

Erschöpfung kaum mehr auf den Beinen halten. Angesichts ihres tapferen Widerstandes werden sie mit Achtung behandelt, jedoch mit eisiger Achtung. Ein Offizier unserer Truppen erklärte, auf diese Erscheinung aufmerksam gemacht:

»Wir Sowjetmenschen können nicht vergessen, was sie unserer Heimat angetan haben und noch antun!«

Immerhin werden alle Gefangenen in den Sammellagern sofort mit warmer Kleidung versehen und verpflegt, wobei sie die gleiche Nahrung erhalten wie die Soldaten unserer Truppen.

Am Mittwoch wurden die deutschen Überreste in den 2 noch verbliebenen Widerstandsnestern weiter aufgesplittert; insgesamt halten sie höchstens noch 8 Quadratkilometer besetzt: 5 deutsche Transportflugzeuge versuchten am Mittwochnachmittag, Verpflegung abzuwerfen. Sie kreisten einige Minuten über dem Gebiet von Stalingrad, konnten aber offenbar die deutschen Einheiten in dem unübersichtlichen Gelände

nicht finden. Als unsere Jäger erschienen, drehten die Transportflugzeuge unverrichteter Dinge ab.
Stalingrad ist wieder fast vollständig in unserer Hand, und nur in den westlichen Stadtteilen bestehen da und dort noch örtliche Widerstandsherde, die sich in besonders gut ausgebauten Verteidigungen halten können. Es handelt sich aber nur noch um Gruppen in Stärke von 50 bis 70 Mann. Ihre Übergabe oder Vernichtung ist nur noch eine Frage von Stunden oder längstens Tagen.
Das Traktorenwerk Dscherschinski — früher eine der größten Panzerfabriken des Landes — ist nur noch ein Trümmerhaufen. Die Metallwerke »Krasny Oktjabr« sind ebenfalls vom Feind gesäubert, ebenso die Geschützfabrik »Krasnaya Barrikady«.
Besonders hartnäckigen Widerstand hatten die Deutschen bis Montag mittag in den Ruinen des Nordbahnhofes und den Überresten der Erdölraffinerien und Erdöldepots geleistet. Die ganze Besatzung kam bis auf wenige Gefangene ums Leben. Die ausgedehnten Kasernenlagen im Westen Stalingrads und die Gebäude am »Platz der gefallenen Helden« wurden schon am letzten Sonntag genommen, ebenso der Zentralbahnhof (Stalingrad 1) gegenüber der Kolschi-Insel. Die Ruinen der industriellen Anlagen im Süden der Stadt waren bereits in der ersten Offensivphase, am 15. Januar, befreit worden.

Die Deutschen berichten

Am Donnerstag, dem 28. Januar 1943,
gibt das *Oberkommando der Wehrmacht*
zu den Ereignissen des Vortages bekannt:
In Stalingrad ist der heroische Widerstand der Verteidiger ungebrochen. Anstürme der Sowjets gegen die West- und Südfront brachen unter schweren Verlusten für den Feind zusammen.

Tägliche Lagemeldung der 6. Armee
an die Heeresgruppe Don:
28. Januar, *Tagesmeldung:* Nach starken Feindangriffen mit überlegener Artillerie und Salvengeschützen Zarizafront westlich der Eisenbahn durchbrochen, nachdem dort Munition verschossen. — Verpflegungslage zwingt dazu, Verwundeten und Kranken keine Verpflegung mehr auszugeben, damit die Kämpfer erhalten bleiben.

Funkspruch des Reichsmarschalls Göring an die 6. Armee:
Vom Kampf der 6. Armee wird es einmal stolz heißen, an Todesmut ein Langemarck, an Zähigkeit ein Alkazar, an Tapferkeit ein Narvik, an Opfer ein Stalingrad.

Tagesparole des Reichspressechefs,
Donnerstag, 28. Januar 1943:
Die Einführung der Arbeitsmeldepflicht für Männer und Frauen steht im Vordergrund der Morgenblätter des Freitag. Der Presse fällt dabei die Aufgabe zu, die nationale und kriegsentscheidende Bedeutung dieser Maßnahme, die im Zuge weiterer wichtiger Regelungen zur totalen Mobilisierung aller Kräfte erfolgt, wirkungsvoll herauszustellen und zu unterstreichen.
Das deutsche Volk antwortet auf den bolschewistischen Verzweiflungssturm im Osten mit einer entschlossenen Aktion, die ihm auch in Zukunft die kräftemäßige Überlegenheit über seine Feinde sichern wird. Schon in Überschrift und Aufmachung ist der Gedanke in den Mittelpunkt zu stellen, daß es sich hierbei um eine Verpflichtung gegenüber unseren heldenhaften Kämpfern handelt. Die schweren Kämpfe an der Ostfront sind weiterhin würdig hervorzuheben.
Zur Unterstreichung des anhaltenden Heldenkampfes von Stalingrad sind vor allem die eindrucksvollen Stimmen der europäischen Presse heranzuziehen.

Der Widerstand bindet mehrere Sowjetarmeen

Der bolschewistische Angriff gegen die Verteidigung von Stalingrad ruht nicht. Mit einem ungekannten Aufgebot von Menschen und Material schlägt er pausenlos auf unsere 6. Armee ein. Ihre noch kampffähigen Teile krallen sich in den Ruinen der Stadt fest und verlängern ihren Widerstand um viele Stunden schwerster Bedrängung. Was zur Verteidigung noch aufgeboten werden kann, steht gegen den pausenlosen Ansturm der Sowjets, die auf der Erde und aus der Luft jede Sekunde dieser schweren Tage mit einem Unwetter tödlichen Verderbens erfüllen. Indem die deutschen Soldaten und ihre Verbündeten, rumänische und kroatische Truppen, dem unerhörten Anprall der bolschewistischen Sturmflut noch nicht erlegen sind, binden sie die Kräfte mehrerer Sowjetarmeen...
Möge das todesmutige Bewußtsein dieser Soldaten, in gefährlichster Lage noch eine bedeutende Aufgabe zu erfüllen, zum Vorbild der

deutschen Gegenwart in der Heimat und an der Front werden, die mit unverminderter Stärke die große Winterschlacht durchsteht und sie sich auf neue Räume ausdehnen sieht. Möge die äußerste Kraftentfaltung der in Stalingrad eingeschlossenen Truppen als Beispiel wirken, die nach erbitterten Kämpfen noch eine in die Stadt vorgedrungene feindliche Kräftegruppe zu erschlagen vermochten!

Die wochenlangen Entbehrungen, das ununterbrochene Ringen gegen frische feindliche Truppen, das Übergewicht der Bolschewisten an Flugzeugen, schweren Waffen und das schutzlose Ausharren im offenen Gelände bei Schneesturm und schneidender Kälte haben den Widerstandswillen unserer Soldaten und ihrer rumänischen und kroatischen Kameraden in Stalingrad auch am 25. Januar nicht brechen können. Wie sie es möglich machten, dem fortgesetzten Ansturm des Feindes ihr hartes »Dennoch« entgegenzusetzen, ist das Einmalige ihres heroischen Ringens. Der eherne Wille zum Widerstand gab den erschöpften Offizieren und Mannschaften die Kraft, sich selbst vor ihre Geschütze zu spannen und sie Kilometer um Kilometer durch die tief verschneite Steppe zu schleppen.

Das höchste Wissen um ihre Pflicht stellte General und Grenadier Schulter an Schulter in den Nahkampf mit der blanken Waffe, und nicht besser erfüllt sich der Sinn echter Kameradschaft als dadurch, daß übermüdete Grenadiere, kaum dem Kampfgewühl entronnen, sofort und ohne Befehl wieder angreifen, wenn es gilt, die Besatzung einer dicht hinter der feindlichen Linie notgelandeten Maschine wieder herauszuhauen.

All das geschieht unter den pausenlos niederkrachenden Bomben der feindlichen Flugzeuge, die Tag und Nacht fast ungehindert über dem Kraterfeld kreisen, weil die Flakgeschütze die feindlichen Panzer vernichten müssen. Aber diese Aufgabe erfüllen sie so, daß die Kanoniere eines einzigen von allen Seiten angegriffenen Geschützes im rasenden Feuer von 28 angreifenden Panzern allein 15 zerschossen. Zerbrach auch dieser Panzerstoß, so folgten doch bald neue und noch schwerere Angriffe, bei denen die bolschewistischen Panzerkampfwagen ihre eigenen Schützen vor sich hertrieben, um sie zum Stürmen zu zwingen.

Wieder rollte die Feuerwalze in die schwachen Deckungen, und langsam gewann die feindliche Übermacht an Boden. Doch wieder vermochte sie nicht den Widerstand zu brechen. Unsere Soldaten boten in den Trümmern des westlichen Stadtrandes von neuem die Stirn.

Die deutschen, rumänischen und kroatischen Helden haben sich um ihre Führer geschart und halten todesmutig stand. Alle Unterschiede nach

Stalino, Donezk, die neue Absprungbasis für He 111; die soeben aus einem Nachschublager eingetroffenen Versorgungsbehälter 250

Rang und Waffengattung sind gefallen, übriggeblieben ist allein der eiserne Wille zum äußersten Widerstand, der zum verpflichtenden Vorbild für alle Deutschen geworden ist. *Völkischer Beobachter, Januar 1943*

Geheimer Bericht des *Sicherheitsdienstes der SS*
zur innenpolitischen Lage:
Nr. 354 vom 28. Januar 1943 (Auszug)
I. Allgemeines. Unter dem Eindruck, daß das Schicksal der 6. Armee in Stalingrad bereits besiegelt sei, und in der Sorge um die weitere Entwicklung der Kriegslage ist das ganze Volk z. Z. bis ins tiefste aufgewühlt. Unter den vielen Fragen, die sich aus der veränderten Situation ergeben, bewegt die Bevölkerung vor allem, warum Stalingrad nicht rechtzeitig geräumt oder entsetzt wurde und wie es möglich war, daß die militärische Situation vor einigen Monaten noch als gesichert und bis in die letzten Tage als nicht ungünstig hingestellt werden konnte. Besonders erörtert, und zwar vielfach mit ausgesprochen kritischem Unterton, wird die Unterschätzung der russischen Kampfkraft, durch welche jetzt schon zum zweiten Male eine schwere Krise ausgelöst worden sei.

★ Die Sowjets berichten

Radio Moskau meldet am 29. Januar 1943:
Nachdem das Oberkommando in Stalingrad den evakuierten Einwohnern erlaubt hat, zurückzukehren, strömen Zehntausende von Arbeitern und Zivilisten über die zugefrorene Wolga in die Stadt zurück, auf einem Handschlitten die wenige Habe, die sie vor dem Sturm auf die Stadt retten konnten, mit sich schleppend. Die meisten von ihnen suchen vergebens nach ihren ehemaligen Wohnstätten; nur Grundmauern, Schutt und Asche sind übriggeblieben. Immerhin wäre es verfehlt, anzunehmen, daß alle Häuser zerstört seien. Ein Rundgang durch die Stadt zeigt, daß vielleicht die Hälfte aller Häuser noch bewohnbar ist oder mit relativ geringen Reparaturen wieder bewohnbar gemacht werden kann. Seit Montag rollen Tausende von Lastwagen über Jersowka oder das Eis der Wolga in die Stadt, beladen mit Baumaterial und Maschinen. Mit größtem Aufwand wird die Räumung der Trümmer aufgenommen, aber es dürfte noch Monate dauern, bis die Stadt wieder ein normales Leben führen kann.

Die Deutschen berichten

Am Freitag, dem 29. Januar 1943,
gibt das *Oberkommando der Wehrmacht*
zu den Ereignissen des Vortages bekannt:
In Stalingrad sind wütende feindliche Angriffe gegen die Südfront im Gange, denen die Verteidiger trotz härtester Entbehrungen und vielfacher Überlegenheit des Feindes weiterhin trotzen.

Tagesparole des Reichspressechefs,
Freitag, 29. Januar 1943:
Im Zeichen äußerster Entschlossenheit und fester Siegeszuversicht gestaltet die deutsche Presse die heutige Ausgabe des 30. Januar 1943 zu einem eindrucksvollen und mitreißenden Appell an den deutschen

Das wohl bekannteste Foto der Stalingrad-Schlacht: Rotarmisten der Division Rodimzew stürmen die deutschen Stellungen (eine während der Dreharbeiten zu einem Dokumentarfilm gemachte Aufnahme)

Volksgenossen. Der Text der zum 30. Januar zu erwartenden Rede des Reichsmarschalls ist nur vom DNB zu übernehmen, Stimmungsberichte sind frei.

Funkspruch des Reichsmarschalls Göring an die 6. Armee:
Die 6. Armee kann es sich zur unvergänglichen Ehre anrechnen, das Abendland gerettet zu haben.

An den Führer!
Zum Jahrestag Ihrer Machtübernahme grüßt die 6. Armee ihren Führer. Noch weht die Hakenkreuzfahne über Stalingrad. Unser Kampf möge den lebenden und den kommenden Generationen ein Beispiel dafür sein, auch in der hoffnungslosesten Lage nie zu kapitulieren, dann wird Deutschland siegen.

Stalingrad, den 29. 1. 1943, mittags.
Heil mein Führer!
gez. *Paulus,* Generaloberst.

Am Sonnabend, dem 30. Januar 1943,
gibt das *Oberkommando der Wehrmacht*
zu den Ereignissen des Vortages bekannt:
In Stalingrad ist die Lage unverändert. Der Mut der Verteidiger ist ungebrochen.

Tägliche Lagemeldung der 6. Armee
an die Heeresgruppe Don:
30. Januar, *Morgenmeldung:* Nächtliche Angriffe gegen West- und Südfront, gegen die sich wenige noch kampffähige und noch mit Munition versehene Teile unter Aufbietung der letzten Kraft zur Wehr setzen; mehrere Panzer abgeschossen. Feind erzielte unter hohen blutigen Verlusten breiten und tiefen Einbruch. — Letzter Widerstand wird durch Reste Grenadierregiment 194 und Armeeoberkommando im Hochhaus geleistet werden. Möglich, daß XI. A. K. im Traktorenwerk noch länger hält, da Gegner dort schwächer.

Tagesmeldung: Armee igelt mit letzten Kräften in 300 Metern Umkreis am »Roten Platz«. — XI. A. K. hält befehlsmäßig bis zum letzten. Haltung der Truppe dort bei schwersten Verlusten vorbildlich.

Solange die Kraft noch reicht: Hilfe für einen verwundeten Kameraden

Funkspruch der Heeresgruppe Don an die 6. Armee:
Das deutsche Volk wird noch in ewigen Zeiten den Heldenkampf seiner Söhne an der Grenze von Europa und Asien in stillem Andenken ehren.

Nachtrag zur Tagesparole des Reichspressechefs,
Sonnabend, 30. Januar 1943:
Da der Text der frei gehaltenen Rede des Reichsmarschalls an die Wehrmacht erst später zu erwarten ist, werden die Zeitungen gebeten, zunächst würdige Stimmungsbilder mit indirekter Inhaltsangabe der Rede zu veröffentlichen.
Informatorisch wird mitgeteilt: Die Beförderung der Verteidiger von Stalingrad, Generaloberst Paulus zum Generalfeldmarschall und General der Artillerie Heitz zum Generalobersten, wird gebeten, gut zu bringen und die DNB-Meldung durch Lebensdaten und Bilder zu unter-

streichen. Bei der Wiedergabe der Auslandsstimmen über Stalingrad wird gebeten, darauf zu achten, daß das Heldische, die Widerstandskraft und die Kameradschaft mehr herausgestellt werden. Es wäre falsch, Formulierungen zu bringen wie »die in Stalingrad mit dem Tode ringenden Helden sterben in Selbstverleugnung usw«. Aus gegebenem Anlaß wird darauf hingewiesen, daß der Sportteil der Montagsblätter im Hinblick auf die Lage in Stalingrad völlig in den Hintergrund zu treten hat. Es wird gebeten, Sportmeldungen nur einspaltig mit sachlichen Überschriften zu bringen. Werbekästen (Kohlensparaktionen usw.) im Kopf der ersten Seite sind in Anbetracht der Lage unerwünscht.

30. 1. 1943, *Der Führer an den OB der 6. Armee:*
Mein Generaloberst Paulus!
Schon heute blickt das ganze deutsche Volk in tiefer Ergriffenheit zu dieser Stadt. Wie immer in der Weltgeschichte, wird auch dieses Opfer kein vergebliches sein. Das »Bekenntnis« von Clausewitz wird seine Erfüllung finden. Die deutsche Nation begreift erst jetzt die ganze Schwere dieses Kampfes und wird die größten Opfer bringen.
In Gedanken immer bei Ihnen und Ihren Soldaten.

Ihr *Adolf Hitler*

30. 1., 19.50 Uhr:
VIII. Fliegerkorps an Luftflottenkommando 4.
Haben in den Kellerruinen des »Roten Platzes« Stalingrad im Donner des feindlichen Feuers die Proklamation unseres Führers vernommen. Sie gab uns Mut und Entschlossenheit für die letzten Stunden des Kampfes um die Trümmer der roten Hochburg an der Wolga. Über uns weht die Hakenkreuzflagge. Der Befehl unseres Obersten Befehlshabers wird bis zum letzten befolgt. Wir gedenken in Treue der Heimat. Es lebe der Führer!

Flak-Regiment 104, *Rosenfeld,* Oberst

Görings Appell an die Wehrmacht

30. Januar 1943

Aus all diesen gigantischen Kämpfen ragt nun gleich einem Monument der Kampf um Stalingrad heraus. Es wird der größte Heroenkampf unserer Geschichte bleiben. Was dort jetzt unsere Grenadiere, Pioniere, Artilleristen, Flakartilleristen und wer sonst in dieser Stadt ist, vom General bis zum letzten Mann, leisten, ist einmalig. Mit ungebrochenem Mut, und doch zum Teil ermattet und erschöpft, kämpfen sie gegen eine

Siedlung Krasny Oktjabr: Hier trafen sich am Abend des 26. Januar die Vorhuten der 21. Armee mit den Soldaten der 13. Gardedivision (Gen. Rodimzew)

gewaltige Übermacht um jeden Block, um jeden Stein, um jedes Loch, um jeden Graben.
Wir kennen ein gewaltiges Heldenlied von einem Kampf ohnegleichen, es heißt: »Der Kampf der Nibelungen.«
Auch sie standen in einer Halle voll Feuer und Brand, löschten den Durst mit dem eigenen Blut, aber sie kämpften bis zum letzten. Ein solcher Kampf tobt heute dort, und noch in tausend Jahren wird jeder Deutsche mit heiligem Schauer von diesem Kampf in Ehrfurcht sprechen und sich erinnern, daß dort trotz allem Deutschlands Sieg entschieden worden ist...
Hätten die Kämpfer von Stalingrad nicht diesen heroischen Kampf auf sich genommen, nicht mehr und nicht weniger als 60 oder 70 bolschewistische Divisionen auf sich gezogen, wären diese Divisionen damals mit durchgebrochen: der Bolschewismus hätte voraussichtlich sein Ziel erreicht. Jetzt kommt er zu spät. Der deutsche Widerstand konnte organisiert werden; die neuen Linien sind gefestigt, aber sie konnten nur befestigt werden, weil dort draußen im Trümmerfeld dieser Stadt Helden

kämpften und noch kämpfen. Und wenn es nur noch wenige sind: solange ein deutscher Soldat steht, wird gekämpft.
Meine Soldaten, die meisten von euch werden von einem ähnlichen Beispiel der großen gewaltigen Geschichte Europas gehört haben. Wenn auch damals die Zahlen klein waren, so gibt es letzten Endes doch keinen Unterschied der Tat als solcher. Vor 2½ Jahrtausenden stand in einem kleinen Engpaß in Griechenland ein unendlich tapferer und kühner Mann mit dreihundert seiner Männer, stand Leonidas mit dreihundert Spartanern, aus einem Stamm, der wegen seiner Tapferkeit und Kühnheit bekannt war. Eine überwältigende Mehrheit griff diese kleine Schar immer wieder aufs neue an. Der Himmel verdunkelte von der Zahl der Pfeile, die abgeschossen wurden. Auch damals war es ein Ansturm von Horden, der sich hier am nordischen Menschen brach. Eine gewaltige Anzahl von Kämpfern stand Xerxes zur Verfügung, aber die dreihundert Männer wichen und wankten nicht, sie kämpften und kämpften einen aussichtslosen Kampf, aussichtslos, aber nicht in seiner Bedeutung. Schließlich fiel der letzte Mann. In diesem Engpaß steht nun ein Satz: »Wanderer, kommst du nach Sparta, so berichte, du habest uns hier liegen sehen, wie das Gesetz es befahl!«
Es waren dreihundert Männer, meine Kameraden, Jahrtausende sind vergangen, und heute gilt jener Kampf und jenes Opfer dort noch so heroisch, immer noch als Beispiel höchsten Soldatentums. Und es wird noch einmal in der Geschichte unserer Tage heißen: Kommst du nach Deutschland, so berichte, du habest uns in Stalingrad kämpfen sehen, wie das Gesetz, das Gesetz für die Sicherheit unseres Volkes, es befohlen hat. Und dieses Gesetz trägt jeder von euch in seiner Brust. Das Gesetz, für Deutschland zu sterben, wenn das Leben Deutschlands diese Forderung an euch stellt. Das ist aber nicht nur Verpflichtung für uns Soldaten. Dieses Heldentum, dieses Opfer ist verpflichtend für das ganze Volk.
Die Kämpfer von Stalingrad mußten stehen, das Gesetz befahl es so, das Gesetz der Ehre und der Kriegführung. Dieses Gesetz der Kriegführung gilt ja allein der Rettung unseres Volkes.
Es ist letzten Endes, das mag hart klingen, ja für den Soldaten gleichgültig, ob er bei Stalingrad, bei Rschew oder in der Wüste Afrikas oder oben im Eise Norwegens kämpft und fällt. Wenn er sein Opfer bringt, ist es gleich groß. Er bringt es für das Leben seines Volkes wie einst die dreihundert Männer des Leonidas, von denen wir heute mit Andacht noch ebenso sprechen wie von dem Heldenkampf der letzten Goten in den Schluchten des Vesuvs. Das Gesetz befahl auch ihnen zu sterben, damit die Rasse weiter siegen und leben konnte...

Epilog

★ Die Sowjets berichten

Oberbefehlshaber der 64. Armee,
Generaloberst *M. S. Schumilow:*
Am 29. Januar erfuhren wir, daß der Stab der 6. Armee an den Westrand der Stadt umgesiedelt sei, doch wo er sich befand, war uns nicht bekannt. Am 30. Januar sagten Gefangene aus, daß Paulus' Stab im Keller des Warenhauses läge, das heißt im Angriffsstreifen unserer Armee. Daraufhin entschloß ich mich, den Angriff fortzusetzen und das Warenhaus noch in derselben Nacht zu umzingeln. Wir bildeten zu diesem Zweck eine bewegliche Abteilung aus Panzern, motorisierter Infanterie der 38. motorisierten Schützenbrigade, und einem Pionierbataillon zum Entminen der Umgebung des Warenhauses. Bei der Abteilung befand sich der Chef der Aufklärung der Brigade, Oberleutnant Iltschenko, mit Nachrichtenmitteln.
Um 06.00 Uhr hatte die Abteilung das Warenhaus umzingelt und forderte den Armeestab zur Übergabe auf. Einer der verantwortlichen Generale des Stabes namens Roske erklärte, daß Übergabeverhandlungen nur mit Vertretern des Armee- oder Frontoberkommandos geführt werden könnten. Oberleutnant Iltschenko meldete das sofort an den Beobachtungsstand des Armeestabes, der sich am Nordrand von Jelschanka befand. Der Stab entsandte daraufhin ohne Verzug den Chef der Operationsabteilung, Oberst Lukin, und den Chef der Aufklärungsabteilung, Oberstleutnant Ryshow, mit einigen Offizieren und einer Wache. Sie erhielten Befehl, die volle und bedingungslose Kapitulation der Armee zu fordern. Beim Warenhaus stieß die Gruppe auf Oberleutnant Iltschenko und den Politstellvertreter des Brigadekommandeurs.

✠ Die Deutschen berichten

Am Sonntag, dem 31. Januar 1943,
gibt das *Oberkommando der Wehrmacht*
zu den Ereignissen des Vortages bekannt:
In Stalingrad schob sich der Feind zunächst von allen Seiten näher an die

Abwehrstellungen heran und griff dann konzentrisch an. Die unter persönlicher Führung des Generalfeldmarschalls Paulus heldenhaft kämpfende südliche Kampfgruppe wurde auf engstem Raum zusammengedrängt und leistet den letzten Widerstand im GPU-Gebäude.
Im Nordteil der Stadt wehrten die Verteidiger unter Führung des II. Armeekorps die Angriffe des Feindes gegen die Westfront des Traktorenwerkes ab.

Tägliche Lagemeldung der 6. Armee
an die Heeresgruppe Don:
31. 1. 1943: Die 6.Armee hat getreu ihrem Fahneneid für Deutschland bis zum letzten Mann und bis zur letzten Patrone eingedenk ihres hohen und wichtigen Auftrages die Position für Führer und Vaterland bis zuletzt gehalten. *Paulus*

Der erbitterte Kampf geht weiter

In Stalingrad trotzen unsere Soldaten in übermenschlicher Härte weiterhin dem wütenden Ansturm der bolschewistischen Armeen. Den vergeblichen Angriffen des Vortages von Westen und Süden her folgten neue, vor allem gegen die Ostfront. Wieder steigerte sich das nächtliche Feuer der schweren Waffen mit Tagesbeginn zu äußerster Wucht. Aber die zerborstenen Stümpfe noch stehender Wände und die Trümmer von Hallen und Häusern bieten besseren Schutz als vor einigen Tagen die flachen Deckungen im Schnee. In den Ruinen der Stadt konzentriert sich der erbitterte Widerstand, wenn auch Entbehrung und grimmige Kälte an den Kräften der Verteidiger zehren. Vom General bis zum Grenadier sind sie einig verbunden in dem todesmutigen zähen Willen, das Ringen auf Leben und Tod zu bestehen.
In weitem Kreis liegen die Widerstandsnester. Tiefe Trichter, die Schutthalden von Häuserzeilen, Abzugsgräben und kleine Schluchten, Kellergewölbe, zersprengte Betonklötze von Magazinen, Werkhallen und größere Gebäude, alles wird zum Widerstandsnest, zum Rückhalt, zum Kampfstand gegen den Feind. Aber diese Nester liegen nicht starr, sie verschieben sich, wie es der Kampf erfordert, und bilden immer neue Riegel und Sperren. Dazwischen steht Luftwaffenflak. Sie feuert zwar nicht wie die Flak der Sowjets auf jede Bewegung, auf jeden einzelnen Melder und Schützen. Wenn aber die Panzer kommen, dann ist sie da. 21 Panzer zerschossen die Flakartilleristen in drei Tagen, und zugleich gingen sie mit der blanken Waffe den feindlichen Schützen zu Leibe, die vor ihrer eigenen Panzerwelle angreifen mußten.

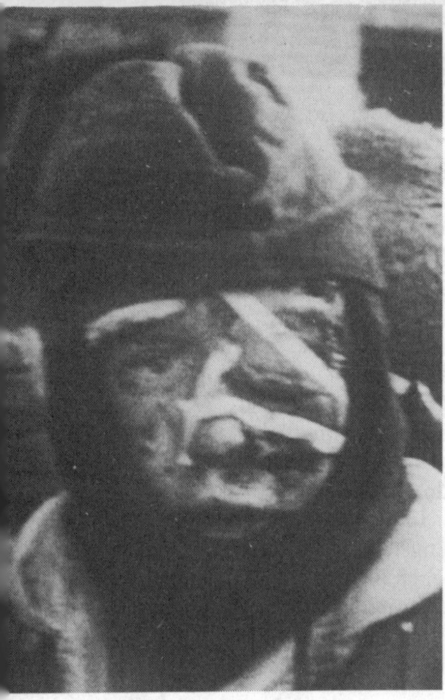

Die Zerschundenen und Hungernden ...

Zerbrach auch hier der Stoß, so ballte der Bolschewist doch seine Übermacht an anderer Stelle wieder zusammen. Dort aber stand eine Handvoll todesmutiger Grenadiere. Der Feind stößt vor, kommt bis auf 10 Meter heran und bleibt liegen. Feindliche Granaten fauchen heran und schmettern wahllos zwischen Angreifer und Verteidiger. Unsere Grenadiere kauern in ihren Löchern und warten auf die nächste Welle. Das Feuer läßt nach, aber der Angriff kommt nicht. Statt dessen schallt aus Lautsprechern die Aufforderung zur Übergabe herüber. Über die schmalen zerrissenen Lippen kommt nur ein Hohngelächter, und Gewehre geben die Antwort. Wieder rollt der Angriff. Der Druck des Feindes wächst. Ein Melder stürzt heran: Die Grenadiere sollen 50 Meter zurück. Drei Söhne deutscher Erde, ein Unteroffizier und zwei Mann, decken ihre ausweichenden Kameraden. Sie wollen sich opfern. Von allen Seiten brandet die rote Flut heran, aber die drei halten stand. Um ihr Schützenloch liegt ein Wall gefallener Feinde. Immer noch schießen sie. Inzwischen sind die Grenadiere in der Auffangstellung angekommen, und man sichert von dort aus die drei, die ihr Leben für ihre Kameraden hingeben wollten. Jetzt schaffen auch sie die 50 Meter und reihen sich wieder in die Front ein, die immer wieder dem Ansturm des Feindes die Stirn bietet.

Völkischer Beobachter, 31. 1. 1943

... Die deutschen Truppen haben dabei eine Ausdauer, eine Energie und einen Mut bewiesen, die den Untergang der Armee Paulus vor Stalingrad zu einer der tapfersten Waffentaten der Geschichte stempelt, die mit vollem Recht der Verteidigung von Sewastopol im Sommer 1942 gleichgesetzt worden ist. *Neue Zürcher Zeitung, 31. 1. 1943*

Und so war es

»Noch weht die Hakenkreuzfahne auf dem höchsten Haus des inneren Stadtgebietes, um unter diesem Zeichen den letzten Kampf zu führen«, heißt es in der Morgenmeldung der 6. Armee vom 25. Januar. In den Ruinen von Stalingrad warten jetzt etwa 150000 Soldaten auf das Ende. An diesem Montag beginnt in den Morgenstunden der Plan Löwe. Als erste starten drei Offiziere des Stabes des AOK 6 mit je etwa 300 Mann starken Gruppen: Oberst i. G. Elchlepp (Ia), der Quartiermeister Major i. G. v. Kunowski und Oberstleutnant i. G. Niemeyer (Ic). »Wir haben uns gründlich vorbereitet. Die Rucksäcke sind mit Woll- und Pelzsachen

Berlin, 30. 1. 1943: Reichsmarschall Hermann Göring verläßt nach der Rede zum 10. Jahrestag der Machtergreifung das Reichsluftfahrtministerium

vollgepackt. Auch an Verbandsmaterial und Medikamente ist gedacht. Seit Tagen haben wir Knäckebrot und einige Konserven zusammengespart, so daß wir für den Anfang die notwendigen Nahrungsmittel haben«, erzählen sie noch einen Tag zuvor ihren Kameraden.

Nachdem Generaloberst Paulus die Offiziere von ihren Pflichten entbunden hat, verschwinden sie in Richtung des Abschnittes der 297. Infanteriedivision südlich der Zariza. Hier übernehmen die drei Offiziere ihre Durchbruchsgruppen, und nach dem Überrollen durch sowjetische Verbände wollen sie sich zu der etwa 450 Kilometer südwestlich liegenden deutschen Linie durchschlagen.

Aus: Unser Heer, Februar 1943

Den Ic-Offizier Oberstleutnant Niemeyer erwartet eine vom Stab des IV. Armeekorps gebildete Einheit. Keine der drei Gruppen erreicht ihr Ziel, und gerade Oberstleutnant Niemeyer, der für die Feindaufklärung zuständige Offizier im Stab der 6. Armee, hätte wissen müssen, was sie unterwegs erwartet. Auch Oberst i. G. Clausius, Chef des Generalstabes des LI. Armeekorps (Gen.v. Seydlitz) bricht mit seinem Ordonnanzoffizier auf Skiern aus dem Kessel aus; er findet aber dabei den Tod.
Bereits einen Tag später, am 26. Januar, legen die Reste der 297. Infanteriedivision ihre Waffen nieder. Es sind kaum noch 300 Mann. Es ist die erste organisierte Einstellung des Kampfes, und ihr Kommandeur, General R. von Drebber, der erste deutsche General aus dem Kessel, den die Sowjets gefangennehmen.
Im Süden Stalingrads geht die Vorstadt Minina verloren. Am Zariza-Abschnitt wird eine neue Front aufgebaut. Die sowjetischen Bomber greifen das gesamte Stadtgebiet ununterbrochen an, unterstützt durch schwere Artillerie. Die etwa 40000 auf kleinstem Raum zusammengepferchten Verwundeten sind ein starkes Hindernis für die noch kämpfende Truppe.
Am Mittag des 26. Januar wechselt General Paulus mit seinem Stab den Gefechtsstand vom Krankenhaus im Südteil der Stadt in das Warenhaus Univermag am Roten Platz zwischen Hauptbahnhof und Wolgaufer.
An diesem Tag, dem 26. Januar, enthebt der Oberbefehlshaber v. Seydlitz seines Kommandos, weil dieser nach mehrmaliger energischer Aufforderung an den Armeestab, zu kapitulieren, schließlich den ihm unterstellten Einheiten das Recht eingeräumt hat, nach eigenem Ermessen den Kampf einzustellen.
Kurz darauf erschießt sich der Kommandeur der 371. Infanteriedivision, Generalleutnant Stempel. Und am gleichen Tage fällt Generalleutnant Alexander v. Hartmann, Kommandeur der 71. Infanteriedivision, der auf einem Bahndamm stehend so lange »freihändig« auf die stürmenden Sowjets schießt, bis er tödlich verwundet wird.
Am Abend des 26. Januar stoßen die Vorhuten der 21. Armee (GenLt. I. M. Tschistjakow) vom Süden und Westen in Richtung Stadt. Sie greifen über die Straße Gumrak-Stalingrad das Gelände des Flugplatzes Stalingradski an und vereinigen sich zu Füßen des Mamai-Hügels bei der Siedlung Roter Oktober mit den Einheiten der 13. Gardedivision (Gen. A. I. Rodimzew), die aus dem Raum Tennisschläger (chemische Fabrik Lazur) kommen.
Damit geht der seit 10. September fast ununterbrochen geführte Kampf um die Anhöhe Punkt 102 zu Ende. Niemand weiß, wie oft in diesen vier

Monaten der Gipfel den Besitzer gewechselt hat; Zeugen dafür gibt es nicht mehr. Mit diesem Treffen nehmen nun die eingekesselten Truppen der 62. Armee (Gen. Tschuikow) das erste Mal seit 138 Tagen Verteidigung die Verbindung mit der von Westen her vorgehenden Roten Armee auf.
Mit neuen Kräften wenden sich die Sowjets nun teils nach Norden, wo sie die Fabrikruinen Krasny Oktjabr in Besitz nehmen, und teils nach Süden gegen das Stadtzentrum, wo sie die Getreidesilos, die Konservenfabrik und den Bahnhof Stalingrad Süd erobern. Jetzt sind die Reste der 6. Armee endgültig gespalten und kämpfen in zwei Kesseln: im Norden das XI. Armeekorps (Gen. Strecker) im Raum Barrikady, im eigentlichen Stadtgebiet wiederum, südlich und nördlich der Zarizaschlucht, das IV., VIII. Armeekorps und das XIV. Panzerkorps, sowie das Armeeoberkommando mit seinen Sicherungseinheiten um den Roten Platz.
Am Mittwoch, dem 27. Januar, besetzen die Sowjets den gesamten Südteil der Stadt bis an die Zariza. Generalleutnant Schlömer, Kommandierender General des XIV. Panzerkorps, fordert an diesem Tag telefonisch bei Paulus die Genehmigung zur Feuereinstellung, was unter Hinweis auf Hitlers Befehl verweigert wird.
Als der Stabschef des XIV. Panzerkorps, Oberst Müller, General Schmidt bittet, sich bei Paulus für die dringend erforderliche Kapitulation zu verwenden, da seine Truppen keine Munition mehr haben, erhält er die Antwort, die Soldaten hätten ja schließlich noch Messer und Zähne zum Weiterkämpfen...
Bereits am Mittwochmorgen entschließt sich der Kommandeur der 29. Infanteriedivision (mot.), Generalmajor Leyser, am darauffolgenden Tag mit den Resten seiner Division die Waffen niederzulegen. An diesem Abend versuchen im Rahmen der Operation Löwe vom Regiment 8 (3. Inf. Div.) Oberleutnant Knabe, Oberleutnant Mickein und Oberleutnant von Heynitz in Winterbekleidung und mit Skiern auszubrechen. Sie kehren jedoch um Mitternacht zurück, da sie nicht durch die sowjetischen Linien hatten durchsickern können. Ein zweiter Versuch an einem anderen Abschnitt gelingt ihnen zwar, aber man hat nie mehr von ihnen gehört. Im Laufe des 27. Januar bricht dann die organisierte Verteidigung in Stalingrad vollends zusammen, und ganze Einheiten geraten in sowjetische Gefangenschaft.
Am Morgen des 28. Januar funkt die 6. Armee an die Heeresgruppe Don: »Verpflegungslage zwingt dazu, an Verwundete und Kranke keine Verpflegung mehr auszugeben, damit Kämpfer erhalten bleiben.«
In der letzten Januarwoche erreicht Feldmarschall Milch mit energischen

Erster sowjetischer Panzer, der üben den Roten Platz rollt. (Links die Ruine des Warenhauses Univermag)

Maßnahmen einen neuen Höhepunkt der Luftversorgung: In Tag- und Nachteinsätzen wirft die Luftwaffe im Schnitt 100 t Nachschub täglich über dem Kessel ab. Die Flugzeuge können, durch die hohen Häuserruinen behindert, die Lasten nicht gezielt abwerfen. Trotz der jetzt benutzten farbigen Fallschirme erschweren die unübersichtlichen Trümmerberge das Auffinden der Behälter.
Am 28. Januar wird der südliche der beiden Kessel abermals gespalten: in drei von einander getrennten Restgruppen steht jetzt die 6. Armee im Todeskampf. Der mittlere Kessel südlich des Mamai-Hügels umschließt die Gefechtsstände des VIII. und LI. Korps. Der dritte kleine Südkessel mit dem Gefechtsstand von Generaloberst Paulus am Roten Platz erstreckt sich vom Wolgaufer im Osten bis über das Bahnhofsgelände im Westen. Und während die 6. Armee in Stalingrad ihren aussichtslosen Kampf weiterführt, fällt am Abend des 28. Januar Hitlers Entschluß über die Wiederaufstellung einer neuen 6. Armee.

Am Freitag, dem 29. Januar, soll nach dem Bericht der 6. Armee das Anlaufen der Versorgung auf dem Luftwege und die bei der Abwehr erzielten Erfolge die »Stimmung der Truppe wieder gehoben haben«. Bei ihrem erneuten Angriff gegen den westlichen Teil des Südkessels stoßen die sowjetischen Truppen jetzt kaum noch auf Widerstand: Die erschöpften Soldaten lassen ihre Waffen einfach fallen, und die Reste der Männer des XIV. Panzerkorps (GenLt. Schlömer) hissen auf den Trümmern des GPU-Gebäudes die weiße Fahne.
Nachdem in der Nacht zum 30. Januar die sowjetischen Panzer entlang der Eisenbahnlinie in Richtung Hauptbahnhof vorstoßen, fängt die Front im Südkessel an abzubröckeln. »Wir kämpfen bis zuletzt und werden das Schicksal unserer Männer teilen«, heißt es in einem Funkspruch des Armeestabes an die Heeresgruppe Don, und man nimmt an, daß die sowjetischen Panzer schon bald vor dem Gefechtsstand von Generaloberst Paulus stehen werden.
Am Sonnabend, dem 30. Januar, um 11.10 Uhr, funkt die 6. Armee: »Abwurfplätze ›Roter Platz‹ und ›Pionierkaserne‹ abwurfklar.« Bereits eineinhalb Stunden später um 12.45 Uhr kommt der nächste Funkspruch: »Abwurf bei ›Rotem Platz‹ nicht mehr möglich, bei ›Pionierkaserne‹ unsicher, bei ›Traktorenwerk‹ unwahrscheinlich. AOK 6, Ia.«
Kurz nach Durchgabe dieses Funkspruchs stehen Panzer und Infanterie der 64. Armee (GenLt. M. S. Schumilow) bereits am Hauptbahnhof, nicht ganz 300 Meter westlich des Warenhauses Univermag, dem Befehlsstand des Generaloberssts Paulus.
Zu dieser Stunde spricht Göring im Ehrensaal des Reichsluftfahrtministeriums um 13 Uhr zum 10. Jahrestag der Machtergreifung. Die Rede, die alle Rundfunksender übertragen, hört man auch in Stalingrad. Und der Kommandierende General des XI. Korps im Nordkessel, General d. Inf. Strecker, läßt empört zurückfunken: »Vorzeitige Leichenreden unerwünscht!«
Noch während der Oberbefehlshaber der Luftwaffe seine »berühmte« Rede hält, dröhnt in Stalingrad der Boden von Hunderten von Flugzeugmotoren, die sich der Stadt nähern. Die verzweifelten Soldaten suchen in Erwartung eines massierten Bombenangriffs nach irgendeinem sicheren Versteck, als am strahlenden Winterhimmel die sowjetischen Geschwader in Paradeformation über dem Roten Platz auftauchen. Sie umkreisen ganz friedensmäßig einige Male das Stadtzentrum in niedriger Höhe, und die letzten Maschinen bilden einen riesigen Stern.
Gerade die Tatsache, daß von oben keine Bomben fallen oder MG-Garben niedergehen und die Sowjets es jetzt nicht mehr nötig haben, ihre

Flugzeuge gegen sie einzusetzen, beeindruckt die Eingekesselten stärker als die eigene Machtlosigkeit dieser Luftarmada gegenüber. Nach der letzten Runde verschwinden die Maschinen in westlicher Richtung: Sie haben hier ihre Aufgabe erfüllt und fliegen nun zu anderen Fronten.

Einige Zeit später, nachdem Göring gesprochen hat, verliest Goebbels auf einer feierlichen Kundgebung in Berlin die Ansprache Hitlers an das deutsche Volk. Anschließend funkt Paulus: »Wir haben in unserem Bunker die Führerproklamtion gehört und vielleicht zum letzten Mal

Nach der Rede von Walter Ulbricht und Pieck: der Weg in die Gefangenschaft

gemeinsam bei den Nationalhymnen die Hand zum deutschen Gruß erhoben...«

Am Abend führt die sowjetische 38. motorisierte Schützenbrigade einen Vorstoß auf das Bahngelände — entlang der Lomonosow-Straße — durch. Nach einem harten Gefecht erobern sie einen stark befestigten Stützpunkt in den Ruinen eines an dieser Straße gelegenen Häuser und erfahren von einem Gefangenen, daß hier die Sicherungslinie des Kaufhauses verläuft, in dessen Keller sich der Stab des Oberbefehlshabers befindet. Daraufhin befiehlt General Schumilow (64. Armee) das Abriegeln der näheren Umgebung des Univermag. Das 329. Pionierbataillon durchschneidet die aus dem Gebäude laufenden Telefonkabel und beginnt gegen Mitternacht mit dem Wegräumen der Minen.

Im Dorf Sawarigino, dem Sitz des Stabes der Donfront, geht unterdessen die Arbeit ununterbrochen weiter. Man ist sicher, daß der Kampf bald zu Ende sein wird. General Woronow: »Am 30. Januar war ich sehr spät schlafen gegangen und war auch schnell eingeschlafen. Aber plötzlich wachte ich mit dem alarmierenden Gedanken auf, daß Paulus das Eis der Wolga als Startbahn benützen und aus dem Kessel ausfliegen könnte. Aus dem Bett gesprungen, befahl ich telefonisch, jedes feindliche Flugzeug, das vom Eis zu starten versuchte, durch unsere Artillerie vom Ostufer der Wolga aus unter Feuer zu nehmen. Morgens wurde mir gemeldet, daß die Nacht ruhig verlaufen sei.«

30. Woche: 1. — 7. Februar 1943

★ Die Sowjets berichten

Am Montag, dem 1. Februar 1943,
gibt das *Oberkommando der Roten Armee*
in einer Sonderverlautbarung bekannt:

Unsere Truppen haben die Liquidierung der westlich des zentralen Teils von Stalingrad eingekesselten Gruppe der deutsch-faschistischen Armee beendet. Die Truppen der Donfront haben in den Kämpfen vom 27. bis 31. Januar die Liquidierung durchgeführt.

Im Verlauf der Kämpfe — und durch Aussagen der gefangenen deutschen Generale bestätigt — wurde festgestellt, daß am 23. November 1942 vor Stalingrad mindestens 330000 Mann feindlicher Truppen eingekesselt wurden, wenn man die Etappen-, Bau- und Feldgendarmerietrup-

pen mitrechnet, und nicht 220000, wie früher gemeldet wurde. Die bei Stalingrad eingekesselten deutschen Truppen verloren vom 23. November bis zum 10. Januar durch unser Artilleriefeuer, durch systematische Bombardierungen aus der Luft und durch die Angriffe des Landheeres sowie durch Hunger, Kälte und Krankheiten etwa 140000 Mann...
Heute wurde von unseren Truppen zusammen mit seinem Stab der Kommandierende der deutschen Armeen bei Stalingrad, die aus der 6. Armee und der 4. Panzerarmee bestanden, Generalfeldmarschall Paulus und sein Stabschef, Generalleutnant Schmidt, gefangengenommen.
Über die letzte Phase der Schlacht bei Stalingrad, die am Sonntag, dem 31. Januar 1943, ihren Abschluß fand, berichtet der Kriegskorrespondent Roman Karmen aus Moskau: »Generalfeldmarschall Paulus, einst Befehlshaber von 22 Divisionen, befindet sich jetzt im Stadtzentrum im Keller eines Gebäudes, das von den letzten Resten seiner Truppen verteidigt wird. Stalingrad ist überflutet mit Tausenden von Soldaten der 6. Armee, die in langen Kolonnen hinter der weißen Fahne marschieren. Sie sehen furchtbar mitgenommen aus, und viele können kaum noch ihre Füße heben. Die Kolonnen werden immer größer, da ständig weitere deutsche Soldaten zu ihnen stoßen. Bei einer unserer Batterien steht eine Gruppe Deutscher, die aufmerksam unseren Kanonieren zusieht, wie sie die letzten faschistischen Widerstandsnester unter Feuer halten. Unsere Truppen feuern weiter, ohne sie zu beachten. Unsere Luftflotte hat die Angriffe eingestellt, um nicht die eigenen Leute zu treffen. Am Nachmittag verließen zahlreiche Flugzeuge unserer Roten Luftflotte Stalingrad in Paradeformation, um sich zu einer anderen Front zu begeben. Das letzte Geschwader — 35 Sturzbomber — bildete einen großen Sowjetstern, während es über die Stadt flog.«

Am Nachmittag des 1. Februar
gibt das *Sowinformbüro* anschließend bekannt:
Die Liquidierung der deutschen 6. Armee vor Stalingrad ist zu einem Zeitpunkt erfolgt, da das Oberkommando Moskau dringend weitere Reserven benötigt, um die von Salsk aus in Richtung auf Kuschtschewinskaja neu eingeleitete Umfassungsoperation durchführen zu können.

Radio Moskau meldet am 1. Februar:
In bezug auf die Lage vor Stalingrad wird darauf aufmerksam gemacht, daß die nördlich der Stadt eingeschlossene Gruppe noch nicht liquidiert ist und den Widerstand fortsetzt. Es mag sein, daß dort noch einige tausend Mann in gut ausgebauten Stellungen stehen.

Das unrühmliche Ende

Wir flogen in einer U 2 nach Stalingrad. Die Maschine jagte in niedriger Höhe über Felder und Granattrichter, wo kurze Zeit zuvor die größte Schlacht der Geschichte gewütet hatte. Über der endlosen weißen Steppe passierten wir Tausende von Fahrzeugen, Geschützen, Tanks, Hunderte von Flugzeugen, die in geraden Reihen auf den Flugplätzen standen. Lange Eisenbahnzüge, mit Waffen und Nachschubmaterial beladen, sah man auf den Schienensträngen. Als wir landeten und von dem Flugzeug in ein Auto umstiegen, wurde das Ausmaß dieser Beute noch offensichtlicher. In jeder Ecke, in jedem Dorf, auf Bahnhöfen und Straßen stießen wir auf deutsche Ausrüstung, die unsere Truppen erbeutet hatten.

Wir ließen die Bahnhöfe von Woroponowo und Sadowaja hinter uns und fuhren in die Stadt ein, in der der Donner von Artillerie und das unaufhörliche Knattern von Maschinengewehrfeuer in der frostigen Luft widerhallten.

Die Stadt war nahezu vom Feind gesäubert. Nur in zwei Nestern leisteten die Deutschen noch sinnlosen Widerstand. Schritt für Schritt, Viertel um Viertel säuberten unsere Truppen Stalingrad. Sie trieben die Deutschen durch Artilleriefeuer aus den Häusern oder holten sie mit dem Bajonett heraus; und nach jeder dieser Säuberungsaktionen ergaben sich Hunderte Feindsoldaten...

Eine charakteristische Begebenheit: Eine Feldküche kam mit heißem Essen zu den Stellungen einer vorgeschobenen Einheit. Die Rotarmisten begannen zu essen. Die Deutschen rochen in ihren Gräben den Duft der Mahlzeit und krochen eilig heraus. Innerhalb weniger Minuten ergaben sich hier Dutzende, nachdem sie ihre Offiziere erschossen hatten, die sie zurückhalten wollten...

Die Stadt bebte unter den Stößen des Artilleriefeuers aus Geschützen aller Kaliber. In einem Viertel entwickelte sich ein heftiger Kampf. Unsere Truppen hatten zwei Parks und dieses große Viertel genommen. In den Straßen, in denen kleine Gruppen deutscher Soldaten vereinzelten Widerstand leisteten, waren Säuberungsaktionen im Gang...

Das Ende ist nahe. Die letzten Nester verbohrten Widerstandes werden weniger, die Kanonen reiben die Verteidigung auf. Hier und dort erstirbt das Schießen; ein schmutziges weißes Tuch wird an einer Stange durch ein Loch in der Mauer gesteckt, und eine Schar Deutscher kriecht hinter der Kapitulationsflagge heraus. Hinter der Stadt erstrecken sich die Kolonnen Kriegsgefangener kilometerweit; Zehntausende sind es...

Unsere Truppen ziehen die Schlaufe immer enger um die eingeschlosse-

Die erste rote Fahne auf dem Roten Platz

nen deutschen Kräfte. Sowjetische Flugzeuge bombardieren unaufhörlich den Feind, der immer noch das Zentrum der Stadt hält. Dieses Bombardement wird sogar gefährlich. Die Inseln des deutschen Widerstandes sind so klein geworden, daß die Bomben leicht unsere Männer treffen können.

Die Faschisten haben in einem großen mehrstöckigen Haus eine starke Stellung bezogen. Sie haben sogar eine Kanone in Stellung gebracht. Von einer Ecke konnten wir den Verlauf des Kampfes beobachten.

Zwei unserer Panzer fuhren ganz dicht an das Haus heran und eröffneten das Feuer auf die Stelle, aus der die Deutschen mit Maschinenpistolen schossen. Die Kanoniere brachten die Rohre in Richtung, nahmen sorgfältig Ziel und begannen auf die Gucklöcher zu feuern. Da glänzte in einem der Löcher eine Maschinenpistole. Ohne Hast ließ der Richtschütze das Rohr auf diese Öffnung schwenken, während die Soldaten aus dem Schutz der Ruinen ihn anfeuerten: »Los, Kamerad, gib's ihm.« Die Kanone brüllte los, und die Schießscharte war sofort in Feuer und Rauch verwandelt. Erledigt. Aber fast unmittelbar darauf zuckten kleine Blitze aus dem nächsten Stockwerk — die Deutschen sind nach oben geklettert.

Eine Granate nach der anderen abfeuernd, jagte unser Panzer die Deutschen immer höher hinauf. Schon sah man eine winzige menschliche

Im Hauptquartier von General Tschuikow: v. links, GenMaj. Korfes, Oberst Dissel, Gen. Pfeffer, Gen. v. Seydlitz und Oberst Crome warten auf ihr Verhör

Betekowa, 31. 1. 1943, 15.30 Uhr, Paulus: »Bitte sorgen Sie für meine Soldaten!«

Gestalt auf dem Dach. Eine Granate riß ein Stück aus dem Dach, und alles war in Rauch gehüllt. Unsere Männer sprangen aus ihrer Deckung und stürmten das Haus. Der Panzer richtete sein Feuer aufs nächste Haus. Es wurde dunkel, und Leuchtspurgeschosse jagten heulend durch die Luft.

Am Morgen des 30. Januar 1943 trafen sich schließlich die aus allen Richtungen auf den Kern von Stalingrad vorgehenden Truppen. Die Deutschen waren endgültig ausgehoben. Nur kleine Gruppen und einzelne aus dem Hinterhalt schießende Maschinenpistolenschützen feuerten immer noch aus den Ruinen. Patrouillen durchsuchten die Stadt, um mit den deutschen Halsabschneidern aufzuräumen. Generalleutnant

Sanne, der die 100. Leichte Infanteriedivision befehligte, wurde eingeschlossen und gefangengenommen. Die deutschen Soldaten, die sich ergeben hatten, legten ihre Gewehre, Maschinenpistolen und Maschinengewehre zu Haufen auf die Straßen, als plötzlich deutsche Transportflugzeuge in großer Höhe über der Stadt erschienen. Sie warfen an Fallschirmen Ladungen von Nahrungsmitteln ab. Unsere Männer öffneten die Behälter und ließen sich die für Feldmarschall Paulus bestimmte Wurst schmecken.
Unsere Patrouillen kämmten die Stadt durch und hoben nach kleinen Plänkeleien die letzten deutschen Widerstandsnester aus. Maschinengewehr- und Gewehrfeuer war die ganze Nacht hindurch zu hören, aber gegen Morgen erstarb es...
Heute, am 1. Februar, hörte das Schießen im zentralen Teil der Stadt ganz auf. Aber um 9 Uhr morgens drang aus den nördlichen Vorstädten der Donner von Dutzenden von Geschützen. Dort widersetzten sich die Deutschen noch immer, aber ihre Stunden sind gezählt.

Sowjetischer Kriegsberichter Roman Karmen

Streng geheime und persönliche Botschaft des Premierministers, Herrn Winston Churchill, an Herrn Stalin:
Nehmen Sie bitte meine Glückwünsche zur Kapitulation von Generalfeldmarschall Paulus und zur Niederlage der 6. deutschen Armee entgegen. Das ist wirklich eine großartige Leistung.

London, 1. Februar 1943

Die Deutschen berichten

Am Montag, dem 1. Februar 1943,
gibt das *Oberkommando der Wehrmacht*
zu den Ereignissen des Vortages bekannt:
In Stalingrad ist die Südgruppe der 6. Armee unter Führung des Generalfeldmarschalls Paulus nach mehr als zwei Monaten heldenhafter Verteidigung von der Übermacht des Feindes im Kampf überwältigt worden. Die Nordgruppe unter Führung des Generals der Infanterie Strecker behauptet sich noch immer. Sie wehrt starke feindliche Angriffe zum Teil im Gegenstoß ab. An den übrigen Brennpunkten der großen Abwehrschlacht im Osten dauern die Kämpfe mit unverminderter Heftigkeit an.

Roter Platz, 31. 1. 1943: Einige der etwa 110 000 Soldaten, die in Gefangenschaft gehen: 6000 davon kehren nach Jahren zurück

Tagesparole des Reichspressechefs,
Montag, 1. Februar 1943:
Über das tapfere Ende der südlichen Kampfgruppe in Stalingrad sind die Formulierungen des OKW-Berichts abzuwarten. Bei der Hervorhebung und Würdigung dieses Ereignisses ist darauf Rücksicht zu nehmen, daß die größere Kampfgruppe im Norden der Stadt nach wie vor heldenhaften Widerstand leistet.

Funkspruch des Führers

1. 2., 17.25 Uhr:
Heeresgruppe Don an XI. A. K.
Ich erwarte, daß der Nordkessel von Stalingrad sich bis zum letzten hält. Jeder Tag, jede Stunde, die dadurch gewonnen wird, kommt der übrigen Front entscheidend zugute. *Adolf Hitler*

Verbissener Kampf um Ruinen

Der Kampf der 6. Armee in Stalingrad nimmt unter persönlicher Führung ihres Oberbefehlshabers, Generalfeldmarschall Paulus, seinen von Stunde zu Stunde aufwühlenderen, dramatischen Fortgang.
In zwei voneinander getrennten Kampfgruppen erwehren sich unsere Soldaten mit unvorstellbarer Härte und Todesverachtung der konzentrisch geführten bolschewistischen Angriffe. Von allen Seiten schoben sich feindliche Panzer über das Trümmerfeld der Stadt heran, nachdem die sowjetische Artillerie, die zum Teil offen aufgefahren war, vorher stundenlang in die von unseren Männern verbissen zähe gehaltenen Ruinen gefeuert hatte.
Trotzdem bleibt Welle um Welle der bolschewistischen Infanteristen im Abwehrfeuer liegen. Erst als Teile der südlichen Kampfgruppe ihre letzte Munition verschossen hatten, wurden sie nach heldenhafter Gegenwehr im Kampf Mann gegen Mann von den feindlichen Massen überrannt und gerieten in Gefangenschaft. Die Reste dieser Gruppen wurden, wie der Wehrmachtbericht vom 31. Januar mitteilt, auf engstem Raum zusammengedrängt und leisten letzten Widerstand.

Völkischer Beobachter, 1. 2. 43

Sender Beromünster (Schweiz)

---

1. Februar 1943. Der totale Einsatz, mit dem im Krieg gekämpft wird, kam selten so augenfällig zum Ausdruck wie in der fünf Monate dauernden Schlacht um Stalingrad, die am 2. Februar mit der Vernichtung der letzten noch kämpfenden Gruppe der ehemaligen deutschen Belagerungsarmee — die seit dem 19. November selbst belagert wurde — zu Ende gegangen ist. Die Art, wie in Deutschland die Tragödie der 6. Armee bei Stalingrad zum Schlagwort gemacht wird, um die Mobilisierung aller Menschenreserven zu rechtfertigen, zeigt, wie auch hier zunächst die Härte und Totalität des Krieges nur zu einer noch größeren Anspannung der Willenskräfte geführt hat. Ein merkwürdiges Zusammentreffen wollte es, daß der zehnte Jahrestag der Machtergreifung Hitlers und der nationalsozialistischen Partei in Deutschland mit dem Endkampf bei Stalingrad und mit den großen Erfolgen der russischen Winteroffensive in Südrußland zusammenfiel. Hitler hielt an diesem Jahrestag nicht selbst die gewohnte Rede, sondern ließ durch Propagandaminister Goebbels eine Proklamation verlesen.

★ Die Sowjets berichten

Am Dienstag, dem 2. Februar 1943,
gibt das *sowjetische Oberkommando*
in einer Mittagsverlautbarung bekannt:
Die Truppen an der Donfront setzen die Vernichtung der voneinander getrennten deutschen Kontingente fort, die nördlich von Stalingrad Widerstand leisten. Nach einer Artilleriebeschießung der feindlichen Stützpunkte besetzte eine unserer Einheiten eine Anzahl Feldbunker und Schützengräben, wobei Gefangene eingebracht wurden.

Am Nachmittag des 2. Februar
teilt das *Sowinformbüro* ergänzend mit:
Nach der Kapitulation der Überreste der 6. Armee ist Stalingrad wieder von der Zivilverwaltung übernommen worden. Es streifen zwar noch fortgesetzt bewaffnete Patrouillen durch die Stadt, um nach versteckt gebliebenen deutschen Widerstandsnestern zu suchen, doch sind seit 3 Tagen keine Schüsse mehr innerhalb des Stadtgebietes gefallen.
Lange Züge von Frauen und Kindern, die während der fünfmonatigen Belagerung Stalingrads in Höhlen und Notquartieren am Ostufer der Wolga lebten, überqueren ständig den Fluß mit Schlitten, die sie mit ihren Habseligkeiten beladen haben. In den Trümmern der Stadt suchen sie nach den Resten ihrer Heime und nach Einrichtungsgegenständen, die sich noch irgendwie verwenden lassen. Unter den Zurückgekehrten befindet sich auch der Vorsitzende des Stadtrates, der von einer Gruppe von Ingenieuren umgeben ist. Ihnen sind Tausende von Bauarbeitern zugeteilt. Man wird jetzt zunächst die Gebäude, die nicht durch Einsturzgefahr bedroht sind, wieder einigermaßen für Wohnzwecke herrichten, und überall begegnet man Schreinern, die Holzverschläge errichten, die zunächst an die Stelle der zerbrochenen Fenster gesetzt werden.
Die Verpflegung der Bevölkerung erfolgt aus Feldküchen, die von unserer Armee in den verschiedensten Stadtteilen aufgestellt sind. Das Sanitätskorps hat Feldlazarette eingerichtet, die ausschließlich der Zivilbevölkerung zur Verfügung stehen. Ein freiwilliger Hilfsdienst ist aus den Reihen der Arbeiter gebildet worden, die noch vor kurzer Zeit hinter den Barrikaden Stalingrads kämpften.
Der Eisenbahnverkehr ist wiederaufgenommen, und aus Sammlungen des Roten Kreuzes treffen fortlaufend Mobiliar und Haushaltsgegen-

Stalingrad, 2. Februar 1943: Die Schlacht ist zu Ende

stände, Wäsche und warme Kleidung für die Bevölkerung der Stadt ein, die praktisch alles verloren hat.
Mobile Kraftstationen versorgen den bewohnbaren Teil von Stalingrad mit Strom, und es brach ein Jubel aus, als die erste Straßenbeleuchtung wieder in Gang kam.

An den Ufern der Wolga

Um der Gerechtigkeit willen muß man sagen, daß das sowjetische Oberkommando mit vollem Recht stolz auf seinen großartigen Sieg bei Stalingrad sein kann. Die heroische Verteidigung der Stadt wird durch die Jahrhunderte weiterleben.

Die Deutschen, die ohne Mühe mit Paris, Warschau, Belgrad fertig geworden sind, haben sich nicht träumen lassen, daß an den Ufern der Wolga dieses Schicksal auf sie wartete, daß sie dort Hunderttausende Soldaten und eine riesige Menge Waffen verlieren würden.

Mehr-e-Jran, Teheran, 2. 2. 1943

Die Deutschen berichten

Am Dienstag, dem 2. Februar 1943,
gibt das *Oberkommando der Wehrmacht*
zu den Ereignissen des Vortages bekannt:
In Stalingrad setzte der Gegner nach stärkster Artillerievorbereitung mit weit überlegenen Kräften gegen die letzte Bastion der Verteidiger, das Traktorenwerk, zum Angriff an. In der Nacht gelang es ihm, nachdem unsere heldenhaft kämpfenden Truppen ihre Munition nahezu verschossen hatten, an mehreren Stellen einzubrechen und den bis dahin zusammenhängenden Verteidigungsring des XI. Armeekorps aufzusprengen.

Tagesparole des Reichspressechefs,
Dienstag, 2. Februar 1943:
Die ernster gewordene Lage der Kämpfer in Stalingrad ist weiterhin würdig hervorzuheben.

Führerproklamation auch im Bunker von Stalingrad gehört

Der heroische Kampf in Stalingrad, der nun zum Abschluß gekommen ist, wurde in der zweiten Januarhälfte immer schwerer und erbitterter. Nur kurze Funkmeldungen verbanden noch die Verteidiger mit der Außenwelt. Hart und klar waren ihre Worte. Es war die Sprache von Männern mit ehernen Herzen, deren todesmutiger Wille weder monatelanger härtester Kampf und Entbehrungen noch die Übermacht des Feindes brechen konnte. Auf engstem Raum zusammengedrängt, funkte die 6. Armee: »Hißten die Hakenkreuzfahne auf höchstem Haus der inneren Stadt. Führen unter diesem Zeichen den letzten Kampf.«
Von diesem Augenblick an wehte das Banner hoch über den ragenden Trümmern des GPU-Gebäudes. Umwettert vom Feuer zahlloser Batterien, zerfetzt von den Splittern der einschlagenden Bomben, war sie das Symbol der unsterblichen Helden von Stalingrad. Als die Front südlich der Zariza unter dem feindlichen Massensturm ins Wanken kam, kämpften die Generale Pfeffer, von Hartmann und Stempel mit Oberst Crome und einer Handvoll beherzter Männer auf der Dammkrone stehend gegen den immer heftiger werdenden Ansturm des Feindes.
Am 27. Januar stürzen die Bolschewisten erneut mit Massen von Panzern und Truppen heran. Aber noch erreichen sie nichts. Nur die Verbindung zum Traktorenwerk reißt ab. Die Munition wird immer knapper. In der

Im heroischen Kampf um jeden Fußbreit Boden standen in Stalingrad Schulter an Schulter General und Grenadier. Wie in diesem beispiellosen Ringen alle Unterschiede nach Waffengattungen fielen, wie die Männer vom Troß mit der Waffe in der Hand neben dem Grenadier und dem Pionier, der junge Ersatz neben den alten Kämpfern standen, so waren auch alle Rangunterschiede gefallen. Ein Wille einte alle vom Oberbefehlshaber bis zum Grenadier: Der Kampf bis zur letzten Patrone, bis zum letzten Atemzug

»... Schulter an Schulter, General und Grenadier ...« Aus: Die Wehrmacht, Februar 1943 (Theo Matejko)

Nacht lösen frische Massen die zerschlagenen feindlichen Verbände ab, und im Morgengrauen beginnt abermals der Ansturm der Bolschewisten. Tatkräftige Offiziere raffen die Versprengten zusammen, schließen die Front und vernichten im eigenen Vorstoß mehrere Panzer.
Schulter an Schulter stehen Generale und Grenadiere, Deutsche, Rumänen und Kroaten, Panzermänner, Pioniere, Artilleristen und Flakkanoniere, Schreiber, Fahrer und Bodenpersonal im erbitterten Nahkampf. Das Generalkommando des XIV. Panzerkorps wird in vorderster Linie von der Übermacht zerschlagen. Aber immer noch wird die Front gegen den Ansturm von Westen und Süden mit den letzten Kräften, den letzten Granaten, den letzten Patronen gehalten.
Am folgenden Tag verdoppelt der Feind seine Anstrengungen. Jeder der Verteidiger kämpft bis zum letzten. Schließlich halten nur noch einige Artilleristen ihren Igel im Umkreis von 300 Metern um das GPU-Gebäude, auf dem das Hakenkreuzbanner immer noch weht, zusammen mit ihrem Oberbefehlshaber und seinem Stab. Die Gruppe funkt: »Hörten im Bunker die Führerproklamation. Erhoben vielleicht zum letzten Male bei den Nationalhymnen die Hand zum Deutschen Gruß.« Draußen aber tobt der Kampf weiter. Dem letzten Befehl des Generalfeldmarschalls: »Alles zerstören« folgen rasche Explosionen, in denen das Hochhaus und mit ihm die Fahne zusammensinken.
Der Feind greift jetzt im Norden an, dringt vor und wird zurückgeschlagen. Die Verluste sind schwer, und die Munition der schweren Waffen ist verschossen. Aber die Männer halten aus. Ihr unbeugsamer Wille hält sie noch am 1. Februar aufrecht.
Ihr letzter Funkspruch am 2. Februar enthüllt noch einmal die ganze Größe ihres unvergänglichen Soldatentums: »Im schwersten Kampf haben wir bis zum letzten Mann unsere Pflicht getan. Es lebe der Führer, es lebe Deutschland.« Das ist die letzte Meldung des Generals der Infanterie Strecker und seiner Männer.

Berliner Lokal-Anzeiger, Februar 1943

★ Die Sowjets berichten

Am Mittwoch, dem 3. Februar 1943,
gibt das *Oberkommando der Roten Armee*
zu den Ereignissen des Vortages eine Sondermeldung bekannt:
Heute, am 2. Februar, haben die Truppen der Donfront die Liquidierung

Norddeutsche Ausgabe
35. Ausg. / 56. Jahrg. / Einzelpreis 20 Pf.

„Freiheit und Brot"

Norddeutsche Ausgabe
Berlin, Donnerstag, 4. Februar 1943

VÖLKISCHER BEOBACHTER

Kampfblatt der nationalsozialistischen Bewegung Großdeutschlands

Der Kampf der 6. Armee um Stalingrad zu Ende

Sie starben, damit Deutschland lebe

Getreu ihrem Fahneneid

Zweimal die Aufforderung zur Übergabe stolz abgelehnt

Aus dem Führerhauptquartier, 3. Februar.

Das Oberkommando der Wehrmacht gibt bekannt:

Der Kampf um Stalingrad ist zu Ende. Ihrem Fahneneid bis zum letzten Atemzuge getreu, ist die 6. Armee unter der vorbildlichen Führung des Generalfeldmarschalls Paulus der Übermacht des Feindes und der Ungunst der Verhältnisse erlegen. Ihr Schicksal wird von einer Flakdivision der deutschen Luftwaffe, zwei rumänischen Divisionen und einem kroatischen Regiment geteilt, die in treuer Waffenbrüderschaft mit den Kameraden des deutschen Heeres ihre Pflicht bis zum äußersten getan haben.

Noch ist es nicht an der Zeit, den Verlauf der Operationen zu schildern, die zu dieser Entwicklung geführt haben. Eines aber kann schon heute gesagt werden: das Opfer der Armee war nicht umsonst. Als Bollwerk der historischen europäischen Mission hat sie viele Wochen hindurch den Ansturm von sechs sowjetischen Armeen gebrochen. Vom Feinde völlig eingeschlossen, hielt sie in weiteren Wochen schwersten Ringens und härtester Entbehrungen starke Kräfte des Gegners gebunden.

Sie gaben damit der deutschen Führung die Zeit und die Möglichkeit zu Gegenmaßnahmen, von deren Durchführung das Schicksal der gesamten Ostfront abhing.

Vor diese Aufgabe gestellt, hat die 6. Armee schließlich auch durchgehalten, als mit der Dauer der Einschließung und dem Fortgang der Operationen die Luftwaffe trotz äußerster Anstrengungen und schwerster Verluste außerstande war, eine ausreichende Luftversorgung sicherzustellen und die Möglichkeit des Entsatzes mehr und mehr und schließlich ganz dahinschwand. Die zweimal vom Gegner verlangte Übergabe fand stolze Ablehnung. Unter der Hakenkreuzfahne, die auf der höchsten Ruine von Stalingrad weithin sichtbar gehißt wurde, vollzog sich der letzte Kampf. Generale, Offiziere, Unteroffiziere und Mannschaften fochten Schulter an Schulter bis zur letzten Patrone. Sie starben, damit Deutschland lebe. Ihr Vorbild wird sich auswirken bis in die fernsten Zeiten, aller unwahren bolschewistischen Propaganda zum Trotz. Die Divisionen der 6. Armee aber sind bereits im neuen Entstehen begriffen.

Zeichnung: Mjölnir

Stalingrad ruft zur Tat!

Das Mahnmal an der Wolga

Berlin, 3. Februar.

In Stalingrad hat sich vollendet, was das deutsche Volk seit einer Woche unabwendbar heraufziehen sah: Die Flut der bolschewistischen Übermacht ist zusammengeschlagen über den Trümmern der 6. Armee, über den Männern, die dort bis zum letzten Atemzug und bis zur letzten Patrone gekämpft haben. Sie sind gefallen. Aber ihr Ende wird für alle Zeiten eingehen in die Geschichte. So, wie aus der grauen Vorzeit unseres Volkes in der Seele der Nation die Beispiele kriegerischen Heldentums und germanischer Todesverachtung allezeit fortzeugend lebendig geblieben sind, so wird die Not der Kämpfer von Stalingrad einst kommende Geschlechter zu letzter Bereitschaft im Einsatz für Volk und Reich begeistern. Das ist ihr Vermächtnis. An ihrem Grabe leisten wir den Schwur, es zu erfüllen.

In diesem Gefühl blickt das deutsche Volk auf das Ruinenfeld der Stadt an der Wolga, die Tausenden unserer besten Männer zum Grabe wurde. Wir stehen im vierten Jahr dieses Krieges, der schon mancher deutschen Familie einen Sohn oder Bruder abverlangt hat. Wir haben es gelernt, den lauten Ausbruch unseres Schmerzes niederzukämpfen, und auch dieser Schicksalsschlag, der viele deutsche Häuser zugleich trifft, soll eherne Herzen finden. Denn nirgends in diesem Kriege sind deutsche Männer gefallen, denen in der Stunde der Erfüllung ihres soldatischen Daseins die Notwendigkeit ihres Heldentodes härter vor Augen gestanden hätte. Es mögen viele unserer Soldaten leichter gestorben sein, das Lächeln des Sieges auf ihren erstarrenden Zügen; aber vielleicht zog durch ihre letzten Gedanken auch die schmerzliche Frage, warum es ihnen bestimmt sei, an der Schwelle des nahen Friedens dahinzusinken, an den sie glaubten. Vor den Männern von Stalingrad stand in der Stunde ihrer letzten Bewährung das eiserne Muß und das Wissen um die Unumgänglichkeit ihres Opfers. Sie hatten in dieser fürchterlichen Stadt das Wesen des Bolschewismus bis auf den Grund kennen gelernt. Sie erlebten an sich selbst die ganze brutale Gewalt und die ganze Gefahr seiner Drohung. Sie sahen, wie das feindliche Ungeheuer gerade in diesem Winter alle Energien aufbietet, um den schützenden Damm unserer Front zu zerbrechen und das Reich zu überfluten. Sie wußten, was Deutschland, was ihren Heimatstädten und Dörfern, ihren Eltern und Kindern bevorstünde, wenn dieser feindliche Wille obsiegte. Und so setzten sie ihm ihren härteren Willen der Abwehr entgegen. Durch die Tat bewährten sie den germanischen Glauben, daß das eigene Leben nicht der Güter Höchstes ist. Sie gaben es hin für das Leben der Nation.

Wir binden den Helm fester an diesem Tage des Unheils. Er macht uns keinen Augenblick wanken im felsenfesten Glauben an den Sieg. Noch niemals sind Kriege von welthistorischer Tragweite ohne Rückschläge und Krisen gewonnen worden. Ehe die Weltgeschichte einem Volk den höchsten Preis zuspricht, unterwirft sie es der härtesten Probe. Als Adolf Hitler am 1. September 1939 die deutsche Nation aufbot zum Kampf um Freiheit und Dasein, beschwor er die Gestalt Friedrichs des Großen, um sie uns als Mahnung und Beispiel vor Augen zu stellen. Die ruhmvollen Feldzüge in Polen und Norwegen, in Frankreich und auf dem Balkan, der Schwung eines geschichtlich einmaligen Siegeszuges entrückte uns dem schweren Ernst jenes Aufbruches. Heute erinnern wir uns dieses Tages, und wir heben unsere Herzen empor zu dem Vorbild, zu dem sich der Führer damals im Namen der Nation bekannte.

Preußens größter König war Prüfungen ausgesetzt, weit schwerer, als sie uns selbst heute auferlegt sind. Über ihn brachen militärische Niederlagen herein, die dem völligen Zusammenbruch des Heeres gleichsahen und den Bestand des Staates in Frage stellten. Aber gerade am Abgrund der Katastrophe erhob er sich zu seiner ganzen Größe. Das Unglück konnte ihn beugen, aber nicht niederwerfen, und bewundernd sprach die Welt nach der Schlacht von Kunersdorf: „Noch lebt der König von Preußen, und solange er lebt, wird er fortfahren, Wunder zu verrichten."

Wir wollen diesem friderizianischen Beispiel nichts schuldig bleiben.

*

Ja, wenn in den Tagen Friedrichs des Großen die seelische Haltung eines Königs auf einsamer Höhe leuchtete und der Geist jener Zeit von ihr nur ein gedämpftes Echo in den Massen der Untertanen erwartete: im Zeitalter des Nationalsozialismus soll der Name Stalingrad das ganze deutsche Volk, von den

der im Raum Stalingrad eingekesselten faschistischen Truppen vollständig beendet. Die Rote Armee hat den Widerstand des nördlich von Stalingrad eingekesselten Feindes gebrochen und ihn gezwungen, die

Waffen zu strecken. Der letzte Widerstandsherd des Feindes im Bezirk Stalingrad ist vernichtet.
Am 2. Februar 1943 endete die historische Schlacht bei Stalingrad mit dem vollen Sieg unserer Truppen. In den letzten 2 Tagen erhöhte sich die Anzahl der Gefangenen um 45000. Im ganzen nahmen unsere Truppen während der Kämpfe vom 10. Januar bis 2. Februar 91000 deutsche Soldaten und Offiziere gefangen.
Der Oberbefehlshaber der Sowjettruppen richtete aus Anlaß der Beendigung der Schlacht um Stalingrad folgenden Tagesbefehl an die Truppen der Donfront:

Befehl

des Obersten Befehlshabers an die Truppen der Donfront.
An den Vertreter des Stabes der Obersten Heeresleitung,
Marschall der Artillerie Woronow.
An den Truppenbefehlshaber der Donfront,
General Rokossowski.
Ich gratuliere Ihnen und den Truppen der Donfront zum erfolgreichen Abschluß der Kämpfe, die zur Vernichtung der bei Stalingrad eingeschlossenen feindlichen Truppen führten.
Ich spreche allen Soldaten, Offizieren und den politischen Leitern der Donfront den Dank für ihre hervorragenden Kampfoperationen aus.

Moskau, Kreml, den 2. Februar 1943
Der Oberste Befehlshaber
J. Stalin

Am Mittwoch, dem 3. Februar,
teilt das *Sowinformbüro* ergänzend mit:
Moskau stand am Dienstag abend völlig unter dem Eindruck der Liquidierung der letzten Überreste der faschistischen 6. Armee und damit der siegreichen Beendigung der gewaltigen Schlacht um Stalingrad, die 5 Monate lang mit nur kurzen Unterbrechungen anhielt.
Die Schlacht um Stalingrad, die jetzt mit dem Untergang einer 330000 Mann starken faschistischen Armee zu Ende gegangen ist, darf zu den größten Schlachten der Weltgeschichte gezählt werden, sowohl was den Einsatz als auch was die Material- und Menschenverluste betrifft. Die Operationen gingen mit dem Sturm auf den letzten deutschen Widerstandsherd im Norden der Stadt am Dienstag um 4 Uhr nachmittags mit der Kapitulation der Deutschen zu Ende. 7 weitere deutsche Generale

Sie standen vom ersten bis zum letzten Tag im Kampf um Stalingrad: N. N. Chruschtschow und General Tschuikow nach der Schlacht

wurden gefangengenommen, womit bei Stalingrad insgesamt 24 deutsche und rumänische Generale in Kriegsgefangenschaft gerieten. Die Beute läßt sich zur Stunde bei weitem noch nicht übersehen.

Am Abend des 3. Februar
meldet das *Sowinformbüro* anschließend:
Die Tragödie von Stalingrad geht dem Ende entgegen. Von den riesigen Sammellagern, die für die Kriegsgefangenen am Ostufer der Wolga errichtet worden sind, gehen lange Schlittenzüge zu einer nicht weit entfernten Bahnstation, von wo aus der Abtransport nach den im Osten Rußlands befindlichen Hauptkriegsgefangenenlagern erfolgt.
Das sowjetische Oberkommando in Stalingrad, das bekanntlich die nunmehr besiegte Nordgruppe unter General Strecker auf 6000 bis 8000 Mann geschätzt hatte, war außerordentlich überrascht, als es deren wirkliche Stärke mit 45000 Mann ermittelte. Diese irrtümlichen Schätzungen, die leicht schwerwiegende Folgen hätten haben können, ergaben sich daraus, daß man die Stärke der eingekesselten Truppe nach ihrem Feuer beurteilt hatte. In den letzten 14 Tagen hatte aber nur noch ein

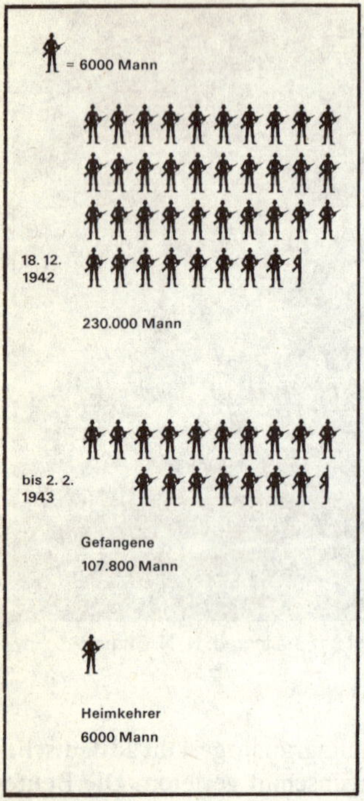

Das Schicksal
der 6. Armee

geringer Teil des Gegners tatsächlich aktiv an den Kämpfen teilgenommen. Die Deutschen waren in viele kleine Gruppen zersplittert und hatten die Fühlung miteinander verloren.
Ein hoher Prozentsatz der letzten Kriegsgefangenen ist körperlich so schwach, daß er zunächst in Feldlazaretten gepflegt werden muß, bevor er transportfähig sein wird. Tausende der deutschen Soldaten haben in der scharfen Kälte, die seit 10 Tagen eingetreten ist, schon über eine Woche lang keine warme Nahrung mehr gehabt, und überall finden unsere Patrouillen, die nun die Ruinen der Traktorenwerke durchsuchen und das weite Gelände von den Minen räumen, kleine Gruppen von Erfrorenen. Ein Kriegsberichterstatter schreibt: »Alles hier macht einen gespenstischen Eindruck, und die zeitgenössischen Gemälde vom Rückzug der Heere Napoleons über die Beresina sind plötzlich mit grauenhafter Realistik zur Wirklichkeit geworden.«

Die Deutschen berichten

Aus dem *Führerhauptquartier*, 3. Februar.
Das Oberkommando der Wehrmacht gibt bekannt:
Der Kampf um Stalingrad ist zu Ende. Ihrem Fahneneid bis zum letzten Atemzuge getreu, ist die 6. Armee unter der vorbildlichen Führung des Generalfeldmarschalls Paulus der Übermacht des Feindes und der Ungunst der Verhältnisse erlegen. Ihr Schicksal wird von einer Flakdivision der deutschen Luftwaffe, zwei rumänischen Divisionen und einem kroatischen Regiment geteilt, die in treuer Waffenbrüderschaft mit den Kameraden des deutschen Heeres ihre Pflicht bis zum äußersten getan haben. Noch ist es nicht an der Zeit, den Verlauf der Operationen zu schildern, die zu dieser Entwicklung geführt haben. Eines aber kann schon heute gesagt werden: Das Opfer der Armee war nicht umsonst. Als Bollwerk der historischen europäischen Mission hat sie viele Wochen hindurch den Ansturm von sechs sowjetischen Armeen gebrochen. Vom Feinde völlig eingeschlossen, hielt sie in weiteren Wochen schwersten Ringens und härtester Entbehrungen starke Kräfte des Gegners gebunden. Sie gab damit der deutschen Führung die Zeit und die Möglichkeit zu Gegenmaßnahmen, von deren Durchführung das Schicksal der gesamten Ostfront abhing.
Vor diese Aufgabe gestellt, hat die 6. Armee schließlich auch durchgehalten, als mit der Dauer der Einschließung und dem Fortgang der Operation die Luftwaffe, trotz äußerster Anstrengungen und schwerster Verluste, außerstande war, eine ausreichende Luftversorgung sicherzustellen und die Möglichkeit des Entsatzes mehr und mehr und schließlich ganz dahinschwand. Die zweimal vom Gegner verlangte Übergabe fand stolze Ablehnung.
Unter der Hakenkreuzfahne, die auf der höchsten Ruine von Stalingrad weithin sichtbar gehißt wurde, vollzog sich der letzte Kampf. Generale, Offiziere, Unteroffiziere und Mannschaften fochten Schulter an Schulter bis zur letzten Patrone. Sie starben, damit Deutschland lebe. Ihr Vorbild wird sich auswirken bis in die fernsten Zeiten, aller unwahren bolschewistischen Propaganda zum Trotz. Die Divisionen der 6. Armee aber sind bereits im neuen Entstehen begriffen.

Tagesparole des Reichspressechefs,
Mittwoch, 3. Februar 1943:
Der Minister gibt bekannt, daß sofort nach Herausgabe der Meldung

über die Beendigung der Kämpfe in Stalingrad ein dreimal 24 Stunden dauerndes Gedenken der Nation durchgeführt werden wird. In dieser Zeit werden sämtliche Unterhaltungsstätten einschließlich der Theater und Kinos geschlossen werden. Es besteht die Absicht, am ersten und letzten Tage je eine Minute Verkehrsstille einzulegen. Es wird aber noch geprüft, ob diese ohne Sirenen nicht durchführbare Maßnahme im Hinblick auf Luftschutzfragen durchführbar ist. Der Minister teilt ferner mit, daß der Zeitpunkt der Bekanntgabe noch nicht endgültig feststeht. Es sei möglich, daß sich die Bekanntgabe auf morgen verschiebt. Für die publizistische Behandlung gibt es folgende Weisung: Nicht in Frage kommen Trauer, Sentimentalität, erst recht nicht Naßforschheit. Dagegen müssen die drei Gedenktage der inneren Sammlung, Besinnung und Kampfkonzentration dienen.
In diesem Gesamtrahmen werde z. B. nicht geflaggt und den Zeitungen verboten werden, mit Trauerrand zu erscheinen. Die gesamte deutsche Propaganda müsse aus dem Heldentum von Stalingrad einen Mythos entstehen lassen, der einen kostbarsten Besitz der deutschen Geschichte bilden werde.

Geheimer Bericht des *Sicherheitsdienstes der SS*
zur innenpolitischen Lage:
Nr. 356 vom 4. Februar 1943 (Auszug)
I. Allgemeines. Die Meldung vom Ende des Kampfes in Stalingrad hat im ganzen Volke noch einmal eine tiefe Erschütterung ausgelöst. Die Reden am 30. 1. und die Führerproklamation sind diesem Ereignis gegenüber in den Hintergrund getreten und spielen in den ernsten Gesprächen der Volksgenossen eine geringere Rolle als eine Reihe von Fragen, die an die Vorgänge in Stalingrad geknüpft werden. In erster Linie ist es die Höhe der Blutopfer, nach denen die Bevölkerung fragt. Die Vermutungen bewegen sich in Zahlen zwischen 60000 und 300000 Mann. Man rechnet damit, daß der größte Teil der Kämpfer in Stalingrad gefallen ist.
Bezüglich der in russische Gefangenschaft geratenen Truppen schwankt man zwischen zwei Auffassungen. Die einen erklären, die Gefangenschaft sei schlimmer als der Tod, weil die Bolschewisten die lebend in ihre Hände gelangten Soldaten unmenschlich behandeln würden. Andere wiederum meinen, es sei doch ein Glück, daß nicht alle gefallen seien, so sei doch noch Hoffnung, daß später einmal ein Teil von ihnen in die Heimat zurückkehre. Besonders die Angehörigen der Stalingradkämpfer leiden sehr unter diesem Zwiespalt und der sich daraus ergebenden Ungewißheit.

Die Tragödie soll zu neuen Opfern anspornen (NS-Plakat 1943)

lorgenausgabe

Pf., auswärts 15 Pf.

Berliner

Lokal-Anzeiger

Freitag, 5. Februar 194

ummer 31 | Organ für die Reichshauptstadt | 61. Jahrga

Der letzte Funkspruch aus Stalingrad

„Im schwersten Kampf haben wir bis zum letzten Mann unsere Pflicht getan"

Worte heldischer Größe

Führerproklamation auch im Bunker von Stalingrad gehört

Empor die Herzen!

Von Friedrich Hussong

Ferner wird in allen Bevölkerungsschichten die Zwangsläufigkeit der Entwicklung in Stalingrad und die Notwendigkeit der ungeheuren Opfer diskutiert. Im einzelnen bewegt die Volksgenossen, ob die Bedrohung Stalingrads seinerzeit nicht rechtzeitig erkannt worden sei. Die Luftaufklärung habe doch den Aufmarsch der gegen Stalingrad eingesetzten russischen Armeen feststellen müssen. Auch die Frage, aus welchen Gründen die Stadt nicht geräumt worden ist, solange es noch Zeit war, wird erörtert. Vor allem wird darauf hingewiesen, daß die Kräfte des Gegners unterschätzt worden sein mußten, sonst wäre das Wagnis, Stalingrad auch nach der Umschließung zu halten, nicht unternommen worden.

Die Volksgenossen können es nicht fassen, daß ein Entsatz Stalingrads nicht möglich gewesen ist, und haben z. T. für die strategische Bedeutung der Kämpfe mangels genauerer Orientierung über die ganze Entwicklung im Südabschnitt der Ostfront nicht das richtige Verständnis. Zum Teil wird in Zweifel gezogen, daß die Verteidiger von Stalingrad bis zuletzt starke Kräfte des Feindes gebunden haben. Der dritte Punkt, um den die Gespräche der Volksgenossen z. Z. kreisen, ist die Bedeutung des Kampfes um Stalingrad im gesamten Kriegsverlauf.

Allgemein ist die Überzeugung vorhanden, daß Stalingrad einen Wendepunkt des Krieges bedeute. Während die kämpferischen Naturen Stalingrad als Verpflichtung zum letzten Einsatz aller Kräfte an der Front und in der Heimat empfinden, von diesem Einsatz aber auch den Sieg erhoffen, sind die labileren Volksgenossen geneigt, im Fall von Stalingrad den Anfang vom Ende zu sehen.

Und so war es

In der Nacht zum 31. Januar erscheinen über Stalingrad von 120 gestarteten Maschinen 40 Ju 52, 48 He 111 und eine viermotorige FW 200 »Condor«. Sie werfen noch etwa 118 Tonnen Nachschub ab: »Der Nordkessel und die Abwurfstelle waren gut auszumachen. Die Abwehr war schwach. Nur drei Maschinen warfen im alten Südkessel ab und beobachteten dort sehr starke Brände und ein wirres Durcheinanderschießen von Leuchtkugeln. Der Kessel schien endgültig gesprengt.«
Zu dieser Stunde halten sich im Südkessel mit seinen zwei Quadratkilometern etwa 17000 Mann auf, davon sind nur 2000 bis 3000 kampffähig. Noch kurz nach Mitternacht, um 1.30 Uhr, sendet der Generalstabschef des Oberkommando des Heeres einen Funkspruch an Paulus: »Der Führer läßt darauf hinweisen, daß es auf jeden Tag ankommt, den die Festung Stalingrad länger hält.«
Etwa zu dieser Zeit löst sich der Widerstand der erschöpften Kampfgruppen in der Umgebung des Roten Platzes auf. Sie lassen sich einfach gefangennehmen, nachdem ihre letzte Munition verschossen ist. Um 6.15 Uhr erreicht das Oberkommando des Heeres ein Funkspruch der 6. Armee: »Russen vor der Tür. Wir bereiten Zerstörung vor.« Genau eine Stunde später kommt der letzte Funkspruch: »Wir zerstören.«
Was sich inzwischen tatsächlich vor dem Kaufhaus und in dessen Keller abgespielt hat, ist heute recht schwer zu rekonstruieren. Es gibt darüber genauso viele Darstellungen wie Beteiligte, und jede weicht in ihrer Aussage zum Teil erheblich von den anderen ab. Dies betrifft sowohl die deutsche als auch die sowjetische Seite.
Man kann annehmen, daß es etwa so war: Gegen 5.00 Uhr früh hat General Schmidt einen der Offiziere und den Dolmetscher, Hauptmann Boris v. Neidhardt, beauftragt, mit einer weißen Fahne zu dem sowjetischen Panzerkommandanten zu gehen, der sich unweit des Kaufhauses postiert hat. Die Einstiegluke ist geöffnet und ein junger Offizier schaut heraus. Neidhardt schwenkt die weiße Fahne und nähert sich dem Panzer.

Er soll den Offizier mit den Worten angesprochen haben: »Lassen Sie das Schießen einstellen! Ich habe für Sie eine ganz große Sache. Beförderung, Orden! Sie können mit mir kommen, den Oberbefehlshaber und den ganzen Stab der 6. Armee gefangennehmen.« Der junge Offizier, vermutlich Oberleutnant Iltschenko, Chef der Aufklärung der 38. Brigade, gibt dies seinem Kommandeur per Funk durch. Etwa eine Stunde danach erscheint ein sowjetischer Stabsoffizier, den jedoch Generalmajor Roske, letzter Kommandeur der 71. Infanteriedivision und der Kampfgruppe Stalingrad-Mitte, von General Schmidt zur Führung der Kapitulationsgespräche bevollmächtigt, abgewiesen hat mit der Begründung, man werde nur mit einem hohen sowjetischen Offizier verhandeln.
Oberst Adam: »31. Januar, 7 Uhr früh... Paulus schlief noch. Es dauerte geraume Zeit, ehe ich mich aus dem Labyrinth der quälenden Gedanken und wirren Träume herausfand. Ich wollte mich gerade geräuschlos erheben, als an die Tür geklopft wurde. Paulus erwachte und richtete sich auf. Der Chef des Stabes trat ein. Er reichte dem Generaloberst ein Blatt Papier mit den Worten: ›Ich gratuliere Ihnen zur Beförderung zum Feldmarschall. Der Funkspruch ist als letzter in den frühen Morgenstunden eingegangen.‹
›Das soll wohl eine Aufforderung zum Selbstmord sein, aber diesen Gefallen werde ich ihm nicht tun‹, sagte Paulus, nachdem er gelesen hatte. Schmidt fuhr fort: ›Gleichzeitig muß ich Ihnen melden, daß der Russe draußen steht...!‹«
Erst um 8.45 Uhr trifft Generalmajor Laskin, Chef des Stabes der 64. Armee (Gen. Schumilow), mit anderen Offizieren ein. Generalmajor Roske: »Die Verhandlungen wurden dann bei mir geführt. Ich regte an, den Oberbefehlshaber hinzuzuziehen, doch das lehnte Schmidt ab.«
Der deutsche und der sowjetische Generalmajor beenden nun die Gespräche über die Waffenstreckung. Man akzeptiert die Bedingungen, doch sowohl Roske als auch Schmidt weigern sich, dem Nordkessel (Gen. d. Inf. Strecker) die Feuereinstellung zu befehlen.
Abschließend trägt General Schmidt noch einige ungeklärte Fragen vor: Erstens, ob der Feldmarschall seine persönliche Ordonnanz behalten könne? Zweitens, ob er die noch in seinem Besitz befindlichen Lebensmittel mitnehmen dürfe? Drittens, ob es möglich sei, dem Feldmarschall bei der Fahrt in die Gefangenschaft ein Begleitkommando der Roten Armee zu seinem persönlichen Schutz zu stellen? Als Generalmajor Laskin fragte, wo sich Paulus eigentlich befinde, soll Schmidt geantwortet haben: »Der Feldmarschall wünscht nicht in die Verhandlung einbezogen, sondern als Privatperson behandelt zu werden.«

Es steht jedoch fest, daß nach Beendigung der Verhandlungen Generalmajor Laskin mit seinem Dolmetscher zu Paulus geht und den Feldmarschall für gefangen erklärt. Daraufhin übergibt Oberst Adam, der Adjutant von Paulus, dessen Waffe. Feldmarschall Paulus und General Schmidt wird gestattet, einen Adjutanten, zwei Ordonnanzoffiziere, einen Burschen und ihren persönlichen Besitz mitzunehmen.
Übrigens die »Kapitulation der 6. Armee« ist eigentlich gar keine Kapitulation: Die Armee als solche hat sich überhaupt nicht ergeben. Die Armeeführung ließ kämpfen, solange geschlossene Verbände oder zusammengeraffte Kampfeinheiten noch existieren. Es stellen vorerst die Reste der Kampfgruppe Stalingrad-Mitte unter dem Kommando des Generalmajors Roske den Kampf ein. Mit ihnen ergeben sich der Oberbefehlshaber der Armee, Generalfeldmarschall Paulus, sein Generalstabschef Schmidt, die Stabsoffiziere des AOK 6 und alle, die sich zu dieser Zeit im Keller des Univermag befinden. Eine Kapitulationserklärung haben im Kaufhaus weder Generalmajor Roske noch ein anderer deutscher Offizier unterzeichnet.
Während in den Kellerräumen des Univermag noch Generalmajor Roske und der sowjetische Generalmajor Laskin verhandeln, überrollen die Sowjets den mittleren Kessel des Generaloberststs Heitz. Ohne jegliche Kapitulationsgespräche werden die dezimierten Verbände widerstandslos in die Gefangenschaft abgeführt.
Um 11.00 Uhr fahren Feldmarschall Paulus, General Schmidt, Oberst Adam und Oberstleutnant i. G. v. Below mit dem Wagen der 6. Armee, eskortiert von sowjetischen Offizieren, nach Beketowka zum Stab der 64. Armee.
General Schumilow: »Am 31. Januar, nachmittags, traten Paulus, Schmidt und Adam in mein Zimmer. Plötzlich hörte ich ein ›Heil Hitler‹ — es klang eher bitter, zynisch vielleicht. Hitler hatte die 6. Armee dem Untergang zugeführt — und nun ließen sie ihn noch hochleben? Ich entgegnete scharf: ›Hier gibt es keinen Hitler, und vor Ihnen steht der Befehlshaber der 64. Armee, dessen Truppen Sie gefangengenommen haben. Wollen wir uns also so begrüßen, wie das unter Soldaten üblich ist.‹ Alle drei taten es.«
Nach den Gesprächen bittet General Schumilow seine drei Gefangenen zu Tisch. Er hat von Rokossowski den Befehl, sie gut zu beköstigen, da ihnen noch eine lange Fahrt zum Frontstab bevorsteht. Oberst Adam: »Wodka wurde eingegossen, für alle aus derselben Flasche. Der General bat uns, mit ihm auf die siegreiche Rote Armee zu trinken. Darauf blieben wir unbeweglich sitzen. Nachdem ihm der Dolmetscher leise

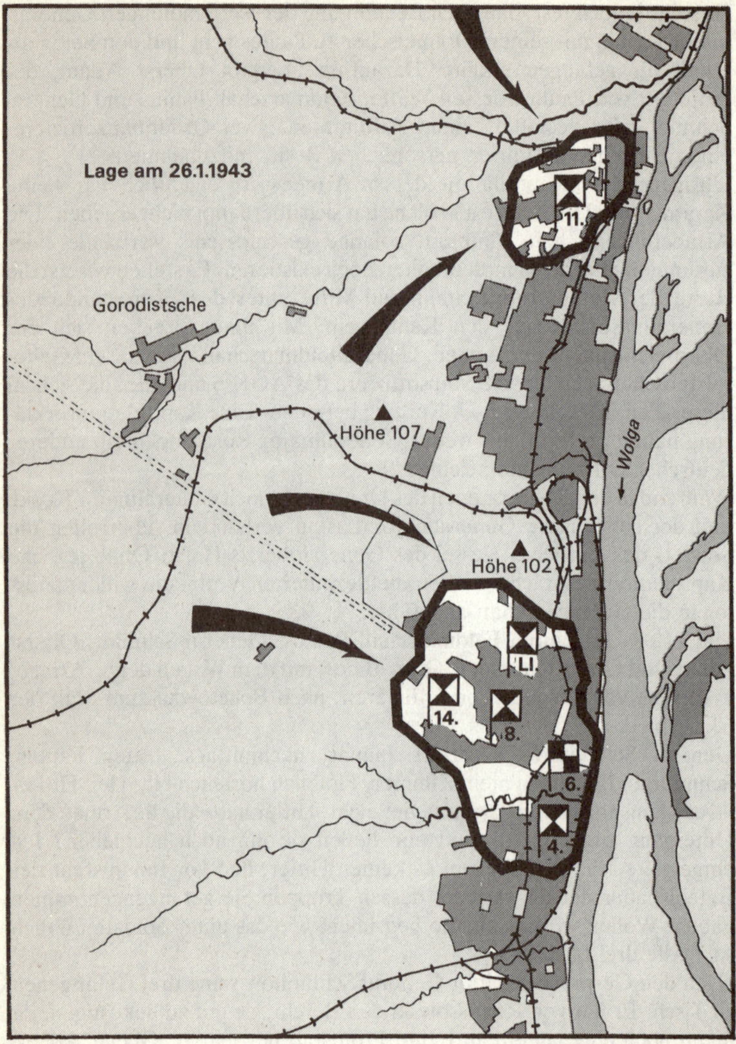
Lage am 26.1.1943
Gorodistsche
Höhe 107
Höhe 102
Wolga
11.
LI.
14.
8.
6.
4.

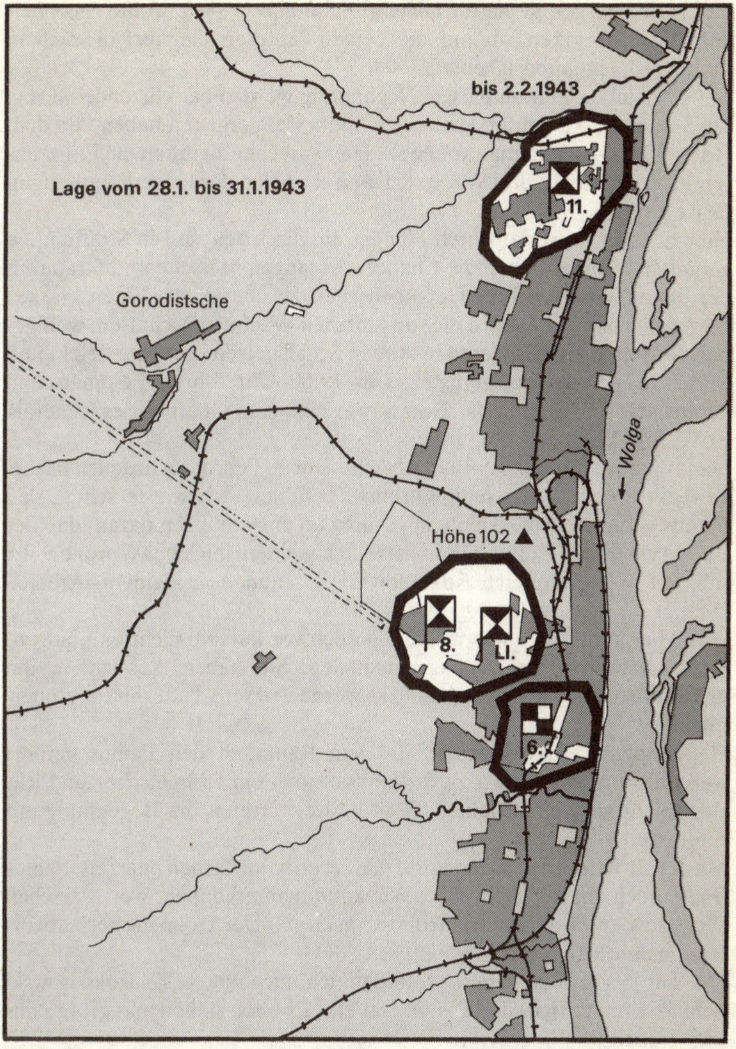

bis 2.2.1943
Lage vom 28.1. bis 31.1.1943
11.
Gorodistsche
Wolga
Höhe 102
8.
LI.
6.

einige Worte gesagt hatte, lächelte Schumilow: »Ich wollte Sie nicht beleidigen. Trinken wir auf die beiden tapferen Gegner, die sich in Stalingrad gegenüberlagen!«

In der gleichen Zeit an diesem Nachmittag werden bei klirrendem Frost die Soldaten, die sich in den beiden Südkesseln ergeben haben, auf dem Roten Platz zusammengetrommelt. Hier sprechen zu ihnen die Emigranten Pieck, Ulbricht und Weinert. Dann setzt sich der lange Elendszug in Bewegung.

Nur die wenigsten der durch Hunger ausgezehrten und in Stofflumpen gehüllten Männer haben die Chance, die langen Märsche und Strapazen der ersten Wochen ihrer Gefangenschaft zu überleben. Einen krassen Gegensatz bilden dagegen die sowjetischen Wachmannschaften: wohlgenährte, rotbäckige Soldaten in kurzen Schafspelzen, mit Filzstiefeln und Maschinenpistolen ausgerüstet. Um 19.00 Uhr fahren Feldmarschall Paulus und sein Stab in das Dorf Sawarigino zum Quartier des Generals Rokossowski.

Hauptmann Djatlenko: »In der Nacht zum 1. Februar wurde ich nachts geweckt und zu Marschall Woronow befohlen. Ich wußte schon, daß Paulus gefangen war, dachte aber nicht im entferntesten daran, daß der Befehl etwas mit Paulus zu tun hätte. Ich meldete mich bei Woronow. Er saß mit Generaloberst Rokossowski zusammen in seinem Arbeitszimmer.

›Na, Hauptmann, Paulus wollte Sie noch vor kurzem nicht empfangen, jetzt haben wir ihn zu uns eingeladen. Sie haben Aussichten, ihn unmittelbar vor sich zu haben. Sie werden unsere Unterhaltung übersetzen!«

Generaloberst Rokossowski: »In dem Raum, in den Paulus geführt werden sollte, waren wir zu dritt: Woronow, ein Dolmetscher und ich. Wir saßen an einem kleinen Tisch und erwarteten die Begegnung mit Interesse.«

Marschall Woronow: »Man hörte die Türen beim Öffnen knarren. Paulus fragte noch auf der Schwelle: ›Wie kann man erkennen, wer Marschall Woronow und wer General Rokossowski ist?‹ Der Dolmetscher antwortete ausführlich.

Die Tür des großen Zimmers, in dem ich mich mit K. K. Rokossowski befand, öffnete sich, und Paulus trat ein. Er blieb stehen und grüßte uns schweigend.«

Generaloberst Rokossowski: »Vor uns stand in korrekter Haltung ein großer, hagerer General in Felduniform. Wir forderten ihn auf, bei uns Platz zu nehmen und sich von den Zigarren und Zigaretten, die auf dem

Tisch standen, zu bedienen. Ein Glas heißen Tee, das wir Paulus anboten, nahm er dankbar an.
Unsere Unterhaltung hatte nicht den Charakter eines Verhörs. Wir sprachen über aktuelle Fragen, vor allem über die Lage der kriegsgefangenen Soldaten und Offiziere. Paulus hatte von vornherein der Hoffnung Ausdruck gegeben, keine Fragen beantworten zu müssen, die seinem Eid zuwiderliefen. Wir sagten zu, solche Fragen nicht zu stellen.
Am Schluß der Unterredung forderten wir Paulus auf, die ihm unterstellten Truppen der Nordgruppe anzuweisen, den sinnlosen Widerstand einzustellen. Dieser lehnte das mit dem Bemerken ab, daß er als Kriegsgefangener nicht berechtigt sei, einen solchen Befehl zu erteilen.«
Hauptmann Djatlenko: »Die Unterredung hat schon vierzig Minuten gedauert. Woronow schaut auf die Uhr und sagt: ›Also, wie Sie wollen! Wir haben mit Ihnen nur noch eine Frage zu erörtern: Wenn wir auch unter Kriegsbedingungen leben, so halten wir es doch für unsere Pflicht, Ihnen nach Möglichkeit normale Verhältnisse zu schaffen. Was sind Sie beispielsweise zu essen gewohnt? Vielleicht brauchen Sie eine bestimmte Diät? Welche Wünsche haben Sie in dieser Hinsicht?‹
›Danke, die Bedingungen sind völlig ausreichend. Ich bin Soldat und an ein soldatisches Leben gewöhnt. Wenn ich darf, möchte ich bitten, daß man sich um die vielen Kriegsgefangenen kümmert — sie sind hungrig, und besonders um unsere Verwundeten — viele von ihnen brauchen dringend medizinische Hilfe...‹
›Gut‹, antwortete Woronow. ›Wir sind verpflichtet, das zu tun. Natürlich ist es unter den Bedingungen der Front schwierig, gleich am ersten Tag eine solche Masse Menschen in Empfang zu nehmen und entsprechend zu versorgen. Doch wir haben schon Maßnahmen eingeleitet. Alles Notwendige wird getan.‹ ›Ich danke Ihnen‹, antwortete der Feldmarschall. So endete die erste Unterredung.«
Auch im Nordkessel geht der Kampf dem Ende entgegen. Hier in dem Traktorenwerk mit seinen Hallen und Häuserruinen, mit Blechfabrik und Eisengießerei, kämpfen noch die Reste der ehemals schlagkräftigen berühmten 16. und 24. Panzerdivisionen unter General d. Inf. Strecker. Um die letzten deutschen Truppen zur Kapitulation zu bewegen, werfen sowjetische Maschinen Flugblätter ab, die Paulus bei seiner Vernehmung durch einen sowjetischen General zeigen.
Noch am 1. Februar funkt Hitler an General Strecker: »Ich erwarte, daß der Nordkessel von Stalingrad sich bis zum letzten hält. Jeder Tag, jede Stunde, die dadurch gewonnen wird, kommt der übrigen Front entscheidend zugute.«

In der Nacht zum 2. Februar werfen 42 Junkers Ju 52, 34 Heinkel He 111 und 5 Focke-Wulf 200 »Condor« nochmals etwa 98 t ab, davon 64 t Verpflegung und 34 t Munition. Die Besatzungen beobachten große Brände und starkes Artilleriefeuer: »Der Nordkessel schiene sich durch die fortgesetzten Angriffe weiter einzuengen. Ein Hakenkreuz aus roten Lichtern, das die Abwurfstelle markierte, war gut zu erkennen.«
Auch im Traktorenwerk ist jetzt der Kampf zu Ende. Die Soldaten haben die letzte Verpflegung aufgeteilt und ein Gewehr mit weißem Lappen in den Schnee gesteckt.
Um 8.14 Uhr meldet General d. Inf. Strecker: »XI. Armeekorps hat mit seinen 6 Divisionen in schwerstem Kampf bis zum letzten seine Pflicht erfüllt. Es lebe der Führer! Es lebe Deutschland!«
Und gegen 9.00 Uhr funkt die 24. Panzerdivision: »Russe dringt kämpfend in Traktorenwerk ein, es lebe Deutschland!« Da die 24. Panzerdivision bis dahin noch über die einzige Funkverbindung nach draußen verfügt, ist dieser Funkspruch wohl das letzte Lebenszeichen der einst etwa 330000 Mann starken 6. Armee.
Jetzt löst sich der Nordkessel in Chaos auf. Als am 2. Februar gegen 10 Uhr deutscher Zeit General d. Inf. Strecker endlich in seinem Bunker in der Halle II des Dscherschinski-Traktorenwerkes den Kampf einstellen läßt, verfügt er über keine Truppen mehr.
Volle drei Wochen hat die gewaltige sowjetische Übermacht vom Tage des Großangriffs, dem 10. Januar, an gebraucht, um den letzten Widerstand zu brechen. Der tägliche Geländegewinn der sowjetischen Truppen beträgt im Schnitt nur dreieinhalb Kilometer, dafür müssen jedoch, um sie so lange aufzuhalten, etwa 45000 deutsche Soldaten ihr Leben opfern.
Am Vormittag des 2. Februar befiehlt Feldmarschall Milch eine Luftaufklärung der vermutlichen Routen der »Rückwanderer«, da ihm die Meldung vorliegt, daß seit der Nacht zum 30. Januar etwa acht Ausbruchsgruppen aus den beiden südlichen Kesseln und eine aus dem Nordkessel unterwegs sein sollen. Der Feldmarschall schlägt zwar noch vor, ihnen Seenotfunkgeräte abzuwerfen, jedoch ist dies nicht mehr durchführbar. Am 2. Februar um 19.00 Uhr meldet der Chef des Generalstabes des VIII. Fliegerkorps (GenLt. Fiebig): »Von fünf nach Stalingrad gestarteten Maschinen haben drei Besatzungen keine deutschen Truppen mehr beobachtet, die vierte glaubt, noch Kämpfe bemerkt zu haben, und der Flugzeugführer der fünften Maschine, einer He 111, meint, er habe ein Blinkzeichen in einer Balka 40 Kilometer westlich von Stalingrad gesehen und in der Vermutung, es handele sich um eine Ausbruchsgruppe, dort Versorgungsbomben abgeworfen.«

Die Verbände, die in Stalingrad untergingen

Die 6. Armee — im Spätsommer 1942 überdurchschnittlich gut ausgestattet — zählte so viele Divisionen wie normalerweise zwei Armeen zusammen. Ihr Oberbefehlshaber, Generaloberst Paulus, »war seinen Untergebenen ein wohlwollender und stets korrekter Vorgesetzter« — wie sein Adjutant, Oberst Adam, bezeugte.
Als alter Soldat und langjähriger Lehrer für Kriegsgeschichte und Taktik hätte er erkennen müssen, daß seine Armee durch die dilettantischen Befehle Hitlers, die häufig jedem Prinzip der Strategie widersprachen, in eine hoffnungslose Lage hineinmanövriert wurde. Eine überzeugende Antwort, warum er sich diesen Befehlen trotzdem beugte, hat Paulus nie gegeben.

Division

Die Division ist der kleinste Truppenverband, der zu selbständigem Kampf aus verschiedenen Waffengattungen zusammengesetzt war, an ihrer Spitze der Divisionskommandeur, ihm zur Seite der Divisionsstab. Die Infanterie verfügte im allgemeinen über drei Infanterieregimenter, eine Aufklärungsabteilung, ein leichtes Artillerieregiment zu drei Abteilungen, eine schwere Artillerieabteilung, eine Panzerjägerabteilung, ein Pionierbataillon, eine Nachrichtenabteilung sowie über die der Versorgung der Truppe dienenden Nachschubdienste, Verwaltungsdienste, Sanitäts-, Veterinär-, Ordnungs- und Feldpostdienste.
Die Panzerdivisionen verfügten über mehrere in Abteilungen gegliederte Panzerregimenter, mehrere Panzergrenadierregimenter, ein Kradschützenbataillon, eine motorisierte Aufklärungsabteilung, ein motorisiertes Artillerieregiment, ein motorisiertes Pionierbataillon und eine motorisierte Nachrichtenabteilung. Für die Versorgung hatten sie die gleichen Dienste wie eine Infanteriedivision.
Eine Infanteriedivision besaß eine Sollstärke von 16000 bis 20000 Mann. Und die Panzerdivisionen hatten im Herbst 1942 eine Sollstärke von etwa 150 bis 225 Panzern und 120 bis 125 Schützenpanzern.
Das Führungsschema einer sowjetischen Armee sah wie folgt aus: Regiment — Division — Armee. Eine Armee hatte vier bis fünf,

zeitweise auch mehr Divisionen. Jede deutsche Armee dagegen hatte vier Korps und jedes Korps drei bis fünf Divisionen. So entsprach also eine sowjetische Armee jener Zeit ihrem Bestand nach etwa einem deutschen Korps oder sogar weniger.
Hier eine Zusammenstellung der Stäbe, Divisionen und Einheiten, die infolge der unverantwortlichen Befehle der obersten deutschen Führung in Stalingrad blieben:

Generalkommandos

4. Panzerarmee
Oberbefehlshaber: GenOberst Hoth — außerhalb des Kessels, Armee-Nachr.Rgt. 4, Nachr.Nahaufkl.Kp.

IV. Armeekorps
Kommandierender General: Gen.d.Art. Pfeffer, Korps-Nachr.Abt. 44, Korps-Nachschub Tr. 404, Kraftw.Werkst.Zug 404

VIII. Armeekorps
Kommandierender General: GenOberst Heitz, Feldpostamt 408, Korps-Nachr.Abt. 48, Korps-Nachschub Tr. 408

XI. Armeekorps
Kommandierender General: Gen.d.Inf. Strecker, Korps-Nachr.Abt. 51, Korps-Nachschub Tr. 411

XIV. Pz.Korps
Kommandierender General: GenLt. Schlömer, Korps-Nachr.Abt. 60, Korps-Nachschub Tr. 414

LI. Armeekorps
Kommandierender General: GenLt. v. Seydlitz-Kurzbach, Feldgendarmerie Tr. 451, Korps-Nachr.Abt. 451, Korps-Nachschub Tr. 451, Kraftw.Werkst.Zug 451

Divisionen und sonstige Einheiten

	4. Infanteriedivision
	Standort: Dresden (bis August 1940)
	14. Panzerdivision
	(ab August 1940)
1940	**West**
Mai—Juli	Vormarsch aus der Eifel über Givet, Hirson bis Miraumont
	Abdrehen nach Süden über die Somme, Oise, Marne, Seine bis Romorantin
August 1940 bis März 1941	Umgliederung und Neuaufstellung als 14. Panzerdivision auf den Tr.Üb.Pl.Königsbrück und Milowitz
	Verlegung nach Ungarn
April	**Südost**
	Vorstoß von Barcs über Virovitica, Agram bis Karlovac
	In 2 Marschgruppen nach Süden über Mostar bis Dubrovnik
Mai—Juni	Transport auf den Tr.Üb.Pl. Döberitz
	Ost
	Bereitstellung im Raum Radom
Juni—November	1. Einsatz:
	Vorstoß über den Bug, Alexandrowka, Luzk, Saporoschje bis Dnjepropetrowsk
	Abdrehen nach Süden über Mirgorodowka, Mariupol zum Don
	Einnahme von Rostow
November 1941 bis Mai 1942	Abwehrkämpfe in der Mius-Stellung
	Brückenkopf an der Samara bei Alexandrowka
Mai—Juni	Kesselschlacht südlich von Charkow, Schlacht am Donez südlich Woltschansk, Kämpfe bei Kupjansk
Juli—Oktober	Vorstoß über den unteren Don und durch die Kalmückensteppe bis Stalingrad
November 1942 bis Januar 1943	Untergang im Kessel von Stalingrad
Der letzte Kommandeur:	GenMaj. Lattmann

Einheiten:
Pz.Gren. (Schtz.) Rgt. 103
Pz.Gren. (Schtz.) Rgt. 108, II. u. III. Btl.
Pz.Rgt. 36
Pz.Art.Rgt. 4, III. Abt.
Heeres-Flakart.Abt. 276
Pz.Jäg.Abt. 4, 1. Kp.
Nachr.Abt. 4, 2. Kp.
Nachsch. Tr. 4
Kraftw.Werkst.Kp. 4
Kr.Kraftw.Zug 4

16. Infanteriedivision
Standort: München (bis Juli 1940)

16. Panzerdivision
(ab Juli 1940)

1940	
Mai—Juni	**West**
	Vormarsch durch Luxemburg und Südbelgien nach Frankreich
	Vorstoß in Richtung Verdun und über die Maas in den Raum südlich Toul–Nancy
Juli—Dezember	Umgliederung in 16. Panzerdivision im Reichsgebiet
Dezember 1940 bis März 1941	**Ost** Lehrtruppe in Rumänien
Juni—August	Vormarsch über den Bug bei Sokal–Krystinopol
	Panzerschlacht bei Dubno
	Vorstoß über Jampol, Berditschew, Monastyrischtsche, Uman, Perwomaisk, Wosnessensk bis Nikolajew
August—September	Abdrehen nach Norden
	Vormarsch über Nowgorodka, den Dnjepr bei Krementschug bis Lubny
	Schlacht bei Kiew
September—Dezember	Vorstoß nach Süden, über Nowomoskowsk bis Andrejewka
	Kämpfe am Asowschen Meer
	Verfolgungskämpfe in der Ostukraine
	Kampf im Donezbecken
	Abwehrkämpfe ostwärts des Mius

1942

Januar—April Abwehr in der Mius-Stellung

April—Mai Auffrischung im Raum Makejewka

Mai—Juni Vorstoß über Isjum, Losowaja in den Raum Woltschansk
Schlacht bei Charkow
Schlacht von Isjum–Kupjansk

Juni—Juli Bereitstellung im Raum Stalino–Makejewka

Juli—August Vorstoß über Artemowsk, Lissitschansk, Belowodsk, den Tschir bei Arshanowski zum mittleren Don
Kämpfe im Raum Kalatsch

August—November Schlacht um Stalingrad

November 1942 bis Januar 1943 Kampf und Untergang im Kessel von Stalingrad

Der letzte Kommandeur: GenLt. Angern (gefallen)

Einheiten:

Pz.Gren.Rgt. 64
Pz.Gren. (Schtz.) Rgt. 79
Pz.Gren. (Schtz.) Rgt. 79, II. u. III. Btl.
Pz.Rgt. 2
Pz.Art.Rgt. 16
Pz.Pi.Btl. 16
Nachsch.Tr. 16
Kraftw.Werkst.Kp. 16
Verpfleg.Amt 16
San.Kp.16
Kr.Kraftw.Zug 16

1. (ostpr.) Kavalleriebrigade
(bis Dezember 1939)

1. (ostpr.) Kavalleriedivision
(Dezember 1939 bis Oktober 1941)

24. (ostpr.) Panzerdivision
(ab März 1942)

1939 **Ost**

September Als Kavalleriebrigade im Polenfeldzug Vormarsch von Ortelsburg über Ostrolenka, den Narew und Bug bis vor Warschau

Dezember	Aufbau zur Kavalleriedivision durch Zuführung verschiedener Aufklärungsabteilungen im Raum Dresden
1940	**West**
Mai—Juni	Einsatz in Nordholland am Zuidersee-Damm Vormarsch durch Belgien nach Frankreich Vorstoß über die Somme, Seine und Loire bis La Rochelle
1941	**Ost**
Juni—Oktober	Bug-Übergang südlich Brest-Litowsk Vorstoß durch das Pripjet-Gebiet, über die Beresina (bei Bobruisk) zum Dnjepr Abwehrkämpfe bei St. Bychow südlich Mogilew Verfolgungskämpfe von Gomel bis zum Snow (Schlacht um Kiew) Schlacht bei Brjansk Verlegung nach Ostpreußen Umgliederung in 24. Panzerdivision auf dem
November 1941	Tr.Üb.Pl. Stablack
bis Februar 1942	**West**
März—Mai	Ausbildung und Besatzung in Frankreich, Raum Rennes Verlegung an die Ostfront, Raum Kursk
	Ost
Juni—August	Vorstoß gegen den oberen Don Einnahme von Woronesch Vorstoß zum mittleren Don Kämpfe im Raum Kalatsch und in der Kalmückensteppe bei Aksai und Zaza
September 1942 bis Januar 1943	Kampf und Untergang im Nordkessel von Stalingrad
Der letzte Kommandeur	GenLt. v. Lenski

Einheiten:

Pz.Gren.Rgt. 21	Pi.Btl. 40
Pz.Gren.Rgt. 26	Nachsch.Tr. 40
Pz.Rgt. 24	Kraftw.Werkst.Kp. 40
Art.Rgt. 89	Verpfleg.Amt 40
Kradsch.Btl. 4	Bäcker.Kp. 40
Pz.Jäg.Abt. 40	San.Kp. 40
	Kr.Kraftw.Zug 40

3. Infanteriedivision
Standorte in Ostbrandenburg
(bis September 1940)

3. Infanteriedivision (mot.)
(September 1940/Januar 1943)

1940	**West**
Mai—Juni	Vormarsch aus der Eifel über St. Hubert, Libramont, die Ardennen zur Maas
	Kampf um Nouzonville
	Durchbruch über die Aisne und den Aisnekanal nördlich Reims
	Abdrehen nach Süden und Vormarsch bis zum Canal du Centre
September 1940 bis Juni 1941	Umgliederung in Infanteriedivision (mot.) in den Garnisonen und auf dem Tr.Üb.Pl. Wandern (Abgabe des Inf.Rgt. 50 an die 111. Inf.Div.)
	Ost
Juni—September	Vormarsch aus dem Raum ostwärts Tilsit über Dünaburg bis zur Seenenge von Ludza
	Mot.-Marsch nach Ostrow
	Vorstoß über Porchow bis vor Luga
	Marsch in den Raum Dolschino südwestlich Ilmensee
	Vorstoß über den Lowat bis vor Demjansk
September—Dezember	Mot.-Marsch in den Raum südlich Smolensk
	Vorstoß aus dem Raum Roslawl über Juchnow, Medyn bis zur Nara südwestlich Moskau
	Abwehrkämpfe beiderseits Naro-Fominsk
	Vormarsch nach Norden über die Moskwa bis vor Rusa
	Abwehrkämpfe an der Moskwa
1942	Rückzug in den Raum ostwärts Gshatsk
Januar—Februar	Partisanen-Einsatz südlich Wjasma
Februar—Mai	Auffrischung und Aufrüstung im Raum südlich Orscha
Juni	Mot.-Marsch in den Raum nordostwärts Kursk

Juni—Juli	Vorstoß über den Don nach Woronesch, Marsch über Stary Oskol nach Millerowo, Vorstoß über den Tschir und Don Kesselschlacht von Kalatsch
August—Oktober	Abwehrkämpfe am Tatarenwall bei Kuzimichi
November 1942 bis Januar 1943	Verlustreiche Kämpfe bei Karpowka, Absetzen auf den Rossoschka-Abschnitt, Untergang im Kessel von Stalingrad
Der letzte Kommandeur:	Oberst v. Hanstein

Einheiten:

Inf.Rgt. 8	Nachr.Abt. 3
Inf.Rgt. 29	Nachsch.Tr. 3
Pz.Abt. 103	Bäcker.Kp. 3
Art.Rgt. 3, IV. Abt.	Kraftw.Werkst.Kp. 3
Kradsch.Btl. 53	Verpfleg. Amt 3
Pz.Jäg.Abt. 3	San.Kp. 3
	Kr.Kraftw.Zug 3

29. Infanteriedivision (mot.)

Standort: Kassel (bis Januar 1943)

1940	**West**
Mai—Juni	Vormarsch durch Luxemburg nach Frankreich Kämpfe bei Stonne Vorstoß über Rethel, die Somme bei Ham, Hazebrouck bis Poperinghe Vorstoß zur Schweizer Grenze, über die Aisne bei Château-Porcien, Mourmelon, die Saône bei Pontarlier bis Belfort
1941	**Ost**
Juni—Juli	Vormarsch aus dem Raum Bialystok über Zelwa, Stolpce, Minsk zum Dnjepr, Dnjepr-Übergang bei Kopys Vorstoß über Ljenino, Krassnyj nach Smolensk
August—Oktober	Vorstoß über die Desna Rückzug zum Brückenkopf Nowgorod-Sjewersk

	Vorstoß über Sjerjedina–Buda, die Mawlja zur Desna
	Kämpfe um Brjansk
Oktober—November	Stellungen im Raum Karatschew und nördlich Brjansk
November—Dezember	Vormarsch auf Moskau, über Tschern, Bogorodisk bis Jepifan
	Verlustreiche Kämpfe nördlich Jepifan und ostwärts Tula
	Verlustreicher Rückzug über Bogorodisk, Tschern auf Mzensk
Dezember 1941 bis Mai 1942	Stellungskämpfe an der Susha bei Mzensk
Juni	Bereitstellung im Raum Bjelgorod–Charkow
Juni—August	Vorstoß zum großen Donbogen
	Donübergang bei Zimljansk
	Vorstoß über Iljanka in die Kalmückensteppe, Richtung Kaukasus
	Abdrehen nach Norden
September 1942 bis Januar 1943	Verlustreiche Kämpfe und Untergang im Kessel von Stalingrad
Der letzte Kommandeur:	GenLt. Leyser

Einheiten:

Inf.Rgt. 15
Inf.Rgt. 71
Pz.Abt. 129 auch Pz.Rgt. 39
Art.Rgt. 29
Kradsch.Btl. 29
Pz.Jäg.Abt. 29, 3.Kp.
Pi.Btl. 29
Nachr.Abt. 29
Nachsch.Tr.

44. Infanteriedivision

Aufstellung im Wehrkreis Wien

1939	**Ost**
September	Vormarsch aus dem Raum Bielitz über Krakau, Tarnow, Jaroslau, Zolkiew bis vor Lemberg
1940	**West**
Mai—Juni	Vormarsch aus der Eifel durch Luxemburg und Belgien in den Raum St. Albert, Abdrehen nach Süden

	Vorstoß über die Somme, Aisne und Marne zur Seine, ostwärts Paris
	Vorstoß über Orléans, Blois, die Loire, Cher und Creuse bis zur Vienne
1941	**Ost**
Juni—November	Vorstoß aus dem Raum Hrubieszow über Dubno, Schitomir zum Dnjepr
	Kampf um Kiew; Kesselschlacht bei Beresany; Vormarsch über Achtyrka, Charkow, in den Raum Tschugujew
Dezember 1941 bis April 1942	Winterschlachten am Donez, südostwärts Charkow
Mai—Juli	Bereitstellung im Raum Charkow
Juli—September	Vorstoß über den Don, Kalatsch nach Stalingrad
Oktober 1942 bis Januar 1943	Kampf und Untergang im Kessel von Stalingrad
Der letzte Kommandeur:	GenLt. Deboi

Einheiten:
Div.Stab
Inf.Rgt. 131
Inf.Rgt. 132
Inf.Rgt. 134
Art.Rgt. 96
Pz.Jäg.Abt. 46
Pi.Btl. 80
Nachr.Abt. 64
Nachsch.Tr. 44
Verpfleg.Amt 44
Schlächter.Kp. 44
San.Kp. 44
Kr.Kraftw.Zug 44

✚ **60. Infanteriedivision**
Standort: Danzig (bis Juli 1940)

✚ **60. Infanteriedivision (mot.)**
(Juli 1940 bis Februar 1943)

1940	**West**
Mai—Juni	Vorstoß durch die Maginotlinie, südlich Saarbrücken
	Verfolgung über den Rhein-Marne-Kanal bis zum Donon
	Ost
	Umgliederung in 60. Infanteriedivision (mot.) auf dem Tr.Üb.Pl. Groß-Born

1941	Verlegung nach Rumänien und Bereitstellung
Januar—März	in Bulgarien
	Südost
April—Mai	Vorstoß nach Jugoslawien über Nisch, Krusevac bis Kragujevac
	Abdrehen nach Süden über Mitrovica zur griechischen Grenze
	Ost
Juni—September	Vormarsch über Lemberg, Dubno, Miropol in die Ukraine
	Schlachten bei Berditschew, Bjelaja Zerkow und Uman
	Einnahme von Dnjepropetrowsk
	Kämpfe um den Dnjepr-Brückenkopf
Oktober—Dezember	Vorstoß zum Asowschen Meer
	Vormarsch über Mariupol, Taganrog bis Rostow
Dezember 1941	Rückzug zum Mius
bis Februar 1942	Abwehrkämpfe in der Mius-Stellung nördlich Taganrog
März—Mai	Abwehrkämpfe im Raum Stalino, Schlacht bei Charkow
Juni—August	Vorstoß über den Donez und Don bis Kalatsch
	Vorstoß aus dem Brückenkopf
	Wertjatschi nach Stalingrad
September 1942	Kampf und Untergang im Nordkessel von
bis Januar 1943	Stalingrad
Der letzte Kommandeur:	GenMaj. Kohlermann (ausgeflogen)

Einheiten:
Div.Stab
Inf.Rgt. 92, I. u. II. Btl.
Inf.Rgt. 120
Pz.Abt. 160, auch Pz.Rgt. 18
Art.Rgt. 160
Kradsch.Btl. 160
Pz.Jäg.Abt. 160
Pi.Btl. 160
Nachr.Abt. 160
Nachsch.Tr. 160
Kraftw.Werkst.Kp. 160
Verpfleg.Amt 160
Feldpostamt 160
Kr.Kraftw.Zug 160

71. Infanteriedivision

Aufstellung August 1939 im Raum Hannover

1940	**West**
Mai—Juni	Vormarsch aus dem Hunsrück durch Luxemburg und Südbelgien nach Nordfrankreich, Raum Arlon Vorstoß über Villy (Maginotlinie),Verdun, St. Mihiel, Toul zur Mosel, Einnahme von Nancy
1941	**Ost**
Juni—Oktober	Vormarsch aus dem Raum nördlich Przemysl über Lemberg, Brody, Schitomir, Fastow zum Dnjepr Verlustreiche Kämpfe in der Schlacht um Kiew
Oktober 1941	**West**
bis März 1942	Auffrischung in Belgien und Verwendung als Lehrdivision in Frankreich
April	E-Transport in den Raum Charkow
	Ost
April—August	Teil-Einsatz im Raum nördlich Isjum Abwehrschlacht um Charkow Abwehrstellung an der Babka Vorstoß über Nikolajewka–Mal. Krynki, den Burluk in den Oskol-Abschnitt Verfolgungskämpfe über Belowodsk, Morowskaja, den Tschir zum Don bei Generalow; Abwehrkämpfe im großen Donbogen westlich Kalatsch
August 1942 *bis Januar 1943*	Vorstoß über den Don, Karpowka, Rossoschka bis Stalingrad; Untergang im Kessel von Stalingrad
Der letzte Kommandeur:	GenMaj. Roske

Einheiten:

Inf.Rgt. 191	Pi.Btl. 171
Inf.Rgt. 194	Nachr.Abt. 171
Inf.Rgt. 211	Nachsch.Tr. 171
Art.Rgt. 171, I. Abt.	Verpfleg.Amt. 171
Pz.Jäg.Abt. 171	Schlächter.Kp. 171
	Kr.Kraftw.Zug 171

76. (Berlin-brandenburg.) Infanteriedivision

1940	**West**
Mai	Kämpfe um Verdun und Toul
November 1940 bis Juni 1941	Verlegung als Lehrtruppe nach Rumänien
	Ost
	Verwendung als Lehrtruppe in Rumänien
Juni—November	Vorstoß durch die Ukraine, über den Dnjepr, Poltawa bis Artemowsk
November 1941 bis Juni 1942	Stellungskämpfe im Donezbecken
Juli 1942 bis Januar 1943	Vorstoß über Woroschilowgrad, Kamjensk, Morosowsk, den Tschir, den Don bei Kalatsch bis Stalingrad
	Kämpfe in der Nord-Riegelstellung
	Untergang im Kessel von Stalingrad
Der letzte Kommandeur:	GenLt. Rodenburg

Einheiten:

Gren.Rgt. 178	Kraftw.Werkst.Kp. 176
Inf.Rgt. 203	Verpfleg.Amt 176
Inf.Rgt. 230	Bäcker.Kp. 176
Art.Rgt. 176	Schlächter.Kp. 176
Pz.Jäg.Abt. 176	Vet.Kp. 176
Pi.Bt. 176	Kr.Kraftw.Zug 176
Nachr.Abt. 176	Feld-Lazarett 176
Nachsch.Tr. 176	Feldgend.Tr. 176
	Felders.Btl. 176

79. Infanteriedivision

Standort: Darmstadt

1940	**West**
Mai—Juni	Vormarsch südlich Saarbrücken über den Rhein-Marne-Kanal, Lunéville, Frambois bis Gerberviller
	Kämpfe an der Mosel und in den Vogesen, Besetzung von Epinal
1941	**Ost**
Juni—Oktober	Vormarsch aus dem Raum Zamosc/Polen über Sokal, Luzk, Dubno, Rowno, Zwiahel, Korosten zum Pripjet bei Tschernobyl

	Sicherung an der Nordwestfront des Kessels von Kiew
	Dnjepr-Übergang bei Pristany
	Abdrehen nach Süden über die Desna bis Jagotin
	Kesselschlacht im Raum Jagotin–Perejaslaw
	Vormarsch über Solotonoscha, den Pssiol, Weprik, Achtyrka, Graiworon, Borissowka bis Bjelgorod
Oktober 1941 bis Juni 1942	Kämpfe am Nord-Donez und bei Charkow; Schlacht bei Woltschansk; Abwehrkämpfe bei Olchowatka
	Einnahme von Kupjansk
Juli—Oktober	Vorstoß über Waluiki, Rowenki zum mittleren Don
	Abwehrkämpfe am Don
Oktober 1942 bis Januar 1943	Vorstoß über Kalatsch nach Stalingrad, Kampf und Untergang in Stalingrad
Der letzte Kommandeur:	GenLt. Graf Schwerin (ausgeflogen)

Einheiten:
Inf.Rgt. 208
Inf.Rgt. 212, I. u. II. Btl.
Inf.Rgt. 226
Art.Rgt. 179
Kp. zbV. 179
Radf.Abt. 179
Pz.Jäg.Abt. 179
Pi.Btl. 179
Nachr.Abt. 179
Nachsch.Tr. 179
Kraftw.Werkst.Kp. 179
Verpfleg.Amt 179
Bäcker.Kp. 179
Schlächter.Kp. 179
Kranken-Kraftw. Zug 179

94. Infanteriedivision

Aufstellung 1939 im Wehrkreis Dresden

1940	**West**
Mai—Juni	Einsatz in Frankreich
Juli	Verlegung an die Ostfront
1941	**Ost**
Juli—September	Marsch von Lemberg zum Dnjepr bei Kiew
	Vormarsch gegen den Donez
Oktober 1941 bis Juli 1942	Winterstellung im Donezbecken, Raum Kramatorsk

August—September	Vorstoß über Woroschilowgrad, den Donez und Don (bei Konstantinowsk), durch die Kalmückensteppe, über Abganerowo, Tundutowa zum Südabschnitt von Stalingrad
Oktober 1942 bis Januar 1943	Kampf und Untergang im Nordabschnitt von Stalingrad
Der letzte Kommandeur:	GenLt. Pfeifer (ausgeflogen)

Einheiten:
Inf.Rgt. 267,
Rgts.Stab u. I.Btl.
Inf.Rgt. 274
Inf.Rgt. 276
Art.Rgt. 194
Pi.Btl. 194
Nachr.Abt. 194
Nachsch.Tr. 194
Verpfleg.Amt 194
Bäcker.Kp. 194
Schlächter.Kp. 194
Vet.Kp. 194
Feldpostamt 194
San.Kp. 194
Feld-Laz. 194

100. Jägerdivision

Aufstellung Dezember 1940—März 1941 im Raum Ischl
April—Juni 1941 auf dem Tr.Üb.Pl. Döllersheim

1941	**Ost**
Juni—Oktober	Vormarsch über den San bei Jaroslaw, Buczacz, Shmerinka nach Winniza Kesselschlacht bei Uman südlich Kiew, Vormarsch über den Dnjepr, Poltawa nach Charkow
November—Dezember	Abdrehen nach Süden Abwehrkämpfe am Mius
1942	
Januar—April	In der Mius-Stellung westlich Rostow
April—Mai	Marsch nach Charkow–Tschugujew (Kesselschlacht bei Isjum)
Mai—Juli	Vorstoß über den Donez zum Don
August 1942	Don-Übergang bei Kalatsch

bis Januar 1943 Kampf um Stalingrad (Höhe 102)
Untergang im Kessel von Stalingrad
Der letzte Kommandeur: GenLt. Sanne

Einheiten:
Jäg.Rgt. 54
Jäg.Rgt. 227
Art.Rgt. 83, I. u. IV. Abt.
Aufkl.Abt. 100
Pz.Jäg.Abt. 100
Pi.Btl. 100
Nachr.Abt. 100
Nachsch.Tr. 100
Verpfleg. Amt 100
Bäcker.Kp. 100
San.Kp. 100
2. Kranken Kraftw.Zug 100
Feld-Laz. 100
Kroatisches Inf.Rgt. 100 (369.)
Feldgend.Tr. 100

113. Infanteriedivision
Standorte im Wehrkreis Nürnberg

1941 **Ost**
Juni bis September 1942 Vorstoß über Schitomir und Kiew in das Donezbecken, Raum Krasnograd
Vorstoß aus dem Raum Charkow über Starobjelsk, den Don bei Kalatsch nach Stalingrad
September 1942 bis Januar 1943 Kampf und Untergang im Kessel von Stalingrad
Der letzte Kommandeur: GenLt. v. Armin

Einheiten:
Inf.Rgt. 260
Inf.Rgt. 261
Inf.Rgt. 268
Art.Rgt. 87
Pz.Jäg.Abt. 113
Pi.Btl. 113
Nachr.Abt. 113
Nachsch.Tr. 113
Kraftw.Werkst.Zug 113
Verpfleg.Amt 113
Bäcker.Kp. 113
San.Kp. 113
Kranken-Kraftw.Zug 113

295. Infanteriedivision
Aufstellung Februar 1940 im Wehrkreis Hannover

1940 **West**
Mai—Juni Vorstoß aus dem Raum Geilenkirchen–Aa-

	chen über Maastricht, Tongern, Huy (Maas), Givet nach Nordfrankreich
	Vormarsch über Neufchâtel (Aisne), Reims, Epernay, die Marne, Bar-sur-Seine in den Raum Nevers/Loire
1941	**Ost**
Juni—September	Vormarsch durch den Raum Rawa Russka – Lemberg, über Tarnopol, Uman (Kesselschlacht), Bjelaja Zerkow, Boguslow, Korsun, Schpola zum Dnjepr
September—November	Dnjepr-Übergang südlich Krementschug
	Vorstoß zum Donez über Krasnograd, Losowaja, Barwenkowo
November 1941 bis Juli 1942	Kämpfe im Raum Slawjansk–Kramatorskaja–Artemowsk
Juli—September	Vorstoß über Debalzewo, Woroschilowsk, Woroschilowgrad, Kamensk, Morosowsk, Surowikino, den Tschir und Don bis Stalingrad
September 1942 bis Januar 1943	Kampf und Untergang im Kessel von Stalingrad
Der letzte Kommandeur:	GenMaj. Dr. Korfes

Einheiten:

Gren.Rgt. 516
Inf.Rgt. 517 Rgts.Stab und 14. Kp.
Inf.Rgt. 518, Rgts.Stab und II.Btl.
Art.Rgt. 295, II., III. und IV. Abt.
Pz.Jäg.Abt. 295
Pi.Btl. 295
Nachr.Abt. 295
Nachsch.Tr. 295
Kraftw.Werkst.Kp. 295
Verpfleg.Amt 295
Bäcker.Kp. 295
San.Kp. 295

297. Infanteriedivision

Aufstellung 1939/40 in Bruck a. d. Leitha

1940	**West**
Mai—Juni	Einsatz in Frankreich
1941	**Ost**
Juni—November	Vormarsch über Winniza, Kiew, den Dnjepr in den Raum Charkow

November 1941 bis Juni 1942	Stellungen im Donezbecken
Juni—September	Vorstoß aus dem Raum Charkow über den Tschir und Don nach Stalingrad
September 1942 bis Januar 1943	Kampf und Untergang im Kessel von Stalingrad
Der letzte Kommandeur:	GenMaj. v. Drebber

Einheiten:	Nachsch.Tr. 297
Inf.Rgt. 522	Kraftw.Werkst.Kp. 297
Inf.Rgt. 523	Verpfleg.Amt. 297
Inf.Rgt. 524	Bäcker.Kp. 297
Art.Rgt. 297	Schlächter.Kp. 297
Pz.Jäg.Abt. 297	Vet.Kp. 297
Pi.Btl. 297	Kranken-Kraftw.Zug 297
Nachr.Abt. 297	Feldgend.Tr. 297

305. (bad.-württ.) Infanteriedivision

Aufstellung Januar bis März 1941 im Raum Ravensburg/Württ. aus Teilen der 78. Sturmdivision

April 1941 bis April 1942	**West**
	Besatzung in Frankreich
	Verlegung zur Heeres-Gruppe Süd (6. Armee); Raum Charkow
	Ost
Mai—August	Frühjahrsschlacht bei Charkow
	Schlacht am Nord-Donez, bei Woltschansk
August—September	Sommeroffensive über den Oskol und Don in den Raum Stalingrad
September 1942 bis Januar 1943	Kampf und Untergang im Nordabschnitt (Traktorenwerk) von Stalingrad
Der letzte Kommandeur:	GenMaj. Steinmetz (ausgeflogen)

Einheiten:	Nachsch.Tr. 305
Inf.Rgt. 576	Kraftw.Werkst.Kp. 305
Inf.Rgt. 577	Verpfleg.Amt 305
Inf.Rgt. 578	Bäcker.Kp. 305

Art.Rgt.305
Pz.Jäg.Abt. 305
Pi.Btl. 305
Nachr.Abt. 305
Schlächter.Kp. 305
Vet.Kp. 305
San.Kp. 305
Kranken-Kraftw.Zug 305

371. Infanteriedivision

Aufstellung Winter 1941/42 im Raum Beverloo/Belgien

1942 Mai	E-Transport zum Südabschnitt der Ostfront
	Ost
Juni	Marsch von Kischinew über Odessa, Nikolajew, Kriwoj Rog, Dnjepropetrowsk, Pawlograd in den Bereitschaftsraum Artemowsk
Juli—August	Vorstoß über Woroschilowgrad, Schachty und den Don
	Abwehrkämpfe zwischen dem Manytsch und dem Sal
September—Oktober	Vorstoß durch die Kalmückensteppe über Kotelnikowo nach Stalingrad
November 1942 bis Januar 1943	Untergang im Kessel von Stalingrad
Der letzte Kommandeur:	GenLt. Stempel (gefallen)

Einheiten:
Inf.Rgt. 669
Inf.Rgt. 670
Inf.Rgt. 671
Art.Rgt. 371
Pz.Jäg.Abt. 371
Pi.Btl. 371, Stab u. Kol.
Nachr.Abt. 371
Nachsch.Tr. 371
Kraftw.Werkst.Kp. 371
Verpfleg.Amt 371
Bäcker.Kp. 371
Vet.Kp. 371
San.Kp. 371
Kranken-Kraftw.Zug 371
Feldgend.Tr. 371

376. Infanteriedivision

Aufstellung Winter 1941/42 in Frankreich, Raum Angoulême

1942	**Ost**
Mai—Juli	Einsatz im Raum Charkow–Bjelgorod
Juli—September	Vormarsch zum großen Donbogen
	Vorstoß über Kalatsch nach Stalingrad
Oktober 1942 bis Januar 1943	Kampf und Untergang im Kessel von Stalingrad
Der letzte Kommandeur:	GenLt. Edler v. Daniels

Einheiten:
Inf.Rgt. 672
Inf.Rgt. 673
Gren.Rgt. 767
Art.Rgt. 376, Rgts.Stab und III.Abt.
Pz.Jäg.Abt. 376
Pi.Btl. 376
Nachr.Abt. 376
Nachsch.Tr. 376
Kraftw.Werkst.Kp. 376
Verpfleg.Amt 376
Vet.Kp. 376
San.Kp. 376
Kranken-Kraftw.Zug 376
Feldgend.Tr. 376

384. Infanteriedivision

Aufstellung Ende 1941 im Wehrkreis Dresden

1942	**Ost**
Juni—September	Vorstoß aus dem Raum Charkow über den Donez und Don bei Kalatsch nach Stalingrad
Oktober 1942 bis Januar 1943	Kampf und Untergang im Kessel von Stalingrad
Der letzte Kommandeur:	GenLt. Freiherr. v. Gablenz (ausgeflogen)

Einheiten:
Div.Stab
Inf.Rgt. 534
Inf.Rgt. 535
Inf.Rgt. 536
Art.Rgt. 384
Pz.Jäg.Abt. 384
Pi.Btl. 384
Nachr.Abt. 384
Nachsch.Tr. 384
Kraftw.Werkst.Kp. 384
Verpfleg.Amt 384
Bäcker.Kp. 384
Schlächter.Kp. 384
San.Kp. 384
Kranken-Kraftw.Zug 384
Feldgen.Tr. 384
Felders.Btl. 384

389. Infanteriedivision

Aufstellung Februar 1942 auf dem Tr.Üb.Pl. Milowitz

1942 — **Ost**

Mai—Juni — Kesselschlacht im Donez-Gebiet, Raum Gorlowka–Konstantinowka–Isjum südlich Charkow

Juni—September — Vorstoß über den Oskol und Don nach Stalingrad

Oktober 1942 bis Januar 1943 — Kampf und Untergang im Nordabschnitt von Stalingrad

Der letzte Kommandeur: GenMaj. Magnus

Einheiten:
Inf.Rgt. 544
Inf.Rgt. 545
Inf.Rgt. 546
Art.Rgt. 389
Pz.Jäg.Abt. 389
Pi.Btl. 389
Nachr.Abtl. 389
Nachsch.Tr. 389
Kraftw.Werkst.Kp. 389
Verpfleg.Amt 389
Bäcker.Kp. 389
Feldpostamt 389
Kranken-Kraftw.Zug 389

9. Flakdivision (mot.)

Aufstellung: Juni/Juli 1940 als Luftwaffenkommando 9 in Belgien/Nordfrankreich

1941 — **West**

1. 9. 1941 ehem. LwKdo 9, das 1940/41 vorübergehend als Flakführungsstab in Burgund die Unternehmen »Felix« (Fortnahme von Gibraltar) und »Haifisch« (Ersatz »Seelöwe«) vorbereitete.

Durch 13. Flakdiv. im Lv-Einsatz bei LGKdo Westfrankreich (Luftflotte 3) abgelöst und zum I. Flakkorps nach Rußland-Süd überführt

1942 — **Ost**

Januar—Mai — Einsatzraum im Südabschnitt der Ostfront, von der Krim bis Kursk

Mai—Juli	Zusammenfassung der Division im Raum Charkow zur Vorbereitung der Sommeroffensive im Verband der 6. Armee
Juli—August	Vormarsch aus dem Raum südlich Bjelgorod über den Oskol, Millerowo zum Don, Raum Konstantinowskaja; Deckung des Don-Überganges der 4. Panzerarmee
	Vorstoß (wieder mit 6. Armee) über den Tschir nach Osten
	Teilnahme an der Panzerschlacht bei Kalatsch
	Vorstoß über den Don, bei Akimowski bis zur Wolga, nördlich Stalingrad
September—November	Vorstoß auf Stalingrad; Verlustreiche Kämpfe um die Stadt und in der Enge zwischen Don und Wolga
November	Einschließung der 6. Armee (Geringe Teile der 9. Flakdivision blieben außerhalb der Einschließung und stehen in verlustreichem Einsatz am Tschir)
Dezember 1942 bis Januar 1943	Kampf und Untergang im Kessel von Stalingrad
Der letzte Kommandeur:	GenMaj. W. Pickert (ausgeflogen)

Einheiten:

Flak-Rgt. 37 (I/8, I/49, III/FAS, le. 851)
Flak-Rgt. 91 (I/9, I/241, le. 77, le. 774)
Flak-Rgt. 104 (I/12, I/37, le. 91, le. 775)
Luftnachrichten-Abt. 129 (mot.)

Heereseinheiten bzw. Truppenteile, deren Zugehörigkeit zu einer Division nicht bekannt ist:

Alarm-Btl.Nachsch. IV
Höh.Art.Kdr. 310
Art.Rgt. 46, II. Abt.
Art.Rgt 53, II. Abt.
Art.Rgt. 50, Stabs-Bttr. u. II. Abt.
Art.Rgt. 72, II. Abt.
schw.Art.Abt. 430
schw.Art.Abt. 616
schw.Art.Abt. 631
schw.Art.Abt. 733
schw.Art.Abt. 800
le.Beob.Abt. 28
schw.Art.Abt. 849
schw.Art.Abt. 851
schw.Art.Abt. 855
Bäcker.Kp. 542
Fstgs.Bau-Btl. 16
Bau-Btl. 110
Bau-Btl. 540, 1. Kp.
Gr.Heeres-Baudienstst. 92
le. Beob.(Lehr)Abt. 40
le.Beob.Abt. 43
Beob.Bttr.(Pz.) 16
Betriebsstoff-Verw.Kp. 571
Brücken-Bau-Btl. 255
Brücken-Bau-Btl. 522
Brücken-Bau-Btl. 655
Brücken-Kol.B 48
Brücken-Kol. 404
Brücken-Kol.B 657
Brücken-Kol. 952, Staffel u. Stab
Durchgangslager (Stammlg.) 205
Feldpostamt 792
Feldzeug-Btl. 7
Fla.Btl. 602
Fla.Btl. 608
Fla.Btl. 614
Fla.MG-Btl. (schw.) mot.Z 66
Kart.- u. Vermessungs.Abt. 617
Kart.Bttr. 650
Kesselwag.Kol.f.Betriebsst. 674
Feld-Kdtr. 249 V
Kfz.Ersatzteil-Staffel 104
Bewegl.Kfz.Instands.Kp. 128
Bewegl.Kfz.Instands.Kp. 175
gr.Kw.Kol.f.Wassertrsp. 643
kl.Kw.Kol. 795
kl.Kw.Kol. 829
Kw.Trsp.Abt. 612
2. u. 4.Kranken.Kraftw.Zug 542
1. Feld-Laz. 542
Laz. u. Hauptverb. Pl. Stalingrad
Armee-Nachr.Rgt. 549
15. Fernsprech-Bau-Kp. 643
Korps-Nachsch.Tr. 473, 1. u. 2. kl.Kw.Kol.
Nachsch.Btl. 542
Nachsch.Abt. 543, Kol.
Fahrkol. 691
OT-Einsatz 1/6 Einh. 43
OT-Einsatz 1/6 Einh. 47
Pz.Jäg.Abt. 521
Pz.Jäg.Abt. 611
Pz.Jäg.Abt. 670
Fstgs.Pi.Stab 16
Pi.Rgt.Stab 604
Pi.Brück.Btl.21
Pi.Btl. 41
Pi.Btl. 45, 3. Kp.
Pz.Pi.Btl. 50
Pz.Pi.Btl. 140
Pi.Btl. 60
Bau-Pi.Btl. 63, 4. Kp.

Bau-Pi.Btl. 122, Br.Kol.B
Pi.Btl. 134, Kol. u. Br.Kol.B.
Pi.Btl. 635
Pi.Btl. 754, Stab u. Kol.
Schlächter.Kp. 573
le.Radf.Straßenbau-Btl. 501
Straßenbau-Btl. 521
Straßenbau-Btl. 540
Sturmgesch.Abt. 244
Armee-Verpfleg.Amt 540
schw.Werfer-Rgt. 2
Werfer-Rgt. 51
Werfer-Rgt. 53
Wehrwirtsch.Erfassungs-Kdo. 6
Fallsch.Flak-Abt.
Flak-Rgt. 8
Flak-Rgt. 9, I. Abt.
Flak-Rgt. 12, Stab I. u. Kol. I.
Flak-Rgt. 49
Flak-Rgt. 241, 4., 5. Bttr. u. Kol. I
Flak-Abt. 91, 2. u. 3. Bttr.
le.Flak-Abt. 99
Lehr- u. Vers.Rgt.Flak-Art. Sch.II
Nahaufkl.Gru. 7, Stabs-Kp. u. Ln. Betr.Kp.
Nahaufkl.Gru, 12, Stabs-Kp. u. Ln.Betr.Kp.
Nahaufkl.Gru. 16, Stabs-Kp.u. Ln.Betr.Kp.
Nahaufkl.Staffel 1 (H) 10
Nahaufkl.Staffel 2 (H) 41
Nahaufkl.Staffel 6 (H) 41
Kampfgru. 900, Stab
Lehrgeschw. 2., 7. Nahaufkl. Staff.
Flg.Horst-Kdtr. (E) 18/IV
Lw-Bau-Btl 6/III,1.Kp.
Lw.Bau-Btl. 19/III, 2.Kp.
Lw.Bau-Btl. 24/XI, 2.Kp.
Lw.Schtz.Rgt.zbV., I. Btl.
Lw.Ldsch.Zug 13/VII
Lw.Ldsch.Zug 155/XIII
Luftgau-Nachr.Rgt.Rostow, Stab I u. 23. Kp.
Lw.Nachsch.Abt. 1/III, Stab u. Kol.
Lw.Nachsch.Kp. 17/III
Lw.Nachsch.Kp. 3/VIII kl.Flugbetriebsstoff-Kol. 2/III
Lw.Trsp.Kol. 64/IV
Lw.Trsp.Kol. 12/VII
Lw.Feldwerft-Verb. 40, V.Abt.

Rumänische 1. Kavalleriedivision

1939 Aufstellung: *Westgrenze Raum Arad*
1. Kav. Division:
Roschiori Rgt. 1
Kalaraschen Rgt. 13
Kalaraschen Rgt. 2
Roschiori Rgt. 10
Leichtes Inf.Bataillon 1 (mot.)
Reit. Artillerie Rgt. 1

1940 Aufstellung: *Westgrenze Raum Arad*
1. Kav. Brigade:
Roschiori Rgt. 1
Roschiori Rgt. 2
Kalaraschen Rgt. 13
Reit. Artillerie Rgt. 1
Mech.Aufkl.Abt. 41
Pionierschwadron 41

Ost

1941 Südbessarabien, Odessa
1. Kav. Brigade, ab Ende März 1941 als Division bezeichnet, sonst wie 1940

1942 Donbogen, Untergang im Kessel von Stalingrad

Der letzte Kommandeur: Oberst Bratescu (nach Gefangennahme von Marschall Antonescu zum Generalmajor befördert)

Einheiten:
1. Kav.Division
Roschiori Rgt. 1
Roschiori Rgt. 2
Roschiori Rgt. 12 (Oberst Luca)
Reit.Artillerie Rgt. 1 (Oberst Maltopol)
Mech.Aufkl.Abt. 41
Pionierschwadron 41

Rumänische 20. Infanteriedivision

1939 Aufstellung: *Westgrenze Raum Oradea*
Inf.Rgt. 84
Inf.Rgt. 91

	Inf.Rgt. 82 oder 86
	Feldartillerie Rgt. 39
	Feldartillerie Rgt. 40
	1. Bataillon vom Pionier Rgt. 6
1940	Raum Alba Iulia
1941	Raum Alba Iulia
	kein Fronteinsatz
	Ost
1942	Beketowka, südlich Stalingrad, dann Kessel von Stalingrad
Der letzte Kommandeur:	GenMaj. Dimitrescu

Einheiten:

Inf.Rgt. 84	Feldartillerie Rgt. 39
Inf.Rgt. 91	Feldartillerie Rgt. 40
Inf.Rgt. 82 oder 86	1. Bataillon vom Pionier Rgt. 6

Die Bilanz

In den Kampf um Stalingrad schickte A. Hitler vom Juli 1942 an 22 Divisionen mit 364000 Mann. Laut Verpflegungsstärken-Nachweis der 6. Armee waren es am 23. November 1942 etwa 270000 eingeschlossene Soldaten. Die Zahl der am Kampf um Stalingrad Beteiligten, der Eingeschlossenen, der Gefallenen und der in Gefangenschaft Geratenen ist jedoch umstritten und läßt sich nicht mehr genau ermitteln.
Fast zwei Drittel der Mannschaften und Unteroffiziere, dazu die Hälfte der Offiziere, waren gefallen, erfroren, verhungert oder fanden den Erschöpfungstod, der größte Teil davon in den beiden letzten Wochen der Schlacht.
Bis zum 24. Dezember 1942 wurden an Verwundeten und Spezialisten etwa 34000 Mann ausgeflogen. Und nach sowjetischen Angaben gingen bis zum 29. 1. 1943 rund 16800 Mann und vom 30. 1. bis 2. 2. 1943 nahezu 91000 Mann in Gefangenschaft. Annähernd 108000 körperlich und seelisch zerbrochene Menschen also zogen einer ungewissen Zukunft entgegen, unter ihnen fast 2500 Offiziere und 24 Generale mit zwei Generalobersten und einem Feldmarschall. Mehr als die Hälfte erlag in den Sammellagern von Beketowka, Krasnoarmeisk und Frolow im Frühjahr 1943 dem Fleckfieber, und niemand kennt ihre Namen. Zehntausende gingen auf den wochenlangen winterlichen Transporten nach Sibirien zugrunde oder verkamen in Waldlagern und Bergwerken. Von den 24 Generalen starb nur Generaloberst Heitz, und zwar an Magenkrebs.
Auf dem Schlachtfeld wurden 46700 gefallene sowjetische Soldaten und Offiziere gefunden. Und am 7. November 1943 gab Stalin bekannt, daß an deutschen Gefallenen 146300 Mann aufgesammelt und verbrannt worden seien. Bis zum Jahre 1956 kehrten insgesamt 6000 Stalingradkämpfer aus der Gefangenschaft heim.
Nicht nur die 6. Armee ging zugrunde, auch die Luftwaffe erlitt schwere Verluste, sie zählte allein in den Kämpfen um Stalingrad vom 24. November 1942 bis zum 3. Februar 1943 7223 Gefallene und Vermißte des Bodenpersonals und rund 1000 Männer des fliegenden Personals. 168 Flugzeuge wurden total zerstört, 112 galten als vermißt und 215 waren schwer beschädigt. Die Luftversorgung der eingekesselten Truppen kostete fast die Hälfte aller vorhandenen Transportflugzeuge vom Typ

Ju 52 und den größten Teil des fronterfahrenen Personals, das nie mehr ersetzt werden konnte.
Besonders schwer traf das Schicksal die Wolgastadt selbst. Nach offiziellen Angaben hatte Stalingrad bei Ausbruch des Zweiten Weltkrieges um 467000 Einwohner, im Sommer 1942 wuchs die Einwohnerzahl durch den Flüchtlingsstrom aus der Ukraine und dem Süden der UdSSR auf nahe 600000 an. Nach sowjetischen Quellen verloren durch Bombenangriffe, Artilleriebeschuß und Infanteriefeuer 42750 Menschen ihr Leben; als Opfer deutscher Repressalien starben 3345. Zu Zwangsarbeiten nach Deutschland oder in den deutschbesetzten Teil der Sowjetunion sollen 64220 Männer und Frauen verschleppt worden sein. Um 120000 wurden über die Wolga evakuiert und in den Ortschaften entlang des Flusses angesiedelt oder in die Rüstungsindustrie hinter den Ural gebracht. Rund 75000 Männer und Frauen blieben jedoch und nahmen entweder in Arbeiterbataillonen, bei der Wehrmiliz oder in anderen Formationen an der Verteidigung ihrer Stadt teil.
Bis zum Ende des Kampfes lebten unter deutscher Besatzung in den Orten rings um Stalingrad oder auch in den Ruinen der Stadt immerhin noch 30000 Bewohner. Unbekannt ist die Zahl derer, die nach dem deutschen Räumungsbefehl, oder ohne ihn abzuwarten, sofort nach dem Überrollen durch die deutschen Truppen westwärts zogen, um so schnell wie möglich aus der Kampfzone herauszukommen.
Nach Beendigung der Schlacht war Stalingrad nur noch ein Ruinenfeld, seine Industrieviertel ein Chaos aus zerstörtem Eisen und Beton. Von 42000 Häusern blieben kaum die Fundamente übrig. Die gesamte Infrastruktur der Stadt, das Stromnetz, die Kanalisation und die Wasserleitungen, waren restlos vernichtet. Die ehemaligen Unterstände der Tschuikow-Armee im Steilufer der Wolga bildeten die einzige Heimstätte für die ersten zurückgekehrten Einwohner.

Quellennachweis der Dokumente

Weisung Nr. 45/23. 7. 42: Militärarchiv der DDR, Potsdam, MO 1. 10/4; Jacobsen, H.A.: 1939—1945. Chronik und Dokumente, Darmstadt 1961, S. 338 ff [Seite 48]

Armeebefehl für den Angriff auf Stalingrad/19. 8. 42: National Archives, Washington D.C. (siehe: Guides to German Records microfilmed at Alexandria, Va. Nr. 1—37, 1965); Bundesarchiv-Militärarchiv: Anlage KTB AOK 6; Doerr, H.: Der Feldzug nach Stalingrad, Darmstadt, 1955, S. 127 ff [Seite 93]

Die Wehrwirtschaftliche Bedeutung Stalingrads/5. 9. 42: National Archives, Washington D.C. (Guides, a.a.O.) [Seite 147]

Operationsbefehl Nr. 1/14. 10. 42: National Archives, Washington D.C. (Guides, a.a.O.); Bundesarchiv-Militärchiv; Kriegstagebuch des OKW, Hrsg. Schramm, P.E./Hillgruber A., Band II 1942, Frankfurt/M. 1963, S. 1301 ff [Seite 278]

Lage und Absicht der Armee/22. 11. 42: National Archives, Washington D.C. (Guides, a.a.O.); Bundesarchiv-Militärarchiv: Anlage KTB AOK 6; Kehrig, M.: Stalingrad, Stuttgart 1974, S. 559 f [Seite 388]

Zurücknahme der 6. Armee/23. 11. 42: National Archives, Washington D.C. (Guides, a.a.O.); Bundesarchiv-Militärarchiv: OKH-Akten; Schröter, H.: Stalingrad — bis zur letzten Patrone, Osnabrück 1954, S. 82 f; Kehrig, M.: a.a.O. S. 561 [Seite 408]

Notwendigkeit des Ausbruches der 6. Armee/23. 11. 42: National Archives Washington D.C. (Guides, a.a.O.); Bundesarchiv-Militärarchiv: Anlage KTB AOK 6; Kehrig, M.: a.a.O. S. 562 [Seite 412]

Führerentscheid/24. 11. 42: National Archives, Washington D.C. (Guides, a.a.O.): Bundesarchiv-Militärarchiv: Anlage KTB AOK 6; Kehrig. M.: a.a.O. S. 562 [Seite 414]

Stellungnahme zum Armeebefehl vom 24. 11. 42/25. 11. 42: National Archives, Washington D.C. (Guides, a.a.O.); Bundesarchiv-Militärarchiv: Anlage KTB AOK 6; Jacobsen, H. A.: a.a.O. S. 358 ff; Wieder, J.: Stalingrad und die Verantwortung des Soldaten, München 1962, S. 301 ff; Kehrig, M.: a.a.O. S. 564 ff; Seydlitz. W.v.: Stalingrad, Konflikt und Konsequenz, Oldenburg 1977, S. 98 ff [Seite 421]

Beurteilung der Lage durch den Führer/26. 11. 42: National Archives, Washington D.C. (Guides, a.a.O.); Bundesarchiv-Militärarchiv: Anlage KTB HGr Don; Kehrig M.: a.a.O. S. 570 [Seite 437]

Schreiben von GenOberst Paulus an GFM v. Manstein/26. 11. 42: National Archives, Washington D.C. (Guides, a.a.O.); Bundesarchiv-Militärarchiv: Anlage KTB HGr Don; Manstein, E.v.: Verlorene Siege, Bonn 1955, S. 649 ff; Görlitz, W.: Paulus »Ich stehe hier auf Befehl!«, Frankfurt/M. 1960, S. 221 ff; Jacobsen, H. A.: a.a.O. S. 362 f; Kehrig, M.: a.a.O. S. 568 ff [Seite 439]

FS-Gespräch Maj.i.G. v. Kunowski — Oberst i.G. Bader über die Luftversorgung der 6. Armee/20. 12. 42: National Archives, Washington D.C. (Guides, a.a.O.); Bundesarchiv-Militärarchiv: Anlage KTB AOK 6; Kehrig, M.: a.a.O. S. 600 ff [Seite 488]

Stellungnahme zum Durchbruch der 6. Armee (»Donnerschlag«)/24. 12. 42: National Archives, Washington D.C. (Guides, a.a.O.); Bundesarchiv-Militärarchiv: Anlage KTB HGr Don; Görlitz, W.: a.a.O. S. 258; Kehrig, M.: a.a.O. S. 610 f [Seite 507]

Stellungnahme zur Lage der 6. Armee/26. 12. 42: National Archives, Washington D.C. (Guides, a.a.O.); Bundesarchiv-Militärarchiv: Anlage KTB AOK 6; Kehrig, M.: a.a.O. S. 615 [Seite 512]

FS-Gespräch Gen. Hube — Gen. Zeitzler/19. 1. 43: Bundesarchiv-Militärarchiv; Kehrig, M.: a.a.O. Dok. 64, S. 630 f [Seite 588]

Armeebefehl des AOK 6/22. 1. 43: Bundesarchiv-Militärarchiv; Kehrig, M.: a.a.O. Dok. 65, S. 631 [Seite 594]

Funkmeldung AOK 6/22. 1. 43: National Archives, Washington D.C. (Guides, a.a.O.); Bundesarchiv-Militärarchiv: Anlage KTB HGr Don; Kehrig, M.: a.a.O. S. 528 [Seite 596]

GenOberst Paulus an den Führer/29. 1. 43: Bundesarchiv-Militärarchiv: Anlage KTB Sonderstab GFM Milch; Herhudt u. Rohden, H.D.v.: Die Luftwaffe ringt um Stalingrad, Wiesbaden 1950, S. 113; Schröter, H.: a.a.O. S. 230; Wieder, J.: a.a.O. S. 316; Kehrig, M.: a.a.O. S. 536 [Seite 626]

A. Hitler an GenOberst Paulus/30. 1. 43: Bundesarchiv-Militärarchiv, Anlage KTB Sonderstab GFM Milch; Herhudt u. Rohden, H.D.v.: a.a.O. S. 113; Wieder, J.: a.a.O. S. 317; Kehrig, M.: a.a.O. S. 536 [Seite 628]

VIII. Fliegerkorps an Luftflottenkommando 4/30. 1. 43: Bundesarchiv-Militärarchiv; Herhudt u. Rohden, H. D. v.: a.a.O. S. 118; Wieder, J.: a.a.O. S. 317 [Seite 628]

Lageberichte des Oberkommandos des Heeres (OKH) und Lagevorträge im Oberkommando der Wehrmacht (OKW): National Archives, Washington D.C. (Guides, a.a.O.); Bundesarchiv-Militärarchiv (Nachlaß H. Greiner, Nachlaß Nr. 20); Kriegstagebuch des OKH, Hrsg. Schramm, P. E., Band II 1942, Hillgruber, A., Band III 1943, Hubatsch W., Frankfurt/M. 1963

Geheime Berichte des Sicherheitsdienstes der SS zur innenpolitischen Lage. Meldungen aus dem Reich, Berichte zur innenpolitischen Lage, SD-Berichte zu Inlandsfragen; Bundesarchiv, Koblenz: R 58 Reichssicherheitshauptamt (Nr. 160—178); Boberach, H.: Meldungen aus dem Reich, Neuwied, Berlin 1965

Tagesparolen des Reichspressechefs. Vertrauliche Informationen (V.I.) und Tagesparolen des Reichspressechefs (Reichspropagandaamt Hessen-Nassau, Frankfurt/M.) Sammlung Oberheitmann: Bundesarchiv Koblenz; Krümmer, K.: Aufzeichnungen über Teilnahme an den Ministerkonferenzen, Band 1 u. 2: Politisches Archiv des A. A. Bonn, Auswärtiges Amt; Boelcke, W. A.: Kriegspropaganda 1939—1941, Geheime Ministerkonferenzen im Reichspropagandaministerium, Stuttgart 1966; Boelcke W. A.: Wollt Ihr den totalen Krieg? Stuttgart 1967

Archive

Britannic Majesty's Stationery Office, London
Bundesarchiv, Bern
Bundesarchiv, Koblenz
Bundesarchiv-Militärarchiv, Freiburg
Institut für Marxismus-Leninismus beim ZK der KPdSU, Abt. Geschichte des Großen Vaterländischen Krieges der Sowjetunion, Moskau
Institut für Zeitungsforschung, Dortmund
Militärarchiv der DDR, Potsdam
National Archives, Washington D.C.
Politisches Archiv des Auswärtigen Amtes, Bonn
Staatliches Zentralarchiv der Sowjetarmee, Moskau
Weltkriegsbücherei, Stuttgart
Zentralbibliothek der Bundeswehr, Düsseldorf
Zentrales Staatsarchiv der DDR, Potsdam

Bildnachweis

Bundesarchiv
Imperial War Museum
Novosti, Moskau
Süddeutscher Verlag
Ullstein Verlag
Archiv Aleksander Bregman, London
Archiv Stefan Czarnecki, Malmaison
Archiv Klaus Kirchner, Erlangen
Archiv Janusz Piekalkiewicz

Bibliographie

ADAM, W.: *Der schwere Entschluß,* Berlin 1968
AGAPOV, B.: *After the Battle — Stalingrad Sketches,* London 1943
ARBEITSGEMEINSCHAFT »DAS KLEEBLATT«: *Die 71. Infanterie-Division,* Hildesheim 1973

BADE, W.: *Tod und Leben,* Berlin 1943
BAMM, P.: *Die unsichtbare Flagge,* München/Zürich 1963
BATOW, P.I.: *W pochodach i bojach,* Moskwa 1962
Deutsch: BATOW, P.: *Von der Wolga zur Oder,* Berlin 1965
BERGSCHICKER, H.: *Stalingrad,* Berlin 1960
Bitwa pod Stalingradom. Kratkij otscherk, Moskwa 1944
Bitwa za Wolug: wospominanija utschastnikow Stalingradskogo sraschenija, Stalingrad 1958
BOR-RAMIENSKIJ, J. G.: *Iz istorii oborony Stalingrada w 1942 Istoritscheskije zapiski 1955 nr 53*
BRYANT, A.: *The Turn of the Tide,* New York 1957
BUSSE, T.: *Stellungnahme zu der Kritik des GenLt. a. D. Schmidt an dem Buche des Feldmarschalls v. Manstein »Verlorene Siege« und zu den Ausarbeitungen von Schmidt zum Fall »Stalingrad«, Oktober 1967*

CARELL, P.: *Unternehmen Barbarossa,* Berlin 1970
CASSIDY, H.: *Moscow Dateline,* Boston 1943
Deutsche Ausgabe: CASSIDY, H.: *Moskau 1941—1943,* Zürich 1944
CHRUSCHTSCHOW (KHRUSHCHEV), N. S.: *Khrushchev Remembers,* Boston 1970.
Deutsche Ausgabe:
CHRUSCHTSCHOW, N. S.: *Chruschtschow erinnert sich,* Reinbek 1971
CHURCHILL, W. S.: *Der Zweite Weltkrieg,* Bern/München, 6 Bände, 1948—1954
CLARK, A.: *Barbarossa,* New York 1964
Correspondence between the Chairman of the Council of Ministers of the USSR and the Presidents of the USA and the Prime Ministers of Great Britain during the Great patriotic War of 1941—45, Moscow 1957
CZISTIAKOW, M. N.: *Artillerija pod Stalingradom. — Artillerijskij zurnal 1948 nr 11*
ČZUJKOW, W. I.: *Natschalo puti.* Moskwa 1959
Deutsch: TSCHUIKOW, W. I.: *Stalingrad — Anfang des Weges,* Berlin 1961
ČZUJKOW, W. I.: *180 dniej w ognie srazenij. Iz zapiskow komandarma 62—j,* Moskwa 1962
ČZUJKOW, W. I.: *Probedy kovala otvaga. In: Iswestija,* Moskwa, 2. 2. 1963

DAHMS, H. G.: *Geschichte des Zweiten Weltkrieges,* Tübingen 1965
DEBORIN, G. A.: *Der Zweite Weltkrieg*, Berlin 1960
DESNICKIJ, G.: *Prikrytie wojsk zenitnoj artilleriej w bitwa na Wolge,* in ViZ 1963, H. 12

DIBOLD, H.: *Arzt in Stalingrad,* Salzburg 1954
DIECKHOFF, G. von: *3. Infanterie-Division, 3. Infanterie-Division (mot), 3. Panzergrenadier-Division,* Göttingen 1960
Direktiwy KPSS i sowjetskogo prawitjelstwa po chosjajstwennym woprosam. Sbornik dokumentow, 2 Bde., Moskwa 1957
DOERR, H.: *Verbindungsoffiziere,* in: WWR 1953, H.6
DOERR, H.: *Der Feldzug nach Stalingrad,* Darmstadt 1955

Epic Story of Stalingrad, The. (Sammlung), London 1943
ERICKSON, J.: *The Road to Stalingrad,* London 1975
EREMENKO, A. I.: *Stalingrad, Zapiski komandujuščego frontom,* Moskwa 1961. Deutsch: JEREMENKO, A. I.: *Tage der Entscheidung,* Berlin 1964

FILIPPOW, N.: *Siewiero-zapadnieje Stalingrada.* Zapiski armiejskogo riedaktora, Moskwa 1952
FISCHER, J.: *Über den Entschluß zur Luftversorgung Stalingrads.* Ein Beitrag zur militärischen Führung im Dritten Reich, in: MGM 1969, H. 2
FORSTER, J.: *Warum erfolgte der Entsatzstoß der 4. Panzerarmee in Richtung Stalingrad nicht mit zwei Panzerkorps?* o.O. 1969
FREIDIN, S./RICHARDSON, W. (Hrsg.): *The Fatal Decisions,* New York 1956
Fuehrer Directives and other top-level Directives of the German Armed Forces 1939—45, 2 vols, Washington, D.C. 1948

GARTHOFF, R. L.: *Die Sowjetarmee, Wesen und Lehre,* Köln 1955
GEHLEN, R.: *Der Dienst. Erinnerungen 1942—1971,* Mainz 1971
GERLACH, H.: *Die verratene Armee,* München 1957
Geschichte des Großen Vaterländischen Krieges der Sowjetunion. Hrsg. vom Institut für Marxismus-Leninismus beim Zentralkomitee der Kommunistischen Partei der Sowjetunion, 6 Bde., Berlin 1962—1968
GÖRLITZ, W.: *Die Schlacht um Stalingrad,* in: *Der zweite Weltkrieg 1939 bis 1945,* Stuttgart 1951
GÖRLITZ, W.: *Die Schlacht um Stalingrad 1942—1943,* in: *Entscheidungsschlachten des Zweiten Weltkrieges.* Hrsg. Jacobsen, H. A. u. Rohwer, J., Frankfurt/M. 1960
GOSZTONY, P.: *Hitlers Fremde Heere,* Düsseldorf 1976
GRAF, W.: *Grundsätze und Erfahrungen des Ortskampfes von Panzern und Panzergrenadieren, am Beispiel des Einsatzes der 24. PzDiv in Stalingrad 1942,* 1969
GRAMS, R.: *Die 14. Panzerdivision 1940—1945,* Bad Nauheim 1957
GREINER, H.: *Die Oberste Wehrmachtführung 1939—1943,* Wiesbaden 1951
GROSCURTH, H.: *Tagebücher eines Abwehroffiziers 1938—1940.* Hrsg. von H. Krausnick, Stuttgart 1970
GROSSMANN, W.: *Gody wojny,* Moskwa 1945
GROSSMANN, W.: *Wende an der Wolga,* Berlin 1959
Guides to German Records microfilmed at Alexandria, Va. nr. 1—65, 1971

GURKIN, V.: *Kontrnastuplenie pod Stalingradom w cifrach* (operacija »Uran«) in: ViZ 1968, H. 3

HALDER, F.: *Kriegstagebuch.* Hrsg. vom Arbeitskreis für Wehrforschung, bearb. von Hans-Adolf Jacobsen in Verbindung mit Alfred Philippi, Stuttgart 1962

HAUPT, W./SCHEIBERT, H.: *Stalingrad,* Dorheim 1972

HEIBER, H. (Hrsg.): *Hitlers Lagebesprechungen.* Die Protokollfragmente seiner militärischen Konferenzen 1942—1945, Stuttgart 1962

HEINEMANN, L. v.: *Der Kampf um die Einnahme Stalingrads* (letzte Phase Herbst 1942), vom 23. 4. 1956, in: Studiengruppe VI 4 dd Stalingrad 1942/43 (Lw 170/92)

HERHUTH V. ROHDEN, H. D.: *Die Luftwaffe ringt um Stalingrad,* Wiesbaden 1950

HERMANN, C. H.: *Deutsche Militärgeschichte,* Frankfurt/M. 1966

HEUSINGER, A.: *Der Ostfeldzug 1941/42.* Ein operativer Überblick, 1947/48 (T-6)

HILLGRUBER, A.: *Der Einbau der verbündeten Armeen in die deutsche Ostfront 1941—1944,* in: WWR 1960, H. 12

HILLGRUBER. A.: *So opferte Hitler die 6. deutsche Armee in Stalingrad,* in: Münchner Merkur, vom 25. 1. 1963

HILLGRUBER, A.: *Das Kriegsjahr 1942.* Einführung zu KTN OKW, II, 1

HIMPE, U.: *Die 71. Infanterie-Division im Zweiten Weltkrieg, 1939—1945,* Neckargemünd 1973

Hitlers Lagebesprechungen. Die Protokollfragmente seiner militärischen Konferenzen 1942—1945, hrsg. von H. Heiber. Stuttgart 1962

Hitlers Weisungen für die Kriegsführung 1939—1945, Dokumente des Oberkommandos der Wehrmacht, Hrsg. von Walter Hubatsch, Frankfurt/M. 1962

IWANOW, W./PAWLENKO, N./FOKIN, N.: *Klassičeskaja operacija na okruženje* (K 25-letiju razgroma nemecko-fasistskich wojsk pod Stalingradom) in: ViZ 1967, H. 11

JACOBSEN, H. A./ROHWER, J. (Hrsg.): *Entscheidungsschlachten des Zweiten Weltkrieges,* Frankfurt 1960

JACOBSEN, H. A.: *1939—1945. Der Zweite Weltkrieg in Chronik und Dokumenten,* Darmstadt 1961

JACOBSEN, H. A.: *Zur Schlacht von Stalingrad — 20 Jahre danach,* in: ASMZ 1963, H. 2

JALOWOJ, S., CHOROSZYLOW W.: *Zienitciki w Stalingradskoj bitwie.* — Wiestnik protiwowozdusznoj oborony 1958 Nr. 8

JAROSLOWCEW, A.: *Od Stalingrada do Bierlina.* Kratkij oczerk diejstwij tankow w Wielikoj Otieczwestw. wojnie. — Zurnal bronietandkowych i miechanizirowannych wojsk 1946 nr 8/9

JEREMENKO, A. I.: *Stalingrad.* Zapiski komandujuszczego frontom, Moskwa 1961

JUKES, G.: STALINGRAD: *The Turning Point,* New York 1968

KERN, E.: *Stalingrad,* in: Kern: Buch der Tapferkeit, Leoni 1953
KERR, W.: *The Secret of Stalingrad,* New York 1976
KEHRIG, M.: *Stalingrad,* Stuttgart 1974
KLUGE, A.: *Schlachtbeschreibung.* Olten 1964
KOLESNIK, A. D.: *Wielikaja bitwa na Wolge 1942—1943,* Moskwa 1958
Komsomolcy i molodioz w bojach za Stalingrad, Stalingrad 1951
KONSALIK, H. G.: *Stalingrad, Portrait einer Stadt,* Bayreuth 1968
KORIEC, K.: *Sowietskaja awiacyja w bojach za Stalingrad.* — Wiestnik wozdusznogo flota 1948 nr 1
KORNATOWSKIJ, N. A.: *Stalingradskaja bitwa,* Leningrad 1948
KOROTIEJEW, W.: *Stalingrad. Oczerki.* Moskwa 1954
KOWPAK, A.: *Ot Putiwlja do Karpat,* Moskwa 1959
KRAUSE, A.: *Vom Durchbruch bei Woronesch bis zur Versorgung Stalingrads aus der Luft,* München 1945
Kriegstagebuch des Oberkommandos der Wehrmacht (Wehrmachtführungsstab) 1940—1945, geführt von Helmuth Greiner und Percy Ernst Schramm, hrsg. von P. E. Schramm in Zusammenarbeit mit Hans-Adolf Jacobsen, Andreas Hillgruber und Walter Hubatsch, 4 Bde., Frankfurt/M. 1961—1969

LANG, K.: *Geschichte der 384. Infanterie-Division,* o.O. 1965
LASKIN, I.: *Ešče raz o plenenii general-fel'dmaršala Pauljusa,* in: ViZ 1961, H. 3
LAVRENT'EV, K.: *Zenitčiki pod Stalingradom,* in: VV 1969, H. 2
LEMELSEN, H.: *29. Division,* Bad Nauheim 1960
LENSKI, A.: *Stalingrad — koniec i probuzdienije,* in: ViZ 1961, Nr. 3
LENZ, F.: *Stalingrad — der »verlorene« Sieg,* Heidelberg 1956
LIDDELL HART, B. H.: *Jetzt dürfen sie reden.* Hitlers Generäle berichten, Stuttgart-Hamburg 1950
LOCHNER, L. P. (Hrsg.): *Joseph Goebbels — Tagebücher aus den Jahren 1942—43,* Zürich 1948
LOSSBERG, M.: *Im Wehrmachtführungsstab,* Hamburg 1950

MAHLKE, W.: *Die Kampfhandlungen der Heeresgruppe Süd,* o.O.1969
MANHARDT, J. W.: *Zehn Tage Stalingrad,* in: Die Welt, November 1967
MANSTEIN, E. v./BUX, W./HOPPE, H.: *Die deutsche Infanterie 1939—1945,* Bad Nauheim 1967
MANSTEIN, E. v.: *Verlorene Siege,* Bonn 1955
MELLENTHIN, F. W. v.: *Panzerschlachten,* Neckargemünd 1963
MEYER, C.: *Die morphologischen und klimatologischen Verhältnisse im Raum zwischen Don und Wolga im November/Januar und ihr Einfluß auf die Entschlußfassung der deutschen Führung im November/Januar 1942/43,* o.O.1970
MIENSZYKOW, M. P.: *Stalingradskaja bitwa,* Stalingrad 1953
MOROZOW, I. K./LOGINOW, I. M./ULJEW, P. W.: *Bitwa za Wolge,* Stalingrad 1958
MORZIK, F.: *Die deutschen Transportflieger im Zweiten Weltkrieg,* bearb. und hrsg. von Gerhard Hümmelchen, Frankfurt 1966

MUELLER-HILLEBRANDT, B.: *Das Heer 1933—1945,* 3 Bde., Frankfurt/M. 1954—1969

NEKRASSOW, W.: *W Okopach Stalingrada,* Moskwa 1946
NEKRASSOW, W. P.: *Front Line Stalingrad,* London 1962

OGAREW, P.: *O sowetskom woennom iskusstwe w bitwa na Wolge,* in: Woennaja Mysl. 1962, H. 11

PAULUS, E. A.: *Wer darf über die Verantwortung für Stalingrad ein endgültiges Urteil fällen?* In: Frankfurter Hefte 1963, H. 3
PAULUS, F.: *»Ich stehe hier auf Befehl!«* Lebensweg des Generalfeldmarschalls Friedrich Paulus. Mit den Aufzeichnungen aus dem Nachlaß, Briefen und Dokumenten, hrsg. von Walter Görlitz, Frankfurt 1960
PAULUS, F.: *Iz licznogo archiwa fieldmarszala Paulusa.* P. Zylin, ViZ 1960, Nr. 2, Nr. 3
PAWLOW, F. D.: *Stalingrad 1942,* Stalingrad 1951
PERESYPKIN, I.: *Swjaz'v bitwa Stalingradom,* in ViZ 1969 H. 11
PHILIPPI, A./HEIM, F.: *Der Feldzug gegen Sowjetrußland 1941—1945.* Ein operativer Überblick, Stuttgart 1962
PICKER, H.: *Hitlers Tischgespräche im Führerhauptquartier 1941—1942,* hrsg. von P. E. Schramm in Zusammenarbeit mit A. Hillgruber und M. Vogt, Stuttgart 1965
PIETROW, K.: *Swiazisty w bitwa za Stalingrad,* Wojennyj swiazist 1948, Nr. 2
PLIEVIER, T.: *Stalingrad,* Berlin 1945
PLOCHER, H. GEN. A. D.: *Der Feldzug im Osten 1941—1945.* Der Einsatz der deutschen Luftwaffe an der Ostfront. 4. B., Karlsruhe 1953—1958
PODEWILS, C.: *Don und Wolga,* München 1953
POLLACK, E.: *Children of Stalingrad,* New York 1944
POPOW, M.: *Južnee Stalingrada,* in: ViZ 1961, H. 2
Protiw falsifikatorow istorii wtoroj mirowoj wojny. Sost. P. M. Dieriewianko, A. A. Gurow, Moskwa 1959

RETTENMAIER, E.: *Das Ende der 305. (Bodensee-)Division in Stalingrad,* in: Alte Kameraden 1954, H. 2
RIECKER, K. H.: *Ein Mann verliert einen Weltkrieg,* Frankfurt/M. 1955
ROHDE, H.: *Das deutsche Wehrmachttransportwesen im Zweiten Weltkrieg,* Stuttgart 1971
ROKOSSOWSKI, K.: *Soldatenpflicht,* Berlin 1973
ROTMISTROW, P. A.: *O sowetskom woennom iskusstve w bitwa na Wolge,* in: ViZ 1962, 1963, H. 12 u. H. 1

SALIS, J. R. v.: *Weltchronik 1939—1945,* Zürich 1966
SALVATORES, U.: *Bersaglierie on the Don,* Bologna 1966
SAMJATIN, Oberst N. M. (u. a.): *Stalingradskaja bitwa,* Moskwa 1943

SAMSONOW, A. M.: *Stalingradskaja bitwa,* Moskwa 1960
SAMSONOW, A. M.: *Stalingrad. The Relief,* in: History of the Second World War, hrsg. von Liddell Hart, London 1967, Bd. 3, H. 15
SCHEIBERT, H.: *Nach Stalingrad — 48 Kilometer,* Neckargemünd 1956
SCHEIBERT, H.: *Entsatzversuch Stalingrad,* Dokumentation einer Panzerschlacht in Wort und Bild. Das LVII. Panzerkorps im Dezember 1942, Neckargemünd 1968
SCHIMAK, A./LAMPRECHT, K./DETTMER, F.: *Die 44. Infanterie-Division,* Wien 1969
SCHMIDT, A. GEN. A. D.: *Kritische.Bemerkungen zu v. Manstein »Verlorene Siege«* 1957 (H 12-6/5a)
SCHNEIDER, F.: *Last Letters from Stalingrad,* New York 1962
SCHRAMM, P. E. (Hrsg.): *Kriegstagebuch des Oberkommandos der Wehrmacht.* Wehrmachtführungsstab 1940—1945, Frankfurt 1961
SCHROTER, H.: *Stalingrad... bis zur letzten Patrone,* Osnabrück 1954
SCHUKOW, G. K.: *Erinnerungen und Gedanken,* Stuttgart 1969
SCHULZ, F. GEN. A. D.: *Luftversorgung Stalingrads 20. November 1942—1. Februar 1943,* in: MS T-15, Bd. 4
SCHULZ, F.: *Stellungnahme zu den Ausführungen von GenLt. a. D. Schmidt, betr. Buch v. Manstein »Verlorene Siege«,* August 1967
SELLE, H.: *Die Tragödie von Stalingrad,* Hannover 1947
SELLE, H.: *Der Angriff der deutschen 6. Armee über den Don,* in: Allgemeine schweizerische Militärzeitschrift 1951
SELLE, H.: *Die 6. Armee auf dem Wege in die Katastrophe,* in: Allgemeine schweizerische Militärzeitschrift 1956 Nr. 8
SELLE, H.: *Entscheidende Wende im Ostfeldzug,* in: Allgemeine schweizerische Militärzeitschrift 1959
SENGER UND ETTERLIN, F. M. v.: *Die 24. Panzer-Division, vormals 1. Kavallerie-Division 1939—1945,* Neckargemünd 1962
SETH, R.: *Stalingrad — point of return,* London 1959
SEYDLITZ, W. v.: *Story of Stalingrad and After,* London — Times 1955
SEYDLITZ, W. v.: *Stalingrad — Konflikt und Konsequenz,* Oldenburg 1977
SHUMILOV, M.: *In the Steppes of the South,* in: Soviet Military Review 1967
SIEMIRIAGA, M.: *Echo stalingradskoj bitwa,* Wolgograd 1969
SIMONOW, K.: *Tage und Nächte,* Berlin 1948
SIMONOW, K.: *Stalingrad,* Moskwa 1967
Sobschtschenija Sowjetskogo Informburo, 4 Bd., Moskwa 1942—44
Stalingrad, die ersten authentischen Berichte der russischen Generäle Rokossowski, Woronow, Telegin, Malinin sowie russischer Kriegsberichterstatter, Zürich 1945
Stalingradskaja epopeja Red. A. M. Samsonow, Moskwa 1968
STEIDLE, L.: *Entscheidung an der Wolga,* Berlin 1969
STEIN, H. P.: *Die sowjetischen Angriffsoperationen im Raum Stalingrad,* 1943, o.O.1971
SÜNDERMANN, H.: *Tages-Parolen — Deutsche Presseweisungen 1939—1945,* Leoni 1973

TELPUCHOWSKIJ, B. S.: *Wielkaja otetschestwennaja wojna Sowjetskogo Sojusa 1941—45,* Moskwa 1959. Deutsche Ausgabe: *Die sowjetische Geschichte des Großen Vaterländischen Krieges,* hrsg. von A. HILLGRUBER und H. A. JACOBSEN, Frankfurt/M. 1961

TELPUCHOWSKIJ B. S.: *Wielkaja pobieda Sowietskoj Armii pod Stalingradom,* Moskwa 1953

TIPPELSKIRCH, K.: *Geschichte des Zweiten Weltkrieges,* Bonn 1951

TOEPKE, G.: *Stalingrad, wie es wirklich war,* Stade 1949

TSCHUIKOW, W. I.: *Stalingrad — Anfang des Weges,* Berlin 1961

TSCHUJANOW, A. S.: *Stalingradskij Dnjewnik 1941—1943,* Wolgograd 1968

UHLIG, H.: *Das Einwirken Hitlers auf Planung und Führung des Ostfeldzuges,* in: »Das Parlament« 1960

WAGNER C.: *Heeresgruppe Süd,* Bad Nauheim 1963

WARLIMONT, W.: *Im Hauptquartier der deutschen Wehrmacht 1939—1945,* Frankfurt 1962

WASILJEW, A.: *Bitwa pod Stalingradom i jejo wojennopoliticeskoje znacenije,* Moskwa 1958

W dni wielikogo srazenija. Sbornik dokumientow i materialow o Stalingradskoj bitwie, Stalingrad 1958

WEINERT, E.: *Memento Stalingrad,* Berlin 1951

WEINERT, E.: *Das Nationalkomitee »Freies Deutschland« 1943—1945,* Berlin 1957

WELZ, H.: *Verratene Grenadiere,* Berlin 1970

WERTH, A.: *The Year of Stalingrad,* London 1946

WERTH, A.: *Rußland im Krieg 1941—1945,* München/Zürich 1965

WERTHEN, W.: *Geschichte der 16. Panzer-Division,* 1939—1945, Bad Nauheim 1958

WIEDER, J.: *Die Tragödie von Stalingrad,* Deggendorf 1955

WIEDER, J.: *Stalingrad und die Verantwortung des Soldaten,* München 1962

WILHELM, H. H.: *Die Prognosen der Abteilung Fremde Heere Ost 1942—1945,* in: Schriftenreihe der Vierteljahreshefte für Zeitgeschichte, Stuttgart 1974

WORONOW, N.: *Opieracyja »Kolco«,* in: ViZ 1962, nr 5

ZEMAJTIS, F. R.: *Stalingradskaja Bitwa,* Moskwa 1953

ZIEMKE, E.: *Stalingrad to Berlin — The German Campaign in Russia 1942—1945,* Washington, D.C. 1968

Zeitschriften

Alte Kameraden 1955—1960

Armee-Nachrichtenblatt 1942—1943

Berliner Lokal-Anzeiger 1942—1943

Der Adler 1942—1943

Der Deutsche Soldatenkalender 1965

Der Frontsoldat erzählt 1953—1965

Das Heer 1942—1943

Das Reich 1942—1943

Die Wehrmacht 1942—1943

Die Zeit 2. 2. 1973

Feldgrau 1953—1964
Frontnachrichtenblatt der Luftwaffe 1942—1943
Heeresverordnungsblatt 1942—1943
Iswestija 1942—1943
Krasnaya Swiesda 1942—1943
Militärgeschichtliche Mitteilungen, 1969
Mitteilungen für die Truppe 1942—1943
Mitteilungsblatt der Arbeitsgemeinschaft ehemaliger Offiziere, Berlin (DDR) 1965—1969
NS-Kurier 1942—1943
Prawda 1942—1943
Völkischer Beobachter 1942—1943
Voenno-Istoričeskij Zurnal (ViZ) 1960—1976
Wehrkunde 1953—1964
Wehrwissenschaftliche Rundschau 1950—1975

Ein Wort des Dankes

Ich möchte für ihre freundliche Hilfe meinen herzlichen Dank sagen:

Herrn Dr. M. Haupt, Bundesarchiv Koblenz
Herrn Dr. Fricke, Herrn Dr. Wieseotte, Militärgeschichtliches Forschungsamt Freiburg
Allen Herren der Photographic Library, Imperial War Museum, London
Frau Dr. Lindemann, Institut für Zeitungsforschung, Dortmund
Herrn Professor Dr. J. Rohwer, Herrn W. Haupt und ihren Mitarbeitern, Weltkriegsbücherei, Stuttgart.
Herrn Dr. Sack und seinen Mitarbeitern, Zentralbibliothek der Bundeswehr, Düsseldorf
Herrn E. Tschabold, Bundesarchiv Bern
Herrn Dr. C. H. Hermann
Colonel W. D. Kasprowicz, London
Herrn F. Herold, Herrn H. Armbruster, Herrn N. Meyer, Herrn F. Schwarzkopf, Herrn O. Tröster, Bund ehemaliger Stalingradkämpfer e. V., Nürnberg
Herrn M. Fleckenstein, Kameradschaft ehemaliger Transportflieger, Nürnberg
Herrn Dr. J. V. Emilian
Herrn H. Damerau, München
Herrn K. Kirchner, Erlangen
Familie Wester, Schommelsnaaf
Herrn U. Schefold, Herrn H.-P. Piehl, Südwest Verlag, München.

Orts- und Namenregister

Ränge und Dienstgrade nach dem Stand Ende 1942 – Anfang 1943 (bis 1. 2. 1943). *Kursive* Ziffern verweisen auf Abbildungen und Karten, *kursive* Wörter auf Wasserläufe und Seen.
Da bei den zitierten Dokumenten die Schreibweise von Namen und vor allem von Orten nicht selten differiert, wird im Register auf die im Buch gebräuchliche Benennung verwiesen oder diese durch Klammer gekennzeichnet.

Misérorum